Horst Petri erwähnt dieses Buch als 'aufsehenerregend' in seinem Buch „Erziehungsgewalt" - auf S. 158, ...

Über dieses Buch Gewalt und Gewaltlosigkeit sind Produkte gesellschaftlicher, vor allem familiärer Lernprozesse. Gewaltlosigkeit ist selten eine intellektuelle Leistung, sondern weit eher eine eingeübte und emotional vermittelte Lebensweise. Auch Gewalttätigkeit ist ein Lebensstil, eine gewöhnlich unreflektierte Art und Weise, sich mit der sozialen und physischen Umwelt auseinanderzusetzen. Beide möglichen Verhaltensweisen werden erlernt, in der Familie, in der Schule, in sozialen Gruppen und durch Massenmedien. Diese These belegt der Autor anhand der Lebensgeschichten von 25 amerikanischen Kriegsfreiwilligen und 25 Kriegsgegnern. Da beide Gruppen mit denselben empirischen Methoden untersucht wurden, ließen sich zwischen ihnen in jeder Phase der Entwicklung Vergleiche ziehen. Die Methode autobiographischer Nacherzählung gibt dem Buch eine dynamische Qualität, wie man sie sonst nur in Biographien und Romanen findet. Das Buch dokumentiert die entscheidende Rolle des Familienlebens für die Herausbildung bestimmter Einstellungen des Individuums gegenüber Krieg und Frieden.

Der Autor David Mark Mantell, geboren 1942 in den Vereinigten Staaten, hat in München Psychologie studiert und dort auch promoviert. Nach neunjähriger Tätigkeit an der Max-Planck-Forschungsstelle in München kehrte er 1974 in die Vereinigten Staaten zurück und gründete dort 1976 ein Ausbildungszentrum für Familientherapie. Seine Veröffentlichungen behandeln Probleme der klinischen und sozialpsychologischen Forschung.

David Mark Mantell

Familie und Aggression

Zur Einübung von Gewalt
und Gewaltlosigkeit
Eine empirische Untersuchung

Aus dem Amerikanischen
von Tamar Bermann

Fischer Taschenbuch Verlag

Ungekürzte Ausgabe
Veröffentlicht im Fischer Taschenbuch Verlag GmbH,
Frankfurt am Main, Januar 1988

Lizenzausgabe mit freundlicher Genehmigung
der S. Fischer Verlag GmbH, Frankfurt am Main
Für die amerikanische Originalfassung:

Für die deutsche Ausgabe:

Umschlaggestaltung: Jan Buchholz/Reni Hinsch
Druck und Bindung: Clausen & Bosse, Leck
Printed in Germany
ISBN-3-596-23876-5

Inhaltsverzeichnis

Vorwort des Autors zur Neuausgabe des Taschenbuches

Es freut mich sehr, daß der Fischer Taschenbuch Verlag sich entschlossen hat, das Buch »Familie und Aggression« neu aufzulegen. Bei der Niederschrift dieses Vorworts habe ich versucht, dem Wunsch des Lektorats nachzukommen, Fortschritte auf dem Felde der Familienforschung in den sechzehn Jahren seit Erscheinen der ersten Auflage des Buches nachzuzeichnen. während die Sozialwissenschaften im allgemeinen in dieser Zeit erhebliche Fortschritte gemacht haben und während zwischen den Sozialwissenschaften in den europäischen Ländern und denen in England und in den Vereinigten Staaten vielfältige Brücken geschlagen worden sind, hat sich auf dem speziellen Felde der dokumentarisch orientierten Sozialwissenschaft recht wenig getan. Der letzte Krieg, der im Westen zeitweilig wissenschaftliches Interesse gefunden hat, war der Vietnam-Krieg.

Dokumentarisch arbeitende Sozialwissenschaftler sind so etwas wie Historiker oder Journalisten, insofern sie die Menschen hinter den sich entwikkelnden Ereignissen dokumentarisch zu erfassen und zu erforschen versuchen. Sie können die historischen Ereignisse weder in ihrem Laboratorium herzustellen versuchen noch können sie sich ohne weiteres daranmachen, ein Ereignis zu reproduzieren, um es ein zweites Mal und vielleicht diesmal gründlicher in Augenschein zu nehmen. Ihre Forschungsarbeit erfordert ein zeitliches Zusammentreffen von wissenschaftlichem Interesse und historischen Ereignissen und eine erfolgreiche Verbindung von Methodologie und historischem Prozeß. Bei vielen der bedeutenderen historischen Ereignisse war eine solche Koinzidenz nicht möglich. So sind wir bei der Erforschung solcher Vorgänge genötigt, einen Blick zurück zu werfen, wie es Robert J. Lifton kürzlich bei seinen Interviews mit Ärzten, die dem Dritten Reich gedient haben, getan hat.

Es sind Versuche unternommen worden, den historischen Kontext im Rahmen des sozialwissenschaftlichen Laboratoriums zu simulieren. Das berühmteste Beispiel dieser Art sind die Milgram-Untersuchungen, die zuerst an der Yale University in New Haven im Bundesstaat Connecticut durchgeführt und später im Rahmen anderer Untersuchungen, darunter am Max-Planck-Institut in München, wiederholt worden sind. So aussagekräftig diese im Labor erzielten Ergebnisse auch sein mögen, für Kritiker, die den Eindruck haben, daß sie die Erforschung wirklicher Ereignisse nicht ersetzen können, bleiben sie häufig nur wenig überzeugend. Nichtsdestoweniger bieten uns diese Laboruntersuchungen gehorsamen Verhaltens wertvolle Einsichten in die menschliche Persönlichkeit.

Seit dem Vietnam-Krieg haben die westlichen Staaten weniger Kriegs- als Friedenszeiten erlebt, während die Welt insgesamt ein Schauplatz gewalttätiger Konflikte geblieben ist. Iran und Irak, die Sowjetunion und Afghanistan, Libyen und der Tschad, die moslemischen und christlichen Subkulturen im Libanon, um nur einige wenige Beispiele zu nennen – all diese Konfliktherde bieten überreichlich Gelegenheit für wissenschaftliche Forschung. Diese Kriege bieten auch Gelegenheit zum öffentlichen Engagement und zur sozialwissenschaftlichen Klärung der Frage, welche dieser Konflikte Interesse in den Medien und in der Öffentlichkeit erwekken und welche nicht. Obgleich die obengenannten Konflikte in den Medien noch einige Aufmerksamkeit auf sich ziehen, haben sie seltsamerweise die Tagesgeschäfte des westlichen Durchschnittsbürgers weitgehend unberührt gelassen. Der Verfasser dieser Zeilen ist erstaunt angesichts des relativen Mangels an öffentlichem Engagement und Interesse gegenüber dem sowjetischen Krieg in Afghanistan, zumal uns allen das in der Öffentlichkeit, in der Presse und in der Politik artikulierte Engagement so vieler Gruppen während der Zeit des Vietnam-Krieges noch lebhaft in Erinnerung ist.

Bei der Niederschrift dieses Vorwortes erinnere ich mich daran, daß ich vor sechzehn Jahren ein junger amerikanischer Student an einer deutschen Universität war. Meine damalige Forschungsarbeit wurde durch das Max-Planck-Institut gefördert. Die in Bayern stationierten amerikanischen Truppen gestatteten es paradoxerweise ihren Soldaten, mit mir zu sprechen, und dies auf dem Höhepunkt des Vietnam-Krieges, und zur gleichen Zeit konnte ich auch, trotz der allgemeinen Paranoia vor einer Infiltration durch Regierungsagenten, mit Anhängern der amerikanischen »Liga der Kriegsdienstverweigerer« sprechen. Der Verfasser fragt sich, wo sonst in der Welt ein Projekt dieser Art hätte realisiert werden können. Er bezweifelt, daß heutzutage in der Sowjetunion die Gelegenheit besteht, eine solche Forschungsarbeit durchzuführen. Offensichtlich muß ein Wissenschaftler davon überzeugt sein, daß viele fundamentale menschliche Freiheiten garantiert sind, ehe er seine Position durch Forschungsarbeiten dieser Art in Gefahr bringt. Um zu Erkenntnissen zu gelangen, die sich auf die Verhaltens- und Einstellungspotentiale hinsichtlich Krieg und Frieden bei vielen Gesellschaften und Kulturen erstrecken, müssen wir darauf dringen, daß wir die Zustände in Gesellschaften, die sich gegenwärtig solcher Forschungsarbeit verschließen, untersuchen können. Wir müssen beispielsweise herausfinden, was einen jungen Sowjetsoldaten motiviert, in einem Land wie Afghanistan seinen Dienst zu tun, und wir müssen zu erkennen suchen, ob die Merkmale der Situation, in der jene Person sich befindet, vergleichbar ist mit dem, was wir zur Zeit über das Verhalten von Menschen in westlichen Ländern in Erfahrung bringen.

Oktober 1987 David M. Mantell

(Übersetzung aus dem Amerikanischen von Willi Köhler)

»Die politische Apathie der Menschen in Friedenszeiten deutet darauf hin, daß sie sich später schlachten lassen werden. Weil sie heute nicht genug Mut haben, die Abrüstung mit ihrer Unterschrift zu unterstützen, werden sie dazu verurteilt sein, morgen ihr Blut zu vergießen.«

Albert Einstein, 1928

»Die Menschen jedes Landes bestehen darauf, daß ihre eigene Nation das Opfer einer Aggression ist, und sie tun dies guten Glaubens. Man kann eine Nation nicht für den Krieg erziehen und gleichzeitig ihre Menschen glauben lassen, daß Krieg ein schamloses Verbrechen ist.«

Albert Einstein, 1929

»Wie ist es möglich, daß eine der zivilisiertesten Nationen so tief gesunken ist, eine grausame und ungerechte Kampagne gegen eine kleine wehrlose Minderheit durchzuführen [...] Die Tendenzen, zu lieben und zu hassen, freudig zu schaffen und grausam zu zerstören, sind in der Seele jedes Menschen eng verbunden [...] Wenn in einer Gesellschaft Gesetz und Ordnung existieren, wird diese ungereimte und widersprüchliche innere Struktur des Menschen nicht offensichtlich, da unter normalen Umständen diese destruktiven Triebe unterdrückt werden und im durchschnittlichen Menschen weiterschlummern.

Aber es gibt Zeiten, in denen weder Staat noch Gesellschaft einen Einfluß ausüben, der dem entgegenwirkt, oder wenn, dann nur unvollkommen. Ihr Versäumnis zu handeln geschieht zu Kriegszeiten oder wenn eine politisch einflußreiche Gruppe die destruktiven Tendenzen des Menschen auszunutzen sucht. Unter solchen Umständen werden kulturelle Tabus gegen Grausamkeit und Barbarei außer Kraft gesetzt und die normalerweise verborgenen oder bemäntelten Aspekte der menschlichen Natur werden frei, ihr schreckliches Werk zu tun. Nur sehr wenige, denen es unter großen Schwierigkeiten gelang, wirkliche Unabhängigkeit und Isolierung zu erreichen, werden nicht bereit sein, sich an Massenverbrechen zu beteiligen.«

Albert Einstein, 1934

»Unbestimmte Furcht und Angst zeugen weiterhin Haß und führen zu Handlungen, die von Haß und Aggression diktiert sind. Die Tatsache, daß Menschen sich an Kriegsvorbereitungen gewöhnt haben, hat ihre Mentalität derart verdorben, daß humanes Denken nahezu unmöglich wird; solches Denken wird sogar als suspekt angesehen und als unpatriotisch unterdrückt werden.«

Albert Einstein, 1947

»Es ist eine merkwürdige Inkonsequenz an einer Regierung, die Ausländer dafür bestraft, in einem bestimmten Konflikt ihrem Gewissen *nicht* zu folgen, während sie ihre eigenen Bürger dafür zur Rechenschaft zieht, daß sie bei einem Konflikt derselben Art ihrem Gewissen *folgen.* Anscheinend schätzt eine solche Regierung das Gewissen ihrer eigenen Bürger geringer als das von Ausländern.«

Albert Einstein, 1951

Diese Zitate wurden dem Buch »Einstein on Peace« (Hrsg. Otto Nathan und Heinz Norden [Schockenbooks] New York, 1968) entnommen.

Vorwort

Ein Projekt dieses Ausmaßes wäre ohne die Mithilfe vieler Menschen nicht denkbar. Es wurde im Rahmen der Forschungsstelle für Psychopathologie und Psychotherapie in der Max-Planck-Gesellschaft in München unter der Leitung von Prof. Dr. Dr. Paul Matussek durchgeführt. Professor Matussek danke ich für die Freiheit und großzügige Unterstützung, die diese Arbeit erst ermöglichten. An den verschiedenen Stadien der Untersuchung waren viele beteiligt, und ich möchte bei dieser Gelegenheit Ilse Ankenbrank, Reinhard Scholl, Miriam Freifeld, Werner Schubö und insbesondere Dr. Tamar Bermann danken. Unter den Vielen, denen die schwierige Aufgabe der Transkription der Interviews zufiel, ist vor allem Frau Edwina Picone zu erwähnen. Mein besonderer Dank gilt meiner Sekretärin Ilona Weinreich, die mehrere Versionen des Manuskriptes zu schreiben hatte, und meiner Frau, die bei der Fertigstellung des Manuskriptes eine große Hilfe war. Ich möchte auch Hans Jürgen Koch, meinem Lektor, und Dr. Leroy Milman, Gabriela Baldner und Dr. Tamar Bermann für ihre kritischen Bemerkungen danken.
Erst durch die großzügige Unterstützung des Kommandanten des Special Forces Detachment, Colonel Ludwig Faistenhammer, und von Mr. Ralph Di Gia von der War Resisters League wurde diese Untersuchung in ihrem jetzigen Umfang ermöglicht.
Wie sehr ich den Versuchspersonen dieser Studie dafür zu Dank verpflichtet bin, daß sie ihr Leben wissenschaftlicher Exploration zugänglich machten, kann nicht genug betont werden.

David Mark Mantell
München, August 1971

Einleitung

Ziele der Untersuchung

»Ich bedauere, daß ich nur ein Leben für mein Land zu geben habe.« Diese nationalistische Sentenz wird amerikanischen Schulkindern zusammen mit einer Reihe weiterer patriotischer Lieder, Gedichte, Eidesformeln und anderen Lektionen beigebracht. Damit wird beabsichtigt, eine bemerkenswert dauerhafte Liebe für Amerikas Landschaften, Institutionen und Traditionen hervorzurufen – bisher zumeist mit Erfolg. Es ist kein Wunder, daß die meisten Amerikaner immer noch der Meinung sind, das außergewöhnlich große Glück gehabt zu haben, in dem besten aller Länder geboren worden zu sein. Die meisten Nationen wurden jedoch durch verlorene Kriege, wirtschaftliche Katastrophen und soziale Umwälzungen gezwungen, einige ihrer Haltungen und Institutionen zu überdenken und zu revidieren. Bis in die jüngste Zeit waren die Vereinigten Staaten eines der wenigen Länder, die diesem Schicksal entgangen waren.

Die amerikanische Gesellschaft wurde auf vielen Gebieten polarisiert. Der Krieg in Vietnam ist eine der fragmentierendsten unter den gegenwärtig wirksamen Kräften. Die Anhänger, Sprecher und Aktivisten in den Pro- und Antikriegslagern sind in vieler Hinsicht heterogen. Diese Studie befaßt sich nur mit denjenigen jungen Amerikanern, die sich durch ihre persönlichen Entscheidungen und Handlungen in dieser Auseinandersetzung in die vorderste Reihe gestellt haben. Ihr Verhalten spiegelt die Vielfalt der amerikanischen Gesellschaft und die einander oft entgegengesetzten Interpretationen, die ihre Traditionen erfahren haben.

Gewaltlosigkeit ist selten eine intellektuelle Leistung, sondern eine eingeübte und sehr emotionale Lebensweise. Ihre theoretische und literarische Exposition mag aus tiefgründigem Nachdenken resultieren, ihr Ausdruck jedoch ist eine gewöhnliche Verhaltensweise. Auch Gewalttätigkeit ist ein Lebensstil, vornehmlich eine gewöhnliche und unreflektierte Art, sich mit der sozialen und physischen Welt auseinanderzusetzen. Sowohl das gewalttätige als auch das gewaltlose Potential im Menschen muß gelernt werden. Beide Möglichkeiten werden gelernt in der Familie, in der Schule, in sozialen Gruppen und durch die Massenmedien.

Auf den folgenden Seiten werden die Lebensgeschichten von 50 jungen Amerikanern aufgerollt. Die Kapitel geben Einblick in ihre familiäre Herkunft, ihre soziale, religiöse und sexuelle Entwicklung, ihre Schulleistungen, Freizeitinteressen und -aktivitäten, ihre Beziehung zu Autoritätspersonen, zu den verschiedenen Menschen und Situationen, denen sie begegneten, die mithalfen, die Entwicklung ihrer Persönlichkeit zu formen. Wenn man in Kapitel 4 über die Art ihrer Handlungen als junge Männer liest, werden die Beziehungen zu ihren vorhergehenden Erfahrungen offensichtlich. Es war kein Zufall, daß einige sich freiwillig meldeten, in den Krieg zu ziehen, während andere sich weigerten.

Der Sinn dieser Studie war es, die sozialen und psychischen Wurzeln der ›Verpflichtung‹ zu erforschen und zu dokumentieren. Ich habe Verpflichtung definiert als die Übersetzung privater Empfindungen in sichtbare und administrativ registrierte öffentliche Handlungen, die ein bedeutendes Risiko für die Wohlfahrt des einzelnen mit sich bringen. Diese Definition erlaubte es mir, meine Aufmerksamkeit auf die Minderheit unter den Amerikanern zu richten, die mit ungebrochener Energie auf den Vietnamkrieg reagiert haben. Unter den verschiedenen Arten von Menschen, die in diese Kategorie gehören, mußte eine Wahl getroffen werden, welche Gruppen untersucht werden sollten. Es schien logisch, diejenigen Menschen auszuwählen, die in Vietnam *freiwillig* ihr Leben aufs Spiel setzten und diejenigen, die für ihre Gegnerschaft gegen den Krieg mit langen Gefängnisstrafen zu rechnen hatten. Während diese Auswahl notwendigerweise die unmittelbare Anwendbarkeit der Untersuchung und ihrer Ergebnisse auf eine relativ kleine Gruppe von Menschen zu begrenzen scheint, erlaubte sie es mir, viele Probleme von allgemeinem Interesse zu behandeln, ohne die Schwierigkeit endloser Einschränkungen beachten zu müssen. Dieser Ansatz, im Gegensatz zu dem, der überwiegend von der sozialwissenschaftlichen Forschung angewendet wird, ermöglichte eine konzentrierte und dabei detaillierte Untersuchung kompletter Lebensgeschichten. Es war nicht meine Absicht, wesentliche Fragen bezüglich Herkunft und Entwicklung dieser Männer unerforscht zu lassen.

Daß die »Versuchspersonen« dieser Untersuchung Amerikaner sind, ist mehr oder weniger einem Zufall zuzuschreiben. Als ich 1965 nach Deutschland kam, hatte ich beabsichtigt, diese Studie an abgeurteilten deutschen Kriegsverbrechern durchzuführen. Nachdem die Zwecklosigkeit dieses Projekts offensichtlich geworden war, wurde mir auch bewußt, daß Sozialwissenschaftler, von den Grausamkeiten des Zweiten Weltkrieges noch immer fasziniert, die kleine Anzahl von Europäern, die während derselben Zeit ihr Leben aufs Spiel gesetzt hatten, um andere zu retten, vollkommen vergaßen. Jedoch schien es unmöglich, die Probleme zu bewältigen, die damit verbunden gewesen wären, diese Menschen ausfindig zu machen, ihre Berichte zu überprüfen, sie zur Mitarbeit zu gewinnen und die Art von Befragung durchzuführen, die ich im Sinn hatte.
Meine Suche nach einer ähnlichen, aber leichter erreichbaren Gruppe wurde durch die Verwicklung der Vereinigten Staaten in den Vietnam-Krieg und die Opposition junger Menschen, die gemustert werden sollten, erleichtert. Ursprünglich war mein Interesse an Vietnam-Freiwilligen ausschließlich methodologisch. Ich sah sie nicht als Gegenstück zu deutschen Kriegsverbrechern, sondern als eine notwendige Vergleichsgruppe, die beobachtet werden mußte, um die Gültigkeit der Ergebnisse über die Kriegsdienstverweigerer zu überprüfen.
Die Ereignisse veränderten meine Perspektive. Kurz nachdem ich die Interviews mit den Kriegsdienstverweigerern fertiggestellt hatte, wurden die ersten Berichte über das Massaker an Zivilisten, unbewaffneten Männern, Frauen und Kindern durch amerikanische Kommandos bekannt. Die Reaktion der amerikanischen Bevölkerung auf diese Berichte ähnelte allzusehr einer Haltung, die der deutschen Bevölkerung während des Zweiten Weltkriegs zugeschrieben wird. Die mittlerweile berühmte Äußerung Leutnant Calleys, um das bekannteste Beispiel zu nehmen, er habe »nur seine Pflicht getan«, war identisch mit der Rechtfertigung des durchschnittlichen deutschen »Kriegsverbrechers«.
Diese Bemerkungen bedeuten nicht, daß ich amerikanische Kriegsdienstverweigerer automatisch mit den Europäern gleichgesetzt habe, die 1939 bis 1945 anderen Menschen das Leben retteten, oder amerikanische Kriegsfreiwillige mit der deutschen SS. Welche rassische Überlegenheit der durchschnittliche weiße, schwarze oder gelbe amerikanische Soldat Vietnamesen gegenüber auch fühlen mag, so stammt sie doch nicht aus einer expliziten, von der Regierung propagierten Doktrin. Die allgemeine politische und soziale Zusammensetzung der beiden Nationen kann nicht gleichgesetzt werden. Trotz dieser und

vieler anderer signifikanter Unterschiede zwischen den Vereinigten Staaten von Amerika und ihrem Krieg in Asien einerseits sowie Hitler-Deutschland und seinem Krieg in Europa andererseits enthüllt eine nähere Untersuchung beider Situationen, insbesondere im Hinblick auf die sehr persönliche Position des Individuums im Land selbst und auf dem Schlachtfeld, zu viele beunruhigende Ähnlichkeiten, die nicht leicht abzutun sind. Das Angenehme daran, heute ein Amerikaner zu sein, ist, daß wir die Gelegenheit haben, über uns selbst zu Gericht zu sitzen. Das aber ist für diejenigen besonders schmerzhaft, die es gerne für uns täten. Das scheint so zu sein. Ja! Das erlebe ich im Privaten! 13.7.91

Die Auswahl der Antikriegs-Stichprobe

Im Sommer 1968 fuhr ich nach New York City und nahm Kontakt mit Antikriegsgruppen auf. Die Kriegsdienstverweigerer-Liga und die ihr angeschlossenen Organisationen schienen der beste und zentrale organisatorische Rahmen zu sein, in dem Kontakte mit Menschen, die sich auf eine Antikriegsposition verpflichtet hatten, aufgenommen werden konnten. Ihr Büro war in Manhattan zentral gelegen, besaß relativ viel Personal an bezahlten und freiwilligen Mitarbeitern, war ein zentraler Treffpunkt für Menschen ähnlicher Überzeugungen aus allen Teilen des Landes und bot durch ihren Beratungsdienst für junge Männer, die erwogen oder bereits beschlossen hatten, die Musterung zu verweigern, Zugang zu einer größeren Zahl Gleichgesinnter.

Um die Stichprobe auszugleichen, wurden ungefähr gleich viele Probanden aus 4 verschiedenen Gruppen ausgewählt: jüngere Angestellte der Kriegsdienstverweigerer-Liga, die in dem Hauptbüro arbeiteten; Männer, die im Außendienst tätig waren und durch das Hauptbüro erreicht werden konnten; Menschen, die während der vorhergehenden 6 Monate im Hauptbüro Rat gesucht hatten und deren Namen und Adressen sich in den Akten fanden; Menschen, die wegen Wehrdienstverweigerung auf ihre Verurteilung zu langen Gefängnisstrafen in einem Bundesgefängnis warteten (ein Verzeichnis mit ihren Namen hing im Hauptbüro an der Wand). Mitglieder jeder dieser Gruppen wurden rein zufällig ausgewählt und gebeten, sich an der Studie zu beteiligen. Einer von 10 lehnte die Mitarbeit ab. Die Mehrzahl der Interviews wurde in Privatwohnungen, Restaurants oder im Büro der Kriegsdienstverweigerer-Liga durchgeführt, die übrigen in einem Umkreis von 80 Meilen von New York City.

Die Vorstudie über Kriegsfreiwillige

Während des Winters 1968 und im Frühjahr 1969 wurden einige Versuche unternommen, Kontakte mit in Europa stationierten Soldaten aufzunehmen, die freiwillig »1049«-Bewerbungen[1] für einen »Diensteinsatz« in Vietnam eingereicht hatten. Obwohl der Großteil des Fragebogen- und Interviewmaterials für diese Untersuchung bereits ausgearbeitet worden war, ergab sich die Notwendigkeit einer Vorstudie. Da ich über viele der spezifischen Probleme und Aspekte der Militärbürokratie, mit denen Soldaten konfrontiert werden, nicht informiert war, schien es notwendig, zunächst einige Nachforschungen anzustellen, um die endgültigen Fragen und das Forschungsinstrument verfeinern zu können. Auch war das Spektrum der Motive und Umstände, die zu der Entscheidung führten, sich freiwillig nach Vietnam zu melden, sehr weit; es mußte also der Versuch gemacht werden, eine Gruppe von Freiwilligen zu finden, deren Entscheidungsumstände denen der Kriegsdienstverweigerer nahekämen. Die ersten Freiwilligen für die Vorstudie wurden mir durch die psychiatrischen Abteilungen einiger Militärkrankenhäuser und Ambulanzen überwiesen. Diese 6 Soldaten waren den psychiatrischen Abteilungen in erster Linie wegen ernsthafter emotionaler Störungen, die einer Psychose nahekamen, oder wegen schwerer Persönlichkeitsstörungen überwiesen worden. Mit einer Ausnahme wurden ihre Bewerbungen für den Einsatz in Vietnam abgelehnt; sie wurden in der Folgezeit aus der Armee entlassen.

Der Zugang zur zweiten Gruppe von Fällen für die Vorstudie wurde mir durch Bekannte vermittelt. Diese 15 Männer waren Mitte Dreißig und hatten eine lange und nicht besonders erfolgreiche militärische Karriere hinter sich. Zur Zeit ihrer Entscheidung, sich freiwillig nach Vietnam zu melden und eine offizielle 1049-Bewerbung einzureichen, hatten viele ernsthafte finanzielle Schwierigkeiten oder Eheprobleme. Einige waren in verschiedenartige Konflikte innerhalb ihrer Einheiten verwickelt worden. Ihre unmittelbaren Entscheidungen, sich nach Vietnam zu melden, hatten ihrem eigenen Verständnis nach verschiedene Motivationen. Sie gaben an, vor ihren Eheproblemen fliehen zu wollen, durch den höheren Sold, der in Vietnam bezahlt wurde und die Gelegenheit, diesen Sold durch Teilnahme an besonderen Einsätzen noch zu erhöhen, hofften sie, ihre Schulden zurückzahlen zu können. Sie hielten auch die Beförderungsmöglichkeiten in einer Kampfzone für

1 »1049« ist die Nummer des Formulars, das Militärangehörige ausfüllen, um eine freiwillige Bewerbung für den Einsatz in Vietnam einzureichen.

größer; denn jede Beförderung bringt automatisch eine Erhöhung des Soldes mit sich. Einige langweilten sich auch und freuten sich auf das Erlebnis und das Gefühl, einem Zweck zu dienen, den sie in Vietnam zu finden hofften. Zu diesem Zeitpunkt konnte ich nicht wissen, daß ich von den Green Berets dieselben Erklärungen erhalten würde. Die Resultate der beiden Vorstudien werden später in Form einer Monographie veröffentlicht werden.

Die Hauptstichprobe der Kriegsfreiwilligen

Die Erfahrung aus den beiden Vorstudien und weitere Nachforschungen zeigten, daß die Entscheidung der Freiwilligen, sich nach Vietnam zu melden, oft nicht durch eine Verpflichtung auf den Krieg an sich motiviert war. Die Entscheidung schien nicht aus einem festen Glaubenssystem zu stammen, das mit dieser Handlung übereinstimmte, und in vielen oder sogar in den meisten Fällen wurde die Entscheidung durch ernsthafte psychische Störungen, schlechte Moral in der Truppe, ein Gefühl der Sinnlosigkeit und die augenblicklichen Schwierigkeiten der Soldaten herbeigeführt. Während derartige Bedingungen wert schienen, näher untersucht zu werden, zeigten diese Probanden nicht den gründlich und historisch dokumentierbaren Sinn für Verpflichtung, der notwendig war, um die Auswahlkriterien zu erfüllen. Auch schien es nahezu unmöglich zu sein, eine in bezug auf Alter, Schulbildung und Intelligenz mit den Kriegsdienstverweigerern vergleichbare Stichprobe von Soldaten zu machen.

Im Sommer 1969 wurde ich darauf aufmerksam gemacht, daß Soldaten der Special Forces (Spezialeinheiten) in der Nähe von München stationiert waren. Diese Soldaten schienen die erforderlichen Kriterien zu erfüllen. Die Voraussetzungen für die Zugehörigkeit in dieser Truppe schienen nicht leicht erfüllbar. Um sich für die Special Forces zu qualifizieren, mußten sich die Soldaten freiwillig in diese Einheit melden, eine Serie von psychologischen Tests bestehen und einen schwierigen Kursus erfolgreich abschließen. Soldaten in den Special Forces werden spezifisch für Kampfeinsätze trainiert und können sich diesen nicht entziehen. Die Auswahlprinzipien der Armee und die Tatsache, daß diese Männer sich freiwillig meldeten, schienen zu garantieren, daß es sich hier um eine Gruppe von stark motivierten Menschen handelte, die für den Krieg eingestellt waren. Das Risiko von Verwundung und Tod ist in dieser Einheit sehr hoch. Die Übersetzung privater Einstellungen

in eine in sich konsistente Folge dokumentierbarer öffentlicher Aktionen schien ebenfalls gegeben zu sein
Im Spätsommer 1969 erteilte mir der Kommandant einer besonderen Einheit der Special Forces (Green Berets) die Genehmigung, 30 seiner Männer zu interviewen. Mit Hilfe des Kompaniearztes wurden 30 Namen aus der Gesamtzahl von ungefähr 400 Soldaten, die auf dem Stützpunkt stationiert waren, willkürlich ausgewählt. Es gab nur 2 Kriterien für die Auswahl. Der Soldat sollte ein reguläres Mitglied der Special Forces und jung sein, zwischen 20 und 30 Jahren alt. Die Soldaten wurden gebeten, auf freiwilliger Basis an dieser Untersuchung teilzunehmen. Keiner von ihnen lehnte die Mitarbeit ab. Jedoch wurde die endgültige Stichprobe aus mehreren Gründen auf 25 reduziert. Ein Soldat war weit über 40 Jahre alt. Ein zweiter Soldat war sowohl weit über 40 Jahre alt als auch in Europa geboren und aufgewachsen, er sprach auch gebrochen Amerikanisch. Zwei Soldaten waren nicht Mitglieder der Green Berets, sondern diesen willkürlich zugeteilt worden und zufällig in die Stichprobe geraten; ein Soldat war nach Vietnam gegangen, bevor er interviewt werden konnte.

Das Fragebogenmaterial

Vor jedem Interview wurde der Proband gebeten, eine 4–6stündige Serie psychologischer Tests auszufüllen. Die Fragebogenserie bestand aus: einem Fragebogen zu biographischen Daten; 2 Persönlichkeitstests (The Minnesota Multi-Phasic Personality Inventory [MMPI] und The Edwards Personal Preference Schedule); dem Wechsler Adult Intelligence Scale: Verbale Skala; einigen Einstellungsskalen (die Skalen über Faschismus, Dogmatismus, politisch-ökonomischen Konservativismus, Rigidität und traditionelle Familienideologie); dem Thorne Sex Inventar und einigen kleineren Fragebogen über moralische Intoleranz, Zeitgeschehen und historische Persönlichkeiten. Die von Bandura und Walters in ihrem Buch »Adolescent Aggression« verwendeten Rating-Skalen für jugendliche Aggression wurden in Fragebogenform umgewandelt und ebenfalls vorgelegt. Als unabhängiger Maßstab für Antworten, die rein nach ihrer sozialen Wünschbarkeit gegeben wurden, fand der Marlowe Crowne Social Desirability Scale Verwendung. Schließlich wurde eine modifizierte Version des Fragebogens von Stouffer u. a. aus seinen Studien »The American Soldier« den Kriegsfreiwilligen vorgelegt. In Kapitel 5 werden die Gründe für die Wahl dieser Fragebogen dargelegt und ihre Konstruktion erklärt.

Die Probanden arbeiteten 2 Stunden, hatten dann eine Ruhepause von 30 Minuten und arbeiteten 2 weitere Stunden, um die Fragebogenserie zu vervollständigen. Wenn ein Proband mehr Zeit benötigte, setzte er nach einer Essenspause von einer Stunde die Beantwortung fort. Vor dem Interview ging ich das Fragebogenmaterial durch, um Fehler und Auslassungen erkennen zu können, und ich machte mich mit den biographischen Daten bekannt. Auslassungen und Fehler wurden dann zu Beginn des Interviews besprochen. Darauf wurden 4 der 5 verbalen Skalen des Wechsler Adult Intelligence Scale vorgelegt (das Vokabular wurde ausgelassen). Mit Hilfe der Auskünfte über die biographischen Daten wurden 4 der 5 nicht interviewten Green Berets aus der Stichprobe ausgeschieden. Ihr Fragebogenmaterial wurde vernichtet.

Das Interview

Die meisten Menschen erwarten von Untersuchungen äußerst spezifische Hypothesen und sehr präzise Fragen. Man erwartet vom Forscher, daß er sehr definitive Erwartungen über das Phänomen hat, das er explorieren will und daß er seine Untersuchung derart konstruiert, daß seine Hypothesen von seinen Resultaten verifiziert oder falsifiziert werden können. Diese Einstellung zur Forschung geht meist Hand in Hand mit dem Gefühl, daß der Forscher bessere Fragen stellen kann als der Laie, daß der Forscher eine ganze experimentelle und theoretische Tradition auf das zu explorierende Phänomen anwendet, daß es seine Intention ist, absolute Wahrheiten oder Gesetze zu enthüllen und daß Forschungsresultate nicht in Frage gestellt werden können. Man erwartet ferner, daß die Forschung derart angelegt ist, um uns Dinge klarzumachen, deren wir uns vorher nicht bewußt waren und – keineswegs selten –, daß die betreffende Untersuchung besser ist, mehr Einsicht vermittelt, tiefer geht, gründlicher geplant ist als irgendeine andere vorher.

Es war nicht meine Absicht, zu falsifizieren oder zu verifizieren, sondern in die Tiefe zu explorieren und detailliert zu beschreiben. Ich war nicht an den Klischees interessiert, von denen die Green Berets oder die Kriegsdienstverweigerer umgeben werden, und ich stellte daher keine Fragen, die spezifisch darauf abzielten, populäre Ansichten zu überprüfen. Statt dessen versuchte ich, mich so weit wie möglich von persönlichen Vorurteilen frei zu machen und stellte mir selbst die folgenden Fragen: Was muß ich wissen, um zu einem Verständnis der

Entwicklung und des gegenwärtigen Verhaltens eines Menschen zu kommen? Wie kann ich die notwendige Information am besten einholen? Die Antworten auf diese Fragen sind weder mysteriös noch esoterisch, und sie müssen schon gar nicht in einer Sprache abgefaßt werden, die Ehrfurcht einflößt. Teilweise sind sie so offensichtlich, daß die Gefahr groß ist, sie als banal und uninteressant anzusehen. Keiner wird überrascht sein, zu hören, daß Luft lebensnotwendig ist, und die meisten Menschen werden sich zunehmend der Tatsache bewußt, daß es von der Reinheit der Luft, die sie atmen, abhängt, wie lange sie leben werden. Wir wissen auch, daß die Entwicklung eines Säuglings durch die Art der Pflege und seiner Umgebung ebenso determiniert ist wie durch seine Erbanlagen. Dieser Studie liegt die Einstellung zugrunde, daß es fast immer wichtiger ist, die Umweltbedingungen zu kennen, die das Wachstum eines Kleinkindes umgeben, bestimmen und formen, als eine Tabelle über seine Erbanlagen zu besitzen.

Die Datensammlung ging nicht von spezifischen Hypothesen aus, wie die untersuchten Gruppen sich voneinander unterscheiden sollten, sondern von dem allgemeinen Wissen, das mir als Psychologe darüber zur Verfügung stand, welche Umweltbedingungen eine zentrale Rolle in der Ausformung menschlichen Verhaltens spielen. Es war das Ziel, die Probanden über jedes dieser Gebiete zu befragen, ihre Antworten festzuhalten, sie zu analysieren, dann zu beschreiben und zu interpretieren. Natürlich konnte ich meine Ausbildung und meine Erwartungen in diesem Prozeß nicht ablegen, doch zögerte ich in den meisten Fällen, meine Hypothesen im voraus festzulegen und sie meinen Kollegen mitzuteilen. Forscher werden leicht in sich selbst erfüllende Prophezeiungen verwickelt und halten häufig eher das fest, was sie erwarten, als das, was wirklich da ist. Sie neigen dazu, systematische Fehler zu machen: von dem Zeitpunkt an, wo sie ihre Untersuchungen planen, bis zu der Zeit, in der sie ihre Ergebnisse analysieren und interpretieren.[2] Obwohl ich nicht für eine untheoretische Wissenschaft oder für die Eliminierung spezifischer Hypothesen aus dem Wissenschaftsprozeß plädieren möchte, so meine ich doch, daß alle Anstrengungen gemacht werden müssen, um sich vor den spezifischen Vorurteilen des Forschers zu bewahren.

Die theoretische Orientierung, die dieser Untersuchung zugrunde liegt, wird durch den gesamten Bericht hindurch an den vorgelegten Daten

[2] In ihrem Buch »Artifact in Behavioral Research«, New York (Academic Press), 1969, sammelten Robert Rosenthal und Ralph Rosnow eine ausgezeichnete Serie von 8 Monographien über die Fehlerquellen in der sozialwissenschaftlichen Forschung.

erkennbar. Soweit meine Arbeit von Prämissen ausging, werden sie in jedem Kapitel und in jedem Schritt meiner Argumentation deutlich. Da dieser Abschnitt nur als eine allgemeine, einleitende Diskussion gemeint ist, sollte es vorläufig genügen, auf die Art hinzuweisen, in der die Interviews durchgeführt wurden.

Das Interview folgte in fast allen Fällen auf die Vervollständigung der Fragebogenserien und dauerte zwischen 5 und 12 Stunden. Alle Interviews wurden auf Band aufgenommen und danach von Sekretärinnen transkribiert. Sie sind zwischen 60 bis über 300 Schreibmaschinenseiten lang.

Die Interviews wurden in Form von offenen Fragen mit der Intention durchgeführt, den Befragten zu motivieren, seine Gedanken mit einem Minimum an Führung und Intervention genauer darzulegen. Ich hoffte, auf diese Art ein spontanes Dokument zu erhalten, das die Gefühle jedes einzelnen Probanden und auch die Dinge, die er besonders betonte, genau wiedergeben würde. Das Interview begann mit der Bitte an den Probanden, mir seine Lebensgeschichte von seinen frühesten Erinnerungen an zu erzählen. Darauf wurde er gebeten, weiter zu erzählen und sein Familienleben, seine Mutter und seinen Vater, seine Erziehung, Schulerlebnisse, Interessen, Hobbies, Freundinnen, seine sexuelle und religiöse Entwicklung, und die Menschen und Erfahrungen in seinem Leben zu beschreiben, soweit sie seine Entwicklung stark beeinflußten. Wenn ich das Gefühl hatte, daß ein Thema eingehend besprochen worden war, hakte ich es ab und machte mir Notizen über spezifische Fragen, die noch genauer exploriert werden mußten. So war es möglich, den Probanden die meiste Zeit selbst sprechen zu lassen. Das stellte auch sicher, daß die wesentlichen Themen der Untersuchung berührt wurden. Auch brachte diese Interviewtechnik viele Überraschungen. Sie gab dem Probanden die Möglichkeit, sein Leben so zu erzählen, wie er es sah. Dadurch erzählten viele über Gefühle und Erfahrungen, die ich nicht vorausgesehen hatte.

Von Zeit zu Zeit war es nötig, dem Probanden nachzuhelfen, ihm klärende und sehr spezifische Fragen zu stellen. Die spezifische Befragung gliederte sich in zwei Kategorien. Eine Serie von Fragen über soziale, politische, rassische, religiöse und sexuelle Themen war vorbereitet worden, ebenso zwei unabhängige Serien spezifischer Fragen für die Kriegsdienstverweigerer und die Kriegsfreiwilligen. In jedem Fall bezogen sich die Fragen auf die mit ihrer Entscheidung verbundenen Umstände, Motive und Gefühle und auf die Erfahrungen, die sie seit dieser Zeit als Pro- und Antikriegs-Aktivisten gemacht hatten.

Analyse des Interviewmaterials

Ein Kategoriensystem für die Auswertung des Interviewmaterials wurde vorbereitet. Besonderes Augenmerk wurde darauf gerichtet, daß die Kategorien deskriptiv statt interpretativ sein sollten. In den meisten Fällen fragt eine Kategorie, ob besondere Arten von Äußerungen fielen, nicht aber, was sie bedeuten. Auf diese Art wurde von Anfang an der Versuch gemacht, viele der Quellen einer ›Beurteiler-Voreingenommenheit‹ zu eliminieren und Resultate sicherzustellen, die leicht durch direkte Zitate dokumentiert werden können. In manchen Fällen war die interpretative Bewertung durch den Beurteiler erwünscht. Alle diese Kategorien wurden spezifisch mit »nach der Bewertung durch den Beurteiler« überschrieben und in diesem Bericht auch so vorgestellt.

Alle Kategorien, sowohl die deskriptiven als auch die interpretativen, wurden von zwei unabhängigen Beurteilern kodiert. Nur diejenigen Kategorien, bei denen beide Beurteiler dieselbe Antwort gaben, gingen in die endgültige Analyse ein. Keine Kategorie wurde in die endgültige Analyse einbezogen, bei der in über 20% der Fälle Daten fehlten. In weniger als 5% aller angewendeten Kategorien fehlten Daten. Eine Gesamtzahl von über 1000 Kategorien wurde für jeden Probanden bewertet. Dieser Bericht enthält nur einen kleinen Teil von ihnen, da solche mit fehlenden Daten und unterschiedlichen Bewertungen ausgeschlossen wurden. Platzmangel verhinderte die Behandlung anderer Kategorien. Die endgültige Auswahl der Kategorien für diesen Bericht wurde aufgrund methodologischer Überlegungen und meiner Einschätzung der Relevanz und Bedeutung getroffen.

Demographische Vergleichbarkeit der Stichproben

Viele Menschen ziehen den Wert sozialwissenschaftlicher Forschung zunehmend in Zweifel. Das hängt teilweise mit den Fehlern, die in Meinungsumfragen vorkommen, mit der statistischen Manipulation von Ergebnissen, um private Interessen zu befriedigen und mit dem Mangel an Transparenz der Datensammlung zusammen. Je genauer eine Untersuchung geprüft wird, desto größer ist die Anzahl der in ihr gefundenen methodologischen Probleme. Alle diese Probleme werden noch verstärkt, wenn generelle Anwendbarkeit der Ergebnisse behauptet wird (was ich nicht tue) und wenn Vergleiche gezogen werden. Eines der ersten Dinge, die überprüft werden, ist die demographische Vergleichbarkeit der Stichproben. Der Theorie zufolge ist so viel an menschlichem Verhalten mit Alter, Geschlecht, Bildung, Religion, Rasse und sozialer Schicht verbunden, daß diese Variablen vorsichtig kontrolliert werden müssen, um einen ›sauberen‹ Vergleich zwischen zwei Gruppen in anderer Hinsicht zu ermöglichen.

In dieser Studie wandte ich ein Auswahlverfahren nach spezifischen Kriterien an. Menschen wurden ausgewählt, weil sie sich in einer bestimmten Art verhalten hatten. Außer daß die Stichproben auf Männer beschränkt waren und ›ältere‹ Menschen nicht interviewt wurden, ist den demographischen Eigenschaften während der Auswahl der Stichproben keine weitere Aufmerksamkeit geschenkt worden. Dieses Vorgehen wird im Gegensatz zur Laboratoriumsforschung in der Feldforschung angewandt. Der Feldforscher soll jedoch Stichprobenfehler dadurch ausgleichen, daß er sehr große Stichproben verwendet. Wenn man dies korrekt durchführt, wird die Stichproben-Voreingenommenheit auf ein Minimum reduziert; aber eben weil man mit so vielen Menschen spricht, können nur sehr wenige Fragen gestellt und beantwortet werden.

Wenn man meine Stichprobenauswahl betrachtet, ergibt sich ein überraschendes Maß an demographischer Vergleichbarkeit. Die Kriegsdienstverweigerer und Kriegsfreiwilligen kamen zu fast gleichen Teilen aus verschiedenen sozialen Schichten. Eine größere Zahl von Kriegsdienstverweigerern wuchs in großen Städten auf, aber städtische und ländliche Herkunft sind in beiden Gruppen stark vertreten. Die Kriegsfreiwilligen waren im Durchschnitt 5 Jahre älter als die Kriegsdienstverweigerer (27 Jahre gegenüber 22,7 Jahre), aber in bezug auf den Altersbereich (20 bis 36 gegenüber 18 bis 26) überschneiden sie sich bemerkenswert. Darüber hinaus konnten *innerhalb* der beiden Gruppen keinerlei Unterschiede im Familienhintergrund und den Erziehungsmustern gefunden werden, die mit Alter oder Generation in Zusammenhang standen.

In bezug auf Schulbildung, Religion, Rasse und Familienstand waren die beiden Gruppen in unterschiedlichem Maß nicht vergleichbar. Nur 7 Kriegsfreiwillige hatten das College begonnen, einige wenige hatten College-Kurse in der Armee besucht und 2 wollten Medizin studieren, aber zur Zeit unserer Unterhaltung hatte keiner von ihnen 2 ganze Jahre College beendet. Im Vergleich dazu gab es nur 2 Kriegsdienstverweigerer, die nicht wenigstens das College angefangen hatten, fast die Hälfte hatten einen B.-A.-Grad[3] und einige hatten höhere akade-

[3] Anm. d. Übers.: Bachelor of Arts, Abschlußexamen nach vier Jahren College.

mische Grade erhalten. Die Kriegsfreiwilligen kamen zu 60% aus protestantischen und zu 40% aus katholischen Familien. Die Kriegsdienstverweigerer waren zu 24% protestantischer, 12% katholischer, 20% religiös gemischter und 44% jüdischer Herkunft. Es gab 5 schwarze Kriegsfreiwillige, aber nur einen schwarzen Kriegsdienstverweigerer. Die Mehrheit der Kriegsfreiwilligen war verheiratet oder geschieden, während es nur 2 verheiratete Kriegsdienstverweigerer gab.
Ich bin der Ansicht, daß die wesentlichen demographischen Unterschiede zwischen diesen Gruppen die Konsequenzen kultureller Muster widerspiegeln, die über die Grenzen der sozialen Schicht, der Religion und Rasse hinausgehen. Die beiden Gruppen sind, insbesondere in bezug auf ihren sozio-ökonomischen Status, sehr variabel und gut miteinander zu vergleichen. Wenn die Söhne von Eltern aus der Arbeiterklasse in der einen Gruppe ins College gingen, während diejenigen aus der anderen in die Armee eintraten, dann kann man nicht länger geltend machen, daß Schichtzugehörigkeit allein der einen Gruppe den notwendigen Vorteil bot, der der anderen vorenthalten wurde. Diese These kann für die Gesamtgesellschaft, aber anscheinend nicht hier angewendet werden.
Ich will damit sagen, daß es trotz der zu beobachtenden Macht der wirtschaftlichen Lage, Religion oder Rasse, besonderes Verhalten, besondere Einstellungen, Wahrnehmungen und Konflikte hervorzubringen, viele Aspekte des menschlichen Verhaltens gibt, die sich unabhängig von diesen Einflüssen entwickeln. Die amerikanische Gesellschaft ist außergewöhnlich komplex, und innerhalb jeder demographisch definierten Gruppe gibt es größere Unterschiede, als man auf den ersten Blick sehen kann. Selbst innerhalb von Gesellschaften mit klar umrissenen Kasten- oder Klassensystemen gibt es viele verbindende Werte, Haltungen und Verhaltensmuster, die Klassengrenzen transzendieren. Wenn das nicht so wäre, könnten solche Gesellschaften nur durch brutale Gewalt zusammengehalten werden.
Die Familie als die kleinste soziale Einheit in der Gesellschaft trägt die größte Verantwortung für die frühe Sozialisation ihrer Nachkommen. Diese Studie basiert auf der Hypothese, daß Familien, gleich welcher geographischen Herkunft und wirtschaftlichen Stellung, in ihren Kindern das Potential für soziopolitische Handlungen fördern, das sich viele Jahre später auswirkt. Theodore Lidz formulierte diese Hypothese als ein Axiom:[4]

[4] Lidz, T., The Familiy and the Developmental Setting. In: Anthony, E. J. und Koupernik, C. (Hrsg.): The Child in his Family. New York (John Wiley and Sons) 1970.

»Die Familie stellt den frühesten und dauerhaftesten Einfluß dar, der den noch ungeformten Säugling und das Kleinkind umgibt. Für es sind die Lebensweise der Eltern und der Familie seine Lebensweise, die einzige, die es kennt. Alle daraus folgenden Erfahrungen werden nach den in der Familie gelegten Grundlagen wahrgenommen, verstanden und emotional beantwortet [...] Spätere Erfahrungen werden diejenigen der Familie modifizieren, aber sie können sie nie ungeschehen machen oder diese frühen, zentralen Erfahrungen vollkommen neu umformen [...] Die Lebensweise der Familie und die Art, wie das Kind auf sie reagiert, werden in dem Kind so gründlich inkorporiert, daß sie zu Determinanten seiner konstitutionellen Anlage werden, die von den genetisch determinierten biologischen Faktoren, mit denen sie in Zusammenhang stehen, schwierig zu unterscheiden sind.«

Dieser Standpunkt ist nicht neu. Die Macht der Familie, das Verhalten zu formen, wurde von Politikern, Soziologen und Psychologen anerkannt und ist im Populärwissen tief verankert. In dieser Studie wird die Fähigkeit der Familie, Pro- und Antikriegsaktivisten heranzubilden, gezeigt.

Die Darstellung der Daten und ihre Interpretation

Jedes Kapitel ist in 2 Abschnitte geteilt. Teil I beschäftigt sich jeweils mit den Kriegsfreiwilligen und Teil II mit den Kriegsdienstverweigerern. Ich wählte diese Form der Darstellung, um die Verwirrung und dauernden Wiederholungen zu umgehen, die ein direkter Vergleich zwischen den Gruppen bei jeder Variablen mit sich gebracht hätte. Obwohl man so den Eindruck gewinnt, 2 Bücher zu lesen, wird die Möglichkeit, Vergleiche zwischen den Gruppen zu ziehen, mehrfach erleichtert. Jeder Teil enthält dieselben Themen in der identischen Reihenfolge. Die Resultate für jede einzelne Gruppe unterscheiden sich im allgemeinen hinreichend voneinander, so daß sie nicht unmittelbar gegenübergestellt werden müssen, um bemerkt zu werden.

Es war ursprünglich meine Absicht, eine Serie von thematisch zusammengefaßten Zitaten ohne Kommentar zu veröffentlichen. Ich war der Meinung, daß ich mit dieser Methode nicht einer Verzerrung beschuldigt werden konnte. Jedoch wäre sehr viel von diesem Material ohne Erklärungen nicht richtig zu verstehen, und die meisten, die das Manuskript in der ersten Fassung lasen, waren der Ansicht, daß es zwar unzweifelhaft darlegte, daß 17, 19 oder 24 Probanden dieses oder jenes gesagt hatten, doch würde niemand 17, 19 oder 24 fast identische Zitate lesen wollen. Deswegen entschloß ich mich, die Resultate zu beschreiben, sie mit Tabellen und Zitaten zu veranschaulichen und sie dann zu interpretieren. Dadurch weiß man mit Sicherheit, wer gerade spricht.

Am problematischsten war die Darstellung vieler Aspekte in den Familien der Green Berets. Fast alle von ihnen beschrieben ihre Eltern und ihre Erziehung ursprünglich mit äußerst positiven und sogar glorifizierenden Worten. Jedoch traten bei näherer Befragung manchmal gegenteilige Äußerungen zutage. Beispielsweise beschrieb ein Green Beret sein Familienleben als sehr harmonisch. Als ich ihn fragte, wie es möglich sei, daß seine Eltern keine Meinungsverschiedenheit hatten, antwortete er, daß sie »manchmal handgreifliche Box- und Ringkämpfe«, aber »keine Meinungsverschiedenheiten« hatten. Die Einstellungen, Wahrnehmungen und die Ausdrucksweise, die dieser Art zu berichten zugrunde liegen, führten zu einer unterschiedlichen Einschätzung und Betonung der Ereignisse durch die Kriegsfreiwilligen und durch mich; sie werden manchmal in deutlichen Unterschieden zwischen den Bewertungen der unabhängigen Beurteiler und meiner Interpretation auf der einen und den Zitaten auf der anderen Seite deutlich. Leider ist dies in Kapitel 1 am auffälligsten. Um ein ausgewogenes Bild der Familien der Green Berets zu erhalten, war es oft notwendig, besonders auf widersprüchliche Bemerkungen zu achten.

Ein weiteres Beispiel, in dem scharfe Unterschiede zwischen meinen Maßstäben und denen der Green Berets zutage traten, stand mit der Bestrafung von Kindern in Verbindung. Fast alle von ihnen hatten das Gefühl, daß sie fair und gerecht bestraft worden und daß ihre Eltern bestimmt und möglicherweise streng, aber nicht zu streng gewesen waren. Dennoch schienen mir die von ihnen beschriebenen Umstände der Bestrafung, die sie als Kinder erhalten hatten, alles andere als fair und gerecht. Es steht hier nicht zur Debatte, wer recht hat, sondern wie sie tatsächlich bestraft wurden und welche wertenden Bezeichnungen sie und ich dafür fanden. Diese Angelegenheiten sollten nicht durcheinandergebracht werden.

Die »große schweigende Mehrheit«

Zu dem Zeitpunkt, als ich begonnen hatte, die Green Berets zu befragen, hatten sich meine Forschungsziele wesentlich verändert. Eine dritte Stichprobe, die einen Vergleichsrahmen für die Kriegsfreiwilligen bieten sollte, war notwendig geworden. Im Winter 1969 und im Frühjahr 1970 bat ich alle Studenten in meinen College-Abendkursen über Psychologie in einer Reihe von amerikanischen Militäreinrichtungen in Deutschland, dieselbe Fragebogenserie auszufüllen, die den Kriegsdienstverweigerern und Kriegsfreiwilligen vorgelegt worden war. Nur Männer zwischen 20 und 35 Jahren, die eingezogen worden waren, nicht in Vietnam gedient hatten und die nicht beabsichtigten, sich freiwillig nach Vietnam zu melden, gingen in die endgültige Stichprobe ein. Diese Kriterien reduzierten die ursprüngliche Stichprobe von 60 auf 35 Personen. Zeitdruck und andere Umstände gestatteten mir nicht, sie zu interviewen. Daher kann ich nur die Fragebogenresultate dieser Gruppe darlegen.

Kapitel 1

Herkunft und Kindheit

Diejenigen unter uns, die sich die Lösung sozialer Probleme in erster Linie von der Regierung erwarten, sehen sich einem ernsthaften Dilemma gegenüber. Regierungen bestehen aus Kindern, die groß geworden sind. Regierungsmitglieder und Beamte bringen die Werte, Einstellungen und Neigungen, die sie als Kinder lernten, mit in ihr Amt. Die Eigenart einer Nation, wie ihre Politik und Institutionen, sind das Ergebnis des Familienlebens ihrer Mitglieder. Das eine kann vom anderen nicht getrennt werden.

Wenige Eltern nur verstehen die Implikationen ihres eigenen Verhaltens für das unmittelbare oder zukünftige Verhalten ihrer Kinder vollkommen. Das Drama des Vietnam-Krieges und die innenpolitische Spaltung in den Vereinigten Staaten wurden wissentlich und unwissentlich in der amerikanischen Familie geformt. Wenige Kinder haben ihre Eltern selbst töten oder einen Musterungsbefehl zurückschicken sehen. Es ist selten, daß Eltern einem Kind beibringen, derartige Dinge zu tun. Jedoch formen Eltern weiterhin die Grundlagen und das Potential für diese einander entgegengesetzten Verhaltensweisen. Wie sie dies tun, ist Gegenstand dieses Kapitels. Die Rollen von Lehrern, Geistlichen, Beamten und anderen, die die in der Familie geleistete Arbeit fortführen, werden in Kapitel 2 erörtert.

Bei der Analyse des Familienhintergrundes der Kriegsfreiwilligen und der Kriegsdienstverweigerer wurde besonders auf 2 Arten von Information geachtet. Die erste betrifft die gesellschaftlichen Gegebenheiten, in denen die Mitglieder jeder Gruppe geboren und erzogen wurden; die zweite und entscheidendere bezieht sich auf den inneren Ablauf ihres Familienlebens und die Beziehung ihrer Familien zur Gesellschaft im allgemeinen. Zur letzteren Frage werden die folgenden Aspekte des Familienlebens nacheinander dargestellt: die Atmosphäre in der Familie, die Beziehung zwischen den Eltern und zwischen Eltern und Kindern, die Werte und Verhaltensmaßstäbe, die während der Kindererziehung betont wurden, die von den Eltern angewandten Erziehungsmethoden, die Beziehungen zwischen den Familien und ihren Nachbarn und Verwandten und die Teilnahme der Eltern an politischen und sozialen Organisationen. Die gesamte Information, auf der diese Analyse fußt, stammt von den Kriegsfreiwilligen und den Kriegsdienstverweigerern selbst und repräsentiert daher ihre Perspektive und nicht die ihrer Eltern.

Teil 1

Die Kriegsfreiwilligen

Geographische Herkunft, elterliche Berufe und Klassenzugehörigkeit

Die Kriegsfreiwilligen stammten zu ungefähr gleichen Teilen aus Städten und aus kleinen Landgemeinden. Drei von ihnen verbrachten ihre Kindheit auf dem Land und ihre Jugendzeit in der Stadt oder umgekehrt. Die Kriegsfreiwilligen kamen aus allen Teilen der Vereinigten Staaten, einer aus Barbados.

Es ist eine weitverbreitete Annahme, daß Berufssoldaten überwiegend aus den Unterschichten stammen. Die Klassenzugehörigkeit der Green Berets, ebenso wie der bildungsmäßige und berufliche Status ihrer Eltern war aber sehr unterschiedlich.[1] Während fast die Hälfte der Eltern die High School nicht beendete, schlossen sie andere mit dem Diplom ab und 25 Prozent von ihnen gingen ins College. Die Berufsverteilung der Eltern steht in engem Zusammenhang mit ihrem formalen Bildungsstand. Ein Drittel der Väter war Hilfs- und ein weiteres Drittel Facharbeiter. Die übrigen verdienten ihren Lebensunterhalt als Arzt, als selbständiger Geschäftsmann, als Angestellter und 3 als Manager. Wenn die Mütter arbeiteten, waren sie Büro- oder Verkaufsangestellte, Hilfsarbeiterinnen oder Krankenschwestern. Die meisten waren jedoch Hausfrauen.

Einen besseren Überblick über die unterschiedlichen Lebensweisen, in denen diese Soldaten aufwuchsen, ermöglicht uns eine Analyse der Berufskarrieren und der sozialen Mobilität ihrer Väter.[2] Durch Bildung, erfolgreiche Geschäfte und Investitionen erlebten viele Familien (verglichen mit den Großvätern der Kriegsfreiwilligen, die größtenteils Hilfsarbeiter gewesen waren) einen beträchtlichen sozialen Aufstieg,

[1] Siehe Anhänge 1 und 2.

[2] Ich möchte Dr. Tamar Bermann besonders für die soziologische Analyse der beiden Gruppen danken, auf der meine Ausführungen basieren.

sie erlangten materielle Sicherheit und Wohlstand. Eine kleinere Zahl von Familien machte wirtschaftliche Rückschläge und ernsthafte Schwierigkeiten durch. In diesen Fällen waren die Väter arbeitslos, die Frauen und Kinder gingen arbeiten und Verwandte leisteten finanzielle Hilfe. Sowohl die sozial aufsteigenden als auch die sozial absteigenden Familien durchlebten kritische Perioden. Im Gegensatz dazu erfreuten sich die sozial und ökonomisch nichtmobilen Familien fortwährender materieller Sicherheit. Nur eine Minderheit dieser Familien war jemals arm, und Armut war in jedem Fall auf den sozialen Abstieg der Väter zurückzuführen. Elf Väter waren chronische Alkoholiker. Der Großteil dieser Alkoholiker gehörte jedoch der Mittelschicht an (9 Fälle) und nur 2 der Unterschicht. Fünf der Alkoholiker waren sozial aufsteigend, 4 sozial nicht mobil und nur 2 sozial absteigend. Unsicherheit im Beruf, gemessen an der Anzahl der verlorenen Stellungen, war unter den sozial aufsteigenden Vätern am stärksten zu finden. Für die sozial Absteigenden war berufliche Unsicherheit jedoch entscheidend. Wenn ein sozial absteigender Vater eine Stellung verlor, war seine Berufskarriere zu Ende. Die nicht mobilen Väter wechselten ihren Beruf oder ihre Stellung selten bis nie.

Sozialer Aufstieg (8 Familien)

Die sozial aufsteigenden Familien zogen in teurere Wohngegenden um, wo sie meinten, mit dem Lebensstil ihrer Nachbarn konform gehen zu müssen. Die daraus resultierende Belastung war für diejenigen Familien besonders groß, die nach einigen Jahren schweren Lebens einen bedeutsamen sozialen Aufstieg erfahren hatten. Drei dieser Väter waren längere Zeit hindurch arbeitslos gewesen und einer bankrott gegangen. Vier Familien hatten größere Schwierigkeiten bei der Eingewöhnung in ihre neue Umgebung und ihren neuen sozialen Status, und insbesondere die Väter fühlten sich sozial minderwertig. Ein Vater, der nur 8 Jahre Volksschule besucht und als Arbeiter auf einer Farm begonnen hatte, war häufig arbeitslos gewesen und hatte dauernd seine Stellung gewechselt. Später gründete er mit einem anderen Mann ein Geschäft, ging jedoch bankrott. Ein paar Jahre später erwarb er eine kleine Gärtnerei, die er zu einem großen Geschäft erweitern konnte, so daß er jährlich über 40 000 Dollar verdiente (Fall Nr. 207). Der Arzt arbeitete während seiner Studienzeit als Hilfsarbeiter, verdiente später ausgezeichnet und konnte seine eigene Klinik eröffnen (Fall Nr. 206).

Ein weiterer Vater begann als Tankstellenwart, arbeitete dann als Handlungsreisender, ging ins College und wurde Bezirksverkaufsleiter mit einem Einkommen von über 40 000 Dollar im Jahr. Er hatte eine »sehr schwere Kindheit« gehabt, war in früher Jugend verwaist, von einem Onkel erzogen worden, der Alkoholiker war und ihn häufig schlug. Während er als Handlungsreisender arbeitete, wurde er auch zum Trinker (Fall Nr. 208). Ein weiterer Vater erreichte ein großes Maß an sozialer Mobilität als Armeeoffizier und, nach seiner Pensionierung, als Vertreter. Er war mit 15 Jahren von zuhause weggelaufen und hatte vor seinem Eintritt in die Armee als Hilfsarbeiter gearbeitet. Im Militär beendete er $1^1/_2$ Jahre College und wurde ein schwerer Trinker (Fall Nr. 212). Die übrigen Väter begannen als Tellerwäscher (Fall Nr. 210), Farmarbeiter (Fall Nr. 215) und Hilfsarbeiter (Fälle Nr. 214 und 217) und stiegen innerhalb einiger Jahre zu wesentlich besseren Positionen als Chefkoch, Eisenbahninspektor, Investitionsspekulant und Baumeister auf. Diese Väter verdienten durch Investitionen verschiedener Art sehr viel Geld. Die Beschreibung des Vaters eines dieser Soldaten (Fall Nr. 214) ist für das Karrieremuster und die Persönlichkeit der sozial aufsteigenden Väter repräsentativ:

»Seine Familie hatte nicht viel. In der High School hat er Football gespielt und beim Baumwollpflücken und an der Egreniermaschine gearbeitet. Er hatte eine dickköpfige Art von Entschlossenheit. Wenn er angefangen hat, an etwas zu arbeiten, hat er es fertig gemacht. Er hat sich nichts im Weg stehen lassen. Für Versagen hat er sich wenig Milderungsgründe eingeräumt. Das ist wahrscheinlich sein Problem. Ich bin mir nicht sicher [...] hat mehr von sich selbst erwartet, schneller, als er es hätte tun sollen. Er ist aufs College gegangen und hat abends gearbeitet und studiert und Football gespielt, er war ein guter Football-Spieler. Er hatte meistens ein Buch mit Zeitungsausschnitten bei sich, wissen Sie, und lauter solche Sachen. Er hat auf alle männlichen Tugenden besonders viel Wert gelegt und sie immer wieder betont. Er war nicht sehr phantasievoll. Er war eigentlich sehr einfallslos. Ich bin sicher, daß er gewisse Gefühle gesellschaftlicher Unzulänglichkeit hatte, daß er nicht mit Menschen auskommen konnte, snobistischen Menschen, oder so. Aber meistens hat er solche Sachen für sich behalten. Er hat alles in sich hineingefressen. Er hat nie über Sachen geredet, die ihn beunruhigt haben. Genauso hat er Schmerz für sich behalten, wissen Sie. Schmerz hat nichts ausgemacht. Es war so, als hätte er sich's nicht leisten können, einen Tageslohn zu verlieren.«

Sozialer Abstieg (6 Familien)

In sechs Fällen verschlechterte sich die finanzielle Situation des Vaters so sehr, daß das Familieneinkommen unter das Existenzminimum sank. Sozialer Abstieg fiel mit Arbeitslosigkeit der Väter zusammen. Zwei Väter (Fälle Nr. 213 und 221) wurden durch Arbeitsunfälle und ein Vater durch chronische Krankheit (Fall Nr. 227) für immer arbeitsunfähig. Keiner dieser Väter erhielt eine Entschädigung oder Arbeitslosenunterstützung. Das Geschäft eines weiteren Vaters (Fall Nr. 219) ging bankrott, und er erholte sich von diesem Verlust nicht wieder. Wegen Faulheit und Unzuverlässigkeit verlor ein Vater seine Stellung als Lastwagenfahrer (Fall Nr. 225). Der letzte Vater in dieser Gruppe (Fall Nr. 228), ein ehemaliger Armeeoffizier, wurde Alkoholiker. In allen diesen Familien verdienten die Mütter über Zeiträume von 5 bis 18 Jahren hinweg den Lebensunterhalt. Die Kinder mußten ebenfalls arbeiten, um Essen und Kleidung bezahlen zu können, und die Hilfe von Verwandten wurde dringend benötigt.

Keine oder minimale soziale Mobilität (11 Familien)

Die übrigen 11 Familien waren während der Kindheit und Jugendzeit der Soldaten sozial nicht mobil. Die Väter waren vorwiegend Fach- und Hilfsarbeiter in sicheren Arbeitsverhältnissen und konnten die materiellen Bedürfnisse ihrer Familie ausreichend befriedigen. Einige hatten zusätzlich Farmen, auf denen die Kinder arbeiteten. In 7 Fällen nahmen die Mütter von Zeit zu Zeit halbtags Arbeit an, um die Finanzen zu verbessern. Die Teilzeitarbeit der Mütter wurde zwar nicht für den Lebensunterhalt benötigt, ermöglichte es den Familien aber, Luxusgüter anzuschaffen.

Die Familienatmosphäre

Fast alle Green Berets stammen aus Familien, die während der wichtigsten Entwicklungsjahre ihrer Kinder intakt waren.[3] Es gab aber 4 Familien, die durch Scheidung oder den Tod eines Elternteils so sehr gestört worden waren, daß sie lange Zeit Unterstützung benötigten (1

[3] Siehe Anhänge 3 und 4.

Fall) oder das Kind Verwandten oder einem Waisenhaus übergeben wurde (3 Fälle). Die meisten der Kriegsfreiwilligen kamen jedoch aus selbstgenügsamen Familien, die allem Anschein nach in ihren Wohngemeinden angesehen waren.

Achtzehn verschiedene Eigenschaften der Familienatmosphäre, in der die Kriegsfreiwilligen aufwuchsen, wurden von meinen Kollegen unabhängig voneinander beurteilt. Ihre Beurteilungen, wie aus Tabelle 1 ersichtlich, ermöglichen eine Einsicht in die inneren Zusammenhänge

Tabelle 1 Die Familienatmosphäre der Kriegsfreiwilligen (Bewertung durch Beurteiler)

	N	%		N	%
1. warm	4	16	10. rational	6	24
neutral	6	24	neutral	5	20
kalt	15	60	irrational	14	56
2. freundlich	7	28	11. gelöst	4	16
neutral	6	24	neutral	3	12
feindselig	12	48	gespannt	18	72
3. friedfertig	3	12	12. teilend	7	28
neutral	4	16	neutral	6	24
aggressiv	18	72	nicht-teilend	12	48
4. sicher	10	40	13. flexibel	2	8
neutral	5	20	neutral	6	24
unsicher	10	40	rigide	17	68
5. stabil	13	52	14. Gemeinsamkeit	5	20
neutral	3	12	neutral	1	4
instabil	9	36	Isolierung	19	76
6. gewaltlos	3	12	15.* ruhig	5	20
neutral	5	20	neutral	1	4
gewalttätig	17	68	gereizt	18	72
7. demokratisch	1	4	16. leger	2	8
neutral	1	4	neutral	5	20
autoritär	23	92	unduldsam	18	72
8. sanft	0	0	17. tolerant	2	8
neutral	3	12	neutral	3	12
hart	22	88	intolerant	20	80
9. individualistisch	0	0	18. intellektuell	3	12
neutral	3	12	neutral	1	4
konformistisch	22	88	nicht-intellektuell	21	84

* In einem Fall reichte die Information nicht aus, um diesen Aspekt des Familienlebens zu bewerten.

dieser Familien, die einigen mit der anfänglichen Beschreibung dieser Familien als äußerlich gefestigt, selbstgenügsam und intakt als unvereinbar erscheinen mag. Meine Kollegen waren der Ansicht, daß fast alle dieser Familien als stark konformistisch, hart, autoritär, intolerant und nicht-intellektuell beschrieben werden konnten, und daß die große Mehrheit auch als aggressiv, unduldsam, gereizt, emotional isoliert, rigide, gespannt, gewalttätig und kalt zu charakterisieren wäre. In fast der Hälfte der Familien wurden die Beschreibungen nicht-teilend, irrational, unsicher und feindselig vermerkt. Dennoch scheint die Familie nur in 9 Fällen (36%) eher instabil als stabil gewesen zu sein.[4]

Mir scheint diese Beschreibung dem Familienleben jener harten und schroffen Menschen zu entsprechen, die serienweise Kindern und Erwachsenen in Fernseh-Western zum Massenkonsum angeboten werden. Strenge Regeln werden den Kindern von ihren Eltern auferlegt. Jeder in der Familie hat seine vorgeschriebenen Aufgaben, die er nicht wählt, sondern automatisch übernimmt. Die Eltern sind zueinander und zu ihren Kindern streng, kalt und objektiv. Häufige Strafen in Form von Drohungen, Restriktionen und Schlägen wie auch anderen Formen der Einschüchterung werden im allgemeinen angewandt, um den Gehorsam der Kinder sicherzustellen. Es gibt wenig Raum für eigene Gefühle und Meinungen. Meistens gibt es nur eine Meinung, die des dominierenden Elternteils; sie wird nicht als Meinung, sondern als absolutes Gesetz geäußert. Gleichzeitig nehmen sich die Eltern Vorrechte heraus, die mit dem von ihnen gepredigten Grundsatz der Selbstbeherrschung unvereinbar sind. Sie dürfen ihre Beherrschung verlieren, wutentbrannt Schläge austeilen und willkürliche Entscheidungen treffen, ohne daß man von ihnen erwartet oder daß sie verpflichtet wären, ihr Verhalten zu erklären oder zu rechtfertigen. Die wesentlichen Unterschiede unter solchen Familien, die häufig über Gunst oder Ungunst

[4] Die Alternative ›neutral‹ wurde verwendet, wenn der Beurteiler sich nicht entscheiden konnte, welche der beiden jeweiligen Eigenschaften die Familienatmosphäre am besten wiedergab. Die Rating-Skale hatte 5 Alternativen, beispielsweise *sehr* warm, *etwas* warm, *neutral*, *etwas* kalt, *sehr* kalt. Obwohl eine Anzahl von Familien als *etwas* warm oder freundlich oder sicher usw. beschrieben wurden, erhielt fast keine die Beurteilung *sehr*. Da diese Familien jedoch Ausnahmen zur allgemeinen Tendenz unter den Freiwilligen darstellten und bei jeder der 18 Beschreibungen Ausnahmen vorkamen, wurde eine gesonderte Analyse durchgeführt, um zu sehen, ob außergewöhnliche Familien für die außergewöhnlichen Beurteilungen verantwortlich waren. Die Analyse zeigte, daß eine Ausnahmestellung bei einer Variablen mit Ausnahmestellungen in anderen Variablen nicht zusammenhing. Es gab keine außergewöhnlichen Familien, sondern nur Familien, die in dem einen oder anderen Detail von dem allgemeinen Muster abwichen.

beim Publikum entscheiden, können in sekundären Eigenschaften gefunden werden, wie ihrem Reichtum, ihrem Glanz, ihrem sozialen Prestige, dem Maß an Verfeinerung, das sie anwenden, um ihre Methoden zu vertuschen, der Anzahl von Leuten, die für sie arbeiten, dem Talent ihrer Kinder und der Schönheit und Ergebenheit ihrer Frauen.
In Wirklichkeit sind die Beschreibungen dieser Familien als einerseits äußerlich intakt, gefestigt und sozial akzeptiert mit dem gerade umrissenen Bild nicht unvereinbar. Dieses Familiensystem hat seine funktionelle Lebensfähigkeit in vielen Generationen bewiesen. Die weitaus interessantere Frage bezieht sich auf die Erklärung für diese Lebensfähigkeit. Wodurch sind sie fähig, so gut zu funktionieren, trotz der Spannungen, der latenten und zum Ausdruck gebrachten Aggressivität und der unterdrückenden und hemmenden Kräfte in ihnen? Diese Frage kann nur dann befriedigend beantwortet werden, wenn man die Abhängigkeits- und Machtverhältnisse, Werte, Gewohnheiten und den sozialen Kontext, in dem derartige Familien leben, analysiert.
Das Familienleben dieser Vietnamfreiwilligen wurde durch ein überwältigendes System konformistischer Anforderungen beherrscht. Die Regeln wurden unabhängig von den Bedürfnissen und dem Gefühl der schwächeren Familienmitglieder in Übereinstimmung mit traditionellen Bräuchen und persönlichen Neigungen etabliert und nicht in Frage gestellt. Feinfühligkeit und Zärtlichkeit wurden insbesondere für Männer als Zeichen der Schwäche angesehen und daher unterbunden, ihre Äußerung manchmal bestraft. Daher lernten die Kriegsfreiwilligen frühzeitig, daß Zärtlichkeit und die Beachtung ihrer individuellen emotionalen Bedürfnisse eine sehr untergeordnete Rolle in ihren Familien spielen und daß ihr Auftreten ebenso wie die Bestrafung im wesentlichen von der Laune ihrer Eltern abhängen würde.
Diesem Familiensystem lagen moralische Werte, Ideale und Verhaltensmaßstäbe zugrunde, die es stärkten und legitimierten. Diese erklärten das Familienleben für gut. Sie verlangten auch bedingungslose Loyalität der Familie gegenüber. Gewohnheit bezieht sich in diesem Kontext auf die menschliche Tendenz, all das als gut anzusehen, was intakt ist und funktioniert. Eine derartige Tendenz ist dann geradezu zwingend, wenn dasjenige, was man hat, nicht für etwas Neues und Besseres eingetauscht werden kann, wie das mit Familien der Fall ist. Obwohl Kinder in Augenblicken des Unglücks darüber phantasieren mögen, wie anders ihr Leben wäre, wenn ›dieser oder jener‹ oder ›diese oder jene‹ ihre Eltern wären, lernen sie allmählich, ihr Familienleben mit seinen Unvollkommenheiten zu akzeptieren und es gegen

Angriffe zu verteidigen. Wenn Mitglieder einer Institution, ungeachtet der inneren Zusammenhänge und tatsächlichen Vorteile, die man aus ihr gewinnen kann, sie akzeptieren und weiterhin in ihr arbeiten und leben, werden sie sich ihr anpassen, sie als eine normale Lebensbedingung auffassen und mit ihr übereinstimmen. Sie werden sich mit ihr identifizieren, gleichgültig, was Nichtmitglieder darüber denken mögen (falls sie jemals etwas herausfinden sollten) und wie die objektiven Bedingungen ihres Lebens aussehen. Es ist schwierig, in permanenter Rebellion zu leben, und Rebellionen kommen dann selten vor, wenn Menschen keine Vergleichsmöglichkeiten haben oder keine Möglichkeit sehen, ihre Lebensbedingungen zu ändern. Dieses Schicksal ist bei Kindern besonders offensichtlich.

Wenn die Erfahrungen eines Kindes in seiner Familie dieselben sind wie die seiner Freunde, wird die Normalität des eigenen Familienlebens verstärkt und sie erscheint dann als allgemeiner Zustand der Gesellschaft. Wenn eine Familie sozial isoliert ist, sieht das Kind u. U. keine anderen Möglichkeiten. In beiden Fällen wird Gewöhnung zur Konformität führen, insbesondere dann, wenn die Kräfte innerhalb der Familie ihrem System entsprechend richtig angewandt werden.

Die elterliche Ehe

Urteile über die Harmonie und Stabilität einer Ehe werden am leichtesten vor Scheidungsgerichten abgegeben. In der überwiegenden Mehrheit aller Fälle ist es schwierig, herauszufinden, wie glücklich ein Paar ist, und die Gründe für den relativen Erfolg oder das Scheitern einer Ehe haben oft wenig mit dem zu tun, was Kinder oder Außenstehende sehen. Die Einschätzungen der ehelichen Harmonie durch meine Kollegen basieren nicht nur auf den kurzen Bemerkungen der Kriegsfreiwilligen, ihre Eltern seien gut oder schlecht miteinander ausgekommen, sondern sie bezogen sich auch auf andere Informationen, wie die Häufigkeit von Auseinandersetzungen, die Art, in der Meinungsverschiedenheiten ausgetragen wurden, auf gemeinsame Interessen und Aktivitäten der Eltern, den Ausdruck von Zärtlichkeit und die Gründe und Häufigkeit von Familienkrisen.

Ungefähr gleich viele Ehen wurden von den Kriegsfreiwilligen als eher zur Harmonie oder eher zur Disharmonie neigend beschrieben.[5] Von

[5] Siehe Anhang 5.

den 6, die als sehr unharmonisch beurteilt wurden, wurden 4 geschieden. Im allgemeinen paßten sich die Eltern der Kriegsfreiwilligen einander gut genug an, so daß ihre Ehe nicht bedroht war. Der Zusammenbruch der Ehe trat nur dann ein, wenn der Vater sich als Ernährer unzuverlässig erwies. Das war meistens, wenn auch nicht immer, mit Alkoholismus, beruflicher Unsicherheit und einem fast völligen Prestigeverlust seinerseits verbunden. Im großen und ganzen stand die äußerliche Stabilität der Ehe nicht mit der Häufigkeit von Auseinandersetzungen, dem Ausdruck von Zärtlichkeit oder Aggressivität zwischen den Eltern in Verbindung.

Fast die Hälfte der Kriegsfreiwilligen konnte sich nicht daran erinnern, daß ihre Eltern jemals zueinander zärtlich gewesen waren. Die übrigen erinnerten sich an einen gelegentlichen Kuß oder eine Umarmung, deuteten aber an, daß diese Zärtlichkeiten mechanisch und reserviert waren. Nur $^1/_4$ der Eltern hatte gemeinsame Interessen und $^1/_6$ verbrachte die Freizeit gemeinsam.

In dieser Stichprobe gibt es fast keine Familien, in denen nicht ernsthafte Streitigkeiten vorkamen. Obwohl die Mütter, nach den Beschreibungen der Soldaten, die Streitigkeiten öfter begannen als ihre Väter, hatten sie das Gefühl, daß sie meist durch die Väter, manchmal durch beide Eltern, jedoch nur in einem Fall durch die Mutter verschuldet waren. In der Mehrzahl der Familien stritten die Eltern vor ihren Kindern. Meinungsverschiedenheiten wurden selten durch Diskussion und gegenseitiges Einverständnis beseitigt. In den meisten Fällen unterwarfen sich die Mütter schließlich ihren Männern; in einem Fall war es jedoch umgekehrt. In drei weiteren Familien erwiderten die fügsamen Ehemänner selten etwas.

Wenn wir in Betracht ziehen, wie sich die Eltern der Kriegsfreiwilligen in Streitigkeiten zueinander verhielten, dann können wir verstehen, warum sie nicht in der Lage waren, ihre Meinungsverschiedenheiten zu lösen und warum vorübergehende Lösungen nicht zu dauerhaften Übereinstimmungen oder zu einem tieferen gegenseitigen Verständnis führen. Wenn die Väter wütend waren und ihren Standpunkt durchsetzen wollten, schrien sie meist, knallten Türen, warfen Gegenstände oder nörgelten. Die Mütter nörgelten meist, schrien aber auch oft, knallten Türen und warfen Gegenstände. $^1/_3$ der Väter und $^1/_6$ der Mütter wurde ihren Ehepartnern gegenüber handgreiflich. Oft verließen einige Väter das Haus, oder sie blieben still. Keine Mutter verließ bei einer Meinungsverschiedenheit das Haus, aber einige verhielten sich still. Nur wenige Mütter und Väter führten zu irgendeinem

Zeitpunkt rationale Argumente in einer Meinungsverschiedenheit an. Eine wesentliche Kindheits- und Jugenderinnerung der Soldaten bezog sich darauf, daß ein Elternteil den anderen überwältigte und die Streitpunkte ungelöst blieben. Dieser Aspekt des Familienlebens hängt, wie viele andere, zweifellos mit den Herrschaftsverhältnissen zwischen den Eltern zusammen.[6] Nur einer dieser Kriegsfreiwilligen stammte aus einer Familie, in der Vater und Mutter in Familienangelegenheiten gleichberechtigt entschieden. In den meisten Familien dominierte eindeutig der Vater, in 5 Familien die Mutter. In 3 Fällen ging jeder Elternteil seinen Weg, ohne sich in die Angelegenheiten des anderen einzumischen.

Freiheit von Konflikten, Meinungsverschiedenheiten und Streitigkeiten an sich können nicht als Kriterium für die Definition einer gesunden Familie angesehen werden. Vielmehr ist es die Art, in der die Familienmitglieder einander behandeln, in der sie ihre Probleme angehen, und die Geschicklichkeit, mit der sie diese lösen. Wenn die Familienmitglieder sich nicht auf ihre gegenseitigen Bedürfnisse einstellen, wenn sie einander grob behandeln und wenn die dominierenden Familienmitglieder auf Kosten der anderen, der schwächeren, Erfüllung suchen, ist ihre Fähigkeit, Probleme zu lösen, eher fiktiv. Unzufriedenheit wird sich einstellen, verstärkt durch neuen Mißbrauch von Gewalt und durch die Tatsache, daß das immer stärker werdende Ressentiment nur durch Einschüchterung unterdrückt werden kann. Eine derartige Situation kann sich verfestigen. Jedoch wird der unterdrückte Groll und der Mangel an Verständnis und Abstand zu weiteren Problemen führen. Derartige Familien geraten dann häufig in längere Krisen, in denen das Reservoir an Unmut freigesetzt wird. Die schwächeren Familienmitglieder neigen dazu, ihre Wut an Menschen auszulassen, die nicht zur Familie gehören. Dennoch behält die Familie den Anschein, intakt und lebensfähig zu sein, und die Kinder betrachten daher diese Art des Familienlebens als ›normal‹.

Unter diesen Familien wurde über insgesamt 66 Krisen berichtet. Als Krise wurde eine Situation definiert, in der die Beziehung unter den Familienmitgliedern so gespannt ist, daß das Familienleben chaotisch wird und zu funktionieren aufhört. Vereinzelt nahm dies die Form kurzfristiger Revolten an. Die schwächeren Familienmitglieder, meist die passiven Opfer von Gewalt, reagierten. Als Resultat wurde die Familie aus dem Gleichgewicht gebracht. Verwirrung trat auf, wenn

[6] Siehe Anhang 6.

das gewohnte Muster von Herrschaft und Unterwerfung unterbrochen war. Nach ein paar Tagen oder Wochen stellte sich das Gleichgewicht ohne ausdrückliche Versöhnung wieder ein. Allem Anschein nach fanden alle die neue Situation zu ungemütlich, unsicher und explosiv, so daß ihnen die Rückkehr zu früheren Verhältnissen willkommen war. Alles lief wieder wie vorher, bis eine neue Krise ausbrach, die sich später wiederum auflöste. Manchmal zogen die Kinder zu Verwandten und blieben zwischen 2 Wochen bis 6 Monaten von zuhause fort. Die Hauptgründe für Krisen in diesen Familien waren in den seltensten Fällen ernsthafte Krankheit, Probleme mit Verwandten, Tod oder andere Arten unvorhergesehener und manchmal unvermeidlicher Probleme. Die Familienkrisen wurden meistens durch die Art hervorgerufen, in der die Familienmitglieder einander behandelten. Mit anderen Worten: Die Explosionen in diesen Familien waren weniger oft auf ein konkretes Ereignis oder eine neue und zutiefst beunruhigende Situation zurückzuführen, als vielmehr auf den Ausbruch gegenseitiger Feindseligkeit, der durch ein relativ unbedeutendes Ereignis ausgelöst wurde. Andere, konkretere Auslösemomente, wie finanzielle Probleme, Arbeitslosigkeit, Alkoholismus und außereheliche Beziehungen riefen ebenfalls Krisen hervor. Jedoch boten sie den Familienmitgliedern, insbesondere den Eltern, eine Möglichkeit, ihre generelle Feindseligkeit im Zusammenhang mit einem konkreten Problem auszudrücken. Die folgenden Zitate veranschaulichen einige der bisher gemachten Beobachtungen:

Fall Nr. 213

I: Haben sich Ihre Eltern gut verstanden?

B: O ja, eh, sie – sie sind seit über 22 Jahren verheiratet jetzt und außer Streitereien und Meinungsverschiedenheiten, eh, ich kann mich nur an einmal erinnern, daß mein Vater meine Mutter geohrfeigt hat. Nur einmal. Ich glaube, wenn ich zu, eh, na ja, ich war damals ein kleines Kind. Ich hab' die Umstände nicht wirklich gekannt, aber wenn ich sehen könnte, daß – vielleicht – vielleicht hat sie's herausgefordert, ich weiß es nicht. Vielleicht. Sie wissen ja, wie Frauen von Zeit zu Zeit sind. Sie fangen an herumzuquatschen, und man ist gerade an dem Punkt angelangt, wo man's nicht mehr ertragen kann und sie dann zum Schweigen bringt. Na, ich meine – natürlich ist es nicht anständig, und wer könnte wissen, was ein Mensch, der an vieles zu denken hat, eh, na ja, was der Reflex sein kann, wenn ihm der Kragen platzt, wissen Sie.

Fall Nr. 221

B: Na ja, er war wütend. Er hätte nur – sie hat versucht zu kochen und – ich kann mich nicht erinnern, das hat man mir erzählt. Ich meine, ich war wirklich zu klein [...] Ja, er war nur – es war im Haus von meinen Großeltern in Arizona. Sie hat was zum Essen vorbereitet und er kommt zu ihr und hat sie angestachelt oder sowas. Und es muß sie einfach irgendwie erwischt haben, weil – sie hatte ein Messer in der Hand und sie hat sich umgedreht und hat's geworfen [...] Ich weiß eine gute Streiterei, die sie hatten, an der sie schuld war. Es war in – eh, wir haben in Portland, Oregon, gewohnt und ich weiß nicht, wie's angefangen hat. Ich glaube, er hat getrunken und sie hat fortwährend auf ihn draufgeschlagen und ihn geohrfeigt und er hat sie unter eiskaltes Wasser in die Dusche geschmissen. Das einzige, was er getan hat, war, daß er sie unter die Dusche gehalten hat bis sie sich abgekühlt hat.

I: Sie sagten, daß er sie geschlagen hat, damals, als sie das Messer nach ihm warf. Wohin hat er sie geschlagen?

B: Er hat sie geohrfeigt.

I: Hat sie sich danach etwas beruhigt?

B: Ja.

I: Hatten Ihre Eltern außer diesen beiden Malen irgendwelche Streitigkeiten?

B: O ja, die ganze Zeit. Sie hat ihn einmal fast überfahren mit dem Auto. Sie hat ihn mal mit einer Bardame erwischt, an Silvester. Ich war damals in der 8. Klasse, ja, stimmt. Das war in Phoenix, und mein Bruder – mein Bruder, na ja, von meinem Vater – na ja, ich glaube, man könnte meinen Onkel – er und mein Vater sind beide, sie sind beide große Männer, 220 Pfund. Sie treiben sich immer rum, wissen Sie, treiben sich zusammen rum. Und meine Mutter und meine Tante haben sie in einer Bar erwischt, wie sie Annäherungsversuche an so'n paar Bardamen gemacht haben. Und an dem Abend hatten sie wirklich schlimmen Streit. Aber mein Alter hat ihr nichts getan. Sie hat alles gemacht. Sie hat ihn an den Haaren gezogen und ihn gezwickt und all so'n Zeug [...]

I: Sie sagten, daß sie versucht hätte, ihn mit dem Auto zu überfahren?

B: Ja. Sie hat kurz davor angehalten, weil – wissen Sie, sie hat ihn ja zuerst ausgeschimpft und wir waren auf dem Nachhauseweg und er ist weggegangen, zu Fuß, und sie ist ihm nachgejagt, wissen Sie, im Auto.

Fall Nr. 226

Na ja, am Anfang sind sie wirklich gut miteinander ausgekommen und, eh, es schien so, als ob, eh, die letzten zehn Jahre, bevor er gestorben ist, es schien, als ob er angefangen hätte, ziemlich viel zu trinken und mit Frauen auszugehen. Und sie haben sich ziemlich viel gestritten, eh, hatten ein paar handgreifliche Streitereien. Davon abgesehen haben sie sich ganz gut vertragen. [...]

Oh, er ist dann betrunken reingekommen und hat geflucht, eh, hat gesagt, daß er mit irgendeinem Zahn oder einer Frau war und dann [...] Jetzt ich, ich war noch nie mit 'ner Frau weg und, wissen Sie, es war nicht schön anzuhören. Aber ich konnte verstehen, wie meine Mutter sich gefühlt hat und ich hab' ihr das nicht angekreidet, nee, hab' ich nicht. Wenn ich sie gewesen wäre, hätte ich dasselbe getan.

Fall Nr. 228

I: Als Sie jung waren, können Sie sich an die Streitereien und Meinungsverschiedenheiten erinnern, die Ihre Eltern hatten? Wenn ich sage erinnern, meine ich nicht alle Details, aber können Sie sich an Meinungsverschiedenheiten zu Hause erinnern?
B: Ich kann mich nicht an Meinungsverschiedenheiten erinnern. Ich kann mich erinnern, daß sie von Zeit zu Zeit ein paar ziemlich handgreifliche Keilereien hatten.
I: Was meinen Sie damit?
B: Eh, na ja, Schläge wurden ausgeteilt und Beschuldigungen.
I: Können Sie sich erinnern, wer damals wen geschlagen hat?
B: Na ja, ich kann mich erinnern, daß meine Mutter einmal ein blaues Auge hatte. Ich nehme an, daß er sie geschlagen hat. Sie hatten nicht – sie haben nicht wirklich vor uns gestritten. Ich meine – na ja, vielleicht waren wir im Nebenzimmer oder so. Nachdem wir zu Bett gegangen sind oder so.

Die vielleicht auffälligste Eigenschaft dieser Familien ist ihre Fähigkeit, trotz der inneren Spannung und Feindseligkeit weiterhin zu funktionieren und relativ intakt zu bleiben. Die emotionalen Bedürfnisse der Familienmitglieder nach Liebe und Zärtlichkeit, nach persönlicher Aufmerksamkeit und Interesse wurden schwer vernachlässigt. Man würde meinen, daß mehr nötig war als Ausdauer, strenge Disziplin und Angst, um diese Familien zusammenzuhalten. Die Erörterung der Werte und Maßstäbe wird uns helfen, sie besser zu verstehen. Bevor wir uns jedoch diesem Thema zuwenden, sollen die Beziehungen zwischen den Eltern und ihren Kindern zunächst ganz allgemein untersucht werden.

Die Beziehung zwischen Eltern und Kindern

Eine detaillierte Analyse der Beziehung jedes Elternteils zum Befragten wird in den Abschnitten über Mütter und Väter dargestellt. Dieser Abschnitt soll einige führende Informationen und einen allgemeinen Bezugsrahmen für einen großen Teil der Daten über Mütter und Väter liefern.

Die Mehrheit der Green Berets hatte das Gefühl, daß ihre Väter die Beziehung zwischen ihren Eltern und ihnen dominierten (25% fühlten, daß ihre Mutter diese Beziehung dominierte und nur 8%, daß beide Eltern den gleichen Einfluß gehabt hatten). Dennoch zeigen andere Ergebnisse, daß die Mütter wesentlich mehr Zeit mit ihren Söhnen verbrachten als die Väter, einen größeren Anteil an der täglichen Bestrafung hatten, wesentlich häufiger körperliche Strafen anwandten und ihren Söhnen mehr Wärme schenkten. In den meisten Fällen teilten jedoch die Väter die schwersten Bestrafungen aus (Väter: 72%, Mütter: 20%, gleich viel 4%, unzutreffend [Waise]: 4%). Das könnte erklären, warum sie im allgemeinen mehr gefürchtet wurden (Väter: 56%, Mütter: 16%, beide Eltern gleich gefürchtet: 12%, kein Elternteil gefürchtet: 12%, trifft nicht zu: 4%).

Allein die Intensität und Schärfe des elterlichen Verhaltens scheint bestimmt zu haben, welchen Elternteil ein Green Beret in seiner Erziehung als dominierender empfand. Wenn die Väter die Mütter dominierten, dominierten sie auch die Kinder, gleichgültig, wie wenig Zeit sie mit beiden verbrachten. In beiden Fällen basierte die Dominanz auf der Furcht, die Mutter und Kind vor dem Vater empfanden. Jedoch konnte dasselbe Muster der Dominanz und des Einflusses, basierend auf Strenge, Strafen und Furcht auch in denjenigen Familien beobachtet werden, in denen die Mutter die Autoritätsfigur darstellte. In diesen Familien war das Verhaltensmuster einfach umgekehrt. Die Mütter dominierten die Väter und die Eltern-Kind-Beziehung, teilten die meisten Strafen aus, waren strenger, erteilten die schweren körperlichen Strafen und wurden mehr gefürchtet. Die Väter blieben Figuren im Hintergrund oder nahmen jene mildere Haltung an, die oft die Mütter in den von den Vätern dominierten Familien charakterisierte.

Weder in den von der Mutter noch in den vom Vater dominierten Familien konnten erwähnenswerte Unterschiede in Meinungen oder Handlungen in bezug auf Erziehungspraktiken zwischen den Elternteilen gefunden werden. So gut wie alle Eltern waren strenge Erzieher, drohten ihren Kindern mit körperlichen Strafen, teilten diese aus, verlangten unerschütterlichen Gehorsam und erreichten ihre Kontrolle über die Kinder hauptsächlich durch Einflößung von Furcht. Der Unterschied lag nur darin, daß in dem einen Familientyp der Vater und in dem anderen die Mutter die schwersten Strafen austeilte.

Die Familie und ihre Nachbarn, Verwandten und Freunde

Gleichgültig, wo diese Familien lebten und wie nahe ihre Nachbarn wohnten, nur einige von ihnen besuchten ihre Nachbarn relativ häufig. Der Großteil der Familien hatte entweder sehr wenig oder gar keinen Kontakt mit den Nachbarn. Die Häufigkeit, mit der Nachbarn zusammenkommen, ist aber nicht das einzige Beurteilungskriterium für ihre Beziehung. Nur 2 Green Berets erzählten, daß ihre Familien eine enge Beziehung zu ihren Nachbarn unterhalten hätten. Wenn nachbarliche Kontakte überhaupt zustande kamen, gingen entweder Eltern und Kinder getrennte Wege oder jedes Familienmitglied suchte seine eigenen Kontakte. Nur in 3 Fällen tauschten die Familien als Gesamteinheit Besuche aus. Relativ wenige Familien der Kriegsfreiwilligen hatten irgendwelche engeren Freunde – die Mehrheit hatte keine –, und diejenigen, die enge Freunde hatten, hatten selten mehr als 1 oder 2.

Die Beziehung dieser Familien zu ihren Verwandten sah wesentlich anders aus. Der Großteil besuchte seine Verwandten, hatte eher enge, spontane Beziehungen zu ihnen und besuchte sie zumeist als Gesamteinheit. Jedoch sah 1/4 dieser Familien ihre Verwandten selten oder nie, und wenn sie eine Beziehung zu ihnen hatten, war sie häufig formalistisch, zeremoniell, ohne gefühlsmäßige Nähe, und die Familienmitglieder statteten einzeln Besuche ab.

Gegenseitige Hilfe zwischen den Familien der Kriegsfreiwilligen und anderen Menschen in ihren Wohngemeinden

Der Zusammenhalt einer Gemeinde beruht mit auf der Bereitwilligkeit der Gemeindemitglieder, einander in Zeiten der Not zu helfen. Zu verschiedenen Zeiten benötigten Familien Unterstützung. Wenn man im Auge behält, daß nur ein Teil der Familien der Kriegsfreiwilligen sich enger Beziehungen zu ihren Nachbarn erfreute, dann ist es nicht überraschend, daß nur wenige ihren Nachbarn halfen, noch wenigere ihren Freunden und keiner irgendeinem Fremden. Diese Familien halfen zumeist nur kurzfristig, indem sie für andere kochten, aufräumten, Kranke pflegten und Kinder in die Schule fuhren. Die Väter der Kriegsfreiwilligen beteiligten sich selten an derartigen Hilfeleistungen. Nur 2 Familien erhielten Hilfe von Nachbarn, Freunden und Fremden.

Die Beziehungen gegenseitiger Hilfe waren im erweiterten Familienkreis am stärksten. Hilfe wurde geleistet, wenn Verwandte krank waren oder Mitarbeit auf der Farm benötigten. In einigen Fällen wurden Großeltern oder die Kinder von Verwandten in das Haus aufgenommen. Der Großteil dieser Hilfe war auch kurzfristig, aber die Väter waren aktiver an ihr beteiligt, besonders wenn physische Arbeit im Freien erforderlich war. Die Hilfe, die diese Familien von ihren Verwandten erhielten, erstreckte sich häufiger über längere Zeitabschnitte. Verwandte nahmen sich der Kinder während Feiertagen, in den Sommerferien, bei Familientreffen oder auch auf Dauer an. Verwandte halfen auch aus, wenn der Vater oder die Mutter krank war, wenn schwere Arbeit getan werden mußte oder finanzielle Unterstützung benötigt wurde.
Es ist wichtig, darauf hinzuweisen, daß die persönlichen Hilfeleistungen zwischen den Familien der Kriegsfreiwilligen und anderen Menschen Schranken der Rasse, Religion oder Schicht nicht überschritten, weder wenn Hilfe gegeben noch wenn sie empfangen wurde. Die Hilfeleistungen dieser Familien dehnten sich auch nicht auf einen größeren Kreis aus, außer wenn es sich um unpersönliche, organisierte karitative Aktivitäten handelte. Obwohl kurzfristige Hilfe von einigen Familien an Nicht-Verwandte gegeben wurde, nahmen sie die Hilfe von Nicht-Verwandten nicht an. Die Personen außerhalb des weiteren Familienkreises, denen sie halfen, gehörten jeweils zur eigenen Gruppe.

Die Väter

Im großen und ganzen stimmten die Green Berets, meine Kollegen und ich selbst darin überein, daß diese Väter ihre Pflichten und Verantwortung als Eltern und Ernährer sehr ernst nahmen. In vielen, wenn nicht in den meisten Fällen müßte man sie als häusliche Männer beschreiben. Einige hatten außerfamiliäre Interessen und manche verbrachten viele Stunden in Bars mit Freunden oder mit anderen Frauen. Dennoch war der Vater, der von der Arbeit nach Hause kam, der mit seinen Kindern spielte, der einem Hobby nachging oder im Garten werkelte, in diesen Interviews eine ebenso häufig anzutreffende Figur wie derjenige, der sich zuhause in freiwillige Isolierung zurückzog. Die Ähnlichkeiten der Väter untereinander stehen weniger damit in Zusammenhang, wieviel Zeit sie zuhause verbrachten, als damit, wie sie sich verhielten, wenn sie dort waren.

Eltern beeinflussen die Einstellungen und das Verhalten ihrer Kinder im wesentlichen auf drei verschiedene Arten. Sie dienen als Modelle für die Nachahmung, so daß ihre Kinder ihre Loyalitäten, Werte, Einstellungen und viele ihrer Eigenarten in Gestik und Verhalten übernehmen. Sie vermitteln ihren heranwachsenden Kinder einen sozialen, ethnischen und nationalen Kontext. Schließlich spielen die persönlichen Beziehungen unter den Eltern selbst und zwischen den Eltern und ihrem Kind entscheidende Rollen bei der Ausprägung der Persönlichkeit des Kindes.[7]

Ihre Werte, Verhaltens- und moralischen Maßstäbe

Das Wertsystem der Väter der Green Berets war sehr eindeutig. Von den Jungen wurde erwartet, daß sie ihre Talente entwickeln und durch harte Arbeit und Fleiß Erfolg anstreben sollten, ohne Hilfe zu erbitten. Die Väter erwarteten, daß sie ordentlich, sauber und nach außen hin immer angesehen seien, daß sie gutes Benehmen zeigten. In ihrem Umgang mit anderen Menschen sollten die Jungen Respekt für Erwachsene und Gehorsam ihren Vorgesetzten gegenüber zeigen und mit den am Ort vorherrschenden Maßstäben konform gehen. Respekt für Besitz wurde auch stark betont. Die Söhne sollten körperlich stark und gefühlsmäßig robust sein. Ihnen wurde beigebracht, daß Entspannung oder Befriedigung der eigenen Wünsche ein Luxus sei, den man sich erst verdienen müsse. In einigen Fällen versuchten die Väter, ihren Söhnen beizubringen, anderen Familienmitgliedern in Notzeiten zu helfen.[8].

Einige wenige Väter legten Wert auf intellektuelle Leistung, Rationalität, die Möglichkeit, sich selbst zurückzuziehen, Güte, Respekt vor menschlichem Leben, Verantwortlichkeit in der Gemeinschaft und Philanthropie. Einer sprach von sozialer Gerechtigkeit und ein anderer interessierte sich für Kunst und Literatur.

Die Väter unterstrichen ihre Erwartungen für ihre Söhne mit sehr

[7] Lane, R. E.: Fathers and Sons. Foundations of Political Beliefs. In: ›American Sociological Review‹, 1963, S. 502–511.
[8] Siehe Anhang 7.

spezifischen Verboten.[9] Verbote wurden in Verbindung mit Verstößen seitens der Söhne und immer auch dann ausgesprochen, wenn die Väter das Bedürfnis hatten, ihre Ansichten über ›gut‹ und ›böse‹ mitzuteilen. Viele Verbote stellten genauere Ausführungen der oben beschriebenen Werte dar: Lügen, Schwindeln, Stehlen, Ungehorsam, vulgäre Sprache, Unordentlichkeit, schlechte Manieren und die Zerstörung materieller Güter wurde verboten. Die meisten Väter untersagten auch Kämpfen, Trinken, Rauchen und Sex. Die Mehrzahl verbot ihren Söhnen, Zärtlichkeit und Gefühle zu zeigen (das entspricht dem Wert der emotionalen Robustheit). In diesem Zusammenhang ist es sehr wichtig, daß die Väter ihre persönliche Bequemlichkeit für unverletzlich hielten und daher ihren Söhnen kategorisch untersagten, sie zu stören.

Alle elterlichen Werte und Anforderungen tragen moralische Implikationen in sich. Was Eltern verbieten und weshalb sie bestrafen, wird von den Kindern als moralisch falsch angesehen. Wir bemerkten, daß die Väter der Green Berets Ungehorsam, Widerspruch, Emotionalität, Unbequemlichkeit für sich selbst und den Ausdruck von Zärtlichkeit untersagten. Indem diese Verhaltensweisen verboten und daher zu moralischen Überschreitungen deklariert wurden, war der Kreis der Kontrolle über die Familien vollständig. Die Väter konnten unberechenbar autokratisch sein, ohne die Familienmitglieder mit körperlicher Gewalttätigkeit oder deren Androhung zu unterdrücken. Das Wertsystem, das sie weitergaben, erklärte jedes Verlangen, das ihrem eigenen entgegengesetzt war, als moralisch falsch. Wenn Kritik, das Verlangen oder die Bitte um Erklärungen vorkamen, wurden sie als Ungehorsam bezeichnet und als solcher verboten. Emotionalität wurde ebenfalls verboten. Fast alles war verboten, außer den Dingen, die befohlen wurden. Ich bin der Ansicht, daß dieser Kodex die Erklärung für die Fähigkeit dieser Familien enthält, intakt zu bleiben.

Die Erziehungsmethoden der Väter

Wie haben die Väter ihre Kinder erzogen? Selbst gut definierte Maßstäbe und moralische Verbote müssen zeitweilig betont werden. Die häufigsten disziplinären Maßnahmen waren körperliche Strafen, Drohungen und Strenge (böse Blicke), negative Kritik, Einschränkungen und Entzug von Privilegien. Die Erziehungsmethoden, die von der

[9] Siehe Anhang 8.

kleinsten Anzahl der Väter, und auch dann nur selten, angewandt wurden, waren Belohnungen, physische Isolierung, rationale Argumentation und Liebesentzug. [10]

Es sollte darauf hingewiesen werden, daß 4 Kriegsfreiwillige von ihren Vätern niemals körperlich bestraft wurden. Drei von ihnen erzählten, daß sich die Furcht vor ihren Vätern in früher Kindheit so tief eingeprägt hatte, daß es ihnen niemals eingefallen wäre »seine Wege zu kreuzen«. Ein »böser Blick« genügte. Der vierte Kriegsfreiwillige war in früher Kindheit verwaist und konnte sich nicht daran erinnern, von seinem Vater bestraft worden zu sein.

Körperliche Strafen

Ich bat die Green Berets, die Umstände zu beschreiben, unter denen sie körperlich bestraft wurden, welche Instrumente dazu verwendet und auf welche Körperteile sie geschlagen wurden.

Sie sagten, daß ihre Väter sie schlugen, wenn sie häusliche Regeln (Pünktlichkeit, Einhaltung der Essens- und Schlafenszeiten, Erledigung der häuslichen Pflichten usw.) brachen (80%), materielle Güter zerstörten (76%), wenn die Väter sich ärgerten (76%) und wenn sie anderen Schaden zufügten (68%). Weitere Umstände, die ihre Väter dazu veranlaßten, sie zu schlagen, waren, wenn sie eine ›Übereinkunft‹ mit ihren Vätern brachen (56%), Mangel an Mut zeigten (48%), sich selbst Schaden zufügten (48%), in der Schule in Schwierigkeiten kamen (36%), körperliche Schwäche zeigten (32%) und wenn sie in Schwierigkeiten mit der Polizei kamen (12%). Ohne offensichtlichen Grund schlugen 16% der Väter zu.

In den Berichten der Green Berets gibt es bedeutsame Unterschiede in der Häufigkeit, mit der sie von ihren Vätern körperlich bestraft wurden. Nur einer erzählte, daß sein Vater ihn täglich schlug. Viele sagten, daß sie zwischen einmal in der Woche bis zweimal im Monat geschlagen wurden (32%). Die Mehrzahl gab an, daß ihre Väter sie entweder zwei- bis dreimal im Jahr oder überhaupt nur zwei- bis dreimal geschlagen hatten.

Fast die Hälfte der Väter beschränkte körperliche Strafen hauptsächlich auf das bekleidete Gesäß der Söhne (44%). Einige Väter schlugen hauptsächlich auf den Kopf (16%), einige hauptsächlich auf das ent-

[10] Siehe Anhang 9.

blößte Gesäß (12%), und einige wahllos auf alle Körperteile ihrer Söhne (12%).

Das am häufigsten verwendete Strafinstrument war die Hand des Vaters. Viele Väter verwendeten aber auch Gürtel, Stöcke und Peitschen (72%). Vier Green Berets gaben an, daß ihre Väter »irgendeinen Gegenstand, der gerade in die Hand kam«, ergriffen, und 2 erzählten, daß ihre Väter bei Gelegenheit auch Bretter, Eisenstäbe oder Ketten verwendeten.

Nur 3 der Väter hörten mit dem Schlagen auf, wenn ihre Söhne anfingen zu weinen, fast die Hälfte von ihnen fuhr fort zu schlagen, und 3 Väter verstärkten die Schläge. Vier Green Berets konnten sich nicht mehr daran erinnern, wie ihre Väter reagierten, wenn sie weinten; oder sie sagten, daß sie nie geweint hätten. Wie ich schon vorher erwähnte, gab es 4 Kriegsfreiwillige, die von ihren Vätern niemals geschlagen wurden.

Es folgen einige Zitate, die die Erziehungsmethoden der Eltern dieser Soldaten beleuchten. Statt über Väter und Mütter getrennt zu berichten, wurden die Zitate in relativem Zusammenhang belassen.

Fall Nr. 204

Wenn meine Mutter oder mein Vater uns etwas gesagt haben, haben wir's einfach getan. Zum Beispiel mit meiner Mutter, wissen Sie, ich meine, wenn wir schlimm waren, hat sie uns mit einer Haarbürste versohlt. Sie hat meistens die Prügelstrafen ausgeteilt und wir haben uns dann ordentlich benommen. Ihre Schläge waren nicht so schlimm wie die von unserem Vater, weil – er hat meistens den Ledergürtel genommen, wissen Sie. Er hat uns total fertiggemacht.

Fall Nr. 207

Mein Vater war niemals – ich glaube nicht, daß er sehr streng war. Er war ein wirklich ernster Mann. Wenn er was gesagt hat, mußten wir's befolgen, wissen Sie. Er hat gesagt, wir sollten um 10 Uhr da sein und dann waren wir auch besser um 10 Uhr da, sonst gab's Strafen.

Fall Nr. 209

Na ja, die haben einfach den Riemen rausgeholt und uns ein paarmal eine übergezogen. Das hat uns meistens wieder auf den geraden Weg gebracht. Das war die übliche Art. Oder uns manchmal früh ins Bett geschickt, als wir jünger waren [...] Na ja, für Raufereien, jemandem Schimpfnamen geben, irgendwas im Haus zerstören, einfach weil du was getan hast, was du nicht tun solltest, verstehen Sie [...] Meine Mutter hat's meistens verteilt, weil, sie war öfter da, wenn Sachen passiert sind und hat's dann gleich an Ort und Stelle bereinigt. Mein Vater hat ein paarmal ein Brett verwendet. Das ist's vielleicht, warum ich meinen Vater mehr gefürchtet habe (kichert) [...] Meine Mutter hat mich vertrimmt, wissen Sie [...] Es ist schwer, sich daran zu erinnern, aber ich würde sagen, ungefähr 20- oder 30mal, so ungefähr. Vielleicht ein paarmal in der Woche [...] Mein Vater hat mich vielleicht 5- oder 6mal (mit dem Brett) geschlagen. Das war genug. Meistens hast du gewußt, daß du's verdient hast [...] Nein, sie waren in dieser Beziehung nicht zu hart [...] Es war schwer zu wissen, weil, es hat von ihnen abgehangen, wissen Sie, wie sie zu dem Zeitpunkt aufgelegt waren. Sie waren nervöse Menschen. Nach einer Zeit ist man ihnen auf die Nerven gegangen [...] Es hat bestimmte Dinge gegeben, die du jeden Tag getan hast. Da hast du nicht drüber nachgedacht, du hast sie ganz einfach getan, und du hast ihnen nie widersprochen.

Fall Nr. 212

B: Meine Mutter hat nie Strafen ausgeteilt, einfach darum, weil sie nur 1,55 m groß ist, und ich war fast immer größer als sie, und ich hab' einfach nicht gedacht, daß sie mir wehtun könnte, glaube ich.

I: Und Ihr Vater?

B: Mein Vater ist 2,05 m.

I: 2,05 m?

B: 2,05 m, ja. Das ist ein automatisch eingebauter Terror (lacht).

I: Was meinen Sie, »ein eingebauter Terror«?

B: Na ja, ich – wenn mein Vater endlich aufsteht, wissen Sie (kichert), dann meint er's ernst, und da ist es am besten, wenn man sich gleich korrigiert, damit, eh, ich weiß nicht, jedesmal, wenn er etwas gesagt hat, hatte ich die Tendenz zuzuhören. Er hat mir auch erzählt, wie ich 'n Junge war, daß an dem Tag, an dem ich beschließen würde, mich seinen Wünschen zu widersetzen, würden wir in den Garten hinter dem Haus gehen und es austragen. Wie ich ungefähr 16 Jahre alt war, hab' ich gedacht, ich bin groß genug, um es auszuprobieren, und wir sind rausgegangen, und er – er hat mich ihn dreimal boxen lassen, dann bin ich davongerannt und er hat mich geschnappt. Danach habe ich beschlossen zuzuhören [...]

I: Würden Sie sagen, daß Ihr Vater ein strenger Mann war?

B: Ja, ich würde sagen, daß er streng war.

I: In welcher Weise?

B: Na ja, hauptsächlich alles, was meine Mutter betroffen hat oder irgendwie außergewöhnlich war, eh, in bezug auf – na ja, alles, was das Haus angegangen ist. Eh, ich würde sagen, daß er streng war über – zum Beispiel kein Fluchen im Haus, und es war auch besser, wenn er einen auch niemals woanders fluchen gehört hat. Eh, Respekt vor deiner Mutter. Ich hab' dafür nie eine genauere Erklärung bekommen, außer, daß sie meine Mutter war. Das war's, warum ich sie respektieren sollte, so meine ich. Ich hab's ganz einfach akzeptiert, daß ich sie respektieren sollte.

Dann lügen, man sollte besser niemanden anlügen. Eh, rechtzeitig zu Hause sein. Wenn ich irgendwo sein mußte, sollte ich zur richtigen Zeit und in der richtigen Kleidung dort sein. Gewaschene Hände und Gesicht, um zum Essen zu gehen, und solche Sachen.

Fall Nr. 215

B: Ich kann mich nicht daran erinnern, daß meine Mutter mich irgendwann verprügelt hat. Ich weiß nicht, ob sie's irgendwann getan hat oder nicht, aber ich kann mich nicht daran erinnern, daß sie's getan hat. Ja, ich kann mich daran erinnern, daß sie immer gedroht hat, mich zu verprügeln, und ich kann mich auch erinnern, daß sie gedroht hat, es meinem Vater zu erzählen, was ich getan hab', und daß er mich verprügeln wird, was er ein paarmal getan hat. Er hat nicht lange gezögert, meinen Hintern mit dem Gürtel zu versohlen. Ich spreche nicht von Prügeln. Ich spreche nur von ein paar schnellen Schlägen auf den Hintern, die vielleicht eine Stunde lang wehgetan haben, bis ich die Bedeutung von dem verstanden hab', was man mir damit sagen wollte. Ich kann nicht sagen, daß sie irgendwann grausam waren oder außergewöhnlich streng bestraft haben.

I: Können Sie sich an einen Fall erinnern, wo – Sie haben mir erzählt, daß, wenn man Ihren Vater wirklich stark herausgefordert hat, er wirklich sehr wütend geworden ist. Können Sie sich daran erinnern, ihn jemals so herausgefordert zu haben?

B: Ja, daran kann ich mich erinnern. Ich kann mich erinnern, wie ich einmal an einem Abend betrunken heimgekommen bin. Da war ich ungefähr 17 Jahre alt, und ich sollte mit ihm um 3 Uhr früh fischen gehen. Ich kann mich erinnern, wie ich durch die Vordertür ins Haus gekommen bin, und er ist auf der Couch gesessen und hat die Zeitung gelesen. Er hat sich schon fertiggemacht gehabt, um fischen zu gehen, und ich war noch nicht nach Hause gekommen. Und ich weiß nicht, was ich zu ihm gesagt hab', weil – das ist, woran ich mich erinnern kann: ich kam zur Tür rein, er steht von der Couch auf und hat mich was gefragt. Und ich kann mich erinnern, daß ich irgendwas Freches gesagt hab' oder in mich hineingelacht hab'. Und ich bin am nächsten Tag aufgewacht und hatte ein blaues Auge. Er hat mich geschlagen. Ich hab' nachgedacht, was ich gesagt hab', aber er hat mir nie erzählt, was ich gesagt hab'. Er ist zwei Tage von zu Hause weggeblieben. Er ist nicht nach Hause gekommen. Ich weiß nicht, wo zum Kuckuck er hingegangen ist. Meine Mutter hat sich ganz fürchterliche Sorgen gemacht.

I: Um wieviel Uhr sind Sie nach Hause gekommen?

B: Es war ungefähr 4 Uhr in der Früh. – Siebzehn Jahre alt. Er war ganz schrecklich aufgeregt. Ich meine, ich kann ihm nicht zu sehr die Schuld dafür geben.

I: War Ihr Vater ein strenger Mann?

B: Nicht wirklich. Er war dickköpfig. Ich meine, wenn ich was getan hab', wovon er geglaubt hat, daß es falsch ist, und er hat gesagt, du tust das nicht nochmal, dann hab' ich's nicht mehr getan. Er war die Autorität, aber ich würde ihn deswegen nicht streng nennen, nicht wirklich.

I: Können Sie sich erinnern, daß Sie Ihrem Vater wegen irgendwas jemals böse gewesen sind?

B: Nein, nicht.

I: Würden Sie sagen, daß Ihr Vater die Hauptautorität in der Familie war?

B: O ja. Ganz entschieden. Meine Mutter hat getan, was ihr befohlen worden ist. Wenn er was gesagt hat, wurde es getan. Sie hat sich dann gefügt. Ich hab' versucht, eh, ihr einzureden, daß sie sich 'n bißchen widersetzen soll, aber sie hat's nicht getan (lacht).

Fall Nr. 218

B: Eh, ich denke, sie hatten einfach normale – normale Regeln, wissen Sie. Du mußt sagen ›Ja, Sir‹ und ›Nein, Sir‹, ›Madam‹, ›Ja, Madam‹ und ›Nein, Madam‹. Das ist üblich, wenn man aus dem Süden ist. Man tut das sowieso, es ist eine Gewohnheit. Aber ich kann mich nicht an irgendwelche besonderen Regeln erinnern, die wegen irgendwas aufgestellt worden sind. Ganz gewöhnliches Zeug, wie, du sollst da sein, wenn sie gegessen haben oder sowas, du sollst da sein, um dort zu essen oder du kriegst 'n paar. Eh, erzähl' ihnen, wo du hingehst oder solche Sachen. Sehen Sie, es ist nix Besonderes, normales Zeug.

I: Na ja, geben Sie mir ein Beispiel dafür, was Sie als normal bezeichnen. Was war das?

B: Na ja, eh, wissen Sie, man mußte, eh, sein Abendessen zu einer bestimmten Zeit essen, eh, man hatte bestimmte Sachen zu tun, die man – die ich tun mußte, und vielleicht sollte ich den Fußboden kehren oder das Geschirr waschen. Das waren keine Regeln, sondern einfach Sachen zu tun. Eh, man widerspricht Erwachsenen nicht. Ganz einfach ganz normales Zeug.

I: Jetzt erzählen Sie mir bitte doch mal ein bißchen, wofür Sie bestraft worden sind, als Sie ein Kind waren, und wer Sie bestraft hat.

B: Na ja, ich bin bestraft worden für alles und jedes, was ich getan hab'. Eh, vielleicht hab ich – ich soll irgendwo sein bis zu einer bestimmten Zeit und dann war ich nicht dort. Oder, eh, ich hab' wahrscheinlich Schwierigkeiten in der Schule gehabt oder vielleicht hat der Lehrer nach Hause geschrieben, einen Zettel nach Hause oder sowas. So ähnliche Sachen. Eh, meine Mutter hat mich immer verprügelt [. . .] Ich bin verprügelt worden für, eh – da bin ich in das Haus von jemand gegangen um zu spielen und ich soll um 12 Uhr zurück sein. Und ich komm' zurück, sagen wir, um 3 Uhr am Nachmittag oder sowas. Eh, ins Kino gehen am Samstag, und da hatten sie normalerweise einen Western, wissen Sie, und dann noch einen zweiten Film danach und so weiter. Und statt daß ich den einmal sehe, bin ich dort gesessen und hab's zweimal gesehen. Und das war was, wofür man bestraft werden konnte, weil sie ganz deutlich gesagt hatten, daß man dann und dann aus dem Kino raus sein muß.

Fall Nr. 221

Oh, wir haben uns vor ihm gefürchtet. Ich meine, er hat was gesagt, und wir haben's getan. Er mußte keine Gewalt anwenden, um uns zu disziplinieren. Das ist, warum ich gesagt hab', ich kann mich nicht daran erinnern, daß er mich irgendwann persönlich mal geschlagen hat, außer das eine Mal. Aber ich hab' immer alles getan, was er mir gesagt hat. Und wenn ich mit so'n paar Typen aus war, und ich wußte, daß sie Sachen tun werden, die sie nicht tun sollen, dann hab' ich's nicht getan, weil er, na ja, wie ich gesagt hab', wir haben uns vor ihm gefürchtet [...]

Fall Nr. 223

B: Na ja, es hat einfach davon abgehangen – zum Beispiel wenn er die Zeitung gelesen hat oder was, wissen Sie, und man seinen Mund aufgemacht hat, wissen Sie.

I: Und können Sie sich daran erinnern, was Sie tun mußten, um das zu provozieren?

B: Nein, es war nur – eh, na ja, es mußte nicht mal Widerrede sein. Es konnte, eh, ganz einfach Lärmmachen sein oder meine Mutter hat was gesagt, was getan, wissen Sie, und dann hast du gesagt, na ja, wart' mal einen Moment, wissen Sie. Na ja, ich mag das auch nicht. Wenn sie sagt, du sollst es tun oder er sagt, du sollst es tun, dann will er's gleich in dem Moment getan haben. Er will nicht, daß du eine Minute wartest, er will, daß du's tust, wissen Sie.

I: Hat ihn das beim Lesen unterbrochen oder hat er Ihnen einfach eine geknallt und einfach weitergelesen?

B: Ja, er hat mir eine geknallt und weitergelesen.

I: Und Sie haben dann auch nichts gesagt?

B: Nein.

Fall Nr. 226

I: Wer, würden Sie sagen, hat die Entscheidungen in der Familie getroffen? Wer war die Autorität?

B: Mein Vater.

I: Gab's da jemals irgendeinen Zweifel?

B: Nein.

I: Was für eine Art von Regeln und Vorschriften gab es in der Familie über Zusammenleben und Familiendisziplin?

B: Na ja, wann immer ich was getan hab', na ja, bis ich älter geworden bin, hat er uns immer mit einem Gürtel verbleut, mit einem großen, schwarzen Gürtel [...] Eh, wie ich schon gesagt hab', wir waren einander wirklich nah, und ich glaube, es gibt eine Menge Liebe in unserer Familie. Wir durften nicht alleine schwimmen gehen oder wir durften nicht alleine fischen gehen, durften nicht jagen gehen. Ein paarmal, wie ich noch jünger war, bin ich in 'ne Grube geschlichen und geschnappt worden. Ich hab' gewußt, worauf ich mich eingelassen hab'. Ich wußte, daß ich bestraft werden würde. Durfte nicht rauchen, durfte nicht fluchen. Wenn ich in einen Film gegangen bin, mußte ich am Tag gehen, nicht am Abend, durfte nicht am Abend gehen, wissen Sie. Durfte nicht widersprechen, wir durften nicht widersprechen. Sie waren meine Eltern. Ich hätt' mich nicht getraut, ihnen zu widersprechen. Ich hab' gewußt, wir waren gut erzogen. Ich glaube, wenn wir mehr Disziplin hätten wie die, die ich hatte wie ich aufgewachsen bin, statt daß man sich hinsetzt und versucht zu reden, wär's besser.

I: Wenn die Kinder die Regeln und Vorschriften in Ihrer Familie nicht befolgt haben, wer hat sie bestraft?

B: Mein Vater.

I: Immer?

B: Ich – ich kann mich erinnern, daß meine Mutter mich ungefähr zweimal verhauen hat.

I: Und womit hat sie Sie verhauen?

B: Eh, ich kann mich erinnern, daß ich einmal zwei Schachteln Zigaretten von meinem Vater gestohlen hab'. Bin raus ins Gebüsch und hab' sie geraucht. Ich komm' zurück und ich war betrunken und – na gut, sie ist ins Badezimmer gegangen und hat diesen, eh, Schlauch, einen Schlauch geholt, und, Junge, hat sie mich blau geschlagen.

I: Einen Schlauch?

B: Einen Schlauch. Na ja, eine Wärmflasche, wissen Sie, die immer so einen Gummischlauch drin hat. Ich weiß nicht, wie man das nennt.

Fall Nr. 227

B: Nein, sie hat einen Gürtel verwendet. Sie hatte einen netten Gürtel, einen wirklich netten (lacht).

I: Können Sie sich erinnern, wie der war?

B: Ja (lacht). Er war ungefähr so dick.

I: 5 Zentimeter?

B: Ja, breit.

I: 5 Zentimeter breit?

B: Ja, und ungefähr gut 3 mm dick. Mehr oder weniger wie einer von diesen, eh, Lastwagenfahrergürteln, wissen Sie, eh, Sie wissen, wie dick die sind.

I: Können Sie sich erinnern, daß Sie damit bestraft wurden?

B: O ja (lacht).

I: Und wohin hat sie Sie geschlagen, wenn sie Sie bestraft hat?

B: Sie ist wild geworden damit (lacht).

I: Wirklich?

B: Ich hab's auf die Beine bekommen, auf den Hintern, meinen Arm, wissen Sie.

I: Hatten Sie jemals Striemen davon?

B: Das ist – ich würde sagen, ja. Auf meinem Hinterteil hatte ich welche. Ich meine, man hat wirklich eine fest drübergezogen bekommen und, eh, angefangen, rumzulaufen, hierhin gerannt und dorthin und versucht, davon wegzukommen. Sie hat einfach damit losgezogen, und du bist geschlagen worden, wo du gestanden bist, in dem Moment, wo sie ausgeholt hat [...] Einmal hat sie mich von der Küche durchs ganze Wohnzimmer bis zurück in den Flur und zurück ins Wohnzimmer geschlagen. Und ich meine (lacht), sie hat mich nicht nur überallhin gejagt mit dem Ding, sie hat mich gut 15- bis 20mal geschlagen.

I: Können Sie sich erinnern, daß Ihr Vater Sie jemals damit geschlagen hat?
B: Nein, nein. Er hat's ein paarmal getan. Er – wie ich wirklich klein war und in die Schule gegangen bin, nach Hause gekommen bin von der Schule, und ich bin über diese große Hauptstraße gegangen, und da waren zwei andere Kinder auf der anderen Seite der Straße. Und er hat sich fertiggemacht, um in die Arbeit zu gehen. Er ist aus dem Haus rausgekommen und hat die Straße runtergeschaut und gesehen, wie ich rüberkomme. Und in dem Moment, wo ich auf den Bürgersteig komme, haben diese zwei Jungens diesen alten Mann getreten und er hat gedacht, ich war – ich war mit ihnen.
I: Wie alt waren Sie damals ungefähr?
B: Ich war ungefähr 6, 7 Jahre alt.
I: Und was hat er dann getan?
B: Oh, er hat mich mordsmäßig verprügelt. Ich meine, nur seine Hand verwendet. Mich überallhin geboxt. Wir sind raufgegangen zum Haus. Er hat seinen Gürtel abgenommen, mich damit geschlagen. Und ich konnte ihm einfach nicht erklären, daß ich nichts getan hatte, und es war nur, ich war dort zur falschen Zeit, und das war's. Von der Zeit an glaube ich, wenn ich gedacht hab', daß es Unannehmlichkeiten gibt, dann bin ich in die andere Richtung gegangen. Ich bin nicht dortgeblieben.
I: Hat er jemals herausgefunden, daß Sie nicht dort waren?
B: Nein.
I: Hatten Sie Striemen davon?
B: O ja. Ich hatte blaue und grüne Flecken am ganzen Körper an dem Tag.
I: Für welche Sachen hat Ihre Mutter Sie verprügelt?
B: Sie hat mich die ganze Zeit verprügelt. Ich bin verdroschen worden, dafür, daß ich das Holz nicht reingeholt hab', nicht genug Holz, hier nicht saubergemacht, dort nicht saubergemacht. Ich glaub', ich hab's jeden Tag gekriegt. Ich hab' das Öl nicht raufgeholt.
I: War Ihr Vater ein großer Mann?
B: Ja, größer als ich jetzt bin, ungefähr 1,90 m. Er hat ungefähr 90 kg gewogen. Er ist wirklich stark, wie'n Stürmer in diesen Football-Teams. Haare am ganzen Körper.
I: Würden Sie sagen, nach dem einen Mal, wo er Sie wirklich geschlagen hat, daß Sie sich gefürchtet haben, ihm in die Quere zu kommen?
B: Irgendwie ja, wenn ich mich jetzt daran erinnere. Ich meine, das ist die Art, wie ich meinen Jungen behandle. Damals, 1964, wie er 4 Jahre alt war, habe ich ihm gesagt, er soll nicht zum Wasser runtergehen, und er hat's doch getan. Ich hab's ihm damals mit dem Stock gegeben. Er weiß jetzt, wenn du was sagst, dann wird's gemacht. Ich brauch' nur ›Peter!‹ sagen, und dann gibt's kein zweites Mal.
I: Würden Sie sagen, daß Sie mit Ihrem Vater genauso waren?
B: Zu Hause haben sie mich [...] genannt, und er hat nur einfach [...] gesagt, und es ist genau so, wie wenn ein Hauptmann reinkommt und sagt ›Achtung!‹ (lacht). Man steht dann einfach stramm.

Fall Nr. 228

B: Mein Vater war ein schwerer – schwer gebauter, breiter Mensch, ziemlich streng, und er hat oft bestraft, würd' ich sagen. Und wenn er mir gesagt hat, daß ich was tun soll, dann hat man ihn normalerweise nicht gefragt, warum. Ehm, meist hat er dann gesagt, ›weil ich dir's befohlen habe‹. Auf der anderen Seite, eh, hat er sehr oft einen Grund für was angegeben. Er hat scheinbar gewußt, was er getan hat, und wie er's getan haben wollte. Was, glaube ich, für einen Armeeoffizier eine ziemlich gute Art ist. Und es war 'ne ziemlich gute Art, ein Problem zu handhaben, und anscheinend hat's ihm in der Armee ein paar Erfolge gebracht, weil – er ist Major geworden in 5 Jahren, was damals in manchen Fällen – entweder man wird's sehr schnell oder sehr langsam. Ich glaube nicht, daß man's wird, wissen Sie, einer von diesen 23 Jahre alten Obersten in der Air Force, oder sowas.

I: Können Sie sich an die Art von Regeln erinnern, die es zu Hause in der Familie gegeben hat?

B: Nicht wirklich irgendwas, woran ich mich deutlich erinnern kann. In sehr frühem Alter wurde mir beigebracht zu sagen ›Ja, Sir‹, ›Nein, Sir‹, ›Sir‹, ›Madam‹, ›Ja, Madam‹ und so [...] Ja, ich bin ziemlich oft verprügelt worden [...] Meine Mutter hat's auch ziemlich oft getan. Aber ich glaub', eh, mein Vater hat ein bißchen mehr Eindruck auf uns gemacht [...] Ungefähr 3mal in der Woche [...] Meistens sind wir mit einem Seil verdroschen worden. Ich nehme an, das war das erste, was ihnen in die Finger gekommen ist. Ich kann mich erinnern, daß ich ein- oder zweimal mit einer Reitgerte oder mit den Zügeln geschlagen worden bin [...] Ja, man konnte es eigentlich nicht gut voraussehen [...] Das letzte Mal war, wie ich ungefähr 14 war. Das war meine Mutter [...] Ja, wir sind stillgestanden, weil ich nicht glaube, daß wir damit durchgekommen wären, wenn wir davongerannt wären.

In seinem vor kurzem erschienenen Buch »Violence Against Children« erörtert Gil die Verbreitung und die Gründe für die Erziehungsmethoden, die in diesen Zitaten beschrieben wurden.[11] Es besteht eine direkte Korrelation zwischen dem Ausmaß an körperlicher Mißhandlung in der Kindheit und der späteren Bereitschaft, individuelle oder organisierte Gewalttätigkeit zu initiieren oder sich an ihr zu beteiligen. Die Gesellschaft ist im allgemeinen in der Lage, Gewalttätigkeit durch Tabus, Gesetze und Sanktionen einzudämmen, zu kanalisieren und sie in einem erträglichen Maß zu halten. Aber das darunterliegende Potential für destruktives Verhalten ist in vielen Situationen klar ersichtlich, vor allem dann, wenn sein Ausdruck gefördert und gelenkt (Krieg, Aufruhr, Polizeiaktionen usw.) oder dem einzelnen überlassen wird, wie dies bei der Kindererziehung der Fall ist.

[11] Gil, David: Violence Against Children. Physical Child Abuse in the United States. Cambridge, Mass. (Harvard U. Press) 1970.

»Ein gewisses Maß an Kindesmißhandlung ist ein vollkommen sanktionierter Aspekt des gegenwärtigen Stadiums der kulturellen Entwicklung der amerikanischen Gesellschaft. Zwischen verschiedenen Teilen der amerikanischen Bevölkerung bestehen signifikante Unterschiede in bezug auf das Ausmaß an Kindesmißhandlung, das für angebracht gehalten und tatsächlich praktiziert wird. Trotz solcher Unterschiede kann jedoch nicht bestritten werden, daß irgendein Maß von Gewalttätigkeit gegen Kinder in den Erziehungsphilosophien und Praktiken fast aller Amerikaner enthalten ist.

Der Umfang und die Art kultureller Tabus und gesetzlicher Sanktionen im Hinblick auf die Anwendung physischer Gewalt in der Interaktion zwischen Erwachsenen und Kindern sind von denjenigen sehr verschieden, die Anwendung physischer Gewalt unter Erwachsenen regeln. Die meisten Gesellschaften, einschließlich der amerikanischen, bestimmte Indianerstämme möglicherweise ausgenommen, haben keine absoluten kulturellen Tabus und gesetzliche Sanktionen gegen die Anwendung physischer Gewalt von Erwachsenen gegen Kinder entwickelt. Die Anwendung physischer Gewalt ist nicht nur nicht verboten, sie wird in bestimmten Zusammenhängen in vielen Gesellschaften sogar gefördert. Die Erziehungsphilosophie, die in dem volkstümlichen Sprichwort ›wer sein Kind liebt, der züchtigt es‹ enthalten ist, wird in zivilisierten Gesellschaften immer noch weitgehend akzeptiert [...]

4 Jahre, in denen wir Kindesmißhandlung durch Erziehungsberechtigte (Eltern, Vormunde) untersuchten, haben uns dazu geführt, eine Hypothese als für dieses Problem grundlegend anzunehmen, nämlich, daß wir es mit einem bestimmten Muster der Kindererziehung zu tun haben.

Mißhandlung ist ein Interaktionsmuster zwischen Erziehungsberechtigten und Kind, das aufgrund der Intensität der Äußerung des Musters ungewöhnlich ist. Das Muster selbst, davon sind wir überzeugt, durchdringt unsere amerikanische Kultur.

Jeder von uns erwartet von Kindern wenigstens ein Minimum an Gehorsam und konformem Verhalten. Die meisten unter uns sind der Ansicht, daß ein Kind, das sich nicht richtig benimmt, eine Strafe verdienen könnte. Trotz des anfänglichen Erschreckens und der Empörung, die Menschen zuerst äußern, wenn sie von mißhandelten Säuglingen hören, zeigen die meisten bald, wie gut sie die mit einem solchen Verhalten verbundenen Gefühle kennen.

Bei all unseren Patienten, die Kinder tätlich angriffen, beobachteten wir ein Versagen in der ›Fähigkeit, zu bemuttern‹. Was dieses Versagen angeht, gibt es keinen großen Unterschied zwischen Männern und Frauen. Mit ›Bemuttern‹ meinen wir nicht die oberflächlichen Pflege-Techniken, sondern die tiefe, feinfühlige und intuitive Einsicht in die Lage und Bedürfnisse des Kindes, das Eingehen darauf und die Rücksichtnahme auf die Fähigkeit des Kindes, seinem Alter entsprechend zu handeln.

Die Eltern sind dem Auf und Ab der Bedürfnisse des Kindes gegenüber unempfindlich. Sie konzentrieren sich mehr auf die Bedürfnisse, die sie selbst haben.

Wir haben es mit einer Wiederholung der Kindheitssituation der Eltern selbst zu tun. Sie haben das Gefühl, daß niemand ihnen zuhört, niemand sich um sie kümmert, sie fühlen sich ungeliebt und zutiefst wertlos. Wir meinen nicht, daß ihre Familien und Eltern ihnen keine Aufmerksamkeit schenkten. Im Gegenteil, sie waren oft der Brennpunkt extremer Aufmerksamkeit, die aber die Form von Forderung und Angriff statt auch nur annähernd die von Güte und Mitgefühl annahm.«

Die Beziehung zwischen Vätern und Söhnen

Große Ähnlichkeiten in der Art, wie die Väter der Kriegsfreiwilligen sich zu ihren Söhnen verhielten, traten in dieser Studie zutage. Im allgemeinen hatten sie relativ wenig Kontakt mit ihren Jungen. Dennoch wurde dieser Kontakt, wie aus Tabelle 2 ersichtlich, von der gesamten Stichprobe der Green Berets etwas stärker als angenehm denn als unangenehm erfahren (dies war für die Mutter-Sohn-Beziehung ähnlich, mit dem Unterschied, daß unangenehme Erfahrungen die angenehmen etwas überwogen).

Tabelle 2 *Relative Häufigkeit angenehmer und unangenehmer Kontakte zwischen den Kriegsfreiwilligen und ihren Vätern (Bewertung durch Beurteiler)*[12]

	Positive Zeiten		Negative Zeiten	
	N	%	N	%
Häufig	3	12	2	8
Gelegentlich	10	40	6	24
Selten	8	32	15	60
Keine	4	16	2	8

Die Erklärung für diese Einschätzung hat eine Komponente der Wahrnehmung und eine des Inhalts. Da die Väter im allgemeinen ihren Söhnen wenig Aufmerksamkeit schenkten, waren diese für jede Aufmerksamkeit, die sie erhielten, dankbar. Obwohl viele der Väter launenhaft, nervös und leicht verärgert waren, bemühten sich ihre Söhne,

[12] Diese Beurteilungen basieren auf der Qualität der Vater-Sohn-Kontakte, die von den Green Berets erzählt wurden. Wenn über häufigen Kontakt zwischen Vater und Sohn berichtet wurde (5 Fälle), bezog sich die Einschätzung durch die Beurteiler auf die relative Proportion positiven und negativen Inhaltes. Wenn der Soldat mehrere positive und negative Kontakte erwähnte, wurden die Alternativen ›gelegentlich‹ angekreuzt. Wenn nur 1–3 Arten des Kontakts beschrieben wurden, wurden die Alternativen ›selten‹ vermerkt. Wenn weder positive noch negative Kontakte beschrieben wurden, wurden die Alternativen ›keine‹ angegeben.

sie nicht aufzuregen. Daher war es ihnen oft möglich, gemeinsame angenehme Erfahrungen zu haben, gleich, wieviel Zeit sie tatsächlich miteinander verbrachten. Die Väter bestimmten großenteils, wann sie mit ihren Söhnen Kontakt aufnehmen wollten, und was sie zusammen tun würden. Sie bestimmten eindeutig den Ton, Inhalt und die Grenzen der Beziehung. Ihre Söhne paßten ihre Wünsche und Bedürfnisse dem Temperament, den Launen, Werten und der Erreichbarkeit ihrer Väter an und ordneten sie ihnen unter, weshalb sie selten Ansprüche an Zärtlichkeit, Verständnis oder Kameradschaft stellten. Das Grundmuster der Vater-Sohn-Beziehung änderte sich von der Kindheit zur Adoleszenz nicht, außer daß die Kriegsfreiwilligen mit zunehmendem Alter einige Privilegien erhielten, beispielsweise das Recht, ein Gewehr zu verwenden und zu besitzen, so daß sie sich ihren Vätern und Verwandten auf Jagdausflügen anschließen konnten.
Kurz, die Beziehung, die diese Soldaten und ihre Väter im allgemeinen zueinander hatten, neigte dazu, förmlich und kalt zu sein. Wenige Väter zeigten mehr als ein distanziertes, wachsames Interesse an der Entwicklung ihrer Söhne und dann hauptsächlich in bezug auf die Erfüllung der äußerlichen Verhaltensrichtlinien, die sie für sie aufgestellt hatten. Die großen Unterschiede im Temperament der Väter sind dafür verantwortlich zu machen, daß ungefähr die Hälfte von ihnen als allgemein ungeduldig und die andere Hälfte von ihnen als allgemein geduldig beschrieben wurde. Die Tatsache, daß nur 9 als hilfreich, 3 als verständnisvoll, 3 als zärtlich und emotional zugänglich und 2 als die individuellen Rechte ihrer Söhne respektierend beschrieben wurden, veranschaulicht die Enge und Oberflächlichkeit fast all dieser Beziehungen. Elf Soldaten konnten sich nicht daran erinnern, jemals ein Interessengebiet mit ihrem Vater geteilt zu haben. Mit den Müttern hatten sogar 20 keine gemeinsamen Interessen.

Ihre Militärerfahrungen und deren Einfluß auf die Kriegsfreiwilligen

Bevor ich diese Untersuchung durchführte, hatte ich angenommen, daß Eltern die Bereitwilligkeit ihrer Kinder, sich am Krieg zu beteiligen, durch das gesamte Muster ihres Familienlebens und ihrer Erziehungspraktiken determinieren. Ich war der Ansicht, daß die Fähigkeit eines Menschen, sich einem militärischen System anzupassen und sich an der geplanten Vernichtung von Menschenleben zu beteiligen, systematisch

mit seinen Kindheits- und Jugenderfahrungen in der Familie in Verbindung gebracht werden kann. Natürlich erkannte ich auch, daß große Teile der männlichen Bevölkerung der meisten Länder in der Armee dienen und oft in den Krieg ziehen. Jedoch tut die Mehrheit dies nicht freiwillig, und die überwiegende Mehrheit des Militärpersonals hat selbst während eines Krieges keine Kampferfahrung.
Die bisher dargestellten Untersuchungsergebnisse unterstützen im allgemeinen meine Hypothesen. Während ihrer Kindheit kamen diese Green Berets mit einem Wert- und Erziehungssystem in Berührung, das mit dem Militärleben gut zu vereinbaren ist. Darüber hinaus hatten viele Soldaten in ihren Familien ein spezifisches militärisches Training in der Form von Drill, Märschen, Salutieren und Stubenappell und in der Art des Verhaltens gegenüber Vorgesetzten erfahren. Diese Praktiken waren vor allem in den Familien der 13 Green Berets zu beobachten, deren Väter im Zweiten Weltkrieg in der Armee gedient hatten. Von diesen hatten 10 abenteuerliche und ruhmreiche Kriegsgeschichten erzählt, 6 ihren Söhnen Kriegstrophäen geschenkt und 5 ihnen beigebracht, mit einem Messer zu kämpfen.
Dieses Training scheint einen Einfluß auf das spätere Verhalten der Green Berets gehabt zu haben. Diejenigen, die in Vietnam »eigenhändig getötet« hatten, waren meist mit einer oder mehreren dieser spezifischen militärischen Übungen bekanntgeworden (9 von 14 Fällen).[13] Andererseits unterwarfen 2 Väter mit Militärerfahrung im Zweiten Weltkrieg ihre Söhne keinem militärischen Drill, gaben ihnen keine Kriegstrophäen und erzählten ihnen keine abenteuerlichen Kriegsgeschichten. Statt dessen erzählten sie ihren Jungen über die Schrecken des Krieges. Diese Väter und ein weiterer stellten auch durch ihre Opposition gegen die Entscheidung ihrer Söhne, in die Armee einzutreten, eine Ausnahme dar. Ihre 3 Söhne waren die einzigen Green Berets, die hofften, einem Kampfeinsatz zu entgehen und die erwogen, aus der Armee auszutreten.
Ich bin auch sicher, daß Millionen von Vätern mit ihren Kindern Krieg spielten, ihnen Kriegstrophäen gaben und Kriegsspielzeug für sie kauften, ohne daß ihre Söhne später freiwillig in den Krieg zogen. Es könnte stimmen, daß Kinder, die Krieg spielen und sich mit der Unterstützung und dem Einverständnis ihrer Eltern Krieg romantisch vorstellen, mit größerer Toleranz für den Krieg aufwachsen. Doch glaube ich nicht, daß es möglich ist, Voraussagen über die kausale Bedeutung

[13] Siehe Kapitel 4, Teil 1, worin die militärischen und Kampferfahrungen erörtert werden.

von Kriegsspielen während der Kindheit für das Verhalten als Erwachsener zu machen, ohne die Art, in der die Kinder erzogen wurden, zu berücksichtigen.
Auf den folgenden Seiten sind einige Zitate zu finden, die viele Aspekte der Vater-Sohn-Beziehungen veranschaulichen:

Fall Nr. 201

Er war ziemlich leger und wir haben uns wirklich sehr gut verstanden. Er hat mich meiner Mutter gegenüber unterstützt, wissen Sie, gesagt, daß ich da irgendwo recht habe [...] Er läßt alles zusammenkommen, und dann erzählt er dir, was passiert. Zum Beispiel, wenn du was falsch machst, würde er's dir wahrscheinlich nicht erzählen. Er wartet dann, bis du 5 oder 6 Sachen machst, und dann, bei dem nächsten kleinsten Ding, was du tust, ob's blöd ist oder nicht, bei dem kleinsten, blöden Ding, das du machst, dann läßt er alles an dir aus. Knallt dir eine. Sonst hatten wir eine gute Beziehung [...] Ja, er hat mir 'n paar auf den Kopf geknallt. Meinen Kopf geboxt, weil ich 'n paar nasse Kleider hatte. Er hat gesagt, er müßte die Arztrechnungen bezahlen.

Fall Nr. 205

[...] Mein Vater war sehr still. Er hat niemals was gesagt [...] Er hat mich nie bestraft.

Fall Nr. 206

Mein Vater ist so ein Mensch, der viel Zuneigung zu einem Kind zeigt. Ich meine, er versorgt sie gut, sieht zu, daß sie genug zu essen haben und gut angezogen sind, und auf seine Art liebt er sie sehr. Aber er ist kein nach außen hin emotionaler Mensch. Das hat mich manchmal gestört, weil's da oft Zeiten gab, wo ich ausgehen wollte und Sachen mit ihm unternehmen. Aber er war mit seiner Praxis zu sehr beschäftigt und hatte nie Zeit [...] Und wenn dann was passiert oder ihn wütend macht oder ihn stört, zieht er sich zurück. Er sagt gar nichts [...] Er widmet sich sehr seiner Praxis, seiner Klinik. Er verbringt ungefähr 19 Stunden am Tag in seiner Praxis [...] Eigentlich ist er nicht wirklich kalt an sich. Ich bekomme eher den Eindruck, daß er sehr freundlich sein will, aber nicht wirklich weiß, wie er gefühlsmäßig meinem Bruder und mir näherkommt. Wie ich schon sagte, er ist kein kalter Mensch, aber es ist schwer für ihn, Gefühle auszudrücken oder zu zeigen.

Fall Nr. 209

Sie haben immer drüber geredet, daß man nicht rauchen und nicht trinken soll. Besonders, wissen Sie, mein Vater. Und er war derjenige, der geraucht hat und getrunken hat [...] Er hat eine Zeitlang geflogen, aber er hat's nie fortgesetzt. Er hat nie, wissen Sie, irgendein besonderes Interesse an irgendwas gehabt.

Fall Nr. 213

Na ja, ich hab' mich immer schuldig gefühlt, daß ich nichts mit meinem Vater getan hab, zum Beispiel während meiner Schulzeit. Ich kann mich erinnern, ich hab' ihn nicht gezwungen, aber ich hab' nicht – eh, mit ihm mehr zusammenzusein. Zum Beispiel daß er dabei war, wenn ich Ämter in der Schule ausgeübt habe. Er ist nicht, eh, wie meine Mutter, wissen Sie, zu Konzerten und Football-Spielen gegangen. Er ist zu ein paar Football-Spielen gegangen. Ich – ich hätte versuchen sollen, ihn mehr zu drängen hinzugehen und mehr Spaß zu haben, sich mehr an sowas anzuschließen. Er – er hatte Spaß, eh, an dem – zu dem er gegangen ist. Und, eh, mehr Kameradschaftlichkeit, sagen wir, mit meinen Freunden, daß er meine Freunde öfter getroffen hätte, diese Art Sachen.

Fall Nr. 214

I: In welcher Weise war Ihr Vater rachsüchtig?

B: Na ja, mit rachsüchtig meine ich, ›wenn du nicht rausgehst und den Rasen mähst, trete ich dir in den Hintern‹, eh, ›nun setz' dich schon in Bewegung‹, wissen Sie. Na ja, vieles davon ist rachsüchtig in dem Sinn, daß er seine Unzufriedenheit mit sich selbst, wenn er betrunken war – oder weil er sich fühlte wie – für dieselben Gefühle, die ihn wahrscheinlich betrunken gemacht haben, an uns ausgelassen hat. Er hat sie an uns ausgelassen.

I: Hat er Sie tatsächlich je in den Hintern getreten?

B: Na ja, er hat's einmal versucht, aber – statt dessen hab' ich ihn in den Hintern getreten.

I: Wie alt waren Sie damals?

B: Das war in meinem vorvorletzten Jahre in der High School. Es war das erste Mal, daß ich von zu Hause weg bin.

Fall Nr. 215

Mein Vater hat ein ganz schönes Temperament. Er kann ziemlich wütend werden. Kein Zweifel. Ich mußte mich ein paarmal zusammenreißen [...]

Fall Nr. 219

B: [...] Aber aus irgendeinem Grund hat er immer das Militär betont. Er wollte immer, daß ich in die Armee gehe. Eh, ich kann mich daran erinnern, daß er sehr oft mit mir über die Armee geredet hat und daß es ein gutes Leben ist und daß es gut ist für einen Mann, in der Armee zu sein. Aber ich nehme an, mehr oder weniger – in seinen Gedanken hat er sich ein ziemlich sicheres, eh, eine ziemlich sichere Art, seinen Lebensunterhalt zu verdienen, vorgestellt und etwas, das mehr oder weniger interessant ist für einen jungen Mann. Wissen Sie, einen, der möglicherweise aggressiv ist oder 'n bißchen interessiert ist an Abenteuern. Ich glaube, vielleicht hat er sich selbst dabei vorgestellt, eigentlich. Ich glaube, er hat immer erwähnt, daß er's bereut hat, daß er aus der Armee raus ist. Er wollte immer in der Armee bleiben. Und ich glaube, weil er das so sehr für sich selber wollte, wollte er, daß ich's tue.

I: Als Sie aufwuchsen, hatten Sie jemals das Gefühl, während Sie Ihr Vater auf der einen Seite ermuntert hat, in die Armee einzutreten, er andererseits auch in der Art, wie er lebt, ein Mann der Armee war?

B: Das war er sehr. Eh, wie ich erwähnt hab', die Art, wie er mehr oder weniger Inspektionen veranstaltet hat. Jeden Tag ist er nach Hause gekommen und hat auf Genauigkeit bestanden. Und nicht nur das, er war wirklich systematisch bei anderen Sachen, die er getan hat, wie zum Beispiel, oh, nur kleine Beispiele, eh, so in der Art, in der er – er war wirklich fanatisch in der Art, in der er – zum Beispiel bevor er in die Arbeit gegangen ist, hat er sein Mittagessen eingepackt. Alles mußte ganz genau sein, und er war immer Stunden bevor es Zeit war, zur Arbeit zu gehen, fertig. Er hat immer darauf bestanden, daß alles – er hatte einen bestimmten Platz und er hat seine Zigaretten und seine Thermosflasche und sein Mittagessen und seine Jacke und ein bestimmtes Paar Schuhe und Socken dorthin gelegt. Und er hat eine Uniform getragen und später, wie er seinen jetzigen Job gehabt hat, eh – er trägt eine Uniform und er hält seine Uniform immer ganz sauber und, eh, selbst wie er für den Staat gearbeitet hat, kann ich mich erinnern. Ich war ziemlich jung [...] Er hat die Führerscheine überprüft und er hat für das staatliche Verkehrsbüro gearbeitet. Er ist ziemlich viel herumgefahren, aber am Abend war er immer zu Hause. Er hatte einen bestimmten Bezirk, der seiner war.

I: Sagen Sie mir mal, ist es möglich, daß Ihr Vater militärische Tugenden betonte, wissen Sie, im Zusammenhang mit Verantwortlichkeit, Disziplin, Sauberkeit, Ordnung, solche Sachen – aber nie in Verbindung mit einem bestimmten Wertsystem? Du mußt diszipliniert sein und ordentlich und sauber, weil du das oder jenes beschützen mußt. Zum Beispiel könnte jemand sagen, eh, Sie hätten das Training, das Sie bekommen haben, dazu bekommen, patriotisch zu sein und für Ihr Land zu kämpfen, wissen Sie?

B: Er hat nie Patriotismus erwähnt.

I: Richtig. Ich bekomme den Eindruck, daß Ihr Vater mehr an dem allgemeinen militärischen Wert interessiert war.

B: Ich nehme das an.

I: Gegenüber dem allgemeinen militärischen Wert zur Verteidigung eines bestimmten Wertsystems, wie zum Beispiel der Vereinigten Staaten und dem, was sie repräsentieren. Würden Sie sagen, daß das stimmt?

B: Das stimmt. Ich hab' vorher noch nie drüber nachgedacht, aber das ist im wesentlichen richtig, weil jedesmal, wenn er das Militär erwähnt hat, die Art, in der er es erwähnt hat, hatte mit bestimmten Dingen zu tun, Selbstdisziplin oder, eh, Sauberkeit und Genauigkeit oder, eh, ein Mann zu sein. Zum Beispiel hat er nie Charakter an sich so sehr erwähnt, irgendwas, das dahin führen würde, zum Beispiel Pünktlichkeit und Sauberkeit hätten irgendwas mit dem Charakter von einem Menschen zu tun. Er hat das nie erwähnt, aber ich glaube, er hat sich das Militärleben so vorgestellt, wie von einem gut disziplinierten Mann, der sauber und ordentlich ist. Aber er hat nie Patriotismus erwäht, oder irgendsowas zu verteidigen, wie die Vereinigten Staaten. Irgendsowas, nie. Nein.

I: Würden Sie sagen, daß es im Falle Ihres Vaters fair wäre zu sagen, daß er mehr Interesse an der Form des Militärlebens und an dem, was das Militärleben darstellt, hat, als an irgendeiner besonderen Tugend? Ich meine, das sind Tugenden, aber er war nicht an den Begriffen von Gut oder Böse interessiert, ehe, wissen Sie, das ist böse, das ist gut.

B: Das stimmt, eh, ich würde sagen, daß er mehr am Militärleben interessiert war, eh, er hat nie wirklich zu viele Gefühle oder Gedanken darüber ausgesprochen, glaube ich. Er hat mehr oder weniger gedacht, daß es selbstverständlich war, daß man gut sein soll. Daß du daran denken sollst, Gutes zu tun und nichts Böses zu tun. Ich meine, er war ein guter Mann in der Beziehung, aber er hat nie wirklich viel versucht, um meinen Charakter auszubilden. Er hat nie wirklich viel getan. Nur in dem Ausmaß, daß er wollte, daß ich pünktlich bin und gut diszipliniert und sauber und diese Art des Militärlebens.

I: Etwas, worüber ich gerne ein bißchen mehr wüßte, ist die Art der Beziehung, die Sie zu Ihrem Vater hatten, während Sie aufgewachsen sind. Bis jetzt haben Sie mir den Eindruck vermittelt, daß es nicht übermäßig viel Kommunikation gegeben hat. Sie haben ihn offensichtlich respektiert. Genügend, um sich nicht gegen all die Regeln, die er aufgestellt hat, zu wenden. Wissen Sie, im Haus und das Verhalten im Haus. Vielleicht hatten Sie Angst vor ihm, weil Sie sagten, daß Ihre Mutter Sie ein paarmal beschützen mußte. Sie haben auch gesagt, daß er leicht wütend geworden ist, aber Sie scheinen wirklich eine Zeitlang außerhalb der Familie nach anderen Leuten Ausschau gehalten zu haben, wegen eines Mangels an Kontakt, wissen Sie, an emotionalem Kontakt mit Ihrem Vater. Stimmen diese Eindrücke?

B: Stimmt. Das stimmt. Äh, während meines ganzen Lebens hatte ich nie wirklich – während ich jünger war, sind meine Eltern auf Picknicks gegangen, und ich mit ihnen ein paarmal. Aber wie wir größer geworden sind, bin ich nie mit meinem Vater spazieren gegangen. Ich hab nie – ein paarmal habe ich ihm geholfen, das Auto zu waschen, aber er hat mich nie zum Zelten mitgenommen, er hat mich nie fischen oder jagen mitgenommen. Er hat sich nie wirklich die Zeit genommen, um, äh, sich hinzusetzen und über irgendwas zu reden. Z. B., wir haben nie über Literatur geredet, nie über das Leben geredet, nie über Gut oder Böse geredet, über Charakter oder irgend etwas. Äh, sehr wenig. Meine Eltern haben nie wirklich – ich hab nie wirklich mit meinen Eltern sehr viel geredet. Jetzt, wie ich zu Hause war, haben sie dann ferngesehen. Sie waren Fernseh-Fanatiker. Sie glauben, daß sich alles um das Fernsehgerät dreht und wie ich zu Hause war, hab ich meistens mit ihnen ferngesehen [...] Ich war immer im Unrecht. Mein Vater hatte überhaupt keine Zweifel daran. Wir hatten eine Menge offene Konflikte, und es gab Zeiten, wenn ich versucht hab, mich zu kontrollieren, äh, ich bin ein paarmal sehr wütend geworden und hab' 'ne Faust gemacht. Ich hab nie versucht, meinen Vater zu schlagen, so viel ist verdammt sicher. Ich war so wütend, daß ich was sagen wollte, aber ich hab versucht, meine Gefühle unter Kontrolle zu halten, und, äh, ich hab ihm nicht widersprochen, weil ich gewußt hab, daß es nutzlos ist. Ich hab gewußt, ich würde nie gegen meinen Vater gewinnen. Er war sehr hartnäckig in dem, woran er geglaubt hat und so. Während der Zeit hatten wir ziemlich oft Meinungsverschiedenheiten.

I: Ist Ihr Vater ein großer Mann?

B: Nein. Er ist kleiner als ich es jetzt bin. Äh, er war kräftig und ziemlich stark. Er ist kräftig und hat ziemlich starke Arme. Er ist wahrscheinlich 1,75, nein 1,73. Meine Mutter ist ungefähr genau so groß. Es hängt nicht davon ab, ob er stark oder groß war. Es war, er hat die Autorität repräsentiert und ich hatte nie – er war mein Vater, und ich habe nie meinen Vater oder meine Mutter geschlagen, obwohl ich ein paarmal sehr wütend mit ihnen geworden bin.

Fall Nr. 221

B: Naja, ich meine, sie (seine Mutter) wollte nicht, daß ich, wissen Sie, ausgehe, und raufe. Will nicht daß ich, wissen Sie, irgendwas, was gefährlich war [...] sie wollte nicht, daß ich dies und jenes und das da tue, wissen Sie. Aber Gott sei Dank! Mein Alter. Er, er – er hat sie unterbrochen, wissen Sie, weil mein Alter, naja, auf jeden Fall, mein Alter war auch sehr daran interessiert und er ist mit mir raus und hat mir gezeigt, wie man mit einem Messer kämpft [...]

I: Können Sie sich daran erinnern, warum Ihr Vater Ihnen zeigen wollte, wie man mit einem Messer kämpft?

B: Ja. Weil ich ihn darum gebeten habe. Ich meine, er hat alle möglichen Sachen gemacht. Wie ich klein war, hat mir beigebracht wie man marschiert, und solche Sachen, wissen Sie. Alle grundlegenden Bewegungen, die man in der Armee macht. Ich hab mich für Messer zu interessieren begonnen, weil er mir ein altes Hackmesser aus der Marine gegeben hat, ein großes Messer, das er hatte. Und ich habe ihn darum gebeten, mir zu zeigen, wissen Sie, wie man's verwendet, wie man damit arbeitet, weil, er hat geboxt, wie er in der Armee war und er hat mir immer gezeigt, wie man boxt und ringt.

Fall Nr. 228

B: Mein Alter hat eine Hasenfalle gebaut. Ich nehme an, wir hatten 'ne Menge Hasen in der Gegend, oder irgend so'n Zeug. Es war 'ne irgendwie ungewöhnliche Hasenfalle. Sie war aus eineinhalb und 2 Zentimeter dicker Kiefer oder ähnlichem Holz gebaut und, äh, eine ziemlich ungewöhnliche Methode, einen Hasen zu fangen. Die Idee war, daß der Hase reinkommen würde in – die Schachtel hatte einen Köder, naja, es war nur in der Form einer Schachtel gebaut. Die Schachtel hatte einen Köder. Man nimmt den Köder und stellt die Falle auf, und dann ist da 'n Viertel Stück Dynamit drin. Ich glaube nicht, daß wir jemals irgendwelche Hasen damit gefangen haben, oder daß die Hasen die [...] den Köder genommen haben.

I: Es hätte den Hasen mordsmäßig auseinandergerissen, oder?

B: Ja. Es hat den Hasen zu Scheiße zerrissen.

I: Wäre da irgendwas zu essen übrig geblieben?
B: Nein, ich glaube nicht [...]
[...] Ich kann mich erinnern, einmal in Michigan, da haben wir an einem See gewohnt, und, äh, einer von den Nachbarn hat ihm angedroht, ihn bei den Jugendfürsorgeleuten anzuzeigen, weil er uns geschlagen hat. Wir müssen ziemlich gut gebrüllt haben, obwohl Lärm über den See ziemlich weit weg zu hören ist, aber der nächste Nachbar war, naja, 'ne halbe Meile weit entfernt, vielleicht [...]

Die Mütter

»Mütter in der ganzen Welt sind verpflichtet, die Samen des Friedens in die Seelen ihrer Kinder zu säen.«
Albert Einstein, 1931

In vieler Hinsicht ist es leichter, über die Mütter der Green Berets zu verallgemeinern, als über ihre Väter. In den Beschreibungen ihrer Söhne erscheinen sie als robuste, entschlossene und großenteils schwerarbeitende Frauen, die nicht nur die Last des Haushalts und der Kindererziehung zu tragen hatten, aber auch in vielen Fällen arbeiteten, um zum Familienunterhalt beizutragen. Die meisten waren leicht reizbar und sprunghaft, und solange sie körperlich dazu noch in der Lage waren, zögerten sie nicht, ihre Kinder zu schlagen. Sie waren selten zärtlich, und ihre Zärtlichkeit war genauso wenig vorauszusagen wie ihre Zornesausbrüche. Obwohl sie alle strenge Erzieherinnen waren, die große Anforderungen stellten, wurden ein paar gelegentlich sanft, zärtlich und überängstlich, fielen aber bald wieder in ihre gewöhnliche gereizte Art zurück. Die meisten von ihnen hatten außergewöhnlich problematische Beziehungen zu ihren Söhnen, und die Spannung machte sich während der späten Kindheitsjahre (8–12 Jahre) am deutlichsten bemerkbar. Das Auf und Ab der Mutter-Sohn-Konflikte stand mit der gesamten Struktur dieser Familien und vor allem mit der besonders schwierigen Position fast aller Mütter in engem Zusammenhang, die darin bestand, daß sie ihren Männern unterworfen waren, während sie versuchten, Autorität und Kontrolle über ihre vaterorientierten Söhne aufrechtzuerhalten. In den Familien, die von der Mutter dominiert wurden, gab es im Gegensatz dazu weitaus weniger offenen Konflikt zwischen Müttern und Söhnen, da die Mütter die unbestrittenen Autoritätsfiguren waren.

Die Werte, Verhaltens- und moralischen Maßstäbe der Mütter

Die allgemeine Übereinstimmung zwischen Müttern und Vätern in wesentlichen Werten und Verhaltensmaßstäben garantierte einen absolut sicheren und konsequenten Rahmen für die Erziehung der Kinder. Die funktionelle Lebensfähigkeit der Familie, insbesondere während der Kindheit der Kriegsfreiwilligen, wurde durch die Anstrengungen ihrer Mütter entscheidend bestimmt. Der Hauptgrund dafür, daß die Familienstruktur intakt blieb und die Kindererziehung sich auf die zuvor beschriebene Art vollzog, kann auf diese Frauen zurückgeführt werden. Sie übten täglich die Autorität aus und forderten Übereinstimmung mit Familienstandards, gründlicher als ihre Ehemänner dies konnten.[14]

Obwohl die Unterschiede nicht bedeutend sind, verlangten mehr Mütter als Väter von ihren Kindern persönliche Disziplin, Gehorsam, Ordnung, Sparsamkeit, gute Manieren, Konformität mit gesellschaftlichen Normen und respektvolles und unterwürfiges Verhalten gegenüber Erwachsenen. Dies waren die zentralen Werte und Verhaltensmaßstäbe, die die Eltern-Kind-Beziehungen in den Kriegsfreiwilligen-Familien bestimmten. Weniger Mütter als Väter legten Wert auf individuelle Leistung, Unabhängigkeit, Natur- und Tierliebe und äußerten diese Werte nur selten, wenn überhaupt. Während die Väter außergewöhnlich darauf bedacht waren, daß ihre Söhne körperlich stark und emotional robust sein sollten, schenkten die Mütter diesen ›männlichen Tugenden‹ wenig explizite Aufmerksamkeit. Andererseits kam die kulturell bestimmte weibliche Orientierung einiger dieser Frauen in ihrem Versuch zum Ausdruck, die Tugenden der Güte, Lebensfreude, Philanthropie und intellektueller Leistung zu lehren. Ebenso wenige Mütter wie Väter äußerten Werte, wie sozio-politisches Engagement auf lokaler und nationaler Ebene, Rationalität, soziale Gerechtigkeit, Respekt für das Eigenleben ihrer Kinder oder kulturelle Interessen (Musik, Kunst, Literatur).

[14] Siehe Anhang 7.

Die Versuche einiger Mütter, den Geist humanitärer und ästhetischer Werte in ihre Söhne einzupflanzen, war nicht mehr als von sekundärer Bedeutung für sie. Außerdem konnten diese Werte im Zusammenhang mit dem übrigen Familienleben kaum wahrgenommen werden und hatten nur einen minimalen Einfluß. Die Minderheit der Kriegsfreiwilligen, denen Wärme, Verständnis, Aufmerksamkeit und Respekt für ihre Person oder andere freundliche Arten der Beziehung von ihren Müttern entgegengebracht wurden, lehnten sie zu dem Zeitpunkt als Zeichen der Überängstlichkeit oder deshalb ab, weil sie angesichts des generellen Verhaltens der Mütter nicht glaubhaft erschienen. Dennoch neigten sie als Erwachsene dazu, sich an solche Momente dankbar zu erinnern.

Verbote

Während die Mütter Verbote öfter aussprachen als die Väter, wie nach ihrer bedeutenden Rolle in der Kindererziehung zu erwarten war, tabuisierten beide Eltern im allgemeinen dieselben Verhaltensweisen. Die Mütter waren möglicherweise noch mehr darum besorgt, daß ihre Söhne sich nach außen hin richtig verhielten, waren in sexuellen Angelegenheiten weitaus konservativer, ablehnender und einschränkender und waren besonders empfindlich was Rücksichtslosigkeit anging.[15] Ihr Verbot der Rücksichtslosigkeit veranschaulicht vielleicht besser als irgendein anderes Beispiel den paradoxen Charakter der Eltern-Kind-Beziehung, insbesondere der Mutter-Sohn-Beziehung in diesen Familien. Die Eltern der Kriegsfreiwilligen schenkten weder in ihrem tatsächlichen Verhalten noch in den von ihnen geäußerten Maßstäben dem Innenleben ihrer Kinder besondere Aufmerksamkeit, außer, daß es so ausgerichtet werden sollte, daß es mit ihren Wünschen übereinstimmte. Dennoch verlangten sie, daß ihre Söhne ihre eigenen Gefühle genau beachteten. Diese Forderung wurde in dem Begriff der Rücksichtnahme formalisiert. Seine Anwendung war breit, so daß das Bitten um etwas, das die Eltern nicht geben wollten, mit einem der Eltern zu sprechen, während er beschäftigt war, Lärm zu machen oder im allgemeinen Erwachsene zu unterbrechen oder sich in ihre Aktivitäten einzumischen, als Rücksichtslosigkeit bezeichnet wurden. Natürlich entschieden die Eltern willkürlich, oft nur ihren Launen entsprechend, wann diese Bezeichnung angewendet werden würde. Während die

[15] Siehe Anhang 8.

Väter dazu neigten, die scharfe und egozentrische Bezeichnung ›persönliche Unbequemlichkeit‹ zu verwenden, um solche Situationen zu handhaben, wandten die Mütter eine verfeinerte Bezeichnung an und nannten sie Rücksichtslosigkeit. Diese Methoden ermöglichten es den Eltern, selbst emotional Befriedigung zu suchen, während sie ihren Kindern dieselben Rechte vorenthielten und darüber hinaus diese Situation dadurch legitimierten, daß sie sie für korrekt erklärten.

Der grundlegende Widerspruch liegt im Zentrum der Beziehung zwischen den Kriegsfreiwilligen und ihren Eltern. Die Eltern impften ihren Kindern gewissenhaft eine lange und anspruchsvolle Liste moralischer Imperative ein. Und dennoch war ein Großteil dessen, was sie ihren Kindern tatsächlich zeigten, Verhalten, das sie selbst als schlecht ansahen. Sie wandten körperliche Maßnahmen an, um ihre Kinder zu bestrafen, und erklärten gleichzeitig Gewalttätigkeit als schlecht. Sie schimpften, nörgelten und schrien ihre Kinder an, verboten ihnen aber emotionale Befreiung. Während sie wilde Zornesausbrüche bekamen, ignorierten und unterdrückten sie die Gefühle ihrer Kinder, verlangten aber Rücksichtnahme als Antwort. Die Eltern sahen ihr eigenes Verhalten als zweifelsfrei korrekt an und hielten die Einstellung ihrer Kinder darauf für selbstverständlich. Was diese daher lernten, war, daß Zorn, häufige Bestrafung, Härte und Gewalttätigkeit zu den selbstverständlichen Rechten der Starken gehörten und daß dasselbe Verhalten von seiten der Schwachen moralisch zu verurteilen war. Dies, auf den einfachsten Nenner gebracht, war ihre Lehre.

Trotz der Spannung in den Mutter-Sohn-Beziehungen und den wenigen kritischen Einstellungen dazu, die in den Interviews einiger Freiwilliger zum Ausdruck kamen, kann nicht übersehen werden, daß diese Frauen im wesentlichen für ihre Söhne die Güte repräsentierten. Dies, zusammen mit der außergewöhnlich großen Rolle, die sie in der charakterlichen Entwicklung ihrer Söhne spielten, befähigte sie, dem Familiensystem seine moralische Ausprägung zu geben.

Körperliche Strafen

Wie bereits früher erwähnt, wandten die Mütter der Vietnam-Freiwilligen öfter körperliche Strafen in der Erziehung ihrer Söhne an als ihre Ehemänner. Es gab nur 2, die das nicht taten. Über $^2/_3$ schlug sie einmal im Monat oder öfter, bis weit in ihre frühe Adoleszenz hinein. Wie die Väter, schlugen die meisten Mütter mit ihren Händen (88%), und es gab fast ebenso viele, die Gürtel, Stöcke, Peitschen und Riemen anwandten (68%). Keine verwendete Bretter, Ketten oder Eisenstangen, aber 32% nahmen, wenn sie wütend wurden, »irgendeinen Gegenstand«, der ihnen in die Hand kam.

Die Gründe, um deretwillen die Mütter ihre Söhne bestraften, unterschieden sich etwas von denen der Väter. Sie bestraften am häufigsten, wenn die Söhne anderen Schaden zufügten, sich selbst wehtaten, materielle Güter zerstörten und Verhaltensregeln im Haus brachen. Andere häufige Gründe waren, wenn der Sohn in der Schule in Schwierigkeiten kam, wenn die Mutter nicht gestört werden wollte; gelegentlich straften sie auch ohne jeden ersichtlichen Grund. Fünf Mütter bestraften ihre Söhne, wenn sie nicht genug Mut zeigten, und eine Mutter bestrafte ihren Sohn für körperliche Schwäche.

Ich fand, daß 4 Väter ihre Söhne ausschließlich auf den Kopf schlugen. Keine Mutter zeigte eine ähnliche Bevorzugung des Kopfes, jedoch schlug 1/3 der Mütter ihre Söhne wahllos überall (Kopf, Arme, Beine, Gesäß, Hals usw.). Die Mehrzahl der Mütter schlug ihre Söhne auf ihr bekleidetes und eine Mutter auf das unbekleidete Gesäß.

Wie Eltern ein Kind bestrafen, ist entscheidend. Wir wissen bereits, daß körperliche Strafen eine Vielzahl von unerwünschten Eigenschaften in Kindern hervorrufen. Möglicherweise noch entscheidender als die Bestrafungsmethode selbst ist die elterliche Reaktion auf den Schmerz des Kindes, insbesondere, wenn die Bestrafung schwer ist und sowohl emotionaler wie körperlicher Schmerz daraus resultieren muß. Wenn Eltern aufhören, das Kind zu schlagen, wenn dieses beginnt, schwächer zu werden, hat der Erwachsene demonstriert, daß es ihm Ernst ist, indem er die Dinge so weit treibt, aber wichtiger als dies, er zeigt dem Kind, daß er auch während Wutausbrüchen noch Gnade kennt, den Schmerz anderer respektiert und daß der Bestrafende auch human genug sein kann, sich selbst zu beherrschen, weil sein Opfer leidet. Die Erniedrigung, Hilflosigkeit und Wut, die das Kind empfindet, kann teilweise dadurch gemildert werden, daß die Eltern zeigen, daß sie verstehen, wie sich das Kind fühlt. An diesem wesentlichen Punkt hörten die Mütter der Kriegsfreiwilligen häufiger auf, sie zu schlagen, als ihre Väter. Jedoch stellten auch diese Mütter eine kleine Minderheit dar. Die Mehrzahl der Mütter fuhr fort, ihre Kinder zu schlagen, oder verstärkte die Schläge noch.

Positive und negative Aspekte der Mutter-Sohn-Beziehung

Die Beziehung zwischen dem einzelnen Kriegsfreiwilligen und seiner Mutter wurde teilweise durch eine Anzahl anderer Faktoren beeinflußt: die Stellung des Jungen in der Geschwisterreihe, die Arbeitszeiten der Mutter, ihr Wuchs und ihr seelisches Gleichgewicht, die relative Harmonie und Verteilung der Autorität zwischen den Eltern usw. Beispielsweise hatte sich ein Freiwilliger von seiner Mutter niemals körperlich eingeschüchtert gefühlt, weil er schon in der mittleren Kindheit größer und schwerer war als sie. Ein weiterer war unter denselben Umständen von seiner Mutter ohne jede Gnade durch seine Kindheit und frühe Adoleszenz hindurch geschlagen worden. Einige Mütter waren fortwährend kalt und distanziert, andere schwankten zwischen Kälte und Anflügen von Wärme, während wieder andere eine feindselige und ablehnende Haltung gegen ihre Söhne einnahmen. Trotz dieser und vieler anderer individueller Unterschiede traten einige durchgehende Eigenschaften in fast allen Mutter-Sohn-Beziehungen zutage. Keine von ihnen zeigte Mitgefühl. Sie verlangten vor allen Dingen Erfüllung dessen, was als richtiges Verhalten angesehen wurde, sie erzwangen nach Gutdünken Unterwerfung unter ihre Erwartungen, und sahen Gehorsam elterlichen Anforderungen gegenüber als den besten Beweis dafür an, daß ihre Kinder auf dem besten Wege waren, gute Bürger zu werden. Die Mütter verbrachten überraschend wenig Zeit mit ihren Söhnen, außer der Zeit, die notwendig war, sie zu disziplinieren und sich um ihre körperlichen Bedürfnisse zu kümmern. Während viele Freiwillige sich daran erinnern, Vorträge von ihnen gehört zu haben, konnte sich keiner an Gespräche erinnern. Dennoch ist es unzweifelhaft auf den relativ größeren Kontakt zwischen Müttern und Söhnen, insbesondere während der Kindheitsjahre, und die stärkere Neigung der Mütter zu emotionaler Ausdrucksfähigkeit zurückzuführen, daß sie häufiger Meinungsverschiedenheiten mit ihren Söhnen hatten und öfter der Gegenstand des Zornes ihrer Söhne waren als ihre Männer. Es ist interessant, daß die Vietnam-Freiwilligen selbst unter diesen Umständen das Gefühl hatten, ihre Väter hätten einen weitaus größeren Einfluß auf sie ausgeübt. Nur in den 5 matriarchalischen Familien wurde der mütterliche Einfluß als größer wahrgenommen.

Es ist wichtig, die gegenseitige Abhängigkeit der Mutter-Sohn- und Vater-Sohn-Beziehungen zu untersuchen, da zu erwarten ist, daß sie einander beeinflußten. Die bisher dargelegten Beschreibungen der Eltern-Kind-Beziehungen basieren auf 15 möglichen allgemeinen Eigenschaften der Eltern-Kind-Interaktion und der Einstellung der Eltern zum Kind, die in Tabelle 3 dargestellt werden. Es ist der Vorteil dieser Tabelle, daß sie gleichzeitig zeigt, wie die Kriegsfreiwilligen das Verhalten beider Eltern zu ihnen wahrnahmen. Um dies zu erläutern, möchte ich vier verschiedene Beispiele zitieren. Wir sehen, daß jeder Green Beret einen strengen Elternteil hatte, daß in fast $^3/_4$ der Fälle beide Eltern streng waren und daß in den übrigen mehr Mütter als Väter streng waren. Alle außer 3 Freiwilligen wurden fortwährend von einem ihrer Eltern dominiert, aber nur in etwas mehr als $^1/_3$ der Familien dominierten beide Eltern gleichzeitig über ihre Kinder. In den übrigen 13 Fällen wurden 8 von ihren Vätern, aber nicht von ihren Müttern dominiert, und in den übrigen 5 war die Situation genau umgekehrt. Zwanzig Freiwillige waren keinem ihrer Eltern gefühlsmäßig nah, und es gab keinen, der beiden Eltern nahegestanden hätte.

Tabelle 3 *Fünfzehn Eigenschaften der Eltern-Kind-Beziehungen, wie sie von den Kriegsfreiwilligen wahrgenommen und dargestellt wurden*

	Nur Vater		Beide Eltern		Nur Mutter		Keines d. E.	
	N	%	N	%	N	%	N	%
Strenge	2	8	18	72*	5	20	0	0
Mechanisch-Formalistisch-Kalt	7	28	12	48	3	12	3	12
Elterliche Dominanz	8	32	9	36	5	20	3	12
Hilfsbereitschaft	0	0	9	36	7	28	9	36
Reizbarkeit	3	12	8	32	5	20	9	36
Geduld	2	8	8	32	5	20	10	40
Beschützen	0	0	1	4	11	44	13*	52
Bewegungsfreiheit	2	8	0	0	9	36	14*	56
Akzeptieren und Verständnis	0	0	3	12	4	16	16*	64
Rücksicht auf die Rechte des Kindes	1	4	1	4	2	8	21*	84
Zärtlichkeit	0	0	3	12	9	36	13*	52
Gefühlsnähe	2	8	0	0	3	12	20*	80
Gleichgültigkeit	5	20	6	24	2	8	12	48
Ablehnung	4	16	2	8	2	8	17*	68
Feindseligkeit	4	16	1	4	1	4	19*	76

* Bereiche der größten Ähnlichkeit zwischen Müttern und Vätern.

Eine der weniger offensichtlichen Schwächen dieses Erziehungsmusters ist es, daß es außerordentlich wenig flexibel ist und daher nicht mit Problemen fertig werden kann, die nicht mit seinen normalen Techniken zu lösen sind. Das wiederum steht mit der Tatsache in Verbindung, daß die Behandlung des Kindes durch seine Eltern von tief eingewurzelten Haltungen und Idealen bestimmt ist, die weitgehend unreflektiert und undiskutiert bleiben. Da die Eltern selbst keinen engen emotionalen Kontakt miteinander haben, ist es ihnen auch nicht möglich, gegenseitig ihr Verhalten dem Kind gegenüber positiv zu beeinflussen. Selbst wenn ein Elternteil einen ungesunden Aspekt am Verhalten des anderen erkennen sollte, toleriert er ihn wahrscheinlich, ohne sich seinerseits darum zu bemühen, für dieses Verhalten zu kompensieren. Das kann am Fall der 8 Frauen erläutert werden, die ihren Söhnen keine Wärme und kein Verständnis boten, obwohl die Jungen fühlten, daß ihre Väter sie entweder ablehnten oder ihnen feindselig gegenüberstanden. Die 5 Väter in der umgekehrten Situation waren ebenso verständnislos.

Die Ähnlichkeiten zwischen den Eltern in der Behandlung ihrer Söhne sind größer als die Unterschiede. Außerdem stehen diese Ähnlichkeiten in engem Zusammenhang mit dem elterlichen Wertsystem und den zuvor beschriebenen Verhaltensmaßstäben. In der Mehrzahl der Fälle waren beide Eltern streng, beschützten die Kinder nicht, erlaubten ihnen kaum etwas, räumten ihnen keine persönlichen Rechte ein, hatten kein enges emotionales Verhältnis zu ihnen und waren weder zärtlich noch verständnisvoll. Obwohl über die Hälfte der Freiwilligen von einem oder beiden Eltern allgemeine Gleichgültigkeit erlebte, bin ich nicht der Ansicht, daß diese Ergebnisse auf eine grundlegend indifferente Haltung der Eltern oder ein fundamentales Desinteresse an der Wohlfahrt ihrer Kinder hinweisen. Sie geben verschiedene Komponenten eines Familienmusters und Erziehungsstils wieder, in dem Sorge um das Kind zwar groß ist, aber in Form von Anforderungen ausgedrückt wird. Das Kind wird nicht umsorgt, sondern überwacht, wird während schwieriger Augenblicke nicht getröstet, sondern man erwartet von ihm, daß es stark ist. Man meint nicht, daß das Kind emotionale Bedürfnisse hat, sondern daß seine Abhängigkeit unterdrückt werden muß, statt daß man es ihr entwachsen läßt. Diese Art von Kindererziehung besteht darauf, daß Kinder gesehen, aber nicht gehört werden sollten und daß die Kindheit schnell zu Ende sein sollte. Das impliziert aber nicht, daß so erzogene Kinder das Gefühl haben, abgelehnt zu werden.

Fall Nr. 201

Na ja, meine Mutter ist irgendwe – nicht jähzornig. Aber sie läßt einem nichts durchgehen. Wenn man unrecht hat, sagt sie einem, daß man unrecht hat, und wenn man recht hat, sagt sie einem, daß man recht hat. Weil ich der Jüngste war, hat sie mich immer gegen meine Brüder und Schwestern beschützt. Aber dann hat sie aufgehört, mich zu beschützen und jedesmal, wenn ich was getan hab, ob ich unrecht gehabt hab oder nicht, hat sie mir ein paar übergezogen, wissen Sie. Da habe ich mir gedacht, sie hat die anderen die ganze Zeit verprügelt, wenn sie gewußt hat, daß ich im Unrecht war [...] Alles was ich getan hab, ob's richtig war oder falsch, war ihr nicht recht [...] Ich hab sie immer wissen lassen, daß ich den Unterschied zwischen Vögeln und Bienen kenne, aber das hat ihr nicht so sehr gefallen, wissen Sie [...] Aber schließlich haben wir uns alle dann wieder gut vertragen, wissen Sie, und hatten eine ziemlich gute Beziehung. Ich schreibe ziemlich oft und schicke Geld für verschiedene Sachen usw. [...] Sie hat einen Besen oder so was geholt und plötzlich fällt sie über mich her und haut mir eine rein, und manchmal hat sie sich gar nicht beruhigt und ich hab's dann immer noch weiter gekriegt und wenn sie mir sagt, daß sie mir 5 gibt und ich krieg nur 1, dann gibt sie mir die andern 4 auch, und wenn sie 10 Tage dazu braucht, um sie mir zu geben, wissen Sie [...] Es ist kein gewöhnlicher (Kehr-)Besen, wissen Sie. Es ist fast ein halber Kokosnußbaum mit 'ner Art Zinken, wissen Sie.

Fall Nr. 205

B: Sie ist ein bißchen jähzornig, wissen Sie. Da war immer so 'ne Sache, daß, wissen Sie, man nicht das Falsche sagen wollte und sie dann wieder anfängt [...] Sie hat fast alle Strafen ausgeteilt. Für fast alles. Sie hatte Herzbeschwerden und hat Lärm nicht vertragen, und da habe ich nicht viel gespielt. Da bin ich nicht im Haus herumgelaufen und diese Dinge. Sie wär, äh, die Art Person, die irgend etwas nur einmal sagt und sie war streng. Wenn sie gesagt hat, bewege dich, dann hast du dich gleich bewegt, oder du wärst umgebracht worden. Sie hat uns genommen und uns halb zu Tode geprügelt [...] Mit allem [...] Ja, auch mit einem Stuhl (lacht). Wenn sie dort gestanden ist. Du tust, was sie sagt, oder sie verprügelt dich zu Tode [...] Zum Teufel, nein. Man ist ihr nicht davongelaufen. Du bist dagestanden, und hast's über dich ergehen lassen, bis sie beschlossen hat, aufzuhören. Man hat's für alles Mögliche bekommen [...] Sie ist mir auf die Nerven gegangen [...] Ich bin draufgekommen, Scheiße, sie war ganz einfach so 'ne Frau, wissen Sie, die ganz plötzlich wütend wird, und das war's dann [...] Nein, meine Mutter war mit niemandem zärtlich, außer mit meinem jüngeren Bruder.

I: Hat Ihre Mutter Sie jemals mit einem Gürtel geschlagen?

B: Zum Teufel, ja.

I: Auf Ihr nacktes Hinterteil?

B: Scheiße, ja.

I: Hatten Sie jemals Schwielen?

B: Hab' geblutet.

I: Sie haben wirklich geblutet?

B: Zum Teufel, ja. Meine Mutter hat nicht gespielt.

I: Hat sie Sie auch auf den Kopf geschlagen?

B: Scheiße, ja. Irgendwo, wo immer sie gerade hingekommen ist, da hat man's bekommen [...] Zum Teufel, es hat mordsmäßig wehgetan, wissen Sie. Man hat geweint und dann hat sie weitergeprügelt, bis man aufgehört hat zu weinen, und [...] Scheiße, wissen Sie. Und Sie hatte so'n Tick, daß man sie nicht ansehen sollte, während sie einen verprügelt hat, wissen Sie. Man hat sich gar nicht getraut, zu ihr hinaufzuschauen. Ich hab's nie verstanden. Sie hat's genannt, die Augen kullern, ich meine, wenn man sie angeschaut hat, hat sie einen ganz mordsmäßig verprügelt. Das letztemal habe ich ihr gesagt, Scheiße, ich werde nicht mehr weinen, wissen Sie. Und wenn sie mich zu Tode prügelt, ich weine nicht mehr. Sie hat mich weiter verprügelt und zum Teufel, ich hab nicht geweint.

I: Womit hat sie Sie verprügelt?

B: Einem Stock.

I: Und Sie sind ganz einfach dagestanden und haben's über sich ergehen lassen?

B: Ja, bis ich so schwach geworden bin. Sie hat mich verprügelt, bis ich mich nicht mehr aufrecht halten konnte, wissen Sie. Und da, wie ich dann auf meine Knie runter bin, wissen Sie, und dann hatte sie so'n Herzflattern oder sowas, und ihr Herz hat's nicht mehr ausgehalten – da, wie ich dann runter bin, zum Teufel, ist sie fast auch runter. Aber ich hab ihr nicht mehr den Gefallen getan zu weinen. Ich hab mir gedacht, naja, zum Teufel, ich tu diese Scheiße nicht mehr.

I: War Ihr Vater da, wenn sie Sie verprügelt hat?

B: Äh, er ist immer aus dem Haus gegangen. Er war mit so Scheiße nie einverstanden.

I: Aber er hat nie etwas darüber gesagt?

B: Nein, weil er keine Streitereien haben wollte.

I: So, mit anderen Worten hat Ihre Mutter im Hause die Hosen angehabt?

B: Sie hatte die Hosen an, sie hat die ganze Geschichte gedeichselt [...] Nein, mein Vater hat nichts gesagt. Er hat nie was gesagt.

I: Hatten Sie jemals deswegen mit ihm Meinungsverschiedenheiten?

B: Meinem Vater?

I: Ja.

B: Wir haben nie geredet.

I: Ich meine, hatten Sie jemals das Gefühl, daß Sie gewollt hätten, daß er sich ihr gegenüber durchsetzt?

B: Ja.

I: Haben Sie ihm das jemals erzählt?

B: Nein. Wir haben vorher nie geredet, so hab ich nie was gesagt.

Fall Nr. 206

Ich kann mich erinnern, einmal in der High School wollte ich irgendwohin gehen, und meine Mutter hat gesagt, nein. Und ich hab gesagt, es ist möglich, daß ich dir gehorchen muß, aber, ich muß es nicht gern tun. Und sie war wirklich verletzt. Und da hab ich mich dafür entschuldigt [...] Sie war eine herzliche, freundliche Person. Vielleicht hat sie versucht, uns ein bißchen zu sehr zu beschützen. Sie hatte Angst, daß ich mir wehtun würde [...] Nein, ich konnte nie mit ihr reden. Ich weiß nicht, warum. Vielleicht war's ihre Überängstlichkeit [...] Sie war diejenige, die wirklich meinem Bruder und mir unsere Wertsysteme eingeprägt hat, was moralische Einschränkungen und Maßstäbe angeht. Und mein Vater hat sie unterstützt [...] Da gab's viele Sachen, die sie mich nicht hat tun lassen, wie zu Strandparties zu gehen, weil sie gesagt hat, das wären dann Biergelage [...] Und ich hab angefangen, mit einem Mädchen zu gehen in meinem vorvorletzten Jahr in der High School und sie hatte Angst, daß ich sie in Schwierigkeiten bringen würde und dann heiraten müßte. Sie war älter als ich. Das war noch ein Problem. Außerdem haben meine Eltern ihre Eltern nicht gekannt und waren sich über ihre Herkunft nicht sicher und lauter solche Sachen [...] Sie ist eine sehr intelligente Frau. Ähm, künstlerisch sehr begabt. Genau wie mein Vater. Sie sind beide manuell begabt. Sie ist eine sehr attraktive Frau und war mit Arbeit für die Kirche sehr beschäftigt. Sie ist eine sehr geduldige Frau, mußte es auch sein, mit 2 Jungen, als die einzige Frau in der Familie. Sie hat eine Begabung, Menschen zu verstehen. Sehr herzlich, freundliche Person. Für alle, naja, für die meisten Leute. Man kann sehr leicht mit ihr reden. Mein Bruder und ich, keiner von uns konnte mit meinem Vater oder meiner Mutter reden. Ich weiß nicht, warum. Wir konnten's einfach nicht [...] Sie war ziemlich dominierend, was das Treffen von Entscheidungen angeht. Sie hat so ziemlich die Ja- und Nein-Antworten gegeben und er hat sie unterstützt [...] Ich glaube, er hat sich vor ihrer Wut gefürchtet. Sie konnte, wissen Sie, sie ist wie jede andere Frau [...] Sie kann dir das Leben ganz versauern, wenn sie will, ohne wirklich irgendwas zu sagen.

Fall Nr. 225

Naja, meine Mutter ist wirklich stolz auf mich. Ich glaube, ihr gefällt ganz einfach die Uniform oder so. Ich glaube, daß das sehr viel damit zu tun hat. Und die Tatsache, daß ihr Sohn in Vietnam war und all das [...] Sie kann zu den Nachbarn gehen und sagen, naja, mein Sohn war auch dort. So war's wahrscheinlich.

Fall Nr. 228

Mein Vater war zärtlicher als meine Mutter. Wenn ich meine Frau mit meiner Mutter vergleiche, ist meine Frau zärtlicher.

Vereinsmitgliedschaft und politische Aktivitäten

Sehr wenige Väter beteiligten sich konstruktiv an den Belangen ihrer Wohngemeinden. 36 Prozent schlossen sich nie irgendwelchen Organisationen an, und 70 Prozent der Vereinsmitgliedschaften der übrigen waren rein geselliger Natur. Diese geselligen Vereine waren auf Männer beschränkt, die erst Initiationsriten bestehen mußten, bevor sie die volle Mitgliedschaft erlangten, und der Ablauf der Versammlungen blieb in den meisten Fällen ein Geheimnis für Außenstehende. 5 Väter gehörten politischen Gruppen an, zu deren Versammlungen auch Frauen zugelassen waren. Ihre Funktion war es, als Treffpunkt der Lobby der Unternehmerorganisation zu dienen oder Neger und andere Minderheiten aus der Gemeinde fernzuhalten. 3 Väter beteiligten sich von Zeit zu Zeit routinemäßiger, karitativer Arbeit in ihren Kirchen und geheimen Vereinen. Sie sammelten Geld für die Kriegsveteranen, für Blinde, für alte Menschen und Jugendgruppen. Ein Vater wohnte Versammlungen der Elternvereinigung als passiver Beobachter bei.

Einige Väter hatten relativ angesehene und verantwortungsvolle Positionen in ihren Wohngemeinden inne. Einer war ein Kirchenältester und Mitglied des Ausschusses der Kirchendirektoren. Ein weiterer Vater war Kirchendiakon, Rudelführer der Wölflinge und Trainer des ›Little League Basketball Team‹ an seinem Ort. Zwei Väter waren Pfadfinderführer. Ein Vater trainierte sowohl die ›Little League Baseball‹- als auch die Football-Teams in seiner Nachbarschaft. Einer leitete die politische Kampagne für den Bürgermeister seines Ortes.

Sehr wenige Mütter gehörten irgendwelchen Organisationen an. Dafür gibt es einige Erklärungsmöglichkeiten. Zum einen ließ die doppelte Belastung von Ganztagsarbeit und Haushalt zweifellos vielen Müttern wenig Zeit und Energie für andere Interessen. Darüber hinaus stellten wenige Green Berets ihre Mütter als sozial und politisch eingestellte Frauen dar. Sie stellten sich großteils auf Arbeit und Familie ein, ihr Horizont erstreckte sich nicht über ihre eigenen Bedürfnisse und die ihrer Familie. Andererseits gab es einige, die verantwortungsvolle Positionen in ihren Wohngemeinden einnahmen. Eine Mutter war Jugendleiterin und organisierte Fahrten für Kinder aus allen Teilen der Vereinigten Staaten zum UNO-Gebäude in New York. Eine weitere war in der Veteranen-Vereinigung und der Frauenhilfsorganisation der Amerikanischen Legion sehr aktiv. Sie sammelte Gelder für die Veteranen-Vereinigung und besuchte verwundete Soldaten in Militärkrankenhäusern. 3 Mütter unterrichteten in Sonntags- und Bibelschulen und 4 beteiligten sich gelegentlich an den Elternvereinigungen in ihrem Ort. Insgesamt gehörten 15 Mütter keinerlei Organisationen an. Die Hälfte der 19 Vereinigungen, denen die übrigen 10 Frauen angehörten, waren rein gesellige Frauenvereine.

Teil 2

Die Kriegsdienstverweigerer

Geographische Herkunft, elterliche Berufe und Klassenzugehörigkeit

Über die Hälfte der Kriegsdienstverweigerer wurde in Groß-New York geboren und erzogen. Davon verbrachte eine beträchtliche Anzahl die Kindheit in Brooklyn, während andere in kleineren Randgemeinden aufwuchsen. Weitere Kriegsdienstverweigerer kamen aus verschiedenen Teilen der Vereinigten Staaten, aus Großstädten wie Boston und San Franzisko, aber auch aus kleineren Gemeinden in Wisconsin, Pennsylvania, Ohio und North-Carolina. Ein Kriegsdienstverweigerer war in Lettland geboren und hatte einige Jahre seiner Kindheit in Deutschland verbracht, bevor sich seine Familie schließlich in einem Vorort von New York niederließ.

Die Kriegsdienstverweigerer stammten aus der Arbeiterklasse, aus der unteren, der mittleren und der oberen Mittelschicht.[16]

In allen diesen Familien bestand eine enge Beziehung zwischen Bildung und Beruf. Mit Ausnahme eines selbständigen Geschäftsmannes ar-

[16] Viele Studien berichteten, daß politisch aktive Studenten hauptsächlich aus freiberuflichen Familien stammen und daß die Häufigkeit freiberuflich tätiger Väter unter den jüdischen Aktivisten am auffälligsten ist. Keine dieser Tendenzen konnte in dieser Untersuchung bestätigt werden. Nur knapp $^1/_3$ der Kriegsdienstverweigerer kam aus freiberuflichen Familien; der Großteil von ihnen war protestantisch. Unter den 7 freiberuflich tätigen Vätern gab es keine Ärzte, Psychologen oder Juristen.

Die Hälfte der jüdischen Väter arbeitete als Hilfs- oder Facharbeiter, einer als Angestellter, von den übrigen waren einige Manager, einer war freiberuflich tätig und einer ein selbständiger Geschäftsmann. Unter den katholischen Vätern gab es 3 Vertreter, einen Büroangestellten und einen Public-Relations-Leiter.

Viele der Mütter in diesen Familien, vor allem in den jüdischen, waren berufstätig. In den jüdischen und katholischen Familien arbeiteten die Mütter durchwegs aus zwingenden finanziellen Gründen als Büroangestellte. Die berufstätigen protestantischen Mütter waren vorwiegend Lehrerinnen und Sozialarbeiterinnen. Sie arbeiteten entweder, weil die Tätigkeit im Haushalt allein sie zu wenig ausfüllte oder aus Interesse an ihren spezifischen Berufen.

beiteten die Väter mit College- oder Graduate-School-Bildung in freiberuflichen oder Management-Positionen. Die Fach- und Hilfsarbeiter hatten den niedrigsten durchschnittlichen Bildungsgrad; nur einer hatte die High School beendet. Die Büroangestellten, Verkäufer und die 2 weiteren selbständigen Geschäftsleute stellten bildungsmäßig eine Mittelgruppe dar. Die meisten hatten die High School beendet und einige hatten College-Studien begonnen, doch hatte nur einer seine Studien abgeschlossen.
Fast alle Väter arbeiteten immer im selben Beruf und am selben Arbeitsplatz. Wenn ein Arbeitsplatzwechsel vorkam, stand er meist mit Beförderung im selben Beruf in Verbindung. Nur ein Vater wechselte seinen Arbeitsplatz mehr als einmal. Von den 3 Vätern, die den Beruf gewechselt hatten, war einer in Europa Lehrer gewesen und hatte in Amerika mit einer Gärtnerei begonnen, als er in Abendkursen Englisch lernte. Der zweite war einige Jahre lang arbeitslos gewesen und eröffnete schließlich ein kleines Geschäft. Der dritte hatte ein Doktorat der Wirtschaftswissenschaften, war Erfinder und aktiver Pazifist und arbeitete nur zeitweise, zumeist als Lehrer. Die Familie lebte teilweise von seinem Gehalt, von Tantiemen und dem Verdienst seiner Frau. Er widmete den Großteil seiner Zeit verschiedenen Organisationen, die für den Frieden und gegen die Armut kämpften.

Sozialer Aufstieg (10 Familien)

Alle Väter in den sozial aufsteigenden Familien hatten das College beendet. 3 hatten Magister- und 2 Doktorgrade erhalten. Obwohl alle ihre Frauen die High School beendet und 3 von ihnen Magistergrade erhalten hatten, waren sie im Durchschnitt formal weniger gebildet als ihre Männer.
Es gab keine direkte Beziehung zwischen sozialem Aufstieg und Einkommen. Einige dieser Familien hatten ein Einkommen von über 20 000 Dollar im Jahr, während andere nicht mehr als 12 000 Dollar verdienten. In diesen Familien arbeiteten die Frauen in verschiedenen Berufen und nur, wenn sie es wollten. Die Frau eines Verkaufsleiters mit 50 000 Dollar im Jahr arbeitete halbtägig als Sekretärin, die Frau eines Public-Relations-Leiters mit einem Einkommen von 20 000 Dollar im Jahr als Verkäuferin. Von den beiden Sozialarbeiterinnen war die eine mit einem selbständigen Gartenbaumeister, die andere mit dem Vizepräsidenten einer großen Firma verheiratet. Eine Mutter

hatte seit Beendigung ihrer Schulzeit in der Fernsprechvermittlung gearbeitet, um ihrer Familie zu helfen, den Lebensstandard der unteren Mittelschicht aufrechtzuerhalten.
Trotz der unterschiedlichen Einkommensgrößen ähnelten diese Familien einander in 3 wesentlichen Punkten. Verglichen mit ihren Eltern hatten sie ihre ökonomische Situation sehr verbessert. Die meisten von ihnen hatten seit ihrer Hochzeit im selben Ort gewohnt. Einige waren in Verbindung mit ihrem Beruf umgezogen, lebten jedoch noch nahe genug, um ihre alten Freunde zu besuchen. Sie alle scheinen mit ihrem jeweiligen Lebensstandard zufrieden und nicht statusbewußt gewesen zu sein.

Keine oder nur geringe soziale Mobilität (13 Familien)

Diese Familien waren sehr heterogen in bezug auf Bildungsgrad, Beruf des Vaters und sozioökonomischen Status. In einigen Fällen hatten die Mütter eine wesentlich bessere Schulbildung genossen als die Väter. Über die Hälfte der Väter hatte High-School-Bildung oder weniger. Die meisten waren Fach- oder Hilfsarbeiter, und die übrigen arbeiteten im Verkauf oder als Büroangestellte. Ihr Einkommen reichte von 6 000 bis 11 000 Dollar im Jahr. 4 ihrer Frauen waren Hausfrauen. 4 Familien waren von dem Einkommen der Mütter abhängig, die ganztägig als Buchhalterinnen und Postangestellte arbeiteten. In einer Familie war die Mutter immer die einzige Verdienerin gewesen. Ihr Mann hatte sich ein paar Jahre nach der Eheschließung von ihr scheiden lassen und nie zum Familienunterhalt beigetragen. Sie zog auch ein Kind aus der zweiten Ehe ihres Mannes auf. Chronische Krankheit hinderte 2 Väter daran, ganztägig zu arbeiten und führte zur Invalidität des einen. Ein Vater hatte einen florierenden Ölgroßhandel aufgebaut, verdiente aber wegen der Großzügigkeit, mit der er Öl ohne Bezahlung an arme Familien verschenkte, nie über 6000 Dollar im Jahr.
Die übrigen 4 Väter hatten College-Bildung und einer hatte ein Doktorat der Wirtschaftswissenschaften (er wurde oben erwähnt). Einer hatte ein gutgehendes Import-Export-Geschäft mit einem Jahreseinkommen von 25 000 Dollar, das er schon vor seiner Ehe aufgebaut hatte. Seine Frau war diplomierte Krankenschwester, arbeitete jedoch nicht. Ein weiterer Vater war Lehrer für Naturwissenschaften an einer High School und verdiente 14 000 Dollar im Jahr. Wegen seiner

Beliebtheit und seiner Leistungen waren ihm wiederholt wesentlich besser bezahlte Verwaltungsposten angeboten worden, die er ablehnte, um weiterhin unterrichten zu können. Seine erste Frau war Hausfrau, die zweite Sozialarbeiterin. Der letzte Vater dieser Gruppe war Vertreter einer großen pharmazeutischen Firma, bei der er 20 000 Dollar im Jahr verdiente. Seine Frau, eine ehemalige Sekretärin, arbeitete nicht.

Sozialer Abstieg (2 Familien)

Die Väter in diesen beiden Familien waren Facharbeiter, der eine Elektriker, der andere Holzschnitzer. Sie und ihre Frauen hatten die High School absolviert; die Frau des Schnitzers hatte auch ein College besucht. Die absteigende soziale Mobilität dieser Familien ging auf Krankheit und geringere Arbeitsmöglichkeiten zurück. Der Elektriker war 3 Jahre lang ans Bett gefesselt gewesen, bevor er schließlich einer Herzkrankheit erlag. Seine Frau arbeitete als Buchhalterin und war viele Jahre lang die einzige Verdienerin der Familie. Die Krankheit des Vaters und Ausgaben für Medikamente und Ärzte zwangen die Familie, in eine kleinere und billigere Wohnung umzuziehen. Der Beruf des Vaters (er schnitzte Holzformen für Hutmacher) war nicht mehr gefragt, so daß sein Einkommen in den letzten Jahren, während sein Sohn noch zuhause lebte, ständig gesunken war. Wenn die Familie nicht in einer genossenschaftlichen Wohnsiedlung mit niedrigen Mieten und vielen Vorteilen gelebt hätte, hätte sie ihre gesamte Lebensweise ändern müssen.

Abschließende Bemerkungen

Sosehr sich diese Familien nach Schichtzugehörigkeit und Bildungsstand unterschieden, machte doch keine radikale Veränderungen ihrer Lebensweise mit. Kritische Perioden und finanzielle Schwierigkeiten überwanden sie ohne oder nur mit geringer Unterstützung von außen. Ihre Selbstgenügsamkeit erklärt das Fehlen statusorientierter Zwänge, die die Stabilität der Familie hätten gefährden können.

7 Mütter hatten eine wesentlich bessere Schulbildung als ihre Ehemänner (in einem Fall hatte die Mutter das College beendet, ihr Mann nur das 8. Schuljahr) und 6 Väter hatten einen wesentlich höheren Bildungsgrad als ihre Frauen. Die Tatsache, daß diese Unterschiede in der formalen Schulbildung nicht zu Spannungen führten, kann auf

mehrere Faktoren zurückgeführt werden. Die Familien legten großen Wert auf informelle Bildung, wie Lesen, Musizieren, Museums-, Konzert- und Theaterbesuche. Es war nicht ungewöhnlich, daß der formal weniger gebildete Elternteil mehr las und sich mehr für Kunst und Literatur interessierte als sein Ehepartner. Die Väter, gleich welchen relativen Bildungsgrades, waren selbstsicher und nicht aggressiv. Einige Mütter setzten ihre formale Bildung in Abendkursen fort und erweiterten ihren Horizont durch politische Tätigkeit und Sozialarbeit. Viele Eltern hatten ähnliche politische Ansichten und nahmen gemeinsam an politischen Aktivitäten teil. Harte Arbeit als Tugend und Wert war für all diese Familien von großer Bedeutung. Daher wurde die Arbeit der Väter respektiert, gleich, welchen Beruf sie hatten, und die Arbeit der Mütter als der der Väter gleichwertig angesehen, ob sie Hausfrauen blieben oder angestellt waren. Einige Familien wurden durch ethnischen Zusammenhalt, sozialistische Ideale, Leben in Kommunen und religiösen Glauben zusätzlich gefestigt.
Es gab nur eine Familie, in der Statusdruck zu Disharmonie beitrug. In diesem Fall war der Vater besser gebildet als seine Frau, aber nicht in der Lage gewesen, sie mit vielen der Luxusgüter der Mittelschicht zu versorgen, die sie anstrebte. Diese Situation wurde teilweise durch eine konfessionelle Mischehe und durch die Tatsache erschwert, daß der Mann viele Jahre lang ein ruheloser, passiver Alkoholiker war.

Die Familienatmosphäre

Die Analyse der Familienatmosphäre, in der die Kriegsdienstverweigerer aufwuchsen, zeigt viele Unterschiede und Ähnlichkeiten auf. Die besonderen Eigenschaften ihres Familienlebens, auf die sie wiederholt hinwiesen, waren Gewaltlosigkeit, Rationalität, Toleranz, Flexibilität, Anpassungsfähigkeit, gegenseitige Anteilnahme, Wärme und unautoritäres Verhalten. Viele der Eltern waren seit langem politisch und sozial sehr engagiert. Politik, soziale Probleme, Krieg und individuelle Verantwortung wurden in diesen Familien häufig diskutiert. Die Eltern gaben ihren Kindern Beispiele sozialen Bewußtseins und Engagements, indem sie Innen- und Außenpolitik diskutierten, Menschen in Not halfen, öffentlich protestierten und über ihre eigenen Erfahrungen und die ihrer Eltern mit sozialer und politischer Unterdrückung und mit Krieg erzählten. Nur ein Kriegsdienstverweigerer kam aus einer sozial und politisch unengagierten Familie.

Die meisten der Kriegsdienstverweigerer gaben an, ihr Familienleben sei ruhig, freundlich, entspannt und sanft, ebenso wie stabil und sicher gewesen. Die hervorstechendste Eigenschaft der internen Regelung des Familienlebens war ein großes Maß gegenseitigen Einverständnisses. Dies milderte überlegenere und mächtigere Positionen der Eltern sowohl in ihrer Beziehung zueinander wie zu ihren Kindern. Jedem Familienmitglied wurde große Bewegungsfreiheit und Ausdrucksfähigkeit zugestanden. Meist wurden verschiedene Arten von Problemen freundschaftlich gelöst. Jeder hatte ein Recht darauf, seine Meinung auszusprechen und gehört zu werden. Eltern und Kinder sprachen miteinander, damit jeder den Standpunkt des anderen verstand.

Tabelle 4 Die Familienatmosphäre der Kriegsdienstverweigerer (Bewertung durch Beurteiler)

	N	%		N	%
1. warm	18	72	10. rational	19	76
neutral	4	16	neutral	3	12
kalt	3	12	irrational	3	12
2. freundlich	21	84	11. gelöst	16	64
neutral	2	8	neutral	2	8
feindselig	2	8	gespannt	7	28
3. friedfertig	18	72	12. teilend	17	68
neutral	7	28	neutral	6	24
aggressiv	0	0	nicht-teilend	2	8
4. sicher	18	72	13. flexibel	19	76
neutral	3	12	neutral	2	8
unsicher	4	16	rigide	4	16
5. stabil	18	72	14. Gemeinsamkeit	11	44
neutral	4	16	neutral	4	16
instabil	3	12	Isolierung	10	10
6. gewaltlos	21	84	15. ruhig	20	80
neutral	4	16	neutral	2	8
gewalttätig	0	0	gereizt	3	12
7. demokratisch	18	72	16. leger	17	68
neutral	4	16	neutral	3	12
autoritär	3	12	unduldsam	5	20
8. sanft	19	76	17. tolerant	20	80
neutral	3	12	neutral	3	12
hart	3	12	intolerant	2	8
9. individualistisch	16	64	18. intellektuell	20	80
neutral	2	8	neutral	2	8
konformistisch	7	28	nicht-intellektuell	3	12

Der Familienzusammenhalt basierte auf gegenseitigem Respekt und gegenseitiger Zuneigung. Die Eltern handelten selten gegen die Maßstäbe, die sie für ihre Kinder aufgestellt hatten. Anpassungsfähigkeit und Offenheit in den Familienbeziehungen ermöglichten die Bewältigung neuer und möglicherweise zerstörerischer Situationen ohne unpassende Emotionalität, Zwangsmaßnahmen oder Chaos. Wenn die Interessen der Söhne und ihre wachsende Unabhängigkeit größere Selbständigkeit und mehr Aktivitäten außerhalb der Familie mit sich brachten, antworteten die Eltern mit anteilnehmender Zurückhaltung. Da die Kriegsdienstverweigerer sich an unautoritäre, rationale und zwanglose Regelung ihres Verhaltens zuhause und an die Rücksichtnahme auf ihre Gefühle und Meinungen gewöhnt hatten, reagierten sie auf Autoritäten außerhalb der Familie sehr heftig und kritisch und hielten sie für willkürlich und autoritär. Die folgenden Zitate vermitteln einen Eindruck von der Atmosphäre in den Familien der Kriegsdienstverweigerer:

Fall Nr. 100

Meine Eltern haben bei allen möglichen Sachen phantastisch gut zusammengearbeitet [...] Die meiste Zeit, während ich aufgewachsen bin, war irgendwie positiv und Sachen haben sich verdichtet, und mit meinem Bruder, daß wir uns gegenseitig akzeptiert haben. Ich hatte nie das Gefühl, daß ich irgendwas tun könnte, was meine Eltern schockieren würde. Ich meine, wenn ich zum Beispiel in die Nazipartei eintreten würde, das könnte sie schockieren (lacht). Aber darüber hinaus hatte ich nicht das Gefühl, daß es da irgendwas gab, was sie schockieren würde.

Fall Nr. 104

[...] die meisten von den Diskussionen, die sich abgespielt haben, waren im Zusammenhang mit theoretischen großen Gruppen und es gab viele Gespräche über soziale Gerechtigkeit. Und Papa hat Sachen kommentiert, die er in der Zeitung gelesen hat. Wir haben über die Diskussionen, die ich in der Schule hatte, geredet, oder die Tom (sein Bruder) in der Schule hatte. Wissen Sie, oder Mama hat irgendwas ins Gespräch gebracht aus ihrer Arbeit (Sozialarbeit).

Fall Nr. 105

[...] meine Familie ist sehr, sehr ehrlich und offen [...] Wissen Sie, zum Beispiel, wenn Leute ins Haus kommen, und sie einen Freund mitbringen, und wenn Oma gerade mit meinem Bruder streitet, ändert sich nichts. Sie streiten einfach weiter. Keine falschen Vorspiegelungen oder sowas. Es ist eine sehr anheimelnde Sache. Und das ist schön. Ich hab' keine Ahnung, wie's so rausgekommen ist, aber, äh, so ist das nun mal [...] Oder wir haben zum Beispiel fast so 'ne Art Therapie gemacht, wo wir alle uns hinsetzen und jeder das ausdrückte, was ihn in der letzten Zeit wütend macht.

Fall Nr. 109

Wie ich angefangen hab', meine eigene Schallplattensammlung aufzubauen, haben meine Eltern von Zeit zu Zeit gebeten, daß wir ein Nachmittags- oder Abendkonzert haben, in dem ich meine neueren Platten spiele. Wir sind einfach herumgesessen und haben sie angehört [...] Ich hatte immer das Gefühl, was immer ich auch schaffen würde, würde zumindest wohlwollend angesehen werden. Und es ist nicht so, daß ich niemals kritisiert worden bin, weil ich ganz bestimmte Sachen produziert habe, die meinen Eltern nicht gefallen und die meine Mutter nicht mag. Sie sagt, daß es nicht sehr viel aussagt und daß ich so oder so besser sein könnte oder dieses oder jenes [...] Mit anderen Worten, ich hab das Gefühl, daß meine Mutter und auch mein Vater Leute sind, mit denen ich wirklich reden kann [...] Wie ich meinem engsten Freund Ronny erzählt hab, ich hab' ihm erzählt, ich glaube, daß der grundlegende Teil meiner Beziehung mit meinen Eltern der ist, daß ich sie als Menschen ansehen kann, Menschen, die zufällig meine Eltern sind [...] Ich weiß nicht, wie man das sagen kann, aber ich schätze meine Eltern sowohl als Menschen als auch als Eltern. Und daß es vielleicht wichtiger ist, sie als Menschen zu schätzen, weil es der Beziehung ermöglicht hat, zu wachsen, nachdem die elterlichen Funktionen einfach vollkommen überholt worden sind, meiner Meinung nach.

Fall Nr. 111

Die Atmosphäre, in der ich aufgewachsen bin, war nicht zu autoritär, so daß, äh, sie mir erlaubt hat, mich zu verändern. Und wenn ich mich verändert habe, haben sich meine Eltern überhaupt nicht drüber aufgeregt. Ich hatte ziemlich die Möglichkeit, das zu tun, was ich wollte. Und wenn ich sagte, wenn ich Sachen getan hab', die ihren Erwartungen nicht entsprochen haben, waren sie enttäuscht, wissen Sie, ohne Strafen [...] Sie waren wirklich großartige Eltern. Immer zusammen. Wir haben eine Menge Sachen zusammen getan. Sie waren immer sehr, sehr besorgt um uns. Und sie sind gute Menschen so [...] Und deshalb – das ist etwas, was ich fühle, es ist die Pflicht jedes Kindes, wenn schon sonst nichts, es ist die Pflicht, die es seinen Eltern schuldet, sie wenigstens zu informieren, warum man etwas tun muß.

Fall Nr. 116

Meine Beziehungen zu meinen Eltern waren, würde ich meinen, wirklich solche, wie sie selten vorkommen. Ich hatte ein angenehmes Gleichgewicht, äh, wissen Sie, liberal – du kannst tun, was du willst – und strafen [...]

und in der High School war ich mir bewußt, äh, über manche von den Eltern von meinen Freunden, und das war wirklich schlimm, und daß meine Eltern damit verglichen wirklich sehr gut sind [...]

Fall Nr. 117

Naja, wir hatten vielleicht eher eine humanitäre als eine wirklich politische Art von Moralität im Haus. Wir haben immer über Politik und Moralität und Wahrheit und Gerechtigkeit gesprochen. Wir sind immer ins Debattieren gekommen [...] Sie haben ein sehr starkes Moralgefühl in mir eingepflanzt [...] Naja, meine Mutter war eine Dichterin und mein Vater war ein Ingenieur. Da hatten sie meistens verschiedene Ansichten. Mein Vater hat sich die Dinge von einem praktischen Standpunkt angesehen und meine Mutter, naja, wir haben immer Bildungsfernsehen gesehen [...] Musik war immer wichtig in unserem Haus. Mein Vater hat Cello gespielt und meine Mutter Klavier gespielt und mein Bruder hat Geige gespielt. Mein Vater und ich, wir haben zusammen Blockflöte und Cello gespielt und dann habe ich mit Flöte angefangen [...] Meine Eltern haben sich immer auf die Seite von Minoritäten gestellt [...] Zum Beispiel, wenn die *›Sunday-Times‹* gekommen ist, hat mein Vater den Magazinteil und ich habe den Sportteil genommen und ich hab versucht, ihm mit den Kreuzworträtseln zu helfen [...] Meine Mutter war gegen Fernsehen, und mein Vater war für das Fernsehen. Da hat es Fernsehkämpfe gegeben und meine Mutter hat sich aufgeregt, weil mein Bruder und ich ferngesehen haben und hat gesagt, fernsehen macht kleine Geister und daß wir Bücher lesen sollten. Ich habe nie gelesen.

Fall Nr. 119

Wir waren nie eine wirklich enge Familie was persönliche Beziehungen angeht, aber auf der anderen Seite haben wir alle die Tatsachen gesehen, daß wir eine Familie waren, daß wir Verpflichtungen hatten, Verantwortungen füreinander, äh, ein gewisses Maß an Liebe war dabei, äh, aber nicht die ideale, offene Beziehung, die man oft in Familien sieht [...] Meine Eltern haben in diesem einen Häuserblock gewohnt, 3 Häuser weiter von dort, wo meine Mutter zu der Zeit gelebt hat, als sie ein Kind war, und deshalb hat jeder in der ganzen Gegend ihre Familie gekannt und mich als ihren Sohn gekannt, und alle die Brüder und Schwestern und Cousins und Onkel und Tanten gekannt [...] Ich würde sagen, daß es im allgemeinen eine glückliche Familie war, eine glückliche Umgebung. Meine Eltern hatten nicht alle möglichen Arten von tollen Sachen, aber wir hatten alles, was wir brauchten. Ich meine, wir hatten Essen, es gab Betten für jeden. Wir hatten sogar ziemlich früh ein Fernsehgerät. Eine sehr ruhige Familie. Mein Vater hat jeden Tag viele Stunden gearbeitet. Äh, er ist um ½6 oder 6 jeden Morgen fortgegangen und ist nicht zurückgekommen bis um 7 Uhr oder 8 und dann war er so ausgepumpt, wissen Sie, er hatte gerade noch die Kraft, um zu essen [...] Aber dann kann ich mich an Wochenenden erinnern. Samstage und Sonntage. Picknicks und solche Sachen. Ballspielen mit ihm [...]

Meine Mutter war wichtiger, was tägliche Beziehungen betrifft. Ich glaube, wir hatten immer eine enge Beziehung [. .] Ich glaube, daß sowohl mein Vater als auch meine Mutter uns dazu geführt haben, wir sind gelehrt worden, Sachen zu glauben. Wir haben absolut sicher alle die Sachen über Gleichheit gehört, um sich Gedanken zu machen über andere Leute, die hungernden Kinder in Europa, um das letzte bißchen Essen auf dem Teller aufzuessen. Sie haben diese Phrase gehört? [...] Die wesentliche Betonung lag, wissen Sie, darauf, das ist ein gutes Leben, das ist ein gutes Land. Äh, du hast die Fähigkeit, vorwärtszukommen [...] Du kannst es tun. Es ist nur eine Angelegenheit, das herauszufinden, was du tun willst. Wir hatten nicht alle Möglichkeiten, all diese Dinge zu tun und wir wollen sicherstellen, daß du die bildungsmäßige Vorbereitung bekommst, damit du wenigstens die Sachen tun kannst, die wir nicht tun konnten [...] Und ich kann mich an viele glückliche Szenen erinnern. Äh, wir sind jeden Sommer weggegangen. Ich kann mich daran erinnern, viel Spaß gehabt zu haben und Heidelbeerpflücken und solche Sachen.

Fall Nr. 121

[...] es war 'ne nette Sache. Wir hatten ein Landhaus. Wir alle haben's gebaut. Wir alle haben drin gewohnt. Wir haben nie Obst von irgend jemandem anderen gekauft, weil wir es gezogen haben. Alles für uns selber, wissen Sie. Wir hatten einen kleinen Garten und haben jedes Gemüse gezogen, was Sie sich vorstellen können. Da mußten wir nie ausgehen. Und wissen Sie, es war eine ziemlich warme, sehr zärtliche Familie. Sehr frei. Sehr freigiebig [...]
Unsere Familie war eine kleine Familie und äh, sehr eng. Also wissen Sie auch wie ich sagte, bin ich in politisch bewußten Gegenden erzogen worden, politisch bewußt gemacht worden, seitdem ich denken kann, wissen Sie. Von der Zeit an, wo ich geboren wurde, hat man mir die Grausamkeiten anderer Leute erzählt [...] Und ich war mir all der Sachen bewußt, die sich abspielen [...]
Er ist sehr warm, wissen Sie. Ja, ziemlich zärtlich. Zum Beispiel, jedes Spielzeug, das ich jemals gehabt hab, ist von ihm gemacht worden [...] Naja, wir haben alles zusammen getan. Wissen Sie, alles. Ich wollte irgendwas bauen, dann war er immer da, um mir damit zu helfen. Hat immer versucht, mich zu verstehen, – und er, anders als meine Mutter, war nicht einer von diesen aburteilenden Typen. Da hab' ich nicht diesen indirekten Druck gefühlt, den meine Mutter auf mich anwenden würde, nehme ich an. Ja, da sind er und ich ziemlich gut miteinander ausgekommen.

Fall Nr. 124

Wie ich mich an meine Eltern damals erinnern kann (während der Kindheit), waren sie sehr warmherzige Menschen. Ich kann mich erinnern, daß am Freitagabend, wenn mein Vater seine Arbeitswoche hinter sich hatte, er etwas für mich nach Hause gebracht hat, ein kleines Spielzeug oder

etwas. Es war – es war nie irgendwas sehr Großes. Wir haben es ein Betthupferl genannt [...]
Es war eine Sache, die ich von meinem Vater geerbt hab', das ist eine Art außergewöhnlicher Humor, weil ich mich erinnern kann, wir haben einige wirklich ungewöhnliche, merkwürdige Sachen gemacht, äh, von denen man normalerweise nicht annehmen würde, daß man sie mit seinem Vater tut. Zum Beispiel, äh, haben wir den Garten, hinter dem Haus im Herbst saubergemacht und da gab's verfaulte Tomaten auf dem Boden, und dann, ganz plötzlich hat dieser heftige Kampf eingesetzt, wissen Sie, und wir haben einander einfach mit Tomaten befetzt [...] Und es ist ein Frühlingsritual geworden, jetzt, daß an dem ersten Abend, der warm genug war, draußen zu sitzen, sind wir hinausgegangen und haben über den hinteren Gartenzaun gepißt. Wir haben irgendwie den Frühling willkommen geheißen, wissen Sie. Dieses große Ritual, mein Vater, ich selber und mein Bruder haben uns in einer Reihe am Zaun entlang aufgestellt [...].

Die elterliche Ehe

Die Beschreibungen der Familienatmosphäre werden durch die der elterlichen Ehen ergänzt. Nahezu alle Kriegsdienstverweigerer fühlten, daß ihre Eltern miteinander zufrieden waren und sich gut vertrugen. Diese Ehen waren hauptsächlich durch gegenseitigen Respekt und Kameradschaftlichkeit gekennzeichnet. In der Mehrzahl der Fälle teilten die Eltern gemeinsame Interessen. Die Ehepartner billigten einander weitgehende Unabhängigkeit zu. In den meisten Familien kam es von Zeit zu Zeit zu Spannungen, die aber nur in zwei Fällen in andauernder, offener Feindseligkeit resultierten. Mit diesen Ausnahmen fanden alle Eltern einen modus vivendi, der auf Anhören der Meinung jedes einzelnen und Rationalität fußte. In ihren Berichten gaben die Kriegsdienstverweigerer viele Beispiele dafür, wie die elterliche Beziehung und besonders ihre Art, miteinander zu sprechen, die Ehe konsolidierte, das Gefühl elterlicher Übereinstimmung festigte und verhinderte, daß Probleme das Familienleben unnötig anspannten. In ihrer Neigung, einander Zärtlichkeit zu zeigen, gab es große Unterschiede unter den Eltern der Kriegsdienstverweigerer. Manche scheinen während ihrer gesamten Ehe eine ›sichtbare Liebesaffäre‹ geführt zu haben. Ihre Söhne konnten sich sowohl an ritualisierte Umarmungen und Küsse jeden Morgen und Abend erinnern, zu denen die Eltern oft für einige Minuten in ein anderes Zimmer gingen, als auch an häufige spontane Zärtlichkeiten. Andere erzählten, daß ihre Eltern ihre Zuneigung sowohl körperlich als auch verbal auf weniger romantische Weise ausdrückten. Einige wenige Söhne konnten sich nicht daran erinnern, daß ihre Eltern sichtbar zärtlich miteinander waren. Sie hatten das Gefühl, die elterliche Ehe sei auf Vernunft aufgebaut gewesen. Zärtlichkeit zwischen den Eltern oder auch ihr Fehlen war fast immer gegenseitig. Nur 2 Kriegsdienstverweigerer erinnerten sich daran, daß ein Elternteil zärtlich war, während der andere passiv blieb.

Wiederholt sprachen die Kriegsdienstverweigerer davon, ihre Eltern hätten fast immer in gegenseitigem Einverständnis gehandelt. Das bedeutete in den meisten Fällen, daß die Eltern einander um Rat fragten und die Meinung des anderen nicht durch unabhängige und einseitige Entscheidungen übergingen. In einigen wenigen Fällen hatte »gegenseitiges Einverständnis« jedoch mehr nominellen als aktiven Charakter. Diese Eltern fragten einander selten direkt um ihre Meinung. Jeder hatte seinen Kompetenzbereich und handelte unabhängig, ohne Einmischung seitens des anderen. Die Hälfte der Kriegsdienstverweigerer hatte das Gefühl, daß ihre Eltern gleichberechtigt und gemeinsam entschieden und handelten. Einige sagten, daß entweder ihre Mutter oder ihr Vater in der Ehe dominiert hätten, ohne den Ehepartner zu unterdrücken. Nur einer beschrieb eine Situation, in der ein Elternteil, sein Vater, seine Mutter durch autoritäres Verhalten dominierte. Mit Ausnahme dieses Falles sollte Dominanz daher als eine Form von Führung angesehen werden. Der dominierende Partner war eher extrovertiert und trug sichtbarer zur Gestaltung des Familienlebens bei. Der andere Ehepartner war stiller, mehr introspektiv und zurückgezogen. Der eher zurückgezogene Elternteil behielt das Recht, die Initiative zu ergreifen, zu kritisieren und seine Meinung durchzusetzen.

Die Eltern der Kriegsdienstverweigerer konnten meistens dadurch ihre Meinungsverschiedenheiten lösen, daß sie Probleme durchdiskutierten. Die Gründe für Meinungsverschiedenheiten waren von Familie zu Familie verschieden. 2 Ehepaare hatten Schwierigkeiten mit angeheirateten Verwandten, die mit ihnen lebten. In 3 Ehen gab es heftige Debatten über Konfessionsschulen und die Erziehung der Kinder. Andere stritten über finanzielle Probleme, materielle Anschaffungen und Berufe. Diese Meinungsverschiedenheiten hatten jedoch vorübergehenden Charakter. Zeitweilige Spannungen und darauffolgende Versöhnung waren für diese Ehen charakteristisch. Das einzige Problem, das wiederholt zur Sprache kam und Spannungen hervorrief, war das Gefühl der Frau, vernachlässigt zu werden. Dieses Problem stellte sich in 7 Familien. Die Söhne fühlten die Spannungen zwischen ihren Eltern und neigten dazu, den Kontakt mit ihnen einzuschränken, bis das Problem gelöst war. Alle, außer 5 Kriegsdienstverweigerern, hatten das Gefühl, daß die positiven Bindungen zwischen ihren Eltern die negativen überwogen. Sie betonten, daß ihre Eltern einander respektierten, die Beziehung der Eltern zueinander ihnen das Gefühl der Sicherheit gab. Doch fühlten sich die Söhne unbehaglich, waren verletzt und verwirrt, wenn Meinungsverschiedenheiten zwischen ihren Eltern länger andauerten. Gleichzeitig fühlten sie, daß ihre Eltern in den meisten Punkten grundsätzlich miteinander übereinstimmten.

Die Rationalität, mit der sich die Eltern meistens zueinander verhielten, erklärt, warum sie in der Lage waren, Probleme zu lösen und warum ihre Söhne auf Irrationalität scharf reagierten. Da die Eltern selbst Wert auf Rationalität legten und wenigstens ein Elternteil sie in den meisten Situationen praktizierte, wurden erhitzte Meinungsverschiedenheiten als Widerspruch empfunden. Manchmal bestand ein Elternteil auf rationaler Diskussion, während der andere nörgelte oder schrie, was aber nur selten vorkam. 2 erzählten, daß ihr Vater einmal eine Tür zuschlug oder einen Gegenstand zerschmetterte; einer erinnert sich vage daran, daß sein Vater seine Mutter einmal geohrfeigt hatte. Die negativen emotionalen Momente waren aber aus mehreren Gründen bedeutend. Wegen ihrer Seltenheit wurden sie immer als zerstörerisch empfunden. Die Familienmitglieder gewöhnten sich nie an irrationale Kommunikation. Einige Kriegsdienstverweigerer meinten, sie hätten ein hitziges Temperament und die Tendenz »überemotional« zu reagieren von einem ihrer Eltern geerbt. Da sie auch viel Wert auf Selbstbeherrschung legten, waren sie oft unglücklich, wenn sie wütend wurden. Das seltene Vorkommen negativer Emotionalität korrelierte stark mit einer niedrigen Quote von Familienkrisen.

Die 25 Kriegsdienstverweigerer berichteten über insgesamt 24 Familienkrisen während ihrer Kindheit und Jugendjahre. Der Großteil der Krisen kam in 6 Familien vor. Die Gründe für die Krisen, ihre Dauer und Konsequenzen waren von Familie zu Familie sehr unterschiedlich. In einigen Fällen kam es nach einer langen Krisenperiode zu vorübergehender Entspannung. Andere Familien sahen sich einer besonders schwierigen Situation gegenüber, die eine Reihe sekundärer Störungen mit sich brachte. Wieder andere Familien wurden gleichzeitig mit mehreren ernsten Problemen konfrontiert. 4 Kriegsdienstverweigerer kamen aus geschiedenen Elternhäusern. Die Umstände der Scheidung waren in jedem Fall andere. Es gab keine Beziehung zwischen der Anzahl oder Dauer der Familienkrisen und der Art, in der sie endeten. Der Großteil der Familienkrisen wurde durch konkrete Störungen ausgelöst, bei denen es sich meistens um finanzielle oder beruflich bedingte Schwierigkeiten – wie lange Arbeitszeit und schlechte Bezahlung – oder um schwere Krankheit handelte. All diese Probleme hatten einen lange andauernden störenden Einfluß. 3 Familien sorgten viele Jahre hindurch für physisch oder psychisch kranke Großmütter, was viele Einschränkungen der Familienaktivitäten mit sich brachte. Die Mütter wurden ganz von der Pflege in Anspruch genommen, andere Familienmitglieder fühlten sich vernachlässigt, und die gesamte Familie erlebte einen immer größer werdenden Konflikt zwischen ihrem Pflichtgefühl und der Belastung durch die chronische Krankheit der Großmütter. 2 Ehepaare durchlebten lange Spannungsperioden unter ähnlichen Umständen. Beide Ehemänner hatten lange Zeit in schlecht bezahlten Berufen gearbeitet. Sie waren zunehmend frustriert worden und hatten sich nach und nach aus dem Familienleben zurückgezogen. Ihre Frauen waren energisch, extrovertiert und kritisch und störten sich besonders an der Passivität ihrer Männer in Familienangelegenheiten.

Die Begleitumstände der 4 Scheidungen hatten nicht den chronischen Charakter der Probleme, die zu den meisten Familienkrisen führten. Der Vater eines Kriegsdienstverweigerers hatte sich von seiner Frau scheiden lassen, während ihr Sohn noch sehr jung war, so daß er keine Erinnerungen an die elterlichen Konflikte hatte. Sein Vater kam gelegentlich auf Besuch, wenn er einen Platz zum Schlafen brauchte. In frühem Alter entwickelte der Sohn ihm gegenüber eine paternalistische Einstellung. Die übrigen Scheidungen kamen nach vielen Jahren scheinbar befriedigender Ehen zustande. Eine Frau fühlte sich vernachlässigt, begann eine Affäre mit einem anderen Mann und reichte die Scheidung ein, um ihn zu heiraten. Eine ähnliche Situation kam in einer anderen Familie vor. Innerhalb eines halben Jahres begann der Mann eine Affäre mit einer anderen Frau, beschuldigte seine Frau der Frigidität, schlief zuerst im Wohnzimmer, zog schließlich aus der Wohnung aus, wurde geschieden und heiratete wieder. Dieser letzten Scheidung waren viele Monate des Streites vorausgegangen, während derer die Eltern gesehen hatten, daß sie nicht zusammenpaßten. Die letzten 3 Familien wurden durch die Scheidung der Eltern schwer gestört. Einige Familienmitglieder waren jahrelang bitter. Der Elternteil, zu dem die Kriegsdienstverweigerer die engste Beziehung hatten, blieb bemerkenswert gelassen, obwohl er durch die Umstände der Scheidung mehr Grund gehabt zu haben schien, nachtragend zu sein.

Die Beziehung zwischen Eltern und Kindern

2 von 3 Kriegsdienstverweigerern waren der Ansicht, daß ihre Mütter die wichtigere Rolle in ihrer Erziehung gespielt hatten. Mit einer Ausnahme meinten die übrigen, beide Eltern hätten einen gleich großen Einfluß ausgeübt. Die relativ größere Wichtigkeit eines Elternteils für die Eltern-Kind-Beziehungen korreliert stark mit der Häufigkeit und der Art des Kontaktes zwischen Eltern und Söhnen. Die Mütter verbrachten mehr Zeit mit ihren Kindern, übten einen größeren Teil der täglichen Disziplinierung aus, bestraften die Söhne bei schweren Vorkommnissen genauso oft wie die Väter, wandten weniger körperliche Strafen an und waren freundlicher und wärmer. Die Väter der Kriegsdienstverweigerer, die das Gefühl hatten, daß beide Eltern eine gleichbedeutende Rolle in ihrer Erziehung gespielt hätten, machten ihre Abwesenheit während des Tages dadurch wett, daß sie an den Abenden und besonders an Wochenenden aktiv am Familienleben teilnahmen. Keiner der Kriegsdienstverweigerer wurde körperlich schwer bestraft, und der Großteil wurde selten oder nie geschlagen. Fast alle Eltern stimmten in ihren Ansichten über Kindererziehung überein, und die meisten waren etwa gleich nachgiebig und streng.
Die Kriegsdienstverweigerer kannten kaum Furcht vor ihren Eltern. Sie sahen sie als Menschen an, die ihre Rechte und Gefühle immer respektiert hatten. 4 fürchteten sich gelegentlich vor ihren Eltern, was aber nur teilweise mit Strafen zusammenhing. Der einzige Junge, der aus einer patriarchalischen Familie kam und dessen Vater ihn streng bestrafte, hatte ihn als Kind gefürchtet. Die übrigen 3 Jungen befürchteten Einschränkungen und Liebesentzug seitens ihrer Mütter.

Die Familien und ihre Nachbarn, Verwandten und Freunde

Die Familien der Kriegsdienstverweigerer unterschieden sich in ihren Beziehungen zu Nachbarn sehr deutlich, zeigten aber größere Ähnlichkeit im Kontakt mit Freunden und Verwandten. Ein kleiner Teil der Familien hatte enge Beziehungen zu Nachbarn, während der Großteil den geselligen Umgang auf Freunde und Verwandte beschränkte. Die meisten Familien hatten mehrere enge Freunde, und die Mehrzahl pflegte enge, informelle Kontakte mit ihren Verwandten. Die ganze Familie war an diesen Kontakten beteiligt.

Hilfeleistungen

Die Familien der Kriegsdienstverweigerer halfen sowohl Freunden, Nachbarn und Verwandten als auch Fremden. In vielen Fällen stellte diese Hilfe eine lang andauernde Belastung für die ganze Familie dar. Die Familien, die anderen halfen, waren auch geselliger als die wenigen Familien, die das nicht taten, In den meisten Fällen beschränkte sich die Hilfe nicht auf die eigene ethnische, religiöse oder rassische Gruppe. Diese Familien leisteten wesentlich mehr Hilfe, als sie selbst erhielten.

Hilfeleistungen, unmittelbar von Mensch zu Mensch, waren für Väter und Mütter gleich typisch und bezogen in vielen Fällen die ganze Familie mit ein. Es gab nicht nur Familien, die jahrelang chronisch kranke Großmütter pflegten, sondern auch solche, die andere Menschen für kürzere Zeit in ihre Wohnung aufnahmen: High-School-Schüler, die sich von ihren Familien entfremdet hatten, einen Rauschgiftsüchtigen und Kinder aus der Nachbarschaft, deren Familien Krisen durchmachten. Ein Vater, der selbst sehr schlecht sah, verbrachte einen beträchtlichen Teil seiner Freizeit damit, blinden Menschen vorzulesen und sich mit ihnen zu unterhalten. Einige Väter arbeiteten in ihrer Freizeit in Slums und Negerghettos, führten ein Haus der Offenen Tür für Jugendliche, halfen bei der Organisation und Verwaltung eines Altersheimes und leisteten Fremden finanzielle Unterstützung. Viele Mütter halfen blinden Menschen, sammelten Spenden für das Gesundheitswesen (Krebs, Kinderlähmung usw.), organisierten Erholungsaufenthalte von behinderten Kindern und erteilten kostenlosen Englischunterricht. 2 Mütter arbeiteten als ausgebildete Krankenschwestern und andere als Sozialarbeiterinnen in verschiedenen Organisationen.

Die Väter

Die Homogenität des Familienlebens, in dem die Kriegsdienstverweigerer aufwuchsen, transzendierte berufliche, bildungsmäßige, klassenmäßige und regionale Unterschiede. Sie entsprang den ähnlichen Werten, Verhaltensmaßstäben, Erziehungspraktiken und den sozio-politischen Einstellungen ihrer Eltern. Obwohl die Mütter meist eine wichtigere Rolle in der frühen Sozialisation der Kriegsdienstverweigerer spielten als die Väter, übten diese einen starken und manchmal entscheidenderen Einfluß auf die moralische, soziale und politische Entwicklung ihrer Söhne aus.

Die Werte, die Verhaltens- und moralischen Maßstäbe der Väter

Werte und moralische Maßstäbe scheinen im Leben der Väter der Kriegsdienstverweigerer eine zentrale Rolle gespielt zu haben. Sie vermittelten ihre Ansichten hauptsächlich durch persönliches Beispiel und Erklärung. Sie wandten selten Gewalt, Zwang, Drohungen oder Befehle an. Das zeigt meiner Ansicht nach einerseits, daß die Väter solche Methoden verpönten, andererseits, daß ihre Söhne auf rationale Erklärungen gut ansprachen.

Die Werte und Verhaltensmaßstäbe der Väter beinhalteten keine scharfen Unterscheidungen zwischen ihnen selbst und anderen Familienmitgliedern, zwischen Erwachsenen und Kindern, zwischen Familienleben und öffentlichem Leben, zwischen Autoritätsfiguren und Untergebenen. So kann man davon sprechen, daß die Werte der Väter universalen Charakter hatten. Sie betonten Prinzipien, die auf jede Situation und alle Menschen zutrafen. Auch war das Wertsystem der Väter auf abstrakte Prinzipien ausgerichtet, die nicht gedankenlos befolgt werden konnten. Diese Werte mußten verstanden und akzeptiert werden, bevor man nach ihnen handeln konnte, was von den Söhnen wiederholtes Fragen und selbständige Reflexion erforderte.

Die Tatsache, daß die Werte und Verhaltensmaßstäbe der Väter voneinander abhingen, schließt ihre saubere Kategorisierung aus. Trotz ihrer teilweisen Überschneidung habe ich die Unterscheidung zwischen ›sozialer Ethik‹ und ›persönlichen Verhaltensregeln‹ für diese Darstellung aufrechterhalten.

Beide Bereiche scheinen für die Väter der Kriegsdienstverweigerer von gleicher Bedeutung gewesen zu sein. Ihre Sozialethik umfaßte im wesentlichen Liebe und Respekt für Menschen und Leben, Güte, humanitäre Einstellung, soziale Gerechtigkeit, sozio-politisches Engagement und Wertschätzung der Künste. Viele Väter legten auch Wert auf Philanthropie und Respekt für Besitz. Die wesentlichen ›persönlichen Verhaltensregeln‹ der Väter waren harte Arbeit, Fleiß, individuelle und intellektuelle Leistung, Unabhängigkeit, Rationalität und gutes Benehmen. Einige Väter betonten auch Ansehen, Sparsamkeit, Ordnung und Sauberkeit.

Sowohl die Anzahl als auch die Qualität der Werte und Verhaltensregeln, die von den Vätern betont wurden, zeigen deutlich das allgemeine moralische Klima, in dem die Söhne erzogen wurden. Ich bin der Meinung, daß dies und die vielen Rechte, deren sich die Kriegsdienstverweigerer in ihren Familien erfreuten, wesentlich zur Ausprägung des Standpunktes beitrugen, den sie als Kriegsdienstverweigerer eingenommen haben. Als Kinder waren sie sich ihres Rechtes auf eine eigene Meinung sicher, ihres Rechtes, gehört zu werden, ihres Rechtes, sich zurückziehen zu dürfen und ihr eigenes Leben zu leben, ihres Rechtes, Fehler zu machen und ihres Rechtes, eine Entschuldigung zu hören, wenn sie unfair kritisiert oder bestraft wurden. Gleichzeitig wußten diese Jungen, daß falsches Verhalten, insbesondere die Beeinträchtigung der Rechte anderer, eine Diskussion, Ermahnung oder Bestrafung nach sich ziehen würde.

Die Väter der Kriegsdienstverweigerer waren nicht immer rational, aber da sie meist nach den zuvor erwähnten Prinzipien handelten, konnten ihre Söhne sagen, daß ihre Väter sie als ›Individuen‹ und als ›Menschen‹ behandelt hätten. Obwohl sich die Söhne oft den Entscheidungen ihrer Väter beugten oder von ihnen bestraft wurden, hatten sie nicht das Gefühl, daß dies ihr Selbstbewußtsein beeinträchtigte, den Respekt ihrer Väter für sie negierte oder einen Versuch darstellte, ihnen willkürliche Entscheidungen aufzuzwingen. Weil die Kriegsdienstverweigerer ihren Vätern gegenüber anderer Meinung oder auch zornig sein konnten, fühlten sie nicht das Bedürfnis, gegen sie zu rebellieren. Wenn die Väter Zwangsmethoden anwandten, brachten sie sich selbst unweigerlich in Mißkredit. Die Kriegsdienstverweigerer beschrieben sich nicht als ideale, absolut brave Kinder, doch provozierten sie ihre Väter selten zu definitiven Anordnungen. Gleichzeitig war den Söhnen klar, daß Lügen, Schwindeln, Stehlen, Zerstörungswut und handgreifliche Streitereien von den Vätern nicht gebilligt werden würden. Einige Väter verboten auch schlechtes Benehmen, Ungehorsam, frechen Widerspruch, übertriebene Emotionalität, Unordentlichkeit und vulgäre Sprache. Diese Verbote scheinen die eigentümlichen Unterschiede unter den Vätern ebenso widerzuspiegeln wie die besonderen Gewohnheiten einiger ihrer Söhne. Sexualität wurde weder tabuisiert noch verherrlicht und im allgemeinen dem Ermessen der Söhne überlassen. In gleicher Weise erklärten die Väter die Gefahren und Nachteile des Rauchens und erlaubten ihren Söhnen, sich selbst zu entscheiden. Diese Familien scheinen kaum alkoholische Getränke konsumiert zu haben. Nur ein Vater trank viel, jedoch niemals zuhause. Der Alkoholkonsum wurde nie problematisch, weil es entweder keine alkoholischen Getränke in der Wohnung gab, oder weil sie nur zu besonderen Anlässen getrunken wurden. Die Väter gingen ihren persönlichen Interessen nach und zogen sich von Zeit zu Zeit zurück, ohne sich vom Familienleben auszuschließen. Obwohl von Familie zu Familie bedeutende Unterschiede in der Häufigkeit und Intensität der Vater-Sohn-Kontakte gefunden werden konnten, scheinen die Väter sich weder zu sehr um ihre Söhne gekümmert noch sie im allgemeinen vernachlässigt zu haben.

Die Erziehungsmethoden der Väter

Bewußt oder rein reflexiv ermutigten die Väter ihre Söhne, das zu tun, was erwünscht war, statt sie für unerwünschtes Verhalten zu bestrafen. Das wird besonders dadurch deutlich, daß die Väter hauptsächlich durch Lob, rationale Auseinandersetzung und Belohnung erzogen. Wenn ihre Söhne auf vernünftige Argumentation nicht reagierten, wenn sie besonders hartnäckig waren oder wichtige familiäre Maßstäbe brachen, wurden sie bestraft. Die häufigste Bestrafung in derartigen Situationen war negative Kritik (Schimpfen, Nörgeln, Schreien). Die meisten Kriegsdienstverweigerer erinnerten sich vage daran, als kleine Kinder von ihren Vätern geschlagen worden zu sein. Einige Väter bestraften gelegentlich mit Drohungen und Strenge (mißbilligenden Blikken), Restriktionen, Entzug von Privilegien und physischer Isolierung. Einige wurden von ihren Söhnen als jähzornig beschrieben. Wenn sie sehr wütend oder irritiert waren, blieben sie entweder still oder schrien, wandten aber selten Gewalttätigkeit an. Dennoch erinnerten sich viele Kriegsdienstverweigerer an eine, manchmal auch an zwei oder drei Gelegenheiten, bei denen ihre Väter sie im Zorn geschlagen hatten. Während der Kindheit nahm dies die Form von Schlägen auf das Gesäß und während der Jugendzeit die von Ohrfeigen an. Die 5 Kriegsdienstverweigerer, die von ihren Vätern geohrfeigt worden waren, gaben eine außergewöhnlich lebhafte Beschreibung dieser Vorkommnisse ab. Sie waren durch die Tatsache, daß ihre Väter völlig die Beherrschung verloren hatten, verstört, niedergeschmettert und blickten sie einfach überrascht an. Wenn andere Familienmitglieder anwesend waren, reagierten diese ähnlich. Die Väter entschuldigten sich entweder, zogen sich zurück oder versuchten, die Aufmerksamkeit von ihrer Entgleisung abzulenken. Sie waren eindeutig beschämt.

Körperliche Strafen

Keine der körperlichen Strafen kann als Prügelstrafe angesehen werden, und selbst die 5 Jugendlichen, die von ihren Vätern geohrfeigt worden waren, wiesen darauf hin, daß körperlicher Bestrafung fast immer krasse Abweichungen von genau definierten und hoch bewerteten Maßstäben vorausgingen. Körperliche Strafen wurden nicht willkürlich und leichtfertig ausgeteilt, und die konkreten Anlässe waren von Vater zu Vater verschieden. Einige Väter schlugen ihre Söhne dafür, daß sie gegen Familienregeln verstießen, andere dafür, daß sie jüngere Geschwister schlugen und wieder andere dafür, daß sie Gegenstände zerbrachen. Zwei Jungen waren für unerwünschtes Verhalten in der Schule und 3 dafür bestraft worden, daß sie eine Vereinbarung gebrochen hatten. Ein weiterer wurde zum ersten und einzigen Mal geschlagen, nachdem er vor Gästen mit einer Nadel in den »enormen Hintern« seines Vaters gestochen hatte.
Die meisten Jungen wurden nur ein- oder zweimal von ihren Vätern geschlagen, nur 2 mehr als viermal. Im allgemeinen wurden sie mit der Hand auf ihr bekleidetes Gesäß geschlagen. Zwei Väter hatten jedoch einmal einen Lederriemen benutzt, aber allem Anschein nach nicht fest zugeschlagen. Die Jungen erhielten nur wenige Schläge, und die Väter hörten auf, wenn die Jungen weinten.

Die Beziehung zwischen Vätern und Söhnen

Trotz der bedeutenden Unterschiede in der Art und Intensität des Kontaktes brachte die Analyse der Vater-Sohn-Beziehungen folgende allgemeine Eigenschaften zum Vorschein: Hilfsbereitschaft, gegenseitigen Respekt für die Rechte und Individualität des einzelnen, Geduld, Zärtlichkeit, Verständnis sowie Bewegungs- und Ausdrucksfreiheit. Viele Väter interessierten sich sehr für die Hobbies, Gedanken und Schularbeiten ihrer Söhne, während andere distanziert blieben. Keiner der Kriegsdienstverweigerer hatte das Gefühl, in irgendeiner Weise verwöhnt worden zu sein. Einige bedauerten, daß ihre Väter nicht mehr Zeit mit ihnen verbracht oder durchgängigeres Interesse an ihrer Entwicklung gezeigt hatten. Dennoch fanden sie, daß ihre Väter immer dann erreichbar waren, wenn sie sie benötigten, obwohl die Seltenheit des Kontaktes gelegentlich zu Hemmungen und Verständigungsschwierigkeiten führte.

Ungeachtet der allgemeinen Offenheit und gegenseitigen Hilfsbereitschaft meinten nur 7 Kriegsdienstverweigerer, die Vater-Sohn-Beziehung sei gleichmäßig herzlich und gefühlsmäßig eng gewesen. 6 Väter wurden von ihren Söhnen als besonders still, reserviert oder zurückgezogen beschrieben und 3 weitere als leicht reizbar. Diese Söhne hatten die größten Verständigungsschwierigkeiten mit ihren Vätern. Die Mehrheit der Kriegsdienstverweigerer beschrieb ihre Väter als besonders rationale Männer, die die meisten Angelegenheiten aus Gewohnheit rein verstandesmäßig behandelten. Sie meinten, ihre Väter seien im allgemeinen ratlos gewesen, wenn sie etwas nicht mit dem Verstand allein begreifen konnten, was gefühlsmäßige Kommunikation zwischen ihnen oft erschwert oder sogar ausgeschlossen hatte. Dagegen beschrieben einige Söhne ihre Väter als »viel zu emotional« und erklärten, ihre Unfähigkeit, bestimmte Situationen rational zu begreifen, hätte zu Schwierigkeiten in der gegenseitigen Beziehung geführt.

An den Beschreibungen der Kriegsdienstverweigerer fällt besonders die große Achtung vor ihren Vätern auf. Lob, Stolz und Dankbarkeit wurden nicht als leere Phrasen oder als Lippenbekenntnis für ein abstraktes Ideal des Respektes, sondern mit unbedingter Ernsthaftigkeit geäußert. Selbst die wenigen, die sich mit ihren Vätern nur schwer verständigen konnten, sprachen von vielen positiven Eigenschaften ihrer Väter. Keine der Vater-Sohn-Beziehungen ging in dauerhafte, offene Feindseligkeit über. Immer wieder versuchten beide Teile, zu einer Verständigung zu kommen. Die verschiedenen Aspekte der Vater-Sohn-Beziehungen werden in den folgenden Zitaten dargestellt.

Fall Nr. 103

Na ja, die grundlegende Idee war, daß, wenn mir irgendein Befehl gegeben wird, ich das Recht haben sollte, nach dem Grund zu fragen und eine rationale Antwort zu bekommen. Und ich konnte argumentieren und bei den wenigen Gelegenheiten, wo ich meine Logik durchsetzen konnte, wissen Sie, hatte ich das Recht zu tun, was ich wollte [...]
Äh, mein Vater hat geglaubt, daß Arbeit an und für sich gut tut. Und daß man sein Geld verdienen muß.

Fall Nr. 104

Strafen. Na ja, es war einfach, wissen Sie, was grade passiert ist. Zum Beispiel haben wir irgendwas kaputtgemacht und uns geweigert, uns dafür zu entschuldigen und er hat gesagt »du brauchst dich bloß dafür zu entschuldigen«. Und er ist sehr wütend geworden, wenn wir wirklich hartnäckig waren und dann sind wir ins Bett geschickt worden, ohne Abendessen oder sowas oder haben gelegentlich einen Klaps gekriegt. Ja, na ja, einmal hatte ich meinen Finger beim Frühstück an einem Vollkornknäcke geschnitten. Es klingt unmöglich, aber ich hab's getan. Und naja, mein Vater hat gesagt »Na, woran hast du ihn geschnitten?« Und ich sagte, »ich hab' ihn an einem Vollkornknäckebrot geschnitten«. Und er hat aufgejault und mich mit der offenen Hand geschlagen. Meine Nase hat geblutet auf mein Hemd herunter, Blut überall in der Küche, wissen Sie. Er muß mir irgendwas gerade richtig getroffen haben. Ich war wirklich außer mir, wissen Sie, und er hat gesagt »das war dafür, daß du so ein Klugscheißer bist«. Ja, wissen Sie, niemand, der auch nur ein bißchen Grips hat, würde jemandem glauben, daß er seinen Finger an einem Vollkornknäcke geschnitten hat. Er hat gedacht, ich wär so'n frecher Klugscheißer. Es hat zwei Tage gebraucht, bevor ich ihm erklären konnte, daß ich's wirklich getan hatte. Ich meine, ich habe ihn einfach aus meiner Welt vollkommen ausgeschlossen. Aber solche Sachen sind nicht oft passiert. Ich meine, in Wirklichkeit ist es eine bemerkenswerte Ausnahme.

Fall Nr. 107

Wenn ich was falsch gemacht habe, nehmen wir mal an, äh, es war irgendwas mit dem Nachbarn, der einen Block weiter gewohnt hatte, dann haben sie mir gesagt, ich soll zum Nachbarn runter und mich entschuldigen. Äh, das wäre, das war fast so eine Art Bestrafung, ich meine etwas, das als Strafe irgendwas Gutes an sich hatte. Wissen Sie, jemanden einfach zu schlagen, was ich so als verdreht ansehe, das hat gar keinen Sinn. Es zerstört nur. Mein Vater, er – er ist nie – er ist kein gewalttätiger Mensch. Er ist kein bösartiger Mensch. Es ist keine Gewalttätigkeit. Zum Beispiel würde er gar nicht versuchen, uns weh zu tun. Er hat's getan (schlagen) als Vorstellung von etwas, das getan werden muß, wissen Sie. Ein Klaps auf die Schulter oder so.

Fall Nr. 110

[...] Ich wußte, wenn ich was falsch gemacht hatte, und hab' mich deswegen schlecht gefühlt. Hatte immer ein sehr starkes Gewissen und ein sehr genau definiertes Gefühl und äh, wenn ich nichts falsch gemacht hatte, dann konnte man auch wirklich keine Strafe bei mir durchsetzen. Wenn ich dachte, daß ich im Unrecht war, haben sie (seine Eltern) mich nicht bestrafen müssen, weil ich selbst härter mit mir war, als sie es jemals mit mir hätten sein können [...] Nein, sie haben nicht ihre Beherrschung verloren oder irre geschrien. Sie hatten sich immer sehr gut unter Kontrolle. Mein Vater hat's ein paarmal getan. Ich weiß nicht, ob's wehgetan hat oder nicht oder ob's nur ein starker Gegensatz zu der Tatsache war, daß ich meistens überhaupt nicht geschlagen worden bin.

Fall Nr. 115

Äh, ich bin nie geschlagen worden. Ja, ein- oder zweimal von meinem Vater, aber er ist immer zu mir gekommen und hat sich entschuldigt.

Fall Nr. 122

Mein Vater. Er ist, er hat uns nie angerührt (geschlagen). Er hat erkannt, daß wir Menschen waren. Ja, und er war immer geduldig und verständnisvoll.

Fall Nr. 125

Oh, es war ziemlich viel erlaubt, mit ganz bestimmten Richtlinien. Ich kann mich erinnern, ziemlich leicht, äh, als ich noch nicht 13 war, weil wir umgezogen sind, wie ich 13 war. Bevor ich 13 war, wollte ich anfangen zu schreiben. Ich wollte ein Tagebuch anfangen und darüber schreiben, wie meine Eltern das gemacht haben, weil sie's so großartig gemacht haben. Und ich wußte, daß ich eines Tages ein Vater sein würde und habe mir gedacht, daß ich ihre Taktik anwenden wollte. Sogar während ich von ihnen erzogen wurde, habe ich gedacht, daß sie ziemlich helle waren bei ihrer Aufgabe. Da gab's nicht zu viele strenge Regeln [...]
Sie waren nie autoritär. Damit meine ich, daß sie gesagt hätten, du kannst dies nicht tun oder du kannst das nicht tun. Da hat's nie sehr viel gegeben, was ich tun wollte und wo sie dagegen waren, wissen Sie. Es war sehr offen. Ich hab' mein Zuhause wirklich geliebt. Sie haben alle meine Fragen beantwortet. Ich meine, es war einfach offensichtlich, daß sie ehrlich waren.

Fall Nr. 128

[...] Sie haben meinen Bruder und auch mich bei jeder Gelegenheit darin bestärkt, selbst nachzudenken. Na ja, zuerst gab's mal bestimmte Dinge, für die wir zu Hause verantwortlich waren. Da gab's, wissen Sie, daß entweder mein Bruder oder ich Sachen tun mußten, wie zum Beispiel den

Müll auszuleeren oder unsere Zimmer sauberzumachen. Helfen, daß das Haus ordentlich war oder mitzuhelfen, daß der Vorgarten sauber war und solche Sachen. Und sie haben sich sehr, sehr selten eingemischt in was ich gelesen habe. Ziemlich oft, wenn's da irgendwas gab, was ich in einem Buch nicht verstanden habe oder sowas, bin ich hingegangen und hab sie um 'ne Erklärung gebeten. Und sie haben's meistens geklärt [...] Sobald ich mal in der High School war, gab's keine großen Probleme, wann ich nach Hause kam. Zum Beispiel, wenn ich in dem Haus von einem Freund geblieben bin, ziemlich spät am Freitag- oder Samstagabend, hab' ich sie angerufen und gesagt, wissen Sie, also hier und hier bin ich und ich werde hier bis dann und dann bleiben und dann komme ich nach Hause. Und außer wenn's irgend'n besonderen Grund gab, nach Haus zu kommen, hat er (sein Vater) gesagt, gut, bis nachher, ich seh dich ja dann in der Früh [...] Sie haben nie irgendwelche Einschränkungen gemacht, wohin ich gehen konnte. Wohin ich gegangen bin, was ich getan hab', die Freunde, die ich hatte, da gab's anscheinend nie irgendwelche Eingriffe. Das einzige, was sie mir in manchen Situationen gesagt haben, wenn sie das Gefühl hatten, daß ich nicht alle wichtigen Faktoren genau berücksichtigt hätte, dann sagten sie »Sieh mal, wir glauben, daß da noch andere Sachen eine Rolle spielen, die dir nicht bewußt sind. Und wir glauben, daß es klüger wäre, wenn du das tätest.« Und wissen Sie, natürlich gab's da keine absolute Freiheit [...] Äh, ja, sie fühlten, daß die intelligenteste Art der Erziehung war, mich anzuleiten, mir meine eigenen Gedanken zu machen, sobald sie das konnten und mich zu lehren, verantwortungsvoll zu handeln.

Die Mütter

Nach Ansicht der Kriegsdienstverweigerer hatten ihre Mütter eine ebenso wichtige und manchmal entscheidendere Rolle in ihrer Entwicklung gespielt als ihre Väter. Besonders während der Kindheitsjahre kümmerten sich die Mütter meist mehr um die täglichen Probleme ihrer Söhne und schenkten ihnen mehr Aufmerksamkeit. Viele Mütter waren sozial und politisch aktiv und stellten ihre Zeit und ihre berufliche Ausbildung in den Dienst von Wohlfahrtsorganisationen. Einige wurden von ihren Söhnen als rationaler und sozialbewußter beschrieben als ihre Ehemänner. Die Mütter neigten dazu, die Ehe dahingehend auszugleichen, daß sie emotionale und subjektive Frauen überrationaler Männer und rationale Frauen emotionaler und subjektiver Ehemänner waren. Die Kriegsdienstverweigerer wurden oft durch zwei elterliche Modelle sozialen Engagements angeregt, da sowohl der Vater als auch die Mutter eine oder mehrere der drei sozio-politischen Traditionen in die Familie brachte, die in den folgenden Abschnitten beschrieben werden.

Angesichts der grundlegenden Ähnlichkeit zwischen den Eltern der Kriegsdienstverweigerer gelten die meisten Beschreibungen der Werte, moralischen Maßstäbe, Erziehungsmethoden und sozio-politischen Einstellungen der Väter ebenso für die Mütter. Es gab aber einige Gebiete, auf denen wichtige Unterschiede zwischen den Eltern gefunden werden konnten. Die meisten dieser Unterschiede scheinen die aktivere Rolle der Mütter in der Familie widerzuspiegeln. Einige sind auf die besonderen Interessen und Neigungen der Mütter zurückzuführen.

Das Wertsystem der meisten Mütter war breiter angelegt als das ihrer Männer und betonte äußerliches Ansehen und Nachgiebigkeit stärker. Mehr Mütter als Väter legten Wert auf gute Manieren, Gehorsam, Ansehen und Konformität des Verhaltens innerhalb der Wohngemeinde. Im allgemeinen scheinen die Mütter auch eine weniger theoretische Haltung zu gesellschaftlichen Prozessen und zur Verantwortlichkeit des einzelnen für seine Mitmenschen eingenommen zu haben, was dadurch deutlich wird, daß sie individuellen Hilfeleistungen innerhalb und außerhalb der Familie größere Wichtigkeit beimaßen. Sie waren aktiver an den Künsten interessiert als der Großteil ihrer Ehemänner und vermittelten anderen Familienmitgliedern ihr Kunstverständnis.

Die aktivere Rolle der Mütter in der Familie und in der frühen Sozialisation der Kriegsdienstverweigerer war nicht von Zwangsmaßnahmen, Belästigungen, dauernder Bestrafung oder Überängstlichkeit begleitet. Keiner der Kriegsdienstverweigerer war der Ansicht, seine Mutter hätte sich mit den formalen Aspekten seines Verhaltens und Aussehens übertrieben beschäftigt. Es scheint, als ob die Mütter die Nichteinmischung und niedrigeren Anforderungen ihrer Ehemänner auf diesen Gebieten wettmachen wollten, aber gleichzeitig das Gefühl hatten, daß Charaktereigenschaften wie Ehrlichkeit, Fleiß und ein ausgeprägtes soziales Gewissen wichtiger seien als Sauberkeit und gesellschaftliche Formalitäten. Was an den Werten dieser Mütter besonders auffiel, war das Fehlen puritanischer Einstellungen. Sie tabuisierten weder Sexualität noch Rauchen und Trinken, und viele klärten ihre Söhne zum erstenmal auf. Auch sie scheinen der Vernunft ihrer Söhne in diesen Angelegenheiten vertraut zu haben.

Durch den täglichen Kontakt mit ihren Söhnen hatten die Mütter einen

größeren Anteil an deren Erziehung, lobten und kritisierten sie häufiger, doch wurden weniger Kriegsdienstverweigerer von ihren Müttern geschlagen als von ihren Vätern. Belohnungen waren die wichtigste Erziehungsmethode der meisten Mütter. Sie versuchten, ihre Söhne durch Belohnungen für ›gutes Verhalten‹ zu ermutigen, statt sie für das Brechen etablierter Maßstäbe zu bestrafen.
Mit Ausnahme von 5 Kriegsdienstverweigerern erzählten alle über enge und herzliche Beziehungen zu ihren Müttern. Seit ihrer Kindheit hatten die Mütter großes Interesse an ihnen gezeigt und waren geduldig und verständnisvoll gewesen. Im Zusammenhang mit ihren Kindheitserinnerungen sprachen sie davon, daß ihre Mütter ihnen vorlasen, Lesen und Schreiben beibrachten, bei Schularbeiten halfen, sie in ihren Hobbys unterstützten und mit ihnen über ihre Probleme und Gedanken sprachen. Selbst die engsten Mutter-Sohn-Beziehungen hatten den Charakter einer engen Freundschaft. Die Kriegsdienstverweigerer hatten nicht das Gefühl, daß ihre Mütter versuchten, sie an sich zu binden, ihre Erfahrungen und ihre Bewegungsfreiheit einzuschränken oder in ihre Privatsphäre einzudringen.
Die Wärme und das Verständnis, die den Großteil der Mutter-Sohn-Beziehungen kennzeichnen, machen den problematischen Charakter der übrigen deutlich. Die Gründe für die Konflikte zwischen Müttern und Söhnen waren von Fall zu Fall verschieden. Ein Kriegsdienstverweigerer beschrieb seine Mutter als eine kalte, obwohl beherrschte und gerechte Frau, die danach strebte, eine perfekte Hausfrau und Mutter zu sein. Er hatte es immer als schwierig empfunden, mit ihr zu sprechen und als Kind nicht gewagt, schlimm zu sein, weil er befürchtete, die geringe Zärtlichkeit, die sie ihm zuteil werden ließ, zu verlieren. Ein weiterer war über das Verhalten seiner Mutter seit seiner Kindheit sehr traurig. Sie hatte sich von seinem Vater scheiden lassen, und die Kinder waren ihr zugesprochen worden. In zweiter Ehe war sie mit einem leicht gereizten, autoritären Mann verheiratet, mit dem der Junge zu leben gezwungen war. Seine Mutter nahm die Maßstäbe ihres zweiten Ehemannes an, sprach häufig mit großer Bitterkeit über den Vater des Jungen und hinderte ihren Sohn sechs Jahre lang daran, seinen Vater mehr als einmal im Monat zu sehen. Während ihrer zweiten Ehe begann seine Mutter viel zu rauchen und zu trinken, und die Mutter-Sohn-Beziehung verbesserte sich erst, nachdem der Junge zu seinem Vater gezogen war. Die übrigen Mutter-Sohn-Konflikte waren nicht so ernst wie diejenigen, die gerade beschrieben wurden. Diese jungen Männer sagten, sie hätten immer ein engeres Verhältnis zu ihren Vätern

gehabt und sich mit ihren Müttern wegen deren »Überkonventionalität«, »ständiger Meckerei«, »harter Schale« oder »Anwendung von Zwangsmaßnahmen« nur schwer verständigen können.
Der ernsthafte Konflikt in 2 Mutter-Sohn-Beziehungen und die verschiedenen Verständigungsschwierigkeiten unterschiedlichen Grades in einigen anderen scheinen keinen direkten Einfluß auf die moralisch-politische Entscheidung gehabt zu haben, die diese Männer als Kriegsdienstverweigerer trafen. Besonders in den ersten beiden Fällen scheinen die gespannten Mutter-Sohn-Beziehungen mit Eigenarten in der Entwicklung der Jungen und mit Besonderheiten in ihrer Persönlichkeit verbunden gewesen zu sein, die in den Kapiteln 2 und 4 diskutiert werden sollen. Es waren nicht so sehr einzelne Faktoren als vielmehr die ineinandergreifenden Einflüsse der Erziehungsmethoden und des moralischen, sozialen und politischen Klimas in ihren Familien, die mehr oder weniger direkt zu der Entscheidung, den Kriegsdienst zu verweigern, führten. Es sollte auch darauf hingewiesen werden, daß die meisten Jungen, die ihren Müttern gegenüber gehemmt waren, weil diese kalt, gereizt oder übermäßig rational handelten, sich mit ihren Vätern gut verstanden. Die Kriegsdienstverweigerer sahen ihre Mütter als Menschen an, die eine wichtige Rolle in ihrem Leben gespielt hatten und viele wertvolle und bewundernswerte Eigenschaften besaßen. Keiner ihrer Beschreibungen haftete Sentimentalität oder Glorifizierung an. Die Kriegsdienstverweigerer scheinen eine realistische Einstellung zu beiden Eltern erreicht zu haben. Sie waren daher in der Lage, ihre Eltern in angebrachtem Verhältnis zu loben und zu kritisieren.

Fall Nr. 105

> [...] Wir lieben meine Mutter ganz besonders. Und wir haben es die ganze Zeit gewußt. Und das war's, was die Familie zusammengehalten hat [...] Sie hat sich einfach hingesetzt und hat uns erzählt, daß sie uns liebt und daß sie deshalb arbeitet und daß es ihr leid tut, daß sie nicht mehr mit uns beisammensein konnte. Solche Sachen. Und es war nicht so 'ne ständige Einrichtung. Aber, wissen Sie, so 'ne Sache, daß kleine Dinge viel bedeuten. Wenn du es nicht erwartet hast, hat sie dir irgendwas gesagt, um's dich wissen zu lassen. Und wenn wir Geburtstag hatten, dann haben wir gewußt, daß, was wir auch immer bekommen haben, wissen Sie, sie sich wirklich sehr bemüht hat, es für uns zu bekommen. Äh, das war eine wunderschöne Sache [...] Wir wußten, daß diese Liebe da war [...]
>
> Meine Mutter ist, äh, eine sehr verständnisvolle Frau [...] Sie ist irgendwie mit uns gewachsen [...] Gleich von Anfang an hat sie immer sehr schwer gearbeitet für meinen Bruder und für mich. Sie hat als eine Bar-

dame gearbeitet und dann am Wochenende als Babysitter [...] Und jetzt arbeitet sie im Postamt [...] Und sehr wenige Leute würden so was tun, was sie tut. Wissen Sie, ein Kind aufziehen, wenn dein Mann dich verlassen hat, und mit 'ner anderen Frau gegangen ist [...] Ich glaube, das ist eine erstaunliche Sache, so viel Gefühl zu haben für ein Kind. Wissen Sie, zu wissen, daß er einen Platz gebraucht hat, wo er bleiben konnte [...] Voriges Jahr hab' ich einen Jungen heimgebracht, der äh, ich bringe die ganze Zeit Schwarze mit nach Hause. Das ist kein Problem. Dieser Junge war nicht nur schwarz. Er war ein ehemaliger Sträfling und ein Rauschgiftsüchtiger. Sie hat ihn oben in meinem Zimmer einquartiert und für ihn gekocht und ihm Suppe gemacht und ist bei ihm geblieben, hat sich um ihn gekümmert [...] Ich habe ihr erzählt, wieviel das für diesen Jungen bedeutet hat und, äh, obwohl sie sich gefürchtet hat und obwohl sie in Ferien war, und sie braucht, wissen Sie, Ferien für sie sind wirklich wichtig [...] hat sie's getan [...]

Fall Nr. 107

Meine Mutter war eine diplomierte Krankenschwester und sie hat Mitgefühl [...] Wenn eine Situation es erfordert, wenn jemand Hilfe braucht [...] wird sie ihnen helfen, wenn die Zeit kommt [...] Und, zum Beispiel, wenn der Freund von meiner Schwester reinkommt, wissen Sie, hat sie immer eine Menge zu essen und sie küßt ihn und umarmt ihn und redet mit ihm [...] Sie – sie ist wie eine – sie ist eine Art jüdische Mama [...] Fast, wissen Sie, wie ich das sehe, eine ziemlich intelligente, naive Blonde. Wissen Sie, diese Art von Atmosphäre und Gefühl manchmal, wissen Sie, was 'ne wunderbare Sache ist [...] Sie war feinfühlig, wie zum Beispiel, manchmal war jemand krank in der Familie, dann hat sie als Krankenschwester gehandelt und ich konnte mir vorstellen, daß sie eine wunderbare Krankenschwester ist. Sehr sanft in jeder Beziehung. Das konnte ich sehen [...] Und dann waren da andere Augenblicke, wo sie ganz genau so aggressiv war, nicht körperlich aggressiv, aber so 'ne Aggressivität von Spannung und Nervosität, wissen Sie. Lärm [...] Sie kann in beiden Extremen handeln.

Fall Nr. 111

Wir haben sehr viel Spaß zusammen, wissen Sie, wir tun Sachen zusammen [...] Sie ist so eine Frau, die einfach nicht nein sagen kann. So'n Mensch, der nie das äußert, was er sich über einen andern Menschen denkt, außer ganz privat [...] Jetzt fängt sie an, so ein bißchen mehr zu argumentieren. Da ist eine Frau in der Arbeit, die sagt, daß wir Kriege brauchen, um das Bevölkerungsproblem zu lösen. Meine Mutter hatte dann einfach die Nase voll [...] und hat ihr schließlich die Meinung gesagt [...] Das ist neu für sie [...] Sie ist eigentlich ein Mensch, der sich selbst negiert. Irgendwie masochistisch. Sie verweigert sich selbst Sachen, damit andere sie haben können. Sie tut 'ne Menge für jeden [...] Arbeitet schwer und sie hat ein gutes Herz [...] Sie ist ziemlich zärtlich, mag

Menschen, ist zärtlich zu Menschen [...] Wie, zum Beispiel ist sie nebenan gegangen und hat der Frau, die verkrüppelt war, geholfen und ihr die Sachen geholt, die sie braucht und so'n Zeug [...].

Fall Nr. 112

Meine Mutter hatte die Einstellung, daß, was ich auch immer getan hab', na ja, wenn ich etwas getan hab', dann gab's einen Grund dafür und daß, wenn man mich schwer bestraft hätte, irgendwie hätte es vielleicht irgendwas zerstört [...] Sie haben mir sehr viel Freiheit gelassen [...] Und Anforderungen sind meistens nicht gestellt worden, außer, wenn sie einen triftigen Grund hatten. Und es war nicht so, »du wirst mir gehorchen, weil du mich respektieren mußt« und wenn's irgendwas gab, wo man dagegen war, wissen Sie, dann wurde ein Grund dafür angegeben [...]
Meine Mutter ist so ein Mensch, der, ich nehme an, wegen meines Vaters, eine liberale Position eingenommen hat. Sie ist gutmütig, außergewöhnlich naiv und unschuldig was politische Ereignisse betrifft. Sie kann nicht – wenn wir sagen, daß jemand etwas getan hat, was illegal ist oder jemand hat Bestechungsgelder angenommen oder jemand hat ein Gesetz durchgebracht, das nicht hätte verabschiedet werden sollen, ist es ihr fast völlig unverständlich, wie sowas passieren kann. Und sie fragt dann außergewöhnlich naive Fragen, »wie machen die das?« Äh, also stammen ihre politischen Interessen von der radikaleren Position meines Vaters her. Ich stelle mir vor, daß sie von ihm ziemlich aufgerüttelt worden ist.

Fall Nr. 120

Na ja, sie, äh, sie war an all den Sachen beteiligt, an denen ich mich als Kind beteiligt habe. Ich meine, sie hat sich informiert, was sich an den kleinen Dingen abgespielt hat. Wissen Sie, einfach, wer meine Freunde waren und was mit meinen Freunden los war, äh, ob ich eine Streiterei mit dem oder jenem hatte, ob ich mich mit irgendeinem Lehrer da verstanden hab'. Äh, sie hat mich dazu gebracht, mit ihr über solche Sachen zu sprechen und hat mit mir über diese Sachen gesprochen. Wo mein Vater im wesentlichen von diesen Dingen ziemlichen Abstand hatte. Von Zeit zu Zeit kann ich mich sogar dran erinnern, daß meine Mutter mit ihm böse geworden ist, weil er sich nicht mehr mit dieser Art von Fragen beschäftigt hat, sowohl mit meiner Schwester wie mit mir selber. Sie waren beide so Menschen, bei denen ich immer das Gefühl hatte, daß ich mit ihnen über alles offen sprechen konnte. Und sie waren immer – sie waren immer bereit, mir ihre Meinungen über Dinge zu sagen, aber immer unter der Voraussetzung, daß ich ein Individuum war. Ich glaube, daß das wirklich wichtig ist, wenn ich drüber nachdenke, daß sie mir ein Gefühl dafür gegeben haben, ein Individuum zu sein, das fähig ist, Entscheidungen zu treffen [...] Wenn meine Eltern eine Meinung über irgend etwas geäußert haben, daß, wissen Sie, ich irgend etwas nicht tun sollte, und dann habe ich gesagt, na ja, ich glaube, daß ich das tun sollte, wißt ihr. Und dann habe ich ihnen gesagt, warum ich so denke, und dann haben sie mir gesagt, warum sie dachten, daß ich's nicht sollte. Und genauso oft haben sie dann zum Schluß gesagt, ja, du hast recht. Und sehr oft hab ich dann zum Schluß gesagt, na ja, ja, ihr habt recht [...] Ich würde annehmen, daß das so 'ne Sache ist, äh, daß sie mir auf diese Weise das Gefühl gegeben haben, ein ganzer Mensch zu sein.

Fall Nr. 122

Sie war nie auf eine Bewegung hin orientiert, in bezug auf die Friedensbewegung, aber an manchen Tagen macht sie wirklich mit und mit der Bürgerrechtsbewegung [...] Eine Sache mit Mama, von der ich glaube, daß sie bedeutungsvoll ist: Sie ist ein wunderbarer Mensch, mit dem man in den Wäldern spazierengehen kann. Sie kennt die verschiedenen Vögel, viele von den verschiedenen Piepstönen, und das Leben macht ihr ganz sicherlich Spaß und auch die Natur macht ihr sicherlich Spaß [...] Man kann ihre freudige Aufregung über das Leben verstehen, wenn man mit ihr in den Wäldern spazierengeht. Das ist eine wichtige, eine ziemlich bedeutende Sache [...]
Sie ist phantastisch (Stiefmutter), sie ist noch so ein Mensch, der absolut selbstlos ist, absolut immer gebend und auf dieselbe Art wie mein Papa. Sie sind ein außergewöhnliches Paar. Sie geht von Schule zu Schule und arbeitet mit den blinden Kindern in den Klassen, arbeitet mit den Lehrern und hilft ihnen, sich daran zu gewöhnen, ein blindes Kind in der Klasse zu haben. Sie hat keine egoistischen Bedürfnisse. Gibt immer anderen Menschen [...]

Fall Nr. 123

Einmal, kann ich mich erinnern, ist mein Vetter zu uns auf Besuch gekommen und er war Mechaniker und das Öl war richtig in seine Hände eingezogen und er konnte es nicht rauskriegen. Wissen Sie, es waren einfach seine Hände. Das waren seine Hände von der Zeit an. Er würde für den Rest seines Lebens Ölflecken haben. Und ich kann mich erinnern, daß er gekommen ist, um meine Hand zu schütteln und ich bin hingegangen, um seine Hand zu schütteln und ich hab' gesehen, daß seine Hand ganz schwarz war und mit Öl bedeckt und ich wollte seine Hand nicht schütteln. Und ich kann mich erinnern, daß meine Mutter mir eine sehr fest gelangt hat und gesagt hat, äh, und mir gesagt hat, wissen Sie, ein Mann verdient seinen Lebensunterhalt mit seinen Händen und daß manchmal diese Hand vielleicht nicht sauber ist, aber, daß sie eben sauber ist, weil er dadurch seinen Lebensunterhalt verdient. Und das war das einzige Mal, wo so etwas Heftiges jemals passiert ist, wo eine physische Handlung moralische Belehrung ersetzt hat.

Fall Nr. 125

Da gab's nur zwei Dinge, die ich nicht tun durfte, bevor ich mündig war. Wissen Sie, das Alter wurde nur zweimal erwähnt. Und einmal war es, als ich ein Gewehr haben wollte. Und ich durfte kein Gewehr haben. Und

sie (seine Mutter) hat mir erklärt, warum – weil es sie schrecklich nervös gemacht hat, weil sie in der High School mit einem Jungen gegangen ist, der seine Augen ausgeschossen bekommen hat, als sie mit ihm war [...] Und sie wollte nicht, wissen Sie, es hätte sie fürchterlich nervös gemacht, wenn ich jagen gegangen wäre oder sowas [...]
Meine Mama ist genauso. Sie ist ein wirklicher Diplomat und verhandelt bei Familienstreitigkeiten und Mißverständnissen. Und erinnert immer andere Leute an die Geburtstage von anderen Leuten. Läßt andere Leute wissen, daß diese oder jene Bemerkung diesen oder jenen Menschen verletzen würde. Und sie ist wirklich – sie sollte bei Arbeitskonflikten in New York verhandeln. Sie ist sehr gut in so was [...] sehr sportlich [...] phantastisch unabhängig [...] Meine Mutter ist sehr, sehr sauber, äh, bemerkenswert so, wissen Sie. Es ist irgendwie, äh, nicht prätentiös, aber es ist ganz offensichtlich so. Es kommt aus ihrer – sie hat als Putzfrau gearbeitet, um in die High School gehen zu können. Sie kommt aus einer sehr armen Farmersfamilie mit zwölf Kindern. Und da ist sie in die High School gegangen. Um sich ihre Kleider zu kaufen und für ihre Bücher zu zahlen und so Zeug, hat sie als Dienstmädchen in verschiedenen Häusern gearbeitet und so. Und deswegen ist es ein Teil ihrer persönlichen Geschichte, Häuser sauberzuhalten. Und deswegen ist unser Haus makellos. Man könnte vom Fußboden essen. Wenn ich ins Haus gekommen bin, habe ich oft ein Kissen von der Couch genommen und es auf den Boden geschmissen, damit es nicht ganz perfekt ist, wissen Sie [...]
Äh, sie hilft auch Menschen, die krank sind. Wissen Sie, ihr Haus für sie saubermachen, irgendwie ihre Stärke, wissen Sie. Hatten einen Verwandten, der war, wissen Sie, ein Alkoholiker und sie hat dieser Familie geholfen, sich eine ganze Weile um sie gekümmert, bis er sich wieder hochgerappelt hat. Und, äh, ich weiß nicht. Es ist einfach durch die Dinge, die sie sagen. Nicht so sehr ihre Handlungen als die Dinge, die sie sagen. Und ihre Handlungen negieren nicht die Dinge, die sie sagen oder, wissen Sie, die Art, wie sie reden. Die Handlungen, die ich kenne, geben das Bild eines sehr feinfühligen Menschen wieder.

Erfahrungen mit Gewalttätigkeit in der Familiengeschichte und ihr Einfluß auf die Kriegsdienstverweigerer

Über die Hälfte der Väter und 2 Mütter waren während des Zweiten Weltkrieges im aktiven Militärdienst in der amerikanischen Armee, Marine und Luftwaffe oder beim Roten Kreuz (1 Vater hatte in der lettischen Armee gedient). Einige hatten Kampfeinsätze im Pazifik oder in Europa miterlebt und 2 Väter hatten an Bombardierungen teilgenommen. Weder die Väter noch die Mütter erzählten abenteuerliche Kriegsgeschichten, brachten Trophäen heim, drillten ihre Kinder militärisch oder verherrlichten militärische Tugenden oder das Militärleben in irgendeiner Weise. Im Gegenteil, sie sprachen über die Sinnlosigkeit des Krieges und der militärischen Routine, über tiefen Schmerz und Entsetzen über die Vernichtung von Leben, deren Zeuge sie gewesen waren oder die sie mit verursacht hatten. Gleichzeitig hatten sie das Gefühl, daß ihre Teilnahme am Zweiten Weltkrieg notwendig gewesen war und keiner hatte *diesem* Krieg gegenüber eine Anti-Kriegsposition bezogen.

Fall Nr. 100

Er war ein Angestellter in der Musterungsbehörde, bevor er in die Armee eingetreten ist und das hat nur ungefähr zwei Wochen lang gedauert, weil er jeden, der sich angemeldet hat, über seine Rechte als Kriegsdienstverweigerer aus Gewissensgründen aufgeklärt hat [...] Und zu viele Leute in dem Büro, wo er gearbeitet hat, haben sich um K. V. beworben und sie haben ihn gefeuert [...] Er war ein Pazifist vor dem Krieg, aber wie so viele Pazifisten hat er seine Ideen in Frage gestellt, bevor es dazu gekommen ist, und schließlich beschlossen, einzutreten und er hat an der Bombardierung von Hamburg teilgenommen, die zerstörerischer war als die Bombardierung von Hiroshima. Massenbombardierung. Feuer in der ganzen Stadt, Menschen, die da drin geschmolzen sind [...] Wirklich geschmolzen und erstickt [...] Und nach dem Krieg war er über all das wirklich entsetzt und 20 Jahre lang hat er zu beweisen versucht, daß Abrüstung nicht zu wirtschaftlichem Ruin führen würde [...] Nein, er ist kein Pazifist mehr. Er glaubt, daß Gewalttätigkeit unter bestimmten Umständen angebracht ist.

Fall Nr. 128

B: Er war Kanonier auf einem Bomber. Nach dem, was er erzählt, ist er mehrmals ziemlich nah dran gewesen, getötet zu werden, wurde aber nie verwundet. Ja, er hat an der Bombardierung von Deutschland teilgenommen. Äh, eigentlich haben wir darüber geredet. Und er sagt, wenn er jetzt in einer ähnlichen Situation wäre, wäre er auf keinen Fall fähig, das zu tun. Er hat einfach – er hat gefunden, daß das Ganze ihn einfach krank gemacht hat [...] Und er war in einer sehr schlimmen Gegend eingesetzt, über einer Reihe von Ölfeldern, in der die meisten amerikanischen Bomber abgeschossen wurden. (Pause)
Und, äh, und es hat eine ziemlich tiefe Wunde bei ihm hinterlassen, die er nicht sehr oft zeigt, außer, wenn er mit jemandem spricht, den er gut kennt [...] Die Tatsache, daß so viele von seinen eigenen Freunden getötet worden sind, die Tatsache, daß er an dem Tod so vieler Leute beteiligt war, die er nicht kannte [...] Der Bomber hat die Bomben fallen lassen und die Leute sind gestorben.

I: Hat ihn das auch sehr gequält?

B: Er sagt, daß es das getan hat und ich habe keinen Grund, ihm nicht zu glauben. Er ist sehr sensibel und ich vermute, daß gegen Ende zu das einzige, was ihn durchgebracht hat, (Pause) einfacher Mumm war. Er hat sich selbst gezwungen, zu Ende zu machen.

I: Haben Sie mit ihm über den Krieg gesprochen?

B: Na ja, er war – ich habe einige Zeit gebraucht, ihn darüber auszufragen. Ich würde sagen, daß wir wirklich erst angefangen haben, drüber zu reden, nachdem ich aus der Schule war und zu Hause gelebt habe. Und wir hatten eine Reihe von Gelegenheiten, wo wir einfach gesessen sind und gesprochen haben am Abend [...] Er schien eine gewisse Distanz zu diesem Teil von ihm aufrechtzuerhalten (Pause), weil, glaube ich, weil er verstört war über das, was er getan hat [...] Ich kann mich definitiv an eine Sache während der High School erinnern, die sehr klar in meinem Gedächtnis geblieben ist. Das war ein Fernsehstück eines Abends über die Bombardierung dieser Ölfelder. Die, an der er beteiligt war. Offensichtlich hatten sie umfangreiche Filme über die ganze Sache aufgenommen. Und er hat geweint. Anscheinend konnte er sich nicht helfen, weil ihm die ganze Sache wieder so lebhaft bewußt geworden ist. Anscheinend sind einige Männer in seiner eigenen Schicht entweder verwundet oder getötet worden. (Pause) Aber er hat nie eine große Sache daraus gemacht. Er hat nie versucht, mich mit seinen Geschichten zu beeindrucken [...] Ich kann mich nicht daran erinnern, daß er jemals den Krieg oder sich selbst verherrlicht hätte. Unsere späteren Diskussionen, die ernsthafter waren, haben mir gezeigt, daß er das, was sich abgespielt hatte, nicht als ruhmreich ansah. Es war einfach eine gemeine, dreckige Sache für ihn. Und er hatte damals das Gefühl, daß sie getan werden mußte. Er hat sehr wenig Geduld für diese Art von militaristischem Denken. Für ihn, um seine eigenen Worte zu gebrauchen, ist es Scheiße [...] Es scheint, als ob er da einfach nicht anders könnte, als diese Art von Bemerkungen zu machen. Es war irgendwie in sein Gehirn eingebrannt. Da war nie irgend etwas Rühmliches dran, nachdem sie abgehoben hatten und über den Kanal nach Deutschland rüber sind [...] Er sagte, daß er das Denken fast abgestellt hatte [...] Und selbst wenn es einem gelungen ist, zur Basis zurückzukehren, selbst dann war nichts Ruhmreiches dran, außer, daß du einfach da warst.

In 5 Familien waren Verwandte Opfer von Gewalttätigkeit geworden, was in der Familiengeschichte eine große Rolle spielte. Die Großeltern, Eltern und Verwandten von Familien waren während der Revolutionen von 1905 beziehungsweise 1917 in Rußland gewesen. Sie hatten das Land verlassen, um den Massakern an der Zivilbevölkerung und der zwangsweisen Rekrutierung in die Armee zu entgehen. Die Kriegsdienstverweigerer sagten, daß ihre Großeltern und Eltern sich geweigert hätten, Waffen zu tragen und an dem Blutbad teilzunehmen, obwohl sie mit den Idealen der Revolution von 1917 sympathisierten. Einige hatten ihre Eltern, Brüder, Schwestern, Cousins und andere Verwandte in den Massakern verloren. Die Abneigung gegen Gewalt, Militarismus, gegen politische und wirtschaftliche Unterdrückung, die sie auch in den Vereinigten Staaten nicht verließ, wurde Teil der Familientradition und führte zu großem sozio-politischen Idealismus und Engagement. Die fünfte Familie floh aus Lettland, als die russische Armee dieses Land besetzte. In der Nachkriegszeit verbrachten sie einige Jahre in DP- (Displaced Persons) Lagern in Deutschland in der Erwartung, daß die russische Armee Lettland wieder verlassen würde. Schließlich wanderten sie in die Vereinigten Staaten aus.

Fall Nr. 110

Mein Vater hat seine Eltern sehr früh verloren, den letzten Elternteil, als er drei Jahre alt war, unter gewaltsamen Umständen, weil sie Juden waren [...] Ja in Rußland. Die Kosaken [...] Er hat mir über die Russische Revolution erzählt und darüber, wie er gedacht hat, daß die Ideale eine gute Sache waren, aber daß er kein Gewehr in die Hand nehmen wollte [...] Das war's im Grund. Menschen zu töten und Gewalttätigkeit waren ihm einfach zuwider. Sehr emotional in der Beziehung [...] Ja, mein Vater ist sehr stolz darauf, daß er die Russische Revolution nicht unterstützt hat. Er wollte in der Russischen Revolution kein Gewehr in die Hand nehmen. Er hat im Ersten Weltkrieg kein Gewehr in die Hand genommen. Im Zweiten Weltkrieg wollte er kämpfen, aber er war zu alt [...] Es kann gut sein, daß das von dem Bewußtsein herkommt, daß seine Eltern Gewalt zum Opfer fielen [...]
Meine Mutter hat mir erzählt, daß ihr Vater Rußland verlassen hat, um dem Militärdienst zu entgehen. Und sie war froh, wissen Sie, sie war deswegen ziemlich stolz. Mein Großvater, na ja, der ist in der Ukraine geboren und in dem Krieg 1905 zwischen Japan und Rußland, er – sein Vater wäre eingezogen worden und er hat das Land illegal ohne seine Familie verlassen und ist nach England gegangen und später nach New Port. Und später ist mein Großvater gekommen und der Rest der Familie [...]
Mein Onkel hat in der Abraham-Lincoln-Bewegung im Spanischen Bürgerkrieg gekämpft.

Fall Nr. 118

Sie sind von Lettland weg, weil die Russen gekommen sind. Es war eine kapitalistische Familie. Und sie haben damals angenommen, daß wir alle zurückgehen würden in ein paar Jahren, wenn all die Schwierigkeiten vorbei wären [...] Na ja, meine Eltern sind einfach irgendwie antikommunistisch und damit basta. Und dann war der ungarische Aufstand und sie waren sehr böse auf die Vereinigten Staaten, daß sie nicht eingegriffen haben [...] Meine Mutter ist im Laufe der Jahre milder geworden. Sozialarbeit hat viel dazu beigetragen, daß sie sich geändert hat. Und auch ich [...] Sie ist jetzt ein vernünftiger Mensch. Mein Vater liest bis heute die ›*Daily News*‹ [...] Kommunisten sind alle gleich. Sie sind überall und zersetzen alles und sie müssen definitiv ausgeschaltet werden.
Meine Großmutter war in der Russischen Revolution. Sie hat all diese

Versammlungen gehaßt. Sie hat nicht gern darüber geredet und ich hab's erst vor ein paar Jahren erfahren [...] Sie war einfach unter den Revolutionären, hat sich da in dem Milieu rumgetrieben. Sie war nicht aktiv daran beteiligt, aber sie hat einfach all diese Leute gekannt und sie hat mit der ganzen Sache einfach sehr sympathisiert.

Fall Nr. 121

Mein Vater ist in die Staaten gekommen wie er 22 Jahre alt war. Er ist weggegangen, bevor er in den Militärdienst eingezogen werden sollte [...] Er ist während der Revolution weggegangen [...] Na ja, ich nehme an, er war ziemlich für die Revolution [...] Na ja, er ist weggegangen, weil sie versucht haben, ihn zu töten. Die Weißrussen sind zu seiner Familie gekommen. Sie haben ein Maschinengewehr auf seine Eltern gerichtet. Sie haben in einer Stadt gelebt, die um einen Hügel herumgebaut war. Sie haben einfach das Maschinengewehr auf den Hügel oben draufgestellt und haben angefangen, alles kurz und klein zu schießen, wissen Sie [...] Warum? Na ja, die Weißrussen waren gegen die Revolution. Und nicht nur das, es war eine jüdische Stadt, da haben sie einfach versucht, alle Juden umzubringen [...] Ich kann mich erinnern, daß mein Vater im Zweiten Weltkrieg, obwohl er nichts gemacht hat, immer Geld und Essen nach Europa geschickt hat, weil seine Brüder in Lagern waren und ich war mir immer formal bewußt, daß das Zeug weggeht [...] Nein, er hat niemanden in Konzentrationslagern (in Deutschland) verloren, aber in Rußland. Wie die Weißrussen gekommen sind, haben sie drei von den Brüdern von meinem Vater und einige von meiner Mutter umgebracht [...] Ich bin immer, bis heute, wissen Sie, ich bin von ihnen belehrt worden [...] Und sie haben mir gezeigt, daß das immer noch passieren kann, daß ich mir der Tatsache sehr bewußt sein soll, daß das noch könnte, wissen Sie, daß Grausamkeit in der ganzen Welt noch passiert so wie in Deutschland, heute noch [...].

Organisationszugehörigkeit und sozio-politische Aktivitäten der Eltern

Viele der Organisationen, denen die Väter angehörten und viele ihrer privaten Handlungen implizierten Kritik an sozialen und politischen Institutionen und Programmen. Obwohl keiner der Väter Mitglied einer linken Partei war, hatten einige Väter lange Zeit hindurch aus einer als links definierten Haltung heraus gegen Mißstände und politische Entscheidungen protestiert und mit dem Sozialismus sympathisiert (diese Männer gehörten zu gleichen Teilen der 1., 2. und 3. Generation in den USA an). Einige waren während der dreißiger Jahre Sozialrevolutionäre gewesen, hatten mit der amerikanischen kommunistischen Partei sympathisiert und sie dann abgelehnt, hatten 1929 gegen Mussolini, 1950 gegen McCarthy, in den sechziger Jahren gegen den Krieg in Vietnam und das Musterungssystem protestiert.

Jedoch hatten wenige Väter klar definierte linke politische Einstellungen; auch sie waren linken politischen Gruppen gegenüber skeptisch. Ihr Protest hatte individualistischen Charakter, ohne Verbindung mit Parteiprogrammen und Parteipolitik. Diese Männer beschäftigten sich mehr mit sozialen und politischen Ungleichheiten und Mißständen als mit radikaler Politik oder Revolution in den Vereinigten Staaten. Der einzige Vater, der jahrelang einer politisch und sozial kritischen Vereinigung angehörte, war Mitglied der ›American Civil Liberties Union‹. Er setzte sich auch 1968 aktiv für Eugene McCarthy in den Vorwahlen für die Präsidentschaft ein und trat wie einige andere Väter der Kriegsdienstverweigerer-Liga bei, nachdem sein Sohn beschlossen hatte, den Kriegsdienst aus Gewissensgründen zu verweigern. Die politisch gemäßigten und konservativen Väter waren, ebenso wie die links eingestellten, nur sporadisch politisch stark engagiert. Sie nahmen aktiv an Wahlkampagnen teil, sammelten Unterschriften und beteiligten sich an politischen Veranstaltungen für demokratische und republikanische Parteikandidaten. Einer war enthusiastischer Anhänger Eisenhowers, und ein weiterer unterstützte Stevenson.

Nur ein Vater war Mitglied einer rein geselligen Vereinigung. Keiner gehörte Jagd-, Sport- oder Schießclubs an. Einige waren Mitglieder ethnisch oder religiös geprägter jüdischer oder protestantischer Gruppen, deren Aktivitäten breitere Kreise in der Gemeinde erreichten. Sie beteiligten sich nur dann an konfessionellen Organisationen, wenn diese soziale Programme durchführten. Das Desinteresse und in einigen Fällen die Antipathie der Väter gegen organisierte Religion wurde in ihrer minimalen Teilnahme an religiösen Riten deutlich. 2 Väter hatten ehrenvolle Positionen als Laienmitglieder ihrer Gemeinden inne, einer als presbyterianischer Diakon, der andere als Initiator einer Diskussionsgruppe am Sonntagmorgen, die in einer unitarischen Kirche den Gottesdienst ersetzte. Es war interessant zu beobachten, daß nur 2 Väter weder einer Organisation beigetreten waren noch »individuelle Gewissensakte« ausgeführt hatten. Die meisten Väter hatten beides getan. Auch fiel auf, daß das Familienleben durch die sozio-politischen Handlungen der Väter nicht dogmatisiert wurde. Einige der politisch aktiven Väter verlangten von ihren Frauen und Kindern nicht, daß sie ihre Ansichten übernähmen und diskutierten ihre Einstellungen selten zu Hause. Dennoch zeigten ihre Frauen und später ihre Söhne

ein ähnliches Engagement. Eine Reihe von Vätern sprach politische Meinungen zu Hause deutlich aus, nicht aber in der Öffentlichkeit.
Es ist nicht möglich, über die Bestimmungsgründe des moralischen, sozialen und politischen Klimas im Familienhintergrund der Kriegsdienstverweigerer oder über die Art, in der die Väter dazu beitrugen, stark zu verallgemeinern. Ich konnte zeigen, daß sich die starken sozio-politischen Einstellungen fast aller Väter auf irgendeine Weise äußerten und daß, ungeachtet ihrer politischen Philosophie, Vorstellungen von sozialer Gerechtigkeit, Gewaltlosigkeit und Humanität zu den zentralen Glaubenssätzen der Väter gehörten. Die Übersetzung dieser Glaubenssätze in sichtbare Handlungen außerhalb der Familie vermittelte den Kriegsdienstverweigerern klare Beispiele persönlichen Engagements. Selbst die politisch weniger engagierten und in der Öffentlichkeit zurückhaltenden Väter trugen durch ihre Bemerkungen über ihren Glauben und ihr gewaltloses und gerechtes Verhalten zu Hause zum sozialen Bewußtsein in ihren Familien bei. Alle diese Faktoren halfen mit, die zu Beginn dieses Kapitels beschriebene Familienatmosphäre zu schaffen. Werte blieben nicht theoretisch. Sie wurden erläutert und durch gelebte Beispiele veranschaulicht. Das schärfte das Bewußtsein und die Empfindsamkeit der Kriegsdienstverweigerer für soziale und politische Gegebenheiten.
Die Vereinszugehörigkeit und die sozio-politischen Aktivitäten der Mütter zeigen eine besondere Ausprägung. In vielen Fällen steht diese mit religiöser Konfession und Religionsausübung und mit den sozialen und politischen Interessen der Ehemänner in Verbindung. Am auffallendsten war daran, daß fast 75% der Vereinigungen, denen die Mütter angehörten, weltliche Organisationen waren, die philanthropischen, erzieherischen, gesundheitlichen oder politischen Zielen dienten. Weniger als 1/3 der Mütter gehörte rein geselligen Vereinigungen an; diese Frauen beteiligten sich auch an philanthropischen und erzieherischen Gruppen. Die Mütter, die regelmäßig zur Kirche gingen, wiesen die geringste Anzahl an weltlicher Vereinsmitgliedschaft auf und einige beteiligten sich weder an kirchlichen noch an weltlichen Gruppen. Die 6 Mütter, die politischen Gruppen angehörten, waren zu Hause und in ihrer Wohngemeinde ausgesprochene politische Aktivisten. Nur eine kleine Minderheit der Mütter hatte sich anscheinend niemals weltlichen oder kirchlichen Gruppen angeschlossen.
In dem Absatz über direkte mitmenschliche Hilfe wies ich darauf hin, daß die meisten Mütter der Kriegsdienstverweigerer direkt Familienmitgliedern, Freunden, Nachbarn und Fremden halfen und daß diese

Hilfe in manchen Fällen in Verbindung mit Krankenhäusern, Kliniken und Wohlfahrtsinstitutionen erteilt worden war. Viele Mütter besaßen nicht die Fähigkeiten, nicht die Neigung oder sie wurden durch ihre Arbeit und Familienverpflichtungen daran gehindert, regelmäßig anderen Menschen außerhalb der Familie direkt zu helfen. Einige von ihnen brachten ihre Beschäftigung mit Gesundheitsproblemen dadurch zum Ausdruck, daß sie Spenden für Organisationen auf lokaler und nationaler Ebene sammelten. Fast die Hälfte der Mütter war in Elternvereinen aktiv, eine war Präsidentin der Elternvereinigung gewesen. Die meisten religiösen Gruppen, an denen sich die Mütter beteiligten, dienten philanthropischen wie auch geselligen Zwecken.
Die 6 Frauen, die politischen Vereinigungen angehörten, nahmen nicht an Gottesdiensten teil, hielten aber eine Anzahl traditioneller, kultureller und religiöser Praktiken in der Familie aufrecht. Sie waren mit den politisch aktivsten Männern verheiratet und beteiligten sich selbst an politischen Versammlungen, Kampagnen, Demonstrationen und Streiks, sammelten Unterschriften und äußerten zu Hause ihre Meinungen über soziale und politische Ereignisse.

Kapitel 2

Frühe Anzeichen (Die Jugendjahre)

Die Idee, daß die sozio-psychologische Entwicklung eines Menschen sich in erkennbaren Abschnitten vollzieht, daß die Ereignisse jedes dieser Abschnitte die Vorbedingungen für die Entwicklung im nächsten legen, und daß jeder Abschnitt seine besonderen Herausforderungen und Schwierigkeiten hat, setzte sich in einigen akademischen Kreisen seit der Veröffentlichung von Erik Eriksons Buch »Kindheit und Gesellschaft« wieder durch. Beunruhigend an dieser Vorstellung über die menschliche Entwicklung ist, daß sie eine sich summierende Qualität der menschlichen Erfahrung impliziert, die durch ihre Abhängigkeit von biologisch und kulturell bestimmten Wachstumsstadien nicht umkehrbar ist. Wenn einen der Gedanke beunruhigte, daß die Hauptrichtungen der nachfolgenden Entwicklung im Alter von 5 Jahren festgelegt waren, wie dies einige Interpreten der klassischen freudianischen Ansicht betonen, wird man schwerlich erleichtert sein, zu hören, daß von anderen Theoretikern die Grenze bis zum 12. oder 18. Lebensjahr verschoben wurde. Da wenige Menschen in irgendeinem Alter radikalen Systemwandel in ihrem Milieu erlebten, und da von diesen nur eine Handvoll exploriert wurde – und das meist mit geringen Kenntnissen über die konkreten Bestimmungsgründe ihres vorherigen Zustandes –, ist es nahezu unmöglich, eine Behauptung darüber aufzustellen, wie wenig umkehrbar grundlegende Persönlichkeitszüge sind und wann diese Irreversibilität beginnen könnte.[1]

Andererseits sind die sich summierenden Einflüsse der Erfahrungen allen interessierten Eltern ebenso sichtbar wie die Entwicklung neuer Fähigkeiten im heranwachsenden Kind. Selbst wenn Eltern nicht verstehen, warum ihr Kind sich im Alter von 13 Jahren in einer bestimmten Weise verhält, wissen dieselben Eltern intuitiv, daß dieses Verhalten mit der vergangenen wie mit der gegenwärtigen Situation des Kindes zusammenhängt. Es ist manchmal genauso schwierig, voraus-

[1] Matussek, P. et al.: Die Konzentrationslagerhaft und ihre Folgen. Berlin, Heidelberg, New York (Springer-Verlag) 1971.

zusagen, wie Eltern auf einen Jugendlichen reagieren werden, wie vorherzusagen, was ein Jugendlicher tun wird. Dennoch kann ein Außenstehender mit genügender Information relativ zutreffende Vermutungen darüber anstellen, was beide in einer bestimmten Situation tun werden. Die wesentliche Schwierigkeit, die Eltern und Kritiker konfrontiert, die Voraussagen machen wollen, besteht darin, sich unvorhergesehene Situationen vorzustellen. Eine weitere Komplikation liegt darin, daß einige Situationen an sich so gewaltig und zwingend sind, daß sie vorherige Erfahrungen aufzuheben scheinen.[1a] Während jedoch die meisten von uns manchmal über das, was Menschen tun, überrascht sein mögen, ist diese Reaktion allgemein eher eine Reflexion unserer Illusionen und Unwissenheit als der Unerklärlichkeit des Ereignisses.

Eigentümliches Verhalten ist am schwierigsten vorauszusagen, insbesondere in all seinen Einzelheiten. Dieses Problem kann zum Teil durch Experimente bewältigt werden, indem man die Anzahl der Handlungsalternativen begrenzt. Man kann es auch, im Gegensatz zur Gruppenforschung, durch intensive Fallstudien teilweise lösen. Die Probanden dieser Untersuchung wurden nicht in einer experimentellen Situation angetroffen. Mein Anliegen war es nicht, Voraussagen über eigentümliches Verhalten zu machen, oder dieses zu beschreiben; obwohl jeder Proband eingehend befragt wurde, kann eine 15stündige Fragebogen- und Interview-Untersuchung nicht als intensive Fallstudie angesehen werden. Nichtsdestoweniger ergibt sich aus dem generellen Muster der Ergebnisse, über die im vorigen Kapitel berichtet wurde, eine unmißverständliche implizite Voraussagbarkeit für die Ergebnisse über die Jugendjahre. Ich habe mich nicht ausdrücklich darum bemüht, besonders auf die Gebiete der Übereinstimmung und Kontinuität hinzuweisen, da sie offensichtlich sind. Ich beschäftige mich aber kurz mit besonderen Fragen der Kausalität, beispielsweise der Beziehung zwischen der Ausübung militärischer Rituale in der Kindheit und der späteren Bereitschaft, am Krieg teilzunehmen, da die Daten nicht immer für sich selbst sprechen.

Die Hauptthemen, die in diesem Kapitel zur Sprache kommen, sind die Beziehungen zwischen den Befragten und ihren Eltern, die derzeitige Einstellung der Befragten zu der Art, in der sie erzogen und bestraft wurden, religiöse Entwicklung und Praktiken, ihre Freizeitbeschäftigungen, Abenteuer, jugendliche Delinquenz und Gewalttätigkeit, Schulleistungen und Bezugspersonen.

[1a] Mantell, D. M.: Das Potential zur Gewalt in Deutschland. Der Nervenarzt 42, 252–257 (1971).

Teil I

Die Jugendjahre der Kriegsfreiwilligen

Mein allgemeiner Eindruck von den Jugendjahren der Kriegsfreiwilligen war der einer äußerlich glücklichen und erfolgreichen Zeit. Mit wenigen Ausnahmen war es auch eine hektische Zeit für sie. Sie waren mit Arbeit und Spiel voll beschäftigt, hatten viele Freunde und Freundinnen, waren in ihren Kreisen beliebt und hatten wenige offene Konflikte mit ihren Familien. Besonders beeindruckend waren ihre große Aktivität, die Intensität, mit der sie ihre Interessen verfolgten und ihre Fähigkeit, mehreren Hobbys gleichzeitig nachzugehen und in allen beachtliche Erfolge zu erzielen. Die meisten waren durchschnittliche bis gute Schüler und viele hatten ehrenvolle Positionen in ihren Schulen und Sportvereinen, in der Pfadfinderbewegung und in ihren Kirchen inne. In dieser Hinsicht verkörperten sie den Prototyp des sauberen, wohlerzogenen, sportlichen, fleißigen und beliebten amerikanischen Jungen.

Das öffentliche Image der Green Berets stand jedoch meist in scharfem Kontrast zu ihrem Privatleben. Die meisten von ihnen waren an leicht delinquenten Handlungen beteiligt, führten ein Geschlechtsleben, das nicht öffentlich gebilligt worden wäre, suchten Abenteuer und Aufregung, wurden Zeugen gewaltsamen Todes – von Selbstmorden, Ertrinken, Verkehrsunfällen und als Jäger – und wurden auch in zahlreiche Kämpfe verwickelt. Die Green Berets führten ganz eindeutig ein Doppelleben. Nach außen hin waren sie Konformisten, die nicht zögerten, mit den in ihrem Milieu vorherrschenden Maßstäben zu brechen, wenn sie das Bedürfnis danach hatten. Dennoch hatten sie ein feines Gefühl für soziale und gesetzliche Sanktionen und änderten unerwünschtes Verhalten, wenn sie entdeckt wurden und eine Strafandrohung Realität wurde.

Familienbeziehungen während der Jugendzeit

Im vorigen Kapitel wies ich darauf hin, daß das Familienleben der Kriegsfreiwilligen während ihrer Kindheit durch eine große Anzahl von Verhaltensmaßstäben, Werten und Verboten reguliert wurde, die durch Drohung, schwere disziplinäre Maßnahmen, aber selten durch Lob und Belohnung durchgesetzt wurden. Obwohl ihre Eltern sehr moralistisch waren, hohe Ansprüche stellten und häufig bestraften, vernachlässigten sie die emotionale und intellektuelle Entwicklung ihrer Kinder außergewöhnlich. Zuneigung, Zärtlichkeit und gemeinsame Interessen spielten in der täglichen Interaktion der Familienmitglieder kaum eine Rolle. Während beide Eltern versuchten, eine Position moralischer Überlegenheit aufzubauen, und es ihnen meist auch gelang, widersprachen sie häufig dem Image, das sie geschaffen hatten, indem sie sich zu ihren Kindern und zueinander in einer ihren Kindern untersagten Weise verhielten, die auch zu den von ihnen geäußerten Maßstäben im Gegensatz stand. Es ist wichtig, sich vor Augen zu halten, daß keiner dieser Vietnam-Freiwilligen aus einer moralisch, bildungsmäßig oder wirtschaftlich depravierten Familie stammte. Ihre Eltern bemühten sich darum, gesetzesfürchtige, fleißige Bürger zu erziehen und ihrer Verantwortung, so wie sie diese sahen, nachzukommen. Trotz gelegentlicher und vorübergehender Rückschläge waren sie in diesem Unterfangen auch erfolgreich.

Während der Jugendjahre ihrer Söhne verbrachte über die Hälfte der Familien wenig oder gar keine Zeit mit gemeinsamen Beschäftigungen, und in den übrigen Fällen schlossen nur wenige Aktivitäten die ganze Familie gleichzeitig ein. Familienaktivitäten waren nicht nur zeitlich begrenzt.

In den meisten Fällen gingen die Väter mit den Söhnen, die Mütter mit den Töchtern fort. Picknicks, Wanderungen, Bootsfahrten, Jagen und Fischen und andere Beschäftigungen im Freien waren ein bevorzugter Zeitvertreib. Einige Väter und Söhne bastelten zusammen an Autos, bauten Garagen oder führten Reparaturen am Haus durch. Drei Mütter versuchten, ihre Söhne für Musik, Kunst oder Literatur zu interessieren. Fast die Hälfte der Familien ging zusammen zur Kirche und fast ¼ ins Kino. Jedoch verbrachten nur 4 Familien einen gemeinsamen Urlaub. Keiner der Green Berets berichtete, daß Politik, Zeitgeschehen, soziale Angelegenheiten oder irgendwelche andere soziale, politische, künstlerische, literarische oder wissenschaftliche Belange oder Ereignisse in ihren Familien diskutiert wurden. Äußerungen über politische und zeitgeschichtliche Angelegenheiten müssen wohl gefallen sein, doch handelte es sich dabei höchstwahrscheinlich um kurze Bemerkungen, die in der allgemeinen Familienatmosphäre untergingen.

Mit Ausnahme von 3 Vätern und 4 Müttern widmeten die Eltern der Green Berets ihren Söhnen wenig oder gar keine persönliche Aufmerksamkeit. Mit persönlicher Aufmerksamkeit meine ich den Ausdruck von Interesse oder Anteilnahme in Form einer Unterhaltung, Diskussion oder einer konstruktiven Auseinandersetzung. Diese Form persönlichen Kontaktes zwischen Eltern und Söhnen fehlt in fast allen Beschreibungen der Kindheit und Jugendzeit der befragten Soldaten. Die Problematik dieser Beobachtung liegt darin, daß der Großteil der Green Berets das Fehlen einer persönlichen und nahen Eltern-Kind-Beziehung nicht als Beweis elterlicher Vernachlässigung auffaßte. Sie fanden auch nicht, daß ihre Familienbeziehungen oder ihre persönliche Entwicklung darunter gelitten hätten.

Das Fehlen einer tiefen, freundlichen und ungezwungenen Gefühlsbeziehung zwischen Eltern und Kindern wird durch zwei weitere Ergebnisse verdeutlicht. Weder positive noch negative Begegnungen sind für die Eltern-Kind-Beziehung während der Jugendzeit charakteristisch. Das kann als ein weiterer Hinweis auf den routinemäßigen, kalten und mechanischen Ablauf des Familienlebens gedeutet werden, wenn es auch im Hinblick auf die Spannungen innerhalb der Familien und die Tatsache, daß einige Eltern doch einige Zeit mit ihren Söhnen verbrachten, etwas paradox erscheint. Möglicherweise gibt es zwei Erklärungen für den Mangel an emotionalem Kontakt zwischen Eltern und Söhnen während dieser Jahre. Die Eltern-Kind-Beziehung war noch immer durch Formalität und Kontrolle gekennzeichnet, und die Söhne scheinen so viel wie nur möglich von zuhause fortgeblieben zu sein. Es ist interessant festzustellen, daß die Vater-Sohn-Beziehung sich von der Kindheit zur Jugendzeit nicht wesentlich, die Mutter-Sohn-Beziehung aber entscheidend veränderte. Der Kontakt zwischen den Müttern und ihren Söhnen verringerte sich zusehends, und auch der schwache Kontakt, den sie hatten, wurde in vielen Fällen als eher unangenehm erlebt. Viele Kriegsfreiwillige empfanden die Aufmerksamkeit ihrer Mütter zunehmend als überängstlich, nörgelnd und als eine Bedrohung ihrer Männlichkeit und protestierten gegen sie. Die wachsende Selbstbehauptung, die sie ihren Müttern gegenüber zeigten, kann in den Beziehungen zu ihren Vätern weitaus weniger beobachtet werden. In den wenigen Fällen, in denen Kriegsfreiwillige gegen ihre Väter aufstanden, war der Zusammenstoß jedoch heftig, extrem gefühlsbeladen, verbal aggressiv und physisch gewalttätig. Es sollte nicht vergessen werden, daß die meisten Green Berets ihre Väter zutiefst fürchteten. Wenn sie sich durchzusetzen versuchten, wurde ihre Selbstbehauptung von beiden Eltern verdammt. Während die Mütter ihre größeren und stärkeren Söhne nicht mehr so leicht einschüchtern konnten, aber versuchten, ihr subjektives Gefühl moralischer Überlegenheit durch Verurteilung des Aufbegehrens der Jugendlichen wiederherzustellen, traf das auf die Väter weniger zu. Diese sahen sich jetzt der gleichen Art physischer Durchschlagskraft gegenüber, die sie selbst angewendet hatten. Ihre Autoritätsposition wurde in Frage gestellt. Das Resultat einer derartigen Herausforderung ist notwendigerweise gewalttätig.

Zusammenstöße der gerade beschriebenen Art kamen nur in zwei Fällen vor. Während der Jugendzeit des Großteils der Green Berets kam es nicht zu der Art von Konflikten und Differenzen, die wir normalerweise bei Jugendlichen erwarten. Die überwältigende Mehrheit der Kriegsfreiwilligen erlaubte sich selten, irgendwelche Gefühle des Zornes gegen ihre Eltern auszudrücken. Nur 4 von ihnen waren jemals mit ihren Eltern offen uneinig.

Wenn Meinungsverschiedenheiten überhaupt geäußert wurden, geschah es fast ausschließlich im Zusammenhang mit elterlichen Strafmaßnahmen. Doch begehrten die Kriegsfreiwilligen nur selten gegen ihre Eltern auf, wenn sie körperlich bestraft wurden. Nur 3 der Green Berets setzten sich mit Worten zur Wehr und nur 2 der Befragten schlugen jemals einen Elternteil.[2] Gelegentlich versuchten einige, den Schlägen durch Davonlaufen zu entkommen. Diese natürliche Angstreaktion der Söhne veranlaßte die Eltern im allgemeinen zu härteren Strafmaßnahmen.

Die Passivität der Green Berets im Verhalten zu ihren Eltern ist bemerkenswert. Aufgrund der Strenge, Willkür und Straffreudigkeit der Eltern hätte man ein größeres Ausmaß an Widerstand wohl erwarten können. Wenn man die minimale Opposition im Zusammenhang mit körperlichen Strafen betrachtet, wäre es interessant zu wissen, ob die Söhne, die sich ihren Eltern widersetzten, noch zu einem späteren Zeitpunkt geschlagen wurden als diejenigen, die keinen Widerstand leisteten und ob verbale Bestrafung einen größeren Widerstand herausforderte als körperliche.

Um diese Fragen zu beantworten, müssen wir wissen, wie alt die Kriegsfreiwilligen waren, als sie von ihren Eltern zuletzt geschlagen

[2] Der Vater des einen war ein chronischer Alkoholiker, der sowohl die Mutter als auch die Kinder schwer mißhandelte. Der andere Befragte forderte mit 17 Jahren seinen Vater zu einer Kraftprobe heraus, die er verlor.

wurden. Mütter und Väter zeigten ein sehr ähnliches Verhalten bei der körperlichen Bestrafung ihrer Kinder. Nur 3 Elternpaare hörten vor dem zehnten Lebensjahr ihrer Söhne auf, diese zu schlagen.[3] Die Mehrheit schlug ihre Kinder noch während der frühen Pubertät, und ein Drittel der Eltern wandte noch Prügelstrafen an, als ihre Söhne zwischen 15 und 17 Jahren alt waren. Einige der Väter fuhren mit der körperlichen Bestrafung länger fort als die Mütter, aber es gab auch 4 Green Berets, die von ihren Vätern nie, dafür von ihren Müttern bis in die frühen und mittleren Jugendjahre hinein geschlagen wurden.
Eine genaue statistische Beziehung zwischen dem Alter, in dem ein Green Beret zuletzt geschlagen wurde und dem Auftreten von Widerstand gegen Prügelstrafen wird durch die obigen Daten ausgeschlossen. Die Mehrzahl der Eltern schlug ihre Söhne bis in die frühen und mittleren Jugendjahre, und nur wenige Green Berets protestierten dagegen. Um es genauer zu sagen, die 3 Kriegsfreiwilligen, die sich der körperlichen Bestrafung verbal widersetzten und die 8, die manchmal versuchten, davonzulaufen, wurden alle noch während ihrer Pubertät geschlagen. Hingegen gibt es genauso viele Kriegsfreiwillige, die im selben Alter noch geschlagen wurden und die weder Einspruch erhoben noch davonzulaufen versuchten. Die Jugendlichen widersetzten sich verbaler Bestrafung eher als körperlicher. Während der mittleren Jugendjahre widersprachen einige, um ihren Standpunkt zu verteidigen. Die Mehrzahl blieb aber passiv, wenn sie zurechtgewiesen wurde und äußerte auch keine Meinungsverschiedenheiten.

Man kann erwarten, daß Jugendliche mit fortschreitendem Alter empfindlicher auf körperliche Bestrafung, Restriktionen und andere Formen elterlicher Disziplin reagieren und gegen diese Art des Eingreifens protestieren. Daher können Widersetzlichkeit und Empfindlichkeit den Versuch eines Jugendlichen ausdrücken, sein Selbstwertgefühl zu bewahren. Die Berichte über die Jugendjahre der Green Berets enthalten wenig Widerstand. Unstimmigkeiten über Werte, Ideen, Maßstäbe, Interessen, Neigungen oder Leidenschaften werden selten erwähnt. Die Green Berets scheinen, zumindest nach außen hin, beinah das gesamte System elterlicher Werte und Maßstäbe, über das wir im vorigen Kapitel berichteten, fraglos akzeptiert zu haben. Das erklärt das nahezu völlige Fehlen von Meinungsverschiedenheiten und Kritik der Kriegsfreiwilligen an ihren Eltern und, wie im folgenden gezeigt wird, an anderen Autoritätspersonen.

[3] Von diesen drei Fällen verlor einer beide Eltern in früher Kindheit.

Zum Abschluß dieses Abschnittes möchte ich die elterliche Einstellung zu den Schulleistungen und Berufsaussichten ihrer Söhne zusammenfassen. Im allgemeinen entsprachen die Maßstäbe, die die Eltern der Kriegsfreiwilligen an die Leistungen ihrer Söhne anlegten, ihren eigenen. Wie fast alle ehrgeizigen Eltern wünschten sie ihren Kindern ein besseres Leben, als sie es selbst gehabt hatten. Nur 3 Kriegsfreiwillige fanden, daß ihre Mütter sich nicht um ihre berufliche und materielle Zukunft kümmerten. In keinem einzigen Fall lagen die Erwartungen, die von Vätern und Müttern an die Leistungen ihrer Söhne herangetragen wurden, unter den Forderungen, die sie an sich selbst stellten. Keiner der Eltern hemmte den Ehrgeiz seines Sohnes, indem er sich geringschätzig über ihn äußerte oder ihn lächerlich machte. Im Gegenteil, einige der Väter und Mütter legten ein geradezu ›streberisches‹ Verhalten an den Tag, indem sie ihre Söhne wiederholt aneiferten, sich hohe Ziele zu stecken. Viele ermutigten und unterstützten ihre Kinder bei der Verwirklichung ihrer Ambitionen.

Wieder waren es formalistische Aspekte, die die Vorstellungen der Eltern vom guten Verhalten in der Schule prägten: ihre Kinder sollten gute Noten bekommen und in der Schule nicht unangenehm auffallen. (Disziplinäre Schwierigkeiten in der Schule gehörten zu den Hauptgründen, aus denen Eltern, und insbesondere Mütter, ihre Söhne bestraften.) Einige Eltern ermahnten ihre Kinder, die Aufgaben zu machen, doch halfen nur 1 Vater und 5 Mütter ihren Söhnen jemals dabei. Nur 1 Vater und 6 Mütter gingen gelegentlich in die Schule, um mit den Lehrern ihrer Söhne zu sprechen. Von Bedeutung ist die Tatsache, daß nur 1 Vater und 2 Mütter versuchten, das Interesse ihrer Söhne am Lernen in der Schule im besonderen und an Bildung und Wissen im allgemeinen zu fördern.

Die derzeitige Einstellung der Kriegsfreiwilligen zu der Art, in der sie erzogen wurden

Die überwiegende Mehrheit der Green Berets ist der Meinung, ihre Eltern hätten sie gut erzogen. Sie gibt an, ihre Mütter und Väter hätten sie »gerade genug« bestraft, obwohl einige meinen, daß sie entweder – besonders von den Müttern – zu viel oder von ihren Vätern zu wenig bestraft wurden. Der Großteil hält beide Eltern für »immer gerecht«. Nur in 3 Fällen wurde ein Elternteil als »immer ungerecht« empfunden; es handelte sich ausschließlich um Mütter.

Bei der Analyse der derzeitigen Einstellungen der Kriegsfreiwilligen zu ihren Eltern und zu der Art, in der sie erzogen wurden, berücksichtigte ich auch, ob der Soldat in den ›Special Forces‹ seine Eltern respektiert, ob er stolz auf sie ist, eine freundliche Beziehung zu ihnen hat und ob er meint, seine Eltern hätten ihm ein gutes Beispiel gegeben und er hätte etwas Wertvolles von ihnen gelernt. Die Mehrzahl der Kriegsfreiwilligen bejahte diese Frage. Unter einigen dieser Soldaten war eine eindeutige Tendenz festzustellen, ihre Väter höher zu bewerten als ihre Mütter. Nur eine Mutter wurde höher bewertet als der Vater.

Trotz der allgemein positiven Bewertung sowohl ihrer Eltern als auch der elterlichen Bemühungen hatte kein einziger der Green Berets eine sehr enge Beziehung auch nur zu einem Elternteil. Die derzeitigen Emotionen ihren Eltern gegenüber reichen von einem vagen Gefühl der Nähe bis zu völliger Distanz.

Einige Zitate werden genügen, um zu zeigen, wie die Green Berets ihre Eltern und deren Erziehungsweise bewerten.

Fall Nr. 204

> Na ja, wenn meine Mutter und mein Vater mich nicht erzogen hätten, wäre ich nicht, was ich heute bin [...] wissen Sie, sie haben sich Zeit genommen, für mich und meine Brüder und Schwestern [...] Ich finde, sie haben mir ein gutes Zuhause gegeben und so. Sie waren wirklich gut zu uns.

Fall Nr. 205

> Meine Eltern waren schwer arbeitende Leute [...] Unsere Familie, wir – hatten uns nie was zu sagen. Wir haben uns nicht hingesetzt und lange Gespräche geführt. Meine Mutter und mein Vater haben die ganze Zeit gearbeitet. Sie waren müde. Wie das so ist [...] Meine Mutter war die ganze Zeit da, aber sie hatte auch nicht viel zu sagen.

Fall Nr. 206

> [...]
> Ich erinnere mich, meine Eltern schienen ziemlich glücklich zu sein. Es schien überhaupt keine Probleme zu geben [...] Ja, sie haben sich sehr um uns gekümmert und uns alles gegeben, was wir gebraucht haben.

Fall Nr. 207

> Ich würde sagen, daß ich ein richtig gutes Zuhause hatte, außer dem Geld, wissen Sie. Das war nicht so viel.

Fall Nr. 209

Na ja, wir waren einander nie sehr nah, aber wir haben uns immer vertragen. Ah, wir haben nie widersprochen. Ich habe immer getan, was sie wollten ... Na ja, es scheint, wir haben nie so viel geredet und wenn wir getan haben, haben wir nie wirklich irgendwas diskutiert [...] Aber ich würde sagen, ich hatte eine glückliche Kindheit [...] Sie haben sich genug um mich gekümmert. Vielleicht hätte es ein bißchen mehr sein können. Aber ich meine nicht, daß es wichtig war [...] Na ja, ich bin nicht gerne zu Hause geblieben ... weil ... außer wenn man nur gerne herumsitzt und fernsieht, gab's nichts zu tun. Es hat sich nichts getan zu Hause. Es war so, als ob alles, was los war, einfach woanders war. Ich habe nie irgendwas zu Hause gehaßt. Es war ganz einfach langweilig.

Fall Nr. 214

Hatte das Gefühl, daß sie (die Eltern) mich nicht zurückhalten würden, daß ich sie nicht gebraucht hab', weil, wenn ich gemeint habe, daß ich sie brauche, waren sie nicht da, wenn ich sie gebraucht habe, wissen Sie. Es war, daß ich nicht bekommen habe, was ich gebraucht habe, dort, wo ich war, da bin ich es suchen gegangen [...] Ich bin abgehauen das erste Mal, nachdem ich meinen Vater geschlagen habe. Das war das erste Mal, daß ich weggegangen bin. Von da an konnte ich immer weggehen. In dem Sommer war ich fort, war bei verschiedenen Freunden zu Hause. Es war immer: wenn's dir nicht gefällt, kannst du ja abhauen. Das war einer von den Lieblingssprüchen von meinem Vater. Manchmal bin ich weggegangen und hab mich zurück in die Garage geschlichen, wo sie mich nicht finden konnten. Hab da oben geschlafen. Dann wieder raus, sobald sie zur Arbeit waren. Ich habe dann immer im Auto von jemandem geschlafen oder so, wissen Sie [...] Wenn du Hunger hast, findest du immer wen, der dir was zu essen gibt.

Fall Nr. 215

Meiner Meinung nach [...] ich habe ohne Zweifel das beste Paar Eltern, das irgendein Mensch haben kann [...] Ich könnte niemandem zwei bessere Menschen beschreiben, was mich angeht, glaube ich [...]

Fall Nr. 221

Wir haben gewußt, was gut und was böse ist. Beide, mein Bruder und ich, sind erzogen worden, ich würde sagen, wirklich anständig. Ich meine, auch wie wir noch jünger waren, mußten wir jeden Sonntag zur Kirche gehen, wissen Sie, und so. Und wir sin' nie rausgegangen und in Schwierigkeiten gekommen, aber wir haben genausoviel Spaß gehabt wie die anderen Kinder [...] Ich würde sagen, ich hatte wirklich wahrscheinlich die beste Mutter und den besten Vater, die irgendwer gehabt hat.

Religiöse Entwicklung

Die Green Berets stammen aus Elternhäusern, die in ihren formalen religiösen Praktiken und Überzeugungen sehr voneinander abweichen. Es ist eine eindeutige Tendenz festzustellen, daß viele Mütter ihre Religion konsequenter betonten und ausübten als ihre Männer. Fast die Hälfte der Familien ging mit beachtlicher Regelmäßigkeit gemeinsam in die Kirche. Wie wir bereits feststellten, waren Kirchenbesuch und Picknicks diejenigen Tätigkeiten, denen diese Familien am häufigsten als eine Einheit nachgingen.

Die religiösen Praktiken der Green Berets sind diejenigen junger Leute, die die Glaubenssätze und -handlungen ihrer Eltern übernahmen, ohne viel über sie nachzudenken. Ihre jugendliche Religiosität ist ein weiterer Aspekt der von ihnen in Übereinstimmung mit den elterlichen Anforderungen demonstrierten Konformität und Ehrbarkeit. Diese Interpretation beruht auf mehreren Beobachtungen. Keiner von ihnen maß der Ausübung seiner Religion während dieser Jahre irgendeine tiefere, persönliche oder philosophische Bedeutung bei. Sie haben über den Sinn religiöser Werte und Handlungen nicht nachgedacht. Sie berichten nicht, daß die Religion mehr als einen oberflächlichen Einfluß auf ihr Leben, ihre Maßstäbe oder ihr Verhalten gehabt hätte. (Eine Ausnahme bilden die wenigen Befragten, die eine katholische Privatschule besuchten. Ihr Verhalten wurde durch Nonnen und Priester streng geregelt.) Sobald sie ihre Heimatorte verließen und in die Armee eintraten, hörten sie mit dem Kirchenbesuch auf oder gingen nur zu seltenen Anlässen in die Kirche. Die überwiegende Mehrheit der Green Berets sieht sich nicht mehr als religiös an, hält aber selbst noch an den religiösen Dogmen ihrer Kirche fest oder akzeptiert sie zumindest unkritisch. Seit sie von zuhause fortgingen, hat keine Situation sie zur Wiederaufnahme ihrer religiösen Praktiken veranlaßt. Nur 1 Soldat betete in Vietnam nach einer Schlacht, in der mehrere seiner Kameraden getötet worden waren. Kurz, für das Leben dieser Soldaten ist Religion bedeutungslos geworden.

2 Soldaten traten in ihrer späten Jugendzeit zum Katholizismus über. Auch ihre Motivationen blieben oberflächlich und formalistisch.

Sie fanden das Ritual der katholischen Kirche beeindruckender, die Musik gewaltiger, die Hostien echter, die Kirche besser organisiert. Die Unterschiede zwischen den Glaubenssätzen der protestantischen und der katholischen Kirche interessierten sie nicht besonders und hatten mit ihrer Entscheidung zu konvertieren wenig zu tun. Diese beiden

Green Berets beschrieben die Gründe für ihren Übertritt folgendermaßen:

Fall Nr. 212

Ich hab anscheinend einfach nichts davon gehabt [...] Da hab ich dann angefangen, in die Baptistenkirche zu gehen, die näher gelegen war. Ich war mit denen ihren Kommunionsideen nicht ganz einverstanden, dir da einen Imbißkräcker und etwas »Welch's Traubensaft« zu geben [...] Da hab ich dann mit 16 oder 18 angefangen, den Katholizismus anzunehmen, hab angefangen, Katechismusunterricht zu nehmen und bin ein Katholik geworden [...] Nein, ich war zu der Zeit nicht sehr religiös [...] Na ja, die Kinder in unserer Stadt sind hauptsächlich katholisch. Jetzt will ich nicht damit sagen, daß ich ein Katholik geworden bin, weil alle anderen Kinder katholisch sind. Wie ich schon sagte, wenn ich zur Kommunion gegangen bin, haben die die auf eine Art vorgeführt, die auch für einen 11 oder 12 oder 13 Jahre alten Jungen völlig unglaubhaft war. Christus auf so eine Art anzubieten, als »Saltine« Kräcker, wo auf der Seite draufsteht »Saltine« und »Welch's Traubensaft«, oder so was ähnliches.

Fall Nr. 219

Als ich klein war, waren meine Eltern Methodisten. Aber sie sind nie zur Kirche gegangen. Mein Bruder und ich gingen jeden Sonntag zur Kirche. Wie ich 10 oder 12 war, hatte ich's ein bißchen satt, in diese Kirche zu gehen, hauptsächlich weil mein allerbester Freund, mit dem ich zur Schule gegangen bin, der war ein Episcopaler und da habe ich angefangen, mit ihm in die Kirche zu gehen und bin Ministrant geworden. Es ist die Religion, die dem Katholizismus am ähnlichsten ist. Ich habe mich mit dem Pfarrer richtig angefreundet und habe aktiv da drin teilgenommen. Dann hatte ich eine wirklich enge Freundin in meinem 11. Schuljahr und sie war katholisch und da habe ich angefangen, mit ihr in die Kirche zu gehen [...] Mein Vater hat mir mit dem Auszug gedroht, wenn ich überwechseln würde und das hat alles noch schlimmer gemacht [...] und ich habe versucht, mich den Glaubenssätzen der katholischen Kirche anzupassen [...] Ich habe ungefähr ein Jahr lang an zwei oder drei Abenden in der Woche Privatunterricht genommen. Und dann habe ich sie (seine Eltern) überzeugt, daß ich übertreten wollte, bevor ich aus der Schule wäre, weil ich geplant habe, in die Armee zu gehen und keine Zeit haben würde [...] Na, als ich dorthin gegangen bin, habe ich sehr wenig von der Religion gewußt. Es schien mir, die Leute waren ihrer Religion mehr ergeben. Die Priester haben mich beeindruckt, weil sie ihr ganzes Leben dem Priestersein geweiht haben. Die Zeremonie selber, die Messe, hat mich beeindruckt mit ihrer Tradition.

I: Glauben Sie, daß es die besonderen theologischen Prinzipien waren, durch die Sie sich zum Katholizismus hingezogen fühlten?

B: Nein, ich glaube nicht, daß mir das so besonders wichtig war.

I: War es die Tatsache, daß es viel disziplinierter und viel ergebener war?

B: Ja.
I: Es gab mehr Zeremoniell?
B: Das ist es, was mich angezogen hat.
I: Die Zeremonie war farbenfroh, gut vorbereitet und gut ausgeführt.
B: Das ist es, was mich mehr angezogen hat als die eigentliche Bedeutung hinter der Theo – wie spricht man das aus?
I: Theologie. Und wie alt waren Sie, als Sie schließlich übertraten?
B: 18. Ich habe angefangen, dorthin zu gehen, als ich 17 war [...] Nachdem ich in die Armee kam, habe ich's so ziemlich aufgegeben, in die Kirche zu gehen.
I: Das ist eine merkwürdige Sache, nicht?
B: Ja [...] (leises Lachen). Naja, ich glaube einer der Hauptgründe war, daß ich das Leben genossen habe und am Sonntag, na ja, sobald es Samstag morgen war, nach der Inspektion sind alle in die nächste Stadt. Die war 60 Meilen entfernt. Wir sind zu einer Tanzveranstaltung jeden Samstagabend und am Sonntagmorgen habe ich dort geschlafen und dann sind wir ausgegangen und haben uns umgesehen, Spaß gehabt.

Freizeitbeschäftigungen

Während ihrer Jahre in der High School[4] verbrachten die Kriegsfreiwilligen viel Zeit mit außerschulischen Beschäftigungen. Sie waren in verschiedenen Sportarten, in Clubs, kirchlichen Organisationen und Pfadfindergruppen sehr aktiv, jagten, fischten, bastelten und bauten. Einige unter ihnen wurden in den Schülerrat und zum Klassenvertreter gewählt. 3 arbeiteten an der Schülerzeitung und dem Schuljahrbuch. Viele hatten häusliche Pflichten zu erfüllen, die von kleinen Aufgaben wie Grasmähen bis zu schwerer körperlicher Arbeit auf der Farm der Familie reichten. Die Mehrzahl hatte auch Teilzeitjobs, mit denen sie ihr Taschengeld verdienten. Es gab nur 3 Kriegsfreiwillige, die sich während ihrer High-School-Jahre nur an einer organisierten Tätigkeit beteiligten. Sie verbrachten ihre Freizeit hauptsächlich mit ihren Freunden.

Die Gabe der Kriegsfreiwilligen, vielen Aktivitäten gleichzeitig nachzugehen und beachtliche Erfolge zu erzielen, scheint einige ausgeprägte Persönlichkeitsmerkmale widerzuspiegeln. Sie hatten anscheinend die Fähigkeit, ihre Begabungen richtig einzuschätzen und entsprechend zu handeln. Erfolg und gesellschaftliche Anerkennung waren ihnen wichtig, weshalb sie Betätigungen wählten, die hoch bewertet wurden und

[4] Anm. d. Übers.: Gesamtschule für die Altersgruppen 14 bis 18, mit verschiedenen Zweigen, die deutschen Oberschulen, Berufs- oder Handelsschulen entsprechen.

daher Prestige mit sich brachten. Es machte ihnen Spaß, im Zentrum der Aufmerksamkeit zu stehen und bekannt zu sein. Sie legten Wert auf Aktivitäten, die körperliche Ausdauer, Behendigkeit und Kraft sowie das Talent erforderten, diese Fähigkeiten wirksam einzusetzen. Sie wählten Beschäftigungen, die viel Selbstdisziplin verlangen. Erfolg und Prestige in diesen Tätigkeiten sicherten ihnen eine besondere, ehrenvolle und privilegierte Stellung unter ihren Altersgenossen, die sie »beneideten«.

Sport

Von den 25 Vietnam-Freiwilligen nahmen nur 6 nicht am Schulsport teil. Die übrigen 19 beteiligten sich an den folgenden Sportarten, in denen sie auch Preise gewannen: Leichtathletik (12 Fälle), Football (10 Fälle)[5], Basketball (9 Fälle), Schwimmen (4 Fälle), Waldlauf (2 Fälle), Baseball (2 Fälle), Ringen (2 Fälle) und Kricket (1 Fall). Ihre Beteiligung am Schulsport brachte ihnen viel Prestige und soziale Anerkennung unter Gleichaltrigen und in ihren Wohnorten ein. Sie ermöglichte ihnen auch, ihren Körper zu trainieren und zu immer neuen Leistungen herauszufordern, Abenteuer und Aufregung zu erfahren, im Mittelpunkt der Aufmerksamkeit zu stehen und, wie die folgenden Zitate belegen, ihre Aggressivität ohne Furcht vor Sanktionen auszuleben.

Fall Nr. 217

I: Was war Ihr Lieblingssport in der High School?
B: Football.
I: Warum?
B: Körperlicher Kontakt. Über jeden anderen drüberpflügen. Daß du den anderen schlagen kannst. Und wenn sie näher kommen, um anzugreifen, dann kannst du sie härter zurückschlagen und sie aus dem Weg räumen. Von dem eleganten Zick-Zack-Getue hab' ich nichts verstanden. Immer nur geradeaus [...] Solange du dem Ball nachrennst, ist alles erlaubt. Auf Beine steigen und Rippen brechen und so'n Zeug, dem Ball nachrennen. Alles erlaubt [...]

Fall Nr. 218

I: Welchen Sport hatten Sie am liebsten?
B: Football.

[5] Anm. d. Übers.: Ein Ballspiel, das dem englischen Rugby ähnelt. Die Spieler tragen wattierte Uniformen und Helme, da Schlagen, Treten und andere Gewalttätigkeiten erlaubt sind.

I: Warum?
B: Naja, es war nur, ah, mehr ... glaube ich, mehr – na ja, körperlich, nehme ich an. Härter, und du konntest Leuten eine reinhauen und alles. Dabei zeigen, wie grausam du bist.

Mit dem Abgang von der Schule hörte ihr sportlicher Erfolg auf. Nur einer der Green Berets war ein außergewöhnlich guter Sportler, der am universitären Leistungssport hätte teilnehmen können. Ihre sportliche Leistung während der High-School-Jahre war jedoch hauptsächlich für ihre Beliebtheit verantwortlich und machte sie zu wichtigen Persönlichkeiten in der Schule und zuhause. Die Aufregung des Schulsports, das Gebrüll der Zuschauer, das Flutlicht, der damit verbundene Erfolg bei Mädchen, die Uniformen, die Auszeichnungen, das Abenteuer, die Herausforderung des körperlichen Wettbewerbs waren vorbei.
Ich glaube, daß der Beschluß der Green Berets, in die Armee einzutreten und sich freiwillig zu den Special Forces zu melden, teilweise mit ihrer Suche nach einer Aktivität erklärt werden kann, die es ihnen ermöglichen würde, ihr Leben in gewohnter Weise fortzusetzen. In den Special Forces gehören sie einem Team von Männern an, von denen jeder ein Spezialist ist. Sie müssen als Einheit zusammen arbeiten, gute Teamarbeit ist eine Voraussetzung für Erfolg. Die Armee und insbesondere die Special Forces versprechen Abenteuer und Aufregung, betonen physische Tapferkeit und Ausdauer und machen körperliche Betätigung im Freien notwendig. Die Tugenden und Charaktereigenschaften, die von einem Green Beret erwartet werden, sind im wesentlichen denen ähnlich, die man von einem Sportler und einem Pfadfinder verlangt. Er muß ehrlich, loyal, vertrauenswürdig, kooperativ, körperlich und geistig wach, verantwortungsbewußt, zuverlässig usw. sein. Das Militär stellt ihn vor einen genau definierten Gegner, vermittelt ihm Prestige, Ansehen, Orden und öffentliche Ehrungen. Die Uniform eines Soldaten und die Mütze des Green Beret erwecken Ehrfurcht und Respekt. Soldaten in den Special Forces haben ein ausgeprägtes Gefühl ihrer Wirkung und Verpflichtung. Sie erregen Bewunderung und besitzen mehr Macht und Verantwortung als die meisten Männer. Sie entscheiden über das Recht anderer Menschen auf Leben und Tod.

Pfadfinder

Eine weitere Freizeitbeschäftigung der Kriegsfreiwilligen, die fast so oft erscheint wie Sport, ist die Betätigung als Pfadfinder. Viele gingen ihren Pfadfinderaktivitäten mit einer Intensität und einem Erfolg

nach, der an ihre sportliche Betätigung erinnert. Die meisten errangen Ehrenpositionen innerhalb der Pfadfinderbewegung. Einige wurden ›Life Scouts‹, ein Soldat war ein ›3-Palm-Eagle‹ und ein weiterer erhielt die begehrte Auszeichnung für ›Gott und Land‹ (God and Country Award).[6]
Einige von ihnen wurden Pionier- und Marine-Pfadfinder. Ein Befragter wurde mit 18 Jahren Adjutant des Pfadfinderführers seiner Stadt.
Die Pfadfinderbewegung scheint im Leben der Green Berets eine wichtige Rolle gespielt zu haben. Es machte ihnen Spaß, eine Uniform zu tragen, zu marschieren, zu singen und im Takt zu trainieren. Der Pfadfinder ist in ein hierarchisches System eingegliedert. Er muß auf Sauberkeit achten, muß ordentlich und pünktlich sein, seine Pflichten erfüllen und ältere Leute, seine Vorgesetzten und seine Eltern respektieren und ihnen gehorchen. Die Pfadfinderbewegung verwendet auch ein Vokabular, das viele Ähnlichkeiten mit der Sprache des Militärs zeigt. Patriotismus und Religion wurden – zumindest in Amerika – häufig von ihr hochgehalten.
Die Pfadfinderbewegung widmet sich unter anderem der Charakterbildung. Sie versucht, ehrliche, offene und hilfreiche Jugendliche heranzuziehen. Der Pfadfinder ist verpflichtet, gute Taten zu tun. Er hat sehr klaren Vorschriften zur persönlichen und sozialen Ethik zu folgen und wird je nach Erfüllung der Ideale der Pfadfinderbewegung beurteilt und geehrt. Die Maßstäbe einer gut funktionierenden und richtig organisierten ›Truppe‹ können streng und anspruchsvoll sein. Stärke wird belohnt und Schwäche bestraft. Gehorsam wird honoriert, Abweichungen werden geahndet. Die Bewegung ist rational, sehr idealistisch, erzieherisch und moralistisch. Sie legt nicht nur Wert auf äußeres Ansehen, Gehorsam und Unerschütterlichkeit, sondern erwartet auch, daß ihre Mitglieder ›rein an Körper und Geist‹ sind.
Es gab nur einen Soldaten, der sich in seiner Jugend weder mit Leistungssport befaßte, noch einer Pfadfindergruppe angehörte. Statt dessen trat er dem zivilen Luftschutz und der National Guard bei, bevor er sich zur Armee meldete. Die meisten Kriegsfreiwilligen betrieben wenigstens eine Leistungssportart in einem Team, häufig mehrere, und gehörten auch einer Pfadfindergruppe an. Einer war Mitglied des Schützenkorps seines Landkreises und beteiligte sich am Preisschießen. Einige Soldaten waren auch in kirchlichen Jugendorganisationen, zwei waren Mitglieder des »4-H-Clubs«.[7]

[6] Anm. d. Übers.: Es gibt keine deutschen Entsprechungen dieser Ränge.
[7] Anm. d. Übers.: Der »4-H-Club« ist eine Organisation für Kinder von Farmern.

Ein weiterer bemerkenswerter Aspekt der jugendlichen Aktivitäten der Kriegsfreiwilligen ist ihr mangelndes Interesse an künstlerisch, intellektuell und wissenschaftlich ausgerichteten Hobbys, denen man sich allein widmet. Für kurze Zeit sammelten einige Briefmarken und Schmetterlinge. Diese Hobbys wurden zu keiner Leidenschaft und scheinen auch nicht viel von ihrer Zeit ausgefüllt zu haben. Die Jagd ist das einzige Hobby, dem sie auch alleine nachgehen konnten und das bemerkenswert oft in ihren Erzählungen aufschien. Einige gingen auch gerne fischen und einer stellte Fallen. Keiner von ihnen beteiligte sich an sozialen Programmen, Bürgerinitiativen oder politischen Jugendgruppen, und nur einer trat dem Politik-Klub in seiner High School bei. Andere Hobbys, die von den Green Berets erwähnt wurden, waren Gewichtheben, Schrottautorennen, Schach und Debattieren.

Abenteuer, jugendliche Delinquenz und Gewalttätigkeit

Der Glaube, die Annahme oder die Hoffnung scheinen weit verbreitet zu sein, daß Menschen, die sozial anerkannte Möglichkeiten haben, ihre Aggressivität auszulassen, beispielsweise im organisierten Sport, im Kino oder vor ihren Fernsehgeräten, weniger das Bedürfnis fühlen, ihre aggressiven Triebe in sozial nicht gebilligter Weise loszuwerden. Einige neuere Studien deuten an, daß nur diejenigen Menschen, die für aggressives oder gewalttätiges Verhalten prädisponiert sind, durch Filme zu derartigen Handlungen geführt werden. Eines der durchgängigsten Ergebnisse der Untersuchung über die Kriegsfreiwilligen ist ihre Bevorzugung vieler verschiedener Arten aggressiver und gewalttätiger Situationen, von denen einige sozial gebilligt werden (Sport, Jagen, Krieg), andere hingegen an der Grenze zur Ungesetzlichkeit liegen oder im allgemeinen mißbilligt würden (Kämpfen, Trunkenheit, die Verführung Minderjähriger oder wahllose Promiskuität), andere aber eindeutig illegal sind (Trunkenheit am Steuer, das Schmuggeln alkoholischer Getränke über Staatsgrenzen, Handel mit Haschisch, Hausfriedensbruch, Diebstahl, Vandalismus). All diese Handlungen erscheinen in den Erzählungen der Green Berets über ihre Jugend. Die eindeutig ungesetzlichen Beispiele kamen am seltensten vor und hörten sofort auf, wenn sie einmal entdeckt wurden. Andere wurden fortgesetzt, wobei sich individuelle Unterschiede in der Kombination dieser Handlungen zeigten. Viele ihrer Idole waren Soldaten; sie bevorzugten Mammutfilme wie ›Ben Hur‹, ›Spartacus‹, ›Das Leben Jesu‹, ›Die

10 Gebote‹ und die James-Bond-Serie. Ihre Lieblingsschauspieler waren Menschen wie John Wayne, James Cagney und Gary Cooper.

Während ihrer mittleren Adoleszenz begannen die meisten Jungen, große Mengen alkoholischer Getränke zu konsumieren, meist auf Haus- und Strandparties oder nach Fußballspielen. Häufig endeten derartige Parties in Trunkenheit und Streit, Grobheiten, Autounfällen (einer mit Fahrerflucht) und in dem Versuch, ein Mädchen zu überwältigen. Elf Jugendliche begingen eindeutig kriminelle Handlungen, und 14 waren in mehrere ernsthafte Raufereien verwickelt. Die meisten von ihnen wollten auch dadurch ihren Mut beweisen, daß sie von großer Höhe hinuntersprangen, Autorennen mit hohen Geschwindigkeiten fuhren, aber auch »schwere Jungs« zu Kämpfen herausforderten. Obwohl die meisten ihrer delinquenten Handlungen entdeckt und gerichtlich verfolgt wurden, erhielt keiner der Green Berets Gefängnisstrafen über 24 Stunden oder wurde in eine Besserungsanstalt geschickt. Das scheint deswegen der Fall gewesen zu sein, weil sie zum ersten Mal straffällig wurden und aus soliden, angesehenen Familien stammten. Einer der bemerkenswertesten Aspekte dieser Erfahrungen ist für mich der Umstand, daß die Jugendlichen ihre Straftaten nicht wiederholten. Eine einzige Konfrontation mit der Polizei und den Gerichten lehrte sie, keine strafbaren, illegalen Handlungen mehr zu begehen. Das hatte zwar nicht zur Folge, daß sie ihre Aggressivität oder ihr Verlangen nach Abenteuer und Gewalttätigkeit bändigten, aber es brachte sie dazu, ihre Aktivitäten weitgehend in den Grenzen der Legalität zu halten.

In den meisten Fällen nahmen Delinquenz und jugendliche Abenteuerlust relativ gewöhnliche Formen an. Viele Schüler schwänzen wenigstens einmal die Schule. Die meisten Kinder und Jugendlichen nehmen an abenteuerlichen Handlungen teil, die soziale und vielleicht auch gerichtliche Sanktionen mit sich bringen könnten. Viele Kinder und Jugendliche zerbrechen Fensterscheiben, legen kleine Feuer, zerstören Gemeinde- und Privateigentum, trinken Alkohol, machen junge Damen betrunken und nützen sie dann aus usw. Keiner der Green Berets hat während seiner Jugendzeit ein Verbrechen begangen, das mir besonders alarmierend erscheint. Es gab keine Fälle von bewaffnetem Einbruch, mutwilligem und unkontrolliertem Vandalismus oder vorsätzlichem Überfall mit einer tödlichen Waffe. Selbst der Junge, der Schnaps nach Kanada schmuggelte und derjenige, der eine Flasche Schnaps stahl, begingen, statistisch gesehen, kein seltenes Verbrechen. Der erste hatte Glück, nicht erwischt zu werden. Der zweite wurde härter angefaßt, als es bei einer Tafel Schokolade der Fall gewesen wäre.

Meiner Meinung nach liegt die Bedeutung der gerichtlich verfolgten kriminellen Handlungen nicht in ihrem gesetzlichen Status an sich, sondern in dem Umstand, daß diese Soldaten während ihrer Jugendzeit immer wieder solche Handlungen begingen, bis man sie ertappte. Alle Jugendlichen waren sich damals bewußt, daß sie Dinge taten, die entweder mißbilligt wurden oder eindeutig ungesetzlich waren. Das trug zur Abenteuerlichkeit und Waghalsigkeit dieser Handlungen bei, verhinderte aber nicht ihre Ausführung. Die Jungen fühlten sich weder vor noch während oder nach diesen Handlungen oder während der darauf folgenden gerichtlichen Ahndung schuldig. Sie zeigten keine Reue über den Bruch mit ihren zumindest nach außen gelebten ethischen Maßstäben. Sie litten auch nicht im stillen. Ihre Reaktionen waren solche von Menschen, die auf frischer Tat ertappt werden, Menschen, die Autorität respektieren und fürchten. Statt Gewissensbisse zu haben, kritisierten sie ihre Dummheit und schlechte Einschätzung der Situation. Kurz, die Jungen erhielten eine juristische, keine moralische Lektion. Einige verwendeten das Wort Schuld im Zusammenhang mit ihrer Jugendkriminalität. Aber in ihrem Vokabular ist Schuld dasselbe wie Furcht und Zittern.

Die physische Gewalttätigkeit der Jugendjahre muß anders beurteilt werden als die Jugenddelinquenz. Ein großer Teil der Gewalttätigkeit spielte sich in sozial genehmigten Situationen ab, wie z. B. auf dem Football-Feld, im Boxring oder auf der Jagd. Diese Formen der Gewalt wurden gefördert und belohnt. Die häufigste Art jugendlicher Gewalttätigkeit, die gesellschaftlich mißbilligt wird, weitgehend unentdeckt bleibt und selten Strafe nach sich zieht, sind Raufereien.

Die jugendlichen Raufereien der Mehrzahl der Green Berets übertrafen die unter Jungen üblichen Box- und Ringkämpfe an Häufigkeit und insbesondere an Wildheit. Oft wurden sie in der Absicht begonnen, jemandem Schaden zuzufügen. Für manche wurden sie zu einer Art außerschulischem Sport, in anderen Fällen waren sie Ausdruck eines deutlichen Minderwertigkeitskomplexes. Für den Großteil der Green Berets war Raufen ein aggressiver Reflex, durch den sie ihre soziale Position zu sichern suchten. Dieser Reflex konnte durch den geringsten äußerlichen Reiz hervorgerufen werden. Die meisten ihrer Kämpfe können insofern als unpersönlich bezeichnet werden, als die Gegner einander vorher für gewöhnlich nicht kannten. Von den 3 Jungen, die sich aus Feindseligkeit prügelten, kämpfte einer, um die Ehre seines Bruders zu verteidigen, obwohl er meinte, daß sein Bruder die Rauferei herausgefordert hatte und im Unrecht war. Manche hatten das Gefühl, daß ihnen die Raufereien aufgezwungen wurden. Von diesen Jugendlichen, die zwischen 80 bis weit über 160 Pfund wogen, gewannen einige alle oder fast alle Kämpfe. Nur einer berichtete, er habe jeden der wenigen Kämpfe verloren, in die er als Kind verwickelt war.

Andererseits entgingen ein paar außergewöhnlich große und kräftige Jugendliche ernsthaften Kämpfen. Diese Green Berets geben an, ihr Aussehen und ihr Ruf als Sportler habe sie vor Provokationen und Angriffen bewahrt: »Niemand hat die Mitglieder des Football-Teams belästigt.« Ihr Mut und ihre soziale Stellung gaben ihnen genügend Selbstvertrauen; ihre Fähigkeit, andere einzuschüchtern, schien ihnen zu genügen, so daß sie selbst keine Raufereien anfingen. Ein Green Beret erklärte, sich deshalb mit niemandem geprügelt zu haben, weil er befürchtete, den anderen ernsthaft zu verletzen.

Bei allen Vorfällen jugendlicher Gewalttätigkeit kommt tiefer Respekt und Furcht vor Autorität und Macht zum Ausdruck. Jede gewalttätige Handlung, die zu einer Konfrontation mit einer Autoritätsperson führte, brachte den Jugendlichen dazu, sein Verhalten zu bedauern und nicht mehr zu wiederholen. Statt dessen wurden andere Möglichkeiten gesucht, Aggressionen auszulassen, ohne ertappt und sozial geächtet oder gerichtlich verfolgt zu werden. Das deutet auf das Bedürfnis und die Bereitschaft der Green Berets hin, die moralischen Schranken ihrer Familien und Gemeinden zu durchbrechen, ihr Verhalten aber sofort wieder zu ändern, sobald Strafe droht. Soziale und juristische Gebote wurden genau wahrgenommen und ihre Grenzen getestet. Wenn offizielle Gefahr sich ankündigte, handelten sie rasch und kontrolliert.

Ihre Jahre in der Armee zeigen das gleiche Muster. Ein paar Soldaten in den Special Forces äußerten eine herablassende Haltung zu Faustkämpfen und Raufereien und gaben an, selten in sie verwickelt worden zu sein. Raufereien seien unter ihrer Würde und stünden im Gegensatz zu dem Prestige und den Idealen der Special Forces. Andere fühlten sich zu Straßenkämpfen unfähig oder befürchteten, jemanden zu verletzen. Einer wollte nicht in Schwierigkeiten kommen. Wieder andere waren der Meinung, man solle nur im Ernst kämpfen und mit der Absicht, zu töten. Alle anderen Beweggründe wurden als ›kindisch‹ angesehen. Unter den Soldaten waren einige, die bei Raufereien gerne zusahen oder sie auch provozierten, es aber vorzogen, sich nicht an ihnen zu beteiligen.

Die Mehrheit der Kriegsfreiwilligen nahm jedoch ziemlich oft einzeln und in Gruppen an Raufereien teil. In einigen Fällen wurden sie von Soldaten und Zivilisten provoziert oder angegriffen, die betrunken oder auf die Uniform der Green Berets eifersüchtig waren. Meistens provozierten die Green Berets die Kämpfe aber selbst oder begaben sich bewußt in Situationen, in denen ein Kampf zu erwarten war. Während ihrer Jugend und Armeezeit, in nüchternem und betrunkenem Zustand, trug die physische Gewalttätigkeit dieser Soldaten Züge von Unparteilichkeit (jeder ist recht), Brutalität (sie schlagen fest zu, in der Absicht, jemandem weh zu tun), Unbeschwertheit (sie nehmen diese Angelegenheiten nicht ernst) und Berufsmäßigkeit (sie versuchen, ihre Gegner schnell und wirksam zu schlagen).

Erfahrungen mit gewaltsamem Tod während der Jugend

Ein weiterer Aspekt der Begegnung mit Gewalttätigkeit in der Jugend verdient besondere Beachtung. Die meisten der Green Berets wurden Zeugen unnatürlichen Todes während ihrer Kindheit oder Jugendjahre. Ein Junge sah, wie sein Freund erstochen wurde. Ein anderer beobachtete, wie ein Mensch bei einem Autounfall verbrannte. Ein weiterer Junge sah die Leiche eines Mannes, der Selbstmord durch einen Schuß in den Mund begangen hatte, und den Körper eines Unfallopfers. 2 Jugendliche sahen Menschen ertrinken. Einer fuhr hinter seiner Freundin in einem anderen Auto, als sie bei einem Unfall ums Leben kam. Er ging auch zur Leichenbeschau einer weiteren Freundin, die sich mit einem Kopfschuß das Leben genommen hatte. Andere waren Zeugen, als Menschen an Herzschlag, Schußwunden, durch Stromschläge, bei einem Zugunglück oder einem Unfall mit einem Lastwagen starben. Einer sah ein Kind, das von einem Auto angefahren worden war. Wieder ein anderer beobachtete, wie ein junger Mann beim Bergsteigen zu Tode stürzte. Ein weiterer kam an der Leiche eines japanischen Mädchens vorbei, das gerade durch den Kopf geschossen worden war. Ein Jugendlicher assistierte in einem Bestattungsinstitut.

Ich kenne keine Statistiken über die Häufigkeit, mit der Menschen vor dem 20. Lebensjahr Zeugen unnatürlichen Todes werden und kann deshalb keine Vergleiche über dieses Phänomen anstellen. Die Häufigkeit, mit der dies während der späteren Kindheit und Jugendzeit der Green Berets geschah, erstaunt mich. Ich bin nicht der Meinung, daß diese Erfahrungen rein zufällig waren. Es scheint plausibler zu sein, daß die Green Berets sich von dieser Art der Gewalt angezogen fühlten und daß der Tod eine Faszination auf sie ausübte.

Die Reaktionen der Jungen auf diese Vorfälle sind besonders wichtig.

Zwei Beispiele werden ausführlich auf den Seiten 147 und 154 zitiert. In den beschriebenen Situationen starben Menschen eines schrecklichen Todes. Sie wurden zerquetscht, verstümmelt und verbrannt. Trotz der Anzahl der betroffenen Personen und der Art, in der sie starben, gaben beide Soldaten an, von den Tragödien nicht sonderlich bewegt worden zu sein. Sie waren fasziniert von den Unfällen und den Ereignissen, die sie umgaben. Der junge Mann, der die verstümmelten und verkohlten Überreste herausholen mußte, wurde von dem »Dreck« nicht im geringsten berührt. Seine einzige »weiche« Reaktion stellte sich ein, als die verkrusteten Reste einer Hand in der seinen auseinanderbrachen.
In allen hier erwähnten Fällen waren die Jugendlichen anfänglich Zuschauer. Sie kamen dazu, nachdem der Unfall, Selbstmord oder Mord passiert war oder sie sahen die Leiche zum erstenmal im Bestattungsinstitut. Sie waren in keiner Weise für den Tod dieser Menschen verantwortlich. Aber der Tod berührte sie als neutrale Zuschauer nicht sonderlich – daß ein Mensch starb, war für sie relativ unwichtig; was zählte, war die Art, in der er starb.
In einigen Berufen sind klinische Teilnahmslosigkeit und intellektuelle Faszination von Verwundung und Tod eine Voraussetzung für Erfolg. Chirurgen, Leichenbestatter und Soldaten können es sich nicht leisten, sich über Knochenbrüche, Blut, Wunden oder die verkohlten Überreste eines Menschen aufzuregen. Diese scheinbar zufälligen Erfahrungen während ihrer Jugend zeigen, daß die Fähigkeit der Green Berets, das Leiden und den Tod eines anderen Menschen zu ertragen, in jungen Jahren einer Probe unterworfen und bestätigt wurde.

Jagd

Meiner Meinung nach besteht ein Zusammenhang zwischen der nahezu völligen Teilnahmslosigkeit, mit der diese jungen Männer auf den Tod anderer Menschen reagierten und ihren früheren Erfahrungen bei der Jagd. Fast alle besaßen Waffen. Die meisten töteten sowohl Säugetiere als auch Vögel. Die große Häufigkeit des Jagens und Tötens in der Vergangenheit der Kriegsfreiwilligen kann nicht übersehen werden. Nicht jeder geht jagen und nicht jeder meldet sich freiwillig in den Krieg.
Ich möchte nicht behaupten, daß alle Jäger dazu bestimmt seien, später Soldaten zu werden oder daß sich Leute, die nicht jagen, niemals freiwillig zu Kampfeinheiten melden. Aber ein Jäger besitzt und trägt eine

Waffe, pirscht sich an sein Opfer heran und erschießt ein Lebewesen. Die Parallelen zwischen Sportjagd und der Jagd auf Vietkong wurden von mehreren Soldaten deutlich zum Ausdruck gebracht; sie werden in Kapitel 4 zitiert.
Seit frühester Kindheit haben sich die Green Berets daran gewöhnt, sowohl Opfer als auch Anstifter von Gewalttätigkeit zu sein. Gewalt war und ist ein klar sanktionierter und autorisierter Teil ihres Lebens.

Fall Nr. 202

Na ja, meine Schule war ziemlich schlimm. Bullen waren da die ganze Zeit drin. Drei Leute sind umgebracht worden. Wissen Sie, Bedford, Stuyvesant [...] Eines Tages, ich galt dort als der schwerste Bursche, und diese Typen haben mich immer angestänkert, wissen Sie, haben gesagt, ich kneife. Und dann sind sie mir in einen Bonbonladen nachgekommen und haben mich weiter angestänkert, mich einfach angestänkert. Und da hab' ich noch ein Cola bestellt und ihm gesagt, er soll's nicht aufmachen. Und während sie weiterstänkerten, hab' ich das Cola richtig geschüttelt und dann hab' ich mich umgedreht und hab's ihm draufgeknallt [...] Er hat mit seinem Messer gespielt [...] Ich hab's richtig geschüttelt, um Druck reinzukriegen. Wenn es platzt, fliegt das Glas überall rum [...] Ihm auf den Kopf geknallt [...] Er hat Schnitte gehabt, oben auf dem Kopf und 'n ziemlich guten genau hier [...] Ich glaube, er war bewußtlos. Vielleicht auch nicht. Ich weiß nicht. Ich hab' ihm einfach eine draufgeknallt und bin weg [...] Nein, ich war nicht nervös. Ich war in Hochstimmung [...]
[...] Na ja, es gibt dort, was sie eine Hillbilly Bar nennen. Na ja, eh, meine Abteilung ist da immer reingegangen und irgendjemand hat dann irgendwas gesagt und wir haben angefangen zu raufen und das Lokal zusammenzuschlagen. Dann sind wir weiter zu 'nem andern [...]

Fall Nr. 207

[...] Ich wollte immer etwas Abenteuerliches machen, so wie aus Flugzeugen springen, was ich ja auch jetzt tue. Heute abend fang' ich mit Sportspringen an. Ich bin in einem Sportkurs für Fallschirmspringer, der heute abend anfängt. Und, eh, ein Jahr lang hab' ich Rennen mit Schrottautos gefahren. Keine so große Sache, wissen Sie, über die man in den Zeitungen liest. Nur eine kleine Sandstrecke. Aber ich glaube, daß vieles davon mit dem Jungen zusammenhing, der unten gewohnt hat. Er war, wie ich sagte, er war 2 Jahre älter als ich, und wir sind zusammen aufgewachsen. Und solange ich mich erinnern kann, haben wir immer irgendwas Aufregendes getan, wissen Sie. Wir haben aus irgendeinem Grund gefährliche Sachen gemacht. Wir sind von Brücken runter ins Wasser gesprungen, wissen Sie. Ich glaube, alle Jungs tun das. Heute schau' ich mir die Brücke an, von der ich immer runtergesprungen bin, und ich krieg' einen Mordsschiß, weil es so aussieht, es waren ungefähr 30

Meter bis ins Wasser und, wissen Sie, man macht sich dann so seine Gedanken, warum man sowas getan hat. Damals hab' ich überhaupt nicht dran gedacht, daß mir was passieren könnte. Und wenn meine Leute das erfahren hätten, wäre ich verprügelt worden. Und, eh, ich glaube, er – er und ich, wir beide waren mehr oder weniger für Abenteuer gemacht, wissen Sie, hatten eine abenteuerliche Einstellung, weil er – er ist – er ist jetzt Rennfahrer, Schrottwagen-Rennfahrer von Beruf. Wissen Sie, ich glaube, wenn ich voriges Jahr aus der Armee ausgeschieden wäre statt mich weiter zu verpflichten, würd' ich wahrscheinlich dieses Jahr auch Rennen fahren, wissen Sie. Das Allerbeste, was mir jemals passiert ist, war – na ja, einmal hab' ich ein Rennen gewonnen, und ich dachte, das war so ungefähr das Allergrößte. Ich hab' eine Trophäe bekommen und hundert Dollar. Das – das war was, wofür ich ungefähr drei Jahre gearbeitet hab'.

Fall Nr. 208

B: Ich hab' Leichtathletik gemacht, hab's ins Schulteam geschafft, durfte an einem Treffen für Teams aus dem ganzen Staat teilnehmen, in einem Reserveteam. Ich dachte, das war wirklich großartig, weil, eh, wir haben ein ganzes Wochenende in einem Hotel oder Motel verbracht. Ich glaube wir sind die ganze Nacht aufgeblieben, haben Leute angerufen, Cola getrunken und so'n Zeug. Am nächsten Tag waren wir bei dem Wettbewerb nicht so besonders. Es war ein tolles Wochenende. Und dann in dem Sommer – der Sommer war der verhängnisvolle Sommer. Ich wurde beim Autostehlen geschnappt, kurz bevor mein vorletztes Schuljahr anfangen sollte. Nicht wirklich beim Stehlen. Wir sind immer mitten in der Nacht aufgestanden, und irgend jemand hat immer seine Schlüssel im Wagen vergessen. Und dann sind wir damit so ungefähr 2 Stunden rumgefahren und haben's dann so 2 Blocks von ihrem Haus geparkt. Und dann, wissen Sie, sind wir nach Hause gegangen. Aber was dann passiert ist – eines Nachts waren wir mit dem einen Wagen unterwegs, ich glaub' es war so 3 Uhr früh. Der Bulle wollte uns anhalten, um zu sehen, was zwei 16jährige Jungs um 3 Uhr früh draußen machen. Er sagte, daß das Rücklicht kaputt war, aber ich glaub' nicht, daß das Licht kaputt war. Ich glaub', es war, weil er wissen wollte, was diese beiden Jungs noch so spät draußen machen. Da sind wir raus und gerannt, und er hat einen Schuß abgefeuert und ich bin weitergerannt. Der Typ, mit dem ich war, hat angehalten und sich versteckt. Und in ungefähr 5 Minuten hatten sie ungefähr fünf Einsatzwagen überall in dem Gebiet. Ich war schon aus dem Umkreis, in dem sie waren, und ich war auf dem Weg nach Hause, und ich erinnere mich – und ich fühl's immer im Magen, das war mir in meinem Leben noch nicht passiert, als ich meine Straße raufging und um die Ecke bog. Und da ist mein Haus und überall in dem Haus ist das Licht an. Ich gehe rundherum und gucke in ein Fenster und tatsächlich ist meine Tür offen. Ich hab' an die Hintertür geklopft. Das erste, was mein Vater sagte, als ich reinkam, war »Dieb«. Das war das schlimmste Gefühl, das ich in meinem ganzen Leben gehabt hab'. Ich dachte, ich würde – ich hatte das Gefühl, daß mir alles egal war, weil es nicht mehr in meiner Hand war. Ich – da war wirklich nichts mehr, was ich daran hätte ändern können. Und dieses schlimme Gefühl, wo man wirklich nichts mehr machen kann. Ich glaubte wirklich, daß ich für den Rest meines Lebens ins Gefängnis müßte. Tatsächlich, eh, sind runter aufs Revier. Sie – sie haben uns verhört, ihn in einem Zimmer, mich im andern Zimmer. Und schließlich – schließlich haben sie alle 5 Autos aus uns rausgekriegt. Sie haben mich reingebracht, und meine Eltern waren ganz niedergeschmettert. Sie haben's ziemlich gut aufgenommen. Ich – sie haben mit mir ziemlich viel durchgemacht, was mir jetzt leid tut. Das vorletzte Jahr in der Schule war, als ich das erste Mal mit einem Mädchen geschlafen hab'.

I: Was war – was ist passiert?

B: Mit den Autos?

I: Ja, was haben sie getan?

B: Na ja, sie haben uns an dem Morgen zum Jugendgericht geschickt. Sie haben uns ungefähr um 10 Uhr an dem Morgen hingebracht, nachdem sie uns – nachdem sie uns aufs Revier gebracht hatten. Sie haben uns geschnappt, wo wir das Auto weggenommen hatten. Und dort haben sie uns verhört, Fingerabdrücke genommen, Blutgruppen. All so'n Zeug. Sie brachten uns zum Jugendgericht. Dort hatten sie einen Schiedsrichter, der entscheiden sollte, ob dein Fall ernst genug war, um vor einen Richter zu kommen. Er entschied, es war. Wollte uns in ein Armee-Heim stecken, wo sie Leute hintun – während dem Ding, es war mitten im Sommer, da hatten sie auch eine Menge von den Unruhestiftern [bei Rassenunruhen. Anmerkung der Übersetzerin] drin. Und das ist wie – es ist wie ein großer Festsaal mit Kasernenunterkünften, auf den Seiten und so, wo sie Fernsehen haben und so'n Zeug.

I: Sagen Sie, hat Ihr Vater damals gut verdient?

B: Stimmt.

I: Dann waren sie so ungefähr die zwei reichen Jungens?

B: Stimmt. Es war ungefähr dasselbe, er hat ungefähr dasselbe verdient. Vielleicht ein bißchen weniger als jetzt.

I: Aber Sie dachten, daß es ziemlich ernst war?

B: Fünf gestohlene Autos.

I: Sie haben sie alle in gutem Zustand zurückgegeben?

B: Stimmt. Aber es war doch das Prinzip. Ich meine, na ja, sie haben da jeden Tag Kriminelle. Und es ist sehr ungewöhnlich. Sie sehen 2 Mütter hereinkommen, ganz gut angezogen. 2 Väter kommen herein in Anzügen und 2 Jungs in Anzügen, die gerade beim Autostehlen geschnappt wurden. Weil meine Mutter brachte – meine Mutter brachte uns ungefähr um 8 Uhr an dem Morgen Sachen zum Anziehen. Und, eh, dieser Typ wollte uns in ein Heim stecken bis zur Verhandlung, die ungefähr 3 Wochen später sein sollte. Das ist, eh, wie ein Jugendgefängnis dort. Ein Untersuchungsgefängnis, wo du ganz schön in Schwierigkeiten kommst, wenn du nicht weißt, wie man kämpft. Denn da sind – da gibt es die schwersten Jungs aus allen Teilen von Chicago. Und es ist wie – da gibt's kaum eine Aufsicht. Ich meine, die Wärter, wissen Sie, die sind wie Tiere. »Laß' sie sich prügeln. Vielleicht bringen sie einander um und wir brauchen sie dann nicht mehr anzuschauen.« Und mein – das ist mir vielleicht auf den Magen gegangen, wie der Typ das gesagt hat. Mein Vater hat sich zu Wort gemeldet. Er sagte, »wenn Sie nichts dagegen haben, würden wir sie ganz gern mit uns nach Hause nehmen«. Und dieser Pfarrer oder der andere Typ sagten – der Vater von dem andern Jungen sagte dasselbe. Da hat der Typ uns gehen lassen. Und natürlich war das Ding in den Zeitungen am nächsten Donnerstag. Der andere Typ hat ein Verfahren gegen die Zeitung angestrengt, weil wir erst 16 waren und das sind Minderjährige und da dürfen sie das Zeug nicht drucken. Wenn das Verfahren irgendwann durchkommt, wird mein Vater gleich danach für mich noch eins anstrengen. Die Schlagzeilen waren »2 Jugendliche bei Autodiebstahl verhaftet«, wissen Sie. Die Lokalzeitung vom Donnerstag, wo uns doch jeder in der Stadt kennt. So, eh, bekamen meine Eltern natürlich all diese Beileidsanrufe. Gerade was sie nicht wollten. Sie wollten von vornherein nicht, daß irgend jemand davon erfuhr. Und dann die Beileidsanrufe, wissen Sie. Das ist so 'ne Art, es einem unter die Nase zu reiben. Da hat der Rechtsanwalt von meinem Vater ihm gesagt, er hätte einen – er würde einen Typ kennen, der den Richter kennt, dem wir vorgeführt werden sollten. Da hat mein Vater sich wie ein Idiot von dem Typen einreden lassen, daß er den Typen da treffen soll. Da sind wir hingefahren und haben den Typen getroffen. Und der sagte, gut, er würde mit dem Richter reden, er würde mit Richter [...] reden und sehen, ob er das aus der Welt schaffen kann. Und natürlich, als ich dann vor den Richter kam – na ja, ein persönlicher Freund von mir hat mit mir über diesen Fall geredet, hat mit dem andern Jungen gesprochen und ihm sechs Monate auf Bewährung gegeben. Mir hat er ein Jahr gegeben für den Versuch, sich mit einem Rechtsanwalt da rauszudrehen (gluckst). Ich war da ganz schön angeschmiert. Und mußte auch noch den Rechtsanwalt bezahlen, weil der Typ da mit dem Richter geredet hatte, was ja von vornherein nicht hätte sein sollen. So was es dann eigentlich war, es war ein Jahr unter der Aufsicht meiner Eltern. Ich habe diesen Bewährungshelfer, glaube ich, dreimal in dem ganzen Jahr gesehen. Und dann hab' ich am Ende des Jahres von ihm einen Brief bekommen, da ist dringestanden »alles Gute« und so'n Zeug. Ich bin nicht in Schwierigkeiten gekommen. Ich mußte nur an Wochenenden um 12 Uhr und an Wochentagen um 10 Uhr zu Hause sein. Worauf nach ein paar Monaten nicht einmal mehr bestanden wurde. Mir war völlig klar, daß ich nicht wieder in Schwierigkeiten kommen durfte. Ich wußte, wenn ich da nochmal reinkäme, das wär's gewesen. Das hätte dann Besserungsanstalt geheißen.

I: Wie haben Ihre Eltern das aufgenommen?

B: Am Anfang ziemlich hart. Nach einer Weile, wissen Sie, haben sie sich gedacht, na ja, da kann man nichts machen. Man muß damit leben. Nützt nichts, es mir vorzuhalten. So haben sie mir niemals was vorgehalten. Sie waren wütend und aufgeregt. Meist eher aufgeregt als wütend.

I: Haben sie Sie gefragt, warum Sie's getan haben?

B: Ja.

I: Und was haben Sie ihnen erzählt?

B: Ich weiß nicht. Damals – das erste Mal – die ersten paar Mal schien es ganz lustig zu sein. Dann war's nicht mal mehr lustig. Eigentlich war es – es war ganz einfach mehr wagemutig als irgendwas anderes. Einfach wegen der Aufregung. Nur um zu sagen, daß du's getan hast.

I: War das Ihre Idee oder die Idee Ihres Freundes oder die von beiden?

B: Eh, es war einfach – einfach ein gemeinsamer Entschluß. Genau so. Er kam immer vorbei und klopfte an mein Fenster so ungefähr um halb 12, 12 Uhr nachts. Es hat mich sowieso gelangweilt, im Bett zu liegen.

I: Bitte?

B: Ich hab' gesagt, es langweilt mich sowieso, hier im Bett zu liegen. Ich bin – was mich überrascht, ist, eh, daß wir nicht schon früher geschnappt wurden. Wir hatten Glück, daß wir im Vorort geschnappt wurden, weil wir mit den Autos auch in die Stadt gefahren sind und so'n Zeug. Und, eh, die Polizei von Chicago, die sind da wie Fliegen. Die sind ganz einfach überall. Ich weiß, wenn wir in Chicago weggerannt wären, hätten wir einen in den Rücken bekommen statt Schüssen in die Erde, womit wir Glück hatten [...]

Ob wir irgendwelche Familienprobleme hatten? Ich hatte nie irgendwelche Probleme mit meiner Familie, außer, daß ich öfters in Schwierigkeiten gekommen bin. Ich glaube, es war hauptsächlich, weil – ich hab' mich mit den falschen Leuten rumgetrieben. Ich meine, sie werden alle erfolgreich sein im Leben, aber sie sind eine ziemlich rohe Bande. Sie wissen, was ich meine. Was man so Unruhestifter nennt. Ja, nicht wirklich – keine wirklichen Unruhestifter, so wie Vandalismus und so Zeug. Ich glaube, als wir diese Autos genommen haben, wollten wir sie nicht kaputtmachen, sie ausschlachten und verkaufen. Aber wir taten das ganz einfach aus Langeweile, eh, eigentlich gab's nichts anderes zu tun. Der einzige Grund, warum wir's mitten in der Nacht getan haben, war wahrscheinlich, weil wir nicht genug Mut hatten, es mitten am Tag zu tun und so.

Dann war da noch was anderes, was ich nie vergessen werde. Eh, ich hab' gesehen, wie ein Zug mit einem Auto mit 6 Leuten drin zusammengestoßen ist. Hat es ungefähr 'ne halbe Meile mitgeschleppt. Diese Leute waren – man konnte sie nicht mal mehr erkennen. Sie waren Arme, Beine, Köpfe, Füße, Finger, Zehen und alles überall auf den Schienen, die Eingeweide alle drin im Auto.

I: Sie haben den Unfall selbst gesehen?

B: Ich hab' gesehen, wie's passiert ist. Ich hab' gesehen, wie das Auto die Schienen entlanggeschleppt wurde und rausgedrückt und unter den Bahndamm gerollt ist. Das ist wie' ne Art Zeitlupentempo. Es ist irgendwie so runtergefallen.

I: Wie alt waren Sie damals?

B: 16.

I: Können Sie sich erinnern, wie Sie sich gefühlt haben?

B: Na ja, eigentlich war's mehr eine Art Schock. Ich hab' meinen Augen nicht getraut bis ich selbst da war. Wir sind weitergefahren und dann zurückgekommen. Nachdem sie das Auto zurückgeschleppt hatten über die Straße zu dem, eh, Schrotthof, der zufällig auf der anderen Straßenseite war. Es ist dort gestanden und 'ne große Menschenmenge hat sich das Auto angeschaut und da waren – die Rümpfe von den Körpern waren – 3 von den Körpern waren da noch drin. Völlig nach verschiedenen Seiten zerrissen und zerschmettert und Stücke von Eingeweiden waren überall – nicht nur Blut, aber ich meine, Stücke von menschlichen Körpern waren da überall auf der Motorhaube und auf dem Kofferraum und auf dem Dach und sind auf der Seite aus den Türen rausgehangen und so. Es hat ausgesehen, als wenn sie einen Teller voll Spaghetti mit Hackfleisch genommen und aufs Auto geworfen hätten. Wirklich zum Speien. Ich glaube nicht – ich glaube nicht, daß es mir damals zu viel ausgemacht hat.

I: Ist Ihnen damals übel geworden?

B: Nein, das ist ja das, was so komisch ist. Mir war überhaupt nicht übel. Dem Mädchen, mit dem ich war, ist schlecht geworden. Sie hat nicht erbrochen oder so, aber sie hat sich an ihren Magen gefaßt. Aber so'n Zeug hat mir eigentlich nie so viel ausgemacht. Mich interessiert mehr, wissen Sie, was passiert ist, als darüber nachzudenken, was wirklich passiert ist.

I: Warum würden Sie's dann eine Ihrer wesentlichen Erfahrungen nennen?

B: Das war in Verbindung mit meinen Unfällen. Ich war ein wirklich fürchterlicher Fahrer. Immer sehr schnell gefahren, wissen Sie. Riskant. Ich riskiere jetzt eigentlich fast nichts mehr.

Fall Nr. 209

B: Na ja, eh, sie (seine Eltern) wollten nie, daß du in Schwierigkeiten kommst, wissen Sie, nicht in Schwierigkeiten mit der Polizei [...]

I: Hatten Sie jemals irgendwelche Schwierigkeiten mit der Polizei?

B: Nein.

I: Überhaupt keine?

B: Na ja, ich bin nie geschnappt worden. Na ja, einmal.

I: Haben Sie jemals etwas getan, wofür man Sie hätte aufgreifen können?

B: Ja, das hab' ich. Ich hab' ein paar Fensterscheiben eingeschlagen. Ich hab' Autoteile genommen. Eh, das war später. Wenn man jünger ist – im Winter hab' ich immer Autos mit Schneebällen bombardiert. Und dann hatten sie einmal – ich glaub', wir waren im 8. Schuljahr und, eh, sie haben die Schule mit Schneebällen bombardiert, und ich glaube, irgend jemand hat 'n paar Fensterscheiben zerbrochen. Und an demselben Abend haben sie das Auto von einem Priester die Straße hinuntergeschoben. Ich war da nicht dran beteiligt. Ich hab' gesehen, wie sie das Auto runtergeschoben haben, aber ich war dort. An dem Abend sind unsere Namen von der Polizei aufgenommen worden, aber das war das einzige Mal. Ich glaub', daß ich in Schwierigkeiten mit der Polizei gekommen bin, aber ich – ich bin dafür nie in Schwierigkeiten gekommen.

I: Das war ziemlich geringfügig. Haben Sie jemals etwas anderes getan, wofür Sie in Schwierigkeiten hätten kommen können, wenn man Sie erwischt hätte?

B: Oh, später, wenn man in die High – na zum Beispiel wir sind in die High School gekommen, haben getrunken, wissen Sie, als Minderjährige. Ich glaube – ich glaube, fast alle tun das jetzt. Ich glaube – ich glaube, später, als wir gerade aus der High School raus waren, hab' ich 'n bißchen Gras geraucht, 'n paar mal. Ein paar Typen haben's beschafft. Und, wissen

Sie, sind wir über die Brücke nach Kanada. Zum Beispiel, eh, sind wir da raufgegangen und haben den Kanadiern 'ne Menge Fusel verkauft. Sie haben ihr Yorkville da oben in Toronto. Und wir sind da manchmal an den Wochenenden rauf, zum Beispiel in unserem letzten Jahr in der High School, und haben den Kanadiern 'ne Menge Fusel verkauft, weil die das da oben nicht kaufen konnten. Sind über die Grenze. Aber das ist nichts Besonderes. Kein großes Verbrechen oder so.

I: Wann war das letzte Mal, daß Sie eine Rauferei hatten?

B: Meinen Sie 'n richtigen Kampf?

I: Hmhm.

B: Es war einmal, eh, nicht das letzte Mal, als ich Urlaub hatte, aber ich hatte einen Urlaubsschein und war zu Hause. Wir waren in der Innenstadt, und ich glaube, ein paar von meinen Freunden sind zufällig aus einer Bar gekommen und in eine Rauferei mit ein paar Kanadiern geraten.

I: Und wie ist das passiert?

B: Ich – Sie wissen, wie es ist, wenn – wir haben uns gut gefühlt und sie haben sich auch gut gefühlt. Ich glaube, eh, meine Freunde haben angefangen, sie Schwarze zu nennen und sie haben was anderes angefangen. Sie sind um die Ecke gerannt auf ihr Auto zu und wir sind ihnen nachgerannt und dann sind sie stehengeblieben und dann waren sie da und wir haben beide angefangen zu kämpfen.

I: Wie viele waren das von denen?

B: 2 und wir waren auch 2.

I: Also was ist passiert?

B: Oh, ich bin schlimm getreten worden (kichert). Zum Schluß bin ich – der Typ hat mich schnell geschlagen und in die Seite getreten und ich bin rübergerollt. Und das zweite Mal, eh, mein Kumpel wollte grade rüberkommen und er hat mit dem anderen Typ gekämpft, und dann sind beide einfach weggerannt. Da war kein – wissen Sie, kein langer Kampf oder sowas. Das war das letzte Mal.

I: Schnell?

B: Ja, es ist nichts passiert. Es ging so schnell, daß ich nicht wußte, was passiert ist.

Fall Nr. 210

I: Sie sagten, daß Boxen Ihr Hobby war?

B: Stimmt. PAL. Police Athletic League. Mein Onkel hat mich dafür interessiert. Er war ein, eh, Detektiv [. . .] Na ja, wir haben's bis zum Goldenen Handschuh gebracht. Pennsylvania hat keine Goldenen Handschuhe. Ich mußte in einen anderen Staat fahren, um die Goldenen Handschuhe zu bekommen, aber die Police Athletic League ist genauso viel wie die Goldenen Handschuhe, und ich war ziemlich gut.

I: Wie alt waren Sie, als Sie anfingen?

B: Ich war ungefähr 13 Jahre alt.

I: Und als Sie aufhörten?

B: Ich war ungefähr 16. Ungefähr 16. Ja, das stimmt. Ich war ungefähr 16 Jahre alt, weil ich aufhören mußte, weil ich eine ins Gesicht gekriegt hab' mit einer Flasche (lacht).

I: Von wem?

B: Ich weiß nicht (lacht). Ich hab' nie herausgekriegt, wer mir da eine ins Gesicht geknallt hat, weil ich gleich ohnmächtig geworden bin. Und es hat mein – ich weiß nicht, ob's gebrochen war. Der Doktor sagt, es war nicht gebrochen, und, eh, der Teil hier, der war eingedrückt. Man kann einen Unterschied sehen zwischen zwei Eindrücken, und da hatten sie Angst, mich noch weiter boxen zu lassen. Da mußt' ich aufhören. Aber ich hab' in der Armee wieder geboxt.

I: Haben Sie irgendwelche Meisterschaften gewonnen, als Sie in PAL waren?

B: O ja, o ja. Ich war PAL Junior Champion. Das war während einer Saison, und das war im letzten Jahr als ich dort war.

I: Was waren Sie? Leichtgewicht?

B: Was? (lacht) Leichtgewicht? Ich hab' 100 Pfund gewogen, als ich in die Armee kam.

I: Fangen Sie an, wo Sie wollen und erzählen Sie mir was über die Schule.

B: [...] Ich hab' die Schule dort beendet. Ich hatte ein Problem in der Schule. Ich bin in eine Keilerei gekommen (lacht). Es war auch 'ne ziemlich gute.

I: Was ist passiert?

B: Na ja, ein Typ hat einen Stein geworfen und mich am Kopf getroffen und mein Auge aufgeschlagen. Am nächsten Tag komm' ich zurück, na ja, ich komm' von zu Hause und bin in die Schule gegangen und seh' ihn in der Pause und frage ihn, warum er mir den Stein draufgeworfen hat. Er hat mich geschnitten und, eh, es tat ihm leid. Ich kann mich an seinen Namen erinnern, [...], und er sagte, es täte ihm leid. Da hab' ich ausgeholt und ihm eine verpaßt. Da ist sein Freund für ihn eingesprungen. Er war ein bißchen größer als ich. Da sagte ich, gut, nachdem ich mit dir fertig bin, komm' ich wieder zu dir zurück. Ich erinnere mich jetzt wieder. Ich hab' den Kerl mordsmäßig vertrimmt. Wir waren ineinander verkeilt und haben uns die Knöchel aufgeschlagen. Das war das einzige Mal, daß ich zeitweilig aus der Schule genommen wurde, eh, wurde ins Büro des Direktors geschickt, nach Hause geschickt. Und dann kamen Briefe für uns beide, an unsere Mütter, sie sollten reinkommen (lacht). Meine Mutter war wütend, aber mein Vater war wirklich stolz, wissen Sie, weil er sah, daß ich mich verteidigt habe. Denn die ganze Zeit vorher, da bin ich immer verprügelt worden, und da hat dann endlich mein Onkel angefangen, mir's Boxen beizubringen. Ich hatte keine Ahnung, warum alle mich vertrimmen konnten und ich konnte niemanden vertrimmen. Ich hab' 2 Hände, genau wie sie. Also fing ich an zu lernen, wie man kämpfen muß. Das war die erste Keilerei, die ich in der Schule hatte. Das war im 5. Schuljahr. Dann, in der High School, hatte ich einen Zusammenstoß mit dem Lehrer in der Tischlereiwerkstätte. Ich machte gerade hölzerne Pistolen, wissen Sie. Ich hab' sie ausgesägt und schwarz angemalt. Man kann damit nicht schießen oder so. Er ist zu mir gekommen und hat mir eine übergezogen. Mein Kopf flog nach vorn während die Maschine noch lief. Mein Kopf ist dran vorbei und ich habe einen Zahn abgeschlagen auf dem, eh, Metallteil. Ich hab' mich umgedreht und ihm eine versetzt. Ich hab' ihm eine versetzt und ihn dabei zu Boden ge-

schlagen. Und dann bin ich rübergelaufen ins Büro vom Direktor und hab' ihm erzählt, was passiert ist. Und da haben sie den Lehrer rausgeworfen. Eh, na ja, meine Mutter wollte einen richtigen Stunk machen, weil ich's ihr erzählt hab' und mein Vater war wütend darüber. Eh, so sind sie in die Schule gekommen und haben einen Riesenstunk gemacht. Die Sache war die, er dachte, daß ich so eine Schwirrpistole mache. Es hat ihm leidgetan und so weiter, aber das hat meinen kaputten Zahn nicht ersetzt [...] Das Komische daran ist, daß ich nicht wußte, daß es der Lehrer war. Ich dachte, daß es jemand anderer war, und wie ich's dann gesehen hab', bin ich zum Direktor ins Büro gelaufen [...]
Dann war da dieser andere Lehrer, der Automechanik unterrichtete. Wir haben ihm mal einen Streich gespielt, alle Jungens zusammen. Eh, das ist – wenn man nicht denkt jetzt – jetzt würd' ich sowas nicht mehr tun. Aber damals war ich noch jünger und ich wußte nicht, was ein Mensch davon kriegen konnte. Er mußte immer Mineralwasser trinken. Das war alles, was er trinken konnte. Na ja, und sie haben seine Thermosflasche ausgeleert und Leitungswasser reingegossen. Da hat er vier Tage in der Schule gefehlt (lacht). Damals war es komisch, aber irgendwie ist es – man denkt darüber nach. Man hätte den Mann töten können vielleicht, wenn's sehr ernst gewesen wäre. Er mußte diese Art Wasser trinken [...]

I: Wie kam das, ich meine, daß Sie Boxstunden genommen haben?

B: Hmm? Weil mein Onkel nicht wollte, daß ich in irgendwelche Schwierigkeiten kam, eh, dieser Polizei-Onkel von mir. Weil er zu mir nach Hause gekommen ist, na ja, er ist jeden Sonntag vorbeigekommen, wissen Sie. Mehr oder weniger hat die Familie ein großes Essen am Sonntag. Alle Kinder saßen da drin. Alle die, eh, Erwachsenen waren bei Tisch. Das passierte jeden Sonntag. Es war das Familientreffen einmal in der Woche. Und, eh, wir waren alle bei Tisch, und nachdem alle gegessen hatten, mein Onkel – wir sitzen da unten, und wir haben immer erzählt. Und er hat immer vom Boxen gesprochen, und ich konnte all diese – so ausholen und, eh, na ja, wir haben so rumgespielt und er hat geboxt und ich hab' mich geduckt und er hat mich k. o. geschlagen (lacht). So eine schwere Hand hatte der. Und dann, wissen Sie, ich war nicht lange ohnmächtig, ich war nur ganz kurz mal weg für 'ne Sekunde. Wie ich wieder zu mir kam, eh, da sagt mein Onkel, man sollte diesem Jungen Boxstunden geben. Wissen Sie, mein Onkel hat mich mehr an einen Gangster erinnert als an einen Bullen. Dann war da dieser andere Onkel von mir, der war ein Fallschirmspringer. Nicht jeder kann ein Fallschirmspringer sein. Alle meine Onkel waren in irgendeiner Weise außergewöhnlich. Und dieser eine Onkel, der war mehr oder weniger mein Ideal. Und, eh, alles, was er je getan hat, hab' ich nachzuahmen versucht [...] Und mein anderer Onkel [...], es scheint, daß, immer wenn dieser Mann kämpft, aller Haß, er hat nichts als Haß, und wenn er kämpft, dann kämpft er um zu gewinnen. Na schön, das ist genau wie, eh, na ja, sagen wir die, eh, James-Bond-Filme, ja. Jeder läuft jetzt rum und macht auf James Bond. Jeder glaubt, er ist die größte Erfindung seit dem Kaugummi. Oder dann diese italienischen Western, diese Clint-Eastwood-Serien jetzt. Die Leute versuchen, es zu imitieren. Das ist so ungefähr, was ich immer versucht hab', von meinen Onkeln zu imitieren. Ich weiß natürlich, daß ich das nicht tun kann, weil ich ich bin und sie sind sie [...] Und dann dieses eine Mal, als ich meinen Vater in einer Rauferei sah. Ich hab' meinen Vater eigentlich nie richtig wütend gesehen. Einer von den [...] sagte irgendwas über meine Mutter. Und der hatte ein Schlachtermesser und mein Vater – mein Vater hat das Schlachtermesser genommen und den Kerl mordsmäßig vertrimmt. Und ich bin herumstolziert, wissen Sie, der Junge stolziert herum und ist stolz auf seinen Vater. Und er hat mir gesagt, ich soll's meiner Mutter nicht erzählen [...]

Na ja, ich bin nie einer Keilerei ausgewichen. Ich glaube, ein Junge braucht so'n bißchen Aufforderung zum Kämpfen und niemand will sich da zurückziehen [...] Nein, ich hatte nie Komplexe wegen meiner Größe. Ich hatte die Nase immer ganz oben. Viele Kinder haben das. Es scheint einfach, daß ich zur richtigen Zeit dort war und am richtigen Platz, um in 'ne Keilerei zu kommen (lacht) [...]

Fall Nr. 212

B: Na ja, ich hab' gejagt, Rehe, Fasanen, Tauben. Das ist ungefähr alles. Mit einer Schrotflinte Kaliber 12 und einer 30-30-Flinte. Ich war kein sehr guter Schütze. Ich hab' ein Reh erlegt, aber meistens hab' ich Fasanen oder Tauben geschossen [...] Na ja, einmal, als ich jünger war – um genau zu sein, das ist das einzige Mal, wo ich in Schwierigkeiten kam, soweit ich mich erinnern kann. Ich hab' ein paar Streichhölzer gefunden und, eh, ich hab' ein Feuer in der Garage gemacht. Und dann hab' ich ein paar Patronen gefunden und sie in das Feuer geworfen und eine ist explodiert und hat ein Loch ins Dach gerissen. Mein Vater ist herausgekommen und hat mich verwichst und hat mir gesagt, ich sollte nicht mit Streichhölzern und solchem Zeug spielen. Das hat mich aufgeregt. Wenn ich jetzt darüber nachdenke, wissen Sie, ich hätt' mich umbringen können damit.

I: Sind Sie in der Schule in Raufereien gekommen?

B: Nein, nicht wirklich. Das ist erstaunlich. In meinem ganzen Leben war ich größer als alle andern, und das ist ein Grund, warum ich nie raufen mußte. Die Leute haben mich ganz einfach in Ruhe gelassen. Die halten immer nach jemand Ausschau, wie's scheint, der kleiner ist als sie. Und im Grunde will ich niemandem wehtun, der kleiner ist als ich. Na ja, jetzt in einer Kriegssituation, das ist was anderes. Also meine letzte Rauferei war ungefähr vor 6 Jahren. Das war in Japan. Ich bin in eine Bar gegangen und ein Typ hat mir eine versetzt. Da hab' ich ihn aus dem Fenster geworfen, aus dem zweiten Stock. Er ist mit dem Barhocker auf mich losgegangen, da hab' ich ihn aus dem Fenster geschmissen. Er ist auf mich losgerannt. Ich hab' ihn über meine Schulter geworfen und aus dem Fenster raus. Und dann bin ich raus auf die Straße, um zu sehen, ob er tot war oder nicht (lacht). Er hat sich 'n bißchen aufgeschlagen und kam wieder rauf und hat wieder versucht, mich zu verprügeln, wieder und wieder, bis die Polizei kam. Die hat uns getrennt. Sonst, vorher waren das nur so Raufereien unter Kindern. Nichts.

I: Können Sie sich an irgendeine andere Rauferei erinnern, wo Sie oder der andere geblutet haben?

B: Nur im Krieg, nicht, eh, nicht im Faustkampf. Im Grunde komm' ich nicht in Faustkämpfe, einfach, weil ich Angst habe, jemandem weh zu tun, eh, weil, so im Durchschnitt – nehmen wir mal jemanden wie hier im Krankenhaus. Wenn ich mit denen in eine Rauferei käme, eh, dann würd' ich ihn sehr wahrscheinlich verletzen. Aus dem Grund, weil ich ein Training habe und die anderen nicht, eh, wenn – wenn ich irgendwie falsch zuschlage, besteht die Möglichkeit, daß ich den Mann umbringe. Und das ist völlig sinnlos. Da halt' ich mich einfach aus Raufereien raus. Das ist wirklich gar nicht schwer. Es ist besser, einfach wegzugehen, als jemanden unnötig zu verletzen [...]

Fall Nr. 214

I: Sind Sie je in Schwierigkeiten mit der Polizei gekommen während Ihrer Jahre in der Junior High School und High School?

B: Ja, ich wurde ungefähr ein dutzendmal verhaftet wegen ungebührlichem Benehmen und so'm Zeug. Einmal wegen einem kleinen Diebstahl. Einmal wegen Einbruch. Eines Abends waren wir alle betrunken. Kein Geld. Kein Fusel. Haben beschlossen, 'ne gute Art, Schnaps zu beschaffen, wäre, wenn 2 von uns, eh, in einen Schnapsladen gehen, 'ne Flasche Whiskey schnappen und wegrennen. Haben uns gedacht, sie würden uns niemals erwischen. Ich bin sicher, daß wir's gut gemacht haben. Außer, als wir aus dem Geschäft rausrennen, war da an der Kreuzung 'n Polizeiauto. Na ja, sie haben uns ganz schnell gesehen, sind uns nach, haben uns ins Gefängnis gesteckt. Na und das war's [...] Der Einbruch? Mein kleiner Bruder und ich sind in der Schule an der Ecke eingebrochen und haben 'n bißchen Benzin gestohlen für ein Go-cart. Ein großes Geschrei (lacht). Es war ungefähr 12, glaub' ich. Was passiert ist, war, irgend 'n Junge hat uns gesehen, wie wir in die Schule eingestiegen sind, ist nach Hause gegangen und hat's seinen Eltern erzählt. Und seine Eltern haben in dem Schulverzeichnis nachgesehen, wo wir wohnen, und die Polizei ist zu uns nach Hause gekommen und hat's meinen Eltern erzählt. Hat gesagt, daß wir an dem und dem Tag vor Gericht erscheinen müssen. Und wir sind dort hingegangen, und der Typ (Richter) sagt, »na ja, weil deine Eltern solch angesehene Leute sind – wenn du jemals wieder in Schwierigkeiten kommst, müssen wir darauf zurückkommen« [...] Ja, meine Eltern waren furchtbar traurig. Daran kann ich mich erinnern [...] Ach, für das Ding in dem Schnapsgeschäft haben wir 20 Dollar Strafe gezahlt. Sind ins Gefängnis gekommen, haben die Nacht im Gefängnis verbracht und, eh, ich kann mich nicht mehr erinnern, wer mich da rausgekauft hat. Irgend jemand hat mich da aus der Sache rausgekauft.
Durch das Gefängnis hab' ich alle und alles gehaßt. Das ist das allerscheußlichste, was ich mir vorstellen kann. Dadurch hab' ich die Polizei gehaßt. Dadurch hab' ich Autorität gehaßt, wirklich aktiv Autorität gehaßt. Ich hab' wahrscheinlich gegen Autorität revoltiert, hab' wirklich eine Autoritätsstruktur gesehen und hab' sie gehaßt. Ich kann mich nicht erinnern, jemals für irgendwas so viel Verachtung gehabt zu haben wie dafür. Das hat sich jetzt geändert. Ich hab' das ziemlich überdacht, seitdem ich in der Armee bin.

Fall Nr. 215

B: Zwischen meinem ersten und zweiten Jahr im College hab' ich für die Abteilung des Sheriffs gearbeitet. Ich hab' den Job genommen. Sehen Sie, das Schützenteam, für das ich geschossen habe, ist der Abteilung vom Sheriff unterstanden. Das Schützenteam der Sheriff-Abteilung für die Pfarrei. Ich kannte alle die Leute dort sehr gut, weil ich mit ihnen geschossen habe, bis ich ungefähr 18 Jahre alt war. Einer von den Leuten, die ich sehr gut kannte, wurde der Sheriff der Gemeinde. Ab und zu, wenn sie jemand brauchten, bin ich im Auto mitgefahren. Zu einem Verkehrsunfall oder sowas. Und das war meine erste Einführung in mutige Taten. Ich hab' da ungefähr 'ne Woche gearbeitet, als ein Auto von der Firma Dow Chemical mit ungefähr 100 Sachen in einen Lastwagen von der Firma Dow Chemical reingefahren ist. Und das verdammte Ding ist explodiert und hat acht Leute verbrannt. Und ich hab' geholfen, die Schweinerei aufzuräumen. Sie haben mich vorhin gefragt, ob ich mich mal übergeben habe. Ja, an dem Tag hab' ich gebrochen. An dem Tag wurde mir richtig übel [...] Es hat noch gebrannt, als wir dorthin kamen, und es hat 'ne gute Stunde gedauert, bis die Flammen unter Kontrolle waren. Und dann mußten wir warten, bis sich das ganze 'n bißchen abgekühlt hatte und dann mußten wir die Leichen aus dem Auto rausholen. Na und das war 'ne ziemliche Schweinerei [...] Die Leichen waren verkohlt. Da war nicht mehr viel übrig. Warum mir schlecht geworden ist, das war nicht, weil ich da die ganzen Leichen in dem Auto gesehen hab', das war, nachdem wir die verkohlten Leichen aus dem Auto rausgeholt haben. Da hab' ich auf den Rücksitz geschaut und da sah ich was Verkohltes und ich hab's aufgehoben. Und das war eine Hand, der Rücken davon. Es war nur rot. Es war ganz verbrannt und es war auf einer Seite verkrustet. Und ich hab's aufgehoben und es ist in meinen Händen auseinandergefallen. Das hat's dann verursacht ...

I: Wie alt waren Sie, als Ihr Vater Ihnen zum ersten Mal Gewehre gab?

B: 6 oder 7 [...] Seit der Zeit hab' ich immer geschossen.

I: Hatten Sie jemals Schwierigkeiten mit der Polizei?

B: Na ja, ich war ziemlich im Vorteil, denn wenn ich in irgendwelche Schwierigkeiten kam, hatte ich sie (Sheriff), um mir da rauszuhelfen. Ich bin von Zeit zu Zeit 'n bißchen in Schwierigkeiten gekommen. Eines Abends hab' ich mal eine junge Dame besoffen gemacht und ihr Vater hat die Polizei angerufen. Gott sei Dank hat er das Büro von dem Sheriff angerufen, wo ich gearbeitet hab'. Die haben mich aus der Sache rausgeholt. Sie war erst 16 oder 17 und das gesetzliche Alter für Trinken war 18. Ich hab' eine Flasche gekauft und sie und ich waren völlig blau.

Fall Nr. 217

B: Ich kann mich erinnern, während der ganzen Zeit bis ich in die High School kam, mußte ich ganz einfach mit jedem Kind in der Klasse raufen. Weil ich gegen jeden gewinnen konnte. Das allererste war, jeden in der Schule zu verprügeln. In der High School hab' ich nicht so viel gerauft. Hab' angefangen, größer zu werden, angefangen, 'n bißchen älter zu werden. Raufereien haben mir nichts gegeben.

I: Sind Sie in der High School in Raufereien gekommen?

B: Ja. Die größte Keilerei, in die ich verwickelt war, war mit einem Kerl, der war altersmäßig zwischen meinem Bruder und mir. Mein Bruder war im letzten Schuljahr und ich war 3 Jahre davor und der Kerl war im vorletzten und im Football-Team. Er kam in eine Keilerei mit meinem Bruder. Es war die Schuld von meinem Bruder. Er ist ein Stänkerer und ein Großmaul. Der wog ungefähr 240 Pfund und mein Bruder nur 150. Und am nächsten Tag hab' ich ihn erwischt und ihn erledigt. Seine Nase gebrochen, 'n paar Rippen. Mußte ins Krankenhaus. Eigentlich hab' ich ihn nicht mal gekannt. Wir sind dann gute Freunde geworden [...] Nein, ich hab' nicht mal 'n Kratzer abbekommen. Damals hatte ich schon 'n paar Jahre Karate gelernt. Seit ich 13 war, hab' ich außerdem Gewichte gehoben [...] Nein, ich bin nicht in Schwierigkeiten gekommen. Wo ich herkomme, da draußen in Kalifornien, das ist 'ne ziemlich rohe Gegend. Bandenkämpfe, Landstreicher und so weiter. Blutige Motorradbanden und Autoclubs. Die ganze Zeit gibt's da 'ne Menge Bandenkämpfe. Ein paar gebrochene Rippen und so'n Zeug, das ist nichts. Man schaut das nicht mal an. Ist 'ne Zeitverschwendung für die Bullen.

I: Waren Sie jemals in Bandenkämpfe verwickelt?

B: Nein.

I: Warum?

B: Ja, mehr oder weniger, die – die Leute, mit denen ich rumgelaufen bin, die Bande, mit der ich rumgelaufen bin, das waren keine Rowdies oder sowas, sondern das Football-Team. Und ich hab' 230 Pfund gewogen und ich war der Kleinste. Und wir sind immer zusammen rumgelaufen. Wir hatten zwei Kerle, die 310 gewogen haben und wir sind immer zusammen geblieben und niemand hat sich mit uns eingelassen. Wir waren immer 8 oder 9 zusammen und niemand wollte mit uns raufen. Hatten es nie nötig, uns in irgendwelche Kämpfe einzulassen, Bandenkriege. Haben niemandem Schwierigkeiten gemacht [...]
Oh, man kommt 'n bißchen vom Lernen in der Schule los. Alle die Bullen waren überall in der Gegend in meinem letzten Jahr in der Schule. Sie hatten, eh, in jedem Klassenzimmer einen Bullen drinstehen. Und sie haben den Hauptschlüssel genommen und alle Schränke aufgemacht. Und sie haben Gewehre, Messer, Ketten, Handgranaten und alles rausgeholt. Haben's auf den Schreibtisch vom Direktor gelegt und fotografiert.

Fall Nr. 218

I: Was haben Sie gejagt?

B: Oh, eh, Wachteln, Tauben, Eichhörnchen, Rehe, Truthähne. Ein paar Schweine erschossen. Ich hab' ungefähr alles gejagt, was möglich ist. Ich habe Bären gejagt und sowas. Aber es gibt nicht zu viele Bären in Süd [...] Hab' mit 8 oder 9 angefangen zu jagen. Hatte 'ne Menge verschiedener Gewehre. Dann hatte ich eine 410 und dann hab' ich eine Flinte bekommen und später eine 12er Pumpe und dann eine automatische. Ich hatte alles, was man zum Schießen braucht. Die meisten hab' ich geschenkt bekommen.

I: Hatten Sie, als Sie aufwuchsen, irgendwann Probleme mit der Polizei?

B: Nein, nein, hatt' ich nie. Überhaupt keine. Leute, die Schwierigkeiten mit der Polizei haben, sind normalerweise Leute aus Großstädten und so oder daß, eh, die Polizei vielleicht mal jemanden schnappt aus 'ner Kleinstadt dort. Sie haben dort vielleicht nur einen oder 2 Polizisten und die haben so gut wie nie Kinder aufgegriffen. Dort hören sie sich meistens die Väter an oder sowas.

I: Haben Sie als Jugendlicher jemals was getan, wofür man Sie hätte aufgreifen können?

B: Sicher, sicher.

I: Zum Beispiel?

B: Ach, ich hab' 'ne Wassermelone gestohlen, Straßenbeleuchtungen ausgeschossen, Autos die Straße runtergeschoben. Verschiedene Sachen.

I: Irgendwas anderes?

B: Das war damals genug, glaube ich. Knallfrösche auf Leute geschmissen, wissen Sie. So'n Zeug.

I: Hatten Sie viele Raufereien?

B: Sir, ich habe bis jetzt 99 000 Raufereien gehabt.

I: Können Sie mir von einigen erzählen?

B: Na ja, dort in Fort [...], das war vor langer Zeit. Ich bin zum Strand gegangen, ich und 2 Freunde von mir. Da war ein großer Tanzsaal und wir haben 6 Gallonen Whisky (1 amerik. Gallone = 3,78 l; Anm. d. Übers.) für ungefähr 18 Dollar die Gallone gekauft. Alle haben sich angesoffen und wir haben angefangen zu raufen und haben ungefähr eine Stunde lang gerauft [...] Ja, mit jedem, der dort war. Die Bullen haben alle verhaftet. Alle ins Gefängnis gesteckt. Und alle haben geblutet. Manche hatten gar keine Zähne mehr. Eh, das war 'n guter Kampf. Der erste – die Stadt damals war 'n bißchen – hat sich sehr verändert jetzt – es war vielleicht 'n bißchen rauher damals. Ich meine, die Leute würden – es sieht so aus, als wären die immer in die Stadt gegangen am Samstagabend nur um in eine Rauferei zu kommen. Das war ungefähr, worauf's hinauslief. Sie haben auf den Straßen gekämpft, in den Bars und irgend jemand hat immer irgend jemanden anderen beleidigt. Und, eh, wenn man aus dem Süden ist und fast alle Leute – 'ne Menge von den Leuten waren aus dem Süden. Und, eh, sehen Sie, Stolz war die Masche. Es war, wissen Sie, man darf sich nicht beleidigen lassen. Es verletzt deinen Stolz und so. Da muß man kämpfen.

I: Und gegen wen haben Sie meistens gekämpft? Die Typen, die nicht aus dem Süden waren?

B: Nein, wir haben Leute aus den Südstaaten genauso angegriffen. Mit allen gerauft. In Wirklichkeit – wahrscheinlich würde ich mit ihm noch schneller in 'ne Rauferei geraten, weil der eigentlich mehr Grips haben sollte (kichert), der aus den Südstaaten.

I: Bitte?

B: Der aus den Südstaaten sollte mehr Grips haben, als den Stolz eines anderen zu verletzen. Weil er so erzogen ist. Die Tatsache, daß, eh, er soll doch – man kann nicht – man kann alles tun, aber man kann sich doch nichts von diesem Mann oder jenem Mann da gefallen lassen oder dieses oder jenes gefallen lassen.

I: Waren Sie jemals in irgendwelchen feindseligen Raufereien?

B: Feindselige Raufereien, eh, ich weiß nicht, ob Sie das so nennen – was man feindselige Raufereien nennt. Ich hatte eigentlich nie wirklich Feindseligkeiten gegen irgend jemand, die länger gedauert hätten, an die ich mich erinnern kann. Wir sind oft an die Grenze von unserem Landkreis gegangen. Wir waren 10 von unseren Leuten und wir sind hingegangen und haben versucht, 10 von den Leuten aus dem anderen Landkreis zu vertrimmen. Das haben wir da an der Grenze von dem Landkreis immer gemacht. Aber ich würde das keine Feindseligkeit nennen. Es war eigentlich mehr Spaß.

I: Das haben Sie als Junge getan, ja?

B: Ja, Sir.

I: Und wie oft haben Sie sowas gemacht, schätzungsweise?

B: Ach, vielleicht, sagen wir, einmal im Monat oder sowas. Und jeder, sagen wir, wir sind hingegangen und haben sie verdroschen und sind an die Grenze dort gegangen, und die haben 10 geschickt, und wir haben mit denen gerungen, einander verprügelt.

I: Haben Sie sich dabei was getan?

B: (lacht) Sie haben verdammt recht. Eh, man würde keine – es war nicht so, daß irgend jemand irgend jemanden anderen getreten hätte, gar nicht solche Sachen. Einfach mehr Schlagen und Stoßen und Ringen.

Fall Nr. 227

B: Ja, wir sind in einer Lederfabrik eingebrochen, und in der Lederfabrik nehmen sie das Leder, schneiden das Leder runter ganz glatt. Na ja, sie haben eine Maschine, die das alles ganz glatt herunterkratzt, und das ganze geht dann durch einen Gang hinunter in eine große Grube, so groß wie das Zimmer. Wir haben das mal benutzt. Wir haben da drin gespielt, wissen Sie, auf die Holzstücke rauf und in das Zeug reingesprungen und 'n Mordsspaß gehabt. Na ja, ihr hat das nicht gefallen, weil, als ich an dem Tag nach Hause kam, da hab' ich wirklich ausgeschaut wie 'n Farbiger. Das war schwarzes Leder, das die verwendet haben, und ich hatte überall schwarzes Leder an mir. Es hat ungefähr 2 Tage gedauert, bis das ganze Zeug abgewaschen war. Ich bin nach Hause gekommen, und das war das letzte Mal, daß ich da hinuntergegangen bin. Ich hab' wirklich Dresche gekriegt von ihr (seiner Mutter), wissen Sie. Aber ich glaube, das war das letzte Mal.

Schulleistungen und Sozialbeziehungen während der High School

Während des Interviews wurden die Green Berets gebeten, über ihre Erfahrungen in der High School zu sprechen. Sehr wenige machten mehr als kurze und oberflächliche Angaben über ihre Lehrer, Klassenkameraden, Schularbeiten und Noten. In fast allen Fällen waren die wenigen Bemerkungen, die sie machten, Antworten auf direkte Fragen. Glücklicherweise wurde ihnen auch ein Fragebogen vorgelegt, der sich spezifisch mit Erfahrungen und Sozialbeziehungen in der High School befaßt. Er basiert auf der Forschungsarbeit von Bandura und Walters und erschien in ihrem Buch »Adolescent Aggression«.[8]

Die Antworten der Green Berets auf diesen Fragebogen sind den Ratings der Kontrollgruppe von Bandura und Walters sehr ähnlich, welche aus nicht-aggressiven und nicht-delinquenten Schülern bestand. Mit nur 2 Ausnahmen gaben die Green Berets an, gute bis ausgezeichnete Beziehungen zu ihren Lehrern und Mitschülern gehabt zu haben. Sie berichteten, daß sie »die meisten« oder »alle« ihrer Lehrer gerne mochten und respektierten und daß »die meisten« oder »alle ihrer Lehrer« großes Interesse an ihnen zeigten und immer bereit waren zu helfen. Sie sagten weiter aus, ihre Lehrer seien ›selten‹ oder ›nie‹ ungerecht gewesen und hätten sie ›selten‹ oder ›nie‹ ungerecht benotet. Die meisten erinnern sich daran, daß Lehrer gelegentlich auf sie und daß sie gelegentlich auf einen Lehrer wütend waren. Wenn das geschah, drückten sie ihre Wut nicht direkt aus. Sie beschimpften oder schlugen die Lehrer nicht. Statt dessen unterdrückten sie ihre Wut »damit sie niemand erkennt« oder sie »versuchten, dem Lehrer aus dem Weg zu gehen«. Einige der Green Berets berichteten, daß sie gelegentlich mit ihren Lehrern stritten und es anschließend bereuten. Während und nach einem Streit mit einem Lehrer fühlten sie sich sehr unbehaglich. Ihr Unbehagen basierte nicht auf Bedauern, sondern auf Furcht. Sie gaben an, »es war nicht klug, Wut zu zeigen und ich wünschte, ich hätte es nicht getan«. Gewöhnlich äußerte sich ihre Wut auf einen Lehrer darin, »nichts zu tun«, oder »leise vor mich hin zu fluchen«. Viele Green Berets gaben auch an, ihre Lehrer bei persönlichen Problemen oder bei Schularbeiten um Rat gefragt zu haben.

[8] Bandura, Albert und Richard Walters: Adolescent Aggression. A Study of The Influence of Child Rearing Practices and Family Relationships. New York (The Ronald Press) 1959.
Bandura und Walters interviewten 26 männliche Jugendliche mit einer langjährigen aggressiven und antisozialen Vergangenheit und eine zweite Gruppe mit 26 männlichen Jugendlichen, die von ihren Schulpsychologen als Kontrollgruppe ausgesucht worden waren, da sie weder besonders aggressiv waren, noch delinquentes oder störendes Verhalten gezeigt hatten. Die Eltern der 52 Versuchspersonen wurden ebenfalls interviewt. Bei der Analyse ihres Interviewmaterials verwendeten Bandura und Walters ein Verfahren, das dem in dieser Studie angewandten ähnlich ist. Sie entwickelten eine Reihe von Rating-Skalen für die Interviews mit den Jugendlichen und ihren Eltern. Einige der Skalen, die für die Interviews mit den Jugendlichen entwickelt wurden, beziehen sich auf das Verhalten der Schüler in der High School, ihre Gefühle und Einstellungen zu Lehrern, Klassenkameraden und Schularbeiten. Für meine Untersuchung modifizierte ich diese Skalen und verwandelte sie in Fragebogen, die den Versuchspersonen vorgelegt wurden.

Einige Green Berets beschrieben die Strafmethoden in ihren Schulen. [Mit einer Ausnahme stammen alle Beschreibungen von Schülern katholischer Konfessionsschulen.]

Fall Nr. 201

Ja – die Lehrer haben uns ziemlich oft eine geknallt. Man hat da nicht rumgeblödelt.

Fall Nr. 202

[...] die Lehrer haben uns auch geschlagen, aber sie haben's uns auf unsere Hände gegeben. Sie hatten einen Riemen, und je nachdem, was du getan hast, haben sie dir 3 bis 5 oder 10 auf deine Hand gegeben.

Fall Nr. 208

Einmal habe ich ein Zwirnknäuel einem Jungen zugeworfen und an ihm vorbei, und habe den Lehrer auf den Hinterkopf getroffen. Da hat er uns beide da runter geschickt. Wir mußten uns zuerst gegenseitig versohlen und dann hat uns der Direktor eine geknallt. Das nächste Mal war, weil wir Schneebälle geworfen haben – übers Knie gelegt an dem Tag [...] Mein Vater hatte dem Direktor aufgetragen, wenn ich mich irgendwann einmal daneben benehme, soll er ganz einfach den Rohrstock rausnehmen, weil – er ist immer auf der Seite von dem Lehrer gestanden. Jetzt sehe ich, daß er recht hatte, weil ich immer unrecht hatte. Ah, ich hab den Gesangslehrer mal fast zum Weinen gebracht. Bin dafür vertrimmt worden. Das war an dem Tag, wo ich im Büro vom Direktor war, dreimal an einem Tag.

Fall Nr. 225

I: Gab es körperliche Strafen in der Konfessionsschule? Ich meine, wenn Sie ungezogen waren – ein Junge ungezogen war, wurde er dafür jemals geohrfeigt oder geschlagen?
B: Ganz bestimmt! Die hatten keine Bedenken, Kinder zu schlagen, in der katholischen Schule.
I: Sind Sie jemals geschlagen worden?
B: Ziemlich oft.
I: Von wem? Von irgend jemandem besonderen?
B: Nein, ich glaube, die haben sich alle abgewechselt.
I: Haben sie fest geschlagen, oder haben sie nur geschlagen, um Sie aufmerksam zu machen?
B: Naja, die haben, die haben sehr fest geschlagen.
I: Und wo haben sie hingeschlagen?
B: Ins Gesicht meistens.
I: Womit?
B: Der Hand. Der Rückseite der Hand, oder der Handfläche.

I: Haben Sie jemals gesehen, daß einer von den Jungen fester geschlagen wurde, fest genug, daß er eine zersprungene Lippe oder sowas bekommen hätte?

B: Ja ich hab einen Jungen gesehen, sie haben – eh – jemand hat alle Fingerknöchel auf seiner Hand gebrochen, aber das – sie hat ein Lineal verwendet, hat seine Hand auf einen gläsernen Briefbeschwerer gelegt und ihm welche draufgegeben, geschlagen – auf die Dings geschlagen.

I: Und warum hat sie das getan?

B: Ah, naja, er hat sich in der Klasse so aufgeführt, eh, und sie war ziemlich jähzornig. Sie konnte sich selbst nicht gut kontrollieren und sie ist ganz einfach wild geworden, wissen Sie.

I: Ist deswegen irgend etwas passiert?

B: Ja, sie wurde ermahnt. Wir hatten 'n paar, die ziemlich schlimm waren. Da gabs eine – sie war – eh – die Naturkunde-Lehrerin und sie hat das Labor unter sich gehabt, und ein paar von den Typen haben so rumgeblödelt und sie hat sie geschnappt und sie hat seinen Kopf in einen Kübel mit Ammoniak gesteckt, natürlich ist es nicht an sein Gesicht herangekommen, aber sie hat ihn dort ungefähr – ich würde sagen eine gute Minute untergehalten, und ah, naja, sie war so wütend. Der Grund war, warum sie wütend war, sie haben Schwefelsäure für ein Experiment verwendet und einer von den Jungens hat einem anderen Jungen etwas draufgeworfen und ihn gerade auf der Außenseite von seinem Augapfel getroffen – auf sein Augenlid, wissen Sie, und da ist sie ganz einfach rasend geworden deswegen. Sie war noch eine von denen, die sich nicht sehr gut unter Kontrolle hatten.

Fall Nr. 227

I: Könnten Sie mir erzählen, wie es in der Konfessionsschule war?

B: Ja, streng (lacht). Und wenn du irgendwas angestellt hast, hat nicht die Nonne sich drum gekümmert, sondern der Priester.

I: Und wie hat er sich dann um Sie gekümmert?

B: Er hat meinen Hintern, nein, nicht meinen Hintern, aber ein paar Mal auf meine Hände geschlagen, wegen Sachen, die ich in der Schule angestellt hatte.

I: Wissen Sie noch, womit er Sie geschlagen hat?

B: Naja, er hatte so ein – ich will nicht sagen Lineal, aber so einen großen langen Stock, ungefähr so groß, 2 Fuß lang, wenn man dieses falsch gemacht hat oder jenes falsch gemacht hat.

I: Und wo hat er Sie hingeschlagen?

B: Auf die Hände.

I: Unterseite oder Oberseite?

B: Ah, naja, es hing immer davon ab, wie schlimm du warst. Leg sie so hin. Fein. Lege sie anders hin. Je nachdem, wie ers haben wollte, und dann, als ich im 7. Schuljahr war, habe ich so 'ner Nonne tatsächlich das Bein gebrochen.

I: Sie haben ihr Bein gebrochen? Wie?

B: Ja, sie stand da auf der Leiter und ich habe ihr die Leiter von unten weggezogen.

I: Absichtlich?
B: Ja.
I: Warum?
B: Ja, ich – naja – das ist ganz einfach so ein Ding – ich meine, sie konnte mich nicht leiden und ich konnte sie nicht leiden, sie hat mich nach der Schule nachsitzen lassen, ein paar Mal bevor das passiert ist [...] und an dem Nachmittag hat sie eine Glühbirne reingedreht und ist dann mit einem gebrochenen Bein im Krankenhaus gelandet.
I: Und was ist Ihnen passiert?
B: Nichts – sie haben alle gekreischt und geschrien und ich hab' gekreischt und geschrien. Aber niemand hat gewußt, daß ich's getan hab'.
I: Hatten Sie nachher deswegen Gewissensbisse?
B: Ja, irgendwie schon – weil – wenn ich jemals deswegen geschnappt worden wäre, hätten sie mir wahrscheinlich das Genick gebrochen (lacht). Aber es ist noch gut abgegangen. Ich hab' ihr eine ausgewischt und bin davongekommen.
I: Wie oft würden Sie sagen, daß Sie von dem Priester verhauen wurden?
B: Ungefähr 5 Mal.
I: Warum?
B: Weil ich zum Hintereingang aus der Schule raus bin und solche Sachen, oder mit den anderen nicht nach Hause bin, mich aus der Türe gestohlen habe und schräg über den ganzen Kirchenplatz gelaufen bin.
I: Hat er sie jemals ernsthafter geschlagen als nur so ein paar Klapse auf die Hand gegeben?
B: Nein, das wars.
I: Was ist passiert, wenn Sie jemandem in der Schule widersprochen haben?
B: Oh ... (lacht) das kann man gleich vergessen – dann sitzt er drin.
I: Warum?
B: Man fürchtet sich ganz einfach (lacht). Wirklich, weil – ich meine – man hat ganz einfach –, also mir – man hat eben mehr oder weniger Respekt vor denen, aber es ist immerhin – man hat denen ganz einfach nicht widersprochen, wenigstens hab' ich's nicht getan. Ich hätte Angst gehabt. Einige von denen haben unter ihrem Gewand ausgesehen wie Ringer (lacht).

Hier können wir wieder die Übereinstimmung zwischen dem Familienleben, der sportlichen Betätigung, dem Pfadfinderleben, den Schulerfahrungen und der Militärlaufbahn dieser Soldaten beobachten. Es hat den Anschein, als hätte jeder einzelne Faktor viele derselben Persönlichkeitsmerkmale dieser Männer geformt und verstärkt.

Nahezu alle der Kriegsfreiwilligen gaben an, »sehr gut bekannt« und »sehr beliebt« gewesen zu sein und »sehr gute Beziehungen zu ihren Mitschülern« in der High School gehabt zu haben. Es gab nur wenige Schüler, die sie selbst nicht leiden konnten und gar keine, die sie haßten. Sie berichteten auch, daß sehr wenige Schüler sie nicht mochten und daß niemand sie haßte. Sie stritten sich »gelegentlich« oder »häufig« mit anderen Schülern, versuchten aber, denjenigen aus dem Weg zu gehen, die sie nicht leiden konnten. Sehr wenige der Green Berets schildern ihr Verhalten ihren Mitschülern gegenüber als arrogant oder grob oder geben an, andere Schüler zum Raufen aufgefordert zu haben. Sie bezeichnen sich als Schüler, die »gewöhnlich einen Kampf zu vermeiden suchten, aber immer bereit waren«. Vielleicht war diese Einstellung zu Kämpfen dafür verantwortlich, daß viele in Raufereien in der High School verwickelt waren, für die sie sich selbst ebensoviel Schuld geben wie den Schülern, mit denen sie kämpften.

Kein einziger der Green Berets war ein ausgezeichneter oder ausgesprochen schlechter Schüler. Ihr Notendurchschnitt reichte von durchschnittlich bis gut. Alle haben das Gefühl, sie hätten bessere Noten erhalten können, wenn sie sich mehr angestrengt hätten. Die meisten meinen, sie hätten »viel besser« sein können und einige glauben, daß sie ausgezeichnete Schüler geworden wären, wenn sie ihre Studien ernst genommen hätten. Fast alle bereuen jetzt, während ihrer Schulzeit nicht mehr Zeit und Energie für ihre Schularbeiten aufgewendet zu haben.

Die Mehrzahl der Green Berets beendete die High School und erhielt das Abschlußzeugnis innerhalb der vorgeschriebenen 4 Jahre. 7 gingen direkt anschließend aufs College, wo sie von 6 Monaten bis zu 2 Jahren blieben, bevor sie freiwillig ausschieden. 5 Green Berets gingen freiwillig von der High School ab, ohne Abschlußzeugnisse zu erhalten. Nach der freiwilligen Beendigung ihrer formalen Schulbildung traten fast alle sofort in die Armee ein. Diejenigen, die kein Abschlußzeugnis der High School erhalten hatten, holten die Abschlußprüfungen in der Armee nach.

Bezugspersonen in Kindheit und Jugend

Eine der Hypothesen, die dieser Forschungsarbeit zugrunde liegen, ist die wichtige und in mancher Hinsicht entscheidende Rolle, die Familienleben und Erziehung bei der Charakterbildung eines Menschen spielen. Die sozialen Beziehungen innerhalb der Familie bilden Persönlichkeitsmerkmale in den Kindern aus, die sich Jahre später in anderen sozialen Beziehungen bemerkbar machen.

Außer der Familie spielen noch andere Einflüsse auf das heranwachsende Kind und den Jugendlichen eine Rolle. Einige von ihnen wurden bereits erörtert. Ich bin der Meinung, daß auch die Menschen berücksichtigt werden müssen, die auf eine Persönlichkeit in der Entwicklung einen besonderen Einfluß ausüben. Gegen Ende des Interviews bat ich jede der Versuchspersonen um die Beantwortung folgender Frage: »Welche Menschen hatten Ihrer Meinung nach einen Einfluß auf Sie als Sie aufwuchsen? Wenn Sie auf Ihr gesamtes Leben zurückblicken, welche Menschen beeinflußten Sie Ihrer Meinung nach, das zu werden, was Sie heute sind?« Für gewöhnlich wurden die Versuchspersonen aufgefordert, diese Frage für jeden Lebensabschnitt zu beantworten und den oder die Menschen zu beschreiben, die sie beeinflußt hatten und zu erklären, worin sich der Einfluß solcher ›Bezugspersonen‹ äußerte.

Die Antworten der Kriegsfreiwilligen auf diese Frage gehören zu den interessantesten Aspekten ihrer Aussagen. Die präziseste Formulierung ihrer Gefühle in dieser Hinsicht wäre, daß Menschen eine unwichtige und periphere Rolle in ihrem Leben gespielt haben. Obwohl sie gesellig waren und viele Menschen kannten, erwähnten sie nicht, irgendwelche intellektuellen oder gefühlsmäßigen Bindungen an jemanden gehabt zu haben. Sie scheinen sich so wahrzunehmen, als wären sie immer allein auf der Welt gewesen. Einige der Green Berets beantworteten diese Frage mit »niemand«. Die meisten waren von der Frage überrascht und nicht sicher, wie sie sie beantworten sollten. Einige nannten Freunde, Lehrer, Pfarrer und andere Leute, die sie kannten, während sie aufwuchsen, aber sie konnten nicht sagen, wie diese Menschen sie beeinflußten, und es gelang ihnen auch nicht, diese Menschen zu beschreiben. Als sie gefragt wurden, welche Eigenschaften der Bezugspersonen sie anziehend fanden, waren die häufigsten Antworten »wir haben uns zusammen rumgetrieben« oder »wir sind gut miteinander ausgekommen«. Diese Männer scheinen während ihrer Entwicklungsjahre einfach keine starken Bindungen an einen anderen Menschen gehabt zu haben.

Wieder stoßen wir auf ein deutliches Paradox in der Vergangenheit der Kriegsfreiwilligen. Bei der Betrachtung ihrer Kindheits- und Jugendjahre gab es wenige Anhaltspunkte dafür, daß sie in irgendeiner Weise in ihren Sozialbeziehungen isoliert waren. Sie gehörten verschiedenen Klubs und Organisationen an. Sie berichten, gut bekannt gewesen zu sein, viele Freunde gehabt zu haben und einen beträchtlichen oder den größten Teil ihrer Freizeit mit anderen Menschen verbracht zu haben. Selbst auf der Jagd, dem einzigen Hobby, dem sie auch alleine hätten nachgehen können, wurden sie meist von ihren Vätern, Verwandten oder Freunden begleitet. Die meisten gingen regelmäßig zur Kirche und kannten ihre Priester und Pfarrer. Sie hatten Trainer, Pfadfinderführer, Lehrer und Kameraden. In Kapitel 3 werden ihre sozialen und sexuellen Beziehungen zu Mädchen beschrieben. Sie hatten Freundinnen und führten ein aktives Geschlechtsleben. Warum haben dann die Green Berets das Gefühl, daß sie eigentlich niemanden kannten, der sie beeinflußte, während sie aufwuchsen? Und wenn sie Bezugspersonen erwähnen, warum haben sie Schwierigkeiten, zu beschreiben, wie sie beeinflußt wurden?

Ich glaube, daß es mehrere Antworten auf diese Fragen gibt. Die meisten dieser Soldaten erzählten mir, ich sei der erste Mensch, der sich so sehr für sie interessiere. Alle sagten mir, ich hätte sie über Dinge befragt, über die sie nie zuvor nachgedacht hätten. Aus diesen Gründen ist es verständlich, daß sie für solche Aspekte der Interviews unvorbereitet waren und oft nicht wußten, was sie sagen sollten.

Sehr oft verstanden sie die Fragen nicht, was nicht auf mangelnde Intelligenz zurückzuführen ist. Wenn ich sie über ihre Einstellungen, ihre Gefühle und die Art ihrer Beziehungen zu anderen Menschen befragte, zeigten sich alle mehr oder weniger hilflos. Diese Erfahrungsbereiche schienen den Green Berets weitgehend unbekannt zu sein. Ihr Vokabular für diese Themen war begrenzt. Sie hatten keine Übung in dieser Art der Kommunikation.

Ihr Gefühlsleben ist seit frühester Kindheit vernachlässigt worden, als hätte sich niemand für ihre Gefühle interessiert, ebenso wie sie sich selten für die Gefühle anderer interessierten. Ihre Beziehungen zu den meisten Menschen waren oberflächlich und utilitaristisch, was bei ihrem Geschlechtsleben am deutlichsten wird.

Die Green Berets wurden zur Gefühlskälte erzogen. Ihre Eltern gaben ihnen Maßstäbe, die sie unkritisch annahmen und heute noch vertreten. Ihr Leben basiert auf den Prinzipien von Besitz, Ansehen, Stolz, harter Arbeit, Gehorsam und Respekt vor Autorität. Diese Maßstäbe wurden von ihren Trainern, Pfarrern, Pfadfinderführern und im militärischen Training verstärkt. In dieser Hinsicht ist ihr Leben bemerkenswert kontinuierlich. Die Soldaten in den Special Forces kamen seit frühester Kindheit mit ähnlich denkenden Menschen zusammen und suchten auch selbst keine Menschen, die anders dachten und handelten als sie. Daher wurden sie einem einzigen Kontinuum von Einflüssen ausgesetzt, wodurch sie nicht in der Lage sind, einzelne Einflüsse zu unterscheiden.

Es gibt bestimmte Themen, über die diese Männer nicht nachdenken, die sie nicht diskutieren und die sie nicht für wichtig halten. Sie neigen dazu, ihr Leben von einem Tag zum anderen zu leben und machen sich relativ wenig Gedanken über ihre Vergangenheit oder Zukunft. Sie haben aber genaue Vorstellungen darüber, wer sie sind und was sie repräsentieren.

Wenn die Green Berets berichten, sehr wenige oder gar keine äußeren Einflüsse hätten auf sie eingewirkt, glaube ich, daß sie damit sagen wollen, sie seien immer so gewesen wie heute.

Die wenigen Bemerkungen, die die Green Berets über Bezugspersonen machten, sind aufschlußreich und stimmen mit dem bisher Gesagten überein. Am häufigsten bezeichneten nahezu alle von ihnen ihre Eltern als Schlüsselfiguren in ihrem Leben. Großeltern, besonders Großmütter väterlicherseits, wurden auch sehr oft genannt. Interessant an diesen Großmüttern ist die Tatsache, daß sie fast die einzigen Menschen sind, von denen die Green Berets erzählen, sie seien zu ihnen freundlich und verständnisvoll gewesen. Im folgenden finden sich vier Zitate über Großmütter väterlicherseits.

Fall Nr. 202

Oma hat für jeden ein freundliches Wort.

Fall Nr. 213

Meine Großmutter väterlicherseits, die ich so sehr verehrte, weil sie immer so freundlich und großzügig war. Sie hat's immer nur gut gemeint.

Fall Nr. 224

Sie war 'ne wirklich nette Frau. Ich wäre gerne immer bei ihr geblieben.

Fall Nr. 225

Mit meiner Großmutter konnte ich reden.

Ein paar Green Berets machten kurze Bemerkungen über andere Menschen, die ihnen ebenfalls persönliche Aufmerksamkeit schenkten oder beruhigende und besänftigende Eigenschaften besaßen. Da gab es eine »stille, nette, alte Jungfer, die Ratschläge gab«, einen »stillen Großvater«, einen »Lehrer in der 8. Klasse, der mit den Schülern während der Mittagspause Schach spielte«, einen »Mann in der Stadt, der jedermanns Freund war«, einen »Pfarrer und seine Frau [...] Sie waren angenehme Gesellschaft auf Picknicks [...] Wir sind zusammen eislaufen gegangen. Seine Frau war sehr hübsch und weitherzig. Sie haben alles zusammen als Familie unternommen [...]« und »[...] den Vater von einem Freund von mir. Er war immer ein Gentleman. Still und reserviert. Wußte, was er sagte. Er hat Sachen mit seinem Sohn unternommen, die mein Vater nicht gemacht hat.«

Diese Zitate zeigen, daß einige der Kriegsfreiwilligen sich bewußt sind, was sie in ihrer Jugend versäumt haben. Sie machen deutlich, daß sie flüchtige Erfahrungen mit Sanftheit und Wärme machten, die ihnen im Gedächtnis blieben. Die Soldaten entsinnen sich auch der seltenen Augenblicke der Wärme und des Verständnisses, die ihnen ihre Eltern gaben. Sie erinnern sich daran, wenn jemand sich die Zeit nahm, mit ihnen zu sprechen. Diese Erinnerungen werden in sehr wenigen Worten beschrieben.

Sie machten auch einige längere Aussagen über andere Bezugspersonen. Da gab es einen »College-Freund, der einen Schwarzen Gürtel in Karate hat«, einen Leichtathletik-Trainer, der »alles aus mir rausgeholt hat, wenn ich dachte, daß ich nichts mehr in mir hätte«, einen »Onkel, der mir das Kämpfen beigebracht hat«, einen College-Freund, der »ein Dschungel-Killer werden wollte und mich überredet hat, in die Special Forces einzutreten«, einen »Freund, der mir Verantwortlichkeit beigebracht hat, und der jetzt wegen einer Fälschung im Gefängnis sitzt« und einen »Pfadfinderführer, der mich wieder auf den rechten Weg brachte, wenn ich mich nicht benahm, wie man es von einem Pfadfinder erwartet. Er half mir bei den Pfadfindern zu bleiben und zelten zu gehen und so'n Zeug. Wissen Sie, Sachen, die gesund und gut für Jungens sind.«

Eine abschließende Bemerkung: Ich war einige Zeit hindurch von einem offensichtlichen Widerspruch in den Aussagen der Kriegsfreiwilligen sehr verwirrt. Sie geben an, ideale Eltern gehabt zu haben und in ihren Heimatorten sehr erfolgreich gewesen zu sein. Dennoch führen sie das entwurzelte Leben von Berufssoldaten und verspüren kein Heimweh. Wie konnten sie fast alle Bindungen an ihre Familien und Heimatorte ohne die geringsten Zeichen emotionalen Konflikts abbrechen? Ich glaube, ein Teil der Antwort ist, daß sie ihre Eltern nicht wirklich ideal fanden. Hinter ihrem Lob verbergen sich tiefer Groll, Bitterkeit und Unglück. Der äußerliche Erfolg ihrer High-School-Jahre ist eine Fassade, die sie sich bemühen aufrechtzuerhalten. Innerlich sind sie voller Zorn und Verachtung, die sie aber nicht direkt zum Ausdruck bringen. »Es ist nicht klug, Wut zu zeigen.« »Ich habe meine Wut runtergeschluckt, damit sie niemand merkte.« »Ich hab' die Zähne vor Wut zusammengebissen.« »Meine Mutter hat mich zu Boden geschlagen, aber ich habe nicht geweint.« »Mein Vater war groß, behaart und böse. Bei ihm gab es keine Mätzchen.« Und so weiter. Die Menschen, die freundlich zu ihnen waren, blieben Randfiguren in ihrem Leben. Mit niemandem bauten sie enge und dauerhafte Beziehungen auf.

Teil 2

Die Jugendjahre der Kriegsdienstverweigerer

»Mein Pazifismus ist ein instinktives Gefühl, ein Gefühl, das von mir Besitz ergriffen hat; der Gedanke, einen anderen Menschen zu ermorden, ist mir entsetzlich. Meine Einstellung ist nicht das Ergebnis einer intellektuellen Theorie, sondern durch tiefe Abneigung gegen jede Art der Grausamkeit und des Hasses bedingt.«

Albert Einstein, 1929

Während der Jugendzeit nahmen die moralischen, sozialen, kulturellen und politischen Ideen und Empfindungen, die in den Familien der Kriegsdienstverweigerer während ihrer Kindheit gefördert worden waren, eine bewußtere und persönlichere Bedeutung an. Gefühle der Verpflichtung, sowohl sich selbst als auch ihrer Umwelt gegenüber, begannen sich allmählich zu entwickeln und vereinigten sich mit der Ausprägung ihres Sinnes für Individualität und Unabhängigkeit. Die Jugendzeit ist durch ein immer stärker werdendes Ringen gekennzeichnet, ihre Glaubenssätze mit ihren Handlungen in Einklang zu bringen. Individuelle Gewissensakte, Selbstkritik und intensive intellektuelle und emotionale Anregung waren Teil dieses Prozesses, der dann in der Entscheidung, den Militärdienst zu verweigern, gipfelte.

Das intellektuelle und emotionale Wachstum ihrer Jugendjahre wurde teilweise durch besondere Erfahrungen gefördert, durch die die Jugendlichen Ausnahmestellungen unter ihren Gleichaltrigen einnahmen. Durch Zufall, Interesse und Leistung gehörte jeder der Kriegsdienstverweigerer einer akademischen, kulturellen, sportlichen, politischen, religiösen oder rassischen Minderheit und in den meisten Fällen zwei oder mehreren Minderheiten gleichzeitig an. Diese Ereignisse gingen mit immer stärker werdender Entfremdung von den traditionellen Quellen religiöser, moralischer, sozialer und politischer Autorität und den Institutionen, die sie repräsentierten, einher (Kirche, Schule, Militär und Regierung). Die einzige Institution, die für die meisten Teenager relativ unproblematisch blieb, war ihre eigene Familie.

Ihre Fragen, ihre Kritik und ihr Protest, insbesondere während der späten Jugendjahre, und die daraus resultierende Entfremdung von vielen der institutionellen Strukturen in den Vereinigten Staaten endete weder in persönlicher Entfremdung noch in radikaler Beteiligung an politischen Vereinigungen. Einige wenige Kriegsdienstverweigerer versöhnten sich mit reformierten Vorstellungen ihrer Kirchen und wurden stark religiös. Die meisten beteiligten sich an sozialen Wohlfahrtsinstitutionen der Regierung oder ihrer Wohngemeinden. Viele setzten ihre Energien für Friedensgruppen ein, während einige ihre Bildung als Vorbereitung für eine akademische Karriere fortsetzten. Trotz der Unterschiedlichkeit ihrer Aktivitäten und ihrer gelegentlich konträren Ansichten über bestimmte Institutionen und Fragen entnahmen die Kriegsdienstverweigerer ihren Familien, Schulen, Kirchen und der amerikanischen Tradition nach und nach fundamentale ethische Vorstellungen, die sie zu einem relativ einfachen Verhaltenskodex zusammenfaßten, von dem sie nicht abweichen wollten. Gewaltlosigkeit, die Gleichwertigkeit aller Menschen und die Verantwortung jedes Bürgers, sich für seine Einstellungen einzusetzen, waren die wesentlichen Voraussetzungen dieses Kodex.

Es ist zweifelhaft, ob mehr als eine Handvoll der Kriegsdienstverweigerer eine derartig ausgesprochene Antikriegshaltung eingenommen hätte, wenn Amerika nicht in den Vietnamkrieg verwickelt und das politische Klima in den Vereinigten Staaten anders wäre. Mit einer Ausnahme ist es auch in allen Fällen fraglich, ob sich diese Männer gegen den Militärdienst gestellt hätten, wenn sie nicht selbst von der Musterung bedroht gewesen wären. Sie verbrachten ihre Jugendjahre in einem besonderen moralischen und politischen Klima, das ihren Protest sowohl ermöglichte als auch relevant machte. Die erhitzte soziopolitische Debatte und der soziale Umbruch setzten zu einem Zeitpunkt ein und nahmen Formen an, als die meisten noch mit Hobbys, Schularbeiten und Mädchen beschäftigt waren. Ich habe nicht das Gefühl, daß sie Kriegsdienstverweigerer geworden wären, wenn ihnen die Umstände diese Entscheidung nicht aufgezwungen hätten.

Die Reaktionen der Kriegsdienstverweigerer auf die zentralen, moralischen und politischen Fragen ihrer Zeit wurden im wesentlichen in ihren Familien geprägt. Während ihrer Jugendzeit erweiterten sie meist ihren Horizont über den ihrer Eltern hinaus. So interessant und oft entscheidend ihre Jugenderlebnisse gewesen zu sein schienen, es erklärten jedoch fast alle ihren Entschluß, sich der Wehrpflicht zu widersetzen, im Zusammenhang mit dem gewaltlosen Temperament, das sie ihrer Meinung nach seit ihrer frühesten Kindheit besessen hatten. Diese Angaben zeigten unter anderem, welch fundamentale Bedeutung sie ihrer Erziehung beimaßen.

Das Interaktionsmuster unter den Familienmitgliedern war nicht nur gewaltlos und unautoritär, sondern es verband auch ein großes Maß an Rationalität mit Wärme und Aufmerksamkeit für individuelle Bedürfnisse und Gefühle. Dies waren die grundlegenden menschlichen Beziehungen, die die meisten Kriegsdienstverweigerer für die entscheidenden Einflüsse auf ihre Kriegsgegnerschaft hielten. Jedoch bin ich der Ansicht, daß diese Erklärung zu einfach ist, da im amerikanischen Militär zweifellos auch viele Soldaten dienen, die aus ähnlichen Familienverhältnissen stammen und Gewalttätigkeit ablehnen. Die Ablehnung von Gewalttätigkeit und Zwang im Privatleben scheint nicht auszureichen, um Kooperation, Unterstützung, Billigung und Unterwerfung unter ihre institutionalisierte Anwendung auszuschließen.

Der zweite hervorstechende Aspekt der Familie der Kriegsdienstverweigerer war die Betonung ›humanitärer Sozialethik‹ und individueller sozialer Verantwortlichkeit. Diese Art der moralischen Erziehung wird auch von vielen wohlmeinenden Menschen praktiziert, die angesichts politischer Programme und Zustände, mit denen sie nicht einverstanden sind, passiv bleiben. Ich bin der Ansicht, daß die meisten Kriegsdienstverweigerer nicht in der Lage gewesen wären, ihre Glaubenssätze in eine entsprechende öffentliche Haltung zu übersetzen, wenn die Eltern sich nicht konform mit ihren eigenen Normen verhalten hätten. Von entscheidender Bedeutung ist es, daß in fast jeder Familie durch das Verhalten der Eltern und Großeltern der Kriegsdienstverweigerer eine Tradition des Mitgefühls, der Toleranz und des Protestes gegen Gewalt und Unterdrückung begründet worden war.

Familienbeziehungen während der Jugendzeit

Die Beziehungen dieser Jugendlichen zu ihren Eltern können nur aus der Sicht ihres schnellen intellektuellen und emotionalen Wachstums, der Ausweitung ihrer Interessen und unabhängiger Aktivitäten und der Bereitschaft und Fähigkeit ihrer Eltern, mit ihnen zu wachsen, verstanden werden. Einige der Kriegsdienstverweigerer erlangten in sehr frühem Alter große Selbständigkeit und hatten während der Jugendzeit relativ wenig Kontakt mit ihren Eltern. Jedoch gelang es der Mehrheit, ein Gleichgewicht zwischen ihren Aktivitäten außerhalb und innerhalb der Familie herzustellen, so daß sie ihre Erfahrungen mit ihren Eltern teilen und von ihnen angeregt, geführt und getröstet werden konnten. Die Dynamik der Eltern-Kind-Beziehung während der Jugendzeit war anscheinend wichtiger als das Ausmaß an gemeinsam verbrachter Zeit.

Während die Eltern der Kriegsdienstverweigerer den Großteil des Familienlebens angeregt hatten, als ihre Kinder noch klein waren, war dies während der Jugendzeit der Kriegsdienstverweigerer eher umgekehrt. Die Eltern behielten eine interessierte und wohlwollende Einstellung zur Entwicklung ihrer Söhne bei, mischten sich aber selten in ihre Aktivitäten ein. Die Söhne brachten ihre Erfahrungen nach Hause, baten um Hilfe und Rat, warfen neue Fragen auf und verlangten so von ihren Eltern passende Antworten. Ich bin der Ansicht, daß das Reservoir an Geduld, Wissen, Verständnis und besonders die Flexibilität, die die Eltern während dieser Jahre zeigten, für die weitere Harmonie und Enge ihrer Beziehung zu ihren Söhnen wichtiger waren als irgendein anderer einzelner Faktor. Diese Beobachtung wurde durch den Konflikt bestätigt, der in einigen wenigen Fällen ausbrach, wenn Eltern mit Intoleranz, Wut, materiellem Zwang oder Hysterie auf die Nonkonformität ihrer Söhne reagierten.

Einige Kriegsdienstverweigerer hatten während ihrer Kindheit keine enge Beziehung zu ihren Vätern gehabt, begannen aber während der Jugendzeit, ihren Rat immer häufiger zu erbitten. Die ruhigen, zurückgezogenen, rationalen Väter erlangten wegen ihres Wissens und ihrer analytischen Fähigkeiten einen neuen Wert in den Augen ihrer Söhne. Diese sahen sie als interessante, anspruchsvolle und scharfsinnige Menschen an, mit denen sie fruchtbar diskutieren konnten. Einige wuchsen intellektuell über ihre Mütter hinaus, die sie dann als naiv und, insbesondere über wissenschaftliche und politische Angelegenheiten, schlecht informiert einschätzten. Trotz der Versöhnung zwischen mehreren Vätern und Söhnen und der sich langsam entwickelnden intellektuellen Distanz zwischen einigen wenigen Müttern und ihren Söhnen fragten die meisten Jugendlichen ihre Mütter weiterhin in intimen, emotionalen Angelegenheiten um Rat. Das kann auf den Erfolg der Mütter zurückgeführt werden, in der Kindheit ihrer Söhne eine enge emotionale Verbindung zu ihnen hergestellt zu haben.

Fall Nr. 100

Ja, ich hatte wahrscheinlich eine engere Beziehung als die meisten Menschen, die ich gekannt habe. Äh, ein großer Teil seines Einsatzes für die – für die Friedensbewegung hatte einen schlechten Einfluß auf die Familie. Er ist so – er hat so schwer für diese Dinge gearbeitet und sich selten erlaubt, sich zu entspannen, aber er war irgendwie letzten Endes der rationale Mensch. Ich hab seine emotionale Seite nicht wirklich gesehen, bis ich angefangen habe, mich von der Familie zu trennen, indem ich ins College gegangen bin und dann zurückgekommen bin und mit ihm über Sachen gesprochen habe, die ihm passieren und über die, die mir passieren. Und ich habe ihn besser kennengelernt. Während ich aufgewachsen bin, glaube ich nicht, daß ich so eine enge Beziehung mit ihm hatte. Er war nicht – er war nicht so zärtlich. Meistens hatte er irgendwie wichtigere Dinge zu tun.

Fall Nr. 110

Ja, selten, aber ich meine, in letzter Zeit zeigt er seine Gefühle viel mehr, wissen Sie. Wenn ich etwas tue, was meine Mutter nicht mag, sieht sie's im Kontext von etwas, das ich getan habe, was unmoralisch, illegal oder so was ist, wissen Sie. Und mein Vater spricht darüber, daß er sich aufgeregt hat, weshalb ich mich ihm eine ganze Menge näher fühle, natürlich.

Fall Nr. 116

Gegen Ende zu habe ich mich viel, viel mehr interessiert für das frühere Leben meines Vaters und sein politisches Zeug und ich glaube, daß wir – wir sind einander nähergekommen, wissen Sie. Und wenn er gelebt hätte, wissen Sie, hätte er sehr andere Meinungen als ich, aber ich hätte mich viel mehr für seine früheren Erfahrungen und so Zeug interessiert. Das hatte gerade angefangen, sich zu entwickeln [...] Und ich kann mich erinnern, wie er mehr da war (sein Vater war krank und zu Hause), war er sehr warm und zärtlich [...] Und wir hatten gerade angefangen, uns näherzukommen [...] Und dann ist er in dem Sommer gestorben, während ich im Süden war, in dem Sommer.

Fall Nr. 128

Ich kann mich daran erinnern, mehr mit meinem Vater gesprochen zu haben, wirklich eine Ahnung davon zu kriegen, was er dachte und fühlte. Und da haben wir dann über den Krieg gesprochen. Wir haben über Politik gesprochen. Wir können jetzt ziemlich offen miteinander reden. Wissen Sie, es kommt nicht wirklich darauf an, worüber wir reden, weil ich weiß, wo er politisch steht. Tatsächlich stimmt er mit mir in einer Menge Sachen überein [...] Wann immer ich eine Meinung geäußert habe, mit der mein Vater nicht übereingestimmt hat, hat er gesagt »Na ja, ich stimme mit dem nicht überein« und er hat gesagt, »Also jetzt sag' ich dir, warum ich da anderer Meinung bin«. Aber er hat nie, wissen Sie, mir seine Meinung aufgezwungen und gesagt, »na ja, schau mal«, wissen Sie, »das ist es, was du glauben solltest«.

Fall Nr. 129

> Na ja, meine Mutter ist, äh, ich habe einfach meiner Mutter Sachen erzählt, bevor ich sie meinem Vater erzählt habe. Mein Vater, nehme ich an – obwohl der – ich kann mit ihr leichter reden. Mein Vater, obwohl die Bedrohung, die ernste, die patriarchalische Bedrohung bedeutend verringert worden ist, ist er immer noch wie, wissen Sie, ich hab' schließlich die KV-Sache mit ihm voriges Jahr diskutiert, aber ich hatte mehr Angst, was mein Vater sagen würde als meine Mutter. Ich hab' einfach das Gefühl, daß meine Mutter so ungefähr alles akzeptieren wird, während mein Vater mich einfach schneiden würde.

Als die Kinder älter wurden, verminderten die Familien geplante Aktivitäten wie Picknicks und Ferienreisen. Andere, großteils informelle und spontane Familienaktivitäten, wie Gespräche, Spaziergänge und gemeinsame Unternehmungen wurden fortgesetzt und manchmal intensiviert. Kunst, Musik, Literatur, Politik und Religion waren die Themen, die am häufigsten diskutiert wurden. Nur in sehr wenigen Familien waren die Freizeitaktivitäten vorwiegend nach Geschlechtern getrennt. Einige Kriegsdienstverweigerer sprachen mit ihren Vätern über Dinge, über die sie besser informiert waren, wie über Politik, das Verfassungsgesetz oder Elektronik und mit ihren Müttern über Literatur, Psychologie und Sozialarbeit.

Da die Väter der Kriegsdienstverweigerer im allgemeinen mehr am Tagesgeschehen orientiert waren und breiter gestreute Interessen hatten als die Mütter, erfreuten sie sich häufig engerer geistiger Nähe zu ihren Söhnen. Dadurch, daß ihre Position in der Familie während der Kindheit der Kriegsdienstverweigerer begrenzter war, fiel ihnen der Übergang vom Eltern-Kind-Verhältnis zu einer gleichberechtigten Beziehung leichter als ihren Frauen. Einige Kriegsdienstverweigerer erklärten, die vorhergehende Ferne ihrer Väter hätte sie neugierig gemacht und anfänglich dazu veranlaßt, ihre Gedanken und Gefühle zu erforschen. Obwohl die Mütter die Umstellung im allgemeinen schwieriger fanden, entfremdeten sich nur ganz wenige Kriegsdienstverweigerer während ihrer Jugendzeit dem einen oder dem anderen Elternteil.

In 5 Familien kam es während dieser Zeit zu lang andauernden Konflikten. In 2 Fällen rührte der Konflikt aus der Disharmonie zwischen den Eltern her und in 3 Fällen scheint die Ursache in Wert- und Persönlichkeitskonflikten zwischen den Eltern und ihren nonkonformistischen Söhnen zu liegen. Die Auseinandersetzungen brachten große Spannungen und Bitterkeit mit sich. Drei Kriegsdienstverweigerern gelang es, die Kommunikation mit ihren Eltern wieder aufzunehmen. Zur Zeit des Interviews hatten sie das Gefühl, daß der Großteil der Spannungen beseitigt worden war, während die übrigen 2 noch immer von ihren Eltern entfremdet waren und so gut wie keinen Kontakt mit ihnen hatten. Die folgenden Zitate verdeutlichen teilweise die Quellen und den Verlauf dieser Familienkonflikte.

Fall Nr. 103

[...] und ich hab meiner Mutter gesagt, all diese Jahre hast du so getan, als ob du mich liebst [...] du opferst dich für mich, aber in Wirklichkeit, Mutter [...] willst du für mich opfern. Ich meine, du bist so ein Mensch, dem das Spaß macht [...] Aber, wissen Sie, ich wollte nicht meine Art zu leben für sie ändern und jedes Mal, wenn sie sich wirklich aufgeregt hat, habe ich gesagt, »was du wirklich liebst, ist ein, ein Mensch, wie du mich gerne hättest [...] aber ich bin nicht bereit, das zu tun. Was du wirklich lieben solltest, ist mein wirkliches Ich, das wirkliche Ich mit langem Haar und politisch radikal.« Und das hat sie immer getroffen, weil es darauf kein Gegenargument gab [...].

Fall Nr. 115

In der Schule wiederum war ich nicht so schlecht, aber ich wollte besser sein. Das Meckern bei mir zuhause hat irgendwie einen fürchterlichen Druck aufgestaut und dann eines Abends war irgend so eine blöde alte Meinungsverschiedenheit wegen irgendwas und schon seit eh und je, seit ich klein war, hab' ich nie was gesagt, sondern mich immer ruhig verhalten und dann dieses eine Mal bin ich einfach aus dem Zimmer rausgerannt und hab geschrien und bin auf und ab gesprungen »halt's Maul, halt's Maul« und hab' angefangen zu weinen, zwischendurch wieder zu lachen [...] Äh, sie sind sehr still geworden. Sie wußten nicht, wie sie mich behandeln sollten. Meine Mutter hat vorgeschlagen, daß ich eine Weile hinausgehe und mein Vater war vollkommen verstört und durcheinander. Er hat nicht gewußt, was zum Kuckuck das soll. Und dann hat meine Mutter vorgeschlagen, daß ich rausgehen soll und ich hab's getan. Ich bin ungefähr 3 oder 4 Meilen gerannt und dann bin ich nach Hause gekommen und äh, (kichert) ich hab mich hingesetzt und hab mich sehr komisch und sehr ungemütlich gefühlt. Und ich hab mich hingesetzt und ich hab was zu essen gekriegt und dann hat sich mein Vater hingesetzt. »Wir wollen verstehen, wozu du das gemacht hast. Was ist los?« Und da haben sie wieder so irgendwie angefangen [...] Und dann hat meine Mutter vorgeschlagen, daß ich vielleicht für eine Weile von zu Hause weggehen sollte. Sie wollte mit mir kommen. Aber ich habe beschlossen, ich würde alleine weggehen, aber ich bin mit meinem Cousin gegangen. Wir sind runter nach Florida mit dem Bus und er ist eine Woche geblieben und ich bin ungefähr einen Monat geblieben oder so 1½ Monate und hab ziemlich schnell einen Job auf dem Rennplatz gekriegt.

Fall Nr. 117

Nachdem mein Vater ausgezogen ist, ist meine Mutter irgendwie merkwürdig geworden [...] Und meine Mutter hat irgendwie die Tatsache gestört, daß er ausziehen wollte und sie hat geschrien und gebrüllt zuhause »zieh doch zu deinem Vater und Mrs. [...]« Die Frau hat dauernd angerufen und ich hab bei dem Gespräch zugehört und sie hat meine Mutter eine – eine »dahergelaufene Dirne« genannt und »wie konnte Hitler dich übersehen« [...] Ich meine er (der Vater) hat diese Affäre in einer Art gehandhabt, die sehr schlampig und schludrig war, wenn, wissen Sie, man es hätte besser machen können [...] Da gabs große Streitereien zwischen meiner Mutter und meinem Vater [...] Und ich hab meinen Vater angerufen und gesagt »Was ist los, zum Teufel?« Er hat versucht, mir zu erklären, wissen Sie, manchmal wären Leute aufgeregt und daß sie Dinge sagen, die sie nicht meinen. Ich hab ihm irgendwie beigepflichtet, aber es hat mir immer noch wehgetan und stört mich immer noch [...] Na ja, die nächsten 3 Monate, alles was wir in meinem Haus gehört haben war, daß dieser Nazi es sich mit meinem Vater im Bett gemütlich macht [...] Meine Mutter war sehr durcheinander [...] Wir haben um 3 Uhr in der Früh Telefonanrufe gekriegt. Aber sie beruhigt sich allmählich [...].

Abschließende Bemerkungen

Die Bereitwilligkeit fast aller Eltern der Kriegsdienstverweigerer, ihren Söhnen zuzuhören und ihre unterschiedlichen Ansichten zu diskutieren, verstärkte nicht nur die gegenseitigen Bindungen, sondern auch das Selbstvertrauen ihrer Söhne. Dieser Kontakt könnte auch für die Fähigkeit der jungen Männer verantwortlich sein, ihre Frustration zu kontrollieren und sich nicht radikalen, revolutionären Gruppen zuzuwenden. Ihre Ablehnung von Gewalttätigkeit als Mittel zur Beseitigung von sozialer Ungleichheit und Ungerechtigkeit wurde anscheinend dadurch ermöglicht, daß sie Frustrationen, Konflikte und Wut zu Hause zeigen konnten. Sie lernten, daß man Meinungsverschiedenheiten ohne Drohungen und Gewalttätigkeit aussprechen und geistige Übereinstimmung erreichen kann. Selbst während der frühen Adoleszenz, als ihre Eltern noch ihre Bewegungsfreiheit einschränkten oder sie bestraften, sagten die Jungen, was sie dachten, vor allem, wenn sie das Gefühl hatten, daß ihre Eltern unfair gewesen waren.
Keiner der Kriegsdienstverweigerer verherrlichte seine Eltern. Selbst die wenigen, die sich von ihren Eltern entfremdet hatten, versuchten, ein ausgewogenes Bild von ihnen zu geben. Sie hatten versucht, mit sich selbst ins reine zu kommen, ihre eigenen Gefühle durchzuarbeiten und zu verstehen. Dadurch gelang ihnen eine ausgewogene Beschreibung der Stärken und Schwächen ihrer Eltern. Fast alle Kriegsdienst-

verweigerer meinten, daß sie von ihren Eltern sehr viel gelernt hatten. Sie respektierten sie und und bewunderten einige ihrer Eigenschaften. Keiner wollte jedoch genau den Fußstapfen seiner Eltern folgen.

Religiöse Entwicklung

Alle Kriegsdienstverweigerer beschäftigten sich längere Zeit hindurch eingehend mit Religion. Sie wurden durch religiöse Gedanken stark beeinflußt und gelangten zu dem Schluß, daß die religiösen Institutionen, in denen sie aufgezogen worden waren, dringend einer Reform bedürften, die sie menschlicher machen sollte. Die Ausprägung ihrer Fragen und Zweifel war je nach Konfession und konformistischem Druck verschieden.

Die 6 katholisch erzogenen Kriegsdienstverweigerer hatten einen intensiven Religionsunterricht genossen und waren strenger zur Ausübung ihrer Religion angehalten worden als diejenigen protestantischer oder jüdischer Herkunft. Sie reagierten auch schärfer und kritischer auf ihre Kirche. Nur 2 sahen sich zur Zeit des Interviews noch als Katholiken. Während alle Kriegsdienstverweigerer religiösen Institutionen gegenüber mehr oder weniger skeptisch waren, äußerten sich nur diejenigen katholischer Herkunft feindselig, bitter und enttäuscht über ihre Kirche.

Die Wurzeln dieser Entfremdung waren sowohl allgemeiner als auch individueller Art. 3 Jungen besuchten katholische Konfessionsschulen, wo die Erziehungsmethoden der Nonnen und Priester sie ebenso entsetzten wie die doktrinäre Behandlung der religiösen Lehren und die Vernachlässigung weltlicher Unterrichtsgegenstände. Die anderen reagierten ähnlich auf ihre Sonntagsschulen und Priester. 3 Jungen stammten aus Mischehen und hatten die religiösen Praktiken protestantischer und jüdischer Verwandter kennengelernt, was ihren religiösen Horizont erweitert und Interesse, Toleranz und Verständnis für andere religiöse Traditionen in ihnen geweckt hatte.[9]

In der High School und besonders im College schlossen diese Jungen enge Freundschaften mit Klassenkameraden anderer Glaubensrichtungen, bei denen Diskussionen über religiöse Themen oft eine zentrale Rolle spielten.

[9] 2 der 3 Jungen, die in katholische Volksschulen geschickt wurden, stammten aus Mischehen. Die Mutter des einen gehörte der Episkopalkirche an, die andere war jüdisch. Beide Frauen waren nicht religiös. In der dritten interkonfessionellen Familie war der Vater nichtpraktizierender Baptist.

Die beiden katholischen Kriegsdienstverweigerer, die die katholische Theologie ablehnten, meinten, dieser Kontakt habe sie zur Vertiefung ihres Glaubens geführt. Jedoch lehnten auch sie die institutionalisierte Form der katholischen Kirche ab.

Fall Nr. 101

Was ich am Begriff der organisierten Religion am meisten ablehne, äh, ist die ganze Sache von – man schreibt sich ein, man wird Mitglied, man nimmt sein Zeug und dann geht man irgendwie – ich würde nicht sagen, daß man sich völlig verkauft, aber man unterwirft sich seinen Bischöfen, seiner Mutter Oberin, seiner Äbtissin, seinem Papst oder was auch immer, man akzeptiert den Rahmen, den sie dir geben. Gehorsam und solche Sachen ihrem Dogma gegenüber und ihren persönlichen, willkürlichen Einfällen. Na ja, ich lehne das ab.

Fall Nr. 105

So zwischen dem 7. und dem 12. Schuljahr habe ich mir den Katholizismus immer wieder objektiv angesehen, davon Abstand genommen und mir die Dinge angesehen. Und ich hab immer mehr und mehr Dinge gefunden, mit denen ich nicht übereingestimmt habe. Und wenn ich zur Beichte gegangen bin, dann habe ich das nicht als eine Sünde gebeichtet, weil ich nicht glaubte, daß es eine Sünde war. Da war ich im wesentlichen überhaupt kein Katholik mehr [...] Intellektuell, sobald man mit einer Sache nicht mehr übereinstimmt, kann man kein Katholik mehr sein. Schon der Definition nach [...] Ich bin nicht in die Kirche gegangen und meine Mutter hat sich aufgeregt [...] Ich habe nicht gekniet und hab auch ein paar andere Sachen nicht getan, an die ich nicht geglaubt habe und sie hat sich geschämt, wissen Sie [...] Und ich habe gesagt, daß ich nicht Dinge tun kann, an die ich nicht glaube. Und dann, wie ich im letzten Schuljahr war, bin ich nach Princeton gegangen, um den Kampus zu sehen. Und ich bin nicht in die Kirche gegangen. Und wie ich zurückgekommen und zur Beichte gegangen bin, konnte ich an keine anderen Sünden denken, die ich begangen hatte, da habe ich mir gedacht, erzähle ich ihm das. Und da hab ich ihm das erzählt. Und er hat mir gesagt, daß ich in die Hölle gekommen wäre, wenn ich auf meinem Weg zurück von Princeton getötet worden wäre. Und ich hab einfach gesagt, »ach was«. Das war der letzte Strohhalm. Und es war irgendwie so lächerlich. Und ich nehme an, das war das letzte Mal, daß ich in die Kirche gegangen bin [...] Nachdem dann ein Jahr vergangen war oder vielleicht zwei Jahre später, war ich ganz heftig antikatholisch [...] Ich hab einfach gesehen, wo der Katholizismus Menschen wirklich verstümmelt. Wissen Sie, er verwandelt sie einfach in Tiere: Unfähig, vernünftig zu denken, unfähig, sie selbst zu sein. Und wissen Sie, ich glaube, daß das im allgemeinen stimmt. Es gibt Ausnahmen. Ich lerne gerade jetzt, daß es Ausnahmen gibt, aber es gibt nicht genug davon. Aber so zwei, drei Jahre lang – ich weiß nicht, ob's zwei oder drei Jahre waren, aber ein Jahr oder zwei auf jeden Fall – es kann auch mehr gewesen sein – z. B. wie ich achtzehn oder neunzehn war, vielleicht als ich zwanzig war, habe ich den Katholizismus gehaßt. Sobald ich das Wort katholisch gehört habe, bin ich wild geworden. Ich habe gesagt, »wie können Menschen so blöde sein? Wie kannst du das sein?« Und es war einfach ein unglaublicher Schmerz, während ich es jetzt als eine Krankheit ansehe, aber ich spreche nicht darüber. Ich habe viel mehr Toleranz jetzt für – für die Komplexe von anderen Leuten und für eine Menge anderer Sachen. Wissen Sie, ich rege mich irgendwie nicht zu sehr über Leute auf, mit denen ich anderer Meinung bin. Ich sehe sie einfach als in gewisser Weise nicht existierend und in gewisser Weise existierend an. Irgendwas geht ihnen ab, wissen Sie.

Fall Nr. 123

[...] Ich dachte, daß die Kirche aufhören sollte, so viel auf die Struktur zu sehen und auf das Geld, das sie kriegt und mehr auf das Individuum sehen sollte und auf seine Beziehung zu Gott. Wie können sie einerseits praktizieren und predigen, daß Töten falsch ist und andererseits äh – einen Priester oder Kardinal ausschicken, und einen Haufen Truppen segnen lassen, bevor die hingehen und töten? Für mich war das schrecklich. Man kann das einfach nicht tun. Und – äh – ich nehme an, daß das der Punkt ist, wo ich angefangen habe, mir darüber klarzuwerden, daß nicht nur die Kirche im Unrecht ist, sondern daß auch die Regierung im Unrecht ist. Es war unrecht, daß die Regierung sich in eine Situation eingelassen hat, wo sie töten und unrecht von der Kirche, nichts dagegen zu sagen [...] und daß es Zeit wäre, wegen beiden etwas zu unternehmen [...] Und meine Frau sagte, daß, wenn's da was gibt, wo du dagegen bist, dann sitzt du nicht einfach da, sondern du nimmst deinen Standpunkt ein und protestierst aktiv und, wenn nötig, heftig dagegen.

Fall Nr. 128

Und ich bin in den Kindergarten gegangen. Und ich kann mich daran erinnern, daß ich am ersten Tag sehr verängstigt war, weil ich in etwas reingegangen bin, wovon ich nichts wußte. Es war irgendwie so ein dunkles, bedrückendes Gebäude mit diesen dunklen, bedrückenden Nonnen in ihren schwarzen Kutten. Die ganze Umgebung schien schwarz zu sein. Ich glaube, das Hervorstechendste an diesen Jahren in der Schule war das Klassenzimmer, weil es einen so sehr, sehr merkwürdigen Kontrast zu meinem Leben zu Hause darstellte. Die Nonnen hatten ziemlich viel Spielraum für körperliche Strafen. Ich kann mich daran erinnern, daß sie ziemlich oft mit Stöcken und Linealen geschlagen haben. Und da waren Kinder in der Schule, die davon ermutigt worden zu sein schienen. Leute, die sowieso Raufbolde waren. Vielleicht hat sie die ganze Sache einfach aufgeputscht [...] Ja, da gabs ein paar ziemlich bösartige Menschen dort. Und die Nonnen schienen sich nie zu sehr dafür zu interessieren, was sich da abgespielt hat. Ich kann mich erinnern, da war ein – ein besonderes Kind, das war dauernd der Sündenbock. Und äh, ich kann mich erinnern, eines Tages haben sie ihn weggeschleppt, in die Büsche und ihn ganz entsetzlich vertrimmt [...] Die beste Beschreibung, die ich mir dafür ausdenken kann, ist: mittelalterlich. Äh, die Nonnen schienen nie – mit ein paar Ausnahmen – schienen sich nie sehr darum zu sorgen, was man lernt, solange man seinen Katechismus gelernt hat und dem geraden und schmalen Pfad gefolgt ist. Und ich glaube, daß ich nur deshalb ernsthaften Schwierigkeiten entgangen bin, weil man mich manchmal als Bücherwurm veräppelt hat [...] Ich kann mich an eine Nonne erinnern, die eines Tages ein Kind genommen und seinen Kopf gegen die Tafel geschlagen hat. Und die Leute, der Großteil der Leute, die ihre Kinder in diese Schulen geschickt haben, schienen das einfach so zu akzeptieren. Wissen Sie, das war alles Teil einer guten, durchschnittlichen katholischen Erziehung. Und das hat mich immer gestört. Was zum Teufel soll das Ganze? Wir lernen überhaupt nichts. An dem Tag, an dem ich mit der Volksschule fertig war, war ich wirklich glücklich, weil ich wußte, daß ich in eine öffentliche Schule kommen würde [...] Wissen Sie, ich bin bereit zuzugeben, daß es bestimmte Sachen gibt, wo ich intolerant bin. Ich bin intolerant, was die katholische Kirche betrifft, weil ich glaube, daß sie mit ihrer Geburtenkontrolle wahrscheinlich eine der am meisten zerstörerischen Kräfte ist, die es gibt.

Fall Nr. 129

[...] und ich, wir haben zusammen den »Pfandleiher« gesehen, (im College) und das war für beide von uns eine sehr entscheidende Erfahrung [...] Gleich danach bin ich zu dieser Bar Mizwah (jüdische Konfirmation, Anm. d. Übers.) gegangen und da waren ein paar entfernte Verwandte von [...] nehme ich an, die in Deutschland gewesen waren und die dort Verwandte hatten. Und, äh, ich wurde mir der außergewöhnlichen Verfolgung bewußt, die diese Leute durch die Christen erfahren hatten und ich war wirklich entsetzt [...] Und der Puertoricaner hat sein Leben geopfert, um den Pfandleiher zu retten. Und die ganze, ich weiß nicht, irgendwie jüdisch-christliche Botschaft ist für mich da sehr stark herausgekommen [...] Ich hatte einfach das Gefühl, daß ich zu dem wesentlichen Kern meiner Religion vorgestoßen bin [...] [...] und [...] zusammen haben meine religiösen Perspektiven viel reichhaltiger erscheinen lassen. Ich wurde mit diesen zwei verschiedenen Traditionen, Protestantismus und Judentum, bekannt und sie waren beide, verglichen mit den meisten Katholiken, die ich getroffen habe, so viel wertvollere Menschen, daß ich das Gefühl hatte, auf dem Wege zu sein, daß, wissen Sie, was man immer über das Leben und das Übernatürliche lernen kann, nicht in dem Rahmen irgendeiner formellen Institution gelernt werden kann, weil ich zwei Leute getroffen habe wie diese, die mich so viel außerhalb der Kirche über mich selbst und über meine Religion gelehrt haben [...]

Die protestantischen, insbesondere aber die jüdischen Kriegsdienstverweigerer berichteten über weniger Auseinandersetzungen mit der Organisationsstruktur und den theologischen Grundsätzen ihrer Religionen. Aber gleichzeitig zeigten nur noch 3 der protestantischen Kriegsdienstverweigerer aktives Interesse an ihren Kirchen. Einer war ein lutheranischer Pfarrer geworden, der zweite hatte ein Konversionserlebnis gehabt und beschlossen, nach seiner Entlassung aus dem Gefängnis Pfarrer zu werden. Das Interesse des dritten an der ›Unitarian Fellowship‹ entwickelte sich parallel zu der wachsenden Anteilnahme seines Vaters an dieser Bewegung. Ein weiterer Kriegsdienstverweigerer, ebenfalls lutheranischer Herkunft, belegte im College Religion als Hauptfach, identifizierte sich jedoch mit keiner spezifischen christlichen Konfession. 2 weitere Protestanten kamen aus konfessionellen Mischehen (protestantischer Vater, jüdische Mutter). Keiner sah sich als christlich oder jüdisch an. Ihr Hauptinteresse galt orientalischen Religionen und Yoga.

Fast alle Kriegsdienstverweigerer protestantischer und jüdischer Herkunft hatten in ihrer Kindheit nur nominellen Religionsunterricht an Nachmittagen oder in Sonntagsschulen erhalten. Ihre Einstellung zu diesem Unterricht wurde von einem Kriegsdienstverweigerer gut wiedergegeben, der sagte, »meine Mutter dachte, daß es gut wäre, wenn ich die jüdische Tradition verstehen würde, obwohl ich in Wirklichkeit nichts anderes gelernt habe, als mich ab und zu vor Papierkügelchen zu ducken«. 2 waren mehrere Jahre lang in jiddische Schulen gegangen, in denen der Unterricht zwischen jüdischer kultureller Tradition (jiddisch, jiddische Geschichte, jiddische Literatur) und normalen Unterrichtsgegenständen geteilt war. Einer hielt eine starke jiddisch-ethnische Identifikation aufrecht, während er sein Ingenieurstudium fortsetzte. Der andere beschloß, nicht ins College zu gehen und statt dessen seine gesamten Energien der Friedensbewegung zu widmen. Er maß dem Unterricht in jüdischer Kultur keine Bedeutung mehr bei. Er bedauerte, nicht Spanisch gelernt zu haben, weil mehr Menschen, mit denen er sich gerne verständigen würde, spanisch als jiddisch sprächen. Die meisten Kriegsdienstverweigerer protestantischer und jüdischer Herkunft kamen aus wenig religiösen Familien. Ihre Eltern hatten definitive religiöse und kulturelle Bindungen und setzten in ihren Familien einige Traditionen fort, besuchten Gottesdienste aber nur zu besonderen Feiertagen. Ihre Söhne gingen nach ihrer Konfirmation oder Bar Mizwah nicht mehr zum Gottesdienst und beschäftigten sich bis in die späte Adoleszenz relativ wenig mit religiösen Fragen und insbesondere religiöser Lehre. Keiner fühlte sich als Atheist, aber alle berichteten, sie seien der Debatte um die Existenz Gottes entwachsen und hielten statt dessen an moralischen Prinzipien fest, nach denen sie sich richten wollten. Einer drückte das so aus:

Fall Nr. 103

> Ich mache nicht gern kategorische Behauptungen, da schreibe ich dann meistens hin, daß ich agnostisch bin [...] Ein Atheist verneint die kleinste, wissen Sie, selbst theoretische Möglichkeit, daß ein Gott existiert und so weit würde ich nicht gehen wollen [...] Agnostisch ist wahrscheinlich ziemlich gut, weil es ein bestimmtes Maß an Indifferenz in dieser Frage suggestiert, die ich wirklich fühle. Ich habe mich früher viel mehr damit beschäftigt, aber es gibt wirklich wichtigere Probleme, um die man sich kümmern muß als das.

Ein wesentlicher Unterschied zwischen den religiösen Einstellungen der protestantischen und der jüdischen Kriegsdienstverweigerer wurde deutlich. Während beide Gruppen ein fundamentales Interesse an den alle Religionen verbindenden ethischen Grundsätzen zeigten, hielten die Protestanten häufiger eine religiöse, christliche Identifikation aufrecht. Die Kriegsdienstverweigerer jüdischer Herkunft schienen sich mit konfessionellen Fragen nicht zu beschäftigen. Sie sprachen von Bindungen verschiedener Stärke an ethnische und kulturelle Aspekte des Judentums, während sie sich mit allgemeinen humanistischen Werten identifizierten. Die folgenden Zitate veranschaulichen diese Beurteilung:

Fall Nr. 107

> Na ja, ich glaube nicht an organisierte Religion. Aber ich fühle mich sehr religiös insoweit – ich fühle, daß ich mein eigenes Wertsystem entwickelt habe und daß ich auf die Art und Weise religiös bin, daß ich nach ihnen lebe, wie ich versuche, nach ihnen zu leben. Na ja, ich glaube, daß alle Religionen dasselbe lehren, egal was sie sind [...] Wissen Sie, es ist immer dieselbe alte Geschichte. Wenn du jung bist, bringen sie dir diese Sachen bei, Werte oder was auch immer und wenn du älter wirst, erzählen sie dir, daß du nicht danach leben sollst, sonst wirst du dir weh tun. Und ich versuche einfach, nach ihnen zu leben.

Fall Nr. 109

> Ich identifiziere mich nicht mit irgendeinem spezifischen Dogma. Aber unter, äh, den Dingen, von denen ich das Gefühl habe, daß sie wichtig sind, ist die Idee, daß, äh, die Religionen und die Glaubensweisen der ganzen Welt zusammenwachsen, statt weiter auseinanderzuwachsen. Und mein eigener Beitrag dazu, glaube ich, unter meinen eigenen Bedingungen, ist, sich weigern zu sagen, daß ich mich mit einem bestimmten Glauben identifiziere und mich statt dessen mit dem identifiziere, was ich einheitlich in allem finde.

Die Ausgewogenheit ihrer intellektuellen und sozialen Entwicklung ist an der Breite der Freizeitaktivitäten der Kriegsdienstverweigerer während ihrer High-School-Jahre deutlich zu erkennen. Durch sportliche und schulische Leistung, wissenschaftliche, musikalische, künstlerische und literarische Kreativität und außergewöhnliche Interessen und Talente errang fast jeder Kriegsdienstverweigerer eine besonders angesehene Position unter seinen Schulkameraden. Einige kamen mit Lehrern, Verwaltungsbeamten, Gemeindeorganisationen und anderen Schülern wegen ihrer sozialen, moralischen und politischen Ansichten in Konflikt. Die meisten halfen regelmäßig zu Hause und gingen auch Teilzeitbeschäftigungen nach, mit denen sie ihr Taschengeld verdienten und für ihre Hochschulausbildung zu sparen begannen.

19 der 25 Kriegsdienstverweigerer beteiligten sich an 2 oder mehr Sportarten in der High School und 2 wurden zu »hervorragenden Sportlern« gewählt. 15 hatten Ehrenpositionen als Präsident oder Vizepräsident des Schülerrates in der vorletzten und letzten Klasse, Kapitän von Sportteams, Herausgeber von Schulzeitungen, Literaturheften und Schuljahrbüchern, waren Mitglieder der ›Honor Society‹ in ihrer Schule[10] und nahmen in unzähligen Klubs und Organisationen eine führende Stellung ein. Einer wurde in das Schülergericht gewählt. 11 schrieben für Schulveröffentlichungen, 5 organisierten Diskussionsabende und 4 debattierten. Zusätzlich zu ihren offiziellen High-School-Aktivitäten ging jeder Kriegsdienstverweigerer einem intellektuellen, manuellen, sportlichen oder kreativen Hobby alleine nach. Die folgende Liste spiegelt die Breite ihrer Interessen wider: Lesen, Schreiben, Dichten, Komponieren, Volkslieder singen, Malen, Bridge, Schreinerei, Mechanik, Elektronik, Amateurfunk, Photographie, Astronomie, Zucht tropischer Fische, Zoologie, Biologie, Tiermedizin, Pflanzensammeln, Schach, Briefmarken- und Münzensammeln, Interesse für alte Bücher, Schauspielerei, Krabbenfang, Fischen und Wandern. Mit einer Ausnahme betrieben diejenigen Kriegsdienstverweigerer, die nicht am High-School-Sport beteiligt waren, andere Sportarten zu ihrer Entspannung, spielten Tennis und Baseball, schwammen, segelten oder fuhren Ski.

Keiner der Kriegsdienstverweigerer jagte oder besaß ein Gewehr. Einige hielten eine Menagerie von Kleintieren. Von den 6, die Pfad-

[10] Anm. d. Übers.: Nur die besten Schüler dürfen ihr angehören.

finder waren, wurden 2 ›Eagle Scouts‹, einer ein ›Star Scout‹ und 2 wurden in den ›Order of the Arrow‹ gewählt. 12 beteiligten sich auch an Bürgerinitiativen ihrer Wohngemeinden. Die beiden in der High School am wenigsten aktiven Kriegsdienstverweigerer hatten besondere Interessen. Einer verbrachte seine gesamte Freizeit als Reitlehrer, pflegte Pferde und arbeitete in Ställen oder auf Rennplätzen. Während seiner Kindheit hatte der andere vor kirchlichen Gruppen gesungen und getanzt und war auch Mitglied eines Kirchenchors. Er spielte später am Broadway in dem Musical »The Sound of Music«.

Ich bin nicht der Ansicht, daß die Bedeutung der jugendlichen Aktivitäten der Kriegsdienstverweigerer in ihrer Leistung an sich liegt, und ich hatte auch, während ich mit ihnen sprach, nicht das Gefühl, daß sie angeben wollten oder noch sentimentale Bindungen an diese Zeit hatten. Durch ihre Ernsthaftigkeit und – in den meisten Fällen – ihre Unschuld unterschieden sie sich von Gleichaltrigen. Der Opportunismus von High-School-Politikern und die Statusorientierung von Schülern, die später das College besuchen würden, waren ihnen gleichermaßen fremd. Ihren Handlungen lag implizit zugrunde, daß jedes Individuum aufgerufen war, seine Talente und Interessen zu entwickeln. Ehrungen und andere Anerkennungen betrachteten sie als Bestätigungen von Leistungen, nicht aber als Ziele. Die Art, in der sie ihre Leistungen während ihrer High-School-Zeit ansahen, ist von grundlegender Bedeutung. Die Gelegenheiten, die ihre Schulen ihnen anboten, nahmen sie wahr, um ihre Fähigkeiten zu realisieren. Individualismus war ihnen wichtiger als Konformismus. Dennoch war ihr Individualismus weder hart noch antisozial. Ihr Bestreben nach Selbstverwirklichung ging nicht auf Kosten anderer, und viele ihrer Tätigkeiten setzten Feinfühligkeit und die Fähigkeit, sich sozial integrieren zu können, voraus.

Ihr Individualismus fand einen weiteren, weniger erfreulichen Ausdruck in Konflikten über Prinzipien, politische Entscheidungen und Handlungen mit Schülern, Lehrern und anderen Gruppen. 5 halfen mit, Diskussionen in ihren Schulen zu organisieren. Diese Aktivität hatte erhitzte und fragmentierende Debatten in der gesamten Schule zur Folge, die oft auf den ganzen Ort übergriffen. Einige andere Kriegsdienstverweigerer kamen in ähnliche, wenn auch begrenztere Konfliktsituationen, während sie sich konformistischem Druck widersetzten. Da man sie als Abweichler brandmarkte und sie Drohungen, Angriffen und Ächtung aussetzte, hinterließen diese Ereignisse einen tiefen Eindruck. Die folgenden Zitate veranschaulichen auch einige traurige Parallelen dieser Konflikte zu Ursachen, Verlauf und Konsequenzen begrenzter Konflikte und Konfrontationen zwischen feindlichen Gruppen auf nationaler und internationaler Ebene.[11]

Fall Nr. 104

Mein Bruder und ich haben einen Diskussionsklub angefangen [...] wo wir Sachen gezeigt haben, wie menschliche Reproduktion, Familienplanung und einige medizinische Filme und so Zeug. Und das ist von der Schulverwaltung immer stärker angegriffen worden [...] Wir haben uns auch gegen solche Dinge gewandt wie die Schulversammlung zur Information über die Armee, das Zeigen von Armeefilmen, das Vaterunser, den Fahneneid und solche Sachen. Aber nichts ist wirklich passiert, bis dieser sehr unangepaßte Freund von mir [...] für immer ausgeschlossen worden ist, weil er sich geweigert hat, einen Gürtel zu Hosen zu tragen, für die man keinen Gürtel gebraucht hat. Er konnte es nicht einsehen. Und ich, ich konnte es nicht verstehen. Ich war immer noch sehr brav, wissen Sie. »Warum, zum Teufel sollte er denn keinen Gürtel tragen, zum Kuckuck?« Wissen Sie, warum deswegen Schwierigkeiten machen? Aber er schrieb einen Brief, in dem er die Alte von diesem Englischprofessor angriff, die die ganze Zeit an ihren Zähnen gesaugt hat. Sie hatte ein falsches Gebiß, wurde irgendwie von der ganzen Schule ausgelacht, aber sie war die Klassenlehrerin der letzten Klasse. Und er hat das auf den Maschinen der Handelsschule vervielfältigt – mit Hilfe all der fleißigen Sekretärinnen da drinnen – und verteilt. Und unter anderem hat er die Lehrerin mit ihrem Vornamen angesprochen, sie auf eine logische, statt auf eine unterwürfige Art angegriffen und, wissen Sie, das Schrecklichste, was er hätte tun können, war, sie mit ihrem Vornamen anzureden, wissen Sie. Das hat dem Faß den Boden ausgeschlagen. Sie haben danach gut auf die Hektographiermaschine aufgepaßt, und wir, wissen Sie, wollten versuchen, ihn zu besänftigen und dahin zu kriegen, daß wir irgendeine Art von Diskussion in Gang bringen konnten. Er war ein Radikaler und ich war ein Liberaler, und ich wollte, daß etwas geschieht, und er hat 'ne ganze Menge Leute von der Sache abgebracht, die sich nicht abgewandt hätten, wenn er in in ihrem Stil gehandelt hätte. Da hab ich dieses Zeug nach Hause genommen, und wir haben's durchgesehen, [...] und ich habe eine Art Herausgeberpolitik auf das ausgeübt, was er geschrieben hat, aber es in seinem ursprünglichen Stil belassen und es dann auf einer Maschine vervielfältigt, die Papa hatte, und sie wieder in der Schule verteilt. Wir haben ungefähr drei von diesen Sachen verteilt: Informationsbriefe, und die ganze Schule ist wild geworden. Sofort geteilte Lager, der Schülerrat ist zusammengebrochen, da gab's alle möglichen Diskussionen darüber, wie

[11] Diese besonders aktiven Jugendlichen hatten vor allen anderen zu einer Anti-Kriegshaltung gefunden. Vier dieser 5 Kriegsdienstverweigerer stammten auch aus den politisch aktivsten Familien. Der Einfluß der politischen Einstellung der Väter auf das Verhalten der Söhne war in diesen Fällen am deutlichsten zu beobachten. Einer resümierte diesen Einfluß mit wenigen Worten: »Mein Vater war draußen und hat gegen den Krieg protestiert, während ich noch zu faul war, das Bett zu verlassen.«

der Schülerrat sein sollte. Und wir sind in Verruf gekommen, Bösewichte zu sein, zu versuchen, die Schule zu zerstören, die Leistungen der letzten Klasse zu beflecken. Und all die Jungs von der anderen Seite sind herübergekommen auf unsere Seite. Die unangepaßten Leute und alle meine Schulfreunde sind rüber auf die andere Seite und das – das war plötzlich etwas anderes als das, was vorher passiert war. Keine wirklich festen Gruppierungen sind daraus entstanden, weil es fast am Ende von dem Schuljahr war. Aber es war ein Anfang, das war 64, der Sommer 64, der Anfang von vielen Dingen, die in diesem Land passiert sind. Eine wirkliche Veränderung – der Anfang, man konnte ihn sehen, sehen, wie er sich herauskristallisierte.

Fall Nr. 112

Die Jahre, in denen ich mich entwickelt habe, ich glaube, in der High School war da so ein Gefühl der Verzweiflung, gedämpft zu werden, zerquetscht zu werden, äh, das Gefühl war so, daß die Schule nur ein minimales Wissen anzubieten hatte, daß ich überhaupt nichts von der High School hatte. Ich dachte, daß ich in vielen Gegenständen viel mehr ganz alleine entdeckte, durch Selbsterziehung, durch Lesen, mehr als in der Schule. Außerdem bin ich einigemale mit den Autoritäten in Konflikt gekommen. Ich mußte entweder etwas tun, was ich für lächerlich hielt oder die Konsequenzen tragen [...] Ich fand, daß ich mich selbst vielleicht im täglichen Leben und dadurch kompromittierte, daß ich durch die Hallen dieser Institution wanderte. Dadurch, daß ich mich selbst dazu diszipliniert hatte, den existierenden Autoritäten zu gehorchen [...] Daß Anforderungen an mich gestellt wurden, die ich blödsinnig fand. Alles, vom Salutieren vor der Fahne bis dahin, daß ich vielleicht manchmal nicht meine wirklichen Gedanken äußerte, äh, bis zum Runtermarschieren zu einer Armeeversammlung, bis zum Fahneneid [...] Ich sah keinen Sinn darin. Ich dachte, es war lächerlich. Zusätzlich dazu, daß ich nicht an das geglaubt habe, was ich gesagt habe, äh, habe ich keinen praktischen Zweck darin gesehen. Es hat nicht einmal dazu beigetragen, Leute patriotisch zu machen, und das war sein Zweck. Ich bin deswegen in Konflikt gekommen, und ich bin nicht aufgestanden, und ich habe nicht salutiert. Und ich hatte ein Treffen mit dem Schulleiter und dem Schuldekan. Und sie haben mir vollkommen beigepflichtet, »Als wir in die High School gegangen sind, hatten wir nichts von dem Zeug, und uns ist nichts abgegangen« [...] Sie sagten, daß das Gesetz zu einer Zeit der Hysterie während der McCarthy-Zeit verabschiedet worden war, und daß sie meiner Meinung waren. Es hatte keinen Zweck, aber sie haben es durchgesetzt, weil es Gesetz war und sie ihren Job nicht verlieren wollten. Wir haben einen Kompromiß ausgearbeitet, daß ich aufstehen, aber nicht salutieren oder einen Eid schwören mußte, und das habe ich während der nächsten zweieinhalb Jahre gemacht [...] Äh, da habe ich eigentlich angefangen, mehr zu entwickeln als nur eine politische Einstellung. Ich habe eine Haltung zu den meisten Leuten entwickelt, mit denen ich im täglichen Leben in Berührung kam. Ich habe angefangen zu fordern, daß sie einen anderen Grund haben sollten, um über mich zu herrschen, als einfach den, weil sie die Macht haben, das zu tun. Und schließlich habe ich in meinem elften Jahr, glaube ich, gefunden, daß es viele andere Leute gibt, die genauso dachten wie ich. Und soweit war es ein angenehmes Gefühl, zu wissen, daß ich nicht allein war. Aber zu wissen, daß es nichts gab, was ich tun konnte, war frustrierend.

Fall Nr. 128

Da waren ein paar Jugendliche dort im 10. Schuljahr, die sich der Schülerfriedensunion angeschlossen haben. Das war 1961/62. Sie haben mir die Ziele der Gruppe erklärt: atomare Abrüstung usw. Ich habe mich wirklich dafür interessiert. Und da haben wir so eine Art informelle Zweigstelle der Schülerfriedensunion in der High School gegründet. Und wir hatten ungefähr 7 oder 8 Mitglieder. Und wir haben geredet, und wir haben mit anderen Leuten geredet, die sich dafür interessiert haben. Und wir haben den Ansteckknopf für atomare Abrüstung getragen. Wir haben beschlossen, die Literatur zu verteilen [...] Und ungefähr in der Mitte von meinem 10. Schuljahr war die Hölle los, weil irgendwelche von den Leuten im Ort – ich sollte sie vielleicht die Kleinstädter oder die Grobiane oder die was auch immer nennen. Ich glaube, daß man sie damals ›Felsen‹ genannt hat. Ich meine, mich daran erinnern zu können, daß sie über diese ganze Sache sehr unglücklich waren. 1949 war da ein sehr ernsthafter Aufruhr in einem Konzert für Paul Rosa. Und die Amerikanische Legion ist hingekommen und hat buchstäblich einen Aufruhr angefangen. Sie fingen an, Leute zu steinigen, die in das Konzert gegangen sind [...] Die Leute haben angefangen, in wahnsinniger Eile wegzugehen [...] Und alle die Leute, die sie unterstützt haben, haben sich einige Meilen weit der Straße entlang aufgestellt. Und sie haben Steine auf Autos und Busse geworfen. Und eine Menge Leute sind sehr ernst verletzt worden. Ich glaube nicht, daß gegen irgendeinen von den Leuten, die die ganze Sache angefangen haben, irgendwelche Strafanzeigen erhoben worden sind. Aber seit der Zeit war Croten ziemlich schlimm in verschiedene Lager gespalten. Und die Amerikanische Legion war immer ziemlich populär unter den Italienern und den irischen Katholiken. Jedenfalls, wie diese Kinder beschlossen haben, naja, wir mögen das nicht so recht, was ihr tut, ihr seid ein Haufen von Kommunisten, da haben sie angefangen, uns rumzuschubsen. Und ich kann mich erinnern, daß sie die Literatur ein paarmal geschnappt und zerfetzt haben. Ich kann mich auch daran erinnern, daß sie meinen Knopf abgerissen haben, und sie haben auch die Knöpfe von den Jacken einiger anderer Leute abgerissen. Und es hat angefangen, ziemlich ernst zu werden. Wir sind herumgeboxt worden, und die Schulverwaltung hat sich überhaupt nicht dafür interessiert. Wirklich. Da sind 3 von uns zum Schuldirektor, und wir haben gesagt, sehen Sie mal her, wissen Sie, wir werden herumgeschubst. Wir tun nichts. Wir tragen einen Knopf, und wir verteilen Literatur, um die Leute uns bitten. Und Sie sitzen einfach da und tun nichts. Und er war ein sehr farbloser Typ [...] Und man hat uns verboten, die Knöpfe zu tragen oder irgendwelche Literatur auf dem Schulgrundstück zu verteilen. Und den Leuten, die die Schwierigkeiten angefangen hatten, ist nie was passiert, die uns rumgeschubst hatten. Und ich weiß nicht, vielleicht war das meine erste radikalisierende Erfahrung. Ziemlich wahrscheinlich. Und ich war wirklich angeekelt von dem Schuldirektor. Ich kann mich an dieses eine Mitglied der Amerikanischen Legion erinnern, der zur Zeit des ganzen Radaus einen Brief an die Lokalzeitung geschrieben hat. Und er war kein sehr heller Mann [...] Aber er hat diesen Brief geschrieben, der im wesentlichen uns alle beschuldigt hat, Kommunisten zu sein. Und ich kann mich besonders an eine Phrase erinnern, die er verwendet hat, »Rote Faschisten«. Und das war das erste, was mir aufgefallen ist, wie ich diesen Brief gelesen habe. Da habe ich einen Antwortbrief geschrieben und aufgezeigt, was wir getan haben und woran wir glauben. Und ich glaube, von da an habe ich die – den Unwillen der Amerikanischen Legion auf mich gezogen und von diesem einen Individuum im besonderen. Aber 'ne ganze Menge von den Leuten in der Stadt haben uns unterstützt [...] Eine Reihe Leute im allgemeinen, die einfach das Gefühl hatten, daß wir nichts falsch gemacht hatten oder nichts Anstößiges getan hatten.

Viele der Kriegsdienstverweigerer nahmen auch unter ihren Freunden unpopuläre Standpunkte ein. Ein Jugendlicher trat aus einer Fraternität aus, weil sein Vorschlag, »eine arme Familie zu Weihnachten mit Einnahmen aus einer Lotterie« zu adoptieren, ausgelacht wurde. Die übrigen Jungen wollten das Geld dazu verwenden, eine Party abzuhalten und sich zu betrinken. Ein weiterer brach seine Freundschaft mit einigen Mitgliedern seiner Football-Mannschaft, weil sie es zu einem Ritual gemacht hatten, ›Nigger‹ aus dem Fenster ihres Autos zu rufen, während sie durch Negerghettos rasten. Viele äußerten sich kritisch während ihres Sozialkunde- und Geschichtsunterrichts und wurden von anderen Schülern für ihre Ansichten angegriffen. Ein Jugendlicher beschloß, eine militärische Vorbildungsschule zu besuchen, die für eine gründliche akademische Ausbildung bekannt war.
Er erzählte:

»Als ich ungefähr zwei Tage dort gewesen war und die Uniform getragen hatte, wurde mir bewußt, daß ich einen schlimmen Fehler gemacht hatte, weil es sehr militaristisch und sehr autoritär war [...] Ich hatte die meisten Schlechtpunkte in der Klasse [...] Ich habe den Drill verabscheut und verachtet. Sie hatten jeden Tag 40 Minuten Drill. Stellen Sie sich das vor, Jugendliche 40 Minuten am Tag marschieren lassen, Gewehre tragen lassen, oft draußen im Kalten. Das ist eine schreckliche Sache [...] Natürlich hatten sie ausgezeichnete Programme aller Art, wissen Sie, ausgezeichnete Lehrer und ausgezeichnetes wissenschaftliches Labormaterial, was mich irgendwie teilweise weiter dran interessiert hat. Im großen und ganzen war ich 'ne Art schwarzes Schaf in dem ganzen Laden. Aber ich wußte, daß ich aus dieser militaristischen Situation raus müßte, denn an dem Punkt habe ich den Militarismus so gesehen, wie er ist [...]«

Keiner von ihnen hatte damals eine umfassende politische Philosophie entwickelt. Soweit sie Kontakt mit politisch radikalen Studentengruppen hatten oder von ihrer Existenz wußten, zeigten sie sich ebenso reserviert und skeptisch, wie es ihre Väter schon früher gewesen waren. Damals und auch später opponierten sie nicht wahllos; ihre abweichende Meinung war vielmehr eine persönliche Reaktion auf sehr spezifische Gegebenheiten und besondere Menschen. Ihre Position wurde proportional zu den unterdrückenden und gelegentlich hysterischen Zwängen, die auf sie ausgeübt wurden, erhärtet. Wenn die Lehrer und Direktoren all ihrer Schulen Flexibilität und Vernunft gezeigt hätten, wäre es nicht zu Exzessen gekommen. Die wesentliche Bedeutung dieser Ereignisse für die Kriegsdienstverweigerer liegt darin begründet, daß sie anderer Meinung waren, aber sich den darauf einsetzenden Zwangsmaßnahmen weder unterwarfen noch selbst mit Zwangsmaßnahmen antworteten. Ähnliche Beispiele der Opposition wiederholten sich während ihrer College-Jahre.

Es wird zwar deutlich, daß die Kriegsdienstverweigerer in Frage stellten, was andere fraglos akzeptierten, daß sie opponierten, wo andere sich anpaßten, protestierten, während andere passiv blieben und ihre Positionen hartnäckig verteidigten, wo andere sich unterwarfen. Ich bin jedoch nicht der Ansicht, daß die Betrachtung ihrer Jugendjahre leichtfertige Verallgemeinerungen über eine grundlegende Feindschaft gegenüber Autoritätsfiguren erlaubt. Sie stammten weder aus autoritären noch aus übermäßig nachgiebigen Familien, hatten im allgemeinen angenehme Familienbeziehungen und ein sehr gutes Verhältnis zu den meisten ihrer Lehrer, und sie arbeiteten viele Jahre lang noch neben der Schule, ohne nennenswerte Schwierigkeiten mit Vorgesetzten. Ihre Opposition begann als Meinungsäußerung, die erst dann zum Konflikt führte, als sie auf Intoleranz stießen.

Sozialverhalten

Fast alle Kriegsdienstverweigerer verbrachten ihre Kindheit in sozial segregierten, ethnisch homogenen Gemeinden. Das hatte eine unvermeidliche Beschränkung der Sozialkontakte zur Folge, die noch verstärkt wurde, wenn sie Konfessionsschulen besuchten. Von der High School an kamen sie jedoch zunehmend mit anderen Gruppen in Berührung. 4 der 6 katholischen Jungen besuchten ethnisch und religiös gemischte High Schools, in denen ihre engsten Freunde Juden waren.

Einige der jüdischen Jungen gingen in vorwiegend von Negern und Puertoricanern besuchte High Schools und wurden in diese Gruppen integriert. Der Großteil der protestantischen Jungen erlebte eine ähnliche soziale Integration mit jüdischen, katholischen und schwarzen Schülern. Die wenigen Jungen, die weiterhin religiös oder ethnisch homogene Schulen besuchten, nahmen in ihrer College-Zeit Kontakt zu anderen sozialen Gruppen auf.
Ich bin der Meinung, daß mehrere Faktoren diesen Aspekt der sozialen Integration ermöglichten. Obwohl die meisten Kriegsdienstverweigerer in ethnisch homogenen Gegenden aufgewachsen waren, hatten ihre Eltern weder die eigene Gruppe verherrlicht noch andere Gruppen abgewertet. Im Gegenteil. Alle diese Familien zeigten sich zumindest in theoretischer Hinsicht an anderen Gruppen interessiert, verhielten sich tolerant und beschäftigten sich manchmal intensiv mit der Wohlfahrt anderer ethnischer Gruppen. Viele dieser Familien hatten auch durch ihre Berufe, Wohlfahrtsaktivitäten, Hilfeleistungen und Freundschaften sozialen Kontakt mit Menschen verschiedener Herkunft. Intellektuelle Leistungen und Freizeitaktivitäten brachten die Kriegsdienstverweigerer in enge Berührung mit Schülern anderer Herkunft. Durch ihre vielfältigen sportlichen, intellektuellen und künstlerischen Fähigkeiten gehörten sie verschiedenen Arten sozialer Gruppen an. Diese Kontakte blieben nicht auf die Schulstunden beschränkt, weil die Jungen keinen Grund dafür sahen, ihre Freundschaften nach ethnischen Kriterien auszurichten. Dieser Prozeß der sozialen Integration hatte häufig zur Folge, daß die Jungen in ihren neuen Freundeskreisen ethnische Minderheitenpositionen einnahmen, die sie zu neuen Einsichten in gesellschaftliche Zusammenhänge führten. Es gab nur einen Fall, bei dem Überreste religiöser Engstirnigkeit zeitweilig, aber bewußt, soziale Integration verhinderten. Ein Schüler beschloß, ein katholisches College zu besuchen, weil säkularisierte Universitäten von Lehrern und Schülern seiner von Jesuiten geführten High School als ›gottlos‹ dargestellt worden waren.

Aggressivität

Während die Kriegsdienstverweigerer bereit waren, an erhitzten verbalen Auseinandersetzungen teilzunehmen, griffen sie nicht auf Einschüchterung oder physische Gewalttätigkeit zurück. Sie begingen auch keine jugendlich-delinquenten Handlungen.[12] Obwohl die meisten von ihnen als Kinder in die für diese Altersstufe typischen Ring- und Boxkämpfe verwickelt waren, nahmen sehr wenige von ihnen während ihrer Jugend an Kämpfen teil. Zu solchen Kämpfen kam es fast immer nur dann, wenn sie selbst von anderen angegriffen wurden, oder wenn sie anderen Schülern zu Hilfe eilten, die eingeschüchtert oder geschlagen wurden. Keiner kämpfte, weil es ihm Spaß gemacht hätte oder er sich selbst bestätigen wollte. Sie lehnten Gewalttätigkeit nicht nur dann ab, wenn sie persönlich betroffen waren. Allem Anschein nach befanden sie sich aber immer auf der Seite der Opfer, entweder weil sie selbst Opfer von Gewalttätigkeit wurden oder anderen Opfern halfen. Dieses Thema des ›Opfer-Werdens‹ nahm später größere Ausmaße an, als einige vom Ku Klux Klan und den Minutemen[13] angeschossen oder von Polizisten und Gefängniswärtern geschlagen wurden.

Es gab einige weitere Eigenheiten in den jugendlichen Kämpfen der Kriegsdienstverweigerer, die andere Aspekte ihrer Persönlichkeiten näher beleuchten. Einige waren außergewöhnlich groß, stark und gut koordiniert. Auf die Frage, warum sie nicht viel gekämpft und insbesondere, warum sie während Streitereien niemanden verletzt hatten, erklärten sie, daß sie nicht gerne kämpften, niemanden provozierten und Probleme ohne Gewalttätigkeit zu lösen versuchten. Wenn sich keine Alternative geboten hatte, waren sie in der Lage gewesen, ihre Gegner zurückzuhalten, ohne ihnen weh zu tun. Sie meinten, daß sie Kämpfe fast immer durch Besänftigung vermeiden konnten, ohne andere körperlich einzuschüchtern. Wenn sie aber in die Ecke getrieben wurden oder die Beherrschung verloren, konnten sie fest zuschlagen.

Einige der anderen Kriegsdienstverweigerer waren von viel größeren und stärkeren Jungen, die als ›Raufbolde‹ und ›harte Jungs‹ bekannt waren, zu Kämpfen herausgefordert worden. Obwohl es ihnen möglich gewesen wäre, sich aus diesen von vornherein sicheren Niederlagen herauszureden, ohne das Gesicht zu verlieren, nahmen sie die Herausforderung an. Es ist auch von Interesse, daß alle drei Jugendlichen, die in der High School im Football-Team gewesen waren, die wichtigste

[12] Fast alle der Kriegsdienstverweigerer sind durch ihre Bürgerrechts- und Antikriegs-Aktivitäten mit der Exekutive in Konflikt gekommen. Ihre anfänglichen Konfrontationen mit Polizei, Gerichten und Gefängnissen dokumentieren die interessante Mischung aus Idealismus, Unschuld und grundlegendem Vertrauen in die sozialen, politischen und juristischen Institutionen der Vereinigten Staaten, die durch ihre tatsächliche Erfahrung als ›Angeklagte‹ zerstört wurde.

[13] Anm. d. Übers.: Rechtsgerichtete, schwerbewaffnete Geheimorganisation.

Rolle im Sturm eingenommen hatten. Sie sahen ›ihre‹ Rolle nicht als gewalttätig an und erklärten, sie hätten nicht versucht, ihre Gegner zu verletzen. Gleichzeitig unterschieden sie zwischen Pazifismus und Zerstörung. Keiner von ihnen sah sich als Pazifist an, da sie bereit waren, sich in Sportarten zu betätigen, die harten, körperlichen Kontakt mit sich brachten. Jedoch weigerten sie sich, Gewalttätigkeit für zerstörerische Ziele einzusetzen.

Fall Nr. 100

Ich kann mich nicht daran erinnern, jemals verprügelt worden zu sein, außer einmal in der High School im Turnen, wie ich einem Typ geholfen habe, eine Übung zu machen, und ein paar andere Typen haben ihn gestört, so daß er seine Übungen nicht machen konnte. Ich habe ihnen gesagt: »Warum laßt ihr ihn nicht in Ruhe?« Und sie waren in der Klasse von diesem andern Typ und nicht in meiner. Und wie ich in die Dusche gegangen bin, haben sie mich geschnappt und mich in den Magen geboxt und mir gesagt, daß ich mich nicht in die Angelegenheiten ihrer Klasse einmischen soll [...] Und ich bin für 'ne Menge von meinen politischen Ansichten angegriffen worden und Leute, die erzkonservativen Goldwater-Anhänger, haben mich in die Halle geschubst [...] Ich habe mich da auf Gandhis Standpunkt gestellt, daß Gewalttätigkeit nichts für Feiglinge ist.

Fall Nr. 107

Wie ich mich zuerst an Football beteiligt habe, war ich sehr jung. Da war 'ne Menge Abenteuer und Ruhm dabei. Na ja, und ich bin irgendwie reifer geworden, wie ich älter geworden bin. Und man ist nicht bösartig, wenn man Football spielt. Ich bin's nicht. Ich hab im Sturm gespielt [...] Ja, ich hab immer Quarterback gespielt, es war überhaupt keine bösartige Angelegenheit, überhaupt nicht, besonders von meinem Standpunkt her [...] Oh, ich bin geschlagen worden, und ich hab' Leute ziemlich geschlagen, aber Kontakt ist 'ne andere Sache. Man versucht nicht, irgend jemanden zu töten. Ich meine, man versucht nicht, zu zerstören [...] Ich fürchte mich, jemanden ins Gesicht zu boxen, weil ich Angst habe, daß ich sie verletzen werde, einen Knochen brechen oder was auch immer. Ich kann mich um mich selber kümmern [...] Ich nehme an, ich bin gewaltlos. Ich habe nie irgend jemandem ins Gesicht geschlagen. Zum Beispiel mit meinen Eltern. Ich debattiere heftig mit ihnen, aber wenn ich an einem Punkt ankomme, wo ich frech werden könnte, geh ich weg.

Fall Nr. 109

Vielleicht gab's da ein paar isolierte Vorkommnisse, wo ich sagen würde, daß man auf mich losgegangen ist. Ich kann mich nicht erinnern, irgendwann mal aggressiv auf jemanden losgegangen zu sein, außer einmal.

Das war, wie ich 14 war. Und da war einfach dieser eine Typ, den ich, wissen Sie, einfach nicht leiden konnte. Und er hat gesagt, wie gern er mit mir kämpfen möchte, und das ist das eine Mal in meinem Leben, woran ich mich erinnern kann, wo ich absolut blind meine Beherrschung verloren hab' [...] Wir sind getrennt worden. Ich meine, da war keine physische Gewalttätigkeit [...] Na ja, wir haben einander geschnappt. Ich glaube nicht, daß wir einander wirklich geschlagen haben. Es war irgendwie hin und her schubsen und ringen [...] Ich hab's bedauert. Obwohl ich nicht glaube, daß ich sofort danach zuviel darüber nachgedacht habe. Wenn ich jetzt ein bißchen zurückdenke, und wenn es mir wieder zu Bewußtsein kommt, bedaure ich's, weil ich nicht glaube, daß es irgendeinen Sinn hatte.

Fall Nr. 111

Ja, ich erinnere mich an ein paar. Ein großer Junge hat so einen Jungen geschlagen, der Polio hatte, der dann in Ordnung war und gehen konnte, aber er wog ungefähr 76 Pfund, und er war sehr klein. Und dieser Typ war ein ziemlich großer Typ, und da hab ich einen Medizinball aufgehoben und ihn geworfen und ihn genau in den Magen getroffen. Und er ist mir nach und hat ausgeholt, und ich hab mich geduckt, und ich bin mit 'nem Tiefschlag oder wie man das sonst nennt, nachgekommen und hab den Typen direkt aufs Kinn getroffen und zu Boden geschlagen.

Fall Nr. 218

[...] Und dann war da dieser andere Junge, ich erinnere mich nicht mehr, wie das war, vielleicht war's im selben Jahr oder im Jahr danach. Er war ein Neuer in der Schule, ein harter, neuer Junge in der Schule. Irgendwie, ich erinnere mich wirklich nicht, wie, sind wir in so eine Sache reingeraten, und wir haben, glaube ich, so etwas wie ein Duell vereinbart. Wir haben vereinbart, uns am nächsten Tag während der Mittagszeit zu treffen und die Sache auszukämpfen. Und eigentlich war es nicht, äh, da gab's 'ne gewisse Sorte von Kindern in der Schule, die die ganze Zeit gekämpft haben und grob waren und so weiter. Ich war nicht besonders hart. Ich hatte praktisch keine Erfahrung im Kämpfen. Da bin ich einfach in die Bibliothek und hab ein Buch über Judo, Jiu-Jitsu oder so etwas genommen. Ich hab's durchgelesen. Das hat ziemlich geholfen (leises Lachen). Und ich hab' den Jungen am nächsten Tag in der Mittagspause getroffen. Und zu kämpfen begonnen. Und, na ja, ein größerer Junge ist vorbeigekommen und hat die Sache gestoppt [...] Ich bin sicher, wenn er nicht erschienen wäre, wär ich ausradiert worden. Keine Frage [...] Und dann, ein anderes Mal, hatte ich einen kurzen Kampf in meinem ersten Jahr im College. Da war dieser Typ, mit dem ich befreundet war. Und er hat mich einfach immer geschlagen und belästigt, und ich habe ihn ganz einfach zusammengeschlagen [...] Die ganze Sache ist nie zu ernst geworden [...] Wir sind einfach die Stiegen rauf nach dem Abendessen oder sowas, und er hat mich einfach gestriezt wegen irgendwas und, ich nehme an, ich war in keiner tollen Stimmung. Ich habe ihm gesagt, er soll mit dem Zeug aufhören, aber er hat weitergemacht und ich habe ihm einfach eine in den Magen geboxt [...] Na ja, was er wirklich getan hat war, mich zurückzuhalten. Da hab ich mich schließlich beruhigt und gesehen, daß sowas keine Zukunft hat.

College-Jahre

Alle außer 2 Kriegsdienstverweigerern schrieben sich in Colleges und Universitäten ein.[14] Fast die Hälfte von ihnen erhielt rein akademische oder sportlich-akademische Stipendien. Die meisten von ihnen beendeten ihre 4jährigen College-Programme, und einige von denen, die Graduate-Schulprogramme besuchten (Technik, Chemie, Musik, lateinamerikanische Studien und Theologie), erhielten höhere akademische Grade. Die anderen gingen zwischen ihrem 2. und 4. Jahr freiwillig vom College ab.

Der akademische Fortschritt der Kriegsdienstverweigerer im College wurde durch die immer intensiver werdende Unruhe in den Vereinigten Staaten und auf ihrem Hochschul-Kampus stark berührt. Zusammen mit einer immer größer werdenden Unzufriedenheit mit dem Studentenleben begannen die meisten von ihnen, ihre Studentenrolle als irrelevant und von den Ereignissen ihrer Zeit künstlich isoliert anzusehen. Sie empfanden den Großteil ihrer Vorlesungen und Seminare als eine sterile und intellektuell einengende Last. Sie meinten auch, daß die meisten Studenten und Lehrer in einer akademischen Zwangsjacke steckten, die kreative Impulse erdrückte, indem sie intellektuelle Konformität forderte. Ihre Versuche, sich dem Universitätsleben anzupassen, scheiterten schließlich, als sie entdeckten, daß dies die Unterdrückung tiefer Bedürfnisse voraussetzte, die sie nicht länger negieren konnten.

Es bestand ein relativ enger Zusammenhang zwischen dem wachsenden Bewußtsein der Kriegsdienstverweigerer über soziale und politische

[14] Antioch College, Bradley University, Brooklyn College, Bucknell University, City College of New York, Colby College, Columbia College, Drew University, Eau Claire University Divinity School, Hobart College, Hunter Collage, Lafayette University, Long Island University, New School for Social Research, N. Y. Community College at Binghampton, N. Y. State University at Stoneybrook, Queens College, St. Peters College, Stanford University, University of Chicago: Graduate Schools; Columbia Graduate Faculties, Johns Hopkins University, University of Wisconsin, University of California/Berkeley, Union Theological Seminary.
Die beiden Kriegsdienstverweigerer, die sich nicht in einem College immatrikulierten, waren unter den 5, die ernsthafte Konflikte mit Lehrern und Schuldirektoren gehabt hatten (s. S. 184).

Fragen und ihrer ersten Beteiligung an sozialen Aktions- und Diskussionsgruppen. Damit wiederum war die Verschlechterung ihrer Noten verbunden. Ihrer Entscheidung, das College zu verlassen, ging jedoch eine Reihe individueller Erfahrungen voraus. Während sich nur ein Student aktiv an der Hochschulpolitik beteiligte, begannen viele andere, nach Möglichkeiten zu suchen, ihre Besorgnis über innenpolitische Zustände und die Außenpolitik der Vereinigten Staaten zu äußern. Viele verbrachten ihre Sommerferien in Kampagnen zur Wählerregistrierung in den Südstaaten, andere beteiligten sich an sozialen Wohlfahrtsprogrammen, die von der Regierung unterstützt wurden, und wieder andere traten direkt der Antikriegsbewegung bei. In jedem dieser Zusammenhänge lernten die Kriegsdienstverweigerer neue Freunde kennen und machten Erfahrungen, die einen vorläufigen Höhepunkt ihrer Konflikte und ihrer Unruhe bildeten und ihnen halfen, ihre Rolle in der Gesellschaft genauer zu definieren. Es gab jedoch einige Kriegsdienstverweigerer, deren Entscheidung, ihre Studien zu beenden, auf einen langen und ausschließlich privaten Kampf mit ihrem Gewissen folgte. Sie waren den studentischen Protestbewegungen ferngeblieben und sich der politischen Ereignisse, die eine wichtige Rolle in ihrem Leben spielen sollten, nur vage bewußt. Erst, nachdem sie privat beschlossen hatten, öffentlich gegen den Krieg in Vietnam zu demonstrieren, entdeckten sie andere Studenten, die genauso fühlten wie sie selbst.

Als die meisten Kriegsdienstverweigerer in das College eintraten, waren sie noch mit ihrem Privatleben beschäftigt. Soweit sie sich politischer und sozialer Ereignisse bewußt oder an ihnen interessiert waren, versuchten sie, diese von sich fernzuhalten, einige von ihnen mit Erfolg. In vielen Fällen genügte ein einziges Ereignis, um ihr Bild von den Vereinigten Staaten zu zerbrechen und sie schwer zu desillusionieren. Diese Enttäuschung kann nur im Zusammenhang mit ihrer vorhergehenden Erziehung verstanden werden. Sie stammten aus idealistischen Familien, die eine manchmal geradezu leidenschaftliche Verehrung für die Prinzipien zum Ausdruck brachten, auf denen die Vereinigten Staaten gegründet waren. Die Kriegsdienstverweigerer hatten eine tiefe Bindung an diese Werte entwickelt und glaubten, die amerikanische Gesellschaft sei nach ihnen strukturiert und funktioniere nach ihnen. Ihre Erfahrung im College und die allgemeine Unruhe im Land öffneten ihnen die Augen für gegenwärtige Zustände und historische Tatsachen, die mit ihrem vorherigen Bild und ihrer Vision von der amerikanischen Gesellschaft unvereinbar waren. Für einige begann dieses Erwachen in den Schulzimmern, für andere auf den Straßen oder in ihren Universitäten. Diese Einsichten hatten eine völlige Entfremdung von den materialistischen, wettbewerbs- und statusorientierten Werten und dem Verhalten ihrer Kommilitonen zur Folge.

Während dieser Zeit besuchten die meisten der Kriegsdienstverweigerer Colleges und Universitäten, in denen es aktive Gruppen des SDS und anderer Vereinigungen der ›Neuen Linken‹ gab. Sie hatten viele Gründe dafür, warum sie sich nicht radikalen Studentengruppen anschlossen. Der grundlegendste war, daß ihr Glaube an die Regenerationsfähigkeit der amerikanischen Gesellschaft nicht zerstört worden war. Regierungsprogramme auf lokaler und nationaler Ebene und gewaltlose, soziale Aktionsgruppen boten ihnen Anregung und die Gelegenheit, innerhalb oder neben der institutionalisierten Struktur des Landes auf Reformen hinzuarbeiten. Obwohl sie diese Programme für zu klein angelegt, schlecht gehandhabt und schlecht geplant hielten, erschien ihnen die Alternative revolutionärer Aktion aufgrund ihrer illusionären Qualitäten und der Gewalttätigkeit, die ihre Programme beinhalteten, sowie der daraus folgenden Ungerechtigkeit als unannehmbar. Diejenigen, die mit radikalen Studentengruppen Verbindung aufnahmen, wurden durch ihren ideologischen Dogmatismus, ihre Intoleranz gegenüber ›Ungläubigen‹, ihre Zwangstaktiken, die Gewohnheiten vieler Mitglieder und die fundamentale Feindseligkeit und Wut, die diese Studenten ausstrahlten, abgeschreckt. Ein Kriegsdienstverweigerer drückte dies so aus: »Sie predigten Liebe für die Menschheit, aber sie mochten Menschen nicht.« Ein anderer sagte:

> »Im Grunde genommen sehen sie schmierig aus. Und sie tun überhaupt nichts. Sie lungern in der Stadt herum, rauchen Hasch, stoßen einfach andere Leute ab [...] Sie sprechen über Verpflichtung, aber sie handeln nicht nach Verpflichtung [...] Da gab's noch eine andere Sache, die mich an einigen von den Typen in der Universität gestört hat, die gesagt haben, daß sie Peaceniks sind. Man konnte die Feindseligkeiten und den Haß in ihnen sehen. Und trotzdem haben sie vorgegeben, daß sie den Frieden herbeibringen wollen.«

Fall Nr. 101

Bevor ich ins College gegangen bin, war ich nie interessiert oder hab mich an irgendwas beteiligt. Das war leider symptomatisch für den allgemeinen Tenor in dem Ort, in dem ich aufgewachsen bin, ein allgemeiner Mangel an Besorgnis über wirkliche soziale Zustände. Und dann die Tatsache, daß ich gesehen habe, wie arme Leute Streikposten mit Aufschriften aufgestellt haben [...] in dieser angeblich liberalen Bildungsinstitution, und die Verwaltung hat nicht einmal zugehört. Die haben nicht einmal erlaubt, daß ihre eigenen Kantinenarbeiter sich organisieren. Das hatte einen starken Einfluß auf mich. Ich hab's mit meinen eigenen Augen gesehen [...] Es war nicht nur eine Lektion in Soziologie. Es war eine Lektion im wirklichen Leben.

Fall Nr. 104

Wissen Sie, und ich konnte es jeden Tag sehen, wie ein Lehrer dich krank machen kann, wirklich körperlich krank, 2 Wochen vor einer Prüfung je nachdem, was für eine Einstellung er dir gegenüber hat. Er hat vollkommene Kontrolle über deine ganzen Gefühle, wenn du überhaupt engagiert bist, was ich während meiner ganzen Schulzeit war, bis in diesem letzten Jahr. Es ist absurd, daß jemand soviel Macht über dich haben kann, ohne daß du's weißt [...] Und ich hab mir immer vorgelogen, daß ich mich auf meine Kurse gefreut habe. »O prima! Großartiges Jahr! Ich kann alle diese phantastischen Kurse belegen.« Und das hat nie länger gedauert als 1 oder 2 Wochen. Und deswegen bin ich von der Graduate-Schule abgegangen.

Fall Nr. 105

Was diese Jahre im wesentlichen charakterisierte, war die Bitterkeit, die ich hatte und diese Wut [...] Über die Welt. Über Unmenschlichkeit [...] Ich bin einfach in die Stadt gekommen (New York City) und hab's gesehen. Ich habe gesehen, wie Menschen die schwarzen Menschen behandeln. Ich habe gesehen, wieviel Wert darauf gelegt wurde, gute Noten zu bekommen, was irgendwie übertrieben schien. Ich habe Christen gesehen, die Liebe und Brüderlichkeit predigten und Fanatiker waren. Ich habe einfach die Scheinheiligkeit gesehen [...] Ich weiß nicht, ob das vorher alles dort war oder nicht. Äh, ich hab's einfach nie gesehen. Plötzlich hat es mich einfach getroffen und mich umgeworfen [...] Und mir ist klargeworden, daß die wirklich unglücklichen Leute, die ich getroffen habe, einfach Leute waren wie ich selbst. Leute, die sehr empfindsam waren und die alle diese Dinge sehen konnten. Wissen Sie, hier sind alle diese Leute in Columbia [...] Eine schöne Universität, und alle sind intelligent, und die meisten Leute sind Fanatiker [...] Und jeder respektiert all diese Leute, die gute Noten kriegen, und eine Menge von den Leuten, die gute Noten kriegen, können niemanden respektieren, der nicht so aussieht wie sie selber. Und das war das ganze College-Milieu [...] Und ich wußte, daß eine ganze Menge Leute, die ich getroffen hatte, die nie ins College gegangen waren, mir eine ganze Menge mehr bieten konnten, als diese sogenannten College-Kinder [...]
Dieser fürchterliche Stolz auf Amerika. Ich bin früher aufgestanden, wenn sie die Nationalhymne gespielt haben, egal wo ich war. Ich bin immer aufgestanden, selbst wenn alle anderen gesessen sind oder es nur im Radio war. Ich fühlte all diesen Stolz auf dieses schöne Land und ich habe einfach gesehen, was alles passiert ist. Und wenn du etwas weggenommen bekommst, ist es wesentlich schlimmer, als wenn du's nicht gehabt hättest.

Fall Nr. 115

Mir ist mehr und mehr aufgefallen, daß Studenten überhaupt nicht ernsthaft waren, und daß sie geschwindelt haben. Schwindeln. Zum Beispiel habe ich versucht, die Universität zu meiner Bildung zu machen, meiner täglichen Erfahrung, während diese Leute in die Universität gegangen sind und ihre Noten bekommen haben [...] Ich hab gesehen, daß ich ein Teil davon werden könnte, mich dazu hergeben würde, mit ihnen zu arbeiten. Es hätte mich irgendwie so gemacht wie sie, und ich wollte überhaupt nicht so sein [...]

Fall Nr. 120

Während dieser ganzen Zeit hab ich mich irgendwie wirklich in mich selbst zurückgezogen. Ich hatte gewisse Gefühle über Dinge, die sich abgespielt haben, aber ich fühlte mich irgendwie abseits davon. Ich habe mich wie zwei Menschen gefühlt. Wie dieser eine Mensch, der durch Columbia geht und ein Ingenieur wird – der war irgendwie ein Mensch, und dann war da dieser andere Mensch, den ich die ganze Zeit in den Hintergrund geschoben habe [...] Ich habe mir selbst zugesehen, wie ich erfolgreich durch Columbia durch bin, aber irgendwie war's nicht wirklich wesentlich ›Ich‹ da draußen. Es war einfach, daß dies irgendwie die Richtung war, die den geringsten Widerstand bot [...] Ich wurde von der Johns-Hopkins-Universität angenommen und habe beschlossen, dorthin zu gehen, weil sie ungefähr die beste Universität für Operations-Research an der Ostküste ist. Ungefähr zu der Zeit habe ich angefangen, mir darüber klarzuwerden, daß ich vielleicht einen Fehler gemacht habe mit dem, was ich tue, und daß möglicherweise diese Richtung nicht die beste Richtung für mich war. Und nicht nur war's vielleicht nicht die beste, aber ich habe angefangen, mir Gedanken zu machen, ob ich wirklich so weitermachen könnte. Und ich hab auch angefangen, mir darüber bewußt zu werden, daß ich ein sehr passiver Mensch war. Da gab's bestimmte Sachen, an die ich geglaubt habe, aber die ich nie geäußert habe, oder von denen ich mich nie besonders in meinen Aktivitäten beeinflussen ließ [...] Ich hab mit einer Menge von Bewegungen sympathisiert, aber aus irgendeinem Grund fühlte ich mich nicht motiviert, mich persönlich daran zu beteiligen. Ich weiß eigentlich nicht, warum das so war. Ich glaube, daß es etwas mit der Tatsache zu tun hat, daß der Mensch, der in die Columbia-Universität ging, jemand war, den ich geschaffen hatte [...]

Während dieser Zeit, es hat wirklich damit angefangen, wie ich die Columbia-Universität abgeschlossen hatte, habe ich angefangen, in der Art zu leben, die ich für mich selbst geplant hatte, und an den Dingen, die ich tun würde, zu zweifeln. Ich habe die Bekanntschaften gesehen, die ich gemacht habe und die Dinge, an denen ich mich zu beteiligen begann, von denen ich das Gefühl hatte, daß ich nicht an ihnen beteiligt sein wollte. Na ja, ich werde Ihnen ein Beispiel geben. Während meines ersten Semesters in Hopkins kann ich mich daran erinnern, eine Vorlesung in Spieltheorie besucht zu haben. Ich habe den Namen von dem Typen verges-

sen, der sie gehalten hat, aber ein sehr großer Name auf dem Gebiet, und er hat angefangen, über die Plazierung von atomaren Raketen zu sprechen, um eine maximale Tötungsrate zu erzielen. Und das war einfach ein Zeichen für die Art von Werten, die dort vorgeherrscht haben. Da war überhaupt keinerlei Ehrfurcht vor menschlichen Werten. Er schien sich überhaupt nicht bewußt zu sein, daß er über Menschenleben gesprochen hat, als er darüber sprach, eine maximale Tötungsrate zu erzielen. Und das ist nur ein Beispiel für die Art von Werten, die es dort gab, so daß ich einfach nicht in dieser Atmosphäre leben konnte [...]
Ich war über die Rolle besorgt, in der ich mich selbst gesehen habe. Ich wollte nicht schweigend billigen, was sich da abgespielt hat, indem ich meine Beziehung zu der Universität aufrechthielt. Zur gleichen Zeit war ich verwirrt, und ich wollte die Beziehungen nicht vollständig abbrechen. Mit anderen Worten, ich war noch immer eingeschrieben. Am Ende dieses Jahres wurde ich aufgefordert, mit dem Stipendium an die Universität zurückzukehren. Aber an dem Punkt wurde mir bewußt, daß ich nicht zurückkehren konnte, daß ich dort nicht mehr leben konnte. Ich war fähig dazu, mich psychisch in die Arbeit hineinzusteigern, mich selbst in die richtige geistige Verfassung hineinzukriegen [...] Aber jetzt konnte ich die Arbeit nicht tun. Ich konnte mich nicht darauf konzentrieren. Ich konnte einfach die Arbeit nicht tun. Äh, ich war darüber besorgt, über die Rolle, die ich mich selbst spielen gesehen habe. Ich wurde mir der Tatsache bewußt, daß ich eine Verpflichtung mir selbst und anderen gegenüber hatte, irgendeinen Standpunkt in den Dingen zu beziehen, an die ich glaubte. Und ich habe angefangen, über die Frage der Musterung und über den Krieg nachzudenken.

Bezugspersonen in Kindheit und Jugendzeit

Menschen im allgemeinen und einige besondere Menschen spielten eine zentrale Rolle im Leben der Kriegsdienstverweigerer, eine Rolle, der sich diese Männer bewußt sind und der sie eine grundlegende Bedeutung beimessen. Ihre Entwicklung zur Kriegsdienstverweigerung ist ohne die richtige Einschätzung ihrer Beschäftigung mit Menschen und ohne angemessene Beachtung des Einflusses dieser besonderen Menschen unvorstellbar und nicht zu beschreiben. Es kann kein Zufall sein, daß die Zeit, in der sich die Kriegsdienstverweigerer am stärksten mit der Wohlfahrt anderer Menschen beschäftigten, mit ihrer Entwicklung zusammenfiel, die sie von sozialer, emotionaler und intellektueller Konformität wegführte, hin zu ihrer Entscheidung, für ihr Gewissen ›Zeugnis abzulegen‹. Ebensowenig zufällig ist es, daß diese Entwicklung auf zahlreiche Begegnungen mit Menschen folgte, die eine Lebensweise verkörperten, die sie zutiefst bewegte und zu eigenen Taten herausforderte. Sie gaben an, daß sie von Frauen genauso stark beeinflußt wurden wie von Männern, von wesentlich älteren und jüngeren Menschen genauso wie von Gleichaltrigen, von engen Freunden wie von Zufallsbekanntschaften. Eine Reihe historischer Persönlichkeiten inspirierte sie ebenso.

Das vielleicht interessanteste Paradox, das bei der Betrachtung dieser Kriegsdienstverweigerer aufscheint, ist die Beziehung zwischen ihrer vielversprechenden Entwicklung in der High School und im College und der Tatsache, daß die meisten von ihnen ihre persönliche Zukunft freiwillig gegen eine Gefängniszelle eintauschten. Diese Entscheidung bildete sich langsam und schmerzhaft im Zusammenhang mit all den bisher beschriebenen Ereignissen und Einflüssen heraus, und sie wurde durch den Kontakt mit besonderen Menschen beschleunigt. Diese Menschen zeigten ihnen, wie sie werden konnten, und sie beschlossen, diesem Beispiel zu folgen.

Als sie zu erklären versuchten, wie sie von anderen Menschen beeinflußt worden waren, unterschieden die Kriegsdienstverweigerer zwischen solchen, die sie positiv beeinflußt, die ihnen als Vorbilder gedient hatten und anderen, die ihnen gezeigt hatten, wie sie nicht werden wollten. Die wichtigsten Bezugspersonen traten zu einem Zeitpunkt in das Blickfeld der Kriegsdienstverweigerer, als sie bereit waren, anderen zu begegnen, ihre Persönlichkeit zu verändern, ihre Aufmerksamkeit in eine neue Richtung zu lenken, sich neue emotionale und intellektuelle Perspektiven zu eröffnen und sich für die weitere Entwicklung anderer Menschen einzusetzen. Vorwiegend in diesen mitmenschlichen Beziehungen erlebten die Kriegsdienstverweigerer Abenteuer. Für sie bedeutete ein Abenteuer eine emotionale und intellektuelle Entdeckung, ein Erwachen, eine gemeinsame, neue oder einmalige Erfahrung, ein Gefühl, verstanden zu werden und dieses Gefühl anderen geben zu können.

Wem wollten sie ähnlich sein? Sie wollten so sein wie Henry David Thoreau, der sich seiner Regierung widersetzte, als er anderer Meinung war als sie, und der sich in die Natur zurückziehen und die einfachen Freuden des Lebens genießen konnte. Sie wollten wie Martin Buber sein und die Freuden tiefen Verständnisses und der Kommunikation zwischen Menschen erleben. Wie Gandhi wollten sie fähig sein, nein zu sagen, ohne zur Gewalt zu greifen. Sie wollten wie ihre Väter sein, die ihnen sagten, »Du erreichst nichts, indem du schreist und die Fäuste ballst. Versuche, dich ruhig zu verständigen« und wie ihre Mütter, weil »man ihre Freude am Leben spüren konnte«, »sie von einem Gedicht so freudig erregt werden konnte«, »sie sich wirklich über die Gefühle anderer

Menschen Gedanken gemacht hat«. Sie wollten auch wie Martin Luther King sein, der Menschen mit dem Versprechen von Liebe inspirierte.

Fall Nr. 103

Professor [...] war Vorstand im Department für Geschichte. Ich habe eine Arbeit für ihn geschrieben, über die Cherokee Indianer [...] Im wesentlichen kam's darauf an, was ich darüber dachte, daß sie aus Georgia vertrieben wurden. Und ich hab dieses typische Zeug da geschrieben, daß es unvermeidlich war [...] Und darauf hingewiesen, daß die Weißen es damals so human getan haben, wie man's nur erwarten konnte [...] Und er hat auf meine Arbeit geschrieben: »Sie hätten den Nazis beigepflichtet« [...] Und ich hab ihm gesagt, daß immer jemand jemand anderen irgendwo rausgeschmissen hat [...] Wenn wir Rom und Griechenland nicht gehabt hätten [...] und wenn die Pilgerväter nicht jemanden rausgeschmissen hätten, wer das auch immer war, den sie rausgeschmissen haben, wäre die Welt von Hopi-Indianern bevölkert [...] Und er hat dieses Argument völlig zunichte gemacht und gesagt: »Ja, warum nicht? Sind Sie über die Dinge, so wie sie sind, glücklich?« und ich mußte zugeben, daß ich's nicht war [...] Und plötzlich wurde diese pazifistische Position, wenn auch nicht überzeugend, so doch glaubhaft.

Fall Nr. 104

In meinem zweiten Jahr im College habe ich diese Familie getroffen. Ich habe Mensa-Essen gegessen und zu einem Abendessen zu gehen, das von einer guten Köchin vorbereitet war, war absolut phantastisch. Und das erste Mal, wie ich runtergegangen bin, hatte ich eine lange Diskussion mit ihnen. Und so was wie da ist mir nie vorher passiert. Bin bis in die Früh geblieben und habe meine Pläne diskutiert. Und zu verstehen, daß Menschen gute Menschen sein können [...] Ich meine, irgendwas war an ihnen gut, ohne politisch zu sein. Ich wurde durch Erfahrung gelehrt zu glauben, daß die einzigen guten Menschen politische Menschen sind und andere Menschen seicht wären oder daß ihnen etwas fehlte. Und das war ein ziemlicher Schock [...] Sie waren genug an dem interessiert, was ich getan habe, um 5 Stunden damit zu verbringen, es zu diskutieren [...] Und ich habe dort eine Frau getroffen, und sie hat mich alles gelehrt, was ich über anständige Behandlung von Menschen weiß, mit Menschen als Individuen umzugehen [...]

Fall Nr. 109

Ich hatte seit 1965 eine Klavierlehrerin, die einen irrsinnigen Einfluß auf mich hatte. Das wird dadurch deutlich, wie in der Einstellung, die sie hat zu der Idee, daß, je mehr du lernen kannst, das zu verwenden, was natürlich in dir selbst ist, durch deine eigenen Bemühungen, desto näher kommst du dem, ein wirklich schöpferischer Mensch zu sein. Sie glaubt, daß Men-

schen, die im Grunde genommen Kreativität durch geschraubte Techniken vorschwindeln, die unterdrücken, was in ihnen ist und verdrehen, was in ihnen ist, schließlich korrupte Kunst hervorbringen werden. Und unsere Diskussionen haben sich um viel mehr gedreht, als einfach ums Klavierspielen. Wir sind auf Politik gekommen. Wir sind auf das ganze Wesen von Kunst gekommen und wozu sie gut ist. Auf Kindererziehung [...]
Ein Freund von mir ist 1963 und 1964 nach Mississippi, und das hat mich direkt auf die Bürgerrechtsbewegung aufmerksam gemacht. Ich habe zu mir selbst gesagt: »Na, warum gehst du nicht nach Mississippi?« nicht so, daß ich notwendigerweise nach Mississippi gehen sollte, aber daß ich wissen sollte, warum ich nicht nach Mississippi gehe.

Fall Nr. 110

Ich hab mit meinem Cousin [...] über den Krieg geredet, und da ich im Grunde genommen legalistisch ausgerichtet bin und auf Fairneß ausgerichtet bin, war die Sache, auf die ich sofort gekommen bin, Nürnberg [...] Dann hab ich [...] aufgesucht, der eine Sache über Nürnberg geschrieben hat und habe ihm ein bißchen geholfen [...] Er war ein Verweigerer mit der Begründung, daß die Verfassung sagt, daß die Verträge, die vom Präsidenten unterschrieben und vom Senat ratifiziert werden, Teil des Gesetzes des Landes werden und Priorität vor allem anderen, außer der Verfassung haben, das heißt, allen Gesetzen, die vom Kongreß verabschiedet werden. Nürnberg war so ein Vertrag. Nürnberg hat ausdrücklich einige von den Dingen verboten, die wir in Vietnam getan haben. Daher hat Nürnberg ihn dazu verpflichtet, sich zu weigern, mit dem Musterungsbüro zu kooperieren, das ein Arm einer illegalen Politik ist [...] Er ist jetzt im Gefängnis [...] Ich hielt ihn für sehr mutig und korrekt. Er hat das Richtige getan, und ich habe angefangen, mich daran zu beteiligen, und habe mich auf Listen setzen lassen, damit sie mir ihr Informationsmaterial schicken.

Fall Nr. 112

Im achten Schuljahr hab ich eine dauerhafte Freundschaft geschlossen. Seine Eltern waren Flüchtlinge aus Europa. Er war rundheraus [...] Sehr aufsässig gegen Autorität. Schließlich sind wir ziemlich eng befreundet gewesen. Haben zusammen Verschiedenes diskutiert [...] Eine Einstellung entwickelt, indem sich jeder auf seine Art geändert hat und jeder, glaube ich, den anderen beeinflußt hat. Im 9. Schuljahr hatte ich Thoreau und die »Pflicht zum bürgerlichen Ungehorsam« gelesen [...] Habe auch Bürgerrechtsdemonstrationen im Süden und die Schlacht an der Summit Bridge angesehen. Solche Dinge haben mir wieder das Gefühl gegeben, daß irgendwas sehr falsch war, aber da war immer noch, glaube ich, ein gewisser Glaube an die Fähigkeit der Vereinigten Staaten, daß sie als Land ihre Übel korrigieren können. Und ich glaube nicht, daß ich erkannt hatte, so wie ich es heute tue, wie tief verwurzelt unsere sozialen Übel sind. Wie schwierig die Aufgabe jemals sein wird, uns von ihnen zu befreien. Da war's mehr oder weniger so, zu erkennen, daß verschiedene Sachen

falsch sind, aber zu glauben, daß sie ziemlich leicht korrigiert werden könnten, wenn wir uns wirklich daranmachen [...]
Ich wußte nicht, daß da noch sehr viel mehr Leute im Gefängnis waren dafür, daß sie ähnliche Handlungen begangen hatten. Wie ich dann draufgekommen bin, daß ich nicht allein war, wie ich einen Typen im Verweigerungsbüro getroffen habe, der sich nicht registriert hatte, habe ich mich fabelhaft gefühlt. Hier war ein Mensch, wirklich aus Fleisch und Blut, der das getan hatte, was ich tun wollte, und es war ziemlich ermutigend.

Fall Nr. 128

Im College habe in einen Typen getroffen, der mich gleich von Anfang an beeindruckt hat. Er war mit einem verkümmerten Arm geboren und sehr ernsthaft verkümmerten Beinen [...] Es hat mich sofort beeindruckt, wieviele Sachen er trotzdem tun konnte. Wissen Sie, er fährt Auto, baut alles mögliche, ganz einfach alles mögliche. Er konnte das überwinden, ohne die ziellose Bitterkeit, die man manchmal findet [...] Irgendwie gibt er anderen Menschen durch seine Anständigkeit und seine Güte ein Beispiel. Und ich nehme an, daß ich darin etwas von ihm gelernt habe.

Fall Nr. 129

Na ja, als Student im ersten Jahr hatte ich einen Bürgen, einen älteren Studenten, der in dem Studentenheim wohnte, wo die im ersten Jahr drin wohnten, und der ein Kriegsdienstverweigerer aus Gewissensgründen war. Ich hatte wirklich 'ne ganze Menge Respekt vor ihm, wollte so sein wie er [...] Na ja, er war ein sehr stiller, sehr feinfühliger Junge. Er war im Jahr vorher in einer Kampagne für die Wählerregistrierung nach Mississippi gegangen und war zusammen mit einem Rabbiner und einem anderen Menschen auf einem Bahnübergang sehr schwer zusammengeschlagen worden [...] Er ist mir einfach wie ein Christ vorgekommen, viel anziehender und mit viel mehr Prinzipien, als ich jemals einen in der Kirche getroffen hatte, und ich war wirklich beeindruckt [...] Er war soviel mehr von seinen Überzeugungen geprägt, als ich es war. Ich war nie dazu aufgerufen worden, meine vorzuzeigen oder irgendwie öffentlich für sie Zeugnis abzulegen, und er hat das mit so einer Leichtigkeit und Integrität getan, ohne irgendwie, wissen Sie, sich's zweimal zu überlegen.

Abschließende Bemerkungen

Ein Paradox nach dem anderen durchzieht die Jugendjahre der Kriegsdienstverweigerer mit ihrer Unruhe und Aufregung, ihren Schwierigkeiten und Leistungen. Nach außen hin repräsentierten alle das konventionelle Bild wohlangepaßter, leistungsfähiger Streber, die sowohl von ihren Lehrern als auch von ihren Mitschülern als ›später höchstwahrscheinlich erfolgreich‹ angesehen wurden. Fast alle nahmen ihre Studien ernst und waren überlegene, soziale Führer und Neuerer und oft in ihrem Ort bekannte Sportler. Dennoch blieben sie auf die eine oder andere Art außerhalb der klischeehaften Werte und Verhaltensmuster, die ein integraler Bestandteil ihrer Subkulturen in der High School und im College waren. Unter den sozial besser Integrierten fiel diese geistige Freiheit anfänglich weniger auf und wurde nur in kritischen Situationen bemerkbar, in denen die Gruppe gegen hochbewertete Prinzipien verstieß. Die sozial weniger stark Integrierten begannen ihren Protest früher und sprachen ihn öfter und vernehmlicher aus. Je tiefer sich die Kriegsdienstverweigerer als Teil ihrer konventionellen High-School- und College-Gesellschaft empfanden und je enger sie ihre persönliche Zukunft innerhalb dieses Rahmens sahen, desto länger benötigten sie, sich aus diesem Lebensstil herauszulösen. Dieser Prozeß, dieses Herauslösen aus äußerlichen Einflüssen, ging Hand in Hand mit ihren persönlichen Erfolgen. Es hat den Anschein, als hätten sie systematisch die Möglichkeiten jeder der Institutionen ausgeschöpft, die dazu bestimmt waren, ihr Leben in bestimmte Bahnen zu lenken. Danach wurden sie zu Kritikern eben dieser Institutionen.

Kapitel 3

Sexuelle Entwicklung und Erfahrungen

Teil 1

Die Kriegsfreiwilligen

Frühe Sexualität

Das Bemerkenswerteste an der anfänglichen Sexualität der Kriegsfreiwilligen scheint ihr mangelndes Interesse und ihre Abneigung gegen Selbstbefriedigung zu sein. Viele Soldaten sagten, sie hätten in frühem Alter Mädchen entdeckt und heterosexuelles Spiel bevorzugt. Andere wurden religiösen Verdammungen ausgesetzt oder von ihren Müttern ertappt und streng bestraft. Einige konnten nicht erklären, warum sie nie onaniert hatten. Kulturelle Einflüsse scheinen nur unter den katholischen Soldaten eine erkennbare Rolle im Zusammenhang mit Selbstbefriedigung gespielt zu haben. Nur einige katholische Jungen fühlten sich wegen des Onanierens schuldig. Sie onanierten auch länger und aktiver als die anderen.

Während jeder Phase der sexuellen Entwicklung erreichten nur wenige Green Berets einen Orgasmus ausschließlich oder in erster Linie durch Selbstbefriedigung. Derartige Perioden waren kurz und lagen meist vor dem ersten Geschlechtsverkehr. Die Männer, die relativ selten sexuelle Kontakte mit Prostituierten und Freundinnen hatten, onanierten auch, nachdem sie in die Armee eingetreten waren und während ihres Aufenthaltes in Vietnam.

Erster Geschlechtsverkehr

In fast allen Fällen folgte auf die ersten Zeichen sexuellen Erwachens schnell voller Geschlechtsverkehr. Die unterschiedlichen Umstände, unter denen der erste Geschlechtsverkehr zustande kam, standen in krassem Gegensatz zu der Ähnlichkeit der Reaktionen der Jungen auf dieses Ereignis. Dieser Kontrast gibt ihrem ersten Geschlechtsakt seinen besonderen Charakter.

Zur Zeit des ersten Koitus waren die Jungen zwischen 6 und 19 Jahre alt, mit einem Durchschnittsalter von 15,1 Jahren[1].
Mit 13 Jahren hatte ein Viertel der Green Berets schon mit einem Mädchen geschlafen, im Alter von 15 die Hälfte und im Alter von 17 hatten nur 3 Jungen noch keinen Geschlechtsverkehr gehabt[2]. Die Mädchen waren von 6 (sie hatte Geschlechtsverkehr mit einem sechsjährigen Jungen) bis 21 Jahre alt. Fünf waren Prostituierte, 2 waren Zufallsbekanntschaften, 8 Bekannte, 6 Freundinnen und 3 enge Freundinnen. In 15 von 21 Fällen waren die Mädchen zur Zeit des Geschlechtsaktes den Jungen völlig oder fast völlig fremd. Die 6 Jungen, die zuerst mit ›Freundinnen‹ schliefen, hatten zuvor eine lockere und oberflächliche Beziehung zu ihnen gehabt.
Die Reaktionen der Jungen auf ihren ersten Geschlechtsverkehr waren beeindruckend ähnlich und werden als rein körperlicher Spaß oder »nichts« beschrieben. Nur 5 Soldaten sprachen von einer gefühlsmäßigen Reaktion. Zwei aus dieser Gruppe fanden den Geschlechtsverkehr gefühlsmäßig befriedigend. Einer sprach von Enttäuschung, die 2 übrigen von Ekel. Der Geschlechtsverkehr hatte selten einen Einfluß auf die Beziehung zwischen dem Jungen und dem Mädchen. Die meisten trafen das Mädchen noch danach, entweder »nur für Sex« oder weil sie sie gern hatten und auch gern mit ihnen zusammen waren. Nur 4 Soldaten hatten das Gefühl, daß der Geschlechtsverkehr die Beziehung zu dem jeweiligen Mädchen veränderte. Einer, der damals 14 war, lehnte seine sechzehnjährige Partnerin moralisch ab. Ein weiterer sagte, der Koitus hätte zu einer emotionalen Krise geführt, weil das Mädchen eine fromme Katholikin war. Zwei Soldaten gaben an, der Geschlechtsverkehr hätte die Beziehung zwischen ihnen und ihren Freundinnen vertieft.
Die Erzählungen der Soldaten über ihren ersten Geschlechtsakt geben uns Aufschluß über ihre Gefühle und die Bedeutung, die dieses Ereignis in ihrem Leben hatte.

Fall Nr. 204

Sie war irgend so eine alte Prostituierte unten in North Carolina.

[1] Das scheint ziemlich unter dem Durchschnitt für Männer in den Vereinigten Staaten zu liegen. Ein genauer Vergleich zwischen den Green Berets und einer vergleichbaren Bevölkerung amerikanischer Männer war wegen des Mangels an neueren, verläßlichen und repräsentativen Daten nicht möglich. Der Kinsey-Report stellt noch die beste Quelle für Vergleichsdaten dar und ist jetzt über 30 Jahre alt.
[2] Es gab keine Beziehung zwischen sozioökonomischem und regionalem Hintergrund, Alter, Wahl des Geschlechtspartners und Reaktion auf den Koitus.

Fall Nr. 207

B: Sie war ungefähr – sagen wir – achtzehn oder neunzehn [...] Ich war ungefähr fünfzehn damals. Sie war, wissen Sie, ziemlich daran gewöhnt und ich glaube, daß sie's mehr oder minder getan hat, wissen Sie. Ich meine, ich war wirklich daran interessiert. Mißverstehen Sie mich nicht. Aber, wissen Sie, ich wußte damals nicht so ganz genau, was ich getan hab – nicht so ganz bis zum Ende, aber, wissen Sie, fast alles; sie hat gewußt, was sie tut [...] Ich hab sie nur einmal wiedergesehen, da habe ich mich mit ihr getroffen.

I: Hatten Sie ihr gegenüber irgendwelche besonderen Gefühle?

B: Ich kann mich erinnern, ich meine, äh – wissen Sie, ich – kann mich wirklich nicht, ich hab ein paar Mal darüber gesprochen, aber wenn ich – ich weiß nicht – Wissen Sie, man glaubt es, ich könnte – wenn ich sie wiedersehen würde, wissen Sie – ich weiß nicht, wer sie war. Ich weiß nicht, ob es wahr wäre oder nicht. Ich kann mich aber erinnern, wie sie damals war.

I: Und wie haben Sie sich damals gefühlt, als Sie's mit ihr gemacht haben?

B: Oh, ich hab gedacht, es ist das Allergrößte in der Welt, wissen Sie, sie war gut und so, äh – aber – jetzt im Moment würde ich nichts mit ihr zu tun haben wollen, wissen Sie, weil ich den Typ von Mädchen kenne, so wie sie ist.

Fall Nr. 208

B: O ja. Es war auf dem Vordersitz in einem verdammten Corvair, und ich habe in meinem ganzen Leben noch nie ein Mädchen so viel bluten gesehen, aber es – das Komische war, ich hab mich wirklich mit diesem Mädchen gut verstanden, sie war halb verrückt [...]
Ja, und ich kannte sie ungefähr zwei Monate vorher – Ja, ich mochte sie sehr gerne. Es tat mir richtig leid, als sie wegging, weil – ich meine, sie – sie war wirklich freundlich. Es war leicht, wirklich leicht, mit ihr auszukommen. Nicht – nicht besonders freundlich, aber nur – wissen Sie, es hat viel Spaß gemacht, mit ihr zusammenzusein, auf 'ne irgendwie verrückte Art.

I: Und wie alt waren Sie damals?

B: Äh – sechzehn glaube ich.

I: Und wie ist es an dem Abend passiert – ich meine, hatten Sie vorher darüber gesprochen, oder was?

B: Nein, wir haben – wir hatten vorher ziemlich intensiv herumgeschmust und solche Sachen, und ich hab ganz einfach beschlossen, was Neues und Anderes zu versuchen. Da hab ich ihn reingesteckt.

I: Und wie hat sie's aufgenommen? Können Sie sich erinnern?

B: Wie sie sich gefühlt hat? Ich glaube nicht, daß sie irgendwelche Schuldgefühle hatte. Sie hat nur gesagt, daß es wehtut und das war's.

Fall Nr. 209

Ich hatte sie ungefähr zwei Monate lang immer wieder getroffen [...] Sie hat's wahrscheinlich vorher ein paar Mal gehabt [...] Es war in ihrem

Haus, in ihrem Schlafzimmer [...] Ich hab sie eine Zeitlang gestreichelt, meine Hände darauf gekriegt und sie schien, als ob sie alles machen würde, und da habe ich sie gefragt, gehen wir in ihr Schlafzimmer, weil es ein sicherer Platz zu sein schien. Dann habe ich angefangen, mich auszuziehen und sie hat sich ausgezogen, weil ich wußte, daß sie mich dann lassen würde [...] ich hatte nicht gedacht, daß es so leicht sein würde – aber dann war's ganz einfach [...] Naja, ich hab sie noch'n paar Monate länger getroffen, dann habe ich mich von ihr getrennt, ganz einfach, weil ich mit anderen Freunden ausgegangen bin und ich ganz einfach irgendwie genug hatte von ihr, sie ganz einfach zu sehen, weil – ich glaube, ich hatte nicht gerne eine ganz so enge Freundin, obwohl ich sie so gern hatte, wissen Sie – Ich bin niemals ernsthaft mit irgendwelchen Mädchen ausgegangen.

Fall Nr. 210

Äh – ich bin zu dem – äh – in – nach Via Cuna, Mexiko und – äh – ich bin da runtergefahren, und dort war sie, die Boy's Town – Das ist, wo halt die Prostituierten sind [...] Naja, ich war sechzehn Jahre alt und sowas zu sehen ist wirklich außergewöhnlich und ich war damals neugierig, was Sex betrifft und da habe ich der Prostituierten erzählt, ich war – ich wäre – ich hab ihr erzählt, ich bin noch nie vorher mit einer Frau ins Bett gegangen, und sie hat gesagt, es kostet 2 Dollar, hmm, dann bin ich mit ihr ins Bett gegangen. Sie hat mir meine zwei Dollar zurückgegeben. Ich war, was man eine »männliche Jungfrau« nennt (lacht), was komisch ist, aber so bin ich mit Sex bekannt gemacht worden [...] Hatte Angst, wußte nicht wirklich, was ich tun sollte [...] äh, sie hat's mir gezeigt, aber es war komisch [...] Sie hat jung ausgesehen – und äh – ich kann mich erinnern, wie sie ausgesehen hat. Sie hat hübsch ausgesehen. Es war wirklich komisch [...] Ich war schüchtern und hab mich geschämt und mir Zeit genommen mit dem Ausziehen und, äh, sie hat gelacht, weil sie es komisch gefunden hat –
Ich bin da immer wieder hingegangen und nachdem ich angefangen hatte, da rüber zu gehen, hat mich nie jemand gestört, aber sie haben mir immer zugerufen »hei, du männliche Jungfrau!« (lacht) [...].

Fall Nr. 214

I: Wie alt waren Sie?
B: Dreizehn.
I: Wie ist es passiert?
B: Oh – (lacht) – es war sehr kindisch. Ich will wirklich nicht darüber reden (lacht). Naja, das Mädchen hatte in der Schule einen schlechten Ruf (lacht). Ich hab sie geschimpft. Ich hab' angefangen, sie ein bißchen auszuschimpfen, nicht abwertend oder so, aber [...] sie da einfach ein bißchen aufgezogen, und sie hat drauf geantwortet und ich hab mich ihr sexuell genähert, wissen Sie. Das erste Mal, daß ich mich irgendeinem Mädchen sexuell genähert hab. Ich war natürlich ziemlich schüchtern dabei und ich war erfolgreich [...] Sie war genauso alt wie ich. Wir waren

beide in der 7. Klasse [...] Naja, ich – wir haben schließlich – wir sind schließlich – wir haben uns angewöhnt – während der Mittagspause sind wir hinauf zu dem alten Balkon im Schulauditorium und hatten dort Geschlechtsverkehr.

I: Hatten Sie auch dort das erste Mal mit ihr Geschlechtsverkehr?

B: Ja. (lacht)

I: Haben Sie ein Kondom benützt?

B: Nein.

I: Hatten Sie einen Orgasmus?

B: O ja.

I: Hatten Sie damals eine Ahnung von Schwangerschaft?

B: Ja, aber ziemlich lange war ich schrecklich unverantwortlich, was all diese Sachen angeht. Ich hab mich einfach nicht drum gekümmert. Wenn sie schwanger geworden wäre, hätte ich gesagt: Fein, Wiedersehen! Das ist alles. War richtig hartgesotten. Ich hab nicht dran gedacht.

I: Wer hat dabei die Initiative ergriffen?

B: Naja – das ist 'ne komische Sache. Ich. Irgendwie kindisch, und dann hat sie's getan, um zu sehen, wie weit ich gehen würde – wissen Sie – Es war gar nicht irgendwie persönlich.

Fall Nr. 215

Sie war ungefähr ein Jahr älter, und ich war ungefähr 15. Wir haben im Auto angefangen zu schmusen und kurz danach sind wir aus dem Auto raus und haben uns ins Gras gelegt. Sie hat mich tatsächlich gefragt, ob ich's tun würde und ich hab ihr gesagt, ich hab's noch nie getan, und sie hat mir gesagt, naja, mach dir keine Sorgen, ich werde dir helfen. Und sie hat mir ganz einfach aus meinen Hosen rausgeholfen. Ich glaube, es hat nicht länger gedauert als 2 Minuten [...] Ich weiß nicht, ich hab ganz einfach den Höhepunkt so schnell erreicht [...] Nein, sie hat ganz einfach ihr Kleid hochgezogen und ihre Hosen ausgezogen. Ich hab meine nur runtergezogen und das war das erste Mal. War ganz immens befriedigend. Ich hab mich nicht schuldig gefühlt deswegen, aber dann habe ich angefangen [...] es hat mich ein paar Tage lang gestört, aber dann ist sie nicht schwanger geworden [...] Wir haben's noch ein paar Mal gemacht, aber ich bin nicht mit ihr ausgegangen.

Fall Nr. 217

B: Sie war ein Jahr nach mir in der Schule. Es war ihre Idee. Ich hab sie nicht so gut gekannt [...] Wir haben Bücher darüber gelesen und da haben wir's ausprobiert [...] Es war bei einer Tanzveranstaltung von der Volksschule. Sie hatte es noch nie getan und ich hatte es noch nie getan. Hinaus aufs Gras außerhalb der Tanzhalle [...] Von dann an bis – bis ich 21 war, bin ich ungefähr einmal im Monat mit ihr ins Bett, bin nie in der Öffentlichkeit mit ihr gesehen worden, kein einziges Mal. Alles was sie wollte, war ins Bett zu gehen. Ich mußte für sie kein Geld ausgeben [...].

I: Haben Sie jemals angefangen, Präservative mit ihr zu verwenden?

B: Nein.
I: Und sie ist nie schwanger geworden?
B: Ich weiß nicht.
I: Hatten Sie immer einen Orgasmus?
B: Ja.
I: Sind Sie ihr gefühlsmäßig jemals nahe gekommen? Ich meine, hatten Sie jemals stärkere Gefühle für sie?
B: Nie.

Fall Nr. 219

Ich war gerade ungefähr 16 wie ich sie getroffen habe, aber sie war ein Jahr älter [...] Nachdem ich mit ihr ungefähr 6 Monate gegangen war, haben wir das erste Mal miteinander geschlafen. Es war nix besonders Tolles [...] In ihrem Haus das erste Mal [...] Es hat mich wirklich aufgeregt, äh, nachher so – gefühlsmäßig – Ich konnte nicht warten, es meinem besten Freund zu erzählen, weil wir immer Notizen verglichen haben [...]

Fall Nr. 221

Ich war 6. Es war mit einem Mädchen, gleich da, als ich im 2. Schuljahr war [...] Naja, das ist es, wir haben nicht gewußt, was es war, aber es hat uns Spaß gemacht – Es war 'ne ganz schnelle Angelegenheit, wissen Sie. Es hat natürlich nicht sehr lang gedauert. Wir haben unsere Kleider nicht ausgezogen oder so [...] Ja, es war ein voller Geschlechtsverkehr. Sie mußte mir immer dabei helfen, wissen Sie, aber nach 'ner Weile sind wir ziemlich gut geworden, bis man uns erwischt hat. Wir haben's ungefähr 3 Monate gemacht, glaube ich [...] Ja, sie mußte mir helfen, es reinzukriegen (lacht) [...] Hm, sie war nur ein kleines Mädchen, ein Flirt. Sie hat mich die ganze Zeit geküßt und dem Lehrer erzählt, ich hab sie geküßt.

Fall Nr. 224

Ich war gerade ein bißchen über 12 [...] es war da unten wo wir immer den Müll abgeladen haben [...] Wir sind zu der kleinen Hütte gegangen, naja, sie war ungefähr genauso alt. Wir – äh – wir haben darüber geredet und dann haben wir's getan. Es hat ungefähr 15 Minuten gedauert (lacht) [...] Ja, es war, äh – eine ziemlich gradlinige Sache. Sie war einverstanden und ich war einverstanden und wir haben's angefangen [...] Das zweite Mal war's in dem Schuppen, wo die Farben aufbewahrt wurden.

Der erste Geschlechtsakt war bei fast allen Jungen, gleich welchen Alters, gefühlsmäßig und in der Beziehung zum Partner ohne besondere Bedeutung, auch zeigten sich keine Unterschiede nach den vorherigen Beziehungen und der allgemeinen Einstellung zu Mädchen.

Der Geschlechtsverkehr hing selten mit Gefühlen für das jeweilige Mädchen zusammen und führte zu keiner Vertiefung der Gefühle. Das Mädchen erfüllte eine Gebrauchsfunktion, und aus vielen Berichten geht hervor, daß diese Gleichgültigkeit offensichtlich gegenseitig war. Darüber hinaus scheinen die starken Tabus über Sexualität, denen die meisten dieser Jungen ausgesetzt waren, wenig Einfluß auf sie gehabt zu haben, was an ihrem späteren sexuellen Verhalten deutlicher wird.

Mädchenbekanntschaften und sexuelle Erfahrungen vor der Armeezeit

Lässigkeit und eine Art ›Bäumchen-wechsel-dich‹-Ton charakterisieren die Erzählungen der Soldaten über ihre Mädchenbekanntschaften und sexuellen Erfahrungen vor der Armeezeit. Diese Männer gaben mir fortwährend den Eindruck, daß sie ihre jugendlichen Eskapaden für ziemlich langweilig hielten, und daß ›das Beste noch kommen sollte‹. Sie wurden gelegentlich lebhaft und lachten herzlich, wenn sie sich an Umstände erinnerten, die ihnen als besonders unwahrscheinlich vorkamen. Beispielsweise war ein Soldat sehr stolz auf sich, weil er mit den beiden besten Schülerinnen seiner Klasse in der High School hintereinander geschlafen hatte. Einige amüsierten sich über die Konflikte katholischer Mädchen, die ihnen die Verwendung von Präservativen verboten. Derjenige mit der größten Anzahl von Geschlechtspartnern während der Schulzeit (wir beendeten die Abzählung so um 30 herum) war leicht belustigt, als er sich daran erinnerte, nach einem Ball mit einer jungen Dame auf dem geteerten Dach eines Hauses in der Stadt geschlafen zu haben.

Nur 4 Jungen waren zwischen der Zeit ihres ersten Koitus und dem Eintritt in die Armee längere Zeit sexuell enthaltsam. Diese Zeiträume erstreckten sich von 5 Monaten bis zu $9^1/_2$ Jahren, mit einem Durchschnitt von $4^1/_2$ Jahren. Die meisten der Soldaten konnten sich nicht an die genaue Anzahl ihrer Geschlechtspartner erinnern. Im allgemeinen wurden um so mehr Mädchen erwähnt, je länger die Zeitspanne zwischen dem ersten Geschlechtsverkehr und dem Eintritt in die Armee war. Die 21 Green Berets mit Geschlechtserfahrung vor der Armeezeit kamen auf einen Durchschnitt von über 5 verschiedenen Mädchen.

Sie erzählten von regelmäßigem und unkompliziertem Wechsel der Geschlechtspartner, schliefen mit jedem gerade erreichbaren Mädchen,

ohne einen Unterschied zu machen, und manche unterhielten gelegentlich sexuelle Beziehung mit 2 Mädchen gleichzeitig.
Ein Green Beret erwähnte, wie er vor seinem Eintritt in die Armee, gewissermaßen ›fünf Minuten vor zwölf‹, versuchte, sich in sexuelle Ekstase zu steigern, bevor er sich den vermeintlichen Entbehrungen des Armeelebens aussetzte. Er erzählte:

Fall Nr. 214

> In der Woche, bevor ich weg bin zur Grundausbildung, habe ich so ungefähr jedes Mädchen angerufen, das ich irgendwann gefickt hatte. Jede, die zu erreichen war. Und ich hab jede gelegt, die ich in die Pfoten gekriegt hab, nur um zu sagen, ich hab's getan, wissen Sie. Das war das erste Mal, daß ich wirklich ganz ausgefüllt war mit Sex und ich hab mir nicht einmal was draus gemacht. Da habe ich gefickt. Ich hab gefickt wenn ich, selbst wenn ich's nicht wollte, wissen Sie, es – ich war nur – es ist nicht so 'ne tolle Sache, wissen Sie.

Ein paar Jungen gingen mit Mädchen aus, mit denen sie keinen Geschlechtsverkehr hatten. Diese Mädchen waren ihren nimmermüden Verführungsversuchen ausgesetzt, und die Beziehungen waren voller Konflikte und Schuldgefühle. Nur ein Junge hatte mit seiner Freundin keinen Geschlechtsverkehr, weil er sie nicht »erniedrigen« wollte. Mit dieser Ausnahme hatten die 17 Jungen, die sexuelle Beziehungen zu ihren Freundinnen unterhielten, zur selben Zeit sexuelle Kontakte mit anderen Mädchen. Die 4 Jungen, die keine sexuellen Beziehungen mit ihren Freundinnen hatten, schliefen mit niemandem.
Der Großteil der Kriegsfreiwilligen erwähnte »besondere Freundinnen«, mit denen sie bis zu 7 Jahren gingen. Es war für mich sehr schwierig zu beurteilen, wie tief ihre Gefühle für diese Mädchen waren. Die Länge vieler dieser Freundschaften deutet auf starke Gefühle gegenseitiger Zuneigung hin. Die Freundschaften beinhalteten in fast allen Fällen auch sexuelle Intimität. Dennoch waren die Green Berets selten genau in ihren Angaben und sprachen niemals freiwillig über ihre Zuneigung zu diesem Mädchen. Die geschlechtlichen Beziehungen scheinen nicht zu Auseinandersetzungen geführt zu haben, aber die Soldaten fanden nicht, daß sie ihr Verständnis, ihre Gefühle oder die Verpflichtung den Mädchen gegenüber verstärkten. Keiner der Soldaten maß diesen Beziehungen eine tiefere Bedeutung bei und keines der Mädchen wurde als Bezugsperson (siehe Kapitel 3) erwähnt.
Ich habe das Gefühl, daß die Ansichten der Soldaten über diese Freundschaften in den meisten Fällen realistisch waren und den Um-

ständen entsprachen. Diese Beziehungen waren nicht gefestigt, obwohl viele von ihnen mehrere Jahre dauerten. Die Jungen gingen zwischendurch mit anderen Mädchen aus. Ihr Interesse an den »besonderen Mädchen« bezog sich hauptsächlich auf äußere Merkmale (Aussehen, Figur, sexuelle Übereinstimmung, Reichtum und gute intellektuelle Leistungen). Einige der Green Berets gaben an, diese Mädchen geliebt zu haben, aber sie vernachlässigten Freundschaften, indem sie sich nicht um die Mädchen kümmerten oder indem sie wiederholt mit anderen Mädchen in ihrem Ort ausgingen und sexuell verkehrten. Zeitweiliges Wohlbefinden und ein gewisses Maß an gegenseitiger Übereinstimmung waren wahrscheinlich die Hauptmerkmale dieser Beziehungen.

Die Freundschaften dreier Soldaten mit ihren »besonderen Mädchen« waren außergewöhnlich problematisch. Jeder von ihnen hielt mehrmals um die Hand seiner Freundin an und wurde abgelehnt. Ihr Widerstreben, diesen Freundschaften Bedeutung beizumessen, beruht möglicherweise auf tiefem Schmerz und der Abneigung, über ihn zu sprechen. Ein Mädchen verweigerte wiederholt sexuelle Intimitäten, weil sie befürchtete, schwanger zu werden. Der 2. Soldat, der damals 17 war, erhielt von seiner Mutter nicht die Erlaubnis, das Mädchen zu heiraten. Kurz nachdem diese Jungen in die Armee eingetreten waren, wurden die Mädchen von jemandem anderen geschwängert. Beide Soldaten waren noch immer bereit, die Mädchen zu heiraten. Der erste wurde wieder abgewiesen und der zweite stieß das Mädchen für immer zurück, indem er ihr in betrunkenem Zustand »die Meinung« sagte. Die Verlobte des dritten Soldaten kam zu ihm nach Europa und ging dann mit seinem besten Freund aus. Über diesen Treuebruch ging er mit den Worten »sieh mal einer an!« hinweg.

Ich habe eine kleine Auswahl von Zitaten getroffen, um meine Beobachtungen zu veranschaulichen. Sexualität war eines der Lieblingsthemen der Green Berets. Ihre Angaben waren außergewöhnlich lang und wiederholten sich oft. Was mir besonders auffiel, war, daß die Soldaten ihre Beziehungen mit Zufallsbekanntschaften, Mädchen, mit denen sie ausgingen, und »besonderen Mädchen«, auf ähnliche Art beschrieben.

Fall Nr. 201

Ob ich mich in sie verliebt habe? Äh, mal sehen. Naja, irgendwie. Ja. Ich meine, wenn ich mit ihnen bin, ja – Sie wissen, was ich will, und ich weiß, was sie wollen und da gibt's keinen Grund, sich wegen irgendwas schuldig zu fühlen. Es hat keinen Sinn, irgendwas zu übertreiben, hinter irgendwas [...] Ja, da gab's eine [...] Ich hab sie nicht sehr oft gesehen. Hab sie ungefähr zwei Jahre lang gekannt. Ja, ich hatte das Gefühl, ich war ziemlich eng mit ihr [...] Sie hatte auch das Gefühl, daß wir ziemlich eng waren, bis jemand ihr erzählt hat, wissen Sie, daß ich mich mit einem anderen Mädchen herumgetrieben hab, und, äh, sie hat tatsächlich ein paar Gummis in meiner Tasche gefunden. Sie war ungefähr das beste Mädchen, das ich zu der Zeit jemals getroffen hatte [...] Aber ich hab mir dann nie wirklich was draus gemacht, wissen Sie – weil ich mich mit anderen Leuten ganz toll amüsiert habe.

Fall Nr. 207

[...] ja, es war mehr oder weniger wie – äh – 4 oder 5 Typen, alle mit diesem einen Mädchen und sie war nur, wissen Sie, für jeden [...] Wenn es dein Abend war, dann hattest du Glück – Ich meine, wenn du sie gekriegt hast. Wenn du grade zufällig da unten warst, wo sie war, wissen Sie, dann war's dir ziemlich sicher [...] Sie war ungefähr, glaube ich, 15, wirklich jung [...] Nein, ich hab mir nicht wirklich viel aus ihr gemacht – Mit so 'nem Mädchen macht man sich nicht zu viele Sorgen [...]

Fall Nr. 213

Ich hab ganz einfach alles ausgenützt [...] Hm [...] naja, ich würde gleich mal sagen, das erste, woran ich mich erinnern kann, würde – äh, ich hab ein oder zwei Mädchen mißbraucht (kichert) [...] als ich in der Schule war, wissen Sie, und das hat mich nachher immer gestört. Ich, äh, ich hatte nachher sehr mitfühlende Gedanken [...] äh – bei so Sachen, naja – wie »armes Mädchen«, wissen Sie. Immer, wenn wir aneinander vorbeigegangen sind in der Schule, haben sie so irgendwie den Kopf gesenkt.

Fall Nr. 214

I: Wer war das zweite Mädchen?

B: Das war seine Nachbarin. Die nächste war im 8. Schuljahr. Sie war so 'ne Art schüchternes Mädchen, naja, 'ne Art scheues Mädchen. Ich hab mit ihr auf 'ner Party geschlafen [...] Wir haben uns nicht ganz ausgezogen. Es war ganz einfach: Hau' dich hin und versuch's [...] Naja, ich könnte Ihnen ein paar Geschichten erzählen, da würden Ihnen die Ohren sausen [...] So ganz viele Mädchen damals in diesem Alter, mit denen ich so Erfahrungen hatte. Da war [...]. Wir sind 'ne Zeitlang immer miteinander gegangen und fast von Anfang an haben wir geschmust, wissen Sie. Ich weiß nicht, wie oft in der Woche ich mit ihr ins Bett gegangen bin, aber ich bin mit ihr 2 oder 3 Monate gegangen. Hab sie damals ungefähr ein- oder zweimal in der Woche gesehen – zwei- oder dreimal in der Woche wahrscheinlich. [...] bin fast immer mit ihr ins Bett gegangen [...] Danach – weiß ich nicht, meine Güte – hatte genug von ihr – Das ist alles [...] ja, ich war 14, 15 [...] Wie ich in der Sankt [...] High School war, da war ein Mädchen, das hieß [...], die mit ein paar von den Typen in der Schule ins Bett gegangen ist. Ich hab sie unten gemacht, stehend, im Duschraum. Während der High School bin ich so ungefähr mit jeder ins Bett gegangen – da war dieses eine Mädchen, der ihr Vater hat so 'ne Reihe von Geschäften gehabt. Ich bin mit ihr ungefähr ein Dutzend mal ins Bett gegangen oder so. Wir sind in die Howard Johnson Motels gegangen [...] Dann war da die Schwester von meinem Freund, die ich mir angelacht hab. Dann gab's da so ein paar Gruppenficker, wissen Sie, und Prostituierte und lauter so Zeug. Dann war da dieses Mädchen, die ich mit nach Hause genommen habe. Meine Eltern haben gearbeitet und ich hab sie nach der Schule manchmal mit nach Hause genommen. Dann war da dieses dicke Mädchen und noch 'ne andere, mit der wir herumgefahren sind [...] Na so, mit diesem fetten Mädchen, da gab's wirklich nicht viel gefühlsmäßige Bindungen. Wir haben uns ganz sicher gut amüsiert, wissen Sie [...] wir hatten eine ganz gute Sache [...] Einmal habe ich versucht, darüber nachzudenken, mit wie vielen Leuten ich ins Bett gegangen bin und bin auf fünfzig Namen gekommen [...] Ich hatte ein Mädchen, die war ein Cheerleader [3] in der High School in meinem letzten Schuljahr. Da war 'ne Party und ich hab sie mir angelacht. Sie hat sich mehr besoffen als ein Stinktier, und ich hab sie in [...] seinem Haus gefickt. Dann gab's da [...]. Sie war ein nettes Mädchen. Wahrscheinlich ein bißchen verrückt. Ich bin mit ihr ins Bett gegangen. Hab sie irgendwie auch gern gemocht. Sie war offen beim Sex, was ich lange Zeit nicht war. Ein bißchen moralistisch, meine ich – könnte man sagen.

In dem Sommer, in dem ich von der High School abgegangen bin, war da [...]. Das war oben auf einem Haus in der Innenstadt von [...] City (leises Lachen) [...] Keine gefühlsmäßige Bindung.

I: Und was ist mit den Mädchen, die Sie gerne hatten?

B: Naja, da war [...]. Sie hat verdammt gut ausgesehen. War mal verheiratet gewesen. Wollte keine Verantwortung und so. Alles, was sie irgendwie gebunden hätte, dem ist sie aus dem Weg gegangen. Wir haben 'ne ganz [...] mordsmäßig viel Zeit miteinander verbracht. Sie hat mir nie irgendwelche Schwierigkeiten gemacht. Sie hat mich geliebt. Ich hab sie deswegen gern gemocht. Wir haben uns gut miteinander amüsiert. (Pause) Da war noch ein anderes Mädchen. Ungefähr genauso. Schön. Nur ein schöner Körper. Äh – oben nicht sehr viel drin [...] Hab sie ungefähr 3 oder 4 Monate gesehen. Wir hatten eine verdammt gute Beziehung. Zum Teufel, wir haben uns gut amüsiert, was damals das einzige war, worum's mir ging [...] Ich hab mich ganz wüst herumgetrieben [...] Habe mich mit ihr 3 oder 4 Monate während des letzten Teils vom Schuljahr getroffen [...] Ich weiß nicht, was passiert ist. Ihr war es egal, mir war's auch schon egal.

Fall Nr. 217

O, sie war ein besonderes Mädchen [...] Später haben wir uns verlobt. Ich habe eine ganze Menge für sie übrig gehabt. Ziemlichen Respekt. Sie

[3] Anm. d. Übers.: Anführerin beim Beifallrufen auf Sportveranstaltungen.

ist ein gutes Mädchen, ein außergewöhnliches Mädchen [...] Sie hatte einen richtig guten Kopf [...] Sie hat wirklich gut ausgesehen. Ihre Maße waren ungefähr 100:60, 62:80. Sie war ungefähr 1,65 m. Sehr großer Busen. Sie war in allem, was nur möglich ist, aktiv [...] Sie war ziemlich herrschsüchtig [...] Sie war total verwöhnt [...] Sie war die Alleinerbin von ungefähr 8 bis 10 Millionen Dollar [...] Sie war irgendwie eingebildet. Alles ist nach ihrem Willen gegangen. Vielleicht war's ganz einfach Gewohnheit. Ich bin mit ihr 6, 7 Jahre gegangen [...] O, was mir an ihr gefallen hat? Sie hatte einen guten Charakter, wenn sie ihn anwenden wollte. Sehr oft Spaß miteinander gehabt. Sie war ganz entschieden treu [...] Ja, wir haben angefangen, miteinander zu schlafen, nach eineinhalb Jahren [...] Nur einmal im Monat, während ihrer Periode, weil sie nicht schwanger werden wollte [...] Naja, ich habe einfach aufgehört zu schreiben. Das war's dann [...]

Fall Nr. 218

B: Ich bin wie eine Hummel. Fliege von Blume zu Blume [...] O, es müßten ungefähr 5, 6, 8 Jahre dort gewesen sein, weil sie alle in derselben Ortschaft gewohnt haben [...] Ich bin so ein richtiger Pan in der Nachbarschaft geworden.

I: Gab es jemals eine Zeit in Ihrem Leben, zwischen dem ersten Mädchen, mit dem Sie geschlafen haben, als Sie 13 waren, und jetzt, zu der Sie ein oder zwei Monate ohne Geschlechtsverkehr verbracht haben?

B: Nein.

I: Und wie war das während der High School?
Sie sagten, daß Sie nur mit 2 verschiedenen oder 3 verschiedenen Mädchen geschlafen haben. Haben Sie regelmäßig mit ihnen geschlafen?

B: Ja. So oft wie es möglich war, ohne – wissen Sie, irgendwelche Probleme zu bekommen.

I: Und da war kein Verliebtsein damit verbunden?

B: Nein. Ich nehme an, es war das, was man so Liebelei nennt, oder sowas.

I: Aber sie waren nicht Ihre ständigen Freundinnen?

B: Ich hab' keine ständigen Freundinnen nicht gehabt.

Fall Nr. 221

O ja. Die Nächste, die ich hatte, glaube ich, war im vierten Schuljahr. Es war eine Cousine von mir. Sie und ich haben angefangen, herumzuspielen, Arzt und Krankenschwester zu spielen und dann – äh – dann hatte ich's wieder mit ihr. Naja, wir hatten's ein paar Mal zusammen, nachdem wir die Routine eingespielt gehabt hatten und alles. Wir sind dabei erwischt worden, und ich habe meinen Hintern versohlt bekommen, daß wir – Meine, meine Mutter – wir hatten dieses eine Mädchen, die mit uns Schule geschwänzt hat, und die war so 'ne Art Spielzeug für uns. Wir 3 sind immer zusammen herumgerannt, und jedes Mal, wenn wir geschwänzt haben, hat sie geschwänzt und wir alle [...] wir alle haben dann mit ihr gefickt [...] Und dann im 9. Schuljahr [...] bin ich mit jedem nur möglichen Mädchen, mit dem ich gehen konnte, gegangen. Ich bin damals die ganze Zeit in die Kirche gegangen [...] Ich hab' mich einmal mit einem Mädchen verlobt, das vorzeitig von der Schule gegangen ist. Der Grund, warum wir nicht geheiratet haben, war, weil meine Mutter mich nicht gelassen hat [...] Sie war Italienerin und sie war ganz einfach nett [...] Da war irgendwas an ihr – Sie hat mich die ganze Zeit dominiert und ich hab' gewußt, daß sie sich herumgetrieben hat. Aber da war irgend etwas an ihr, das mich angezogen hat [...] Naja – und ich hab mich zur Armee gemeldet [...] und sie hatte 'n Kind von irgend so 'nem Typen, während ich hier war, und dann bin ich nach Hause gekommen, und sie wollte mich noch immer heiraten. Und dann an dem Abend habe ich mich betrunken und ihr gesagt, wo sie hingehen sollte und das Balg sollte sie mitnehmen [...] Ich glaube, man könnte sagen, daß ich mich in sie verliebt hatte [...] Wir wollten heiraten, aber sie hat mich mit so 'ner Bardame geschnappt an dem Tag bevor wir geplant hatten, daß wir heiraten, und sie hat gesagt, wir warten besser [...] Ich habe gesagt ja, zum Teufel damit [...] Ja, ich habe sie wieder gesehen. Ich hab' öfter mit ihr wieder danach geschlafen [...] Ich hab' versucht, ihr [...] sie zu überreden, daß sie mich heiraten soll, aber sie wollte das nicht.

Fall Nr. 225

Naja, das erste und letzte Mal war in ihrem Auto. Keiner von uns beiden hat irgendwas über Sex gewußt und es war [...] sie wollte nicht, und ich wollte. Und eigentlich habe ich selbst nicht gewußt, was man tut [...] äh, es war nicht Geschlechtsverkehr im eigentlichen Sinn, weil ich nicht so weit eingedrungen bin [...] Und wenn ich's getan hätte, hätte ich noch immer nicht gewußt, was ich tun sollte. Und so war's dann 'ne Pleite (lacht) [...] Weil sie eine sehr gute Katholikin war und sie ist immer nur bis zu einem gewissen Punkt gegangen und hat dann aufgehört und damit basta [...] und dann kriegte sie immer wirkliche Schuldgefühle deswegen [...] Ich hab mich schuldig gefühlt, weil sie so ein nettes Mädchen war [...] Ich wollte nur ganz einfach eine Sache, wissen Sie [...] Ich bin nie ins Bett gegangen mit ihr. Wir waren im Auto und haben rumgeschmust und ich hatte sie dann so ungefähr halb ausgezogen und dann ganz plötzlich hat sie angefangen zu weinen, wissen Sie [...] äh, das hat mich immer ganz verrückt gemacht [...] Ja, ich war in sie verliebt. Aber dann, sehen Sie, bin ich mit ihr ungefähr 3 Monate ausgegangen und hab' dann angefangen, mein Interesse an ihr wieder zu verlieren.

Fall Nr. 227

Ich bin mit diesem Mädchen aus meiner Heimatstadt ungefähr dreieinhalb Jahre ausgegangen [...] Die ersten 8 Monate nicht. Aber dann haben wir's regelmäßig getan. Ich hab' sie fast geheiratet [...] Sie lebte ungefähr 20, 30 Meilen weit weg und was das betrifft, da jeden Abend raufzufahren [...] es war ganz einfach nur sinnlos, wirklich [...] Hab's nur am Wochenende gemacht, und in der Zwischenzeit hat sie sich mit anderen Typen getroffen und wir haben uns ganz einfach getrennt, oder [...] sie hat sich getrennt [...] Ich war ein bißchen aus der Fassung [...] Ich hab' mich schlecht gefühlt deswegen [...] Ich war in sie verliebt [...] Es hat ungefähr 'ne Woche oder so gedauert, bis ich drüber weggekommen bin.

Ich glaube, diese Bemerkungen zeigen, daß die Haltung der meisten der Green Berets zur Sexualität während ihrer Jugendzeit unbeschwert, frivol und überraschend frei von Schuldgefühlen war. Sex war ein Spiel ohne Verpflichtungen und wurde nicht ernstgenommen, es gab viel zu lachen und viel Spaß. Ihre Einstellungen änderten sich nicht als sie älter wurden. In einem relativ frühen Alter und mit einem Minimum an Konflikten zeigten sie die Fähigkeit, die Widersprüche und Scheinheiligkeiten, die die Sexualität umgeben, mitzumachen. Meiner Meinung nach ist dies ein wichtiges und treffendes Beispiel für den Kontrast zwischen dem öffentlichen und dem privaten Leben dieser Leute während ihrer Jugendzeit.

Sexuelle Erfahrungen in der Armee

Das Armeeleben glich die sexuellen Verhaltensweisen der Green Berets einander noch mehr an. Die zuvor unerfahrenen jungen Männer verloren ihre ›Jungfräulichkeit‹. Die meisten Soldaten, die vorher nie oder nur selten Prostituierte besucht hatten, begannen dies regelmäßig zu tun. Ein auffälligeres Element des Bizarren erschien in ihrer sexuellen Aktivität. Die meisten der Soldaten heirateten und hatten aktive außereheliche Sexualkontakte.

Das sexuelle Verhalten der Green Berets während dieses Lebensabschnittes kann nicht von dem Lebensstil getrennt werden, der ihnen durch den Militärdienst auferlegt wurde. Man darf aber nicht vergessen, daß die Soldaten diese Art zu leben mit ihren Bedürfnissen und Werten als vereinbar ansehen.

Die Soldaten befriedigten ihre sexuellen Bedürfnisse auf verschiedene Arten. Obwohl es von Mann zu Mann einige Unterschiede gab, waren die hauptsächlichen sexuellen Aktivitäten ungefähr nach abnehmender Bedeutung geordnet: Zufallsbekanntschaften (»Flittchen«), Prostituierte, Ehefrauen – Verlobte – Freundinnen, Orgien, Selbstbefriedigung.

Prostituierte und Zufallsbekanntschaften

Sexuelle Kontakte mit Prostituierten und Zufallsbekanntschaften kamen während Kampfeinsätzen in Vietnam und in der Dominikanischen Republik und während Einsätzen in den Vereinigten Staaten, in Europa und anderen Ländern vor[4]. Wegen der großen Zahl der Kontakte, ihrer Kürze und der seither vergangenen Zeit war es den Soldaten in vielen Fällen nur möglich, ungefähre Schätzungen anzugeben. 18 Soldaten schätzten die Anzahl der Prostituierten, mit denen sie Geschlechtsverkehr hatten. Viele gaben das Zählen um 25 herum auf. Insgesamt erinnerten sie sich an 513 oder einen Durchschnitt von 28,5. Der Soldat mit der größten Zahl von Prostituierten kam auf ungefähr 85. Im Zusammenhang mit den Zufallsbekanntschaften bat ich nicht um statistische Angaben und kann nur berichten, daß diese Kontakte in den meisten Fällen häufiger zu sein schienen.

3 Soldaten gaben an, nie mit Prostituierten zu verkehren. Fall 206 sagte: »Äh – es sagt mir ganz einfach nicht zu. Ich hatte das Gefühl, wenn ich selber kein Mädchen dazu überreden kann, mit mir ins Bett zu gehen, verdiente ich ohnehin nicht, im Bett zu sein.« Fall Nr. 209 erklärte: »Ich hab darüber nachgedacht. Viele von diesen Typen tun's. Aber ich weiß nicht. Es scheint wie – schmutzig, und das ist der Eindruck, den ich davon habe.« Der dritte Soldat war dem Geschlechtsverkehr mit Prostituierten nicht grundsätzlich abgeneigt. Er führte seine Enthaltsamkeit auf Pech zurück.

Fall Nr. 212

> Mißverstehen Sie mich nicht. Ich hab's 'n paar Mal vorher geplant, aber jedes Mal wenn ich so richtig vorbereitet war, ist ein Mitglied oder mehr aus meinem Team gefallen und ich mußte dann da draußen im Feld bleiben. Wir hatten da draußen keine Frauen. Wir hatten ein paar so Berghuren und zu der Zeit, wo ich angefangen hab', in die Staaten zurückzugehen, haben sie schon ziemlich was gleichgeschaut. Ich war mehr damit beschäftigt, keine Geschlechtskrankheiten mitzubringen.

Die Gefahr einer Geschlechtskrankheit schien den Soldaten der wesentliche Nachteil von Koitus mit Prostituierten zu sein. Wenigstens 11 von

[4] Die Länder, in denen die Soldaten der Special Forces sexuelle Kontakte mit Prostituierten hatten, waren nach der Häufigkeit geordnet: Vietnam, Deutschland, die Vereinigten Staaten, Mexiko, »Südamerika«, Japan, Nationalchina, Korea, Frankreich, Thailand, »Skandinavien«, Philippinen, »pazifische Inseln«, Griechenland, Italien, Marokko, Puerto Rico, Irland, Libanon, Dominikanische Republik, Portugal, Spanien, Türkei, Kanada, Malaya, Cypern.

ihnen hatten einmal Syphilis oder Gonorrhöe und einige wurden öfter angesteckt. Sie schenkten dieser Gefahr große Aufmerksamkeit und ließen sich bei den ersten Anzeichen der Krankheit in Militärambulanzen behandeln.

Die sexuellen Kontakte der Soldaten mit Zufallsbekanntschaften sind wegen der angewandten Verführungstaktiken und der Eigenschaften der betreffenden Frauen besonders aufschlußreich. Diese Männer gingen besonders auf die Bemühungen eines Mädchens oder einer Frau ein, ihre ›Anständigkeit‹ zu bewahren und gaben ihnen das Gefühl, geschätzt zu werden, bevor sie mit ihnen schliefen. Sie zeigten ziemlich viel Geduld, um die Furcht der Frauen zu mildern. Sie waren bereit, viel Zeit zu opfern, große Strecken zurückzulegen, so viel Geld wie nötig auszugeben und zu lügen, zu schwindeln und zu manipulieren, Vertrauen zu mißbrauchen und Schwächen auszunützen. Nachdem sie sich ihrer Eroberung erfreut hatten, ließen sie die Mädchen und Frauen fallen. Viele der Green Berets hatten auch Beziehungen zu verheirateten Frauen, deren Männer bei der Arbeit, auf Reisen oder im Kampfeinsatz in Vietnam waren. Einige der Affären mit verheirateten Frauen sind besonders interessant, weil die Frauen den Soldaten einen Platz zum Wohnen, Taschengeld und andere Annehmlichkeiten boten. In diesen Fällen spielten die Soldaten eigentlich die Rolle von männlichen Prostituierten. Nur ein Soldat scheint es müde geworden zu sein, Frauen nachzusetzen, die nicht sofort an einem Abend, an dem er sie ausgeführt hatte, einwilligten, mit ihm zu schlafen.

Außereheliche Geschlechtskontakte

Die Analyse der außerehelichen Sexualität schließt Kontakte mit Prostituierten nicht ein und beschränkt sich auf leichte militärische Einsätze, während derer die Green Berets auch mit ihren Frauen verkehrten. 17 der 20 verheirateten oder verlobten Soldaten schliefen zur selben Zeit sowohl mit Zufallsbekanntschaften als auch mit Prostituierten; die übrigen 3 Soldaten beschränkten den außerehelichen Geschlechtsverkehr auf längere Perioden der Trennung von ihren Ehefrauen. Indem ich die Betrachtung der außerehelichen Sexualkontakte derart begrenzte, hatte ich das Gefühl, den Druck der Umstände richtig zu werten. Eine nochmalige Diskussion des Kontaktes mit Prostituierten konnte so vermieden und die Analyse des außerehelichen Geschlechtsverkehrs auf die psychologischen Aspekte dieses Verhaltens konzentriert werden. Viele militärische Einsätze ermöglichen die Anwesenheit der Frau des Soldaten in bequemen Familienunterkünften und regelmäßige sexuelle Beziehungen mit ihr. Wenn ein Soldat unter diesen Umständen wiederholt mit anderen Frauen Geschlechtsverkehr hatte, muß die Erklärung in seiner Persönlichkeit und seiner ehelichen Beziehung gesucht werden.

Soldaten werden für Übungen und Kurse immer wieder von ihren Frauen für ein oder zwei Tage bis zu einigen Wochen getrennt. Viele außereheliche Sexualkontakte kamen während dieser Perioden zustande. Viele wurden auch bei Strandparties oder auf ›Herrenabenden‹ in der jeweiligen Siedlung, bei abendlichen Ausflügen in die Stadt oder mit Kellnerinnen, Bardamen und Verkäuferinnen im Ort vollzogen. Die Green Berets freuten sich an dem Reiz des Neuen, der Aufregung und dem Gefühl der Eroberung eines neuen Geschlechtspartners und betrachteten diese Kontakte als einen natürlichen Ausdruck ihrer sexuellen Bedürfnisse. Sie suchten keine gefühlsmäßigen Bindungen oder dauerhaften Beziehungen. Solange ihre eigenen Ehen intakt blieben, kehrten sie zu ihren Frauen zurück, ohne daß die Ausflüge einen unmittelbaren und sichtbaren Einfluß auf ihre Ehe hatten. Manche planten ihre Affären im voraus, während die anderen eher spontan reagierten, wenn sich eine günstige Gelegenheit bot. Die meisten dieser Männer gaben sich überraschend blasiert, wenn sie davon sprachen, daß ihre außerehelichen Beziehungen entdeckt werden könnten. Einige waren von ihren Frauen ertappt worden. Diejenigen, denen ihre Frauen ein Ultimatum gestellt hatten, gaben an, vorsichtiger geworden zu sein. Keiner dieser Soldaten fühlte sich schuldig, obwohl einige zugaben, daß diese Handlungsweise ihre Ehen gefährden könnte. Einige erklärten, daß sie nur dann Ehebruch begingen, wenn sie weit weg von zu Hause seien. Ein Soldat drückte das so aus: »Wenn du in deinen eigenen Vorgarten scheißt, steigst du womöglich hinein«.

Es ist meistens unmöglich, ein unbeschwertes und aktives außereheliches Geschlechtsleben zu führen, ohne enge Beziehungen zu gefährden. 5 der 17 verheirateten Soldaten waren zum zweiten Mal verheiratet. Diese Männer konnten nicht erklären, warum sie ihre ersten Frauen geheiratet hatten, und einige waren sich über ihre Gefühle zu ihrer zweiten Frau nicht sicher. 2 waren bis zu dem Tag ihrer Hochzeit mit anderen Frauen ausgegangen, die ihnen besser gefielen. Keiner liebte seine erste Frau und alle begrüßten die Trennung, als sie nach Übersee geschickt wurden. Die zweiten Frauen waren ausnahmslos Deutsche. Diese Mädchen schienen selbständiger, entschlossener und dominierender als die ersten Frauen zu sein. Eine beträchtliche Zahl der Ehen der anderen Soldaten war spannungsgeladen und dem Auseinanderbrechen nahe. Ein Soldat hatte sich 6 Jahre zuvor scheiden lassen und beabsichtigte nicht, sich wieder zu verheiraten. Ein weiterer war seit 6 Jahren verlobt und konnte sich nicht entschließen zu heiraten. Einige Soldaten hatten Kinder aus früheren Ehen, die sie selten oder nie besuchten. Ein paar hatten uneheliche Kinder gezeugt. Nur ein Soldat besucht und unterhält diese Kinder. 4 Soldaten wußten nicht oder kümmerten sich nicht darum, ob sie uneheliche Kinder gezeugt hatten.

Ich habe einige Zitate über Geschlechtskontakte mit Prostituierten, Zufallsbekanntschaften und verheirateten Frauen über Verführungstaktiken, Orgien und außereheliche Geschlechtskontakte ausgewählt. Das ursprüngliche transkribierte Material über diese Beziehungen umfaßte 300 maschinengeschriebene Seiten und konnte daher nicht einmal durch einen Bruchteil vorgestellt werden. Das folgende Material ist für die Gesamtheit der sexuellen Erfahrungen der Soldaten seit ihrem Eintritt in die Armee repräsentativ.

Ein verheirateter Soldat hat weder mit Prostituierten noch mit Zufallsbekanntschaften Ehebruch begangen. Die Zitate beginnen mit diesem außergewöhnlichen Bericht.

Fall Nr. 213

> Naja, ich liebe meine Frau. Ich bewundere sie und ich liebe meinen Sohn, und es wäre nicht fair, äh, zu sagen, daß ich ganz fest glaube, daß ich an die Ehe ganz fest glaube. Deshalb habe ich so lange gewartet. Nicht, daß es auf jeden Fall lang genug ist, aber äh, für manche Leute. Aber ich habe mehr als – mehr Jahre gewartet als andere. Das Wichtigste was ich da drin sehe, ist, ich möchte nicht, daß meine Frau mich betrügt, sehen Sie, da weiß ich, daß sie genau so fühlt, was mich betrifft, und, äh, naja, ich bin glücklich mit ihr, da gibts kein Problem.

Fall Nr. 207

> Naja, in Vietnam und Malaysia [...] man geht runter in die Stadt, für fünf Dollar, da hast du dir gekauft was du wolltest [...] Ich hab mich wirklich gut amüsiert in Malaysia. Ich hab ein indisches Mädchen ausgeführt, ein chinesisches Mädchen, während ich dort war und ich hab mich wirklich gut amüsiert dort. Sie waren nette Mädchen. Sie waren berufsmäßige Prostituierte, wissen Sie [...] und ich seh sie nicht als Prostituierte an, obwohl sie's wirklich waren [...] (vietnamesische Prostituierte). Alles was sie wollten, war's Geld, sie hatten nicht allzuviel Gefühl [...] Du hast dich auf einen Preis geeinigt und dann bist du ganz einfach aufge-

sprungen und hinten in das Hinterzimmer gegangen, hast dich ausgezogen, es gekriegt und bist wieder rausgekommen [...] 5 Minuten [...] Man braucht nur ein paar Mal, um sich daran zu gewöhnen und danach stört's einen gar nicht mehr [...] Angenehm? Ja – in einer Hinsicht war's das und in der andern war's ekelhaft, weil es war nur, wissen Sie, man hat nie zu viel von den Mädchen selbst gehalten. Man – man hat manchmal Mitleid mit ihnen, wenn man eine wirklich junge sieht. Vielleicht so im Durchschnitt waren sie ungefähr 15 Jahre alt [...] Zum Schluß hatte ich den Tripper [...] weil ich nicht vorsichtig war.

Fall Nr. 208

B: Sie sind viel roher hier unten, als sie's jemals im College waren. Unten in der Gruppe (seiner Einheit) [...] die Art von Sachen, die sich da unten abspielen. Manche von diesen Strandparties, die sie da unten haben, sind ziemlich schlimm. Das Zeug wird ziemlich roh. Wir hatten eine vorigen Samstag [...] und da waren ungefähr [...] sie hatten eigentlich [...] 25 Leute da draußen. Es gab ungefähr 8 oder 9 Mädchen und sie sind ganz schnell betrunken geworden, und es war direkt am Isarfluß und dieses eine Mädchen war ganz einfach weg. Sie ist uns da einfach eingeschlafen. Wir konnten sie nicht aufwecken. Da haben wir sie in den Fluß geschmissen (im Winter) [...] und – äh, sie ist aufgewacht und sie ist rumgerannt und so. Da hat jemand ihre Kleider ausgezogen und eine Decke um sie herumgewickelt und sie dann hingelegt, wissen Sie, versucht, daß sie einschläft. Diese Kanadier kommen vorbei und einer nimmt ganz einfach ihre Decke und breitet ihre Beine aus und fängt gleich an, da draußen sie aufzufressen [...] Naja, da hat's dann jeder gemacht (getan). Sie hat gar nichts gemacht. Sie war so betrunken, daß sie sich nicht bewegen konnte. Sie haben so Zeug gemacht, wie in so'n Lokal zu gehen, es hieß »das Weinhaus«. Jeder wird betrunken und sie springen aus dem Fenster im zweiten Stock und dann auf die Straße, und landen auf den Leuten, die auf dem Gehsteig gehen, und so Zeug [...] Sie probieren's und benehmen sich wie Tiere, was sie in Wirklichkeit nicht sind, weil sie versuchen, eine Schau abzuziehen [...] Das einzige Mal, daß man sie sehen kann, wenn sie wirklich Tiere sind, und sie nicht versuchen, eine Schau abzuziehen, ist, wenn sie wirklich besoffen sind, so wie vorigen Samstag.

I: Ist das typisch?

B: Na sicher. Es passiert jeden – passiert jeden Tag, jeden Abend.

I: Die verheirateten Männer in der Truppe auch?

B: Ja. Wir haben ein paar verheiratete Typen da. Es gibt eine Menge Ehebruch da, der sich in der Armee abspielt. Da bin ich sicher, daß Sie davon nicht wissen [...] Wenn manche von den Typen so verrückte Sachen machen wie dies [...] äh, eigentlich ist es nicht wirklich verpönt von den anderen Leuten, weil fast jeder von denen sich an sowas beteiligt hat, sagen wir mal. Ich hoffe, daß ich nicht aus der Armee rausgeschmissen werde. Die meisten Leute halten das für einen unnatürlichen Geschlechtsakt. Aber ich glaube, daß wir das nicht tun, die meisten von uns. Wie z. B. äh – in manchen von unseren besonderen Bars, da haben sie schon Wettbewerbe im

Mösenschlecken gehabt und äh – in der Öffentlichkeit, und vielleicht, daß ein Team sich 'ne Nutte mietet, die da auf dem Tisch sitzen soll, während wir alle Geld auf den Tisch werfen und äh, und vielleicht schleckt dann der Führer von dem Team oder jemand anderer, äh, ihre Möse gleich da und dann stoppen wir mit der Stoppuhr und schauen wie lang, wissen Sie, und halten einen Mösenschleckwettbewerb.

I: Warten Sie einen Moment, einen Mösenschleckwettbewerb? Was stoppen Sie da? Ich meine, was ist da dran der Wettbewerb?

B: Die Zeit ist von dem Moment an, wo man seine Zunge reinsteckt und man darf da nicht hochkommen zum Luftschnappen, man treibts ganz einfach weiter (lacht). Nicht ohne Luft, weil man noch immer atmen kann, aber wie lange ein Mensch da unten bleibt und die Möse von dieser Frau da schleckt, ich meine, vielleicht, wissen Sie, nach zehn oder fünfzehn Minuten oder so wird er ganz einfach genug davon haben, oder er wills ganz einfach nicht mehr machen, oder nachdem sie ein paar Mal ihre Gefühle kriegt, kanns da unten ziemlich schlabberig werden, wissen Sie. Aber ich glaube, der Rekord war ungefähr 2 Stunden und 45 Minuten, in der Sportsman's Bar in Saigon. Das ist eine Bar von den Special Forces [...] aber die meisten von uns – wir hatten oft einen wirklich guten Spaß. Wir haben ziemlich oft so getan, als wären wir Homosexuelle, ganz einfach einen Spaß, wissen Sie. Da waren wir dann z. B. in einem Klub, und wir sind aufeinander zugegangen und haben einander die ganze Zeit geküßt [...] Es hat keinen Unterschied gemacht, wo wir waren, äh, wir haben einander aufs Ohr geküßt [...] und wir haben versucht, so zu tun, wie wenn wir Homosexuelle wären, ganz einfach, weil andere Leute, wissen Sie, an vielen Orten haben sie geglaubt, daß viele von uns Homosexuelle wären (lacht). Aber es war für uns ganz einfach ein Mordsspaß.

Fall Nr. 214

Dann war da dieses Mädchen in [...] Intelligent und ziemlich witzig. Ich hab einen Monat gebraucht, hin und her zu rennen, bevor ich dieses Mädchen hatte. Natürlich habe ich ihr erzählt, ich liebe sie. Das war so gut wie irgendwas, um Sachen auszudrücken. Ich war ehrlich mit ihr. Sie hat mir jede Nacht vorgeschlagen, zu heiraten. Das ist ein richtiges Spiel geworden, ha, ich wollte niemals heiraten, außer, wenn ich beschließen sollte, daß ich einen Sohn haben will [...] Ich vertrag ganz einfach das extra Gewicht nicht.

Fall Nr. 215

Ich meine, daß wenn ein Mann 2 oder 3 Monate von seiner Frau weg ist und Geschlechtsverkehr nur hat für den ganz einfachen körperlichen Spaß daran, dann gibt's da nicht wirklich irgendwas, was da dran schlecht sein sollte [...] Und wenn der Mann von einer Frau weg ist und sie ein Verhältnis mit einem Mann haben kann und nicht an ihn gebunden wird, will ich sie dafür nicht verdammen [...] Wir haben so 'ne Redewendung in den Special Forces. Wenn man einen Ort verläßt, schmeißt man seinen Schlüssel auf den Tisch und sagt zu seinem Kumpel: »hier ist der Schlüssel zu meinem Haus, hier ist der Schlüssel zu meinem Wagen. Du kannst meine Frau haben, meine Kleider und mein Haus. Aber bitte, zieh' nicht meine Fallschirmspringerstiefel an, ich hab' sie grade frisch geputzt.« Ganz einfach ein Standardwitz [...] Aber jeder weiß auch, was sich abspielt. Wenn ein Mann ein Jahr weg ist, in Vietnam, und eine Frau ist an einem Ort, wo tausend Männer sie kennen, scheints ganz einfach logisch, daß früher oder später irgendeiner das tut. Mir scheints logisch [...] Wenn meine Frau das täte, was kann man tun? Man kann so tun, als wäre man verletzt; wenn mans selbst getan hat – wie verletzt kann man sein?

Fall Nr. 219

B: Eine Prostituierte in Deutschland [...] Es muß so ungefähr die häßlichste Frau in der Welt gewesen sein, mit der ich geschlafen habe [...] Ich hatte wirklich kein Herz dabei [...]
Naja, es war ungefähr, es war irgendwie spät und ich habe mir gedacht, es könnte 'ne neue Erfahrung sein [...] irgendwas, was ich noch nicht versucht habe [...] Sowas wie sie, ähm, sie war aus der Türkei, das ist der einzige Grund, warum ich mit ihr geschlafen habe, weil ich herausgefunden habe, daß sie aus der Türkei war, und da wollte ich sie auf meine Länderliste setzen (lacht) [...] Ich bin schon mit vielen Prostituierten gewesen [...] Ich war mal 10 Tage oben in Mexiko gelandet und im Grunde sind Prostituierte alle gleich in der ganzen Welt. Die sind an deinem Geld interessiert. Äh, sie sind nicht wirklich daran interessiert, dich zu lieben. Sie gehen ganz einfach drauflos und lassen dich dein Gefühl so schnell wie möglich haben, damit sie die nächsten Kunden reinkriegen können [...] Meistens, wenn ich in 'ner Prostituiertengegend bin, hab' ich ganz gern sehr viel Abwechslung, aber in dem einen Fall (Tai Peh) bin ich mit der einen geblieben [...] Wir waren sehr glücklich [...] Ich bin mit ihr geblieben, weil, sie war 'ne wirklich nette Person. Ich meine, für eine Prostituierte [...] Ich meine, Prostituierte zu sein ist nicht das Allerschlimmste von der Welt. In vielen Ländern ist es sehr akzeptabel, besonders in einem armen Land, oft ist es der einzige Unterschied zwischen Verhungern und seinen Lebensunterhalt zu verdienen [...] Das erste Mal war draußen in Colorado [...] Ein Zuhälter ist auf mich zugekommen und hat mich gefragt ob ich wollte, ähm – mit 'nem Mädchen schlafen, die gerade aus dem Auto ausgestiegen ist. Sie hat wirklich nett ausgesehen und für eine farbige Frau hat sie wirklich sauber ausgesehen [...] Eigentlich hat sich dann herausgestellt, daß es kein zu guter Verkehr für mich war [...] Meine Nase ist gelaufen, weil es war sehr kalt in [...] damals und sie ist wirklich wütend auf mich geworden, weil jedes Mal, wenn ich meine Hände auf sie gelegt habe, waren meine Hände fürchterlich kalt [...] Während der ganzen Zeit, wo wir Verkehr gehabt hatten, ist meine Nase immer auf sie drauf getropft [...] Von da sind wir nach Mexiko gegangen [...] Unweigerlich haben wir jeden Abend mit mindestens 5 mexikanischen Prostituierten geschlafen. Ja, ich glaube, die meisten von unseren Leuten sind ziemlich extrovertiert, weil wir so eng zusammenarbeiten [...] Und ein grundlegendes Werkzeug in unserem Handwerk ist es, freundlich zu sein, zu Anfang, und 'ne wirklich gute Platte zu haben, mit

Gequatsche, wissen Sie, äh, daß man das kann, einfach dazusitzen und so 'ner Nutte die ganze Nacht vorzulügen. Und wenn dir danach ist, etwas vorzulügen oder die Wahrheit zu erzählen, macht keinen Unterschied. Mach der Frau ein paar angenehme Stunden, wissen Sie. Wirklich lachen und einen guten, sauberen Spaß haben, wissen Sie. Es ist ganz genau wie ein Marschbefehl, glaube ich, bei fast allen von uns. Es ist irgendwie 'ne Art Sport. Ich glaube, daß sowas immer für mich [...] und ich weiß, daß es für die anderen Typen genauso ist. Wenn's einen Monat dauert, um mit einer bestimmten Frau ins Bett zu gehen, von der du beschlossen hast, daß du sie kriegen willst, ein Monat, zwei Monate, kommt nicht drauf an, um die Technik zu verwenden, mußt du die Frau erst mal analysieren, herausfinden, was für 'ne Art Frau sie ist, wie intelligent, was sie mag, was sie nicht mag, irgendwas Schlimmes, was ihr vielleicht früher mal passiert ist. Ganz einfach freundliche Unterhaltung und sie wird gar nicht darauf kommen, daß sie dich die ganze Zeit mit Informationen versorgt, was für jemanden im Geheimdienst gut ist. Ein paar Mal ausgehen mit einer Frau, dann hat sie dir meistens so viel Information gegeben, die du als Werkzeug gegen sie verwenden kannst, um sie ins Bett zu kriegen...

Es hat sich dann rausgestellt, daß sie dieses kleine Mädchen hat, 2 kleine Mädchen eigentlich und das ist eine Technik, die ich immer auszunützen versucht hab, wenn ich mit einer geschiedenen Frau ausgegangen bin, wenn sie Kinder haben. Ich hab immer ein wirklich großes Interesse an ihren Kindern gezeigt und angeboten, sie ins Kino zu nehmen oder auf Picknicks oder sowas Ähnliches [...] Aber ich hab' immer versucht, verschiedene Arten von Frauen aufzugabeln. Hab versucht, sie zu entwaffnen, dadurch daß ich sie und ihre Kinder am Nachmittag auf Picknicks genommen habe.

I: Haben sie gewußt, daß Sie verheiratet waren?

B: Nein, sie haben's nicht gewußt, und meistens hab ich's immer erzählt, naja, der älteren Frau. Ich hab' immer erzählt, daß ich verheiratet war. Das hat weniger Probleme bereitet. Aber manchmal war da ein jüngeres Mädchen und wenn sie mir wirklich gefallen hat, es hätte wirklich die ganze Sache platzen lassen, wenn ich ihr erzählt hätte, daß ich verheiratet war, weil sie nicht so verständnisvoll sind wie ältere Frauen [...]

Dann war da diese andere Frau. Sie war ausgezeichnet im Bett [...] Aber ohne Zweifel ist diese Frau jemand, den ich nie vergessen werde. Sie war Anfang 30. Sie war 10 Jahre verheiratet gewesen und geschieden [...] Ich bin gegangen und hab ihre Tochter von der Tanzschule abgeholt [...] Ich hab' wirklich nicht gedacht, daß ich die Möglichkeit hätte, mit ihr ins Bett zu gehen, weil sie wirklich so wie der Typ ausgesehen hat, der nie nachgeben würde. Und sie ist 'ne wirklich nette Frau. Und wir haben ihre Tochter ins Bett gebracht und dann sind wir da gesessen und haben ein bißchen geredet. Und ich hab ihre Hand gehalten und wir haben 'ne Tasse Kaffee getrunken, und ich hab' versucht, ein dufter Typ zu sein. Probiert, sowas zu tun, wie es ein großer Liebhaber tun würde. Und das hat bei mir einfach nicht geklappt. Ich bin nicht der große, dunkle, gutaussehende Typ, der Gewichte hebt [...] Was ich mache, ist, ich bin wirklich ehrlich mit ihnen, vollkommen ehrlich [...] Und ich hab sie einmal geküßt [...] Ich hab' sogar ein paar Mal gestottert, damals [...] Ich hab

gewußt, ich wollte ganz furchtbar gern mit ihr ins Bett und ich hab meine Hand auf ihr Bein gelegt und ich wollte versuchen, die Hand in ihre Hose zu kriegen und da hat sie dann so ein bißchen gezögert. Dann bin ich zusammengebrochen, und ich hab' gesagt, ich weiß nicht, wie ich's sagen soll. Ich weiß nicht, wie ichs tun soll. Ich möchte ganz einfach mit dir schlafen, und ich hab's so ganz einfach gemacht, und das war alles, was es gebraucht hat. Ganz einfach 'ne ehrliche Art, die Sache anzugehen [...] Und was das Lieben betrifft, ich hab's in meinem ganzen Leben nicht mehr so getan. Wir haben um 8.30 Uhr angefangen und ich glaube, daß ich ungefähr zwei- oder dreimal einen Orgasmus hatte. Sie hatte sehr viele und hat gesagt, daß ihr Mann ihr keinen Orgasmus gegeben hat und daß sie mehrere Jahre lang mit niemandem geschlafen hat, und ich neige dazu, ihr zu glauben [...] mmm – es könnte eine Geschichte sein, aber ich neige dazu, es zu glauben. Wir haben uns auf der Couch geliebt, auf dem Fußboden, auf dem Tisch, in der Küche, fast überall im Haus und es hat bis 4 Uhr gedauert in der Früh, ohne Unterbrechung und er ist mir niemals weich geworden. Ich kann gar nicht verstehen, wie zum Teufel das möglich ist. Ich wünschte, zum Teufel, ich könnt's wieder tun. Auf jeden Fall wollte ich wirklich nicht weggehen [...] Hab' sie von zu Hause öfters mal mit Ferngespräch angerufen danach und hab' geplant, Urlaub zu nehmen und meiner Frau zu erzählen, daß ich auf ein Manöver gehe – da wäre ich dann da runter gefahren [...] Aber dann, ich weiß nicht, was passiert ist, aber ich hab' den Kontakt mit ihr verloren. Äh, offensichtlich wollte sie nicht meine Ehe auseinanderbringen oder sowas [...] Ich bin meiner neuen Frau jetzt ziemlich treu. Ich beschränke es auf die Zeiten, wo ich im Ausland bin, statt im Ort [...]
Ein Team hat eine Party zusammen. Sie werden da wirklich richtig tierisch meistens. Ähm – ich weiß nicht, was es ist. Ich geb' nicht an darüber oder sowas. Ich will damit nicht sagen, daß es mich irgendwie besser macht oder so. Ich geh' auf die Parties und sie machen mir Spaß, genauso wie jedem anderen auch. Zum Beispiel wie dieser eine Sanitäter. Er, er hat seinen Penis rausgenommen und, äh, ihn ganz einfach raushängen lassen. Die meisten von uns Typen haben es gesehen, aber wir sagen da nichts, wissen Sie. Da redet er zum Beispiel mit diesem einen Mädchen. In diesem Fall war's die Tochter vom [...] ungefähr 30 Minuten lang, mit seinem Schwanz raushängen (lacht) [...] Ah, und ein Sprengstoffmann aus meinem Team, äh, hat auch einmal im Club auf sie gepißt. Ihre Mutter hat gleich daneben gesessen [...] und hat gesagt »vielleicht, wenn du ihn ignorierst, wird er weggehen [...]« [...] Und dann sind wir auf unseren Neuen draufgesprungen und mußten ihm einfach die Eier quetschen. Was wir so einen »Eierquetsch« nennen.

I: Was ist das?

B: Auf sie draufspringen und seine Eier quetschen, bis er anfängt zu weinen, wissen Sie (lacht) [...]

Fall Nr. 221

B: Sie war 29 Jahre alt und ich war 22 [...] Und irgendwie am ersten Abend habe ich sie ausgeführt und sie bekommen. Sie hat 3 Kinder gehabt. Sie waren mit dem Babysitter. Äh, und danach haben wir angefangen zu reden, und sie hat mir erzählt, ihr Mann war in Vietnam [...] Und danach haben wir uns einfach öfter und öfter gesehen, und schließlich hat sie gefragt »warum ziehst du nicht einfach ein bei mir?« und ich hab mit ihr 9 Monate gelebt. Wunderschön [...] Aber es war dann nach 'ner Weile fast so, daß ich fast [...] naja, ich würde sagen, mich in sie verliebt hätte, und versucht habe, ihr einzureden, sie soll sich von ihrem Mann scheiden lassen.

I: Was ist passiert?

B: Nichts. Ich bin nach Vietnam gegangen und wir sind einfach draufgekommen, daß es nur war [...] weil, wissen Sie, ich war da und sie war da, damals [...] Ja, in Wirklichkeit – ich hab diese andere verheiratete Frau getroffen, während ich auf Heimaturlaub war und mit ihr 3 Wochen gelebt, bevor ich geheiratet habe [...] Es war 'ne wirklich gute Abmachung für mich. Sie hatte ein nettes Haus. Sie und ihr Alter haben getrennt gelebt. Sie hatte einen 1965er Oldsmobile mit Klimaanlage und in [...] wird's im Sommer ziemlich heiß, so um die 40/42 Grad herum. Ich hab sie zur Arbeit gefahren und sie hat mir das Auto für den ganzen Tag gegeben und ich konnte damit rund herumfahren und alles [...] Ich hab' ein paar wirklich miese Sachen gemacht. Naja, ich bin mit den Frauen von diesen Typen ausgegangen, und mit denen so auszugehen und ich stelle mir vor, daß das so mies ist, wie man nur werden kann, ich meine, nichts wirklich Schlimmes, ich habe nicht gestohlen und dies oder jenes, aber ich meine, ich habe ein paar Mal Ehebruch begangen und das ist ungefähr schlimmer wie du werden kannst [...]

I: Sind Sie jemals mit einer Prostituierten ins Bett gegangen?

B: Jede Gelegenheit, die ich nur bekommen hab, Jesus Maria [...]

Fall Nr. 226

I: Hat es Sie jemals auf irgendeine Art gestört, mit Prostituierten zu schlafen?

B: Nein! Nein! Nein! Ich hab' sie gern. Ja, tatsächlich hab' ich 'n paar gute Freunde, Prostituierte in Berlin.

I: Hatten Sie jemals irgendwelche Schuldgefühle in Ihrem Leben? Als Sie mit einer Prostituierten geschlafen hatten?

B: Einmal in Berlin, glaube ich – Sie hat den Strumpfbandgürtel heruntergezogen und ihr Fett ist einfach heruntergefallen. Es ist mir wirklich übel geworden dabei [...] Das ist's warum ich mich zuerst ein bißchen schuldig gefühlt habe, zu Anfang. Aber dann, nachdem ich ihr all das Geld bezahlt habe und sie war fett und ich, ich bin ins Bett und [...] äh, ich steck ganz einfach das Telefon in sie rein [...] Jesus Christus, ich meine, mit dem, was ich für 'ne Frau habe, glaube ich, wenigstens könnte ich etwas bekommen, was genauso gut aussieht, oder besser aussieht, als sie. Aber das ist das einzige Mal, wo ich mich irgendwann schuldig gefühlt habe. Ich weiß nicht warum [...] Ja, ich war in einem Zimmer, wo mehr als ein paar gefickt haben. Ja, in Vietnam, wissen Sie. Vielleicht 5 oder 6 Leute in einem Zimmer, in der Dominikanischen Republik [...] äh, in Berlin. 2 oder 3 von uns, die haben sich zusammengetan und 'ne Wohnung gehabt. Wir hatten da ganz einfach 'ne Party. Manche sind auf der Couch gelegen, manche auf dem Fußboden, manche im Schlafzimmer.

Fall Nr. 227

I: Wie würden Sie reagieren, wenn Ihre Frau etwas mit einem anderen Mann hätte?

B: Wenn das der Fall wäre und ich's herausfinden würde, würde ich mich wahrscheinlich von ihr scheiden lassen. Wenn ich's nicht herausfinden würde, stört's mich nicht.

Abschließende Bemerkungen

Zu welchen Schlüssen führen uns all diese Informationen? Sind die Green Berets nichts anderes als sexuell unkomplizierte und gradlinige ›Böcke‹ mit internationaler Erfahrung? Oder sind sie nur durchschnittliche Menschen, die, durch die Erfordernisse ihrer Arbeit bedingt, Sexualität dort ausleben, wo es gerade am bequemsten ist? Sind sie die einzigen Männer, die junge, verwitwete und schwache Frauen zu ihrer eigenen Befriedigung ausnutzen? Sind sie skrupelloser als Diplomaten, Sportler oder Bauarbeiter? Zeigt ihr sexuelles Verhalten pathologische Züge? Sind sie unfähig, eine gute und dauerhafte Beziehung zu einer Frau herzustellen und Familie zu haben?

Das begrenzte Material, das über die sexuellen Gewohnheiten verschiedener Berufsgruppen zur Verfügung steht, deutet darauf hin, daß an den Green Berets mit Ausnahme ihrer Abneigung gegen Selbstbefriedigung nichts Außergewöhnliches ist. Die einzigen, offensichtlich pathologischen Aspekte ihres Sexualverhaltens waren oberflächliche Gefühle, ausbeuterische Einstellungen, gelegentliche Ausbrüche von Zügellosigkeiten, sowie ein tiefes und wahrscheinlich unbewußtes, zwanghaftes Bedürfnis, ihre Potenz zu beweisen.[5] Dadurch, daß dieses Bedürfnis nie richtig befriedigt wurde, führte sich ihre Sexualität selbst ad absurdum.

Prahlerei und Einbildung in sexuellen Angelegenheiten sind weit ver-

[5] Jede Versuchsperson füllte das ›Sexualitätsinventar‹ mit 147 Fragen aus, die Sexualtrieb und Interessen, sexuelle Frustration, neurotische Konflikte im Zusammenhang mit Sexualität, Unterdrückung sexueller Wünsche, Verlust sexueller Kontrolle, Homosexualität, Zutrauen in seine Fähigkeit, seine Geschlechtsrolle zu erfüllen und Promiskuität messen sollen. Die einzige Skala, auf der die Green Berets einen erhöhten Wert erhielten, war Promiskuität.
Thorne, F.: The Sex Inventory. Journal of Clinical Psychology, 1966, 12, p. 367–374. Scales for Rating Sexual Experience, Journal of Clinical Psychology 1966, 12, p. 405–407. A Factorial Study of Sexuality in Adult Males, Journal of Clinical Psychology 1966, 12, p. 378–386. Thorne, F. und Haupt, T.: The Objective Measurement of the Sex Attitudes and Behavior in Adult Males, Journal of Clinical Psychology 1966, 12, p. 395–403.

breitet. Die meisten Männer wenden die eine oder andere Strategie an, wenn sie sich Frauen nähern und umgekehrt. Viele junge Männer fühlen sich von älteren Frauen angezogen. Die Green Berets haben Prostitution nicht ins Leben gerufen, machten aber ohne Mitgefühl von den existierenden Möglichkeiten Gebrauch.

Dennoch ist ihr Sexualverhalten nicht so unkompliziert, wie es auf den ersten Blick erscheinen mag. Ich glaube, daß das Außergewöhnliche an ihrer Sexualität in ihrer extremen Ausformung liegt. Wo manche Menschen im Interesse sexueller Lust bereit sind, ihre Prinzipien außer acht zu lassen, scheinen die Green Berets keine Prinzipien gehabt zu haben, die sie hätten opfern können. Situationen, die andere eingeschüchtert oder abgehalten hätten, ließen sie unberührt. Vorübergehende sexuelle Kontakte waren kein Teil, sondern fast die Gesamtheit ihrer sexuellen Erfahrung. Oberflächlichkeit und Unehrlichkeit waren die einzigen gleichbleibenden Merkmale ihrer Einstellung zu Frauen. In ihren Berichten gab es fast keine Anzeichen von Schuldgefühl, Verlegenheit, Nachdenklichkeit oder Selbstkritik. Ihre Geschichten wurden mit schamloser Offenheit erzählt und klangen nach Abenteuergeist. Wenn es den Anschein hatte, als würde eine Beziehung vertieft werden, schüttelten die Soldaten die beginnende ›Last‹ ab. Darüber hinaus wurden sie der Oberflächlichkeit, vorübergehender Beziehungen oder der Ausbeutung anderer zu ihrer Befriedigung nicht müde.

Ihr Verhalten ist ein klares Zeichen gefühlsmäßiger Unreife oder vielleicht stärker: von gefühlsmäßiger Zurückgebliebenheit. Sie scheinen unfähig zu sein, Einfühlungsvermögen zu zeigen oder die Gefühle anderer zu schätzen, außer, wenn dies in eine berechnende Strategie einbezogen werden kann. Sie können auf den Schmerz oder die Liebe eines anderen Menschen nicht echt antworten.

Die wilden Feste mit ihren Obszönitäten, ihrem Flitter, Exhibitionismus und Voyeurtum, von denen 2 Soldaten angaben, daß sie zum normalen Leben der Special-Forces-Soldaten gehörten, scheinen mir Fortführung und Vervollkommnung ihrer früheren sozialen und sexuellen Gewohnheiten zu sein. Damit will ich nicht sagen, daß das Armeeleben keinen Einfluß auf das Sexualverhalten hatte. Es hat ihnen innerhalb freundlich gesinnter und unterstützender Subkulturen ähnlich eingestellter Menschen die Möglichkeit gegeben, in der ganzen Welt herumzuhuren.

Es ist ziemlich klar, daß die Kriegsfreiwilligen bemerkenswert skrupellos und gefühllos waren. Aber man kann nicht behaupten, daß sie physischen Zwang ausübten, um Geschlechtspartner zu gewinnen. Ge-

legentlich machten sie die Mädchen vor dem Akt betrunken, aber ich bezweifle sehr stark, daß viele von diesen Mädchen wirklich unschuldig waren. Die meisten ihrer Geschlechtspartner scheinen nach ein wenig Ermunterung gerne eingewilligt zu haben.
Wir sollten uns daran erinnern, daß eine große Anzahl der Jungen zur Zeit ihres ersten Geschlechtsverkehrs von Mädchen verführt wurden.
Gibt es grundlegende Unterschiede zwischen vorübergehenden sexuellen Kontakten mit Prostituierten und Zufallsbekanntschaften?[6] Man soll nicht vergessen, daß die Green Berets für Prostituierte fast ebenso viele freundliche Worte übrig hatten wie für ihre formell angeseheneren Geschlechtspartner (sie hatten sehr wenige freundliche Worte für ihre Geschlechtspartner übrig). Es stimmt nicht, daß Kontakte mit Prostituierten kurz waren, und daß diejenigen mit Zufallsbekanntschaften immer länger dauerten. Viele Green Berets lebten Tage, Wochen, und einer sogar Monate mit Prostituierten zusammen. Obwohl es verschiedene Umstände gab, man auf finanzielle und andere oberflächliche Unterschiede hinweisen kann, scheinen die Green Berets meiner Meinung nach zwischen den beiden keine grundsätzlichen Unterschiede gefunden zu haben. Eine Zufallsbekanntschaft war vielleicht eine größere Herausforderung und äußerlich angesehener, aber eine Prostituierte war sicherer und man konnte sich ihrer ohne Furcht vor Komplikationen leicht entledigen. Für diese Männer scheint die Wahl zwischen einer Zufallsbekanntschaft und einer Prostituierten hauptsächlich von der Zeit, dem Ort, der Stimmung und der Gelegenheit abhängig gewesen zu sein.
In einigen Fällen scheinen sie tatsächlich das Gefühl gehabt zu haben, daß bestimmte sexuelle Handlungen, wie zum Beispiel auf das Bein eines Mädchens zu urinieren, oder mit einem Mädchen zu sprechen, während man den Penis heraushängen läßt, außergewöhnlich oder ›unnatürlich‹ waren. Sie scheinen sich auch über die Korrektheit von Orgien und homosexuellen Spielen nicht ganz sicher gewesen zu sein. Trotzdem hatte ich keine Möglichkeit festzustellen, ob die Soldaten persönliche Bedenken über ihr eigenes Verhalten ausdrückten oder defensive Bemerkungen zu einem möglicherweise kritischen Außenstehenden machten. Ich kann mich nicht erinnern, daß einer der Soldaten zu irgendeinem Zeitpunkt verlegen gewesen wäre, und neige daher zu der Annahme, daß sie sich selbst von Zeit zu Zeit Gedanken darüber machen, was sie zu ihren sexuellen Ausschweifungen treibt.

[6] Zufallsbekanntschaften waren: High-School- und College-Mädchen, Sekretärinnen, Krankenschwestern, die Ehefrauen anderer Männer.

Die Green Berets zeigten sich von sozialer und sexueller Angst fast völlig frei. Sie bewiesen manchmal erstaunliches Wahrnehmungsvermögen und behielten ihre Gefühle und Handlungen meist unter vollständiger Kontrolle. Sie verhinderten, daß sexuelle Abenteuer ihr öffentliches Image beeinträchtigten, indem sie sie auf entfernte Orte oder auf Situationen beschränkten, die von den Beteiligten, der Öffentlichkeit, Geschäftsleuten und militärischen Vorgesetzten stillschweigend gutgeheißen wurden. Die meisten ihrer ›besonderen Beziehungen‹ blieben ungestört. Ihre Gefühle für irgendein besonderes Mädchen wurden nicht verwirrt oder unsicher. Das war dann am deutlichsten, wenn sie mit anderen Frauen sexuelle Beziehungen unterhielten, während sie gleichzeitig mit ihren Frauen, Verlobten und festen Freundinnen verkehrten. Ich habe nicht das Gefühl, daß diese Eigenschaften sichere männliche Identität und sexuelle Zuversicht beweisen. Das Verhalten ist zu zwanghaft und wahllos und deutet auf eine grundlegende Unsicherheit und das Bedürfnis zu wiederholter Bestätigung.

Ihre sexuellen Gewohnheiten könnten uns zu dem Schluß führen, daß die Soldaten dieselben moralischen Maßstäbe an Männer und Frauen anlegten. Dem ist aber nicht so. Sowohl in den Fragebogen wie während der Interviews gaben sie eindeutig an, sexuelle Freizügigkeit sollte auf Männer beschränkt bleiben. Sie mißbilligten oder verdammten voreheliche Geschlechtsbeziehungen für Frauen, billigten sie aber für Männer. Unter den Bezeichnungen für die Mädchen, die mit ihnen ins Bett gingen, befanden sich solche wie »merkwürdig«, »nymphomanisch«, »Schlampen«, »Huren«, »leicht zu legen«, »Strohpuppe«, »ohne Hausverstand«. Diese Ansichten wurden weder durch die Betrachtung ihrer eigenen Gewohnheiten noch durch die direkte Konfrontation mit der im Militär weitverbreiteten Promiskuität verändert, zu der sie einen beträchtlichen Beitrag leisteten. Auch die angenehmen Beziehungen, die sie mit Frauen hatten oder die Tatsache, daß sehr wenige von ihnen Jungfrauen heirateten, hatten keinen Einfluß auf ihre Einstellung.

Meiner Meinung nach dient dieser doppelte Maßstab und die darin enthaltene moralische Verdammung der Frauen mehreren Zwecken. Indem sie von vornherein jeder Frau, die mit ihnen schläft, einen niedrigen moralischen Wert beimessen, finden sie ihr eigenes Verhalten leicht gerechtfertigt und entgehen der Selbstkritik. Weil sie wissen, daß ihre Absichten nicht über ihre eigene sexuelle Befriedigung hinausgehen, erlaubt ihnen die doppelte Moral, jede Frau zu verachten, die auf ihre Tricks hereinfällt.

Der wahre Charakter dieser Haltung wird deutlicher, wenn er mit ihrer starken Abneigung gegen Selbstbefriedigung in Verbindung gebracht wird. Die Gründe für ihre Verdammung von Selbstbefriedigung hatten mit ausdrücklichen moralischen Vorstellungen wenig zu tun, obwohl in einigen Fällen ein Rest elterlicher Verbote bemerkbar war. Sie lehnten Selbstbefriedigung ab, weil sie sie als ein Zeichen der Schwäche, einen Schlag gegen ihre Männlichkeit und einen Hinweis auf soziales und sexuelles Versagen erlebten. Gleichzeitig trachteten sie zwanghaft danach, ihre Potenz zu beweisen, was sie oft zu skrupellosen Verführungen trieb. Aber statt den Frauen dafür zu danken, daß sie sich ihnen hingaben, stießen sie sie zurück und nannten sie »Huren«. Da eine Hure nichts bestätigen kann, blieben die Green Berets unbefriedigt.

TEIL 2

Die Kriegsdienstverweigerer

Die Bevorzugung sexueller Intimität als integralem Bestandteil einer Liebesbeziehung und der Wunsch der Kriegsdienstverweigerer, die dafür notwendige Geduld und Feinfühligkeit zu üben, sind die Hauptmerkmale ihrer Einstellung zur Sexualität. Dennoch lehnt keiner von ihnen die Idee sexueller Lust ab. Ihre Abneigung gegen einen einseitigen körperlichen Kontakt ist nicht moralistisch, sondern humanistisch begründet.
Zur Zeit unseres Interviews konnten Reste konventioneller Sexualmoral nur noch in der Einstellung von 3 Kriegsdienstverweigerern beobachtet werden. Rückblickend kritisierten jedoch alle ihr vorhergehendes Sexualverhalten. Ihre Bedenken waren in eine besondere Sicht mitmenschlicher Beziehungen eingebettet, für die Zurückhaltung, Umsicht und Feinfühligkeit von zentraler Bedeutung waren. Deshalb bereuten sie verschiedene Aspekte ihrer früheren sexuellen Entwicklung. Die Entwicklung dieser Einstellung verlief in vielen Fällen parallel zu ihrer Entscheidung, den Kriegsdienst zu verweigern.

Frühe sexuelle Aufklärung und Erfahrungen

Über die Hälfte der Kriegsdienstverweigerer wurde von ihren Eltern oder älteren Geschwistern sexuell aufgeklärt. In manchen Fällen wurde dies durch sexuelle Erziehungsprogramme in der High School erweitert.[7] Vielen bot Literatur eine wichtige zusätzliche Quelle der Auf-

[7] Die meisten Jungen, die zuhause sexuell aufgeklärt wurden, hatten eine unproblematische sexuelle Entwicklung. Das traf auch auf einige andere zu, die keine formale sexuelle Erziehung genossen hatten. Die wenigen Jungen, die Konflikte, Schuldgefühle und mehr als eine »schlechte sexuelle Erfahrung« gemacht hatten, waren von ihren Eltern nicht aufgeklärt worden. Ihre frühen Erfahrungen mit Geschlechtsverkehr wurden durch Überreste religiöser Tabus, frustrierende Liebesbeziehungen und die Eroberungs- und Konsumhaltung zur Sexualität, die in ihrem Freundeskreis vorherrschte, noch zusätzlich kompliziert.

klärung. Sie lasen zuerst biologische und anatomische Beschreibungen der männlichen und weiblichen Fortpflanzungsorgane und später philosophische und sozialpsychologische Essays über heterosexuelle und allgemein mitmenschliche Beziehungen. Erich Fromms »Die Kunst des Liebens« und Martin Bubers »Ich und Du« wurden in diesem Zusammenhang häufig erwähnt. Trotz der Bedeutung früher Aufklärung und des Lesens für die Herausbildung der Einstellung der meisten zur Sexualität scheint persönliche Erfahrung mit Frauen der entscheidende Einfluß auf ihr tatsächliches Sexualverhalten gewesen zu sein.

Einige der Kriegsdienstverweigerer begannen in der späten Kindheit mit Selbstbefriedigung, andere während der frühen, mittleren oder späten Jugendzeit.[8]

Die Bemerkung eines Kriegsdienstverweigerers ist repräsentativ für die Natürlichkeit, mit der sie diesen Aspekt ihrer sexuellen Entwicklung betrachteten: »Ich hab's einfach eines Tages probiert, wissen Sie, und es hat mir ziemlich viel Spaß gemacht. Es war anscheinend Zeit, es zu tun. Wie ein Murmeltier, das aus dem Winterschlaf aufwacht oder sowas.« Sobald sie einmal damit begonnen hatten, onanierten die meisten regelmäßig, und es machte ihnen Freude. Außer während der Zeitabschnitte, zu denen sie Geschlechtsverkehr hatten, kamen sie hauptsächlich durch Selbstbefriedigung zum Orgasmus. Während alle von ihnen Geschlechtsverkehr vorzogen, besonders in einer Liebesbeziehung, betrachteten sie Selbstbefriedigung nicht als ungewöhnlich oder unbequem. Zur Zeit unseres Interviews fanden sie Onanieren befriedigender als rein körperliche Kontakte mit Frauen. So verstanden die meisten von ihnen meine Frage, warum sie keine Schuldgefühle oder Konflikte in diesem Zusammenhang hatten, nicht sofort. Manche gaben mir das Gefühl, daß diese Frage nur von jemandem gestellt werden könnte, der sexuelle Konflikte hatte, andere sagten, ihnen seien keine sexuellen Tabus eingeimpft worden, und wieder andere antworteten mit der rhetorischen Frage »Schuldgefühle, weswegen?«.[9]

Im Durchschnitt vergingen über 4½ Jahre zwischen der ersten Selbstbefriedigung der Kriegsdienstverweigerer und ihrem ersten Geschlechts-

[8] Das Alter zum Zeitpunkt der ersten Selbstbefriedigung schwankt zwischen 10 und 19 Jahren. Das Durchschnittsalter war 13,5 Jahre.

[9] Die Auswirkungen religiöser Lehren und kindlicher Religiosität waren in der frühen sexuellen Entwicklung einiger Jungen zu beobachten. Der einzige Kriegsdienstverweigerer, der nicht onaniert hatte, war katholisch. 2 der 3 Jungen, die Schuldgefühle im Zusammenhang mit Selbstbefriedigung hatten, waren ebenfalls katholisch und führten ihre Schuldgefühle auf die Tabuisierung der Sexualität seitens der Nonnen, Priester und Schüler in ihren Konfessionsschulen zurück. Der weitere Junge mit Schuldgefühlen war ein frommer Lutheraner.

verkehr.[10] Obwohl sie sich ihrer sexuellen Bedürfnisse und der Möglichkeit des Geschlechtsverkehrs bewußt waren, hatten sie es nicht eilig, diese Erfahrung zu machen.[11] Die Tatsache, daß sie onanierten, erklärt zum Teil, warum sie viele Jahre lang nicht daran dachten, sich Mädchen nur zur Befriedigung ihrer körperlichen Bedürfnisse zu nähern. Auch hatten die meisten keinen Grund, eine ›verbotene Frucht‹ kosten zu wollen, weil sie keinen sexuellen Tabus ausgesetzt waren. Man sollte auch beachten, daß ihre Eltern Geschlechtsverkehr ihrem Ermessen überließen. So ermöglichten die meisten Eltern der Kriegsdienstverweigerer ihren Söhnen zweifellos eine Einstellung zur Sexualität, bei der sie egoistische sexuelle Handlungen mit einem Mädchen als unangebracht und möglicherweise kompromittierend angesehen hätten. Während der High School und in den meisten Fällen auch im College hatten die Kriegsdienstverweigerer und ihre engsten Freunde eine Vielzahl von Möglichkeiten kreativer, intellektueller, akademischer und sportlicher Art, durch die sie sich selbst bilden und bestätigen konnten. Daher wurde die Stärkung des Ich durch sexuelle Eroberungen nicht als dringendes Bedürfnis erfahren. Das entspricht der Tatsache, daß wenige Kriegsdienstverweigerer ihre eigene Sexualität jemals im Zusammenhang mit sozialem Prestige betrachteten.

Formen des sexuellen und emotionalen Ausdrucks

Sowohl vor wie nach dem ersten Geschlechtsverkehr hatten fast alle Kriegsdienstverweigerer enge heterosexuelle Freundschaften mit und ohne sexuelle Intimität gehabt.[12] Der Schlüssel zu ihrem späteren Sexualverhalten liegt hauptsächlich in den Umständen, unter denen der erste Geschlechtsverkehr stattfand. Diejenigen Jungen, die ihn im Zusammenhang mit einer Liebesbeziehung erlebten, hatten auch danach nur mit Mädchen Geschlechtsverkehr, die sie liebten oder denen sie sich eng verbunden fühlten. Je nachdem wie oberflächlich und bedeutungslos der erste Geschlechtsverkehr war, hatten auch die späteren Sexual-

[10] Dieser Zeitraum reichte von 1 bis 10 Jahren. Der typischste Zeitraum lag zwischen 3 und 7 Jahren.

[11] Dieses Gefühl drückte der jüngste Kriegsdienstverweigerer aus, der im Alter von 17 Jahren interviewt wurde. Er erklärte auch, daß er an Mädchen nicht besonders interessiert sei und Geschlechtsverkehr zu bedeutend fände, um nicht noch damit warten zu können.

[12] Ausnahme dazu waren 2 Kriegsdienstverweigerer, die nach ihrer Heirat keine weiteren Beziehungen gehabt hatten. Einer hatte zum erstenmal Geschlechtsverkehr nach seiner Heirat, und der zweite heiratete seine zweite Freundin.

kontakte der meisten Kriegsdienstverweigerer mehr oder weniger große emotionale Bedeutung.

Es scheint keinen alleinigen Bestimmungsgrund für dieses Verhaltensmuster gegeben zu haben. Der erste Geschlechtsverkehr war in den gesamten Rahmen der sexuellen Erziehung der Kriegsdienstverweigerer, ihrer sozialen und emotionalen Reife, ihrer Beziehungen zu Gruppen Gleichaltriger und ihrer heterosexuellen Erfahrungen eingebettet. Die 8 Kriegsdienstverweigerer, die ihren ersten Geschlechtsverkehr hauptsächlich als eine emotional bereichernde Erfahrung für sich selbst und ihre Freundinnen ansahen, besaßen auch andere hervorstechende Eigenschaften. Diese Gruppe hatte die gründlichste sexuelle Erziehung zuhause erhalten. Sie warteten auch länger vor dem ersten Geschlechtsverkehr (im Durchschnitt 5,1 Jahre nach der ersten Selbstbefriedigung) und trafen während dieses Zeitabschnittes ein Mädchen, mit dem sie eine dauerhafte und gefühlsmäßig enge Beziehung aufbauen und auch die Erfahrung des ersten Geschlechtsverkehrs teilen konnten. Die Mädchen waren auch Jungfrauen und erwiderten ihre Zärtlichkeit, Freude und Ehrlichkeit. Es scheint, als habe die Tiefe des Gefühls und die Gegenseitigkeit ihrer ersten Erfahrung einen derart tiefen Eindruck auf diese Jungen gemacht, daß sie sich sexuelle Intimität nicht unter anderen Umständen vorstellen konnten. Während einige von ihnen später Geschlechtsverkehr mit Frauen hatten, die sie nicht liebten, blieb sexuelle Intimität nur ein Bestandteil einer ansonsten starken Beziehung.

Als die zweite Untergruppe von 7 Kriegsdienstverweigerern, die nicht eine einheitliche gründliche sexuelle Erziehung zu Hause bekamen, zum erstenmal Geschlechtsverkehr hatte, war sie 1 Jahr jünger (18, 25 Jahre) als die vorhergehende Gruppe. Der erste Geschlechtsverkehr wurde mit Mädchen vollzogen, die sie gern mochten, aber mit denen sie sich nicht tief verbunden fühlten. Während sie im selben Alter mit Selbstbefriedigung begannen wie die erste Untergruppe (im Durchschnitt 13,5 Jahre), fand der erste Geschlechtsverkehr ungefähr 1 Jahr früher statt. Den meisten machte er Spaß und sie hatten das Gefühl, daß er die Beziehung zu den Mädchen vertieft hatte. Dieses Erlebnis war jedoch nicht von derselben Intensität und Gefühlstiefe begleitet wie in der ersten Gruppe. Wenn diese Kriegsdienstverweigerer danach mit Mädchen ausgingen, waren sie selten in der Lage, sexuelle Intimität mit einer Liebesbeziehung zu verbinden, obwohl sie mit einer Ausnahme nur mit Mädchen schliefen, die sie gerne mochten und mit denen sie regelmäßig ausgegangen waren. Viele dieser Beziehungen dauerten lange Zeit und beinhalteten gegenseitiges Verständnis, jedoch fehlten die Elemente starker Faszination und tiefer emotionaler Bindung. Diese Kriegsdienstverweigerer hatten im Durchschnitt 7,2 verschiedene Geschlechtspartner oder zweimal so viele wie die erste Gruppe.

5 Kriegsdienstverweigerer erlebten den ersten Geschlechtsverkehr mit flüchtigen Bekannten. Einige hatten die Mädchen mehrere Jahre lang gekannt und andere hatten sie gerade erst kennengelernt. Der Geschlechtsverkehr war ein zufälliger und flüchtiger Aspekt des Kontaktes, ohne direkte zwischenmenschliche oder gefühlsmäßige Bedeutung für diese Beziehung. Diese Jungen waren im Durchschnitt 17,5 Jahre alt (fast 2 Jahre jünger als die erste Gruppe und 1 Jahr jünger als die zweite). Sie begannen im Durchschnitt 2 Jahre später mit Selbstbefriedigung als die ersten beiden Untergruppen und hatten den ersten Geschlechtsverkehr 1,2 bis 2,3 Jahre früher. Nur einer von ihnen war von seinen Eltern sexuell aufgeklärt. Die meisten hatten sexuell intime Beziehungen mit Mädchen, die sie gerne mochten, aber nur 2 waren fähig, sexuelle Intimität mit einer Liebesbeziehung zu verbinden. Beide Freundschaften waren von kurzer Dauer. Diese Gruppe hatte nicht mit einer größeren Anzahl verschiedener Frauen Geschlechtsverkehr als die vorhergehende, neigte aber in ihren sexuellen Erfahrungen eher zur Oberflächlichkeit. Unabhängig von der jeweiligen Anzahl verschiedener Geschlechtspartner fiel es ihnen schwer, sexuelle und gefühlsmäßige Intimität bei einem Mädchen zu vereinen. In diese Untergruppe fällt der einzige Kriegsdienstverweigerer, der nie onaniert hatte. Er hatte nie eine gefühlsmäßig enge heterosexuelle Freundschaft gehabt. Das Interesse an seinen 5 verschiedenen Geschlechtspartnern war vorwiegend körperlich gewesen. Er war auch der einzige Kriegsdienstverweigerer, der an Gruppensex teilgenommen hatte und keine notwendige Verbindung zwischen gefühlsmäßig persönlicher und sexueller Intimität sah.

Ein Unterscheidungsmerkmal der nächsten Untergruppe von 4 Kriegsdienstverweigerern besteht darin, daß alle Geschlechtsverkehr mit einer Prostituierten gehabt hatten. In 3 Fällen war dies der erste Geschlechtsverkehr gewesen. Diese Jungen hatten früher begonnen zu onanieren als alle anderen Gruppen (Durchschnittsalter 12,2) und mit ihrem ersten Geschlechtsverkehr genauso lange gewartet wie die erste Gruppe. Ein zweites Unterscheidungsmerkmal war die Unterschiedlichkeit ihres Sexualverhaltens. Sie hatten Geschlechtsverkehr zum rein körperlichen Lustgewinn, aber auch mit Frauen, die sie gerne mochten

und wenigstens einmal im Rahmen einer Liebesbeziehung. Zusammen erreichten sie die größte Durchschnittszahl von Geschlechtspartnern (17,2). Nur einer hatte zuhause oder in der Schule sexuelle Aufklärung erhalten. Diese wenigen Beobachtungen zeigen die allgemeinen Muster im Verlauf der sexuellen Entwicklung der Kriegsdienstverweigerer. Der beste Index für die Qualität und Quantität ihrer gesamten Erfahrung mit sexueller Intimität war der emotionale Kontakt und die Bedeutung des ersten Geschlechtsverkehrs. Der zeitliche Abstand zwischen der ersten Selbstbefriedigung und dem ersten Geschlechtsverkehr hing allgemein mit den Umständen des ersten Geschlechtsverkehrs zusammen. Es scheint, daß wenigstens für diese Gruppe die beste Vorbereitung für eine unproblematische sexuelle Entwicklung folgende Faktoren waren: Eine fundierte sexuelle Aufklärung zuhause, einige Jahre Selbstbefriedigung ohne Schuldgefühle nach Beginn der Pubertät und der erste Geschlechtsverkehr als spontanes Resultat einer Liebesbeziehung. Jede andere Verbindung brachte Hindernisse und Konflikte unterschiedlicher Intensität mit sich, bevor ein unkompliziertes sexuelles Erleben erreicht werden konnte. Wenn viele Jahre zwischen der ersten Selbstbefriedigung und dem ersten Geschlechtsverkehr verstrichen und der erste Geschlechtsverkehr eine oberflächliche oder unerfreuliche Erfahrung war, gestalteten sich die Umstände der folgenden sexuellen Erfahrungen am wechselhaftesten.
Die folgenden Zitate geben einen repräsentativen Überblick über die erste sexuelle Erfahrung.

Fall Nr. 103

Ich hab sie im College getroffen [...] Im Grunde genommen waren wir beide mehr oder weniger einsam. Sie konnte sich nicht so gut ausdrücken, wie ich es gern gehabt hätte. Ich hatte Schwierigkeiten, mit ihr zu reden. Wir sind erst nach ungefähr 3 Monaten oder so ins Bett gegangen.

Fall Nr. 104

Sie war ziemlich viel älter. Ich war ungefähr 20 und ich habe mich psychologisch und gefühlsmäßig immer enger an sie gebunden [...] Ich hatte eine Weile eine Art körperlicher Beziehung mit ihr, würde ich sagen, intensives Petting, ungefähr ein Jahr lang oder länger. Es hat sich einfach langsam etwas weiter entwickelt. Es hat sich entwickelt, nachdem sich eine sehr enge kommunizierende, gefühlsmäßige Beziehung entwickelt hatte [...] Um mich wirklich angezogen zu fühlen, muß ich in eine Beziehung hineinwachsen, jemanden langsam kennenlernen. Und das ist so lange weitergegangen [...] Ich hatte lange Zeit mit ihr Liebesspiele gemacht, mit Ausnahme des letzten Aktes. Es war kein riesiger Schritt von da, wo wir waren [...] Es hat einfach ein sehr, sehr gutes Gefühl hervorgerufen [...] Davor hatte sie's nicht tun wollen, und es ist mir wirklich nicht eingefallen, sie zu drängen. Und an dem Punkt war es kein Drängen. Es war einfach ein Vorschlag. Wir hatten so viele Diskussionen über die philosophischen Aspekte der Liebe, lange bevor es als hauptsächlicher Diskussionsgegenstand aufkam. Und wenn es so wächst, kann man spüren, wie ein Mensch ist. In einer intensiven Situation kann man sich über seine Gefühle selber was vormachen. Während eines langen Zeitraums kann man das nicht. Man weiß genau, wie man sich fühlt [...]

Fall Nr. 105

Nachdem ich mich von diesem einen Mädchen getrennt hatte – ich bin mit ihr bis zu meinem ersten Collegejahr gegangen – hatte ich ganz einfach den Wunsch, mal gebumst zu werden. Es war ziemlich egoistisch. Wissen Sie, ich war vorher nie verführt worden. Da war dieses eine Mädchen in der Nähe, ich hab sie aus der High School gekannt, und ich bin gebumst worden. Nein, ich glaube nicht, daß es uns näher gebracht hat, was bedauerlich ist.

Fall Nr. 110

Es war sehr ungeschickt, sehr schön in seiner Ungeschicklichkeit. Ich glaube, daß es eine wunderbare Sache war [...] Sie schien nicht zu glauben, daß es so schön war, wie ich gedacht habe, daß es war. Sie wollte eine reife, erwachsene Form des Zusammenlebens, und mir gefiel die High-School-Liebelei. Da ist sie mir in der Beziehung irgendwie sehr schnell entwachsen. Sie war sehr warm und sehr sinnlich und sehr gefühlvoll und sich sehr der Tatsache bewußt, daß sie berührt hat und berührt wurde.

Fall Nr. 120

Ich war 17. Es war mit einem Mädchen in der Nachbarschaft, und, äh, ich weiß nicht, ob sie eine Prostituierte war. Die Sache wurde für mich von den älteren Jungens in der Nachbarschaft arrangiert. Es war wirklich die schrecklichste Erfahrung, die ich kenne. Ich war sehr, wissen Sie, sehr verängstigt von der ganzen Sache damals.

Fall Nr. 122

Ich war 20 Jahre alt. Ich wollte sie heiraten [...] Wir waren 1½ Jahre lang miteinander im Bett herumgerollt, bis wir endlich Geschlechtsverkehr hatten [...] Naja, wir haben gewartet, bis wir das Gefühl hatten, daß wir in der Früh aufwachen und glücklich sein könnten.

Da war ein Mädchen in einer meiner Vorlesungen. Ich bin nicht mit ihr ausgegangen, aber sie war sehr hübsch. Sie hat nicht sehr weit weg von mir gewohnt und ich kann mich erinnern, daß ich eines Tages da rüber gegangen bin. Sie war im Haus von einem Freund von mir, der einen Block weiter unten wohnte. Und da bin ich rüber gegangen und wir haben getanzt. Da hat eine Platte gespielt und wir haben getanzt. Ihre Freundin hat oben saubergemacht und wir waren unten und sind in den Keller gegangen und dort hatten wir Geschlechtsverkehr. Und ich kann mich daran erinnern, daß ich mich lange, lange Zeit schuldig gefühlt hatte, weil, äh, damals hab ich mich erinnert, daß während meiner ganzen Zeit in der katholischen Schule Sex als etwas Schlechtes hingestellt wurde, etwas sehr, sehr Schlechtes. Etwas ganz streng Verbotenes, außer für verheiratete Leute, und ich habe mich sehr schuldig gefühlt. Ich weiß, daß ich ungefähr 6 Monate gebraucht habe, bevor ich zur Beichte gegangen bin (lacht). Weil ich mich gefürchtet habe, dem Priester zu erzählen, was passiert ist. Aber ich habe es schließlich getan und bin zur Beichte gegangen und sie haben mich deswegen ausgeschimpft, natürlich, und ich hab mich wirklich außerordentlich erleichtert gefühlt, wie ich weggegangen bin. Ungefähr 3 Wochen später (lacht) bin ich wieder ausgegangen und habe dasselbe Mädchen getroffen (lacht), und es ist wieder passiert. Und ich hab gesagt »meine Güte, was machst du?« (großes Gelächter).
Da ist es so weitergegangen und ich kann mich erinnern, daß ich deswegen nicht mehr zur Beichte gegangen bin. Ich habe mir gedacht, wissen Sie, ich hab schon die Geschichte gehört, die er mir erzählen wird, also wozu sich damit aufhalten?

Weitere Mädchenbekanntschaften

Es gab keinen Faktor für die sexuelle Entwicklung der Kriegsdienstverweigerer, der allein ausschlaggebend war. Es hat den Anschein, als ob eine Portion Glück und die Fähigkeit, Frauen auszuwählen, die ihre Gefühle erwiderten, es den meisten ermöglichte, nur positive emotionale und körperlich intime Beziehungen einzugehen. Doch gab es in jeder der 4 oben erwähnten Untergruppen wenigstens einen und manchmal 2 Kriegsdienstverweigerer, die Zeiten der Verwirrung, Frustration und des tiefen Schmerzes durchgemacht hatten. Einige Jungen wurden durch das Scheitern ihrer Liebesbeziehungen tief verletzt, andere hatten das Gefühl, daß sie mit engeren Freundschaften im allgemeinen kein Glück gehabt hatten. Wieder andere waren vorübergehend dem Druck sozialer Gruppen ausgesetzt (Football-Spielern, College-Fraternitäten, sexuelle Befreiungsgruppen), in denen eine nüchterne Konsumhaltung bis hin zur sexuellen Ausbeutung vorherrschte.

Einige wenige benötigten mehrere Jahre, um religiöse Leitbilder über Sexualität zu verarbeiten.[7]
Wenn einer oder mehrere dieser zusätzlichen störenden Einflüsse in Verbindung mit ernsthaften Konflikten in der Familie der Kriegsdienstverweigerer während der Kindheit oder Jugendzeit auftraten, stellten sich Gefühle der Unzulänglichkeit und Schwierigkeiten beim Aufbau und der Gestaltung einer stabilen heterosexuellen Beziehung mit sexueller Intimität ein.

Selbsteinschätzung in Gefühlsleben und Sexualität

Ein interessantes Ergebnis war, daß fast alle Kriegsdienstverweigerer angaben, noch einige Jahre nach ihrem ersten Geschlechtsverkehr emotional unreif gewesen zu sein. Diejenigen, die Geschlechtsverkehr nur im Rahmen einer Liebesbeziehung erfahren hatten, sahen diese Unreife in erster Linie darin, daß sie erst lernen mußten, sich mehr für emotionale Erfahrungen zu öffnen und auf die Gefühle einer Frau näher einzugehen. Das Scheitern einer Liebesbeziehung führten die betreffenden Jungen hauptsächlich auf ihre eigene Unreife zurück. Eine ähnliche Einstellung wurde auch von mehreren Kriegsdienstverweigerern geäußert, die noch keine dauerhafte Liebesbeziehung gehabt hatten. Sie kritisierten rückblickend ihre mangelnde Bereitschaft, die Offenheit und Feinfühligkeit zu zeigen, die einige ihrer Freundschaften hätte festigen können.
Diese Selbsteinschätzungen können nur im Zusammenhang mit dem

[13] 3 der 6 Kriegsdienstverweigerer, die als Katholiken erzogen wurden, hatten Schuldgefühle im Zusammenhang mit Selbstbefriedigung und Geschlechtsverkehr. Keiner erlebte den ersten Geschlechtsverkehr im Rahmen einer Liebesbeziehung; 3 berichteten über längere Perioden der Verwirrung und oberflächliche sexuelle Beziehungen, die nur der eigenen Befriedigung dienten. Von den beiden, die sexuelle Intimität innerhalb einer Liebesbeziehung erfahren hatten, konnte einer diese Situation nicht bewältigen. Die katholischen Kriegsdienstverweigerer erlebten den größten Konflikt und die größte Angst und Unzufriedenheit in sexuellen Angelegenheiten. Sie alle sahen ihre Konflikte weitgehend in Verbindung mit sexuellen Tabus in ihrer religiösen Erziehung. Die großen Unterschiede in ihrer Einstellung zu dieser Erziehung gehen jedoch auf andere wichtige Einflüsse zurück, die oben erwähnt wurden. Es lassen sich 2 deutlich verschiedene Arten der Konfliktbewältigung seitens der katholischen Kriegsdienstverweigerer unterscheiden. Die extrovertierten, die weniger über sich selbst nachdachten, unterdrückten sexuelle Konflikte und lebten ihre Sexualität ›unbeschwert‹ aus. Diejenigen, die mehr über sich selbst nachdachten, erfuhren ihre Konflikte in aller Schärfe und ihre Beziehungen zu Mädchen, von denen sie sich sexuell angezogen fühlten, wurden durch Angst, Passivität und in einem Fall von zeitweiliger Impotenz erschwert.

Bild, das die Kriegsdienstverweigerer von sich hatten und ihren Ansichten über enge emotionale Beziehungen verstanden werden. Sie zögerten nicht, Beziehungen und Gefühle, die andere als annehmbar und befriedigend empfinden könnten, als »kindisch«, »gefühllos« oder »emotional abgekapselt« zu bezeichnen. Jeder von ihnen schien nach einer selbständigeren Form der Verständigung zu suchen, einer vollkommeneren Beziehung zu einem anderen Menschen. Manche gaben an, von bestimmten Mädchen die Fähigkeit zur Verständigung gelernt zu haben. Sie reiften durch ihre Freundschaften und fanden die Gegenseitigkeit, die sie gesucht hatten. Einige erkannten diese Möglichkeit erst, nachdem sie das Mädchen verloren hatten, das sie liebten. Andere kamen nach oberflächlichen sexuellen Kontakten zu dieser Erkenntnis.
Die folgenden Zitate geben ein Beispiel für diesen Wachstumsprozeß unter verschiedenen Umständen:

Fall Nr. 101

Wir sind so irgendwie in dieses männliche Chauvinismus-Ding reingeraten. Gelegentliches Schmusen, Petting und diese Art von Bumserei hin und wieder. Aber was so eine Beziehung ist, dazu kam's nicht [...] Und dann, wie ich 19 war, da war dieses langsame Hinfinden zu einem anderen Menschen und zu mir selbst. Wir haben uns einfach gefühlsmäßig geöffnet. Es hat mich wirklich als Mensch reifer gemacht [...] Und wir sind 2½ Jahre miteinander gegangen.

Fall Nr. 105

So zum Beispiel zwischen 19 und 23 Jahren bin ich so oft gebumst worden, wie's ging, bei jeder Gelegenheit. So gut wie jeder Gelegenheit. Da gab's selten irgendein emotionales Gefühl. Ich bin dem einfach entwachsen. Jetzt, statt daß ich gleich Sex will, baue ich erst so irgendwie eine Beziehung auf [...] Meistens sitze ich einfach lieber und halte die Hand von 'nem Mädchen [...]

Fall Nr. 110

Ich bin ausgegangen und gebumst worden. Irgendein Mädchen, das ich nicht besonders mochte, und ich habe mich sehr alt gefühlt. Ich hatte das Gefühl, hier bin ich, 17 Jahre alt, mit sehr wenigen Erfahrungen, sehr wenigen ersten Erfahrungen noch vor mir. Ich hatte nicht nur meine erste Geliebte gehabt, sondern es war schon meine erste irgendwie unbedeutende Geliebte gewesen.

Fall Nr. 111

> Ich bin einfach nicht der Typ, der hingeht und Leute rumzukriegen versucht. Wie ich in die Fraternität eingestiegen bin, habe ich einen Zahn nach dem anderen rumgekriegt [...] Es war 'ne miese Sache. Eine Fraternität, wissen Sie, man hatte da ein großes Haus, das beste auf dem Campus und Zähne wollten in das Haus rein. Da gab's überhaupt keine Schwierigkeiten. Aber es hat mir nicht gefallen. Ich hab mich selbst als falsch und oberflächlich empfunden und nicht so, wie ich wirklich bin, nämlich sehr schüchtern [...] Jetzt bin ich nicht wirklich darauf aus, ins Bett zu gehen. Ich meine, wenn wir schließlich dann ins Bett gehen, okay, aber ich suche das nicht. Ich möchte etwas, was viel mehr ist.

Während fast alle Kriegsdienstverweigerer irgendwann Geschlechtsverkehr zur rein körperlichen Befriedigung hatten, empfanden sie es mit wachsender Erfahrung und Reife zunehmend schwieriger, die emotionalen und körperlichen Komponenten ihrer Bedürfnisse zu trennen. Diese Verbindung zu einer umfassenderen Erfahrung scheint in engem zeitlichen Zusammenhang zum Beginn ihres soziopolitischen Engagements gestanden zu haben. Als sie schließlich die grundlegende Unvereinbarkeit zwischen ihren ›wirklichen‹ Bedürfnissen und dem sozialen Druck entdeckten, der sie umgab, lehnten sie mehr als nur die äußerliche Struktur ihrer unmittelbaren sozialen Umgebung ab. Es wurde ihnen auch bewußt, daß sie persönlich nicht innerhalb eines Rahmens leben konnten, der systematisch zu oberflächlichen und egoistischen zwischenmenschlichen Beziehungen führte. Diese Ansichten waren am deutlichsten unter den wenigen Jungen zu erkennen, die Fraternitätsparties besucht hatten. Anfänglich hatten sie sich selbst dazu »gezwungen«, die »Grobheit« und sexuelle Promiskuität der anderen Studenten mitzumachen. 2 schliefen mit Kommilitoninnen oder High-School-Mädchen, die sie zuvor nicht gekannt hatten, weil das dem Maßstab der Gruppe entsprach, zu der sie gehören wollten. Einer hatte »ein Mädchen in der gewohnten Weise besoffen gemacht«, sagte aber, er hätte sich nicht überwinden können, ihren Körper unter derartigen Umständen zu mißbrauchen. Die Konflikte sowohl dieser Kriegsdienstverweigerer als auch derjenigen, die ohne den Druck einer Gruppe ähnliche Erfahrungen gemacht hatten, verdeutlichen ihr Bemühen, zu einer persönlichen Identität zu finden und ihrer Sexualität eine tiefere Bedeutung zu verleihen. Sie gelangten zu einem Punkt, an dem sie den Anschein ›große Liebhaber‹ zu sein, nicht länger aufrechterhalten konnten. Sie wollten ihre wirklichen Gefühle nicht länger um eines künstlich konstruierten Alter ego willen unterdrücken. Gegenüber den anderen Kriegsdienstverweigerern waren sie nur insofern außergewöhnlich, als ihre Einsichten unter größeren Schmerzen und Enttäuschungen gewonnen wurden.

Gescheiterte Liebesbeziehungen

Die Fähigkeit der Kriegsdienstverweigerer zu tiefen emotionalen Beziehungen kann an der Dauer und Intensität des Schmerzes gemessen werden, den sie empfanden, wenn ihre Liebe nicht erwidert wurde. Einige litten Monate oder auch Jahre.

> Ich war in der 9. Klasse. Es klingt verrückt, aber ich war wirklich verliebt. Und dieses Mädchen hat sich von mir getrennt und ich habe 5 Jahre gebraucht, um sie anschauen zu können, ohne daß es mir wehgetan hat.

Andere Kriegsdienstverweigerer hatten ähnliche Erfahrungen, die sie tief verletzten. Einige versuchten, ihren Schmerz durch sexuelle Eroberungen zu überwinden. Nach einer Weile erkannten sie, daß sie »wirklich eine sehr ernste, tiefe Beziehung mit einer Frau benötigten [...] Nicht nur körperlich und nicht oberflächlich.«
Sie litten nicht nur, wenn eine Frau sie endgültig verlassen hatte, sie sich an sie erinnerten oder sich einsam fühlten. Allen Kriegsdienstverweigerern wurde gelegentlich schmerzlich bewußt, was sie vermißten und wo sie versagt hatten. Diese Einsichten führten dann am ehesten zu Freude und neuen Entdeckungen, wenn sie durch eine dauerhafte Freundschaft gewonnen wurden. Diese Kriegsdienstverweigerer lernten, nach ihren Einsichten zu handeln und ihre Freundinnen und Frauen besser zu verstehen. Andere meinten, durch Schmerz zu einer neuen Bereitschaft für eine tiefe Beziehung gekommen zu sein. Diese Männer gaben an, sie hätten von den Mädchen, die sie liebten, gelernt, mit Menschen gut auszukommen, sich der Anwesenheit eines anderen Menschen und »des Lebens« zu erfreuen, »anständig zu sein«, zu »teilen«, »mitfühlend zu sein«, und »jeden Mensch als ein Individuum zu behandeln«. In zwei Fällen führte ein derartiger Schmerz, verbunden mit anderen Faktoren, zu emotionaler Isolierung von Frauen. Beide Kriegsdienstverweigerer hatten ernsthafte Konflikte mit einem oder beiden Elternteilen gehabt. Sie hatten Mädchen sehr geliebt, die sich später von ihnen trennten. Zur Zeit unseres Interviews hatte keiner der beiden diese Erfahrung verarbeitet. Nach dem Auseinandergehen ihrer Freundschaften hatten beide unbefriedigende körperliche Kon-

takte mit anderen Frauen gehabt, und ihre neuerlichen Versuche, die Liebeleien zu festigen, waren fehlgeschlagen. Sie hatten das Gefühl, sich selbst und die Mädchen in den rein körperlichen Begegnungen kompromittiert zu haben und nicht fähig gewesen zu sein, die Schwierigkeiten in solchen Beziehungen zu bewältigen, die mehr als nur körperliche Befriedigung versprachen. Beide wählten Möglichkeiten, sexuell enthaltsam zu leben. Der eine hatte sich in ein katholisches Kloster zurückgezogen und der andere plante, seine ganze Energie der Friedensbewegung zu widmen und »möglicherweise enthaltsam zu bleiben«. Für ihn gab es »zu viele Streitereien« mit Frauen.

Einstellungen zur Sexualität

Die Kriegsdienstverweigerer sahen in Frauen gleichberechtigte Geschlechtspartner, gleichgültig, unter welchen Umständen ihre sexuellen Kontakte zustande gekommen waren.[14] Geschlechtsverkehr wurde als ein gemeinsames Erlebnis erfahren, gleich ob er körperliche Lust allein oder mit emotionalem Ausdruck verbunden war. Die Kürze und Oberflächlichkeit vieler ihrer sexuellen Kontakte ermöglichte es den Kriegsdienstverweigerern nicht, über die Eigenschaften dieser Mädchen zu sprechen. Die Tatsache, daß sich keiner von ihnen über diese Mädchen lustig machte oder sie abwertete, scheint auf 2 Umstände zurückzuführen zu sein. Sie waren mehr mit ihren eigenen Unzulänglichkeiten beschäftigt, die zu solchen Kontakten geführt hatten und fühlten, daß sie es nicht zu solch oberflächlichen Sexualkontakten hätten kommen lassen, wenn sie reifer gewesen wären. Ebenso wichtig ist es, daß sie angaben, diese Mädchen hätten vermutlich ähnliche Probleme gehabt und seien zu denselben sexuellen Freiheiten berechtigt gewesen.
Diese Einstellungen erklären auch die Gefühle der Kriegsdienstverweigerer über Verkehr mit Prostituierten. Sie reflektierten über sexuelle Kontakte mit Prostituierten sowohl im Zusammenhang mit ihren eigenen Werten als auch mit der gesamten Lebenssituation einer Frau, die ihren Körper verkaufen muß. Die 4 Männer, die mit Prostituierten Verkehr hatten, sprachen über diese Erfahrungen sehr ähnlich wie diejenigen, die nur zur körperlichen Befriedigung mit Mädchen schliefen.

[14] Sie machten nur Ausnahmen in bezug auf Geschlechtsverkehr mit Prostituierten und emotional gestörten Mädchen. Die wenigen Kriegsdienstverweigerer, die derartige Erfahrungen gemacht hatten, sahen diese Frauen als benachteiligt an und bedauerten ihr Verhalten.

Diejenigen, die diese Erfahrung noch nicht gemacht hatten, konnten sich Geschlechtsverkehr mit Prostituierten nicht konkret vorstellen.[15] Viele sahen keinen grundsätzlichen Unterschied darin, eine Prostituierte aufzusuchen, oder »ein Mädchen aufzureißen«; andere betonten, daß es ihnen unmöglich sei, einen benachteiligten Menschen auszunützen. Diese Bemerkungen der Kriegsdienstverweigerer über Kontakte mit Prostituierten, einschließlich derer, die selbst mit Prostituierten verkehrt hatten, geben ihre Ansichten über die Rolle der Sexualität in ihrem Leben in konzentrierter Form wieder.

Fall Nr. 104

Nein. Aus demselben Grund, den ich Ihnen vorher gesagt habe. Wenn ich mit jemandem nicht gefühlsmäßig verbunden bin, wäre ich wahrscheinlich ziemlich impotent.

Fall Nr. 105

Nein. Aus demselben Grund, den ich Ihnen vorher gesagt habe. Wenn ich wenigstens ein paar Stunden nehmen und mich hinsetzen und mit ihnen reden. Ich glaube, daß ich das tun würde.

Fall Nr. 106

Ich kann es mir mehr als abstrakt, als eine Erfahrung vorstellen, aber ich glaube nicht, daß ich's tun würde. Ich hab nicht das Gefühl, daß es irgendwas ist, was ich benötigen würde oder wovon ich derzeit unbedingt profitieren würde.

Fall Nr. 107

Nein, ich hab keine Schuldgefühle. Es ist irgendwie unnütz. Es war etwas, wovon ich nicht glaube, daß ich's wieder tun wollte. Nicht, weil irgendwas daran falsch ist, aber es ist einfach nichts, was sich zu sehr lohnt [...] Nein, ich würde nicht gerne an ihrer Stelle sein. Wenn man darüber nachdenkt, wie ihr Leben aussehen muß, glaube ich, muß man sich schlecht fühlen [...] Zum Beispiel die Sachen, die sie durchgemacht hat. Die Art, wie sie aufgewachsen ist. Die Gründe, warum sie eine Prostituierte ist – das ist das Schlimmste daran. Man kann kein Mitleid mit Leuten haben, weil das nutzlos ist. Man könnte sie ändern oder ihnen helfen wollen [...]

Fall Nr. 110

B: Ein sehr merkwürdiger Freund von mir [...] Verwendet Prostituierte in seiner Arbeit, um Verkäufe zu tätigen. Die ganze Subkultur ist mir sehr

[15] Es gab einen Kriegsdienstverweigerer, der beabsichtigte, aus Neugier zu einer Prostituierten zu gehen.

fremd. Er hat mir das als Geburtstagsgeschenk angeboten, wie ich 18 geworden bin, aber ich hatte keine Lust dazu. Jetzt glaube ich, daß ich auf sein Versprechen zurückkommen würde, aus Neugier.

I: Haben Sie irgendwelche besonderen Gefühle des Bedauerns oder der Trauer wegen der Tatsache, daß es Prostituierte gibt?

B: Nur, daß es auch Müllabfuhr-Männer gibt [...] und auch Lift-Boys. Es gibt Leute, die alle möglichen Arten von widerwärtigen Arbeiten tun.

Fall Nr. 111

Ich hab gern etwas mehr als nur – nur einen Körper.

Fall Nr. 115

Ich war 15. So wie man 15 Jahre alt ist. Es war nur etwas, was ich in meinen Gedanken und in meinem Körper total abgelehnt habe. Ich wußte nicht, wie ichs vereinigen und wie mit einem wirklichen Gefühl der Zuneigung für einen Menschen verbinden könnte.

Fall Nr. 119

Ich hatte irgendwie gemischte Gefühle. Einmal sexuelle Lust, körperliche Lust daran, aber zur selben Zeit war ich ein bißchen von mir selber angeekelt, weil ich nicht fähig war, meine Gefühle zu kontrollieren und zum Schluß zu einer Prostituierten gegangen bin. Habe mich ein bißchen erniedrigt gefühlt. Nein, ich könnt's nicht tun, ich meine, ich könnt' es tun, aber es wäre nicht annähernd so angenehm, es ist nur ein winziger Teil der Freude an einer umfassenden Beziehung. Es scheint einfach künstlich und falsch.

Fall Nr. 121

Ich finde das einfach so eine furchtbare Art, zu leben [...] Ich glaube, daß es Spaß machen könnte, aber für mich wär's – ich geh aus, um jemanden zu treffen, der so verzweifelt ist, daß sie so leben müssen. Ich denke einfach, daß – ja, dein Körper, genauso wie dein Kopf ist so 'ne Sache, die man hoch einschätzt [...] die klug verwendet werden soll [...] Ich könnte mir den Geschlechtsakt vorstellen, aber die anderen Komplikationen, die damit zusammenhängen, einen solchen Menschen zu gebrauchen, da schnallt man ab.

Abschließende Bemerkungen

Zwischen dem emotionalen Reifeprozeß der Kriegsdienstverweigerer und ihrer sexuellen Erfahrung bestand eine reziproke Beziehung. Die Unterschiedlichkeit im zeitlichen Verlauf ihrer sexuellen Entwicklung,

in der Quantität und der Art ihrer sexuellen Erfahrung steht in scharfem Kontrast zur allmählichen Herausbildung einer weitgehend einheitlichen Einstellung zur Sexualität. Mit zunehmender Reife strebten – mit einer Ausnahme – alle Geschlechtsverkehr nur noch innerhalb einer Liebesbeziehung an. Die Tatsache, daß auf bedeutende Unterschiede in den vorausgehenden sexuellen Erfahrungen diese einheitliche Einstellung folgte, weist auf die großen Änderungen in der Haltung vieler Verweigerer hin, die sich in relativ wenigen Jahren vollzogen hatten. Solche Änderungen fielen mit dem Beginn aktiver Opposition gegen den Krieg zusammen. Dieses Ergebnis deutet stark darauf hin, daß die Männer nicht länger abseits von größeren politischen und sozialen Ereignissen und Fragen ihrer Zeit standen, sobald sie gesehen hatten, daß ein Teil ihrer persönlichen Erfüllung vom Aufbau einer tiefen und dauerhaften Liebesbeziehung abhing. Obwohl das Verlangen nach dieser Art Intimität in vielen Fällen noch nicht erfüllt worden war, während sie bereits beschlossen hatten, den Kriegsdienst zu verweigern, genügte die Vision einer bestimmten Form menschlicher Beziehungen, um sowohl ihr Privatleben wie ihr öffentliches Verhalten auszurichten.
Die Ähnlichkeit zwischen der Einstellung der Kriegsdienstverweigerer zur Sexualität und ihrer allgemeinen Haltung zu Menschen und zur Politik können nicht übersehen werden. Einigen brachte dies dauernde Frustration. Einige der Kriegsdienstverweigerer litten so sehr an Enttäuschungen in der Liebe oder verlangten so viel von sich selbst, daß ihre Beziehungen zu Frauen unerfüllt blieben. 2 Kriegsdienstverweigerer hatten so große Konflikte, daß sie erwogen, ein sexuell enthaltsames Leben zu führen. Auch einige andere hatten die Tendenz, Liebe für die ganze Menschheit zu proklamieren, während sie die Anstrengung einer intimen Liebesbeziehung fürchteten.
Zwischen der Bereitschaft, persönliche Opfer für ihre Kriegsgegnerschaft zu bringen und dem Erfolg, eine dauerhafte Liebesbeziehung aufzubauen, bestand keine Verbindung. Sowohl unter den politisch Aktivsten als auch denjenigen, die ihre Kriegsgegnerschaft als private Verpflichtung ansahen, gab es Verheiratete, Verlobte und Ledige.

Kapitel 4

Die Art der Verpflichtung

Das Wort Verpflichtung hat 2 wesentliche Bedeutungen. Die eine bezieht sich auf ein privates Gefühl: einen Glauben, ein Verlangen, ein Versprechen oder eine Leidenschaft. Die andere bedeutet einen Handlungsimperativ von der Art eines Vertrages, der deutlich erkennbar private Einstellungen mit öffentlich sichtbaren Handlungen verbindet. Da es mein Ziel war, Menschen zu untersuchen, die für oder gegen den Krieg waren und für die das Wort Verpflichtung eine tiefere Bedeutung hatte, erweiterte ich die Definition so, daß sie die Gefährdung der Wohlfahrt des Betreffenden einschloß. Ich nahm an, derartige Kriterien würden die Auswahl von Menschen garantieren, die ihr Handeln eindeutig als sinnvoll ansehen, sich für spezifische Ideale einsetzen und sich moralisch integer fühlen. Diese Annahme war teilweise falsch. Ebenso wie man beobachten kann, daß Gefühle nicht zu Handlungen führen müssen, liegen einer besonderen Handlung nicht immer die erwarteten oder erwünschten Motive zugrunde.

Obwohl oder vielleicht weil man diese beiden Gruppen junger Amerikaner mit soviel Geringschätzung und Lob bedacht hat, blieben die Individuen unbekannt. Ich wollte versuchen, ihrem öffentlichen Image die Masken der Romantik und des Heldentums zu nehmen. Die Tatsache, daß sich die einen für den Kampfeinsatz in Vietnam und die anderen für Kriegsdienstverweigerung entschlossen, geht weder auf plötzliche noch auf unerklärliche Entscheidungen zurück. Das Potential für diese einander entgegengesetzten Handlungen wurde langsam und systematisch durch die Gesamtheit ihrer vorhergehenden Erfahrungen geformt, um bei passender Gelegenheit zum Ausdruck zu kommen. Zu erklären, wie dieses Potential geformt wurde, war Aufgabe der vorigen Kapitel. Dieses Kapitel beschäftigt sich mit den Konsequenzen.

Die Berichte der Kriegsfreiwilligen aus Vietnam und diejenigen der Kriegsdienstverweigerer aus den Vereinigten Staaten enthüllen eine sehr wenig schmeichelhafte Moral und Funktionsweise amerikanischer Institutionen. Jede Erfahrung dieser jungen Männer lenkt – auf ihre Weise – das Augenmerk auf die verschiedenen Elemente und Entwicklungen, die in der amerikanischen Gesellschaft Konflikte evozierten. Diese Amerikaner verkörpern diesen Konflikt, weil sie sich den sichtbarer Handelnden und Opfern eines fortdauernden Kampfes angeschlossen haben.

Auf den folgenden Seiten soll deutlich werden, daß gewissenhafter Einsatz für eine Sache der Anfang eines immer dichter werdenden Handlungsschemas ist, das die Persönlichkeit und die Existenz eines Menschen entscheidend beeinflußt. Einsatz bedeutet Wandel, bedeutet den bewußten und nicht zu verleugnenden Verlust der Unschuld, Verwicklung in Prozesse, die kein genau bestimmbares Ende und wenige sichtbare Grenzen haben. Als diese Gegenspieler in einer Kriegssituation ihre persönlichen Kampagnen begannen, konnten sie keine klare Konzeption für das haben, was vor ihnen lag. Keine der beiden Gruppen ist von dem, was sie gesehen und getan hat, eingeschüchtert worden.

Dieses Kapitel besteht fast nur aus direkten Zitaten. Eine Zusammenfassung wäre diesem Material nicht gerecht geworden. Einige Aspekte dieser Verpflichtungserfahrungen mögen als zufällig erscheinen. Die Reaktion der Kriegsfreiwilligen und Kriegsdienstverweigerer auf diese Erfahrungen waren es nicht.

Teil 1

Die Kriegsfreiwilligen

Als ich begann, mit den Green Berets über die Gründe zu sprechen, sich freiwillig in die Armee und zum Kampfeinsatz nach Vietnam zu melden, und über die Dinge, die sie während ihrer Militärdienstzeit gesehen und getan hatten, da entdeckte ich, daß mein Zugang zu diesen Fragen von dem ihren verschieden war. Ich fand, daß ich Fragen stellte, die ich für komplex und psychologisch tiefgehend hielt, auf die sie aber oft kurze und leichte Antworten gaben. Angesichts ihres persönlichen Risikos und der Kontroverse über die amerikanische Einmischung in Vietnam, insbesondere aber im Hinblick auf die schlechte Presse, die amerikanische Soldaten wegen der Ermordung von Zivilisten hatten, nahm ich an, daß diese Männer Anzeichen von Spannung zeigen und unser Gespräch als eine Gelegenheit nützen würden, sich selbst zu rechtfertigen. Ich hatte auch gemeint, daß sie sich über ihre Kampferfahrungen und insbesondere über ihre eigene Beteiligung an Verhören, Bombeneinsätzen gegen zivile Dörfer, Folterungen und Tötungen von Frauen und Kindern zurückhaltend äußern würden. Der Ton unserer Gespräche über diese und viele andere Dinge war aber sehr viel anders, als ich ihn erwartet hatte, und ich mußte lernen, daß die Dinge, die mir oft komplex, unverständlich und faszinierend erschienen, für sie einfach, offensichtlich und langweilig waren. Ich mußte mich auch an die Tatsache gewöhnen, daß ich nicht mit begeisterten und ideologisch engagierten Menschen, sondern mit sozial und politisch uninteressierten, und in manchen Fällen der Politik gegenüber feindlich eingestellten Berufssoldaten sprach, die über die sozialen und politischen Ereignisse des Tages bemerkenswert uninformiert und von Fragen völlig unberührt waren, die mich mit größter Besorgnis erfüllten. Ich nahm an, daß mir ein Mann eine wenigstens emotional überzeugende Antwort geben könnte, wenn ich ihn danach fragte, was ihn dazu bewegte, Frau und Kinder zu verlassen und in einem fremden, fernen Land in einer Zeit erhitzter politischer

Auseinandersetzung unter Gefährdung seines eigenen Lebens zu kämpfen. Statt dessen hörte ich ruhige Berechnungen, pragmatische Betrachtungen, gewöhnliche Bemerkungen, die genauso auf eine Vergnügungsreise hätten bezogen werden können, einige wenige realistische Äußerungen über die Auswirkungen des Kampftrainings und einige masochistische Phantasien. In einem fast indifferenten Ton erklärten diese Soldaten, sie seien sicher gewesen, in Vietnam getötet zu werden. Der einzige Soldat, der seinem Tod größere Bedeutung beizumessen schien, hatte auch damit gerechnet, im Kampf zu fallen. Seine Einstellung trug Züge neurotischer Selbstbestrafung, indem er fühlte, Gott werde ihn dafür bestrafen, daß er mit den Frauen zweier Soldaten Ehebruch begangen hatte.

All dies überraschte mich zuerst sehr. Aber nach einigen Interviews begann ich zu verstehen, daß keiner dieser Männer aufgrund einer tiefen, persönlichen Verpflichtung auf politische, soziale oder religiöse Ideale den Special Forces beigetreten war oder sich freiwillig für Vietnam gemeldet hatte. Es wurde deutlich, daß ihre Hauptgründe für die Meldung nach Vietnam, trotz ihrer ausgesprochenen Abneigung gegen den Kommunismus, wenig oder nichts mit der Verteidigung der Demokratie zu tun hatten. Bei der Aufzählung ihrer Beweggründe für den Einsatz in Vietnam erwähnten nur wenige Soldaten »Patriotismus«, »dem Kommunismus Einhalt gebieten« oder andere propagandistische Parolen. Wenn sie ideologische Gründe überhaupt erwähnten, führten sie sie meist apologetisch am Ende der Liste auf. Es war, als ob ihnen plötzlich die Unvereinbarkeit ihrer wirklichen Gründe mit jenen Gründen, die sie hätten haben sollen, bewußt geworden wäre.

Gründe für den Eintritt in die Special Forces und die Meldung nach Vietnam

Warum sind diese Männer in die Armee eingetreten, warum haben sie sich freiwillig in die Special Forces und dann wiederum freiwillig für den Kampfeinsatz in Vietnam gemeldet? Ihre Motive waren weitgehend privat, beruflich und finanziell bestimmt. Zum Beispiel sagten sie, sie seien ursprünglich in die Armee eingetreten, weil sie arbeitslos waren und einen Beruf erlernen wollten; weil sie von ihren Familien fort wollen; weil ihre Freunde in die Armee gegangen waren; weil ihre Eltern und Freunde das Gefühl hatten, daß es günstiger für sie wäre einzutreten; meist aber, weil sie Abenteuer und Aufregungen suchten. Zwischen 17 und 19 Jahren sahen sich diese jungen Männer mit schwindendem Prestige und dem Druck, etwas aus sich zu machen, konfrontiert. Die 7 Jungen, die ins College gingen, waren unglücklich, gelangweilt oder schlechte Studenten. Viele hatten ihre Stellung verloren und waren arbeitslos. Einige wenige vagabundierten durch das Land. Ihr Privat- und Berufsleben stagnierte und ihre beruflichen Aussichten waren schlecht. Die sozialen Verstärkungen ihrer High-School-Jahre waren geschwunden. Viele machten sich Sorgen über bevorstehende Schwierigkeiten. Einer hatte ein Mädchen geschwängert, einige fühlten, daß ihre Freundinnen zur Ehe drängten. Einige erwarteten die Musterung und andere liefen von zu Hause fort. Auf die eine oder andere Art rannten alle vor ihrem bisherigen Leben davon.

Die Kriegsfreiwilligen hatten auch mindestens einen oder mehrere pragmatische Gründe, um nach Vietnam zu gehen. Einige hatten Eheprobleme und sahen in einem Kampfeinsatz eine willkommene Flucht. Alle waren an der zusätzlichen Bezahlung, die sie in Vietnam erhalten würden, und an weiteren finanziellen Vorteilen durch Teilnahme an Sondereinsätzen interessiert. Einige wollten später Kriegsgeschichten erzählen können. Eine Anzahl von Soldaten, die noch nie in Asien gewesen waren, meinte, ein Kampfeinsatz in Vietnam würde ihnen Gelegenheit geben, diesen Teil der Welt zu sehen. Einige betonten den Wert des Vietnamkrieges als Versuchsfeld für Ausrüstung, Doktrin und Taktik und meinten, junge Leute würden durch eine derartige Kampferfahrung zu besseren Staatsbürgern.

Die Green Berets waren zwischen 1 und 8 Jahren in der regulären Armee oder Navy, bevor sie sich freiwillig in die Special Forces meldeten. (Einige waren nach den ersten 3 Jahren Militärdienst ins Zivilleben zurückgekehrt und hatten sich wieder ehelichen, beruflichen und finanziellen Problemen gegenübergesehen.) Die Gründe, die sie für diese Entscheidung angaben, entsprachen den obigen. Sie dachten, daß die Special Forces ihnen Prestige und den Status von Angehörigen einer Elitetruppe verleihen, ihnen besondere Fähigkeiten beibringen und ihnen mehr Gelegenheit zu Reisen, Abenteuer und Aufregung geben würden. Einige andere Gründe, die von den meisten unter ihnen angegeben wurden, waren: daß sie »wirkliche Männer« sein wollten; »nur das Allerbeste«; »Dschungelkiller«; sie »wollten keine Befehle ausführen«[1]; sie wollten ihr militärisches Training anwenden; und sie

[1] Die meisten wiesen darauf hin, daß der Dienst in den Special Forces größere Bewegungsfreiheit bot als der in normalen Infanterie- oder Marine-Einheiten.

wollten im Krieg kämpfen. Die meisten waren der Ansicht, daß die Meldung in die Special Forces ein Zeichen für ihren Entschluß war, Berufssoldaten zu werden.

Die Parallelen zwischen ihren Motiven für die Meldung in die Special Forces und jenen Motiven, die ihren sexuellen Gewohnheiten zugrunde lagen, sind auffällig. Ein derartig starkes Verlangen danach, ein »wirklicher Mann« zu sein, »nur das Allerbeste zu sein«, Aufregung zu suchen, Kontrolle auszuüben und zu erobern, muß aus einem tiefen Gefühl der Unsicherheit stammen. Ich bin der Meinung, daß diese Männer ihre sexuelle Potenz immer wieder beweisen mußten und die äußeren Kennzeichen eines Green Berets benötigten, um zu fühlen, daß sie zählten.

Die Entscheidung, den Special Forces beizutreten und nach Vietnam zu gehen, zeigt aber auch noch andere psychodynamische Momente. Für viele Männer war diese Entscheidung auch eine Fortsetzung gewohnter Verhaltensweisen. Einige hatten während der Kindheit ein ausgesprochen militärisches Training erhalten und fast alle kamen aus militärisch strukturierten Familien (siehe Kapitel 2). Das militärische Training in der Armee und in den Special Forces hatte die Eigenschaft, sich selbst zu perpetuieren. Die Kampftechniken und Strategien, die sie als Soldaten übten, waren auch ihre einzigen beruflichen Fähigkeiten, und sie wollten die Gelegenheit haben, sie anzuwenden, sich selbst auf die Probe zu stellen, um herauszufinden, ob sie so gut waren, wie sie sich einschätzten oder wie sie es sein sollten.

Fall Nr. 215

Na ja, im Frühjahrssemester ist mein Zimmerkollege reingekommen und hat mir über diese großartige Sache erzählt, die er rausgefunden hat, darüber, daß er ein Dschungelkiller werden konnte, und ich habe über ihn gelacht und mit ihm gewitzelt da drüber, ungefähr 3 Wochen lang. Und er hat immer weiter drüber geredet und weiter drüber geredet, und dann am Samstagnachmittag sind wir einfach runtergegangen und haben uns gemeldet [...] Ich hatte schon früher einige Green Berets getroffen, und ich war ziemlich beeindruckt von ihnen. Sie waren nicht so wie der durchschnittliche Soldat. Sie waren Mitglieder eines Demonstrations-Teams, und sie haben eine Bar ziemlich gut ausgeräumt. Da waren ungefähr 20 Matrosen da drin [...]

Fall Nr. 217

Na ja, ihr ganzes Konzept. Die ganze Art, wie sie trainieren, und alles basiert auf Vietnam. Die ganze Einstellung. Man ist ganz einfach indoktriniert für Vietnam. Die ganze Einstellung [...] und dein ganzes Training geht durch Vietnam. Es ist nur Dschungelkrieg. Fast jeder, der reinkommt, kommt aus Vietnam. Und das ist alles, wovon du hörst. Das ist täglicher Gesprächsstoff. Und du hast einfach, wissen Sie, es ist einfach ein Teil von dir. Du bist dort fast in Vietnam (er bezog sich auf die Zeit während des Trainings) [...] Ich hasse den Teil von der Armee, wo man nur herumsitzt und wartet und wartet. Man muß wirklich einfach raus und etwas tun, wofür man trainiert worden ist. Dir dein Geld verdienen. Ich glaube ganz fest daran, daß man sich sein Geld verdienen muß. Wenn man nur herumhockt, im Garnisondienst, verdient man's nicht.

Fall Nr. 218

Na ja, einfach wie ich sage. Ich nehme an, daß es eine Art grundlegender Aufregung ist und, äh, nehmen wir nur mal einen guten Sportler. Man trainiert ihn in Boxen, Football. Wenn du trainiert bist, möchtest du gerne sehen, was du leisten kannst [...]

Fall Nr. 221

Na ja, ich war 9 Monate lang in Guerilla-Taktik, Kampftaktiken trainiert worden, wie man tötet, und ich wollte einfach sehen, ob ich's anwenden konnte, nehm ich an [...]
Ich hab mich freiwillig gemeldet hinzugehen, und ich hab mir gedacht, na ja, wissen Sie, ich hab mir einfach gedacht, daß ich's kriegen würde. Ich hab ein paar ziemlich miese Sachen gemacht, seitdem ich in der Armee bin, und ich hab mir gedacht, bis das – irgendwie bin ich nicht religiös – aber, wie ich sagte, ich glaube an eine Person da oben, und ich hab mir gedacht, obwohl ich mich freiwillig gemeldet hab, rüberzugehen, und ich sagte, ich hab ein paar miese Sachen gemacht, na ja, vielleicht, wissen Sie, wird's einfach eine Strafe sein, wissen Sie. Aber wenigstens, wenn ich dann wirklich gehe, will ich gleich dorthin gehen, wo wirklich gekämpft wird. Ich bin mit der, mit der Frau von diesem Typ gegangen, und ich hab mir gedacht, daß das ungefähr so mies ist, wie man nur werden kann. Ich meine, nichts wirklich Schlimmes. Ich stehle nicht und so, aber ich meine, ich hab ein paarmal Ehebruch begangen, und ich denke mir, wissen Sie, das ist ungefähr schlimmer wie man werden kann. Ich bin nicht dort hingegangen als Strafe für mich selbst. Das ist nicht, was ich zu sagen versuche. Ich hab nur einfach gedacht, wenn ich da rübergehe, dann ist es das, was ich dafür kriegen würde.

Fall Nr. 227

Na ja, einmal ist es mehr Aufregung. Alles war so ›Dolch unter dem Deckmantel der Nacht‹ und solches Zeug. Und das ist es, was ich wollte [...] Zum Schluß bin ich reingegangen. Und wie ich da reingekommen bin, war's gar nicht so eine tolle Abenteuergeschichte wie, wissen Sie, sie's propagiert hatten. Es ist ein gutes Leben gewesen. Es hat mir Spaß gemacht.

Fall Nr. 228

> Das ist der einzige Krieg, den wir haben, wissen Sie. Es ist ein gutes Trainingsfeld für unsere Truppen. Ein gutes Versuchsfeld, Testfeld für unsere Ausrüstung und Doktrin, Taktiken. Und ich glaube, daß es ein Nebenprodukt ist, daß eine Menge von diesen Jungs durch Vietnam gehen, und sie kommen zurück, glaube ich, als ein bißchen bessere Staatsbürger [...] Na ja, ich glaube, man erfaßt die Realität besser, und sie sind reifer.

Patriotismus oder Professionalismus

Die amerikanische Bevölkerung wurde für den Krieg in Vietnam psychologisch nicht gründlich vorbereitet. Weder die politischen und militärischen Ereignisse, die der amerikanischen Einmischung vorausgingen und sie begleiten, noch ihre Interpretation seitens der Politiker bereiteten den Boden für ein starkes Gefühl, einem nationalen Ziel zu dienen. Derselbe Mann, der die Eskalation der amerikanischen Einmischung anführte, gewann die Präsidentschaftswahl ja schließlich mit einem Antikriegs-Programm. Zu der Zeit, als diese Männer beschlossen, nach Vietnam zu gehen, waren die Vereinigten Staaten zutiefst mit ihren eigenen Problemen beschäftigt. Soweit Regierungs- und private Organisationen den Idealismus in der amerikanischen Jugend erfolgreich wiedererwecken konnten, fand dieser seinen stärksten Ausdruck in Bewegungen, die auf die Milderung ökonomischer, sozialer, bildungsmäßiger und politischer Mißstände im Land gerichtet waren. In einer Periode derart intensiver sozialer Umwandlung, zu einer Zeit, als Städte brannten, Colleges Revolutionäre hervorbrachten, die Armen und die Schwarzen für ihre Rechte auf die Straße gingen, überall im Land radikale Gruppen entstanden, Arbeitslosigkeit und Inflation zunahmen und die ökonomische Sicherheit der Mittelklasse zu bedrohen begannen, waren die Bedingungen für ein internationales Abenteuer schwerlich reif. Eine derartige Taktik hätte in einer weniger entwickelten Gesellschaft mit Erfolg die Aufmerksamkeit von innenpolitischen Problemen ablenken können, aber in den Vereinigten Staaten waren die meisten Menschen nicht in der Lage, der Logik dieses Kurses zu folgen. Unter diesen Umständen ist es nicht überraschend, daß in der Persönlichkeit derjenigen Männer, die sich freiwillig zu den Waffen meldeten, politischer, sozialer und moralischer Idealismus nicht tief verwurzelt sind.

Es lag an der Regierung der Vereinigten Staaten zu versuchen, diesem

Krieg politische und moralische Legitimität zu verleihen. Es war auch – wie in jedem Krieg – notwendig, das Bild des Soldaten so zu strukturieren, daß er sich selbst und anderen als Erweiterung oder Verkörperung genau der Ideale und hoch bewerteten Traditionen erschien, die vermeintlich in diesem Konflikt bedroht waren. Die massive Propaganda, seit 1964 von der Regierung und privaten Vereinigungen verbreitet, erging sich in lobender Rhetorik, um die besonderen Tugenden »unserer jungen kämpfenden Männer« zu charakterisieren. Von einem propagandistischen Standpunkt gesehen sind die Gründe offensichtlich. Nur eine Nation, die ihre »besten Jungs« in Vietnam opferte, konnte versuchen, selbstloses Interesse für sich zu beanspruchen. Bis zu welchem Grade diese Illusion das Denken einiger Amerikaner auch immer durchziehen mag, wurde doch deutlich, daß die Soldaten und Offiziere der Special Forces, mit denen ich sprach, nicht vollständig verblendet wurden. Wie stark sie auch derartige Ideen vor der Öffentlichkeit verkünden mögen, ihr privates Selbstbild setzt sich aus wesentlich anderen Elementen zusammen. Die Kluft zwischen ihrem politisch inspirierten Bild und ihrem Selbstbild wird in ihren Antworten auf einige Fragen sichtbar.

Als ich sie fragte, ob sie sich als patriotisch einschätzten, antworteten alle außer einem mit einem emphatischen ›Ja‹. Als ich sie jedoch fragte: »Was bedeutet Patriotismus für Sie?« zögerten sie, machten ein ratloses Gesicht und gaben schließlich fast völlig emotionale Antworten. Diese zeigen, daß wenigstens einige der Green Berets zu glauben schienen, sie kämpften im Namen von Prinzipien, die sie nicht erklären und möglicherweise nicht einmal verstehen konnten. Die Antworten vieler Soldaten spiegeln eine Denkart wider, die über Rituale in der sechsten Volksschulklasse nicht hinausgekommen ist.

Fall Nr. 204

Ja. Na ja, ich unterstütze mein Land, ob's im Recht oder im Unrecht ist.

Fall Nr. 206

[...] Ich erkenne, daß niemand vollkommen ist und daß viele Leute da drüben ihre Finger im Spiel haben. Das ist ganz bestimmt der Fall. Aber was immer auch passiert, ich werde zu ihnen halten.

Fall Nr. 212

Patriotismus ist die Fähigkeit, anmutig zu sterben.

Fall Nr. 213

Na ja, seit ich mich erinnern kann, schon in der Volksschule, wenn wir den Schwur auf die Fahne gesagt haben in der Früh, selbst durch die ganze High School durch und selbst jetzt, krieg ich dieses prickelnde Gefühl, sagen wir, in meiner Wirbelsäule oder in meinem Rücken [...]

Fall Nr. 218

Na ja, nicht alle Leute können in höheren Stellen dienen, und irgend jemand muß das Zähnchen auf dem Zahnrad sein. Das Zähnchen, das die Steuern zahlt und versucht, die Gesetze zu befolgen, die von der Bundesregierung niedergelegt worden sind. Und ein patriotischer Mensch soll wählen. Wenn er eine Unzufriedenheit hatte, soll er sie, die Unzufriedenheit, seinen Kongreßabgeordneten wissen lassen und sowas wie das hier.

Fall Nr. 219

Ich bin nicht patriotisch, wirklich, aber ich hasse es, so einen verdammten Menschen seiner Verpflichtung entgehen zu sehen [...] Wenn mir der Befehl gegeben würde, solche Menschen zu ermorden, würd' ich nicht zögern. Wenn das mein Befehl wäre. Tatsächlich hat mein Team das sogar diskutiert, und eine Menge anderer Leute würden sich gerne zur freien Verfügung stellen, aber die Regierung wär damit nicht einverstanden. Ah, nach Schweden gehen und alle diese desertierten Soldaten umbringen. Gern würd' ich's tun. Das sind Schandflecken auf meiner Armee, auf meiner Regierung und meinem Land.

Fall Nr. 221

Ich glaube daran, für die amerikanische Regierung zu kämpfen, für die Art, wie unsere Regierung arbeitet, und ich weiß nicht, ob Sie das Patriotismus nennen würden oder nicht [...] Viel hat damit zu tun, daß – weil mir die Geschichte Spaß macht und noch etwas, was mir Spaß macht, wir kriegen, wie Sie wissen, Extrabezahlung [...]

Fall Nr. 222

Na ja, (gluckst) ich bin Berufssoldat (lacht) [...] und ich hab Respekt für mein Land. Den Präsidenten. Die Fahne. Ich respektiere das alles sehr. Und ich stehe hundertprozentig hinter dem, was es repräsentiert.

Fall Nr. 226

Emm, ich weiß nicht [...] Ich weiß wirklich nicht, wie ich mich ausdrücken soll [...] Ich glaube daran, kämpfe dafür, äh, was mein Land darstellt, äh, unsere Lebensweise, äh, ich kann mich wirklich nicht ausdrücken [...]

Fall Nr. 228

Ja, wissen Sie, ich beschütze das Land. Ich hab 'ne Mordsfreude dran, wenn die Nationalhymne gespielt wird.

Diese Zitate zeigen, daß einige Green Berets sich selbst als »Beschützer des Landes« sahen. Jedoch war keiner fähig, mehr als eine oberflächliche Andeutung über die entscheidenden Eigenschaften dieses Landes zu machen. Zugleich gehen besondere Vorstellungen aus diesen Zitaten hervor, die das Wertsystem andeuten, nach dem das Verhalten dieser Männer sich regelt. Ein Soldat sprach sehr genau und ohne Prätentionen darüber.

Fall Nr. 219

Patriotismus ist meiner Meinung nach eine komische Sache. Ich betrachte mich selbst nicht wirklich als zu patriotisch. Ich hasse Politiker. Ich hasse Politik. Ich schätze den Präsidenten nicht sehr. Tatsächlich konnte ich mich für die letzten paar Präsidenten überhaupt nicht erwärmen. Ich glaube nicht ans Fahnenschwenken. Wenn ich in ein fremdes Land gehe, macht's mir keinen Spaß, auszuposaunen, daß ich ein Amerikaner bin. Ich betrachte mich selbst, statt als patriotisch, betrachte ich mich selbst als Berufssoldaten. Egal warum wir kämpfen, es spielt mir keine Rolle, warum wir kämpfen oder wo wir kämpfen. Es ist mein Job, ein Soldat. Ich bin ein Professioneller. Ich geh dorthin, und ich kämpfe, und wenn ich über ein Ideal nachdenke, die Ideale werden so vermischt mit den gottverdammten, korrupten Menschen und den Regierungen und dem Handel und der Industrie, daß es mir gleich wieder große Lust macht, aus der Armee auszutreten und ein Söldner in irgendeiner einsamen Gegend der Welt zu werden, wo ich mich nicht mit so vielen korrupten Menschen und Politik abgeben muß. Eigentlich hasse ich Kommunismus. Aber in vielen Ländern könnte er eine gute Sache sein.

Was diesen Kriegsdienstfreiwilligen von vielen anderen unterschied war, daß er keine Prätentionen mehr über seine Motive hatte. Einige der anderen hatten noch immer das Bedürfnis, sich selbst wenigstens so zu geben, als erfüllten sie eine historische Mission. Dieser Aspekt ihrer Selbsteinschätzung verlieh ihrem Leben größere Bedeutung, Ruhm und das Gefühl moralischer Integrität. Im wesentlichen betrachteten sie sich jedoch als Berufssoldaten, als fähige Techniker, die dafür gut bezahlt wurden, einen Job zu erledigen.

Die Kriegsfreiwilligen haben einen Vertrag mit der Regierung der Vereinigten Staaten geschlossen. Abgesehen von dem Bedürfnis einiger, diesen Vertrag bequem durch patriotische Einstellungen zu rechtfertigen, bin ich nicht der Meinung, daß ihr Interesse am Krieg in Vietnam weit über die Vorteile hinausgeht, die ihnen durch ihre Beteiligung zustehen. Aufgrund dieses Vertrags können sie reisen, ihre Rechnungen bezahlen und Anspruch auf eine Pension stellen. Er hat ihr Verhalten legalisiert und sichert die Versorgung ihrer Familien, falls sie getötet werden sollten. Ihnen stehen volle medizinische Betreuung, regelmäßige Ferien, interessante Trainings-Programme und kostenlose Ausbildung zu. Sie haben die Möglichkeit – und sind sogar verpflichtet –, eine Vielzahl von Sportarten, wie Fallschirmspringen, Tauchen, Bergsteigen und Skifahren auszuüben. Dafür müssen sie nur ihre Aufträge erledigen und ihr Leben riskieren. Von dieser Perspektive her gesehen erscheinen die Kriegsfreiwilligen als Techniker, die ihre Fähigkeiten zu dem bestmöglichen Preis verkauft haben. Diese Praktik ist weit verbreitet, und wenn man das außer acht läßt, was sie in ihrer Arbeit tatsächlich tun, könnte man leicht die Geschicklichkeit, mit der sie eine Stellung bei einem derartig großzügigen Arbeitgeber erlangten, bewundern.

Wahrscheinlich liegt der wesentliche Grund für die Unrichtigkeit vieler meiner Erwartungen über die Selbsteinschätzung dieser Männer darin, daß ich derselben Propaganda ausgesetzt war wie sie. Daher hatte ich angenommen, daß Männer, die so aufgewertet wurden, sich mit dem propagierten Bild sehr stark identifizieren würden. Es schien einigermaßen gewiß, daß sich amerikanische Kriegsfreiwillige als besonders mutige Männer ansehen würden, die aus einer tiefen Liebe für ihr Land, für seine Traditionen und Institutionen, für sein Versprechen persönlicher Freiheit und des Wohlstandes handelten. Ich erwartete von ihnen, daß sie sich selbst als die Besten der Nationen ansehen würden, so selbstlos, daß sie gewillt waren, das glorreiche Banner der Freiheit in die entferntesten Winkel der Welt zu tragen und es mit ihrem eigenen Leben gegen Angriffe zu verteidigen. Aus diesem Grund hatte ich ursprünglich gar nicht vor, sie zu fragen, ob sie sich als Berufssoldaten betrachten. Es kam mir gar nicht in den Sinn, sie zu fragen, ob sie bereit wären, für ein anderes Land oder ein anderes Ziel die Waffen in die Hand zu nehmen. Darauf kam ich erst während der Interviews. Erst nachdem sie ihre wirklichen Motive für die Meldung nach Vietnam erklärt hatten, und erst nachdem sich ein Soldat als »Söldner« beschrieben hatte, erkannte ich, daß meine Vorstellungen von diesen Männern durch unsere Propaganda stärker beeinflußt worden waren als ihre Selbsteinschätzungen. Danach fragte ich jeden Soldaten, ob er sich als Berufssoldat ansah und ob er in Betracht zog, ein Söldner zu werden. Fast alle beantworteten beide Fragen mit Ja.

Mit wenigen Ausnahmen machten die Green Berets kaum einen Versuch zu vertuschen, daß sie sich als »gemietete Gewehre«, als bezahlte Killer ansahen, die sich keine besonderen Gedanken darüber machten, für wen sie arbeiteten und wen sie eliminierten. Sie äußerten sich so über die Vorzüge angenehmer Arbeitsbedingungen, wie man es von jedem Angestellten hören kann, der die Möglichkeit hatte, seinen Arbeitgeber zu wählen. Wenn man wieder von der Art ihrer Arbeit absieht, gibt es an dem, was sie sagten, wenig Außergewöhnliches.

Fall Nr. 201

Es gibt da etwas Aufregendes, wie im Krieg oder sowas. Und dann, wenn's wieder friedlich ist, das hätte dann gar kein Sinn. Ich meine, ich – es macht mir nichts aus, im Frieden zu sein, wissen Sie. Aber dann ist man eben kein Soldat. Dann wäre man einfach ein Beamter in, äh, einer Uniform. So, äh, dann hätte man irgendeine Schreibarbeit oder sowas. Und äh, dafür hab ich keine Verwendung. Ich meine, wenn ich ein Soldat werde, will ich ein Soldat sein. Wissen Sie, Söldner und so Zeug. Aber nicht da so rumsitzen, äh, als Unteroffizier an einem Schreibtisch oder sowas. Weil, dann hab ich nichts davon.

Fall Nr. 212

Es macht mir keinen Spaß, da einfach rauszugehen und Menschen zu erschießen. Ich glaube, jedem macht sein Job Spaß, der ihn erledigen kann. Ist eine Angelegenheit von Stolz [...] Man kann einen Schritt weiter gehen und sagen, daß man sich tatsächlich darüber freut, Menschen zu töten, aber das wäre wohl ein hartes Wort. Ich glaube nicht, daß es notwendig ist. Ich hab den Job getan. Ich würde ihn wieder tun. Ich würde ihn tun, so gut ich nur kann [...] Ich persönlich, ich bin sehr leistungsfähig in meinem Job, und das ist es, wovon mein Land möchte, daß ich's tue, und das ist, was Menschen wie Sie oder Menschen in den Vereinigten Staaten für mich zu tun ausgewählt haben, solang wie ich bereit bin, dazubleiben und es zu tun, weil manche Leute wollen's nicht tun, und wenn's nicht Leute wie mich gibt, dann wird der Job nicht getan [...] So mach ich einfach den dreckigen Teil der Arbeit, die jemand anderer nicht tun will.

Fall Nr. 215

I: Würden Sie sagen – wär es fair zu sagen, daß Sie in der Armee ein Zuhause gefunden haben?
B: Ja. Ganz entschieden.
I: Und betrachten Sie sich selbst als Berufssoldaten?
B: Ja.
I: Was bedeutet das für Sie?

B: Okay, das bedeutet, daß ich fühle, daß mein Beruf das Militär ist. Ich bin sehr patriotisch zu den Vereinigten Staaten. Trotzdem fühle ich, daß ich mehr oder weniger mein Leben jetzt gewählt hab, das Militär, ob's jetzt in den Special Forces ist oder es könnte auch Pilot sein. Ich, es ist immer noch die Armee der Vereinigten Staaten oder die Armee, Punkt. Und ich fühle, daß, wenn morgen die Regierung der Vereinigten Staaten gestürzt würde, und eine neue Regierung an die Macht käme, fühle ich, mit ein bißchen neuer Anpassung, könnte ich auch ein Soldat für so gut wie jedermanns Sache sein. Und ich – ich fühle einfach, daß das meine Art der Arbeit ist.

I: Sie sagten, daß, wenn die Regierung gestürzt würde, daß Sie glauben, daß Sie sich anpassen könnten, in jeder Armee ein guter Soldat zu sein, für jedermanns Sache zu kämpfen. Warum?

B: Na ja, weil ich fühle, daß ich lang genug im Militär gewesen bin, genug über das Militär gelernt habe, um zu wissen, daß es auf der untersten Ebene wirklich keinen Unterschied macht, wer eine Entscheidung trifft oder warum. Äh, aber wirklich alles – das einzige, was wirklich eine Rolle spielt, ist, wie gut die Leute in den unteren Rängen diszipliniert sind, um Befehle auszuführen. Und ich fühle mich ziemlich fähig, Befehle auszuführen oder Befehle zu erteilen, fast jedem.

I: Warum glauben Sie, daß Sie fähig wären, für jedermanns Sache zu kämpfen?

B: Na ja, ich würde nicht sagen jedermanns – ich würde – ich würde sagen, wenn die (gluckst) die Vereinigten Staaten gestürzt würden von einer anderen Macht, und die wären ganz entschieden die Stärkeren, und da glaub ich, ich könnte mich einfach wieder anpassen und Teil von ihrem Militär werden. Äh, ich würde nicht sagen irgend 'ne Sache, weil es gibt da ein paar Sachen wie die militanten Schwarzen, und ich glaube nicht, daß ich für sie kämpfen könnte. Äh, ich würde eher dazu neigen, nach den Regeln des Bürgerkriegs in den Vereinigten Staaten zu spielen. Einen wirklich großen Bürgerkrieg, ich würde eher dazu neigen, als auf die andere Seite zu gehen, wenn die Regierung gestürzt würde, wär ich eher dazu geneigt, in, äh, verlassene Gegenden reinzugehen, wie das, wofür wir trainiert werden und Widerstandsgruppen gegen die neue Regierung zu bilden. Äh, aber ich würde vorziehen, entweder die Widerstandsgruppe zu bilden oder ein Soldat für ein anderes Land zu werden, statt irgendwo einen anderen Job anzunehmen.

Fall Nr. 219

B: [...] Der Hauptgrund, warum ich aus der Armee austreten wollte und ein Söldner werden und nach Südafrika gehen oder Südamerika, um ein Söldner zu werden, und äh, diese Art Arbeit hat mich irgendwie angezogen als eine Art Abwechslung im Leben, wozu die meisten Leute nie Gelegenheit haben.
Ich hatte den Wunsch, in so einer Situation, wo man mit, äh, Kampfsituationen konfrontiert wird oder als Söldner [...] Na ja, ich dachte, das war die tollste Gelegenheit für mich, weil ich geplant habe, meine erste

Frau loszuwerden [...] Ich habe wirklich gehofft, äh, ein paar wirklich gute interessante Befehle zu bekommen [...]

I: Könnten Sie mir erzählen, Sie sagten, daß Sie ungefähr ein Jahr, bevor Sie Ihre zweite Frau getroffen haben, daran dachten, die Armee zu verlassen und ein Söldner in Afrika oder Südamerika zu werden [...]

B: Na ja, in meiner Art von Geschäft hier sind wir ja irgendwie fast Söldner, außer dem Geld. Das Geld ist – ist gut, ich kann mich nicht darüber beschweren, und es ist regelmäßig, was, ein Söldner hat meistens kein regelmäßiges Einkommen. Aber wie ich sagte, es gibt 'ne Menge Leute in der Armee, die mir nicht passen [...] Ich wollte einfach, äh, irgendwie diese Art von Leuten loswerden, die schlechte Entscheidungen treffen, und ich dachte, wenn ich mich einer Söldnergruppe anschließe oder in einer Söldnergruppe wäre [...] Na ja, es ist möglich, daß die auch schlechte Entscheidungen treffen könnten. Aber im Grunde genommen ist man auf sich selbst gestellt. Da sind dann mehrere Leute da, und meistens in Beraterkapazität in einem von diesen unterentwickelten Ländern so wie Biafra und Nigeria, und außerdem hat man eine Chance, wirklich manchmal Spaß zu haben. Aber man hat auch das Abenteuer und das Reisen, und ich glaube, daß eine Menge Männer Abenteuer und Reisen und ein bißchen Gefahr ab und zu brauchen um, äh, um ihr Leben voll zu machen. Vielleicht, äh, na ja, fühlen sie, daß sie etwas tun. Weil schließlich Menschen – die einzigen – die einzigen Menschen, die sich wirklich um dich Gedanken machen, als Individuum, sind möglicherweise deine Eltern, deine Frau. Aber auf der ganzen Welt, da gibt's – ob du lebst oder stirbst, ist ohne sehr große Folgen für die Welt oder für sehr viele Leute, und selbst deine besten Freunde werden dich bald vergessen, nachdem du abgekratzt bist, was wohl nur menschlich ist [...] Ich dachte, daß es etwas wäre, was ich brauchte, Söldner zu werden. Äh, Söldner werden oft verachtet. Sie sind irgendwie die schmutzigen Männer. Sie tun einen, äh, dreckigen Job. Sie stehlen – vergewaltigen gelegentlich, glaube ich. Ich weiß nicht. Äh, ich glaube, die Mehrheit der Söldnergruppen haben eine ziemlich gute Disziplin. Und ich glaube nicht, daß ihr – ihre Führer ihnen erlauben, äh, zuviel davon zu treiben. Äh, in der Zwischenzeit, seitdem ich in den Special Forces war, habe ich ziemlich viele Söldner getroffen und Leute, die mit Söldnern in Afrika gearbeitet haben.

I: Und wie haben Ihre Eltern reagiert, als Sie ihnen darüber erzählten?

B: Ich kann mich nicht wirklich erinnern, daß sie zuviel darüber gesagt hätten. Sie dachten, daß ich einen Fehler machte, aus der Armee auszutreten. Mein Vater hat das gesagt und, na ja, es wurde von meinem Vater an meine Mutter weitergegeben in Form eines Briefes. Sie dachten, daß ich einen sehr großen Fehler mache, indem ich aus der Armee austrete. Einige Monate schrieben sie mir regelmäßig, daß, äh, daß ich in der Armee so gut vorangekommen wäre, und daß, warum sollte ich's jetzt wegwerfen. Und sie dachten, ich sollte in der Armee bleiben und mich nicht in der Welt herumtreiben als ein – als ein Söldner ... Und dieser Leutnant, mit dem ich geredet habe, er ist Holländer, äh, hat versucht, mich zu überzeugen, es nicht zu tun. Er ist in Vietnam gefallen. Er sagte, Menschen auf der ganzen Welt mögen Söldner nicht, und sie werden mehr oder weniger als ein scheußlicher Name angesehen. Und, wenn man den Eid auf eine andere Fahne ablegt, verliert man seine Staatsbürgerschaft. Und ich habe nie die Absicht, auf eine andere Fahne den Eid abzulegen. Ich würde mich auf eine Sache verpflichten oder einen Kommandanten oder 'nen Führer, aber nicht auf eine andere Fahne, und ich glaube, es ist – ich betrachte das Söldnerdasein nicht als dreckige Arbeit. Ich glaube, es ist ein Soldat, privat.

Fall Nr. 221

B: Äh, ich weiß, was ich tue. Ich weiß, was mein Job ist und ich weiß, wie man Eingeborene führt und kontrolliert, und, äh, ich tue, was ich tun soll. Das heißt, manchmal hab ich Fragen. Meistens stelle ich das nicht in Frage, was mir befohlen wird zu tun. Und, äh, na ja, ich würde nichts anderes tun, als in den Special Forces zu bleiben.

I: Für wen wollten Sie in Südafrika kämpfen, damals, als Sie daran dachten?

B: Für irgendeine Sache. Spielt keine Rolle. Zu dem Zeitpunkt, äh, die Söldner hatten schon verloren in der, äh, da war diese eine Bande von Söldnern, die von einem exilierten Briten angeführt wurden, er war ein ehemaliger Offizier.

I: Im Kongo?

B: Im Kongo, ja. Ich hab mir ausgerechnet, zu der Zeit wo ich bereit gewesen wäre, aus der Armee auszutreten weil, ich hatte noch eine Verpflichtung, und ich wär nicht frei gewesen bis diesen November, äh, wußte ich, daß das zu Ende sein würde, daß das vorbei sein würde, weil äh, Dinge wie diese dauern nicht so lang. Aber ich hab mir ausgedacht, wenn ich nach Südafrika gehen würde und einen Job kriegen würde.

I: Und das würde Sie nicht stören?

B: Nein, ich mag Neger nicht, und es würde mich nicht stören. Es wäre, von Schwarzen bezahlt werden, um Schwarze zu töten. Zum Teufel, warum nicht. Die Sache ist die, ich meine, das ist ein Ausdruck, den ich verwende, aber sehen Sie, ich würde planen, zwischen Kriegen an einem von diesen Orten zu arbeiten, als Übergangslösung. Äh, Söldnergruppen werden nämlich immer benötigt. Es ist eine Saison-Arbeit. Und für zwischendrin würde ich aktiv bleiben als Militarist, indem ich kleine Gruppen von Leuten für die lokale Verteidigung für Plantagen trainieren würde.

Fall Nr. 223

I: Glauben Sie, daß es Ihnen möglich wäre, für ein anderes Land zu kämpfen, Berufssoldat für ein anderes Land zu sein?

B: Äh, na ja, ich würde wahrscheinlich, wenn das Geld gut wäre, aber nicht, äh, aus denselben Gründen, aus denen ich in der Armee der Vereinigten Staaten bin.

Fall Nr. 225

I: Sie sagten, daß Sie nicht aus patriotischen Gefühlen nach Vietnam gegangen sind.

B: Nein. Ich hab nie gedacht, daß ich da rübergehe, weil die amerikanische Regierung in Schwierigkeiten war und ich sie aus den Schwierigkeiten rausholen würde oder irgend so was. Ich bin da rübergegangen als – ich bin gegangen als – als ein Soldat, aber größtenteils aus Kameradschaftlichkeit und, äh – wie nennt man das?

I: Neugierde?

B: Neugierde.

I: Glauben Sie, daß es fair wäre zu sagen, daß Sie dort auch aus einem Gefühl des Professionalismus dort waren, in dem Sinn, daß Sie ein trainierter Soldat sind, daß es Ihre Aufgabe ist zu kämpfen, daß Sie für diese Art von Arbeit trainiert worden sind, und daß Sie sie ausführen wollten?

B: Ja, ich glaube, daß Sie das ganz bestimmt sagen könnten [...] Na ja, ein Berufssoldat ist jemand, der nicht nur das Militär will, sondern der auch in der Lage ist, seinen Job auszuführen, wenn er seinen Job ausführen will. Das ist meiner Meinung nach ein Berufssoldat [...] Ja, ich glaube, daß ich ein Berufssoldat bin.

Fall Nr. 226

I: Betrachten Sie sich selbst als Berufssoldat?

B: Ja, das tue ich.

I: Und was bedeutet das für Sie?

B: Das bedeutet für mich, daß [...] irgendwas, was ich in der Armee tue, tue ich so gut ich's nur kann [...] Und ich bin bereit, alles zu tun, was die Armee von mir verlangt. Alles was ich tue, ist für die Armee. Das ist ungefähr alles, was ich darüber sagen kann.

Fall Nr. 227

I: Glauben Sie, daß es Ihnen möglich wäre, für ein anderes Land außer den Vereinigten Staaten zu kämpfen, in einer anderen Armee, als Berufssoldat?

B: Ja, warum nicht. Mit dem, was ich jetzt weiß und kann, wenn ich irgendwo anders hinginge, dann wär's das wirklich wert, wenn ich mehr dafür bezahlt werden würde, als ein Söldner. Fein.

I: Könnten Sie an einen Ort denken, an dem Sie kämpfen wollten?

B: Nee, nicht wirklich. Es hängt alles davon ab, was passiert.

I: Können Sie an irgendeine besondere Sache denken, für die Sie lieber kämpfen würden als für eine andere?

B: Wo am meisten rausspringen würde.

Fall Nr. 228

I: Glauben Sie, daß es Ihnen möglich wäre, für ein anderes Land zu kämpfen, eine andere Sache außer der der Vereinigten Staaten?

B: Ja. Als Söldner, nehmen wir mal an.

I: Irgendeine besondere Sache?

B: Der Belgische Kongo zum Beispiel. Ich bin sicher, daß es da ähnliche Situationen gibt. Natürlich gibt es Söldner, die für eine demo – demokratische Sache kämpfen. Ich könnte das tun.

Ich glaube, daß viele Leute überrascht und vielleicht auch schockiert sein werden, nicht nur über das, was diese Männer über sich selbst aussagten, sondern auch über die Leichtigkeit und Offenheit, mit der sie es sagten. Es ist oft schmerzlich zu entdecken, daß die Dinge nicht so sind, wie man sie gerne gehabt hätte und wie man glaubte, daß sie seien. Die Zeiten sind vorbei, zu denen die westlichen Nationen den Krieg erfolgreich verherrlichen und ihn mit religiöser und moralischer Berechtigung versehen konnten. Diejenigen, die noch immer so denken, sind eine Minderheit. Die Mehrheit lernt es, mit Kriegen zu leben und sie als notwendiges Übel anzusehen. Wir denken einfach nicht darüber nach, wie übel sie sein können und wie man denken muß, um sich an ihnen ohne Abscheu und ohne psychischen Zusammenbruch beteiligen zu können.

Auszug aus einem Interview mit hohen Offizieren der Special Forces

In etwas abgewandelter Form stellte ich dieses Problem 3 hohen Offizieren der Special Forces zur Debatte. Ich nahm an, daß sie in der Lage wären, genauer anzugeben, welche Persönlichkeitsmerkmale ein Mann besitzen muß, für den der Übergang vom Kampf im Dschungel an einem Tag zum Einkauf in einem modernen Supermarkt am nächsten unproblematisch ist. Die Antworten der Offiziere geben das idealisierte Bild eines leistungsorientierten Angestellten wieder, der für eine Stellung im Management in Betracht gezogen wird.

Oberst X: Sagen wir mal Anpassungsfähigkeit. Mit anderen Worten, er ist fähig, sich an neue und wandelnde Situationen und Schwierigkeiten anzupassen, und er verhält sich auch unter Druck gut. Er ist ehrgeizig, sucht und begrüßt zusätzliche und wichtigere Verantwortung. Kooperation – arbeitet mit anderen als Team harmonisch zusammen. Und Verläßlichkeit – erfüllt die von ihm verlangte Handlung immer mit einem Minimum an Aufsicht. Die Art unseres Geschäftes ist es, daß wir mit Eingeborenen-Kampfeinheiten völlig auf uns selbst gestellt sind. Wir haben niemanden, an den wir uns wenden können. Wir tun's selbst. Und wir müssen uns darauf verlassen können, daß ein Mann mit einem Minimum an Aufsicht arbeitet. Er braucht Enthusiasmus, er muß andere mit seiner Tatkraft motivieren können. Muß Kraft haben, seine Handlungen tatkräftig ausführen. Erfindungsgeist, die Basis der Operationen der Special Forces –

die Fähigkeit, etwas aus nichts zu machen. Er muß Initiative haben, mit anderen Worten, die Fähigkeit, eine notwendige und passende Handlung allein auszuführen. Intelligenz ist eine selbstverständliche Voraussetzung. Urteilsfähigkeit – denkt logisch und trifft durchgehend praktische Entscheidungen. Loyalität. Moralischer Mut. Selbstdisziplin.

Interviewer: Was bedeutet loyal?

Oberst X: Äh, mit seiner treuen und bereitwilligen Unterstützung von Vorgesetzten und Untergebenen. Das ist eine Definition aus dem Buch.

Interviewer: Was ist moralischer Mut?

Oberst X: Moralischer Mut, würde ich dann sagen, ist intellektuelle Ehrlichkeit – eine Bereitwilligkeit, sichtbar für etwas einzustehen.

Interviewer: Und was bedeutet das?

Oberst X: Es bedeutet, daß man in jedem Leben an einem Punkt ankommt, wo man einen Standpunkt beziehen muß – er ist entweder richtig, er ist falsch. Ich beziehe einen Standpunkt für das, was richtig ist, und ich kann dafür umgelegt werden. McArthur hat seinen Standpunkt in Korea bezogen.

Interviewer: Könnten Sie mir einige Beispiele moralischen Mutes aus Ihrer täglichen Erfahrung im Feld geben? Wie würde ein Mann nach dieser Definition moralischen Mut zeigen?

Oberst X: Na gut, wir arbeiten zum Beispiel mit eingeborenem Personal. Da gibt's dann beispielsweise einen Guerillaführer dort. Okay. Der Gegenspieler ist der 18. Kommandant der Special Forces, und er hat kein direktes Kommando über diesen Mann. Er muß aufgrund seiner Persönlichkeit und seiner Fähigkeit diesem Kommandanten, wenn man so will, seinen Willen aufdrängen. Dieser Guerillaführer, dieser eingeborene Mann, lebt unter seinen eigenen Leuten. Plötzlich beschließt er hinauszugehen und diese Brücke da drüben zu sprengen, und es ist genau die Brücke, von der wir wissen, daß die konventionellen Streitkräfte eine Woche später drübergehen werden. Da muß dieser Kommandant sagen ›Moment, du kannst das nicht tun!‹ und wenn der Typ sie noch immer zerstören will, bezieht der 18. Kommandant seinen Standpunkt – ›He, die Brücke wird nicht gesprengt‹.

Interviewer: Und was besitzt der Soldat der Special Forces noch?

Oberst X: Selbstverbesserung. Mit anderen Worten, er nimmt dauernd Aktionen vor, um sich selbst zu verbessern. Standfestigkeit – funktioniert erfolgreich unter dauerndem körperlichen und geistigen Streß. Taktgefühl – sagt und tut, was angebracht ist, ohne unnötig zu beleidigen, und Verständnis und Wertschätzung des Standpunktes eines anderen. Und, wenn Sie persönliche Eigenschaften erwähnen, ich hab das direkt aus einem Effizienz-Bericht für Offiziere rausgenommen von Anfang bis Ende. Da kommt das her.

Interviewer: Wissen Sie, wonach das klingt? Es klingt wie der Pfadfinderkodex.

Oberst X: Sie werden überrascht sein, wie nahe wir meinen, daß die Armee dem kommt. Die Männer müssen äh, ein aufrechtes Individuum und ein Mann und ein guter Staatsbürger sein. Und wir versuchen, Soldaten dafür zu trainieren, genau dafür [...]

Sie müssen natürlich verstehen, Doktor, daß die Ideen, über die ich spreche, in Krieg und Frieden anwendbar sind. Ein Mann kann Enthusiasmus dabei zeigen, seine Büroarbeit fertigzustellen oder er kann Enthusiasmus und Aggression beim Töten zeigen. Die Prinzipien sind genau dieselben. Frieden oder Krieg hat nichts mit all den Dingen zu tun, die wir Ihnen heute früh gesagt haben. Dieser Typ kann zurückkommen und sich gut anpassen, wenn's das ist, wie Sie's nennen wollen, ganz einfach, weil er emotional reif ist. Er hat keinen Fimmel wegen irgendwelcher Friedensmissionen oder irgend etwas Derartiges.

Major Y: Die schwerste Sache, die wir unsere Jungens heute mitmachen lassen, im Vergleich zu Korea, ist, daß wir sie eines Tages in ein Dorf schicken, ohne Waffen. Er hat Verbandszeug in der einen Hand und Aspirin in der anderen, und seine Taschen voll Lutscher. 2 Tage später bringt man ihn zurück in dasselbe Dorf auf einer Search and Destroy Mission (Suche und Zerstöre). Denselben Mann, dem man 2 Tage vorher Verbandspflaster gegeben hat, und man muß eine Entscheidung treffen.

Interviewer: Es gibt viele Patrioten in den Vereinigten Staaten, die diese Entscheidung nicht treffen könnten. Sie sind möglicherweise dafür ausgerüstet, eine Fahne zu schwenken, aber nicht, ein Gewehr zu benutzen.

Oberst X: Sie können das einfach nicht sagen.

Interviewer: Sie wissen sehr gut, daß manche Leute dafür gemacht sind, Fahnen zu schwenken und andere dafür, ein Gewehr zu tragen und vielleicht manche für beides. Aber Sie können von dem durchschnittlichen Amerikaner, der aus seiner Umgebung in den Vereinigten Staaten herausgerissen wird, nicht erwarten, in dieser Situation zu funktionieren.

Major Y: Ich glaube, daß Sie den durchschnittlichen Amerikaner unterschätzen!

Major Z: Jeder Soldat macht eine Trainingszeit mit, bevor er in den Kampf geht. Und während dieser Zeit versuchen wir, ihm beizubringen, ein Soldat zu werden und bereit zu sein, den Feind zu töten. Der Soldat in den Special Forces ist anders als ein Infanterist. Er ist wirklich nicht dort, um rauszugehen und sich selbst zu töten. Er ist da, um diese anderen Leute, diese Vietnamesen zu trainieren. Sein Auftrag ist nicht so sehr, das Töten zu erledigen, sondern die einheimischen Leute zu lehren, es zu tun. Das könnte später einen psychologischen Effekt auf sein Denken haben. Er könnte sagen ›ich hab's nicht getan, diese Leute, die eigenen Leutchen haben's getan‹.

Oberst X: Wir haben's nicht mit dem Plebs hier zu tun, der als Rekrut hereinkommt. Diese Leute sind viel weiter fortgeschritten. Sie sind viel älter. Sie sind alte Hasen. Sie sind alte Truppenangehörige. Da haben Sie einen Mann. Er ist Realist. Er hält niemanden zum Narren. Er hat seine Ideale verloren, wenn man sie Ideale nennen will, die Ideale seiner Jugend, und sie sind aus dem Weg geräumt. Er ist heute hier, und morgen geht er im Supermarkt einkaufen. Okay, es ist 'ne traurige Sache, was da drüben passiert ist, aber es wird uns nicht brechen, nicht den Berufssoldaten. Nicht, wenn er richtig trainiert ist.

Wie sieht ein Berufssoldat, ein Realist, der seinen jugendlichen Idealismus verloren hat und der ohne Bedenken töten kann, die Möglichkeit seines eigenen Todes? Als wir miteinander sprachen, war ihre Einstellung eine Mischung aus Wahrscheinlichkeitsrechnungen, Indifferenz und masochistischem Realismus. Viele sagten »das ist das Risiko, das man auf sich nimmt«, »ich würd mich nicht freiwillig melden, um zu sterben, aber wenn man's kriegt, so passiert's eben«, »es hat mich 'nen Scheißdreck gekümmert«, »wir hatten nichts, wofür wir leben konnten«, »ob du lebst oder stirbst, hat sehr wenig Folgen für die Welt«.

Kriegserlebnisse

Der Soldat geht in den Krieg. Seine Berufsleistung wird nach seiner Effektivität im Kampf bemessen. Indem ich die Angaben der Green Berets über ihre Kampferfahrungen zusammenstellte, konzentrierte ich mich hauptsächlich auf die Anzahl derjenigen, die sie im Kampf getötet hatten, die Umstände des Tötens, wer getötet worden war, die Waffe, die unmittelbaren Reaktionen auf das Töten, begangene und gesehene Greueltaten und die Gefühle über ihre Kriegserlebnisse.

»Eigenhändiges Töten«

Mit Hilfe der Soldaten wurde ›eigenhändiges Töten‹ so definiert, daß man jemanden getötet hatte und hundertprozentig sicher war, es selbst getan zu haben. Diese Definition wurde als eine der zentralen Richtlinien für die Diskussion der Kampferfahrungen gewählt, weil sie die unpersönlichen Elemente des modernen Krieges außer acht ließ und mir erlaubte, in die unmittelbaren Reaktionen des Soldaten auf seine eigenen Handlungen Einblick zu gewinnen. Das Gewicht der Verantwortung ruhte allein auf seinen Schultern. Ich hatte daher das Gefühl, daß dieser Ansatz es ihnen erleichtern könnte, die Umstände ihrer Kampferlebnisse zu rekonstruieren und sie von einem persönlichen Standpunkt her zu erzählen. Ein paar Soldaten erzählten mir, daß sie diese Angelegenheiten noch nie vorher diskutiert hätten. Nichtsdestoweniger nahmen sie alle die Gelegenheit wahr, um detaillierte und realistische Beschreibungen zu liefern. Nur bei der Frage nach ihren Gefühlen über das, was sie gesehen und getan hatten, mußten sie ein wenig eingehender befragt werden.
Zur Zeit unserer Interviews hatten 20 Green Berets schon einen oder mehrere Kampfeinsätze in Vietnam hinter sich. Während alle ziemlich

sicher waren, jemanden getötet zu haben, gaben 6 Soldaten an, nicht ›eigenhändig‹ im Sinne unserer Definition getötet zu haben. Sie erklärten, daß sie zusammen mit anderen Soldaten in Richtung des Feindes geschossen oder Luftangriffe auf die Positionen des Feindes angefordert hatten, ohne sicher sein zu können, selbst jemals einen tödlichen Schuß abgefeuert zu haben. Die übrigen 14 Kriegsfreiwilligen waren sicher, daß sie wenigstens einen Menschen eigenhändig getötet hatten; sie gaben einen Durchschnitt von 9 Menschen an. Unter den Toten befanden sich sowohl bewaffnete als auch unbewaffnete Frauen, Kinder und alte Menschen. Viele dieser Menschen starben in den Bombenangriffen, die von den Green Berets angefordert wurden. Nicht jeder Soldat tötete Frauen, Kinder und alte Menschen, aber fast alle von ihnen töteten zusätzlich zu bewaffneten erwachsenen Männern auch wenigstens einen alten Menschen, ein Kind oder eine Frau. Die Art und Weise und die Umstände, unter denen sie töteten, waren vielfältig. Statt das Material zusammenzufassen, bin ich der Ansicht, daß es sinnvoller und objektiver ist, die Kriegsfreiwilligen direkt zu zitieren.

Fall Nr. 207

> Wir waren in dieser schlechten Gegend und wir hatten eine Menge Gefallene und Verwundete. Ungefähr eine Stunde später haben sie eine Tiger Force hereingerufen. Das sind lauter Freiwillige. Man kann in diese Einheit nicht versetzt werden. Man muß sich freiwillig melden, um dort hinzugehen. Es ist eine Selbstmordabteilung oder wie man das auch immer nennen will. Sie gehen raus und machen Feindberührung, ohne Unterstützung. Es war so eine miese Gegend, daß sie nicht operieren konnten. Sie sind von einem nordvietnamesischen Bataillon geschlagen worden. Und sie haben Freiwillige gesucht, und ich bin gegangen und der Tiger Force beigetreten. Wir sind mit 25 Männern rein und hatten 22 Tote und Verletzte. Ich hab mich damals nur freiwillig gemeldet, um auszuhelfen. Ich hab wirklich nicht zuviel von dieser Einheit gehalten, weil sie irgendwie verrückt waren, die meisten von ihnen. Das waren die Mörder, wissen Sie. Das war die Sorte, die einfach getötet hat, nur um zu töten. Und ich war das nicht. Ich tu's, ich würd's gleich jetzt mit einem V. C. tun, ich könnte nicht auf Sie zugehen (Interviewer) auf der Straße, wissen Sie, und mir nichts dabei denken.

Fall Nr. 210

> Ich hatte ein dreizehnjähriges Mädchen, das damals mit einem Gewehr auf mich geschossen hat. Was soll ich tun, mein Gewehr wegwerfen, weil sie ein Mädchen ist und sie mich kaputtschießen lassen? Ich hab sie erschossen. Dann hab ich ihren Körper aufgehoben und ihn in das Reisfeld geworfen, um den Reis zu verseuchen. Wir haben drei andere Leichen auch da reinge-

steckt. Das einzige, woran ich mich bei ihr erinnere, ist, daß sie sehr hübsch war, aber sie war auch sehr tödlich.

[...]

Einmal haben die Vietcong auf uns geschossen und sind dann unter die Erde in Tunnels. Da hab ich eine Granate in ein Loch geschmissen und eine weitere Granate in ein weiteres Loch. Und dann sind zwei Vietnamesen da hinein und haben die Leichen rausgezogen. Ich hab sechs an einem Tag gekriegt.

[...]

Einmal hab ich einen mit einem Messer getötet. Es war in der Nacht. Er war auf der Wache [...] Ich hab ungefähr dreißig Minuten gebraucht, um mich von hinten an ihn ranzurobben. Ich bin hinter ihn gekommen und hab einfach seine Kehle durchgeschnitten.

Fall Nr. 212

Ich bin wütend geworden. Diese Frau hat auf uns gefeuert. Wir haben nicht gewußt, daß es eine Frau war, damals. Ich hätte sie sowieso getötet. Aber sie hat auf uns gefeuert. Ich hab sie mit einem M-16-Gewehr erschossen. Die Kugeln sind durch sie durchgegangen und haben das Baby getötet, das sie auf ihrem Rücken hatte. Ich hab mich schlecht deswegen gefühlt, daß das Baby getötet worden ist. Ich hab mich nicht schlecht gefühlt, daß ich sie getötet hab. Ich glaube nicht, daß eine Frau irgendwas verloren hat in einer Kriegssituation. Aber das ist der Boden, den sie gewählt hat.

Fall Nr. 215

Ich war auf Erkundung, und wir sind zu einer Gummiplantage gekommen, und ich hab beschlossen, daß es ein guter Platz ist, um sich hinzusetzen und Mittag zu essen. Da hab ich zwei Männer genommen, um rundherum die Gegend auszukundschaften. Ich bin, glaub ich, ungefähr fünfzig Meter in die Gummiplantage rausgegangen, und wir haben einen Wächter gesehen, der sich einfach gegen einen Baum gelehnt hat. Da muß wohl eine Party oder sowas gewesen sein, weil wir ziemlich viel Lärm gemacht haben und sie uns nicht gesehen haben. Wir sind einfach gerade hinter den Baum, und ich hab ihn einfach mit dem Gewehrkolben getötet. Ich hab die Rückseite meines Gewehrs verwendet. Ich hab meinen Lauf abgeworfen und ihm einfach auf den Kopf geknallt damit. Das war alles, ich wußte nicht, daß ich ihn töten würde, glaube ich. Es ist einfach passiert.

[...]

Einmal, wie wir über den Pfad gegangen sind, weil wir nie auf den Pfaden gehen, man fordert seinen Tod heraus, wenn man das tut, und mein Mann hat mir das Signal gegeben rüberzukommen, und anscheinend ist dieser Kerl da im Busch gesessen, aufs Klo gegangen (gluckst) oder was zum Teufel er sonst getan hat, und ich bin raus auf den Pfad. Er hat den Pfad im selben Moment betreten, und ich glaube, er war genauso überrascht, wie ich's war, und ich hab einfach meinen Abzug schneller erwischt als er seinen. Und der eine, er war nur ein paar Meter weg von mir. Ich war einfach schneller. Schiere Gewohnheit. Ich hab eine schwedische K getragen, eine 9-mm-Maschinenpistole.

[...]

Das eine Mal, wo ich wirklich einem von ihnen sehr nahe gekommen bin, war mit einer Frau. Na ja, sie war einfach ein Soldat in der Kompanie. Sie war angezogen ganz genau wie die andern auch, hat eine Waffe getragen, genau wie die anderen auch, und wir sollten sie aus dem Hinterhalt überfallen, und da ich der Berater war, sollte ich den Angriff aus dem Hinterhalt anfangen, indem ich den ersten Schuß abgebe, und sie war einfach die Person, die mir am nächsten gestanden ist. Aber dann war sie auch nicht so sehr nahe. In Wirklichkeit war sie ungefähr 20 Meter weg. Man konnte sehen, daß es eine Frau war. Sie hat nicht sehr fraulich ausgesehen. Ich meine, sie hat dieselbe Uniform getragen wie die Männer anhatten, dasselbe Band auf ihrem Kopf, hat sogar dieselbe Art von Waffe getragen. Sie war Teil eines Erkundungstrupps, da hab ich mir gedacht, sie muß etwas über Kampf wissen, wenn sie draußen ist auf Kundschaft. Da hab ich den Angriff aus dem Hinterhalt angefangen, indem ich sie erschossen habe.

Fall Nr. 217

[...]

Bei einem anderen Einsatz haben wir eine Frau getötet. Wir haben nicht gewußt, daß sie eine Frau war, bis wir sie nachher gefunden haben. Wir haben ihre Wunden angeschaut, und da waren ihre Brüste, die da rausgesteckt haben. Wir haben ihren Hut abgenommen, und sie hatte langes Haar. Keine Frage. Sie war eine Frau. Eine von den Kugeln ist direkt durch ihren Busen durch direkt in ihr Herz. Sie war schön, und jeder hätte sie lieber gefangengenommen als sie getötet, weil sie wirklich eine gutaussehende Frau war. Sie war ungefähr siebzehn. Ich würde sie gerne in irgendeinem Bordell finden. Sie ist 'ne gutaussehende Frau. Schade, daß sie auf denen ihrer Seite ist.

[...]

Wir waren auf dem Gipfel von dem Berg und haben dort unsere Basis aufgerichtet. Und dann waren da auf der anderen Seite von dem Fluß, ungefähr 1000 Meter, da waren 3 Vietcong, die gekocht haben, und wir hatten gerade ein neues Gewehr in unsere Finger gekriegt. Es war ein M1 mit einem besonders starken Teleskop drauf. Und ich wollte es einfach ausprobieren, da hab ich von dieser Stellung aus dreimal geschossen und beim vierten Schuß habe ich einen getroffen und ihn aus 1000 Meter getötet. Die andern beiden sind davongekommen. Sie haben beim ersten Schuß angefangen zu laufen. Sie wußten, daß auf sie gefeuert worden war, aber von 1000 Meter wußten sie nicht, woher es kam, da haben sie angefangen, einfach zu laufen, wie Hühner. Sie wußten nicht, wohin sie rennen sollten.

[...]

Man hat seine Kanonenschiffe (Hubschrauber) sehr viel herumfliegen, und sie gehen gerne raus und töten auch gern jemanden, damit sie zurückgehen

können und dem Kommandanten erzählen, daß sie so viele getötet haben und all so'n Zeug. Und wir sagen ihnen, wo die Charleys sind und geben ihnen unsere Zahlen von denen, die wir getötet haben, und das mochten die, und wir haben's getan, damit sie zurückkommen, weil, wenn man keine Kanonenschiffe oder Artillerie oder Kampfbomber hat, tut man sich weh. Und wir haben uns dabei abgewechselt, in den Hubschrauber raufzugehen und sie an verschiedenen Stellen zu nehmen, wo andere Berichte sagen, daß es da Charleys gibt. Wir fliegen dann geradeaus hinunter in das Tal, und sie hören den Helikopter kommen und fangen an zu laufen. Und ein zweites Mal habe ich einen getötet, während er in den Baumbestand gelaufen ist. Ich habe ihn mit einem Granatwerfer gekriegt. Von 300 Meter kann man einen in die Gesäßtasche von einem stecken. Wir haben die Helikopter die ganze Zeit raufgenommen. Sie sind immer getroffen worden, und dann haben sie uns die Kugellöcher gezeigt. Das hat viel Spaß gemacht, weil sie ein paar Hubschrauber abgeschossen gekriegt haben.
[...]

Fall Nr. 219

Mein Job, unser Befehl da drüben war, V. C. (Vietcong) zu töten. Na ja, aus nächster Nähe habe ich wahrscheinlich vielleicht 15 oder 20 getötet, wo ich vielleicht so wie von hier bis zur Tür war. Aber davon abgesehen kann man's nie genau sagen, weil man sie für gewöhnlich nie sieht die meiste Zeit, außer wenn man im Hinterhalt liegt. Während der Tagesstunden kommt's sehr oft vor, daß man sie sehen könnte, aber man könnte nicht genau sagen, ob man diesen einen Mann da erschossen hat, weil, wenn man eine ganze Abteilung von Leuten hat, die schießen, und sie schießen auf dich zurück, dann bist du wirklich nicht, schaust du wirklich nicht, wohin du schießt. Die wichtigste Sache ist, daß du eine ganze Menge Feuer losläßt, einfach eine ganze Wand von Kugeln in seine Richtung.
[...]
Wir sind durch dieses Gebiet gezogen und schwer geschlagen worden und haben eine Menge Männer verloren. Wir haben die Zivilisten in der Gegend gewarnt, daß sie getötet werden würden, wenn sie blieben, und sie wußten, daß die Vietcong dort waren, und daß die Amerikaner auch gekämpft haben, da hab ich mich deswegen nicht schlecht gefühlt. Wenn sie blöd genug sind, dazubleiben und getötet zu werden, na ja, das ist ihre Sache ... Ja, da waren Frauen und Kinder in diesen Dörfern, wie wir durchgezogen sind. Ziemlich viele. Sie hätten auch rausgehen sollen. Wir haben ihnen gesagt rauszugehen, ich meine unsere Flugzeuge haben es ihnen gesagt und manchmal, na ja, dann trifft man auf alte Männer. Sie waren verkrüppelt und total verstümmelt ... Bei einer Gelegenheit hab ich ein Haus angezündet, und da war niemand drin. Dann, nachdem ich angefangen habe und das Dach gebrannt hat, habe ich gesehen, wie ein alter Mann in das Haus zurückgekrochen ist. Sein Bein war ganz kaputt. Er sah aus, als hätte er den Fäulnisbrand und er ist dahinein zurückgekrochen, und das Haus hat gebrannt, und ich weiß nicht, ob er jemals wieder rausgekommen ist oder nicht. Ich hatte keine Zeit, mich mit ihm

zu beschäftigen. Da wir an dem Tag weitergegangen sind, mußten wir ganz einfach jedes Dorf in Brand stecken, haben jeden Bunker gesprengt, den wir gesehen haben und total alles eliminiert, was hinter uns kommen könnte, weil wir uns ständig vorwärts bewegt haben, und da mußten wir es ganz einfach niederbrennen. Das ist die beste Politik, das Beste, was man tun kann.

[...]

Ja, ich kann mich an das erste Mal erinnern, wo ich einen erschossen hab. Er war wirklich nah, hat seinen Kopf weggeblasen, na ja, nicht seinen ganzen, aber die Hinterseite davon [...] Er hat nicht so ausgesehen, als ob er angeschossen gewesen wäre, wie ich zu ihnen raufgekommen bin. Er ist auf seinem Rücken gelegen. Aber wie ich ihn umgedreht habe, war der ganze Hinterkopf futsch. Sein Gesicht war unberührt. Der ganze Hinterkopf war total weg, und das Gehirn lag aufgehäuft, ungefähr 3 Meter weg auf einem wirklich netten, kleinen Haufen. Ich hab meinen zweiten kurz danach gekriegt. Ich dachte, ich hätte was im Fluß gesehen. Ich war nicht zu sicher, weil ich nicht so gut sehen konnte, und ich hab versucht, es zu erschießen. Ich habe mehrere Runden geschossen und konnte es nicht ganz treffen. Es war wie ein Fußball in der Mitte des Flusses, und es war schwer zu treffen. Da bin ich schließlich wütend geworden. Ich wußte verdammt gut damals, daß es noch ein Vietcong war, da draußen in dem Fluß, da hab ich eine Leuchtbombe angezündet, was ein bißchen gefährlich ist, aber ich wollte den Typen da in dem Fluß kriegen. Da haben wir die Leuchtbombe gezündet, und nach ungefähr 2 oder 3 weiteren Schüssen hab ich sie gekriegt, und er ist aus dem Wasser rausgekommen, ungefähr bis zu seiner Taille. Der dritte Typ ist davongekommen, da haben wir 2 von 3 gekriegt.

[...]

Ja, ich hab 'ne Menge Frauen und Kinder erschossen. Ich meine, ich bin nicht absichtlich rumgegangen, um zu sehen, daß ich Frauen und Kinder zu schießen kriege. Bei einer Gelegenheit war ich auf der Streife, und manche von den Vietcong in der Gegend hatten uns entdeckt, und man hat auf uns geschossen, und ob Sie's glauben oder nicht, mit Armbrüsten, was irgendwie entmutigend ist, weil man keine Idee hat, wo die verdammten Dinger herkommen. Wir hatten den Befehl, dort ein paar Tage in einem Vietcongdorf zu bleiben. Da waren so viele Vietcong rundherum, daß wir uns den ganzen Tag nicht bewegen konnten. Dann haben wir Verstärkung bekommen. Sie hatten eine Selbst-, ich nenn's einen Selbstmordbefehl, bekommen, aber es ist wirklich ein blöder Befehl. Wir mußten das Dorf am nächsten Morgen angreifen. Da waren wir 7 von uns, 7 Amerikaner. Dabei gab's wahrscheinlich ein halbes Dutzend Häuser, da hat jeder von uns ein Haus übernommen und sich so nahe ranbewegt, wie wir nur konnten, und weil sie Strohhäuser sind, halten sie nicht sehr viele Kugeln aus. Da, auf Signal haben wir alle einfach auf diese Häuser geschossen, soviel wir nur konnten und uns in sie reinbewegt, um herauszufinden, wen wir erschossen haben, und da waren einige Frauen und Kinder in dem Haus, das ich zerschossen hatte, tot und ein paar verwundet, aber es gab keine Vietcong. Sie waren in der Nacht raus. Wir

haben sie dort gelassen, die Verwundeten. Hatten nicht die Zeit, uns mit denen abzugeben. Später mit einem kleinen Mädchen, das wir evakuiert haben. Es war ziemlich riskant, einen Helikopter da reinzubringen. Aber eines von den kleinen Mädchen, das, äh, die andern, die verwundet waren in meiner Hütte, die hätten's sowieso nicht lang gemacht. Sie sind wahrscheinlich kurz danach gestorben, und wir konnten keinen Helikopter für sie reinbringen, und wir hatten keine Möglichkeiten oder keine Mittel. Da waren nur 7 von uns. Und in einer Vietcong-Gegend schützt man sich selbst, und man macht sich keine Sorgen über zu viele andere Leute. Aber dann war da dieses eine wirklich süße kleine Mädchen, die zweimal getroffen worden war und überraschenderweise hat es sie nicht zu schlimm verstümmelt, und ich weiß nicht, wir haben einfach beschlossen, wir werden versuchen und sie rauskriegen, weil wir dachten, wir könnten sie retten. Und da haben wir einen Helikopter reingerufen und sie rausgekriegt und sind dann die Straße weiter rauf. [...]
Oh, ich hab vergessen, was ich sagen wollte. Da war noch ein anderes Mal, wo ich ein paar Frauen zusammengeschossen habe. O ja, einmal war da eine ganze Menge von Frauen, die in der Gegend gekämpft haben. Das stimmt. Wir haben einen Fluß überquert. Sie haben 4 von unseren Typen auf der anderen Seite erwischt. Es waren ungefähr 30 von ihnen. Wir mußten warten, bis es dunkel war, und wir haben die Artillerie reingerufen, weil wir uns gedacht haben, daß diese 4 Typen da drüben weggegangen wären. Wir sind da rein, mit Helikopter und Artillerie und Luftangriffen. Sie haben gesagt, daß wir 3 Bataillone ausradiert hätten [...] Unsere Einheit hatte eine von den höchsten Tötungsquoten und Waffenquoten in Vietnam, und wir wurden von General Westmoreland oft sehr gelobt.

Fall Nr. 222

O ja, ich hab bei vielen Gelegenheiten eigenhändig getötet. Wir haben mit kleinen Gruppen gearbeitet und konnten uns ziemlich frei bewegen, ohne entdeckt zu werden in einer Gegend, und einer von unseren Befehlen war, Angriffe aus dem Hinterhalt vorzubereiten und den Feind einfach aus dem Hinterhalt anzugreifen. Ich würde sagen, daß ich 8 bis 10 gekriegt habe, wo ich ganz sicher bin. Der mir am nächsten war, war 15 Fuß.

Fall Nr. 224

Während meiner ersten Tour in Vietnam habe ich keine erwischt, nicht daß ich sicher sein könnte. Ich habe auf Leute geschossen.
[...]
Das zweite Mal, ja. Einer, von denen ich sicher bin und vielleicht 10 oder 12 ziemlich sichere. Bei dem einen, wo ich sicher bin, waren wir auf Streife. Wir sind den Pfad runtergekommen, und wir sind beide ineinandergerannt, ich meine die Streifen. Und das Feuergefecht hat angefangen. Ich hatte gesehen, wie einer aufsteht und auf mich zukommt mit einer automatischen Waffe, und ich hab ihn erschossen. Wir haben ihn nachher

aufgeklaubt. Hab ihn in die Brust gekriegt mit einem ganzen Magazin aus meiner schwedischen K. Sie haben ungefähr 36 Runden. Er war ziemlich zerfetzt. Dann haben wir die Leichen ausgezogen.

Fall Nr. 226

Sicher, ganz bestimmt. Ich habe auf Frauen und Kinder geschossen, wahrscheinlich hab ich ein paar erwischt. Ich könnte nicht schwören, daß es so ist, aber ich würde sagen, daß ja. Ja, nehmen wir mal an, man kriegt – ich sage, schießen. Man hat Leute, die auf einen schießen, da macht man – äh, natürlich schießt man in ein Gebäude hinein und, äh, die Kugeln und du kriegst – man tötet dann natürlich unschuldige Leute. Äh, was das angeht, wenn man seine Luftangriffe hat, geht man rein, man findet, äh, tote Frauen und Kinder. Und in der Nacht setzt man, äh – bereitet den Angriff aus dem Hinterhalt vor, und sie kommen in der Nacht – sind sie tot. Man muß solche Sachen tun.

[...]

Wir haben uns gerade entlang der Straße plaziert für 'ne Pause, 'ne Unterbrechung und, äh, haben immer ein Maschinengewehr aufgestellt, wenn möglich, eines, um den Rücken zu decken und eines vorne und einer von den Kanonieren hat aufgeblickt und einen Vietcong gesehen, eine Frau und ein Kind sind vorne raufgekommen und, äh, ein bißchen näher gekommen, und er hat angefangen, sie umzumähen und sie getötet – das Kind, den Mann und die Frau wirklich schwer verwundet, und er ist einfach weitergegangen und hat sie gleich da ins Jenseits befördert, mußte sie töten.

[...]

Jedesmal, wenn man ein Vietcong-Dorf oder eine Schule oder irgend etwas Ähnliches hat, muß man's immer zerstören. Wenn man das nicht tut, kommen sie gleich wieder zurück.

[...]

Ja, ich hab Artilleriefeuer oder Luftangriffe auf ein Dorf angefordert. Man sieht alle Arten von Feuer, aller Arten von Feuer von einem kleinen Dorf. Man ruft Artillerie herein oder Flugzeuge, man geht dort hinein, man findet tote Menschen, aber die Menschen, die dort liegen, meistens sind's alte Frauen, alte Männer und, äh, die meisten von den Jungen haben sich schon aus dem Staub gemacht, und ich glaube, die alten Leute, die denken, daß man Mitleid mit ihnen haben wird, daß sie zu alt sind, um zu kämpfen.

[...]

Ich bin nie hingegangen und hab mein Gewehr einfach in das Gesicht von einem Mann gesteckt und abgeschossen – getötet. Ich hab, ich würde sagen, 5 oder 6 aus der Entfernung getötet. Der uns am nächsten war, war ungefähr 100 Meter. Hab ihn mit einer automatischen Waffe erschossen. Bei den Beinen angefangen und rundherum geschossen. Ja, sie waren ziemlich schwer zerschossen.

Ich könnte nicht wirklich 'ne Zahl angeben, ich könnte nicht sagen, wie viele unsere Einheit getötet hat [...] Da gab's die Luftangriffe, die ich hereingerufen hab. Ganz einfache reguläre Feuergefechte hin und zurück, wo ich selber drin war, würd ich sagen, ungefähr 10, 12 oder mehr [...] Mit den Luftangriffen ein paar 100, wie, ich hab ein paar Dörfer ausradiert. Ich bin nur für ungefähr 4 persönlich verantwortlich.

[...]

Der nächste, den ich erwischt habe, war so weit weg wie Sie von mir. Ja, bevor ich ihn erschossen habe, war er, würd ich sagen, gute 100 Fuß weit weg von mir, und ich hab seinen Kopf abgeschossen. Die hatten uns festgenagelt. Ich hatte die M16 mit mir, aber er hatte ein Maschinengewehr, das uns mehr oder weniger unten gehalten hat. Ich bin einfach rübergekrochen auf die Seite und hab ihn damit erschossen [...] Ja, ich hab die Leiche untersucht. Ich bin einfach rauf und es würde – es war immer in meinem Kopf damals, untersuch den Typ und sieh, ob er irgendwas an ihm hat, was ich verwenden könnte, um es zurückzubringen als Information [...] Na ja, da war Fleisch und einfach in Teilen wie da rundherum, ja, ich meine, wissen Sie, Teile vom Kopf und so Zeug.

[...]

Die stecken dich in 'ne bestimmte Gegend, und sie lassen dich dort, äh, höchstens 5 Tage, äh, mit anderen Worten, du gibst ihnen – du kriegst eine Landkarte und sagst, okay, das ist mehr oder weniger dein Zielgebiet. Alles da drin ist offenes Gebiet, mit anderen Worten, alles ist erlaubt, und du rufst Luftangriffe rein und sie kommen einfach rein, und du dirigierst sie vom Boden her [...] Aber du bist derjenige, der ihnen mehr oder weniger sagt, okay, du fliegst in diese Gegend [...] Na ja, du bist der Mann auf dem Boden, du bist seine Augen, der Mann in dem Flugzeug, das ist alles.

[...]

Ja, ich hab ein paar tote Frauen und Kinder in einem Dorf gesehen nach einem Luftangriff [...] ja manchmal kriegen sie's von Bomben und manchmal von Kugeln [...] Da war, äh, eine alte Frau, ein junges Mädchen und, ah, da waren ein oder 2 kleine Kinder ... Wenn du einen Luftangriff reinrufst, finde es und, äh, geh runter und forsche die Gegend aus, versuche, jemanden zu kriegen, der wenigstens verwundet ist, damit ich ihn wenigstens mit mir rausnehmen kann. Wir setzen ihn wieder instand und verhören ihn dann [...] Ich nehme an, die Frauen und Kinder gehörten zu den Vietcong, das könnt ich nicht sagen, na ja, das eine Mal, äh, haben sie dazugehört, dieses eine Mal.

Folterung und Mißhandlung von Gefangenen

8 Soldaten gaben zu, aktiv oder passiv an Folterung und Mißhandlung von Gefangenen teilgenommen zu haben. Aktive Teilnahme wurde als physische Beteiligung definiert. Als passive Teilnahme

wurde definiert, wenn man anderen zusah, ohne physisch oder verbal zu intervenieren.

Fall Nr. 207

Ich werde keine Namen nennen, aber der Zugführer hat einen Kopf genommen und ihn auf den Baum gesteckt [...] Und das war, um zu zeigen, daß, wenn ihr noch mehr Köpfe nehmt, nehmen wir sie auch, wissen Sie. Und der Kopf in Vietnam ist heilig. [...]
Sie haben den Typen hereingebracht, ungefähr 16 Jahre alt. Er ist dort gesessen mit einem großen Grinsen auf seinem Gesicht, da hab ich eine M16 in sein Gesicht gesteckt und den Abzug gezogen. Sie war leer, wissen Sie, und ich wußte, daß sie leer war, aber ich hab's einfach getan, um ihn mordsmäßig zu erschrecken [...] Ja, er war erschrocken (gluckst). Seine Augen sind ganz groß geworden. Ich hätte ihn nicht getötet, weil ich wußte, daß er ein Offizier war, und Offiziere geben gute Informationen. Ich hab's einfach getan als eine kleine Revanche.

Fall Nr. 210

Haben Sie dieses Bild gesehen? Es ist ziemlich berühmt. Ein V. C. ist umgekehrt gehangen, mißhandelt. Wenn Sie jemals wieder das Journal in die Hand kriegen, schauen Sie sich's an [...] Diese Gruppe gleich da mit den Uniformen, die sie tragen, das sind Vietnamesen, keine Special Forces. Da gibt's keine Amerikaner gleich dort. Die Amerikaner – wir sind zur Seite gegangen, wie die Aufnahmen gemacht worden sind. Das ist, wo wir unseren Namen geändert hatten, aber es ist im Buch. Sie können's sehen, wenn Sie hinschauen. Wir hießen Counter-Assassination Squad, das ist es, was wir waren [...] Na ja, das Bild in Time, äh, die Vietnamesen haben die Kriegsgefangenen gefoltert.

Fall Nr. 215

O ja, ich hab ein paar von ihnen gesehen. Ich hab zugesehen – sie haben ein 15 Jahre altes Mädchen gefangengenommen [...] Soldat [...] Nordvietnamese [...] äh, wirklich Soldatin, hartgesottene Soldatin [...] Sie haben sie gefangengenommen und sie zusammengebunden, und sie hat den Leuten ins Gesicht gespuckt und versucht, sie zu treten, nachdem sie gefesselt und gefangengenommen war [...] ich meine wirklich indoktriniert. Wir haben 'ne Pause gemacht und sind schlafen gegangen und einer von ihnen hat mich aufgeweckt [...] Ich bin aufgewacht und er hat da rüber gezeigt, und er hatte sie auf dem Boden festgemacht und alle 5 von ihnen hatten ihren Spaß mit ihr gehabt, und sie wollten wissen, ob ich noch was davon wollte, bevor sie sie töten würden, und ich sagte, nein danke, äh, bleibe hier sitzen, und dann haben sie sie getötet [...] Äh, er hat sie in beide Brüste gestochen mit seinem Bajonett, bis sie gestorben ist und sie dann dort gelassen [...] Ja, ich hätte es aufhalten können [...] Ich hab sie bezahlt, ich hab sie angeführt [...] Junge, wenn ich denen gesagt hätte, sie sollen einen von den anderen Männern im Team töten, hätten sie es getan. Sie waren vollkommen loyal, und wenn sie irgend so was wie das da angefangen haben, wollten sie's tun, einfach aus reinem Haß, man muß das auch bedenken, wenn du sie davon abhältst, dann werden sie's nicht gern sehen, und du mußt mit diesen Typen Tag für Tag leben. Dein Leben hängt von ihnen ab und, äh, ich hab's damals einfach besser gefunden, mich einfach umzudrehen.

[...]

Ich hab unabhängig ein bißchen verhört. Ich weiß nicht, ob man's eine Greueltat nennen würde. Ich würd's nicht. Ich dachte, daß es ziemlich human war, verglichen mit der Art, wie sie Dinge tun. Wir hatten einen Leutnant, der nicht reden wollte. Sie hatten versucht, ihn mit Gummischläuchen zu schlagen, sie haben (kichert) eines von den Beinen gebrochen, sie haben alles versucht. Er wäre eher gestorben. Jedesmal, wenn sie den Typen zusammengeschlagen hatten, haben sie ihn in mein Sanitätszelt gebracht, damit ich ihn wieder zusammenflicke und ein paar Tage gewartet, und dann haben sie ihn wieder verprügelt. Ich hatte irgendwie genug davon und ich sage »Würde es Ihnen was ausmachen, ihn mir zum Verhör zu übergeben?« und er sagt » Dann mal los«, und sie hatten ihn schon auf das, an das Bett gefesselt, da bin ich einfach ins Büro und hab eine 10-Kubikzentimeter-Spritze mit einer 18er Nadel und bin auf ihn zugegangen, hab einen Abbindeschlauch auf seinen Arm, die Spritze war leer. Ich hab's in eine Vene reingestochen, hab die Spritze von der Nadel runtergenommen und das Blut einfach über den Boden spritzen lassen und bin aus dem Zimmer raus. Ich hab ihn ungefähr 45 Minuten dort gelassen und er hat soviel geredet, wie wir nur wollten, wovon ich dachte, daß es ziemlich gut funktioniert hat. Ich betrachte das nicht als Greueltat. Er hat bißchen über einen halben Liter Blut verloren, aber es hat ihm die Furcht Gottes eingeimpft ... Nein, ich glaube nicht, daß ich ihn verbluten lassen hätte (lacht lange). Ich hätte die Schweinerei aufwischen müssen.

[...]

Einer von meinen ersten Einsätzen war mit einem Unteroffizier, einem der feinsten, für die ich jemals gearbeitet habe. Er wurde direkt zum Hauptmann befördert [...] Er hat 3 Gefangene vor mir verhört. Er hat einfach dem ersten eine Frage gestellt und die Antwort nicht einmal abgewartet und ist vor den zweiten hingetreten und hat dem ersten das Gehirn rausgesprengt [...] Das ist auch eine Art zu verhören, wenn man genügend Gefangene hat (kichert) [...]

Fall Nr. 217

Die Techniken der vietnamesischen Special Forces gingen über das hinaus, was wir tun würden [...] Na ja, zum Beispiel hatten sie diesen einen, ich glaube einen Kompanie-Kommandanten. Er wußte, wo seine Einheiten waren. Wir haben ihn verhört, und wir haben nichts aus ihm rausgekriegt, da haben wir ihn ihnen gegeben. Und sie haben ihn verprügelt und alles und konnten nichts aus ihm rauskriegen. Da sind sie hingegangen und haben eine Explosiv-Kapsel genommen, und sie haben sie an seinen Finger angebunden und sie explodiert und das ganze Ding abgesprengt [...] Die ganze Hälfte seiner Hand runtergesprengt. Ich bin zurückgekommen und habe ihn keine einzige Frage gefragt. Ich hab einfach seinen Schwanz rausgezogen und eine neue Sprengkapsel draufgebunden, und der Typ hat angefangen zu reden [...] Nachdem er geredet hat, haben sie ihn getötet. Ihn erschossen [...] Er wußte, daß sie's tun würden [...] Wollte einfach nicht gefoltert werden.

[...]

Wenn wir V. C. gefangengenommen haben und wir sie, so wie wir's tun sollten, dem höheren Hauptquartier überantwortet haben, und wir sind wieder raus, 'ne Woche später im Einsatz, und wir haben dieselben Leute im Feld gefunden. Sie wurden entlassen und diese Leute, 'ne Woche später, waren dann da draußen und haben wieder auf uns geschossen. Wie kann man den Leuten, mit denen wir arbeiten, sagen, daß sie sie uns geben sollen, damit wir sie wieder loslassen werden. Sie erschießen sie einfach. Auf diese Art und Weise muß man sich keine Sorgen machen, sie noch mal zu erschießen oder auf sie zu schießen.

Fall Nr. 219

Ich war damals nicht dort, wie er seinen Penis abgeschnitten bekommen hat und in den Mund gestopft, aber meistens, wenn du tot bist, äh, zerhackt wirst, ich glaube, daß es niemanden zu sehr stört. Da gibt's 'nen Sinn dahinter. Wir haben auch Leute in Stücke gehackt. Äh, hauptsächlich weil's 'ne große religiöse Sache ist [...] So glauben sie, die Buddhisten, daß wenn sie den Arm oder das Bein von einem Menschen abschneiden oder so was, wird es sie zur Hölle verdammen und so, äh, na ja, ich will damit nicht sagen, daß ich's jemals getan hab, weil (lacht) sie Leute dafür ins Gefängnis schicken. Aber ich kenne ziemlich viele Leute, die Ohren abgehackt haben und Arme und Köpfe vor allem für den Hauptzweck, um eine schreckliche Menge von psychologischer Kriegführung in der Gegend aufzubauen. Wie die Dinge lagen, waren wir bekannt [...] Und wenn wir in der Gegend waren, haben sich die Vietcong die meiste Zeit verdammt vor uns gefürchtet.

[...]

Na ja, zum Beispiel wenn ein Mann angeblich tot ist, man hat ihm schon zwischen die Augen geschossen, und man kommt rauf bis zu seiner Stellung, äh, was zum Teufel ist schlecht daran, seine Ohren abzuschneiden. Ich meine, er ist schon tot. Ich betrachte es nicht als eine Greueltat. Wenn du tot bist, meine ich, wer zum Teufel könnte sich darum scheren. Ich meine, der Typ, der tot ist, dem macht's nichts aus, wenn jemand ihn in Stücke hackt.

[...]

Ja, ich hab einige Gefangene gemacht. Leute in meiner Einheit und meinem Zug haben Gefangene gemacht, und dann hab ich geholfen, sie zu verhören [...] Äh, jemand schlägt ein bißchen auf den Kopf von dem Mann und versucht, ihn zu bedrohen und soweit wie möglich zu verängstigen. Äh, Schmerz funktioniert sehr gut. Elektrizität funktioniert

sehr gut [...] Man hat Telefone, handgekurbelte Telefone, und man verdrahtet sie alle, Frauen und alle.
[...]
Ich hab ein paar Leute verhört und versucht, sie so sehr zu erschrecken wie nur möglich. Es hat mir nie richtig Spaß gemacht. Äh, ich hatte ein paar Mal mit ihnen Spaß. Oh, zum Beispiel das eine Beispiel, äh, ich hab eine Zielscheibe auf die Brust von dem Mann gemalt und ihn in der Reihe aufgestellt, o entschuldigen Sie mich, sie gegen die Bäume aufgestellt und hatte 'nen ziemlichen Spaß da dran. Meine Truppe ist, die sind alle danebengestanden, und alle haben so getan, als wären wir ein Erschießungskommando. Hatten 5 Typen in einer Reihe, streng militärische Reg-, Formation, haben dem Mann 'ne Zigarette gegeben und meinem Übersetzer gesagt, daß es seine letzte war, ihm die Augen verbunden und, Moment mal, sie haben dem da nicht die Augen verbunden [...] Der Übersetzer hat ihn ein paar Fragen gefragt. Er hat nichts gesagt, und da hat mir der Übersetzer zugenickt, und ich hab meinen Männern hab acht zugerufen, und sie haben ihre Gewehre hochgezogen und entsichert und alles, wissen Sie. Wir mußten sie nicht wirklich entsichern, aber es hat mehr Lärm gemacht, und es hat ihn mehr erschreckt, und auf ihn gezielt, und statt daß ich Feuer gerufen hätte, hab ich einfach angefangen zu lachen (lacht) wissen Sie, weil wir wußten, daß wir ihn sowieso nicht erschießen würden, weil die haben wirklich gute, berufsmäßige Leute, um Verhöre auszuführen, und da ist ein Hubschrauber gekommen, um ihn sowieso herauszuholen und da hatte es für uns sowieso wenig Wert.
[...]
Bei einer anderen Gelegenheit hatte ich einigen Spaß. Na ja, ich meine, es war nicht wirklich Spaß, aber ich meine, du hast, na ja, das war 'ne Art Witz, äh, ich hatte 'nen Mordsspaß damit. Dieser Typ war gefesselt, und er saß in der normalen vietnamesischen Hocke, wissen Sie, wo sie unten sind auf ihren Füßen und sich niederhocken, und wir haben versucht, diesen Typ dazu zu bringen zu reden und da war, äh – äh, eine große Schaufel dort, na ja, ein großer Stock. Äh, er hatte einen Griff drauf, wissen Sie. Und da, peng! Ich hab den Boden genau vor seinen Augen getroffen, ungefähr 2 bis 3 Zoll vor seinen Augen, und der Typ hat sich rückwärtsgeschoben mit seinen Händen gefesselt und seinen Füßen gefesselt. Ich bin immer wieder wirklich nah an ihn drangekommen, wissen Sie, versucht, ihn zu erschrecken. Er dachte, daß ich versuchen würde, ihn zu kastrieren, nehme ich an. Wir haben ihm nicht weh getan, äh, gar nicht, das eine Mal.

Fall Nr. 221

Ich hab gesehen, wie eine Frau von einem unserer Männer erschossen worden ist. Sie war die Frau von einem V. C.-Leutnant, und wir sind in ein Dorf hinein, um sie gefangenzunehmen und zu versuchen, ihren Mann zu kriegen und sie hatte ein kleines, 2 Jahre altes Baby und haben sie und das Baby rausgenommen in den Dschungel und versucht, die Information aus ihr rauszuholen. Und, äh, na ja, sie haben das Kind getötet, um zu versuchen, sie zum Reden zu bringen, und sie hat immer noch nicht geredet, da haben sie sie auch getötet. Ich war der Amerikaner bei dem Einsatz [...] Na ja, sie haben gedroht, das Baby zu töten und sie hat geschrien und sich aufgeführt, und da haben sie das Baby runtergenommen an den Fuß von dem Hügel und sie umgedreht damit sie zusehen konnte und das Baby getötet. Ihn erschossen. In den Kopf. Und dann ist die Frau hysterisch geworden, und der erste Mann, der das Verhör geführt hat, hat ihre beiden Ohren schön abgeschossen, und dann hat sie immer noch nicht geredet, und dann haben sie einfach gezielt, zwischen ihre Augen [...] Ja, ich hab die ganze Szene angeguckt ... Ja, das war das erste Mal, daß ich's mit einer Frau gesehen hab [...] Nein, es hat mich überhaupt nicht im geringsten gestört.

Die Mißhandlung und Folterung von Amerikanern

7 Soldaten gaben an, die verstümmelten Leichen von Amerikanern gesehen zu haben, die entweder zu Tode gefoltert oder deren Leichen zerstückelt worden waren.

Fall Nr. 207

Ja, es war mein erster Kampfeinsatz. Wir sind zurückgeblieben und haben 3 Männer zurückgelassen. Dann haben wir sie zurückgedrängt, und die 3 waren tot. Und sie hatten ihre Köpfe abgeschnitten. Und wir mußten diese 3 Männer nach Hause schicken. 2 Tage lang haben wir versucht, ihre Köpfe zu finden. Und wir haben sie nie gefunden, da mußten wir diese 3 Typen heimschicken, na ja, ich hab einen von ihnen gekannt, ohne ihre Köpfe [...] Eine französische Reporterin hat einen Artikel geschrieben, wie barbarisch die Vietcong waren, Männer zu köpfen, wissen Sie.

Fall Nr. 212

Das einzige Mal, wo ich wirklich aufgeregt war, war einmal, wie ein Mann zu uns zurückgebracht wurde, ohne Haut auf ihm drauf und seine Zähne waren rausgeschlagen und seine Geschlechtsteile waren abgeschnitten worden und in seinen Mund eingenäht. Sie haben ihn weggeschickt mit nur einer Tätowierung auf ihm drauf und uns dann 'ne Rechnung für die Leiche ausgeschrieben, damit die Frau die Todesgratifikation für den Soldaten kriegen könnte.

Fall Nr. 215

Nein, nicht sein Kopf. Wir haben den Kopf nie zurückgekriegt. Sie haben uns ungefähr einmal in der Woche ein Stück von seiner Leiche geschickt, ungefähr einen Monat lang. Einen Tag eine Hand, nächste Woche kriegen wir ein Stück von seinem Arm. Das war die einzige Greueltat, die ich bei einem Amerikaner gesehen hab. Oh, nein, ich nehm das zurück. Ich bin einem Infanterietrupp begegnet, wo ich nicht weiß, wie es ihnen passiert ist. Keine Ahnung. Sie waren alle tot, und sie waren wirklich schlimm zerstückelt danach, ihre Gurgeln waren durchgeschnitten und beide Handgelenke waren durchschnitten und Blut überall und zerfetzte Ellbogen. Einfach entstellt mit einem Messer [...] 8. 8 junge Soldaten.

Fall Nr. 219

Ich hab eigentlich keinen gesehen. Äh, o ja. Ich hab gesehen, na ja, das war keine Greueltat. Er hatte einfach seine Hände hinter sich gefesselt und war in den Kopf geschossen worden. Ich will nicht sagen, daß es eine Greueltat ist. Er ist ein Soldat. Er wird getötet. Er war gefangengenommen worden, und sie haben ihn später getötet, nach ungefähr 3 Tagen. Er hatte Spuren von Ketten und Spuren von Seilen um seinen Hals. Sie hatten ihn mitgenommen von Dorf zu Dorf als Ausstellung, und sie wurden es müde, ihn da rumzuschleppen [...] Aber da waren ein paar Leute von meiner Kompanie, die bei lebendigem Leibe verbrannt worden sind, aber ich hab sie nie gesehen [...] 8 von ihnen hatten das Feuer auf ihrer Brust angemacht gekriegt. Ich weiß nicht, ob sie tot waren, bevor sie das Feuer gebaut haben oder nicht [...] Dann noch ein anderer Typ, den ich gekannt habe. Ich hab das nicht gesehen. Ich war damals nicht da, wie er seinen Penis abgeschnitten und in seinen Mund gesteckt gekriegt hat, aber meistens, wenn du tot bist, äh, wenn du da zerhackt wirst, ich glaube, daß es niemanden zu sehr stört.

Fall Nr. 222

Da gab's 2 Amerikaner, die bei der Gelegenheit getötet worden sind, und wir wissen nicht, ob sie direkt getötet worden sind in dem anfänglichen Angriff oder ob sie gefangengenommen und dann getötet worden sind, aber, äh, wie wir die Leichen gefunden haben, äh, dieser eine besondere junge Mann, äh, den ich ziemlich gut gekannt habe, äh, ich hab seine Leiche in – sie hatten ihn aufgeschnitten – seine ganze Vorderseite und eine Minenfalle aus seinem Inneren gemacht mit einer Handgranate [...] Sie haben ihn aufgeschnitten, äh, die Handgranate innen reingesteckt, damit, wenn man den Körper angreift, die Sache explodiert, äh, der andere Amerikaner, der kein besonders guter Freund von mir war, ich hab ihn ungefähr 3 Jahre lang gekannt, alles, was wir von ihm wiedergefunden haben, war sein Bein [...]

Fall Nr. 223

Der einzige, den ich gesehen hab, war, ein amerikanischer Major hatte seinen Kopf abgeschnitten gekriegt [...] Ich war nur dort, wie sie seine Leiche zurückgebracht haben [...] Er war ganz sauber abgeschnitten.

Fall Nr. 226

Na ja, ich hab sie gesehen mit ihren, äh, sie haben ihren Penis abgeschnitten und sie in ihren Mund gesteckt und vielleicht ihre Finger abgeschnitten oder einfach abgeschnitten oder vielleicht ihre Ohren abgeschnitten. Hab 'ne Menge Amerikaner so gesehen.

Die Gefühlsreaktionen der Green Berets auf ihre Kampferlebnisse

Die obigen Zitate sind wörtliche Berichte der Green Berets, die »eigenhändig getötet« hatten. Obwohl diese Äußerungen etwas gekürzt wurden, stellen sie weitgehend unveränderte Transkriptionen von Teilen der auf Tonband aufgenommenen Interviews dar. Im Hinblick auf die Kriegsverbrecherprozesse, die in den Vereinigten Staaten begonnen wurden, werden sicher viele mit Kriegsgeschichten von der hier berichteten Art vertraut sein. Vom psychologischen Standpunkt her bin ich der Ansicht, daß es wichtiger ist, wie ein Mensch über das fühlt, was er getan hat, als sich nur mit der Art seiner Handlung zu beschäftigen.

Jeder der 14 Kriegsfreiwilligen wurde vorsichtig über seine emotionalen Reaktionen auf das, was er in Vietnam getan und gesehen hatte, befragt. Da in einigen Fällen bis zu 5 Jahren verstrichen waren, hatte ich einige Zweifel an ihrer Fähigkeit, sich an ihre ursprünglichen emotionalen Reaktionen auf die erste Tötung, auf eine verstümmelte amerikanische Leiche oder auf ein zerstörtes Dorf zu erinnern. Obwohl ich ihnen oft durch Zusatzfragen helfen mußte und es notwendig fand, Fragen zu wiederholen oder umzuformulieren, war ich überrascht, daß ihre Erinnerung an ihre Gefühle so frisch und lebhaft schien wie ihre Berichte über die Ereignisse selbst.

Für die erste Analyse wurden die Gefühle der Soldaten in Unterkategorien eingeteilt, je nachdem, wer getötet worden war. Es gab gesonderte Kategorien für bewaffnete und unbewaffnete Frauen, für bewaffnete und unbewaffnete Kinder und für tote Amerikaner. Zusätzlich gab es eine Kategorie mit dem Titel ›Gefühle zur Zeit des Tötens‹ und eine weitere ›Allgemeine Haltung gegenüber dem Töten‹. Diese detaillierte Analyse war jedoch unbrauchbar, da die Äußerungen der Soldaten wenig differenziert waren. Fast alle erklärten, Töten sei eine Routineangelegenheit und es habe ihnen keinerlei Schwierigkeiten verursacht. Die häufigste Reaktion auf das Töten unbewaffneter Menschen (Männer, Frauen und Kinder) war ›überhaupt kein Gefühl‹. Wenn unbewaffnete Kinder getötet wurden, drückten einige Soldaten Bedauern aus. Wenn das Kind bewaffnet war, sagten die Soldaten, sie seien »froh« gewesen, es getötet zu haben. Eine Anzahl von Soldaten war froh, daß sie Frauen getötet hatten, insbesondere, wenn die Frauen bewaffnet waren. 4 Green Berets gaben an, zur Zeit des Tötens ein gehobenes Gefühl gehabt zu haben, 7 erklärten »es war entweder sie oder wir«, 2 bemerkten, daß sie »überhaupt nichts« gefühlt hatten und einer sagte, er hätte sich das erste Mal »schlecht« gefühlt. Auf tote und verstümmelte Amerikaner reagierten 9 mit völliger Indifferenz, 2 mit Übelkeit (bei einer Gelegenheit), 2 mit verstärktem Haß auf den Vietcong und einer mit Trauer.

Fall Nr. 207

Ich hatte nie das Gefühl, daß ich einen Mann als ein Individuum getötet habe, Sie wissen, was ich meine, sondern als den Feind.

[...]

Ich hab nicht gesehen, wie er den Kopf abgeschlagen hat, aber es hat mir wirklich nicht gepaßt. Ich glaub nicht, daß man solche Sachen tun soll [...] Denn es ist mir irgendwie übel davon geworden, ich meine, ich hab nicht gekotzt oder irgendsowas, aber wissen Sie, ich hab mich umgedreht. Ich bin nicht hingegangen und hab's angegafft und Bilder davon gemacht oder irgendsowas Ähnliches wissen Sie.

[...]

Da gab's ein großes Gerücht in den Staaten, daß wir Köpfe abschlagen. Meine Mutter hat geschrieben und mich deswegen gefragt. Und sie dachte, daß ich noch ein Bürohengst war, wissen Sie. Ich hab ihr niemals gesagt, die ganze Zeit die ich dort war, daß ich war, äh – daß ich in einer Kampfeinheit war, bis ich zurückgekommen bin in die Staaten [...] Und sie wollte wissen, was die Hacken Brigade war [...] es war überall in den Zeitungen. Da waren sieben Männer, die Hacken gekauft haben durch Sears and Roebuck (amerikanisches Versandhaus; Anm. d. Übers.) wissen Sie, um ihren Weg durch den Dschungel zu schlagen [...] Sie haben sie verwendet, um Leute zu köpfen [...] Sie haben sie die Hacken Brigade genannt [...] Es war in den Zeitungen und alles [...] wenn man dem Obersten einen Kopf mitbrachte, würde der einem eine Kiste voll Fusel geben [...] Er hätte dich wahrscheinlich fünf Jahre lang ins Gefängnis gesteckt, wenn du ihm jemals einen Kopf gebracht hättest.

[...]

Das beste, was man tun kann, ist versuchen, nicht dran zu denken. Man denkt nicht drüber nach, wissen Sie, so wie man sagt, man nimmt ein Leben. Man nimmt nur das Leben eines Feindes.

[...]

Es ist ein Job, der getan werden muß, und man wird dafür trainiert. Nicht, daß es mir Spaß macht, Leute zu töten, aber ich glaube, daß es ein Job ist, der getan werden muß, und das ist die einzige Art, wie man's tun kann, und das ist die richtige Art. Und wenn wir das tun könnten ohne die Öffentlichkeit, wissen Sie, um das zu kritisieren [...] Ich glaube, sie sollten alle Korespondenten aus Vietnam zurückziehen und uns einfach kämpfen lassen.

[...]

Aber trotzdem, heute könnte ich nicht rausgehen auf die Straße und wenn jemand sagen würde, na ja, feuere ein Maschinengewehr auf diese Menge, ich glaube nicht, daß ich's tun könnte.

[...]

Zum Beispiel tun mir diese Kinder in Vietnam leid. Ich spende selbst und so ungefähr jeder in dem Zug, den ich kenne, in der Kompanie sogar [...] Wir hatten ein Waisenhaus, das wir mit fünf Dollar im Monat unterstützt haben. Wir sind da runtergegangen und haben uns die Kinder angesehen, und wir waren wirklich glücklich, die Kinder zu sehen, wissen Sie, aber es hat einen traurig gemacht, zu denken, wissen Sie, daß sie dort steckengeblieben sind.

[...]

Ich könnte einen V. C. gleich jetzt töten.

[...]

Ein Kampfsoldat zu sein, war eine der lohnendsten Erfahrungen in meinem Leben.

[...]

Ja, ich war froh, daß ich gegangen bin, weil ich so viel Geld verdient hab (lacht). Ich war damals ein E5 und man kann wirklich 'ne Menge einheimsen, wenn man als ein E5 geht [...] Hab 'ne Menge Orte gesehen, wie ich das zweite Mal dort war [...] 'ne Menge Erholungsgebiete [...] Ich wollte noch sechs Monate länger bleiben [...]

Fall Nr. 210

Ich meine, ein Soldat kriegt den Befehl, etwas zu tun und, äh, na ja, sagen wir von einem Kommando, oder du hast etwas, das heißt, ob's moralisch ist oder ob es körperlich nicht richtig ist [...] Na ja, sagen wir, eine Frau schießt auf dich, moralisch ist es falsch, eine Frau zu erschießen, moralisch ist es falsch, okay. Aber sie schießt auf dich, sie verwundet deinen Freund, in Ordnung, die beste Chance ist, sie loszuwerden, und das würde ich dann tun.

[...]

Ich hab mir nichts gedacht, wie sie die Leichen rausgezogen haben. Überhaupt nichts. Es war wirklich leicht (zu töten). Na ja, ich werde Ihnen sagen, warum. Manche Männer erzählen, daß sie sich ein bißchen schlecht fühlen, manche Männer erzählen überhaupt nichts, sie fühlen sich, äh, ziemlich gut, wie zum Beispiel, daß mein Training sich ausgezahlt hat [...] Ich war einfach froh. Drei Leute weniger, die auf mich schießen können.

Ich hab mich ziemlich gut gefühlt, weil es der erste Einsatz war und ich sechs gekriegt hab. Und, äh, nicht daß ich versucht hätte, eine Abschußliste zu führen, aber ich hab gedacht, wir haben sechs gekriegt, und ich bin erst drei Tage hier. Das ist 'n tolles Ding.

[...]

Das einzige Mal, wo ich ein schlechtes Gefühl hatte während der ganzen Zeit, die ich dort war, war, daß dieser eine Typ getötet wurde, weil der Typ nur noch zwölf Tage hatte, bevor er in die Vereinigten Staaten zurück sollte.

[...]

Äh, sehen Sie's mal von dieser Seite. Ich fühlte, daß es besser ist, wenn ich den Feind kriege, bevor er mich kriegt, weil äh, ich hab – ich lebe gern. Niemand stirbt gerne und jeder weiß das, okay. Ich bin ein Soldat. Ich tue, was mir gesagt wird, und ich glaube ganz bestimmt da dran. Und wenn mir gesagt wird, einen Menschen zu erschießen, werd ich ihn erschießen. Ich meine, ich hab meinen eigenen Glauben dabei, ich hab meine persönliche Meinung, ich kenn den Unterschied zwischen richtig und falsch, aber nehmen wir mal an, ein Hauptmann sagt, erschieß den Mann. Ich werd ihn zuerst fragen warum. Und wenn er mir einen triftigen Grund angibt, dann werd ich ihn erschießen ... Aber in einem Feuergefecht krieg ich keinen Grund gesagt. Ich werde schießen, ob er auf mich schießt oder nicht. Ich seh's von der Seite, Selbsterhaltung, und das ist es.

[...]

Ich bin einigen nahe genug gekommen, um sie zu küssen [...] Wie das war? Ich kann's nicht beschreiben. Es ist eine Leistung, mehr oder weniger sich anzupirschen, an einen Menschen, sich an etwas Lebendes anzupirschen, so, wie wenn man Rehe jagt. Man pirscht sich an ein Reh an, man geht in Stellung, man wartet, man wartet und schließlich wird das Reh kommen, und du kriegst es, und wenn du's Reh kriegst, fühlst du dich – fühlst du dich gut. Und das ist dasselbe. Wenn ich eine Bewegung gemacht hätte, wäre ich erschossen worden. Es war dasselbe. Er wäre stolz gewesen, wenn er einen Zweig knacken gehört hätte [...]

Fall Nr. 212

Ich will nichts aus Vietnam mit heimbringen, was einen Einfluß auf meine Familie haben wird. Ich will nicht im Haus rumsitzen und über Sachen erzählen, die ich gesehen oder getan haben könnte, die meine Frau oder meine Kinder aufregen könnten, weil sie leicht zu beeindrucken sind, und es ist nicht nur, daß ich, daß sie vielleicht nicht wissen wollten, was du getan hast im Krieg, Papa. Wissen Sie, das könnte im späteren Leben Probleme machen, in Träumen oder so was.

[...]

Wissen Sie, ich mag Kinder. Da drüben mag ich Kinder. Ich hasse es, wenn Kinder verletzt werden, aber, äh, es ist eine Kriegssituation. Jetzt, wenn das in den Vereinigten Staaten passierte, wo meine Familie beteiligt ist, natürlich wäre meine Haltung vollkommen anders, weil das wäre eine Selbsterhaltungssache für meine Familie. Da drüben ist es nur eine Selbsterhaltung für mich. Es ist einfach so. Er ist darauf aus, mich zu töten, und ich bin darauf aus, ihn zu töten, weil das so ist, wie's sein muß, äh, aber das ist nicht so, wie's zu Hause sein muß. Da kann ich nicht sehen, wie ich einen Vergleich zwischen den beiden ziehen sollte.

[...]

Um die Wahrheit zu sagen, ich hab wirklich nicht so viel drüber nachgedacht. Äh, mißverstehen Sie mich nicht, ich glaube nicht, daß Menschen einander töten sollten, aber es schien nicht so zu sein, daß, äh, ich hab mir einfach gedacht, dieser Typ versucht, mich zu töten, da töte ich ihn besser, bevor er mich tötet.

[...]

Wie ich über die 130 gefühlt habe, die ich getötet habe? Sie haben versucht, mich zu töten.

[...]

Ich hab mich schlecht gefühlt, daß ich das Baby getötet habe, aber nicht, daß ich sie getötet habe.

[...]

Ich hätte nichts dagegen, nach Vietnam zurückzugehen, wenn es das ist, was das amerikanische Volk oder die Armee von mir will.

[...]

Ich kämpfe lieber einen Krieg in dem Land von jemandem andern als in meinem eigenen, wo meine eigene Frau und Kinder einer Kriegssituation ausgesetzt wären.

[...]

Es hat mich nicht zu sehr gestört, wenn ich amerikanische Leichen gesehen habe. Die Vorstellung, daß Amerikaner getötet worden sind, hat mir nicht sehr gefallen, aber dann auf der anderen Seite stell ich mir vor, daß dem Feind auch nicht der Gedanke gefällt, daß seine Soldaten getötet werden. Das einzige Mal, wo ich wirklich aufgeregt war, war, wie sie uns einen Mann zurückgeschickt haben ohne Haut [...] Ich war wütend [...] Weiß nicht, warum jemand so etwas begehen sollte. Es hat einfach keinen Sinn. Ich meine, es ist ein Konflikt; eine Kriegshandlung ist eine Sache. Irgend jemand wird sterben. Aber laß ihm seine Eier. Man muß ihn nicht abhäuten. Man muß seine Geschlechtsteile nicht abnehmen.

[...]

Ich glaube nicht, daß Krieg der richtige Ort ist für Frauen und Kinder, aber, wenn sie diese Art wählen, äh, dann sollen sie auch damit rechnen zu sterben, aber sie sollen keine Kinder mitbringen [...] weil sie das Kind nur getötet kriegen [...] Es wäre besser gewesen, wenn man's irgendwo anders gelassen hätte. Es wäre vielleicht eine Waise, aber wenigstens lebt es.

[...]

Ich bin wütend geworden, äh, diese Frau hat auf uns gefeuert, äh, wir haben damals nicht gewußt, daß es eine Frau war. Ich hätte sie sowieso getötet [...]

Fall Nr. 213

Das erste Mal, wenn du jemanden erschießt, sind's nur Impulse, Reaktionen. Es hat mich nicht gestört [...] Ich hab's nicht bedauert, weil, äh, wenn wir sie nicht gekriegt hätten, äh, hätte ich es selbst sein können [...] Wenn ich darüber nachdenke, all dieses Fleisch und Blut und Tod, würde man sich's zweimal überlegen, ich meine versuchen, es zu vergessen [...] Ich hatte nie irgendwelche Probleme mit dem Essen danach, es war einfach etwas, was mich nicht gestört hat [...] Ich hatte ein Gefühl von Leistung, ein Teil des Jobs, und das war alles.

[...]

Es trifft einen wunden Punkt, wenn es einer von deinen Leuten ist, aber es hat mich ein bißchen gestört [...] wenn ein Typ den halben Kopf abgeschossen gekriegt hat. Und wahrscheinlich hab ich dann uff gesagt,

wenn ich's gesehen hab [...] Einen Mann zu sehen, der voller Löcher ist oder seinen Arm abgerissen hat, ist beileibe nicht so schlimm, wie zu sehen, wenn der Kopf von einem Mann weggesprengt wurde.
[...]
Zum ersten schätze ich jetzt das Leben mehr, und ich fühle eine entschiedene Ehre, dort gewesen zu sein, ich meine, ich bin stolz, die zusätzlichen Orden zu tragen und so.

Fall Nr. 215

Ich bin gegangen, weil ich ein Dschungelkiller sein wollte. Ich glaube, es war mehr oder weniger Jagd nach Abenteuer [...] Ich glaube, daß ich einer der wenigen Leute bin, die in die Armee eingetreten sind und genau das gekriegt haben, wofür sie sich gemeldet hatten.
[...]
Ich war einfach noch ein Gewehr in dem Team.
[...]
Wir haben alle 6 getötet und einander so irgendwie auf die Schulter geklopft für eine gut getane Arbeit.
[...]
Na ja, es war das erste Mal, ich meine, es war so kaltblütig, daß ich damals nicht darüber nachgedacht hatte. Dann war mir nachher übel. Ich hab mich ein paar Stunden lang übel gefühlt. Dann haben wir zu Mittag gegessen.
[...]
Ich hab meinen Abzug schneller erreicht als er seinen ... pure Gewohnheit.
[...]
Mich hat's angeekelt, daß sie da draußen war [...] Es hat mich irgendwie gegen die alle eingestellt [...] Ich hab mich nicht schlecht gefühlt, daß ich sie erschossen habe, es hat mich nur geärgert, daß sie sie da draußen hatten.
[...]
Wir haben ein Dorf überrannt und jeden da drin getötet, aber das war normal – 'ne Art Vergeltung – könnte man sagen, für einen Angriff [...] Sie hätten einfach reingehen und alle jungen Männer aus dem Dorf rausnehmen und sie alle töten können, und ich wäre glücklich gewesen. Ich hatte nicht das Gefühl, daß die Vergeltung absolut notwendig war, ganz so groß und schlimm wie sie's getan haben.
[...]
Keine besonderen Gefühle über tote Kinder (sehr lange Pause). Na ja, sehen Sie mal, ich hab keine besonderen Gefühle, irgend jemanden zu töten, der die Fähigkeit hat, mir zu schaden [...] Die Frauen und Kinder, die dort waren, haben nichts getan. Sie waren einfach nur dort. Das war genug Grund für die Montagnards, sie erschießen zu wollen. Ich konnte einfach keinen Grund dafür sehen [...] Hätte es verhindern können [...] hab mich einfach umgedreht.
[...]

Ich dachte, daß es ziemlich human war [...] das Blut über den Boden spritzen zu lassen.
[...]
Nachdem ich 'ne Weile in Vietnam gewesen war, habe ich jeden Respekt für ihr Leben verloren. Hatte keinen Respekt für irgendeines von denen ihrem Leben, überhaupt keinen. Und es war – wenn er einfach gestorben wäre, na ja, das war sein Problem. Ich hatte einen Job zu erledigen und wenn er in dem Verlauf gestorben wäre, na ja, Pech gehabt [...] du hast entweder gekillt oder warst tot.
[...]
Ich habe einige ziemlich hartgesottene Leute da drüben erlebt, die, das einzige, was sie respektiert haben, war Gewalt, das einzige. Geld, Essen und Whisky, nichts hat funktioniert. Es war einfach Gewalt.
[...]
Ich war überrascht, wie er einfach den Kopf von dem Typen abgeschossen hat. Ich war nur 3 Wochen dort gewesen.
[...]
8 Monate lang hat mich wirklich nichts gestört, bis ich auf diese Infanterie-Einheit gestoßen bin. (Sie waren gefoltert und zerstückelt worden.) Das hat mir irgendwie den Magen umgedreht.

Fall Nr. 217

Sind Sie jemals jagen gegangen, auf Rehe? Du führst. Das ist einfach ein glücklicher Schuß. Ich hatte das Gefühl wie bei einer Party. Einfach ein verrückter, glücklicher Schuß. (Er erschoß einen Vietnamesen aus einer Entfernung von 1000 Metern.)
[...]
Meine erste Reaktion war, sind irgendwelche von unseren Leuten getötet oder verwundet worden. Auf sie, auf die Vietcong gab's überhaupt keine Reaktion.
[...]
Ich hätte sie lieber gefangengenommen als sie getötet, weil sie eine wirklich gutaussehende Frau war [...] Ich würde sie gerne in einem Bordell finden [...] Schade, daß sie auf denen ihrer Seite ist.
[...]
Es macht viel Spaß.
[...]
Mir war nie übel. Nein, von der Hitze ja, nicht von dem, was ich gesehen habe.
[...]
Sie schießen einfach auf Sie. Auf diese Art und Weise müssen Sie sich keine Sorgen machen, sie wieder zu erschießen oder auf sie zu schießen.
[...]
Vietnam hat mir Spaß gemacht. Immer was zu tun. 24 Stunden am Tag.
[...]
Und es ist eine gute Chance, da drüben, um was zu lernen und einen Job für dein Land zu erledigen.

Nachdem ich ihn erschoß, nicht wirklich irgendein besonderes Gefühl, nehm ich nicht an. Ich hab mich nicht gut gefühlt. Ich hab mich nicht schlecht gefühlt. Ich nehme an, ich habe nichts gefühlt [...] Ich nehme nicht an, daß da irgendein Gefühl von Befriedigung war.
[...]
Ich hab nicht, mir war nicht übel oder irgendso was. Ich hatte schon, schon – Leute gesehen, die ganz zerfetzt waren, ärger als das, da hat meine, meine Übelkeit, ich hab nicht, ich hatte keine. Ich habe keine.
[...]
Ich hab 'ne Menge tote gesehen (Amerikaner) und 'ne Menge lebende, die nicht viel länger zu leben hatten [...] Ich hab nichts gefühlt. Ich hab wahrscheinlich etwas gefühlt, vielleicht gemischte Gefühle. Mir war nicht übel, vielleicht ein bißchen glücklich und unglücklich, glücklich, daß ich äh, keiner von den Leuten war, die da so zerfetzt waren und unglücklich, daß wir 'ne Menge Leute hatten, die zerfetzt waren und krank.
[...]
Ich hatte nicht geplant, irgend jemanden zu töten oder irgendso was. Ich hab keine Bedenken oder nichts. Das ist 'ne unpersönliche Sache. Da gibt's nichts dabei. Nichts Persönliches dabei [...] Man hat kein Gefühl für diese Leute. Ich hab kein Gefühl für sie oder irgendwas. Äh – man muß keinen Haß für den Mann empfinden oder irgendso was. Und man tut nur einfach das, wofür man trainiert wurde, was von einem erwartet wird.
[...]
Ich war in was man eine Kill-Zone nennt [...] der erste Mann gibt das Signal [...] und jeder schießt einfach da hinein und es bleibt nichts drin übrig [...] Sie haben nicht mal die Chance, zurückzufeuern oder irgendwas. Man zerfetzt sie einfach in Stücke da drin, in weniger als 10 Sekunden wahrscheinlich.
[...]
Wir waren die Bestausgerüstetsten und Besttrainiertesten für diese Art Sache. Wir sind ziemlich gut blutig worden, aber wir haben auch eine ganze Menge mehr zurückgegeben, als wir erhalten haben.
[...]
Genau wie beim Dame-Spielen. Man kann einen falschen Zug machen. Dann, äh, verliert man seine ganze Abteilung da drüben.
[...]
Wir sind auf solche Dörfer gestoßen. Wir haben sie niedergebrannt. Wenn noch Leute drin waren, wenn sie irgendwelchen Widerstand aufgeboten haben, haben wir sie erschossen. Wenn nicht, haben wir sie ins Gefängnis genommen.
[...]
Nein, ich hab sie nicht anders angesehen. (Tote Frauen und Kinder.)

Nein, das hat mich nicht im geringsten gestört. In Wirklichkeit, beim ersten großen Einsatz, wo ich dabei war, haben wir eine Menge Leute getötet gekriegt. Das hat mich auch nicht gestört, wirklich.

[...]

Diese Minen sind explodiert, und haben 10 Typen in dem Zug erwischt und haben sie ausradiert und, äh, das war ein verschwendeter Einsatz. Wir sind nicht einmal auf den Gipfel von dem Berg gekommen.

[...]

Das Dach hat gebrannt [...] Ein alter Mann ist in das Haus zurückgekrochen [...] Ich hatte keine Zeit, mich mit ihm zu belasten.

[...]

Das Gehirn lag aufgehäuft, ungefähr 3 Meter weg auf einem wirklich netten, kleinen Haufen [...] Ich war nur glücklich, daß ich meinen ersten Vietcong gekriegt hab [...] Ich konnte nicht warten, bis ich meinen ersten, wirklich von allernächster Nähe gekriegt hab, und es hat mich irgendwie überrascht, weil sein Gesicht so aussah, als wär er nie berührt worden [...] Das war eine besondere Gelegenheit, weil das meine erste war [...] Ich war wirklich glücklich.

[...]

Und von da an war es mir wirklich nicht zu wichtig, wieviel ich getötet habe oder welche. Der erste war bedeutsam.

[...]

Na ja, ich hatte wirklich gehofft, ein paar Vietcong zu kriegen, aber es hat mich irgendwie überrascht. Ich meine, es war eine Überraschung, diese Frauen zu sehen, wissen Sie, aber wie ich sie angesehen hab, na ja, ich hab sie ein bißchen bedauert, wissen Sie, aber es hat mich nicht wirklich zu sehr gestört. Mir ist nicht übel geworden. Ich hab einfach nicht die Zeit, mir über solche Sachen Gedanken zu machen. Ich hab sie ein bißchen bedauert, weil sie eine Mutter war, und da war ein kleines Kind dort. Ich hab mich wahrscheinlich schlechter gefühlt deswegen, daß ich das Kind erschossen habe, als darüber, die Mutter zu erschießen. Es hat mich nicht sehr gestört wegen der Mutter.

[...]

Wir haben auch Leute in Stücke zerhackt, äh, hauptsächlich, weil's 'ne große religiöse Sache ist.

[...]

Es ist wie ein kleines Spiel (gluckst).

[...]

Ich meine, ein Typ der tot ist, dem macht's nichts aus, wenn man ihn in Stücke hackt.

[...]

Ich hab ihnen nicht wirklich weh getan, aber es war eine Art Witz für mich (Verhöre) [...] es hat mir 'nen Mordsspaß gemacht.

[...]

Na ja, ich hatte keine Gewissensbisse darüber, einfach hinzugehen und einen Typ zu erschießen und ihn loszuwerden, wenn wir nicht die Zeit hatten, uns mit ihm abzugeben und wenn wir keinen Helikopter hatten,

der reinkommt, um ihn zu holen und wir ihn nicht mit uns schleifen wollten. Deshalb habe ich überhaupt nur selten Gefangene gemacht. Ich hab den Typ ermuntert zu laufen, ich meine, ich hab nicht versucht, ihn gefangenzunehmen. Wenn er gelaufen ist und wie ein Vietcong ausgesehen hat, hab ich einfach auf ihn geschossen und zum Teufel damit. Warum sich darüber Sorgen machen? Warum die Zeit und das Geld opfern, um einen verdammten Helikopter da reinzurufen, um den zu verhören, weil du genügend Leute auftreibst, wo du sowieso Information kriegst.
[...]
Ich bin da rübergekommen mit der Idee, und das ist 'ne Tatsache. Ich bin da rübergegangen mit der Idee, daß ich getötet werden würde [...] und da hab ich wirklich einen Scheißdreck drum gegeben [...]

Fall Nr. 221

Ich hab mich einfach mehr entspannt gefühlt (in Vietnam) und geistig freier. Da war kein Druck auf mir, und die Entspannung hat mir selbst bei Kampfeinsätzen Spaß gemacht. Es hat mir Spaß gemacht. Keine finanziellen Probleme. Keine Frauenprobleme. Ich hab mich einfach dort wohl gefühlt.
[...]
Sie haben das Kind getötet, um zu versuchen, sie zum Sprechen zu bringen [...] da haben sie sie einfach auch getötet ... es hat mich überhaupt nicht gestört.
[...]
Die Frauen sind einfach blutrünstig. Wenn du ein Gefangener bist – sie sind härter, als es ein Mann sein kann. Und wenn sie ein V. C. ist, hab ich überhaupt kein Mitleid mit ihr, weil sie mich genauso töten könnte, wie's ein Mann tun kann.
[...]
Ich hab ein paar von unseren gesehen, wie sie in den Rücken geschossen worden sind, aber davon ist mir nicht übel geworden. Einmal, aber das hat nichts mit Gefühl zu tun. Ich mußte rausgehen und eine Leiche annehmen [...] Er war ungefähr 3 Tage tot und einfach der Geruch – wenn Sie jemals einen toten Menschen gerochen haben, der ein paar Tage oder 4 Tage lang tot war – das eine Mal ist mir übel geworden von seinem Geruch.
[...]
Ja, ich will wieder zurückgehen.
[...]
Es ist mir egal, ob sie Frau, Kind oder Mann sind. Stört mich überhaupt nicht.
[...]
Ich tue, was man von mir erwartet. Das heißt, manchmal stelle ich Fragen. Meistens stellte ich keine Fragen über das, was ich tun soll. Ich würd nichts anderes tun, als in den Special Forces bleiben.

Fall Nr. 222

[...] offiziell war ich ein Funker. Ich war nur noch Gewehr in dem Team, könnte man sagen.
[...]
Wenn sie ein paar von unseren Leuten getötet hatten, macht dich das ein bißchen wütender, aggressiver. Es hat mich nicht so sehr gestört (jemanden zu töten), weil ich vorher sagte, sie sind dort, um dich zu töten [...] Es ist entweder der andere Typ oder du bist dran.
[...]
Es hat mich wirklich nicht zu sehr gestört (der erste Mensch, den er erschossen hat) weil, na ja, sie auf uns geschossen haben, wissen Sie (gluckst).
[...]
Wir mußten sie ausziehen [...] Ich würde nicht sagen, daß wir sie wirklich untersucht haben [...] Wahrscheinlich 30 Sekunden. Ich selber spiel dann nicht wirklich herum und schau sie mir an, weil der Feind noch in der Gegend ist.
[...]
Es hätte keinen Unterschied gemacht, wenn's Frauen gewesen wären. Sie sind da draußen aus demselben Grund, um dich zu töten (gluckst) [...] Sie sind lebende Köder, wenn man mich fragt [...]

Fall Nr. 224

Nein, während meines ersten Einsatzes war ich in keine Feuergefechte verwickelt. Wir haben grundlegende Dinge getan, einigen Leuten geholfen, wieder auf die Beine zu kommen, Leute wieder angesiedelt, so daß sie mehr oder weniger direkt unter unserem Auge waren, unter unserer Aufsicht, falls Vietcong vorbeikommen würden und sie wirklich so etwas tun würden, äh, wir da wären, um ihnen zu helfen.
[...]
Der erste tote Amerikaner, den ich gesehen habe. Ich nehme an, daß es mir ein bißchen leid getan hat seinetwegen. Das war alles, was ich konnte.
[...]
Ich war ein kleines bißchen – ich hatte keine Angst (bei dem ersten, den er tötete), ich war nur ein bißchen wachsam denke ich. Zu dem Zeitpunkt habe ich nichts gefühlt, weil ich keine Zeit hatte, an irgendwas zu denken [...] Vielleicht nachher hatte ich ein bißchen Hochgefühl, weil ich einen gekriegt habe ... Sah aus wie irgendein gewöhnlicher Vietnamese.
[...]
Mir ist nie schlecht geworden, wenn ich Blut gesehen habe oder verstümmelte Leichen, Amerikaner oder Vietnamesen oder Frauen oder Kinder.
[...]
Wir haben Leichen gefunden (nachdem ein Luftangriff angefordert worden war) [...] aber man konnte sagen, sie waren (gluckst), aber ich weiß nicht wirklich, ob sie's waren oder nicht (Vietcong). Wo wir Kampfeinsätze hatten, mußte man sie als Vietcong ansehen.
[...]

Ich glaube nicht, daß ich irgendwie gezögert hätte, nein (Frauen zu erschießen).
[...]
Wenn sie gefeuert haben, hab ich zurückgefeuert (junge Buben).
[...]
Na ja, ich war froh, da rauszukommen [...] Die Lage ist ziemlich heiß geworden.
[...]
Ich mag Krieg nicht, aber wenn ich gehen muß, na ja, dann gehe ich, und dann erledige ich meinen Job.
[...]
Ich glaube, daß ich wegen dem zusätzlichen Geld gegangen bin.

Fall Nr. 225

Ich hab mich wirklich schlecht gefühlt, über jeden von ihnen, den ich getötet habe [...] Und der Grund ist, daß ich nicht, ich schätze den Wert von menschlichem Leben ziemlich hoch ein, ich selber, und wenn ein Mann nutzlos stirbt, das stört mich [...] Ja, sie sind nutzlos gestorben, diejenigen, die ich getötet habe. Ich meine, natürlich, seine Ansichten über das Leben sind sehr verschieden von meinen [...] Er ist nutzlos gestorben, weil er für den Kommunismus gekämpft hat und so sehr an ihn geglaubt hat [...] Ich kann diese Haltung nicht einsehen, weil er wirklich nur den Kommunismus gekannt hat und nichts anderem eine Chance gibt.
[...]
Na ja, äh, zuerst einmal nehme ich an, daß ich wie jeder andere war. Ich wußte nicht, ob ich fähig sein würde, jemanden zu töten oder nicht [...] Ich hab immer zurückgeblickt und gedacht, Christus, du bist ein Soldat, Soldaten töten, und wenn du nicht töten kannst, sollst du, äh, kein Soldat sein und, äh, das war der größte Konflikt, ob ich's tun könnte oder nicht.
[...]
Na ja, es war nicht so schwer, in Wirklichkeit. Man ist einfach rausgegangen und es ist zu der Situation gekommen, es war fast automatisch. Es war ich oder er. Und das war's – damit hat's dann aufgehört.
[...]
Wie ich ihn erschossen hab (den ersten) glaub ich, daß ich ein bißchen Hochgefühl hatte, weil ich ihn getroffen habe, und ich weiß nicht warum. Ich hatte es einfach.
[...]
Wie sie die Leiche zurückgebracht haben (des ersten, den er erschoß) hab ich nur – hab ich den Typ ein bißchen bedauert, weil er – ich weiß nicht warum. Weil ich – sie sehn alle gleich aus. Es war einfach ein vietnamesischer Bauer. Wenn ich ihn angesehen habe, hab ich ihn bedauert, aber ich meine, nicht genug, um darüber zu weinen, aber ich fühlte wirklich etwas, tief da unten. Man sagt, Jesus Christus, wissen Sie, der Typ hat nichts getan, du – ich hab ihn getötet. Aber das hat nicht so lange gedauert [...] Ich hab seither daran gedacht, 'ne ganze Weile. Aber ich hab mir gedacht,

was zum Teufel. Er hat das Risiko auf sich genommen, wissen Sie. Er hätte mich erwischen können.

[...]

Die Leute, die Leute und die Furcht, die sie vor den Amerikanern empfinden [...] die Farmer, die wirklichen Bauern – sie haben die Amerikaner so verdammt gefürchtet, obwohl das einzige was wir tun wollten, war, ihnen zu helfen. Sie haben sich vor den Amerikanern zu Tode gefürchtet.

[...]

Besonders die kleinen Kinder. Sie sind über ihre Furcht nie hinweggekommen. Nie. Obwohl man dort gesessen ist und mit ihnen geredet hat. Sie haben nichts erwidert, sie haben nicht gelächelt. Nichts. Wenn sie etwas erwidert haben, war's nur aus Furcht – Furcht, daß wenn sie's nicht täten, man sie töten würde. Das war der einzige Grund.

[...]

Nein, ich hätte nicht gezögert (bewaffnete Frauen und Kinder zu erschießen).

[...]

Na ja, ich hab den Typ einfach bedauert (toten Amerikaner), obwohl, irgendwie war er fürchterlich blöd, so etwas zu tun mit seinem angeblich guten Training (sprengte sich selbst mit einer Handgranate in die Luft).

[...]

Mir war nur einmal schlecht [...] Sie haben diesen kleinen Buben hereingebracht, ich nehme an, daß er 2 oder 3 Jahre alt war [...] Geistig zurückgeblieben, und er hatte Narben auf seinem ganzen Körper, und er hat an Unterernährung gelitten, zusätzlich zu allem andern. Wenn ich ihn nur einfach angesehen habe, hab ich mich nicht so gut gefühlt. Fühlte mich einfach, äh, mir war einfach übel [...] Hatte auch einen deformierten Arm [...] ganz aus der Form gedreht [...] Seine Mutter hat uns ihn nicht nach Saigon schicken lassen, obwohl wir ihr gesagt haben, daß sie mit ihm gehen könnte. Sie hat nein gesagt. Sie hat ihn lieber so gelassen.

Fall Nr. 226

Es ist, bei Gott, meine Pflicht (in einer Schlacht zu töten).

[...]

Ich fühle, daß ich etwas erreicht habe. (Bei den ersten, die er tötete.) Sie waren meine Feinde, und ich war da, um die Congs zu bekämpfen, die Vietcongs und, äh, je mehr ich getötet habe, je mehr ich gefangengenommen habe, desto weniger muß ich mir darum Sorgen machen.

[...]

Ja. (Sah die Leichen verstümmelter Amerikaner.) Sie waren Kumpels. (Penis, Ohren, Finger abgeschnitten und in ihren Mund gesteckt.) Ich hab mich ungemütlich gefühlt. Ich bin, mir ist nicht übel geworden [...] Ich wollte den Mann oder die Frau erwischen oder wer immer das getan hat.

[...]

Es hat keinen Unterschied gemacht, ob's eine Frau oder ein Kind war [...] Wahrscheinlich hab ich einige gekriegt [...] Es hat mich nie gestört.

[...]
Man muß unschuldige Leute töten [...] Man muß solche Sachen machen [...] Nein, ich hatte es nicht (kein Unterschied in den Gefühlen, wenn er tote Frauen und Kinder oder wenn er einen toten männlichen, erwachsenen Vietcong sah).
[...]
Ich war einfach müde. Vielleicht ein bißchen angeekelt. Durstig. (Gefühle nach einer Schlacht, in der 80 Prozent seiner Kompanie getötet worden waren.)
[...]
Jedesmal wenn man in ein – ein Vietcong-Dorf oder eine Schule oder irgendwas Ähnliches kommt, zerstört man immer. Wenn man es nicht tut, kommen sie gleich wieder zurück.
[...]
Dauerhafte Eindrücke. Der Dreck. Das schlechte Essen. Das Wasser, kein Wasser. Erholung. Der verregnete Monsun. Das Kämpfen oder die Pflicht stört mich nicht [...] aber ich konnte mich nicht entspannen [...] abends nichts zu tun [...]

Fall Nr. 227

[...] Ich hab ein paar Dörfer ausradiert.
[...]
Ja, wie Sie sagten, Befriedigung, daß es um ihn geschehen war (den ersten, den er tötete) und ich wußte, daß ich mich danach gut fühlte. Ich meine, wir mußten uns seinetwegen keine Sorgen mehr machen [...] Stolz. Kein bißchen. Ich meine, ein Job ist ein Job. So seh ich die Sache an.
[...]
Ich hatte schon vorher verwundete Typen gesehen [...] Es hat mich nicht gestört [...] Ich bin einfach raufgegangen und hab den Typ durchsucht [...] (hat seinen Kopf abgeschossen). Da war Fleisch ... überall [...] Teile von dem Kopf [...] Es hat mich nicht gestört.
[...]
So ist das nun mal bei dem Spiel. Ich meine, das ist es, was ich fühle, du hast einen Job zu erledigen und du gehst raus und erledigst den Job (Frauen und Kinder zu töten).
[...]
(lacht) Für mich ist der Feind der Feind, es ist mir wurscht wer (Erschießen von Frauen und Kindern).
[...]
Ich hab 'ne Menge da drüben gelernt, weil, was man tut, ist völlig anders als das, was eine reguläre Einheit tun würde.
[...]
Mir hat mein Einsatz Spaß gemacht.

Weiterer Auszug aus dem Interview mit Oberst X

Am Anfang dieses Kapitels zitierte ich aus einem Interview mit einigen Offizieren der Green Berets. Zum Abschluß unseres Gesprächs bat mich der Oberst, ihm einige psychologische Termini zu nennen, die er seinerseits verwenden könnte, um seine Soldaten zu beschreiben. Da ich unsicher war, welche Termini ich ihm anbieten sollte, beschloß ich, ihm statt dessen meine anfänglichen Eindrücke über die Green Berets mitzuteilen, um dann zu sehen, was er berichtigen, bestätigen oder hinzufügen würde. Es kam zu folgendem Meinungsaustausch:

Interviewer: Der Soldat in den Special Forces war seit frühester Kindheit an sehr harte, strenge und willkürliche Disziplin gewöhnt [...] in Form von Peitschenhieben, Einschüchterung, Schlägen [...] In ihren Familien gab es wenig bis keine Wärme [...] Strafen nahmen gewalttätige Formen an [...] Da gab es Waffen in den Familien [...] Sie sind seit früher Kindheit an die Verwendung von Waffen gewöhnt [...] Sie haben gejagt und die Waffen verwendet, um zu töten [...] Sie hatten keine starken Bindungen an irgend etwas außerhalb der Familie [...] Die Familien waren isolierte Einheiten [...] Es gab keine positiven emotionalen Bindungen innerhalb der Familie, die zum Ausdruck gebracht wurden [...] Sie begannen ihre sexuellen Erfahrungen in einem bemerkenswert frühen Alter [...] Das Durchschnittsalter für den ersten Geschlechtsverkehr war ungefähr 15 1/2 [...] Obwohl sie während ihrer ganzen Jugendzeit häufig Geschlechtsverkehr hatten, hatten sie keine emotionalen Bindungen an diese Mädchen [...] Sie gaben nicht an, tiefe Freundschaften mit irgend jemandem gehabt zu haben [...] Der Armeedienst macht ihnen Spaß [...] Sie respektieren alle Zweige der Exekutive und wissen deutlich, was ihnen passieren kann, wenn sie etwas Kriminelles tun [...] Sie haben viele Menschen getötet, Männer, Frauen und Kinder in Vietnam und haben keine Schuldgefühle oder Alpträume [...]

Oberst X: Wissen Sie, Sie haben den Amerikanismus in seiner besten Form beschrieben. Aber irgendwie haben Sie ihn verdreht, so daß es fast abschätzig klingt. Wir sind so stolz, diese Art von Individuum in den Special Forces zu haben, es ist unglaublich.

TEIL 2

Die Kriegsdienstverweigerer

19 unabhängige Kriterien, die sich auf Motive, tatsächliches Verhalten und juristischen Status bezogen, wurden verwandt, um die Verpflichtung der Kriegsdienstverweigerer auf eine Antikriegshaltung zu kategorisieren.[2] Diese Analyse zeigte, daß die Kriegsdienstverweigerer Verpflichtung sehr unterschiedlich interpretierten und daß die Kriegsgegnerschaft nicht bei allen einem tiefen Glauben an Gewaltlosigkeit an sich entsprang. 4 Untergruppen verschiedener Größen konnten aufgezeigt werden.

Die 15 Anhänger der Friedensbewegung

Mit 2 Ausnahmen lernte ich diese Männer in dem gemeinsamen Büro der Kriegsdienstverweigerer-Liga und den ihr angeschlossenen Organisationen in New York kennen, wo sie auf bezahlter oder freiwilliger Basis arbeiteten. Die Mitglieder der Bewegung interpretierten ihre Kriegsgegnerschaft als eine totale, persönliche und sozio-politische Verpflichtung, von der so gut wie kein Teil ihres Lebens unbeeinflußt blieb.

Da die meisten von ihnen ihre Musterungsämter schriftlich informiert hatten, daß sie nicht beabsichtigten, mit dem Musterungssystem in irgendeiner seiner administrativen Funktionen zu kooperieren, die Einberufung ein- oder mehrmals verweigert und ihre Musterungsbefehle verbrannt oder zurückgeschickt hatten, standen ihnen lange Gefängnisstrafen bevor. Der Großteil wartete auf einen Verhandlungstermin vor dem Bundesgericht. Etlichen war der Prozeß gemacht worden. Sie erwarteten die Revision des Urteils oder ihre Gefängnisstrafen. Ein Mitglied der Bewegung hatte seine Gefängnisstrafe schon abgeleistet da-

[2] Diese Kriterien sind in Anhang 13 aufgeführt.

für, daß er sich geweigert hatte, militärische Pflichten zu übernehmen, nachdem seine Eingabe um den Status eines Kriegsdienstverweigerers aus Gewissensgründen, die er während seiner Dienstzeit eingereicht hatte, abgelehnt worden war.[3] Ein weiterer, der seinen Fragebogen im Gefängnis ausfüllte[4], war gerade unter einem besonderen Bundesgesetz zur Rehabilitation von Jugendlichen zu 5 Jahren Bundesgefängnis verurteilt worden. Das Gesetz sieht die Entlassung zu dem Zeitpunkt vor, zu dem der Jugendliche als rehabilitiert angesehen wird.[5] In diesem Fall bedeutete Rehabilitation die Bereitschaft, in die Armee einzutreten.

Wegen ihrer Teilnahme an Märschen, Demonstrationen und Sit-Ins waren 11 der 15 Mitglieder der Bewegung wenigstens einmal in lokalen oder Bundesgefängnissen gewesen. Vor unserem Interview hatten sie mindestens einige Monate lang einen Teil ihrer Zeit oder ihre gesamte Zeit mit Arbeit und Aktivitäten verbracht, die von der Kriegsdienstverweigerer-Liga oder anderen verwandten Friedensgruppen organisiert und geleitet wurden und gaben an, weiterhin für die Bewegung arbeiten zu wollen. Alle oder die meisten ihrer engsten Freunde waren ebenfalls in der Bewegung aktiv.

Die 3 sozial aktiven Kriegsdienstverweigerer

Diese Kriegsdienstverweigerer können von den Mitgliedern der Friedensbewegung im wesentlichen in 2 Punkten unterschieden werden. Sie hatten keine Verbindung mit Organisationen von Kriegsgegnern und widmeten statt dessen den Großteil ihrer Zeit erzieherischen und rehabilitativen Organisationen wie dem Friedenscorps (Peace Corps), der Urban League, Volunteers in Asia und der Arbeit im Ghetto. Einer hatte den Status eines Kriegsdienstverweigerers aus Gewissensgründen, ein weiterer bewarb sich gerade darum, und der dritte konnte nicht mehr eingezogen werden. Dieser Proband war eigentlich in gewisser Hinsicht ein Grenzfall. Obwohl er nicht Mitglied der Friedensbewegung war und auch nicht beabsichtigte, ihr beizutreten oder für sie zu

[3] Meine Frau traf ihn zufällig in der Untergrundbahn in New York City und konnte ihn für diese Studie gewinnen.

[4] Ich möchte dem Direktor des Gefängnisses in der West Street in New York City für seine Kooperation danken.

[5] Dieser Kriegsdienstverweigerer wurde mir ursprünglich von meinen Eltern vorgeschlagen, die einige Artikel über ihn in Lokalzeitungen gelesen hatten. Er war auch in der Kriegsdienstverweigerer-Liga für seine Unabhängigkeit und seinen Einsatz bekannt.

arbeiten, hatte er seinen Musterungsausweis mit einem Begleitschreiben zurückgeschickt, in dem er sich weigerte, mit dem Musterungsbüro in irgendeiner Weise zu kooperieren. Dieser Akt des Protestes, zusammen mit seiner Bereitschaft, ins Gefängnis zu gehen, ist beeindruckend. Er hatte 5 Jahre im Peace Corps in Südamerika verbracht und beschlossen, seinen Musterungsausweis zurückzuschicken, obwohl ihn der Dienst im Peace Corps vom Militärdienst befreite.

Die 4 privaten Kriegsdienstverweigerer aus Gewissensgründen

Diese Probanden hatten sich rein persönlich auf Gewaltlosigkeit verpflichtet. Obwohl einer von ihnen ›zufällig‹ zum bezahlten Personal einer Friedensgruppe gehörte, waren sie nicht der Ansicht, ihre private Verpflichtung auf Gewaltlosigkeit zwinge sie notwendigerweise, sich an breiter gestreuten Aktivitäten propagandistischer, organisatorischer oder demonstrativer Art zu beteiligen. Einer war aus gesundheitlichen Gründen zurückgestellt worden, der zweite hatte den Status eines Kriegsdienstverweigerers aus Gewissensgründen, und die anderen beiden warteten auf den Bescheid ihrer Musterungsbehörden über ihre Anträge auf Kriegsdienstverweigerung.

Die 3 Kriegsdienstverweigerer aus Bequemlichkeit

Die übrigen Probanden bewarben sich, als sie interviewt wurden, gerade um den Status eines Kriegsdienstverweigerers aus Gewissensgründen, um Zurückstellung als Student oder um Befreiung vom Militärdienst aus gesundheitlichen Gründen. Obwohl alle gegen den Krieg in Vietnam eingestellt waren, wollten sie einfach dem Armeedienst auf jede nur mögliche Art entgehen. Obwohl sie im allgemeinen mit den Zielen der bisher erwähnten sozialen und Antikriegs-Organisationen und Bewegungen übereinstimmten, hatten sie kein weiteres Interesse an ihnen. Während man zu Recht behaupten kann, daß diese Menschen Gewalttätigkeit ablehnten, war ihre wesentliche Motivation persönliche Annehmlichkeit. Sie sahen den Armeedienst als einen unnötigen, zerstörerischen und gefährlichen Eingriff in ihr Leben und versuchten, eine konventionelle Lösung für dieses Dilemma zu finden, die sie nicht mit dem Gericht in Konflikt bringen oder aus ihrer Arbeit und ihrem Privatleben herausreißen würde.

Ihre Position ist wahrscheinlich in mehrfacher Hinsicht der vieler junger Männer ähnlich. Sie sind keine Antimilitaristen, glauben, daß die Vereinigten Staaten militärisch gerüstet sein müßten und junge Männer zum Militär gehen sollten, wie unbequem und störend dies auch sein mag. Da aber diese jungen Männer die Politik der Vereinigten Staaten in Vietnam für schlecht hielten und meinten, daß das Militär mißbraucht würde, fühlten sie sich nicht moralisch verpflichtet, ihren Militärdienst zu diesem Zeitpunkt abzuleisten. Ihr Verhalten stellte einen Versuch dar, sowohl der Bedrohung und den Strafen, die Kriegsdienstverweigerung mit sich bringt, als auch den Schwierigkeiten zu entgehen, die mit dem Dienst in einer Armee einhergehen. Ihre Möglichkeiten, dieses Dilemma zu lösen, waren begrenzt, da sie nicht aus irgendwelchen besonderen Gründen zurückgestellt wurden und sie sich für diejenigen Möglichkeiten, die ihnen offengestanden hätten, nicht entschließen konnten. Das Resultat waren Verwirrung und halbherzige Versuche, dieses Problem *innerhalb* der Struktur und der Definitionen des Musterungssystems zu lösen.

Die Unterteilung in die 4 Gruppen, ›Friedensbewegung‹, ›Soziale Aktivisten‹, ›Private‹ und ›Bequemlichkeits‹-Verweigerer lenkt unser Augenmerk auf die Art, in der die Kriegsdienstverweigerer ihre Opposition gegen den Krieg in ihre Lebensweise integriert hatten. Die Tatsache, daß von 25 Probanden 15 der Friedensbewegung angehörten, spiegelt die Art der Auswahl wider. Es ist bekannt, daß Hunderttausende von Amerikanern zu irgendeinem Zeitpunkt gegen den Krieg in Vietnam demonstriert haben und daß die Zahl der Amerikaner, die mit dieser Position übereinstimmen, in die Millionen geht. Um die Erfüllung der Kriterien der Verpflichtung zu garantieren, war es jedoch notwendig, daß jemand mehr tun mußte, als eine Einstellung gegen den Krieg zu vertreten, als an Antikriegsmärschen und Demonstrationen teilgenommen zu haben. Die Tatsache, daß sich jedes Mitglied der Friedensbewegung zur Zeit der Interviews schon eine Weile ganztägig an Antikriegs- und Friedensaktivitäten beteiligt hatte, wies auf die vollständige Verpflichtung hin, die ich untersuchen wollte.

Auswahlkriterien haben immer eine künstliche und unrealistische Komponente, indem sie klare Kategorien voraussetzen, die möglicherweise nicht existieren oder die das zu untersuchende Phänomen nicht richtig in den Griff bekommen. Die Probanden, die der Friedensbewegung angehörten, waren nicht die einzigen jungen Amerikaner, die im Sommer 1968 persönlichen Einsatz für eine Antikriegsposition bewiesen; es wäre unpassend und unrealistisch gewesen, die Anwendung des Wortes Verpflichtung nur auf diejenigen Menschen zu beschränken, die aktiv in Antikriegsgruppen arbeiteten. Aus diesem Grund versuchte ich, andere Menschen in die Stichprobe aufzunehmen, die ihr Privatleben fortzuführen suchten, während sie wenigstens in administrativer Hinsicht einen ausdrücklichen Antikriegsstandpunkt einnahmen. Diese relativ kleinere Gruppe fiel in die zuvor beschriebenen 3 Untergruppen, die unzweifelhaft der größeren Population der Kriegsgegner in den Vereinigten Staaten entsprechen. Obwohl meine Stichprobe dadurch für den allgemeinen Durchschnitt von Kriegsgegnern nicht repräsentativ wurde, stimmte diese Auswahl mit meiner Intention überein, die öffentlich engagiertesten Antikriegs-Aktivisten zu untersuchen.

Zwischen den Probanden aus der Friedensbewegung und den übrigen war nur ein wesentlicher Unterschied zu beobachten. Die anderen 3 Untergruppen hielten durch Bildungsinstitutionen, ihren Beruf, Freundschaften oder Zielsetzungen noch starke Verbindungen mit der übrigen Gesellschaft aufrecht, während fast alle Mitglieder der Bewegung sich vollkommen aus ihr zurückgezogen und eine sozial scharf unterschiedene Randgruppe gebildet hatten. Trotz der offensichtlichen Implikationen dieses Unterschieds für ihren Lebensstil waren die Elemente der Heterogenität unter den Probanden in der Friedensbewegung selbst so groß, daß nur sehr wenige weitere Unterschiede zwischen ihnen und den anderen deutlich wurden. Diese Beobachtung ist von einiger Bedeutung, da man häufig dazu neigt, die Mitglieder der Friedensbewegung als eine einheitliche Gruppe anzusehen.

Obwohl die meisten Kriegsdienstverweigerer, die hier als ›soziale Aktivisten‹, ›private‹ oder ›Bequemlichkeits‹-Verweigerer bezeichnet wurden, nur selten an lokalen Demonstrationen – und dann zumeist nur an außergewöhnlich großen – teilgenommen hatten, waren fast alle von ihnen bereit, ins Gefängnis zu gehen, statt beim Militär zu dienen, und einige wenige auch, die Vereinigten Staaten zu verlassen. Unter den Mitgliedern der Bewegung gab es einige, die nicht ins Gefängnis gehen oder die Vereinigten Staaten verlassen wollten, aber die meisten besuchten regelmäßig große und kleine Demonstrationen auf lokaler und nationaler Ebene, von denen sie einige organisieren halfen. Etliche Mitglieder der Bewegung hatten ihre Musterungsbefehle nicht zurückgeschickt oder verbrannt, während andere Kriegsdienstverweigerer dies getan hatten. Ledige, verlobte und verheiratete Kriegsdienstverweigerer waren gleichmäßig unter allen 4 Untergruppen verteilt; dasselbe gilt auch für religiöse Konfession. Diese Beispiele verdeutlichen die Vorsicht, die nötig ist, wenn man Verallgemeinerungen über die Wech-

selbeziehungen aufstellen will. Man kann private Ziele und Gedanken sowohl innerhalb als auch außerhalb eines organisatorischen Rahmens verfolgen. Tiefe Überzeugung kann mit Missionstätigkeit, mit regelmäßigem Kirchenbesuch oder auch mit Antiklerikalismus verbunden sein.
Die oben angesprochene Heterogenität der Kriegsdienstverweigerer fand ihren direkten Ausdruck auch in der Art und der Anzahl ihrer ›Verpflichtungserfahrungen‹. Einige waren damit zufrieden, an einem Schreibtisch im Büro der Kriegsdienstverweigerer-Liga zu arbeiten oder im stillen einen Antrag um Kriegsdienstverweigerer-Status aus Gewissensgründen zu stellen. Andere waren damit beschäftigt, Vorträge zu halten, Märsche zu organisieren, Informationsblätter vorzubereiten oder in Slums zu arbeiten.

Gründe für die Opposition gegen den Vietnamkrieg

Die Untersuchung der von den Kriegsdienstverweigerern geäußerten Gründe für ihre Opposition gegen den Krieg zeigte ein größeres Maß an anfänglicher Übereinstimmung, als nach der Unterschiedlichkeit ihres Verhaltens hätte erwartet werden können. Die zwei Hauptgründe, die geäußert wurden, waren Abneigung gegen und Ablehnung von Gewalt, sowie die Pflicht, öffentlich einen Standpunkt zu beziehen, der mit den eigenen Überzeugungen in Einklang stand. Fast die Hälfte von ihnen war der Ansicht, daß irgendeine Art der Kooperation mit dem Musterungssystem eine Legitimierung der Vietnampolitik der Vereinigten Staaten dargestellt hätte. Eine starke Abneigung gegen das Militär der Vereinigten Staaten wurde ebenso oft erwähnt. Sehr selten wurden dagegen religiöse Überlegungen, der Wunsch, beim Aufbau der Friedensbewegung mitzuhelfen, persönlicher Nutzen oder die Ablehnung von Zurückstellungen als diskriminierende Erleichterungen zu ihren wesentlichen Beweggründen gezählt. Unter den Kriegsdienstverweigerern, die weder ins Gefängnis gehen noch die Vereinigten Staaten verlassen wollten, war eine starke Tendenz zu beobachten, diese extremen Alternativen als echte, durch die Situation aufgenötigte Bedrohungen zu erleben und ihre Bewerbung um den Status eines Kriegsdienstverweigerers aus Gewissensgründen im Zusammenhang mit diesem Dilemma zu definieren.
Durch die Methode des Interviews wurde häufig eine Atmosphäre geschaffen, in der die Kriegsdienstverweigerer zuerst über Motive und

Interessen sprachen, die gut durchdacht klangen. Als die Unterhaltung fortschritt, begannen die meisten aber zusätzliche Motive zu erwähnen, die zeigten, daß eine starke Komponente einfacher und fast reflexartiger Emotionalität in ihrem Verhalten eine entscheidende Rolle gespielt hatte. Zum Beispiel erklärte ein Kriegsdienstverweigerer, nachdem er eine lange und überzeugende soziopolitische Analyse der amerikanischen Gesellschaft und der Welt geliefert und betont hatte, wie wichtig es sei, auf jeder Ebene einer moralische Position einzunehmen, um die Übel der Welt heilen zu helfen, daß er sich höchstwahrscheinlich deshalb geweigert hatte, mit dem Musterungssystem zu kooperieren, weil er »Bürokratie haßte« und es auch gehaßt hatte, »Bewerbungsformulare für das College auszufüllen«, die er »nie rechtzeitig eingereicht hatte«. Er hatte mit tiefer Empörung auf die Aufforderung seiner Musterungsbehörde reagiert, »dieses Formular innerhalb von zehn Tagen zurückzusenden«.

Dieses Beispiel veranschaulicht die individualistische Art, mit der die meisten Kriegsdienstverweigerer die Möglichkeiten handhabten, die ihnen als Gegner des Vietnamkrieges offenstanden. Zusammen mit der Komplexität und den funktionellen Unregelmäßigkeiten der Bürokratie des Musterungssystems, der unberechenbaren, desorganisierten und sporadischen Aktivität der Antikriegsbewegung und der großen Anzahl familiärer und anderer Einflüsse, die sich in ihrem Leben bemerkbar machten, erklärt dieses individualistische Vorgehen, warum die spezifischen Ausdrucksweisen ihrer Kriegsgegnerschaft so sehr unterschiedlich waren. Diese Unterschiedlichkeit ist am deutlichsten in den Beispielen zu den ›Verpflichtungserfahrungen‹ zu erkennen, die in den folgenden Zitaten enthalten sind. Hier werden auch die Extreme in den Persönlichkeitseigenschaften der Kriegsdienstverweigerer wieder deutlich.

Eines der wesentlichsten persönlichkeitsabhängigen Themen, das den Handlungen vieler Kriegsdienstverweigerer zugrunde lag, war, »niemand hat das Recht, mir einfach zu sagen, was ich tun soll«. Wie dieses Thema persönlich interpretiert wurde, ist meiner Meinung nach einer der interessantesten Aspekte in diesen Berichten. Der Großteil ihrer ›Verpflichtungserfahrungen‹ enthält viele Elemente des Unvorhersehbaren. Tatkräftiges Handeln ging mit überraschender Passivität einher, Neuerung mit Banalität, Verzweiflung mit Gefühlen der Befreiung. Der tatsächliche Verlauf der ›Verpflichtungserfahrungen‹ der Kriegsdienstverweigerer ermöglicht wenige, wenn überhaupt irgendwelche bedeutsamen Verallgemeinerungen. Es ist notwendig, sich mit der

Psychologie jedes einzelnen Kriegsdienstverweigerers und mit seiner allgemeinen Familien-, Bildungs-, Berufs- und Musterungssituation im Kontext der Antikriegsbewegung während ihrer verschiedenen Phasen zu beschäftigen, um zu verstehen, warum er irgendeine besondere Handlung ausführte.

Die Zitate beginnen mit den Angaben einiger Kriegsdienstverweigerer über ihre Gründe für das Verbrennen oder Zurücksenden der Musterungsbefehle und die Umstände, die zu dieser Entscheidung führten. Darauf folgen die Zitate von vier Kriegsdienstverweigerern, die begründen, warum sie das nicht taten.

Zurücksenden und Verbrennen von Musterungsbefehlen

Fall Nr. 100

> Eines von den Dingen, die Tom [...] gesagt hatte, war, daß wenn man sich um den Status eines Kriegsdienstverweigerers aus Gewissensgründen bewirbt, es so ist, als wenn man sich um eine Genehmigung, nicht zu töten bewirbt. Töten sollte eine Ausnahme und nicht die Regel sein [...] Ich habe angefangen, mehr und mehr darüber nachzudenken und habe angefangen, mich so zu fühlen, wie all die anderen Typen in den Slums, die keine 2-S-Zurückstellung (als Student) kriegen können, weil sie nicht das Geld und die Schulbildung haben, um in eine Universität zu gehen. Und dann hat die Widerstandsbewegung angefangen, und am 16. Oktober habe ich schließlich meine Entscheidung getroffen und sie persönlich in dem Hauptquartier der nationalen Musterungsbehörde in Washington eingereicht.

Fall Nr. 101

> [...] Ich war in dem VISTA-Programm gewesen und auf einer Navaho-Reservation stationiert gewesen, ungefähr 1½ Jahre lang. Habe angefangen, mir über Dinge bewußt zu werden, an die ich vorher nie gedacht hatte. Ich hab angefangen, mir etwas bewußter darüber zu werden, was zum Teufel sich abspielte und hab mich mehr und mehr für das interessiert, was sich in Vietnam abgespielt hat. Und Vietnam hat wenigstens für mich eine besondere Bedeutung für das, was da draußen vor 100 Jahren passiert ist (mit den Indianern). Und ich habe viele Parallelen zwischen dem gesehen, was da draußen 1868 passiert ist und jetzt in Vietnam 1968 [...] Es war später, nachdem ich meine Entscheidung getroffen hatte, daß ich wirklich mitten rein gekommen bin und angefangen hab, für den Widerstand zu arbeiten.

Fall Nr. 104

Wissen Sie, die ganze Illegalität des Ganzen, die Unmoral des Krieges. Die Verfassung sagt, daß jede internationale Vereinbarung, die von den Vereinigten Staaten unterschrieben wird, ein Teil ihres eigenen Gesetzes wird. Das macht das Völkerrecht wesentlich relevanter, als ich vorher gedacht hatte. Die dauernde Überschreitung internationaler Gesetze hat irgendwie eine philosophische Frage daraus gemacht. »Wenn dein Land das Völkerrecht verletzt, was tust du?« Behältst du deinen Musterungsbefehl oder behältst du ihn nicht, weil, wenn du ihn behältst, kooperierst du mit 'nem Haufen von Leuten, die versuchen, andere Leute zu kriminellen Aktivitäten anzustiften, was sowohl kriminell ist als auch Anstiftung zu kriminellen Handlungen. Es ist so, wie wenn die Maffia versucht, Leute dazu anzustiften, etwas zu tun. Es war in einer Diskussion mit meinem Vater, die ich im Jahr davor hatte, äh, ich hab' einfach angefangen, klarer zu sehen, daß Kooperation sowohl kriminell als auch kurzsichtig und philosophisch inkorrekt ist.

Fall Nr. 110

An meinem 18. Geburtstag hatte ich einfach nicht die Kraft, mich nicht zu registrieren und es hat mich sehr gestört. Aber ich war nicht bereit, es zu tun, da hab' ich mich registriert (bei seiner Musterungsbehörde). Und ich hab' beschlossen, daß, statt daß ich einen glatten Aufschub kriege, wovon ich gemeint hab, daß es schrecklich feige ist, äh, würde ich ein Risiko eingehen, indem ich versuchen würde, einen Gerichtsfall daraus zu machen, einen guten Testfall, um die Kriegsdienstverweigerung aus Gewissensgründen auszudehnen und da hab' ich 'ne Menge Zeugnisse von sehr angesehenen Leuten gesammelt, Pfarrer und so, außerhalb der Antikriegsbewegung, in denen gestanden ist, daß ich ein ernsthafter Kriegsdienstverweigerer ohne irgendwelchen religiösen Hintergrund war. Meine Vorstellung war, daß ich die gesetzlichen Regelungen über den Kriegsdienstverweigerer-Status platzen lassen und dadurch meinen Beitrag leisten und mein Risiko getragen haben würde. Ich wollte beweisen, daß ich gefühlsmäßig gewaltlos war, nie gewalttätig gewesen war, sehr gegen Gewalt war und das durch das Zeugnis von Dutzenden von angesehenen Zeugen beweisen wollte. Aber statt dessen haben sie mir 1-Y gegeben, weil ich einen Knacks hätte, und dann vor ein paar Monaten habe ich schließlich beschlossen, daß ich nicht länger abseits stehen konnte, daß es wirklich eine wachsende Bewegung war, daß es wichtig war, und da hab' ich meinen Musterungsbefehl zurückgeschickt und hab' seitdem nichts von ihnen gehört. Ich bin wirklich überrascht. Das ist jetzt fast sechs Monate her.

Fall Nr. 113

Ich wußte, daß ich eingezogen würde und hab' mir überlegt, die Einberufung zu verweigern, aber ich war mir immer noch nicht sicher. Und dann hab ich zweimal den Film »A Man for All Seasons« gesehen über die

Opposition von Thomas Morus gegen Heinrich VIII. Dann ist ein guter Freund von mir eingezogen worden und am nächsten Tag bin ich zur Widerstandsbewegung gegangen und hab' gesagt »ich glaube, was ihr Typen tut, ist gut. Es ist wichtig. Ich bin nicht sicher, was ich selbst tun will, aber ich würde gerne helfen.« Ich hab' angefangen, mehr darüber nachzudenken. Ich hab' mit einigen Leuten dort geredet und jemand hat mich darauf aufmerksam gemacht, wenn ich sowohl gegen Militarismus als auch gegen den Vietnamkrieg sei, daß ich durch meinen Eintritt in die Armee das militärische System unterstützen würde, selbst wenn ich am Krieg nicht teilnehmen würde. Und später hab ich schließlich beschlossen, daß ich einfach meinen Musterungsbefehl zurückschicken und absolut nicht kooperieren würde. Da hab ich meinen Musterungsbefehl aufgehoben und der nächste Termin, an dem man im ganzen Land die Musterungsbefehle zurückgeschickt hat, war der 3. April, und da hab ich meinen Musterungsbefehl an den Generalstaatsanwalt zurückgeschickt.

Fall Nr. 116

Ich hab vor einer ganzen Weile die Einberufung verweigert. Ich hab meinen Musterungsbefehl am 16. Oktober eingeschickt, der erste Nationale Einschickungstag [...] Das war überall im ganzen Land, wissen Sie, in 40 oder 50 Städten haben Typen ihre Musterungsbefehle eingeschickt. Wir hatten einen in New York im Bundesgerichtshof, Foley Square. Das war, nachdem ich aus dem Süden von der Bürgerrechtsarbeit zurückgekommen bin. Ich hab über Dinge nachgedacht, die sich auf die Universität und die Antikriegsbewegungen und die radikalen Bewegungen bezogen und äh, ich hab so ziemlich beschlossen, daß ich in der unmittelbaren Zukunft radikale Aktivitäten unternehmen würde und diese Taktik schloß nun einmal einige Jahre im Gefängnis als Teil dieser unmittelbaren Zukunft ein. Aber, wissen Sie, ich hab's politisch als wertvoll genug empfunden, daß ich's tun sollte [...] Wo ich war, haben ungefähr 380 Leute ihre Musterungsbefehle zurückgeschickt. Ungefähr 1200 im ganzen Land. Dann haben sie uns für delinquent erklärt und uns 1-A-Neuklassifizierungen geschickt und schließlich haben sie mich zur Einberufung aufgefordert. Sie bekämpfen lieber die Verweigerung einer Einberufung, die klar und einfach ist: »Haben Sie die Einberufung willentlich verweigert oder nicht?« Ich bin runter nach Fort Hamilton und sie haben mich in ein Zimmer genommen, wissen Sie, sie wußten, wer ich war, und sie haben einen Eid abgenommen und ich hab mich geweigert, ihn abzulegen, und innerhalb einer Stunde war ich draußen. Meine Mutter und Schwester waren dort und eine Menge Freunde. Ich hatte allen meinen Verwandten und ehemaligen Freunden Briefe geschrieben. Keine von ihnen sind gekommen, natürlich nicht. Aber das war Teil der Taktik, die Leute in der unmittelbaren Umgebung zu beeinflussen, daß »ich gehe ins Gefängnis. Was tut Ihr?« [...] Die aufregendste Zeit ist, wenn man seinen Musterungsbefehl zurückgibt. Wenn man einmal diese Entscheidung getroffen hat, ist das übrige nur eine natürliche Weiterführung und ich hab mich nicht so sehr darüber aufgeregt. Ich habe ein phantastisches, äh, plötzliches Gefühl der Befreiung gehabt, wie ich meinen Musterungsbefehl zurückgeschickt habe, aber der Rest ist jetzt einfach eine Angelegenheit, die sich so weiterentwickelt und in gewisser Hinsicht ist es gerade so, wie wir das haben wollen, wissen Sie.

Fall Nr. 119

Ich war zwei Jahre lang als Freiwilliger im Peace Corps in Peru, wo ich Entwicklungsarbeit in einer Tagelöhnersiedlung gerade außerhalb von Lima geleistet habe. Dann, nachdem zwei Jahre um waren, bin ich zurück in die Staaten und hab in Yale in einem Trainingsprogramm im Sommer gearbeitet und im folgenden Oktober bin ich zurück nach Guatemala, diesmal als Mitglied des Personals. Ich habe zehn Monate in Guatemala gearbeitet und dann zwanzig Monate in Venezuela mit dem Peace Corps. Diese fünf Jahre in Übersee haben meine sozialen Interessen noch weiter verstärkt. Es gibt nichts Besseres, Armut und Ungerechtigkeit in aller Schärfe zu fühlen, als wenn man selbst darin oder daneben lebt. Aber zur selben Zeit hab ich mich von den Interessen und Problemen der Vereinigten Staaten ein wenig entfernt. Man ist ziemlich darauf beschränkt, sich auf den Wochenüberblick der ›Time‹, ›New York Times‹ und ›Time Magazine‹ für das zu verlassen, was in den Vereinigten Staaten passiert, und wie Sie sich vorstellen können, bekommt man ein etwas entstelltes Bild. Wie ich im Sommer 1964 zurück war, war ich eigentlich gar nicht wirklich zurück, weil ich wußte, daß ich gleich wieder weggehen würde und meine ganze Orientierung war noch immer auf Peace Corps und Lateinamerika gerichtet. Und so viel war in den fünf Jahren passiert. Fünf Jahre sind Generationsunterschiede, wenn man mich fragt, und das wurde sehr deutlich, als ich auf den Campus von Stanford zurückgekehrt bin. Ich habe eine sehr, sehr interessante Situation dort vorgefunden, insofern als die Studenten sich meiner Meinung nach drastisch verändert hatten, heller waren, viel bewußter, worum es in der Welt überhaupt geht, viel bewußter über ihre Beziehung zu ihrer Umgebung. Es war ein guter Ort, um sich wieder an das zu gewöhnen, was in den Vereinigten Staaten los war. Ich bin als ein Liberaler weggegangen und hatte noch immer das Gefühl, daß ich ein Liberaler war und die Leute haben mich angeschrien, einfach unter Freunden. Ich hab einfach den ganzen Verlauf der Unterhaltung nicht kapiert. Jemand hat mich gefragt, ob ich dächte, daß ich liberal sei und ich sagte ja, weil ich gedacht hab, daß das ziemlich gut ist, im Gegensatz zu konservativ und hab herausgefunden, daß es jetzt schlecht war. Ich bin im Juli zurückgekommen und habe den Sommer dort verbracht und wurde sehr angeregt und zur gleichen Zeit erschüttert über das, was die Leute gedacht und gesprochen haben. Zusätzlich dazu hab ich einen Hintergrund, eine ganze Orientierung, die ich in Übersee angenommen habe, eine Art über die Welt nachzudenken, über Menschen, die eine Menge von dem, was ich gesehen habe im Zusammenhang mit politischen Ereignissen, politischen Begebenheiten, Regierungsentscheidungen, Regierungsprogrammen – das Spektrum oder die Parameter rund um die Entscheidungen, die sich abgespielt haben, sind mir so absurd und unproduktiv erschienen, im Gegensatz zu eben den Prinzipien, die unser Land angeblich repräsentiert. Dann, im Oktober, war es mir wichtig genug, daß ich gefühlt habe, daß ich meinen Musterungsausweis an ein lokales Musterungsbüro zurückschicken könnte und sollte, was ich auch getan habe, mit einem erklärenden Brief.

Was ich sagte, ist, daß wir uns zu bestimmten Prinzipien bekennen und ich glaube, daß das amerikanische Volk im allgemeinen wirklich an sie glaubt. Und trotzdem, was die tägliche Praxis angeht und sicherlich pointiert und ziemlich deutlich gemacht wurde im Fall des Krieges in Vietnam, ist, daß wir gegen unsere eigenen Prinzipien handeln. Und dann stellte ich das, was wir in Vietnam taten, dem gegenüber, was ich als Freiwilliger im Peace Corps getan hatte und dem, was das Peace Corps angeblich repräsentiert, und dann sagte ich, ich hätte in ihnen eine Scheinheiligkeit gefunden, die ich damit nicht in Einklang bringen konnte, und was den Krieg in Vietnam betrifft, daß ich meinen Musterungsbefehl zurückschicke und in diesem Krieg nicht dienen würde und könnte [...] Ich habe beschlossen, statt es öffentlich zu tun, würde ich es alleine tun.

Gründe, den Musterungsbefehl nicht zurückzuschicken oder zu verbrennen

Es gab eine beträchtliche Anzahl von Kriegsdienstverweigerern, die ihre Musterungsbefehle weder zurückgeschickt noch verbrannt hatten. Es folgen die Begründungen dafür von Mitgliedern jeder Untergruppe.

Fall Nr. 103

Es ist eine rein persönliche Sache und wenn man's ganz genau betrachtet, gehe ich lieber ins Gefängnis, als daß ich irgendwas anderes tue. Ich meine, ich bin glücklicher, als ich es in Kanada wäre, glücklicher, als ich es in der Armee wäre und glücklicher, als ich es in der Graduate School wäre. Irgendwo habe ich immer das Gefühl, daß ich ein Masochist bin, der irgendeine Schuld absühnt. Jedenfalls bin ich dieser Anschuldigung gegenüber immer ziemlich empfindlich. Deshalb war das Schöne daran, daß ich dieses Formular für Kriegsdienstverweigerer aus Gewissensgründen ausgefüllt habe, daß ich zeigen würde, daß ich kein Fanatiker bin. Sehen Sie, wenn ich versuchte, ein Kriegsdienstverweigerer-Formular zu bekommen und es ausgefüllt habe und ernsthaft und mit ganzer Überzeugung hingeschrieben habe, daß ich ziemlich stark gegen den Krieg bin, dann könnte ich zu Leuten sagen »seht, ich habe das Kriegsdienstverweigerer-Formular ausgefüllt und sie haben's abgelehnt«, was sie auch getan haben, wovon ich gewußt habe, daß sie's tun würden, und da hab ich den Anschein von Rationalität und Nicht-Märtyrertum bewahrt. Das könnte eine Rolle dabei gespielt haben, warum ich mich darum beworben habe, besonders meine Eltern. Meine Eltern haben mich deswegen immer wieder angesprochen, wissen Sie. Sie haben immer wieder gesagt, »warum gehst du nicht in die Graduate School? Warum gehst du nicht in die Graduate School? Warum füllst du kein Kriegsdienstverweigerer-Formular aus? Bist du irgendein Schwachsinniger, irgendeine Art von Märtyrer?« Ich hab

gesagt »Nein! Nein! Es ist etwas, was ich tun muß. Ich bin nicht fanatisch. Wenn es euch glücklicher macht, werde ich das Formular ausfüllen und ihr wißt ja selbst, daß ich's nicht kriegen werde.«
Ich hab mich selbst als eine Art bürgerliches Mitglied einer Utopie angesehen, einer dezentralisierten Gesellschaft, wissen Sie. Starke, robuste Menschen, die wirkliche Dinge tun, mit einer phantastischen Technologie. Eine Menge Tischler, eine Menge Leute, die lesen und malen. Natürlich ist es eine pazifistische Gesellschaft und so weiter und so fort. Ich hab einen ziemlich großen Teil meines Lebens gelebt, als ob diese Gesellschaft existierte und als ob ich ein normales Mitglied dieser Gesellschaft wäre und es hat mir immer geschienen, daß genauso, wie es als die Pflicht eines Bürgers angesehen wird in der Armee zu kämpfen, es in dieser mehr oder weniger nichtexistierenden Gesellschaft die Pflicht des Bürgers ist, nicht in der Armee zu kämpfen. Und daher tu ich's irgendwie fast als Symbol meiner Mitgliedschaft in der anderen Gesellschaft. Ich kriege eine ganze Menge Befriedigung aus dem Akt der Weigerung, in die Armee zu gehen. Eine ganze Menge Stolz.

Fall Nr. 107

Mir ist noch irgendwie nicht ganz klar, was ich fühle. Ich kann Töten nicht einsehen [...] Ich weiß nicht, was ich tun werde [...] Ich will keine Spiele mit Akten und Formularen spielen [...] Wenn sie mich einziehen, weiß ich nicht, was ich tun werde. Es kann dazu kommen, daß ich es nicht weiß, bis die Zeit gekommen ist, wissen Sie, entweder die Grenze zu überschreiten oder sie nicht zu überschreiten [...] Ich bin so sorglos über diese ganze Musterungsgeschichte. Es ist wie ein kindisches Spiel. Ich hab keine Lust, Spiele zu spielen.
Wenn ich ins Gefängnis gehe, werde ich ins Gefängnis gehen. Das ist nichts, was ich selbst tun muß. Das ist etwas, was sie mir antun müssen. Verstehen Sie, was ich meine? Zum Beispiel, wenn sie fühlen, daß sie etwas tun müssen oder wenn sie etwas tun werden, müssen sie's einfach tun. Ich kann mir nicht vorstellen, gegen sie zu kämpfen. Ich könnte mir vorstellen, daß ich meine Überzeugungen anderen Leuten zu erkennen gebe. Das könnte etwas Gutes tun. Was sollte ich in der Musterungsbehörde tun? Ihnen erzählen, was sie hören wollen? Warum sollte ich das tun? Ich werde ihnen erzählen, wie ich denke und sie werden's wahrscheinlich nicht gut genug finden. Ich werde keine Vorträge halten [...] Ich werde mit ihnen kooperieren. Ich werde zwei Jahre Dienst tun, etwas Gutes zu tun, irgendwo in der Welt. Einen destruktiven, negativen Auftrag werde ich nicht akzeptieren.

Fall Nr. 117

Ich würde gerne meinen Musterungsbefehl zurückschicken, aber ich glaube nicht, daß es richtig ist, das zu tun. Ich weiß nicht, ob ich mir selbst sicher genug bin, um es zu tun. Sobald ich denke, daß ich's bin, werde ich's tun. Wissen Sie, es stellt einen außerhalb der Mittelklasse. Ich mag – ich mag Klimaanlagen und Blumen, aber ich mag Suburbia nicht. Ich bin irgendwie, wissen Sie, ich bin nicht auf Reichtum aus. Wenn man seine Musterungsbefehle zurückgibt, schneidet man sich im Moment irgendwie von dem Gros des amerikanischen Lebens ab. Das wäre keine so schlechte Idee, aber ich hab' gewisse bourgeoise Gefühle, wissen Sie, in mir, daß damit zu brechen, wissen Sie, nicht richtig ist oder so was. Ich will nicht den Rest meines Lebens für die Friedensbewegung arbeiten, obwohl das von der politischen Situation abhängt. Ich möchte studieren.

Fall Nr. 120

Ich hab erkannt, daß es von einigen Gesichtspunkten her besser wäre, zuerst zu tun, was ich hier tun kann und dann möglicherweise, wenn ich diese Situation nicht befriedigend lösen kann, wegzugehen. Da bewerbe ich mich um den Kriegsdienstverweigerer-Status aus Gewissengründen und werde sehen, was passiert. Wenn es nicht klappt, gehe ich vielleicht nach Kanada, England oder Skandinavien.

Fall Nr. 126

Ich hab's nicht getan, weil ich nicht unnötige Aufmerksamkeit auf mich ziehen wollte. Ich bin nicht daran interessiert, ins Gefängnis zu gehen. Ich nehme an, daß, wenn es eine wirkliche Masse von zurückgegebenen Musterungsbefehlen gäbe, wenn es wirklich immer weitere Kreise zieht, so daß es unmöglich wäre, es anzuhalten, wäre ich bereit, es zu tun. Aber ich würde nicht ins Gefängnis gehen für die Friedensbewegung.

Märsche, Demonstrationen, Gefängnisse, Mißhandlungen, Prozesse

Für viele Leute stellt die Teilnahme an einem Marsch oder einer Demonstration einen Akt von nur zeitweiliger Bedeutung dar, der zu keiner weiteren aktiven Beteiligung führt. Das traf auf die Kriegsdienstverweigerer nicht zu. Über die Hälfte hatte vor ihrer Entscheidung, die Musterung zu verweigern, an Demonstrationen teilgenommen. Ihre Erfahrungen aus diesen Demonstrationen bildeten eine wichtige Verbindung in der Kette der Ereignisse, die zu ihrer Widerstandsentscheidung führten. Für einige bedeutete es ein brutales und überraschendes Erwachen. Andere fühlten ein manchmal trügerisches Gefühl der Zugehörigkeit zu einer größeren Gruppe Gleichgesinnter. Andere wieder erlebten die Ereignisse während Demonstrationen als Bestätigung ihrer bereits ausgeprägten Einstellungen.

11 Kriegsdienstverweigerer waren bis zum Zeitpunkt dieses Interviews wegen Teilnahme an Antikriegsdemonstrationen schon im Gefängnis gewesen. Viele andere, die nicht im Gefängnis gewesen waren, hatten während der Märsche Erfahrungen gemacht, die mit Gefängniserleb-

nissen verglichen werden können. Wie ein Kriegsdienstverweigerer bemerkte, hat die Drohung mit Gefängnis für die meisten Menschen die beabsichtigte Wirkung, sie durch Furcht gefügig zu machen. Im Falle der Kriegsdienstverweigerer, die eingesperrt wurden, war das Resultat jedoch ein stärkeres Gefühl der Verpflichtung.

Die Zitate auf den folgenden Seiten behandeln einige der dramatischeren und entscheidenderen ›Verpflichtungserfahrungen‹, die die Kriegsdienstverweigerer machten. Viele ihrer Berichte, in denen sie zu zeigen versuchten, wie ihre Ideen, Wahrnehmungen und ihr Verhalten durch das beeinflußt waren, was sie gesehen und getan hatten und wie sie von Polizei und Gefängniswärtern, Staatsanwälten, Richtern und Mitgefangenen behandelt wurden, enthalten eine ausgeprägt subjektive Komponente.

Fall Nr. 100

> Ein Freund von mir hat draußen beim Büro des Generalstaatsanwalts geschlafen an seinem 18. Geburtstag und verlangt, daß er dafür verhaftet wird, daß er sich geweigert hat, sich zu registrieren. Er war einer, der nicht kooperieren wollte. Er ist der Typ, der gesagt hat »sich um den Status eines Kriegsdienstverweigerers aus Gewissensgründen zu bewerben ist so, wie wenn man sich um eine Genehmigung, nicht zu töten, bewirbt. Das sollte die Regel statt der Ausnahme sein.« [...]
>
> Die letzte Demonstration. Ich meine, sich den Haß und die Furcht sowohl in Bullen als auch Demonstranten anzusehen. Der Haß und auch die Angst waren irgendwie direkt zusammen und nicht getrennte Gefühle, und die ganze Situation, wenn man im Auge behält, daß die Demonstranten in vieler Hinsicht programmiert worden waren und wie die Bullen in vieler Hinsicht programmiert worden waren und wer sich angesehen hat, wie der Kampf sich gesteigert hat und man Schritt für Schritt gewußt hat, warum es passiert ist, wenn man gefühlt hat, wissen Sie, meine Beine haben gezittert und ich hab gesehen, wie ein Polizist in Zivil ein Mädchen ins Gesicht geschlagen und ihren Kopf gegen einen Laternenpfahl geknallt hat ohne offensichtlichen Grund und solche Sachen. Und dann sehe ich, wie die Demonstranten die Polizei anschreien und die Polizei versucht, eine Menge Leute in der Gegendemonstration daran zu hindern, die Demonstration anzugreifen, was einfach lächerlich ist. Und die ganze Sache war einfach so 'ne miese Angelegenheit, daß ich angefangen hab, mich viel mehr für die Philosophie der Gewaltlosigkeit zu interessieren, darüber zu lesen und mit Leuten zu reden, was Gewaltlosigkeit bedeutet. Es bedeutet mehr, als nur nicht zurückschlagen. Mein erster großer Marsch war 1962, der San Francisco-Moskau-Friedensmarsch. Ja, ich war ungefähr 14 oder 15 damals.

Fall Nr. 101

Wenn ich nicht ins College gegangen wäre, wäre ich einfach mit einer Menge von Ideen nie in Berührung gekommen. Da waren nicht nur Leute dort, die über Ideen gesprochen haben, sondern die sie auch aktiv ausgeführt haben. Columbia war ein wirkliches Wespennest an Aktivität. Es war zu der Zeit, wie sie versucht haben, die ROTC-Kurse abzuschaffen (Reserveoffizierstraining im College. Anm. d. Übers.) Da gab's überall Streikposten verschiedener Art. Da gab's Studentenorganisationen. Ich war nie dran interessiert oder dran beteiligt, bevor ich ins College gegangen bin. Das ist, glaube ich, leider für den allgemeinen Tenor der Gemeinde symptomatisch, wo ich aufgewachsen bin. Der allgemeine Mangel an Interesse an wirklichen sozialen Fragen, während ich in der High School war, und dann all diese Streikposten zu sehen, die Streikposten der armen Leute, die Kantinenarbeiter. Und dann ist da diese Institution, die Universität, angeblich liberale Erziehung, fortschrittlich, nicht wahr? Und die hören nicht mal ihren Arbeitern zu oder erlauben ihnen, sich zu organisieren. Ich hab gesehen, wie eine Menge Leute verhaftet worden sind [...] Ich hab's verdaut und es ist ein Teil meiner Erfahrung geworden.

Fall Nr. 104

Bin runter in den Süden den Sommer über, nach Mississippi, um 2½ Monate lang in der Bürgerrechtsbewegung zu arbeiten [...] Da gab's ziemlich häufig Zeiten, wo ich nach Hause gehen wollte, weil man uns gesagt hat, wissen Sie, Leute haben gesagt »verdammt noch mal, wenn ich die Gelegenheit hätte, würde ich jeden einzelnen von euch erschießen«. Ne Menge guter, schwarzer Bürgerrechtsarbeiter sind abgesprungen wie sie gehört haben, daß wir runterkämen und man mußte einfach entscheiden, daß es 'ne wirklich schlechte Presse gäbe, wenn Weiße angefangen hätten, wegzugehen und gesagt hätten, daß sie bedroht würden und von den Schwarzen aufgefordert wurden, wegzugehen. Das war der Grund, warum ich beschlossen hab zu bleiben. Dann wurde uns gesagt, daß dieser Typ, mit dem ich mich angefreundet hatte, sein Auto hatte 'ne Brandbombe draufgekriegt und einige Leute waren schwer verletzt worden, wissen Sie. Das hat uns alle total nervös gemacht. Das war der erste Vorfall von Gewalttätigkeit in dem Sommer, der bekannt geworden ist. [...] Es hat sich herausgestellt, daß er diese phantastische Geschichte erzählt hat und alle waren wirklich besorgt. Dann sind wir in diese nette kleine Stadt gekommen, wo die Freimaurerfabriken sind und waren schließlich in dem Büro der Bewegung, das gerade 'ne Brandbombe abgekriegt hatte. [...] Wir wurden am ersten Abend entdeckt, wo wir in diese Stadt gekommen sind. Dieser große Lastwagen voll von Red-Necks (Mitglieder der Landarbeiterschaft in den Südstaaten. Anm. d. Übers.) kam vorbei, grade in dem Moment, wie wir aus unserem Auto ausgestiegen sind. Der Sheriff und alle andern haben uns sofort gekannt, in dem Moment, wo wir dort hingekommen sind. Wir sind recht gut ausgekommen, außer daß Leute jede Nacht an unserem Haus vorbeigefahren sind, dauernd vorbeigefahren sind, bis sie eines Nachts das Haus mit Bomben in Brand gesteckt haben und geschossen haben, wissen Sie, Gott weiß, mit wie vielen Gewehren sie in das Haus hineingeschossen haben. Überall an den Wänden waren Löcher. Sie haben nie herausgefunden, wer's getan hat. Ich war grade ins Bett gegangen. Ich war spät aufgeblieben und auf eine Wespe gestiegen wie ich ins Bett gegangen bin, da war's nur zwei oder drei Minuten, nachdem ich das Licht ausgedreht hatte. Wir haben alle auf dem Boden geschlafen, weil wir wußten, wie die Leute schießen, wenn sie in das Haus geschossen haben. Jemand hat eine Benzinflasche geschmissen, eine Purex-Wäschebleiche-Flasche voll Benzin, und es ist auf der Terrasse ausgelaufen. Das Haus war so, daß es wahrscheinlich die Wand einfach sofort durchgebrannt hat. Und das ganze Haus hat gebrannt und diese Knallerbsen sind nicht explodiert. Ich bin aufgestanden und hab angefangen, Sachen rauszutragen. Ich hab gedacht, was zum Kuckuck, einfach da Knallerbsen loszulassen, die halten das wohl für witzig. Ich hatte nie vorher ein Gewehr gehört, wissen Sie. Da haben sie mich runtergezogen. Am nächsten Morgen, wie wir uns die Überreste von dem Gebäude angeschaut haben, habe ich überall diese Löcher gesehen, rundherum, wo mein Kopf gewesen war. Und, äh, die bittere Erfahrung mit der Presse im Norden. Wir sind mit der ganzen Presse, über die wir was wußten, in Verbindung getreten. Das erste, was sie gefragt haben, war »ist jemand getötet oder verletzt worden?«. Wir haben gesagt »nein«. Und sie haben gesagt »na ja, wir können's nicht brauchen« und haben aufgehängt.

Ich bin in dem Sommer verprügelt worden. Wir haben Streikposten um ein Geschäft aufgestellt [...] weil 50% der Kunden schwarz waren, aber keine Schwarzen dort gearbeitet haben und sie hatten eine Lotterie und in 50 Wochen gab es nie einen schwarzen Gewinner. Der Bürgermeister wurde von dem Geschäftsführer des Geschäftes aufgefordert, uns da rauszukriegen. Da hat er so einen Strich gezogen und gesagt, jeder, der da rüber steigt, wird verhaftet werden. Ja und da sind wir alle rübergegangen. Ich war der einzige weiße Typ dort. Da gab's zwei weiße Mädchen. Der Rest waren Schwarze aus dem Ort [...] Ich wurde oben hinaufgenommen ins Gefängnis, aber sie haben mich von den andern getrennt, weil ich weiß war. Es war ein segregiertes Gefängnis. Ich wollte keine Schwierigkeiten machen und hab' mich reingefügt und wurde in einen offenen Zellenblock mit drei anderen Typen hineingesteckt, alles weiße Red-Necks. Einer war grade wegen Trunkenheit verhaftet worden, ungebührliches Verhalten an unserer Streikpostenlinie. Er war auch aus seiner Zelle herausgenommen worden, um zuzusehen, wie wir hineingingen und er hat gesehen, wie ich mit den schwarzen Typen reingekommen bin. Die Mädchen wurden in getrennte Zellen gesteckt. Es war einfach unglaublich, was die für einen Lärm dort gemacht haben. Einfach unglaublich. Ich hab zu ihm über den Lärm gesprochen und er hat sich umgedreht und mir gesagt »halt die Schnauze und setz dich hin«. Ich bin draufgekommen, daß ich dort in einer sehr zweifelhaften Lage war. Und er hat seine Freunde reingebracht, um mich ihnen vorzustellen. Einer von ihnen war nicht betrunken, einfach beschwipst. Da war ein halb betrunkener Typ und ein großer, heiserer Typ von einem Bergmenschen, wissen Sie, 270 Pfund, Stachelbart, ein alter, verbeulter Hut, etwas längeres Haar und

eine große braune Jacke. Er war betrunken und so weit hinüber, daß er kaum stehen konnte. Der erste Typ hat mich sofort als »einer von den Freedom-Riders« vorgestellt und dann hat der halbbetrunkene Typ angefangen, mich anzugreifen. Er hat mich gegen die Wand gedrückt, aber er war genug betrunken, so daß von zwei Fausthieben nur einer getroffen hat, wissen Sie. Ich bin gestanden, so lange ich nur konnte, bis mir die Luft ausgegangen ist. Und dann bin ich runter in diese gewaltlose Hocke und wurde wirklich zertrampelt. Der Typ ist immer rübergelaufen und auf mich gesprungen, hat mich aufgehoben und gegen die Wand geschmissen. Der Bergmensch war so betrunken, daß er nur in der Ecke gestanden ist und gelacht hat und der andere Typ hat ihm gesagt, daß er mich nicht töten soll, wissen Sie »tu was du willst, aber bring ihn nicht um«. Ich habe das Gefühl, wenn ich damals irgendwas versucht hätte, wäre der Bergmensch auf mich los, und das wäre dann das Ende gewesen. [...] Und dann haben sie beschlossen, daß sie versuchen würden, mich von hinten zu kriegen, wo sie mich wirklich durchwalken konnten. Ich hab mich in der Tür verschanzt und bin dort eine Minute oder so geblieben. Wenn sie mich in den Rücken gekriegt hätten, wär es mein Ende gewesen. Und die Polizei ist raufgekommen und ich habe »Mord« geschrien, und sie mußten alle mit dem Gummiknüppel niederknüppeln, um sie von mir wegzukriegen. Ein Typ wurde ins Krankenhaus gebracht, weil sein Schädel gespalten war. Die Polizei mußte ihn so fest schlagen, um ihn mir vom Hals zu kriegen. Das hat mich wirklich durcheinandergebracht. Das war der erste Fall von Gewalt, dem ich ausgesetzt war, ohne eine Möglichkeit zu haben, mich selbst zu verteidigen. [...] Danach hat sich meine Einstellung geändert und ich wurde zurückhaltender über die Art, in der ich mich an Dingen beteiligen würde. Das war das erste Mal, daß ich jemals wirklich verprügelt worden war. Der emotionale Schock war schlimm. Jedesmal, wenn ich danach ausgegangen bin, war es ein wirklich definitiver Willensakt. Wenn ich alleine ausgegangen bin, bin ich nicht mehr mit derselben Ungezwungenheit durch weiße Wohngebiete gegangen, die ich früher hatte. Ich bin seither nicht verhaftet worden. [...] Ich bin nie mehr so durch Chicago gegangen wie ich's früher getan habe.
Wieder an der Universität hat mich die Neue Linke völlig abgestoßen. Ich meine, man ist zu einer Versammlung gegangen und da waren grundlose Belästigungen. Leute haben all diese tolle Rhetorik gequatscht, heldenhaftes Zeug, wirklich ganz entlegenes, radikales Zeug, das über meine Erfahrung hinausging. Wirtschaftlicher Radikalismus, marxistische Doktrinen. Das war nicht, wo ich mich befand. Und die Leute, die die verkündet haben, haben mich ganz einfach abgestoßen. Ich meine, das ist die Art von Leuten, die vorgeben, daß sie die Menschheit lieben, aber Menschen nicht mochten. Als Individuum konnte man ihnen einfach nicht nahekommen. In ihrer Art waren sie kalt. Ich hab mich einfach rausgehalten [...]

Fall Nr. 105

Ich hab nie daran gedacht, ein Kriegsdienstverweigerer aus Gewissensgründen zu werden, bis ich mich zur Musterung gemeldet habe. Und wenn Sie mich gefragt hätten, hätte ich gesagt »was ist ein Kriegsdienstverweigerer?«. Aber wie ich mich einschreiben mußte, habe ich gesagt »was zum Teufel ist dieses Zeug?« und dann hab ich angefangen, darüber nachzudenken (die Musterung). Wenn Sie mich damals gefragt hätten, ob ich mich weigern würde, in die Armee zu gehen, hätte ich wahrscheinlich geantwortet »das ist etwas, worüber ich nachdenken müßte, aber das ist durchaus möglich«. Wissen Sie, ich habe nicht gejagt oder gefischt und ich habe nicht einmal Insekten getötet. Wissen Sie, wenn eine Spinne in mein Zimmer gekommen wäre, hätte ich sie aufgehoben und sie wieder rausgeworfen. Wissen Sie, ich hab immer gewußt, daß ich nicht gerne, äh, ich hab mich immer in den andern reinversetzt und sobald ich gelernt hatte, was ein Kriegsdienstverweigerer war, was weniger als ein Jahr später war, hab ich gedacht »ich muß mehr darüber herausfinden, weil ich ein Kriegsdienstverweigerer sein könnte«. Ich bin aber kein Pazifist. Da gibt's einen Unterschied, weil ich noch immer Football spiele (professionell) und Karate, was beides körperlich gewalttätige Sportarten sind.

Dann im College habe ich angefangen, eine Menge darüber nachzudenken. Ich hab 'ne Menge Sachen gelesen, aber Bertrand Russell war derjenige, der mir die Augen geöffnet hat. Ich bin dem ROTC beigetreten und hab dann aufgehört und hab dem Kommandanten erzählt, daß ich aufhöre, weil ich beschlossen hatte, daß ich ein Kriegsdienstverweigerer war [...] Ich habe einen Strafzettel wegen falschen Parkens bekommen, den ich nicht verdient hatte [...] und ich hab mich für nicht schuldig erklärt und wie es dann zur Gerichtsverhandlung kam, wurde ich für schuldig erklärt. Ich hab' dem Richter erklärt, daß es dort kein Zeichen gab und ich wußte, daß ich recht hatte. Und ich hab eine Strafe von 3 Dollar bekommen. Ich weiß nicht, warum ich nur eine 3-Dollar-Strafe bekommen habe. Ich glaube, es war eine Richterin, sie hat mir irgendwie halb geglaubt. Aber jedenfalls hab ich gesagt »ich kann diese Strafe nicht bezahlen« und sie hat gesagt »warum nicht? Haben Sie kein Geld?«. Ich hab gesagt »ja, ich habe Geld, aber ich habe nichts falsch gemacht«. Da mußte ich einen Tag ins Gefängnis. Das war irgendwie der Anfang.

Fall Nr. 112

Diese erste Demonstration, an der ich mich beteiligt habe, war im Herbst 1966 im ersten Trimester meines vorletzten Jahres (in der High School). Davor hatte ich schon meine Abneigung gegen den Vietnamkrieg geäußert. Ich hatte eine Abneigung dagegen, daß die Kommunisten vielleicht das Land beherrschen würden, aber gleichzeitig auch, daß die Vereinigten Staaten ihre Werte und Systeme wieder jemand anderem aufzwängen und dabei Diktatoren unterstützen.

Na ja, 1962 oder 1963, es war entweder die Schweinebucht oder die Raketenkrise und ich habe argumentiert, daß es ein Fall von Intervention in die Angelegenheiten eines anderen Landes war. Das war im 7. Schuljahr. Aber ich hab eine Art Glücksgefühl gehabt, daß wir es den Kommunisten gezeigt haben. Wissen Sie, es war irgendwie so, es ist nicht richtig, daß wir dort sind, aber ich bin irgendwie froh, daß es so ausgeht, wie es ausgegangen ist, daß man die Kommunisten los wird. Ich würde sagen, von 1963 an ist mein politisches Bewußtsein sichtbar gewachsen. Wir haben in der Klasse mehr über Vietnam gesprochen. Ich wußte damals nicht, wo Vietnam ist. Diem wurde gestürzt und man hat viel darüber gesprochen, daß der CIA seine Hand im Spiel hat ... Wenn jemand die amerikanische ›Kanonenbootdiplomatie‹ in Südamerika studiert und fähig ist, sie zu verdammen, und jeder in der Klasse hat sie verdammt, warum verdammen sie dann nicht, was wir heute tun?

Na ja, dann im Herbst, in meinem vorletzten Jahr, haben wir einen Kurs in amerikanischer Geschichte genommen, der einem im College angerechnet wurde. Wir haben Geschichte auf eine Art und Weise studiert, wie ich es nie vorher getan hatte. Ich hatte immer angenommen, daß Geschichte bekannt ist und dann kam man drauf, daß es keine zwei Historiker gibt, die über irgendwas einer Meinung sind. Ich hab aktiv an Diskussionen und den Auseinandersetzungen in der Klasse teilgenommen und am Ende des Jahres sind wir dann zur Außenpolitik des 20. Jahrhunderts gekommen und ich glaube, daß ich der führende Exponent der Opposition gegen den Vietnamkrieg war, während der Lehrer ihn unterstützt hat.

Fall Nr. 115

Am 21. Oktober sind wir nach Washington und dort hab ich meinen Musterungsbefehl verbrannt. Das war jetzt die erste wirklich radikale Sache, die ich gemacht hatte. Da hat sich in mir etwas entwickelt, das mir gar nicht so ungewöhnlich schien. Es schien so ziemlich ein Teil von mir zu sein. Ich kann mich nicht so genau daran erinnern, außer daß ich gründlich angeekelt und beängstigt war von dem, was ich dort gesehen habe [...] Es ist gefährlich geworden. Leute waren sehr schwer verprügelt worden. Die Leute hatten angefangen, sich sehr zu fürchten wo ich war und fingen an, wegzugehen. Wir waren ursprünglich 1000 und waren vielleicht auf 500 zusammengeschrumpft und ich hab gesehen, daß es absolut notwendig war, zu bleiben. Äh, ich konnte nicht einsehen, warum die Leute weggegangen sind. Der Wert der Demonstration wäre flötengegangen, wenn wir einfach so viel Angst gehabt hätten und weggegangen wären. Da hab ich mit einigen Leuten gesprochen, mit denen ich zusammen war. Einige von den Professoren hatten beschlossen zu bleiben. Dann haben Leute immer noch Vorträge darüber gehalten, daß man weggehen sollte, wir würden umgebracht werden. Und dann ist jemand aufgestanden und hat gesagt »wir sollten hier bleiben«. Und ich hatte das Gefühl, daß er die Menge nicht befriedigt und ich bin aufgestanden und, äh, ich hab den Leuten gesagt, daß sie dableiben sollten. Ich hab ihnen erzählt, wenn uns irgendwas passiert hier, daß die Leute von zu Hause unseretwegen kommen und uns unterstützen. Und dann hat sich dieser Typ hingesetzt und alle haben beschlossen zu bleiben. Das war, als die Soldaten angefangen haben, sich uns zu nähern. Wir waren umzingelt, irgendwie zusammengepfercht. Alle haben erwartet, daß sie getötet würden und, na ja, die Soldaten sind nie gekommen. Sie haben angehalten. Aber das Gefühl, einander zu halten und wenn man die Soldaten kommen sieht, ist ein sehr, sehr warmes Gefühl. In der Nacht haben

8 oder 9 Leute eine Decke geteilt. Mädchen und Jungens und Lehrer und alle haben einfach die Decken geteilt.
Also, über die Weigerung, einzurücken. Das war 'ne wichtige Erfahrung. Ich wollte in dem Fort (Fort Hamilton, Einberufungszentrum) bleiben, bis ich mit den Einberufenen sprechen konnte. Na ja, man kriegt eine Gesundheitsuntersuchung für die Einberufung. Ich hab mich geweigert, wissen Sie, zu urinieren. Da haben sie mich unten behalten. Ich hab denen gesagt, daß ich nervös bin und, äh, daß es eine traumatische Erfahrung für mich war und deshalb konnte ich nicht urinieren. Sie haben das akzeptiert und haben gesagt, warte einfach ein bißchen. Sie haben mir immer wieder Wasser gegeben und ich hab ihnen gesagt, tut mir leid, ich kann nicht. Seit der Zeit habe ich unten gesessen und mit den Leuten, die untersucht wurden, diskutiert. Jeder wußte, wer ich war und daß da unten jemand war, der gegen den Krieg war. Ich bin rumgezogen in verschiedenen Büros, und das ganze Fort hat mich kennengelernt. Ich hab mit 'ner Menge Leute geredet und ich hab niemanden gefunden, der dafür war (den Krieg) und in 2 Tagen waren das ungefähr 300 Leute [...] Sie haben die Einberufung angenommen, weil sie Angst hatten. Sie waren sehr gegen den Krieg. Ich war sehr traurig, wie sie einfach fraglos die Einberufung akzeptiert haben. Ich hab herausgefunden, daß diejenigen, die sich freiwillig gemeldet haben, nicht deswegen der Armee beigetreten sind, wissen Sie, um kämpfen zu gehen. Sie wollten eine Ausbildung haben. Deshalb sind sie beigetreten. Also, laß mal sehen. Sie haben mich über Nacht in den Baracken behalten, zusammen mit Leuten, die auf die Versetzung gewartet hatten. Viele von ihnen waren in Vietnam gewesen. Manche von ihnen waren verwundet gewesen und manche hatten gesehen, wie ihre Kumpels getötet werden. Wissen Sie, sie konnten mich einfach nicht tolerieren, aber sie hatten auch keine Begründungen für den Krieg, was sehr traurig war. Da sind sie ohne jeden Grund in die Schlacht gezogen. Da war dieser eine Typ. Er war 17 Jahre lang im Militär gewesen. Er hatte alle möglichen Narben auf seinem ganzen Körper und sollte in zwei oder drei Wochen rüber nach Vietnam. Sie trinken alle. Alles Trinker. Die ›Lebenslänglichen‹ sind's sowieso und diejenigen, die nicht ›lebenslänglich‹ sind, fühlen sich einfach total verloren und haben keine Idee oder Ahnung von dem, was sie tun oder was sie tun sollten. Da war dieser andere ›Lebenslängliche‹, der 27 Jahre drin gewesen war, und er wartete auf die Entlassung aus gesundheitlichen Gründen, weil er Alkoholiker war. Wie er gehört hat, worüber ich rede, ist er von seinem Lager aufgesprungen und, wissen Sie, in Karatestellung gegangen und ich war mir ganz sicher, daß irgend etwas passieren würde und dann ist er rüber zu mir gelaufen und auf meine Koje raufgesprungen. Ich dachte, daß er mich töten würde und dann hat er sich irgendwie entspannt und gesagt »ich will mit dir reden«. Na ja, wir haben nicht viel geredet, weil er ziemlich unzusammenhängend geredet hat und sich nicht so lang auf das Gespräch konzentrieren konnte. Sein Denken war wirklich beeinträchtigt [...] Dieser eine junge Typ aus Deutschland, der gerade zurückgekommen war. Er war 2 Jahre lang im College gewesen. Ich weiß nicht, wie er ein Soldat geworden ist. Äh, er sagte, während er in Deutschland

stationiert war, wie der Aufruhr war vor ein paar Monaten, sagte er, daß sie »draußen aufgestellt wurden und wir waren ungefähr 1000 und sie waren 10 000«. Er spricht über die Studenten. »Und ich hatte ein Gewehr in der Hand und ich wollte niemanden töten. Jesus, ich wollte nicht einmal in die Armee eintreten. Ich hatte ein Metallstück in meinem Schädel und mein Bein ist schlecht.« Und dann hat er angefangen zu weinen und zu erzählen. Da war ein anderer Typ, gerade 17, der eingetreten ist und sich zwei- oder dreimal unerlaubt von der Truppe entfernt hatte. Einfach ein winzig kleiner Junge. Dann hatte er einen anderen Freund, der 17 war. Einfach kleine Kinder. Da hab ich eine ungefähre Ahnung von dem gekriegt, woraus sich die Armee zusammensetzt. Dann am nächsten Tag haben sie mich wieder runtergeholt zur Untersuchung und ich hab ihnen erzählt, daß ich nicht urinieren konnte und hab wieder mit den Leuten dort gesprochen [...] Ihnen haben die Unterhaltungen Spaß gemacht. Gelegentlich ist der Oberst runtergekommen und hat gefragt, was los ist. Und ich hab ihm erzählt, daß ich nicht urinieren kann. Sie können dich nicht zwingen, irgendwas zu tun und sie können dich nicht aus dem Fort verjagen, weil sie ihre Sache vervollständigen müssen.

Dann bin ich nach Washington gegangen für die ›Kampagne der armen Leute‹. Dadurch wurde ich mit einer neuen Art von Menschen bekannt. Und dann sind wir ins Gefängnis gegangen. Ich war zehn Tage im Gefängnis. Wie wir zuerst verhaftet worden sind, gab's da Frauen, 80jährige und Mütter mit ihren kleinen Kindern [...] Na ja, es war der letzte Tag und alle mußten aus der ›Stadt der Auferstehung‹ raus und wir sind zum Kapitol gegangen, um Kongreßmitgliedern und anderen Regierungsbeamten eine Bittschrift zu überreichen. Das durfte man nicht. Man brauchte irgendeine Art Genehmigung, und da sind wir verhaftet worden. Das war ein Akt des bürgerlichen Ungehorsams, ganz einfach die Regierung um Dinge zu bitten, die uns zustehen. Es waren wirklich erschreckende Erfahrungen in der ›City‹. Da waren 1500 Soldaten dort. Einfach in Reih und Glied sind die gegangen, und sie haben nicht wie Männer ausgesehen. Sie hatten Masken auf dem Gesicht und Schrotflinten und kugelsichere Westen. Ziemlich erschreckend anzusehen. Und wie ich aus der Innenstadt raus bin, sie hatten in der Nacht Tränengas geschossen, ungefähr um 2 Uhr in der Früh, also rundherum ohne jeden Unterschied. Kleine Kinder. Was ich gehört habe, war, daß vielleicht ein kleines Kind an dem Tränengas erstickt ist. Es war so, wie wenn man bombardiert wird. Ich war nie wirklich in einer Situation, wo ich bombardiert worden bin. Jeder drängt sich irgendwie zusammen und weiß nicht, wohin man gehen oder was man tun kann. Man weiß nicht, was passieren wird und es hat eine vage Ähnlichkeit mit einer vietnamesischen Stadt oder einem vietnamesischen Dorf, das bombardiert wird. Man kann sich einfach vorstellen, wie Menschen herumrennen, nachdem ihre Arme und Beine abgerissen worden sind. Wie wir verhaftet worden sind, waren auch Blinde dort. Ein blinder Mann war zehn Tage mit mir im Gefängnis. Und diese alten Frauen und diese jungen Frauen mit ihren kleinen Kindern. Zuerst haben wir in einer Zelle mit 1,50 Meter mal 2,50 Meter mit 8, nein mit 6 Leuten zusammengesteckt. Da hatten wir einfach keinen Platz, um zu sitzen oder kaum, um zu stehen und es war wahnsinnig heiß. Es war wirklich sehr unangenehm und wir haben 2 Tage lang nichts außer 2 mickrigen Sandwiches zu essen gekriegt. Es war sehr erniedrigend. Dann haben sie uns an einen anderen Ort gebracht mit ungefähr 70 Leuten, wo es keinen Platz gab, um zu schlafen. Äh, kaum, um zu stehen, sehr kalt und wieder nichts zu essen. Und dann haben sie uns an einen andern Ort geschleift, wo wir endlich Betten hatten und, äh, dort haben wir was zu essen gekriegt. Na ja, dann hatten sie uns befohlen, zu arbeiten und wir haben uns geweigert, zu arbeiten. Aber bevor wir uns geweigert haben zu arbeiten, haben wir uns geweigert zu essen. Da haben wir ein viertägiges Fasten gemacht und sie haben uns unsere Privilegien entzogen [...] Dann, am letzten Abend bin ich in etwas verwickelt und ins Loch gesteckt worden. Das ist eine Zelle ohne Bett, einfach ein Betonboden mit einer Kloschüssel. Ich kann mich erinnern, daß es ungefähr so breit war wie meine ausgestreckten Arme. Ich konnte so ungefähr die Decke mit meinen Händen erreichen. Sie ziehen dir all deine Kleider aus und sie lassen dich zurück, nur mit deinen Unterhosen an. Eine komische Sache dabei war, daß meine Unterhose halb zerrissen war, so daß ich in der Nacht eine kalte Gesäßbacke hatte. Die Fenster sind offen, und die wollen dich absichtlich leiden lassen... Aber jetzt kann ich irgendwie mit Leuten mitfühlen. Solche Sachen passieren jetzt seit langem und das war die erste derartige Erfahrung, die ich durchgemacht hatte. Na ja, ein paar junge Typen hatten die Wächter gepiesackt. Sie konnten sich einfach nicht beruhigen, und ich konnte nicht schlafen. Da bin ich aufgestanden und hab aus dem Fenster rausgeschaut und die Wächter sind reingekommen und haben gedacht, daß ich einer von den Typen war, die sie gerade gestört hatten.

Fall Nr. 122

B: Kurz nachdem ich meinen Musterungsbefehl verbrannt hatte, hatten wir eine Konfrontation mit Armeewerbern auf dem Campus. Und 30 von uns sind verhaftet worden. Kurz danach bin ich von der Universität abgegangen. Das war das erste Mal, daß einer von uns eingesperrt worden war. Die Leute in der Uni, die Professoren, haben die Kautionen für uns gestellt. 30 von uns, für jeden 100 Dollar. Sie haben in 2 Stunden 3000 Dollar für uns zusammengekratzt und uns rausgekriegt. Wir hatten lange Diskussionen darüber, was wir tun sollten und haben zum Schluß einen Rechtsanwalt genommen. Wir alle haben damit angefangen, uns für nicht schuldig zu erklären. Die meisten von den Jungs sagten, daß sie nicht genug Geld hatten, um den Rechtsanwalt zu bezahlen. Er wollte 1000 Dollar. Zum Schluß habe ich eine Menge Geld von meinen Eltern gekriegt, 200 Dollar, was eine Anleihe sein sollte. Mein Teil der Rechtsanwaltskosten war 50 Dollar. Ich habe 200 Dollar gegeben und an sich sollten's mir dir Jungs zurückzahlen. Na ja, sie haben's nie getan. Zum Schluß haben 25 von den 30 Jungs sich für schuldig erklärt. Die Verhaftung selbst hat wirklich die Uni radikalisiert. Hat Leute zum Denken gebracht. Egal, wo man auf dem Campus hingegangen ist, haben Leute darüber geredet. Wissen Sie, über den Krieg, ob's in Ordnung war, den

Tisch der Armeewerber zu blockieren oder nicht. Eine Menge Leute haben gesagt, daß sie gegen den Krieg seien, aber »ich glaube nicht, daß wir den Tisch der Armeewerber blockieren sollten«. Jedenfalls haben die meisten von den Jungs gesagt, daß sie nicht genug Geld hätten, um den Rechtsanwalt zu bezahlen und sich für schuldig erklärt, 25 von ihnen haben sich für schuldig erklärt. Sie haben eine Strafe von 50 Dollar bekommen und sie bezahlt. Die ganze Zeit über hatten sie gesagt, ich hab keine 50 Dollar, um den Rechtsanwalt zu bezahlen, aber als es dazu kam, die 50 Dollar zu zahlen, um sie aus dem Gefängnis herauszukriegen, peng (klatscht in die Hände) hatten sie ihre 50 Dollar. Und sie haben sie ohne Bedenken bezahlt. Sie haben sich dazu entschlossen, sich dann für schuldig zu erklären, weil, wenn sie bei ihrer Erklärung geblieben wären, nicht schuldig zu sein, hätten sie irgendwann mitten im Sommer zu ihrer Verhandlung zurückkommen müssen und es hätte eine längere Strafe bedeutet. Da haben sie sich gedrückt. Es hat mich angeekelt. Na ja, 5 von uns sind dabei geblieben, daß wir nicht schuldig waren. Wir 5 wurden für schuldig befunden. Es war Juli, grade gegen Ende Juni. Ich war in dem Jahr am 4. Juli (Nationalfeiertag) im Gefängnis. Sie haben uns auch eine Geldstrafe von 50 Dollar verpaßt und zwei von uns haben sich geweigert, die Strafe zu bezahlen. Aber das waren nicht die verdammten Typen, die auf dem Campus so hart gearbeitet haben. Die haben sich alle gedrückt. Die haben alle irgendwas über ihre Jobs gemurmelt und, äh, die Uni und daß sie nicht 10 Tage lang ins Gefängnis gehen könnten. Na ja, ich hab in dem [...] Yachtclub gearbeitet und wenn ich dann gleich 10 Tage abgesessen hätte, bedeutete das, daß ich meinen Job verliere und daß ich am Wochenende des 4. Juli im Gefängnis sein würde, wo ich ziemlich sicher vielleicht 200 Dollar an einem Wochenende verdient hätte. Und ich hab beschlossen, die Strafe nicht zu bezahlen, aus vielen Gründen. Aber in erster Linie, weil ich mich nicht schuldig fühlte. Und ich hab mir gedacht, wenn ich für meine Handlungen im Zusammenhang mit der Musterung sowieso Gefängnis kriegen würde, sollte ich mir besser ansehen, wie das aussieht. Da hab ich's getan [...]

Das ist etwas, was mich immer gestört hat. Da gibt's angeblich Leute, die sich wirklich einsetzen. Nee, Junge. Die werden verhaftet und dann drücken sie sich! Sie erklären sich für schuldig. Tun alles, nur um herauszukommen. Sie zahlen ihre Strafe. Sobald sie in etwas drin sind, was sie ein bißchen von sich selbst kosten würde, fangen sie an zu winseln. Und ich halte das für krank. Das ist krank. Ich war in diesem Sommer nur kurze Zeit wieder auf dem Campus. Ich hab mich einfach umgesehen. Eine Menge von diesen Jungs sind von der Uni abgegangen und waren in so einer Friedensgruppe aktiv. Zuerst einmal sahen sie verdammt schmierig aus. Die schrecken jeden ab. Und sie tun überhaupt nichts. Sie lungern in der Stadt rum, arbeiten nichts, rauchen Hasch – stoßen einfach andere Leute ab. Da war niemand auf dem Campus, der sich wirklich eingesetzt hat. Das hat mich ein bißchen krank gemacht. Sie haben über Verpflichtung geredet, aber nicht nach der Verpflichtung gehandelt.

Später habe ich von dem ›Pentagon-Marsch für den Frieden‹ erfahren und beschlossen, mich ihm anzuschließen. Der wurde von dem ›Neu-England-Komitee für gewaltlose Aktion‹ organisiert. Ich bin runtergefahren und hab mich ihnen angeschlossen. Und ich war von ihrer Einsatzbereitschaft beeindruckt. Diese Leute waren echt. Es war ihre Politik, keine Kaution zu bezahlen und keine Strafe. Sie waren alle Pazifisten und gewaltlos. Und ihnen waren Menschen wirklich wichtig. Das war noch was, was mich an den Leuten auf dem Campus gestört hat, die gesagt haben, daß sie Peaceniks sind. Man konnte die Feindseligkeiten in ihnen sehen und den Haß. Und trotzdem haben sie angeblich versucht, den Frieden zu bringen. Das hat mich wahnsinnig gestört. Aber diese Leute bei dem Marsch waren wunderbare Menschen. Ich kann mich erinnern, einen Brief geschrieben zu haben, daß sie im Vorbeigehen Liebe um die Telefondrähte winden.

Ich sollte eine Weile für den Yachtclub arbeiten und einen Tender fahren, aber ich hab den Job verloren, weil ich 10 Tage im Gefängnis war. Nicht nur das, ich sollte in dem Jahr für die New Yorker Vereinigung für gehirngeschädigte Kinder arbeiten, aber als ich meinen neuen Musterungsausweis zurückgab, einen 1-A, und das hat die großen Zeitungen ziemlich beschäftigt, haben sie mich gebeten, meinen Vertrag zurückzuziehen, weil sie sagten, daß es schädlich für sie wäre, wenn sie Geldmittel brauchten. Es kam in die Zeitungen, daß ich im Sommer dort mit den gehirngeschädigten Kindern arbeiten sollte und ein Verweigerer war. Da hab ich meinen Vertrag gelöst. Und dann hab ich hier als Freiwilliger für zerebralgelähmte Kinder gearbeitet, ohne Geld zu verdienen.

Ich bin zu dieser Farm in Connecticut gefahren, um mehr über Gewaltlosigkeit zu lernen und dann bin ich von Demonstration zu Demonstration gezogen. Zwei Tage, nachdem ich zu der Farm gefahren bin, bin ich bei einem Bürgerrechtsmarsch verhaftet worden, wo wir hingegangen sind in der Absicht, ihn gewaltlos zu halten. Wir hatten die Absicht, ihn gewaltlos zu halten. Ich wurde von einem Polizisten verhaftet. Die schwarzen Demonstranten sind marschiert, um gegen Polizeibrutalität zu protestieren. Sie wollten von dem schwarzen Teil der Stadt in den weißen Teil der Stadt zum Haus des Bürgermeisters marschieren und wie wir versucht haben, aus dem schwarzen Teil der Stadt rauszukommen, hat die Polizei sie angehalten und angefangen, sie zurückzudrängen. Der Polizist ist auf mich zugekommen und hat gesagt, »geh zurück« und ich hab gesagt, warum? Und dann haben sie gesagt, geh zurück und ich hab gesagt, warum? Und dann haben sie mich in eine grüne Minna gesteckt. Das war das erste Mal, daß ich absolut nicht kooperiert hatte. Ich bin nicht gegangen. Ich hab nicht gegessen. Sie haben mich grün und blau geprügelt. Das erste Mal, daß ich von den Bullen verprügelt worden bin. Wirklich wehgetan! Die haben mich wirklich verletzt. Sie haben mich nie vor Gericht gebracht. Und sie haben mich 10 Tage lang in der Einzelzelle behalten. Dann haben sie mich schließlich gehen lassen. Sie haben die Anklage fallenlassen. Sechs Typen haben mich durchgewalkt, mich getreten und geschlagen und eins von den Dingen, die sie angewendet haben, war ein ›Dreher‹. Das ist ein Apparat, den man unterm Arm herumdrückt und sie drücken ihn zusammen und schleppen dich da dran. Das war das erste Mal, daß der an mir angewendet worden ist. Sie haben ihn in Washington, D.C. an mir angewendet. Tut wirklich weh. Und mein Arm ist auch wirklich davon angeschwollen. Und sie haben meine Finger zurückgebogen und meinen Arm verdreht und blah! Sie haben versucht, mich dazu zu kriegen, zu gehen. Ich habe nicht kooperiert. Sie wollten, daß ich die Stiegen raufgehe ins Gefängnis und ich hab's nicht getan. Und anstatt, daß sie mich da einfach raufgetragen hätten, haben sie eine halbe Stunde damit verbracht, mich zu verprügeln. Sechs Stück. Schließlich haben sie mich da raufgekriegt, indem sie meinen Arm verdreht haben, mich mit dem Dreher raufgeschleppt. Sie hätten mich genauso leicht einfach da rauftragen können. Sie hatten einen Aufzug. Aber sie haben mich manchmal direkt in den Mund geschlagen. Sie hatten einen anderen Gefangenen, und dem waren am Rücken Handschellen angelegt. Er war schwarz. Sie haben mich in ihn reingeknallt. Haben mich einfach irgendwie gepackt und mich in ihn reingeschubst. Und dann haben sie gesagt, warum bist du in ihn hineingerannt? Und ich hab gesagt, ihr habt mich in ihn reingestoßen. Und dann haben sie gesagt, lüg mich nicht an und haben losgejault und mir auf den Mund geboxt. Ich konnte es nicht glauben, daß so was passieren konnte. Das war noch eine Desillusion. Das war in Hartford, Connecticut. Sehen Sie, für mich war's 'ne Serie von Desillusionen. Zu Anfang habe ich geglaubt, daß dieses Land, absolut an dieses Land geglaubt und an das, wovon es sagte, daß es dafür einsteht und dann war da eine Serie von Desillusionen. Angefangen mit dem Krieg und dann dieses Verprügeltwerden war noch eine. Das war das erste Mal, daß mir bewußt geworden ist, daß die Bullen nicht meine Freunde sind. Und sie haben mir wirklich weh getan. Und dann haben sie mich schließlich gehen lassen. Sie hatten mir Gefängniskleidung gegeben, die ich nicht tragen wollte. Ich war sowieso in einer Einzelzelle für die ganzen 9 Tage, einfach in meiner Unterwäsche. Und sie haben mich einfach dort gelassen, um nachzudenken. Eines von den Mädchen war verwundet worden. Ihr Kopf war geplatzt, wie sie sie geworfen haben. Ihr Schädel war in dem Gefangenenauto gesprungen. Sie haben ihr keine ärztliche Hilfe gegeben, und es ist in die Zeitung gekommen und so. Und sie ist bewußtlos geworden und schließlich haben sie sie ins Krankenhaus gebracht. Sie war eine Weile blind.

Ich habe mitgeholfen, eine Demonstration gegen das Schlachtschiff USS New Jersey zu planen, während der Wiedereinstellungszeremonie in Philadelphia, am 6. April. Ich wurde verhaftet, weil ich vor der USS New Jersey ein Kanu gepaddelt habe, mit einem Schild, auf dem draufstand: »Stop War«. Sie haben mich wegen Verletzung des Spionagegesetzes von 1917 angeklagt. Aber sie haben die Anklage nach ein paar Tagen fallenlassen. Die Farm, wo ich gelebt habe, in Voluntown, Connecticut, wurde von Minutemen angegriffen (rechtsgerichtete, schwerbewaffnete Geheimorganisation. Anm. d. Übers.), die Polizei hatte vom FBI einen Hinweis bekommen, daß der Angriff stattfinden würde und den Ort mit Polizei besetzt, ohne uns zu erzählen, daß der Angriff erfolgen würde. Die Minutemen sind in die Farm gekommen. Sie hatten Maschinengewehre, Gewehre aus dem Ersten Weltkrieg, Bajonette und Benzin. Natürlich ist es jetzt schwer zu sagen, was sie beabsichtigten, aber es sieht so aus, als ob's ihre

Absicht gewesen wäre, jemand zu verletzen. Die Polizei ist reingekommen. Da war ein wildes Hin- und Her-Schießen. Ein Minuteman ist ins Gesicht geschossen worden, und er wird nie mehr sehen können. Eine von den Frauen auf der Farm wurde zufällig von der Polizei erschossen, drei andere Minutemen wurden verwundet. Soweit man herausfinden konnte, hatte ein Minuteman einen Schuß abgegeben. All die andern Schüsse wurden von Polizisten abgegeben. Sie fanden nur eine einzige Patronenhülse irgendeiner Art, die von einem Minuteman abgefeuert worden war. Bei dem Marsch auf das Pentagon am 21. Oktober wurden 700 Leute hops genommen. Ich war einer von ihnen. Eines von meinen Hauptzielen, warum ich da hingegangen bin, war, es gewaltlos zu halten und ich habe überhaupt das Gefühl, daß es wichtig war, das zu tun. Und es war phantastisch [...] Mit all diesen Leuten, und es war im Grunde genommen eine gewaltlose Sache. Tausende von Leuten sind auf dem Pentagon gesessen. Ich habe 19 Tage im Gefängnis verbracht da unten, 4 davon in dem Loch ohne Wasser. Dann habe ich aufgehört, Wasser zu trinken und ich wurde ins Krankenhaus gebracht und zwangsweise gefüttert. Ich habe wieder nicht kooperiert. Ich habe auf dem Parkplatz im Pentagon gesessen. Sie haben auch gelogen. Das ist noch eine Desillusion. Ich habe dort gesessen, mit meinem Rücken zu einem MP (Militärpolizist). Ein MP ist vorbeigekommen, hat mich am Kragen geschnappt, mich unter einen Tiefladelastwagen geschleppt und mich dafür verhaftet, daß ich gegen, in eine Polizeiabsperrung gegangen bin. Ein Marshall ist tatsächlich während meiner Verhandlung in den Zeugenstand getreten und hat ausgesagt, daß ich rückwärts gekrochen bin, auf meinem Rücken unter diesen Tiefladerwagen durch die Polizeiabsperrung durch. Und ich habe gesagt, daß ich an meinem Kragen geschleppt worden bin. Und sie haben gesagt, wir wären schuldig. Noch eine Desillusion. Diese Typen können nicht verstehen, daß sie gelogen haben. Jetzt ist es ziemlich gang und gäbe. Ich hab's ziemlich oft passieren sehen. Bullen gehen in den Zeugenstand und lügen! Und dann sollen sie angeblich das Gesetz unterstützen. Und die Richter wissen, daß sie lügen. Jeder weiß, daß sie lügen. Eine miese Angelegenheit. Siebenhundert junge Leute sind verhaftet worden. Ich war nicht kooperativ. Damals hab ich nicht einmal meinen Namen angegeben. Sie haben uns längere Zeit in Schlafsälen in Virginia behalten.

I: Schlafsäle?

B: Ja. Akagwan, Virginia. Das ist ein fort-ähnliches Gefängnis, das sie außerhalb von Washington haben. Und sie haben den Großteil der Verhafteten in große Schlafsäle gesteckt. Das war irgendwie angenehm (lacht). Einmal sind 50 von uns zusammengekommen. Sie hatten nicht einmal Gitter an den Türen, aber sie hatten 4 Wächter, die dort in einem Büro gesessen sind, um uns davon abzuhalten, rauszukommen. Wir konnten in so einen Innenhof hinausgehen. Dann hatten sie noch mehr Gitter, wo wir durchgehen mußten, um schließlich rauszukommen in die Freiheit. Aber äh, 50 von uns haben beschlossen, zusammenzukommen und ein Kriegstribunal abzuhalten. Alle zusammen. Und ich habe es angeführt. Und wir sind – schwupps! – direkt zur Tür rausgegangen. Aber diese

Wärter haben sich wirklich aufgeregt und auf uns losgeschlagen, wissen Sie, und dann hatten wir eine Konfrontation. Äh, ich hab dann ganz schnell gedacht. Hier sind wir alle gesessen. Wie uns einmal ein Bulle gestoppt hat haben wir uns alle 50 auf dem Korridor hingesetzt. Alle 50. Und der Direktor des Gefängnisses ist vorbeigekommen. Und ein paar von den Typen hatten nicht die Genehmigung zum Telephonieren erhalten. Sie waren bereit, zum Richter hineinzugehen, aber sie waren noch nicht zum Richter genommen worden. Und da hab ich gesagt »na ja, laßt diese Typen telephonieren, laßt sie zum Richter gehen und wir gehen zurück in die Schlafsäle«. Ich hab ganz plötzlich aus der Situation heraus daran gedacht (lacht). Mein einziger Zweck, warum ich diesen Kriegspfad angeführt habe, war, äh, ich wollte hinausgehen. Weil ich glaube, daß es wichtig ist. Man unterwirft sich nicht sanftmütig der Tatsache, daß man in einen Käfig eingesperrt ist. Und ich dachte, daß es gut war, daß wir (leises Lachen) irgendwie unsere Gefühle gezeigt haben, indem wir so hinausgegangen sind. Da hab ich diese Anforderungen gestellt und einige andere auch und sie wurden erfüllt! Und es war offensichtlich, daß die Anforderungen erfüllt würden. Ich sagte »wollt ihr wieder zurück hineingehen?« und die Typen haben gesagt »ja«. Da sind wir wieder hineingegangen. Und es gab keinen zwingenden Grund dafür, daß ich das getan hatte. Ich habe nicht kooperiert. Meine allgemeine Politik im Gefängnis ist, daß ich nie um etwas bitte. Ich bitte nie um etwas. Andere Typen – besonders normale Gefangene im Gegensatz zu Demonstranten – verbringen viel Zeit damit, daß sie schreien »gib mir Zigaretten! Gib mir dies und gib mir das!« Ich hab nie um etwas gebeten. So wollte ich nie irgend etwas von ihnen und da hab ich nichts gebraucht. Ich hatte keine Forderungen für mich selbst, aber diese anderen Typen. Der Direktor des Gefängnisses hat einen von seinen Trabanten hineingeschickt, um mich zu holen »komm da raus und rede mit dem Direktor!«. Und ich hab hinausgeschaut in dieses kleine Büro. Und da war der Direktor von vieren seiner Trabanten umgeben und ich wußte, daß sie mich ausquetschen würden [...] »Sag dem Direktor, er soll hier hereinkommen« (lacht). Und er hats getan. Er ist in den Schlafsaal gekommen, und der Direktor hat irgendsowas gesagt: »Na ja, was hast du für Probleme? Wir wollen diese Art von Ruhestörung nicht. Gibt's da irgend etwas, womit ich dir helfen kann?« Und ich sagte »ich hab keine Probleme, aber ein paar von diesen Typen vielleicht«. Alle haben sich rundherum hingestellt. Er hat eine halbe Stunde damit verbracht, mit diesen Typen zu reden. Viele von ihnen waren zum ersten Mal verhaftet worden, und in der Zwischenzeit bin ich raus und eingeschlafen (lacht). Ich war müde. Ich hatte die zwei Wochen vor der Demonstration damit verbracht, daß ich herumgerannt bin und Vorträge über Gewaltlosigkeit gehalten habe. Ich war die ganze Nacht aufgewesen. Die Nacht vor der Demonstration. Und ich hatte schwer gearbeitet, um die Demonstration gewaltlos zu halten. Da bin ich eingeschlafen und hab die ganzen zwei Tage, die ich da draußen war, geschlafen. Und dann haben sie mich in das Gefängnis in Washington, D.C. übergeführt. Und zu dem Zeitpunkt waren die meisten der 700 Leute entlassen worden. Wir haben entweder 10 Dollar Strafe gezahlt oder Kaution hinterlegt oder sind vor Gericht gegangen. 11 von uns haben sich geweigert, vor Gericht zu gehen. Und sie haben gesagt, daß sie uns nicht vor Gericht bringen würden, um angeklagt zu werden – ich glaube, daß das illegal ist, wenn ich so sagen darf – aber sie wollten uns nicht vor Gericht bringen, bis wir bereit wären, dorthin zu gehen. Na ja, wir sagten, daß wir nicht dorthin gehen würden. Und wir haben keine Gefängnisuniformen getragen. Und wir haben es uns nicht gefallen lassen, Fingerabdrücke abzunehmen. Und wir haben nicht gegessen (leises Lachen). Wir sind nicht gegangen, da haben sie uns ins Loch geworfen. Sie haben uns in ein Gefängnis in Washington, D.C. genommen und 11 von uns ins Loch geworfen, was eine völlig leere Zelle ist. Es hat einen Nachtstuhl mit einem kleinen Loch, um darin aufs Klo zu gehen. Kein Klopapier. Und sie haben uns nackt ausgezogen und uns da reingeworfen. Es war entsetzlich kalt. Betonboden. Da gab's 3 Einzelzellen und 4 in 2 davon und 3 in der andern. Und sie haben uns dort gelassen! Über Nacht. Und am nächsten Morgen sind sie reingekommen und 8, ich glaube, daß es 8 Wächter waren, und sie hatten wieder die Dreher. Und sie haben uns aus dem Loch rausgeholt, einen nach dem andern, haben uns den Korridor hinuntergeschleppt. Und ich war nackt und sie haben von beiden Hüften die Haut abgezogen. Und dann haben sie mich zurückgeschleift und die Haut von der andern abgezogen. Und meinen Arm mit dem Dreher verteufelt verdreht, während sie an dem andern Fingerabdrücke abgenommen haben. Und sie haben nie klare Fingerabdrücke bekommen. Sie haben mir zu sehr weh getan. Ich konnte mich nicht einmal entspannen. Und sie haben uns wieder weh getan. Unter diesen Umständen sind 6 Typen zusammengebrochen und haben beschlossen zu gehen. 5 von uns haben beschlossen, durchzuhalten. Und wir haben auf das Loch reagiert, indem wir kein Wasser mehr getrunken haben. 3 von uns haben kein Wasser getrunken. Ich werde das nie wieder tun (leises Lachen). Das tut weh. Aber ich hab's 4 Tage lang getan. Ich wollte es aufhalten und ich hab's getan.

I: Wie lange haben sie Sie in dem Loch behalten?

B: 4 Tage (Pause). 4 Tage. Finster. Stank nach Urin. Schließlich haben sie eine Matratze und eine Decke reingebracht. Aber es war noch immer finster. Und dann hatte die Presse anscheinend herausgefunden, daß wir da drin waren und einen Skandal gemacht. Und sie haben die Presse reingebracht. »Seht, sie haben eine Matratze und eine Decke. Es ist nicht wahr, daß [...]« Sie bringen die Matratze herein und eine halbe Stunde später kommt der Gefängnisdirektor herein: »Seht, sie haben eine Matratze und eine Decke.« Er hat geleugnet, daß wir jemals nackt da drin waren. Eigentlich hat er eine ganze Weile lang geleugnet, daß er jemals gewußt hat, daß wir im Loch waren. Aber dabei war er an dem Abend, wo wir dort waren, hereingekommen und hatte überwacht, wie sie uns da einquartiert haben.

I: Hatten Sie eine Chance, mit der Presse zu reden? Ist die Presse in Ihre Zelle gekommen?

B: Sie haben sie ganz schnell vorbeigeführt und haben uns nicht erlaubt, mit ihnen zu reden, aber [...] ist gegangen, um mit der Presse zu reden, wie er rausgekommen ist und Leute haben mit der Presse geredet, wie sie rausgekommen sind.

I: Hat die Presse irgend etwas darüber gedruckt?

B: Ich glaube, daß sie's getan haben. Da gab's ne große, große Sache, äh, Gefängnisbeamte haben gelogen. Das ist noch 'ne Sache, die ich herausgefunden habe. Da bist du, sitzt im Krankenhaus, wirst gewaltsam gefüttert und du liest in den Zeitungen, die jemand für dich reingebracht hat, daß wir freiwillig unser Fasten unterbrochen haben (leises Lachen) und daß du jetzt normal ißt. Da bist du mit einem Schlauch die Nase runter. (lacht)

I: Wie haben sie Sie gewaltsam gefüttert?

B: Sie haben mir einen Schlauch die Nase rauf und dann runter in meinen Magen gesteckt.

I: Muß man dafür nicht stillhalten?

B: Na ja, sie haben ihn in meine Nasenhöhle raufgestopft. Je mehr ich meinen Kopf runtergetan habe, und dann haben sie ihn reingetan. Es hat ein paarmal gebraucht, aber dann hat diese Krankenschwester – ich hab sie die bösartige Hexe genannt – mir gesagt, wenn ich den Schlauch wieder rausnehme, würde sie mich mit Handschellen an das Bett fesseln und den Schlauch bis zu meiner Verhandlung drinlassen. Ich konnte diesen Schlauch nicht ausstehen. Und schließlich habe ich ihn dann rausgenommen. Und mich hat das Krankenhaus sowieso nicht so sehr gestört. Und sie haben mich zum Schluß in den Schlafsaal zurückgenommen, weil ich angefangen hatte, wieder zu essen.

In dem Schlafsaal soll man zum Appell aufstehen. Sie kommen rein und schreien »Appell! Zählen!« Und alle sollten aufstehen. Und ich bin zu den Appellen nicht aufgestanden. Da haben sie mich in Einzelhaft geschleppt – diesmal war's nicht das Loch – aber eine Einzelzelle in einem Zellenblock. Da hab ich wieder aufgehört zu essen. Und nach zwei Tagen ist die Trabantenabteilung vorbeigekommen und hat gesagt »[...] du wirst jetzt essen«. Und ich hab »nein «gesagt. Und sie haben mich raufgeschleppt und mich wieder gewaltsam gefüttert. Da hatte ich den Schlauch ungefähr einen Tag drin, und dann haben sie ihn rausgenommen und ich hab wieder angefangen zu essen. Sie haben mich in den Schlafsaal zurückgenommen. Die letzten 5 Tage war ich in dem Schlafsaal, aber ich bin nicht zum Appell aufgestanden und hab mich auch nicht all ihren blödsinnigen Regeln gefügt. Aber sie mich einfach ignoriert. Sie haben alle anderen gezwungen, zu dem Appell aufzustehen, aber sie haben mich alles tun lassen, was ich tun wollte (lacht).

Sie haben alle um 1/26 Uhr früh aufgeweckt und sie aus dem Bett rausgeschmissen. Das ist die blödsinnigste Sache von der Welt, weil man in Schlafsälen so schlecht schlafen kann und man nirgends anders hingehen konnte. Da gab's nichts zu tun. Ich konnte den Sinn dafür nicht ganz verstehen, daß man in der Früh um 1/26 Uhr aufgestanden ist, und da hab ich's nicht getan. Da haben sie dann den Appell abgenommen und alle andern waren auf und angezogen, und sie haben sie gezwungen, ihre Betten zu machen und ich habe geschnarcht (lacht). Und sie haben mich einfach alles tun lassen, was ich wollte.

Nach 19 Tagen wurde ich vor Gericht gebracht. Wir hatten unsere Verhandlung. Ich hatte einen Rechtsanwalt von der ACLU (American Civil Liberties Union). Und ich war bereit, mich selbst zu verteidigen, aber sie haben mich davon überzeugt, daß ich mich von ihnen verteidigen lassen sollte. Das war ein Fehler. Sie haben die Sache ganz mies erledigt. Sie haben nicht verstanden, worum's mir überhaupt ging. Sie haben immer wieder gesagt »Kooperiere mit dem Richter [...] Stoß den Richter nicht ab« und lauter so Scheiße. Und ich wurde schuldig gesprochen, aber ich hatte eine ziemlich nette Beziehung mit dem Richter etabliert. Und sie haben mich entlassen, nachdem ich 19 Tage lang im Gefängnis war, um auf die Verhandlung zu warten und dann, als die Verhandlung vorbei war, sagte der Richter »Ankläger, wie lange ist dieser Junge im Gefängnis gewesen?«. Und der Ankläger sagte »19 Tage«. Der Richter sagte »Ich verurteile dich zu 19 Tagen«. Und hat mich gehen lassen. Ich hatte ihn während der Vorstellung vor Gericht kennengelernt. Sie hatten schließlich beschlossen, uns dem Richter vorzustellen und diejenigen unter uns, die nicht reingehen wollten, haben sie wegen Mißachtung des Gerichts zu 30 Tagen verurteilt. Da haben sie mich auf einem Rollstuhl reingebracht. Sie haben mich direkt von der Nackt-Zelle hereingebracht und ich hatte kein Wasser und gar nichts gehabt. Das war, bevor ich zwangsweise gefüttert worden bin. Sie haben mich in den Gerichtssaal gebracht, um vorgestellt zu werden. Sie mußten mich auf einem Rollstuhl reinrollen. Das war, nachdem sie 4 von meinen Freunden wegen Mißachtung des Gerichts zu 30 Tagen verurteilt hatten. Und der Richter sagte, »wie heißt du?« und ich sagte »wie heißt du?« Und er hat mir gesagt, wie er heißt, Richter [...]. Da sagte ich, »ich heiße [...], Mr. [...]« und »sieh mal an, wir haben seinen Namen!«, wissen Sie. Und sie haben meinen Namen aufgeschrieben. Und wir hatten ein gutes Gespräch. Und er hat mir seine Adresse gegeben und ich hab ihm meine gegeben. Und ich hab ihn eingeladen, hinauf nach Voluntown zu kommen. »Oh, ich habe schon früher Leute von Voluntown getroffen. Wenn ich mal irgendwann in der Gegend von Neu-England bin, will ich gerne vorbeikommen.« Und ich sagte, »fein, das wäre großartig. Kommen Sie uns besuchen.« Und dann sind wir zur Sache gekommen und er sagte »wollen Sie für mich aufstehen?« und zuerst sagte er »können Sie aufstehen?«. Und dann sagte ich »ja, ich glaube, daß ich's könnte«. Und ich habe geflüstert. Es war sehr dramatisch, weil ich nicht sehr laut reden konnte, ohne Wasser. Aber alle haben sich über den Tisch gelehnt, um zu hören, was ich zu sagen hatte (leises Lachen) und ich sagte »ja, ich glaube, daß ich aufstehen könnte«. Aber ich wollte nicht mit dem Gericht kooperieren und ich sagte »ich war fürchterlich bedrückt, weil 4 von meinen Freunden wegen Mißachtung des Gerichts zu 30 Tagen verurteilt worden sind und ich das Gefühl hatte, daß Sie ein bißchen unfair zu ihnen waren«. Da hab ich ihnen erzählt, »ich werde aufstehen, wenn Sie mich erklären lassen, warum ich nicht mit dem Gericht kooperiert habe. Warum ich nicht mit dem Gericht kooperieren wollte.« Da sagte er, »steh auf!«. Und da bin ich aufgestanden und er hat mir 5 Minuten gegeben und ich hab darüber geredet, daß er schon mal gar nie im Gefängnis gewesen war. Er hatte keine Ahnung, wie das war. Ich hab ihm über die Behandlung erzählt, die ich gekriegt hatte und die Tatsache, daß ich unschuldig sein sollte, bis man mich für schuldig befindet. Dann hab ich ihnen über das Loch erzählt und all dieses Zeug. Ich habe ihnen ein bißchen darüber erzählt, wie Kaution gegen arme Leute diskriminiert und die Bedingungen, unter denen man festgehalten wird und ein bißchen übers Gefängnis und über die Tatsache, daß ich von vornherein nichts Falsches getan hatte, als ich auf dem Parkplatz, im Pentagon saß. Und sie haben sich all das angehört. Und er war bereit, mich zu entlassen, wenn ich mich schriftlich verpflichten würde, kein Gesetz zu brechen. Ich habe ihm erzählt, zuerst einmal könnte ich nicht versprechen, kein Gesetz zu brechen, weil ich keinen Musterungsausweis bei mir tragen wollte. Zweitens würde ich ein Versprechen geben: Wenn er mich gehen ließe, würde ich ganz bestimmt nicht zurückkommen. Da sagte er: »Ich nehme an, daß ich Sie ins Gefängnis zurückschicken muß.« Und das ist, wie er mich dann in das Gefängnis zurückgeschickt hat und rauf ins Krankenhaus und mich zwangsweise gefüttert hat. [...] und mich zusammen. Sie haben uns zwangsweise gefüttert.

I: Was haben Sie von ihm als Mensch gehalten?

B: Richter [...]? Der hat mir gefallen. Genauso wie mir der Richter gefällt, den ich jetzt habe, [...], der Mann, der mich am Freitag verurteilen wird (leises Lachen). Danach bin ich zur Farm zurückgegangen. Und ich hab angefangen, ein paar Vorträge zu halten. Post beantwortet, auf der Farm gearbeitet und solche Sachen. Hab mich gefreut, daß ich lebe. Und dann bin ich am 4. Dezember wieder in den Knast gekommen, dafür, daß ich ein Einberufungszentrum in Manchester, New Hampshire, blockiert habe. Und ich war damals nur 7 Tage im Gefängnis. Dann bin ich zur Farm zurückgegangen. Und hab immer wieder dasselbe gemacht [...] ein paar Vorträge hier und dort, über Gewaltlosigkeit gesprochen, Briefe beantwortet, dieselbe Routine. Arbeit auf der Farm.

Dann bin ich am 6. April wieder hops genommen worden, weil ich vor der USS New Jersey mit einem Kanu herumgepaddelt bin. Das war in Philadelphia im April 1968. Ich habe am 4. März dieses Jahres die Einberufung verweigert und ich sollte am 13. Juni vor Gericht erscheinen, um vorgestellt zu werden. Statt dessen habe ich in der Methodistenkirche am Washington Square Zuflucht gesucht. Ich wurde aus der Kirche herausgeschleppt, und ich habe keine Kaution bezahlt. Habe mit dem Gericht nicht kooperiert. Und mein erster Richter hat mich angeplärrt »du wirst aufstehen! Steh auf!« Ich wollte nicht aufstehen. Hab dann Mißachtung des Gerichts bekommen. Haben mich zurück ins Gefängnis gesteckt. Eine Woche später haben sie mich zurück vors Gericht gebracht. Aber ich wollte nicht reingehen, weil ich Handschellen anhatte. Das war diesen Sommer, Anfang dieses Sommers. Und ich sagte, ich könnte im Gefängnis sitzen und verrotten, bis ich bereit wäre, in diesen Gerichtssaal reinzugehen. Aber dann haben sie mir einen neuen Richter gegeben, Richter [...]. Das war eine gute Sache. Ich wurde wieder in den Gerichtssaal zurückgebracht. Ich wollte wieder nicht ins Gericht reingehen, weil ich Handschellen anhatte, und ich war auch nicht sehr geneigt, zu kooperieren. Zu dem Zeitpunkt hatte ich 18 Tage lang in diesem doofen Weststreet-Gefängnis gesessen und gefastet. Ich habe Milch und Kaffee eingenommen, das sie mit den Mahlzeiten reingebracht haben. Ich habe nichts gegessen. Sie sind hereingekommen und haben gesagt, »macht's dir was aus, wenn du einen neuen Richter hast?« und ich sagte, »überhaupt nicht«. Sie sagten, »wirst du ins Gericht reingehen?« und ich sagte »nein«. Als nächstes, wissen Sie, ist die Tür des Südflügels aufgegangen – das ist 'ne nette Geschichte, ich erzähle sie immer wieder andern Leuten. Ich hatte das Buch »Pilgrim's Progress« von John Bunyon im Gefängnis gelesen und die Bibel. Ich war mit 'nem anderen Typ und einem kleinen Kerl zusammen eingesperrt gewesen. Ich war in einer durchgeistigten Stimmung. Das Fasten und all das. Es war der 18. Tag meines Fastens. Ganz plötzlich geht die Tür in meiner Zelle in dem Gerichtsgebäude auf und dieser Typ in Robe mit so einem engelhaften Lächeln ist reingekommen, wissen Sie. Das hat mich umgeworfen. O mein Gott! Bunyons »Pilger« kommt in meine Gefängniszelle. (lacht). Ich hab nicht gewußt, was los ist! Ich hätte erwartet, daß er eine Kerze in der Hand hält oder so was (lacht). Und zum Schluß war's dann Richter [...]. Und er sagte: »Mr. [...] ich höre, daß Sie nicht in meinen Gerichtssaal reingehen wollen. Da habe ich beschlossen, runterzukommen und Sie zu sehen.« (lacht). Und er hat den Gerichtsprotokollführer und den Bundesmarshall und den Distriktsanwalt hereingebracht. Sie haben sich alle in meine Zelle reingedrängt und mit mir geredet, und dann sagte er: »Ihr Verhalten war ein bißchen außergewöhnlich.« Und ich habe ihm zugestimmt, daß es das war. Und er hat mich gefragt, ob ich mein Verhalten erklären könnte, und ich sagte »ja«. Wirklich, wissen Sie, er war beunruhigt. Während der andere Richter versucht hat zu zwingen, war dieser Typ beunruhigt. Und er hat mich eine halbe Stunde lang meine Gefühle erklären lassen. Er hat ein paar sehr intelligente Fragen gefragt. Und wie alles vorbei war, war er sehr besorgt, daß ich mich selbst verteidigen wollte. Da haben sie mich dann rüber ins King's County Hospital geschickt, um mir eine psychiatrische Untersuchung machen zu lassen, um sicher zu sein, daß ich fähig war, mich selbst zu verteidigen. Und ich mußte eineinhalb Wochen auf einer psychiatrischen Station verbringen, bis ich einen Psychiater zu Gesicht bekam. Schließlich habe ich ihn nur fünfzehn Minuten lang gesehen. Im wesentlichen haben wir darüber argumentiert, warum ich mich selbst verteidigen wollte und er sagte: »Sie sind geistig gesund.« Aber das war schrecklich [...] diese psychiatrische Station.

I: Hat Richter [...] gewußt, daß das passieren würde?

B: Na ja, ja. Er hat mich da rübergeschickt für die psychiatrische Untersuchung, um sicherzugehen, daß ich selbst kompetent genug war, mich zu verteidigen. Und er wußte, was rauskommen würde, weil er sagte »wegen Ihres ungewöhnlichen Verhaltens«. Ich glaube, daß das großteils war, um ihn zu schützen. Da ich mich selbst verteidigte, mußte er sichergehen, daß alle meine Rechte geschützt waren und daß alle seine Rechte geschützt waren. Ich glaube nicht, daß [...] weiß, wie diese Station aussieht. Sie ist für geistig gestörte Kriminelle. Die schicken sie dort zur Beobachtung. Nicht alle von den Typen sind verrückt. Eine Menge von ihnen waren da drin zur Beobachtung, genau wie ich. Junge, das war vielleicht ein wüstes Loch und die haben dich behandelt [...] wirklich als Untermenschen. Die Wächter in dem Bundesgefängnis in der Stadt hier, im Untersuchungsgefängnis haben mich ziemlich gut behandelt. Die haben mir keine Schwierigkeiten gemacht. Die haben mich wie einen Menschen behandelt, obwohl ich in einer Zelle ganz für mich allein eingesperrt war. Aber drüben auf der psychiatrischen Station war's schrecklich! Ich bin endlich herausgekommen und ich bin zurück zum Gericht gekommen und ich hab beschlossen, mein Fasten abzubrechen, um genug Kraft zu haben, um die Verhandlung zu führen. Da hab ich mein Fasten nach 30 Tagen abgebrochen. Sie haben mir eine Woche gegeben, um vor der Verhandlung essen zu können. Und ich hab die Verhandlung selbst gemacht. Hab mich selbst vor Gericht verteidigt. Ich habe die Geschworenen ausgesucht und alles. Ich habe mir gedacht, wenn ich Geschworene hätte, würden sie mich wahrscheinlich für schuldig erklären, weil ich ganz offensichtlich die Einberufung verweigert hatte. Ich hab zwei 1-A-Karten zurückgeschickt, eine verbrannt und mich geweigert, 3 Gesundheitsuntersuchungen zu machen [...] Zusätzlich dazu, daß ich die Einberufung verweigert hatte. Ich hatte ganz offensichtlich, wissen Sie, verweigert. Aber ich hatte das Gefühl, wenn ich Geschworene hätte [...] noch 12 Leute, mit denen ich reden konnte, selbst wenn sie mich für schuldig befinden würden. Da hatte ich Geschworene. Ich hab sie selber ausgesucht und die ganze Sache selbst gemacht.

Die Verhandlung war 'ne gute Szene. Gleich zu Anfang hat mir Richter [...] gesagt, daß wir herausfinden würden, ob ich die Einberufung verweigert hätte. Und nicht über den Krieg oder irgendwas anderes reden. Ganz einfach herausfinden, ob ich die Einberufung verweigert hatte oder nicht, und ob dieses Versäumnis vorsätzlich war oder nicht [...] mein Versäumnis, mich zur Einberufung zu melden vorsätzlich war. Und der erste Teil der Verhandlung, bevor die Geschworenen reingekommen sind, mußten sie sehen, ob ich korrekt klassifiziert worden war. Da haben sie den Angestellten des Musterungsbüros in den Zeugenstand gerufen und es war offensichtlich, daß ich korrekt klassifiziert worden war. Sie hat all die Musterungsausweise erwähnt, 1-A-Ausweise, die ich zurückgeschickt hatte und die Tatsache, daß ich meinen Musterungsbefehl verbrannt hatte, wurde vorgebracht und solche Sachen [...] daß ich mich geweigert hatte, 3 Gesundheitsuntersuchungen zu machen und ich hatte nicht viel zur Verteidigung (lacht). Es stimmte alles. Und da hat Richter [...] beschlossen, daß ich korrekt klassifiziert worden war. Sie haben die Geschworenen reingebracht. Wir haben die Geschworenen ausgewählt und die Verhandlung angefangen. Und der Ankläger ist zuerst gekommen und hat seinen Fall dargestellt. Und so, wie er das getan hat, hat er den Vorstand des Musterungsbüros auf den Zeugenstand berufen. Sie war der einzige Zeuge für die Regierung. Die Anklage lautete übrigens: Die Vereinigten Staaten von Amerika gegen [...] (lacht). Schrecklich [...] schrecklich. Aber er hat seinen Vorsteher des Musterungsbüros auf den Zeugenstand berufen. Und sie hat über all die Male erzählt, die ich reingekommen bin und 1-A-Ausweise zurückgegeben hatte und all die Gesundheitsuntersuchungen, die ich verweigert hatte. Einmal, am 14. Dezember, als ich mich weigerte, eine Untersuchung mitzumachen, habe ich ihnen eine Schachtel mit Weihnachtskeksen geschickt (lacht). Und da hab ich einen Zettel beigelegt, auf dem stand: »Hebt mir ein Weihnachtskeks auf!« Sie haben die Weihnachtskekse zurückgeschickt und mir noch 'ne Aufforderung zur Untersuchung. Das alles wurde vor Gericht vorgebracht, wissen Sie, was es irgendwie eine menschliche Sache machte. Es war fast komisch, wie sie die ganze Sache durchgegangen sind. »Und was ist dann passiert?« »Er ist ins Musterungsbüro zurückgekommen und hat wieder sein 1-A-Zertifikat zurückgegeben.« »Wieder?« »Ja, ja.« »Und was ist dann passiert?« (lacht) »Na ja, wir haben ihn ungefähr 2 Monate später wiedergesehen, wie er noch ein 1-A-Zertifikat zurückgegeben hat.« – »Und was ist dann passiert?« »Na ja, wir haben einen Brief von ihm bekommen, daß er ein 1-A-Zertifikat über dem Altar der Kirche in der Arlington Street verbrannt hat.« – »Und was ist dann passiert?« »Wir haben ihm eine Aufforderung zu einer Gesundheitsuntersuchung geschickt, als wir zuerst davon informiert wurden, daß er in einem Gefängnis in Manchester, New Hampshire, ist. Aber dann sind wir darüber informiert worden, daß er nicht im Gefängnis war, er wollte sich nicht untersuchen lassen und er hat uns ein paar Weihnachtskekse geschickt.« – »Aber was ist dann passiert?« »Wir haben ihm noch eine Benachrichtigung über eine Untersuchung geschickt, aber er hat sie diesmal verweigert.« – Es war ziemlich lachhaft [...] da gab's ein Kichern von [...] eine Menge Freunde war dort, und meine Familie war dort. Niemand hatte mich gesehen. Ich war 14 Tage lang im Gefängnis gewesen und das war ihre erste Chance, mich zu sehen. Und ich hatte die meiste Zeit gefastet. Und sie hatten sich über mich Sorgen gemacht. Und der Gerichtssaal war voll. Und Richter [...] hat sich nie aufgeregt. Er hat nie mit seinem Hammer geklopft. Und auch der Vize-Distriktsanwalt. Er war ziemlich gemütlich. Sie haben sich nie aufgeregt, nie geschrien »wir werden den Gerichtssaal räumen, wenn ihr Typen nicht den Mund haltet!« Obwohl es da Lachen gegeben hat. Tatsächlich glaube ich, daß Richter [...] sogar selbst mitgelacht hat, wie all das vorgebracht worden ist.

Eines von den guten Dingen, die passiert sind, war, daß ich eine Erklärung geschrieben hatte, warum, jedesmal wenn ich einen Ausweis zurückgeschickt oder eine Untersuchung verweigert hatte. Und [...] hat diese Briefe dem Bericht eingefügt, um zu zeigen, daß ich beabsichtigt hatte, die Einberufung zu verweigern. Und er hat einen Teil der Briefe vorgelesen, worin stand, daß ich ganz bestimmt keine Untersuchung mitmachen würde und daß ich ganz bestimmt keinen Musterungsausweis bei mir tragen würde. Und deshalb, wie ich zum Kreuzverhör drangekommen bin, sagte ich, na ja, da diese Briefe schon in die Protokolle eingegangen sind, möchte ich sie gerne ganz vorlesen. Und sie hatten keine andere Wahl, als mich das tun zu lassen. Da hatte ich ungefähr eine halbe Stunde, wo ich dort gestanden bin und diese 6 Briefe vorgelesen habe, die ich an das Musterungsbüro geschrieben hatte und in denen ich den Krieg verdammte. Und auf diese Art hatte ich all meine Gefühle über den Krieg hereingebracht und es war großartig. Das war der Fall des Anklägers. Und was ich zu tun versucht habe, war, einen moralischen Zeugen abzugeben.

Ich hab mich einen Dreck darum geschert, irgendwelche juristischen Formalitäten einzuhalten. Das hat ziemlich gut geklappt.

Eins von den Dingen, die ich zeigen wollte, war, was für ein Mensch vor Gericht stand. Da hab ich 4 Charakterzeugen auf den Zeugenstand gebracht. [...], mit der ich im Neu-England-Komitee für gewaltlose Aktion zusammen gearbeitet hatte. Ich bewundere sie wirklich. Ein Freund von mir hier in Huntington, den ich ungefähr 8 Jahre lang kenne. Er ist einfach ein guter Kerl. Den Pfarrer der unitarischen Kirche hier [...], den ich kennengelernt hatte und meinen Vater. Ich hab ihn aufgerufen. Übrigens ist er mit mir am Tisch der Verteidigung gesessen. Er ist heraufgekommen, um mir ein paar Ratschläge zu geben. Und Richter [...] sagte, »wollen Sie mit ihm an einem Tisch sitzen?« Da hat mein Vater dann mit mir am Tisch der Verteidigung gesessen. Ich bin sicher, daß die Geschworenen gedacht haben müssen, daß mein Vater als mein Ratgeber fungierte oder so etwas. Na ja, dann habe ich ihn auf den Zeugenstand berufen und sagte »wie lange kennen Sie Herrn [...]?« (lacht) und mein Vater sagt »22 Jahre, 11 Monate und 3 Wochen«. Er war ein wirklicher Komiker. Er hat einfach Phantastisches da oben geleistet als Charakterzeuge und die New York Times sagte, ich hätte mich selbst verteidigt und das hätte der Verhandlung eine volkstümliche, informelle Eigenschaft verliehen, die man selten in Bundesgerichten findet. Und ich glaube, daß es Vati war, der ihr diese Idee gegeben hat, weil er da rauf ist auf den Zeugenstand und sich irgendwie so leger hingestellt hat. Charakterzeugen dürfen immer über deine Wahrheit, Wahrhaftigkeit und Integrität in der Wohngemeinde reden, aus der sie dich kennen. Aber im Falle meines Vaters sagte ich, ich würde meinen Vater gerne über meinen Schulhintergrund und meinen Job-Hintergrund sprechen lassen. Und der Richter sagte »in Ordnung«. Und mein Vati hat's getan. Ich hatte eine Reihe von Jobs. Ich bin unabhängig gewesen. Aber ich habe gearbeitet. Ich hatte ein Jahr lang ganz allein ein Boot unterhalten und zur selben Zeit habe ich in einem Tagescamp gearbeitet, 5jährige einmal und im nächsten Jahr mit 8jährigen. Ich habe als Freiwilliger mit zerebral gelähmten Kindern gearbeitet. Und ich habe in der Universität Kinderpsychologie studiert, und ich wollte das alles vorbringen. Und das haben wir getan. Es hat ziemlich gut geklappt. Ich glaube, daß die Geschworenen und der Ankläger alle wissen sollten, was für ein Mensch vor Gericht stand, als es vorbei war. Und dann hab ich mich selbst auf den Zeugenstand gestellt und gesagt »Ja, ich habe die Einberufung verweigert und ich will erklären, warum!« Und sie haben mir gesagt, daß ich aufhören soll. Sie haben das abgelehnt, irrelevant.

I: Haben Sie sich selbst ins Kreuzverhör genommen?

B: Ja, ich sagte »Richter [...], wie werden wir das machen?« (lacht) Und er sagte »Na ja, stellen Sie sich einfach rauf und erzählen Sie?«. Da hab ich's getan. Ich bin in den Zeugenstand und habe einfach erzählt [...] meine Gefühle. Und ich hab auf drei wesentlichen Ebenen argumentiert. Erstens fühlte ich, daß ich bei meiner Anschuldigung nicht das Gefühl hatte, daß es ein Verbrechen war, die Einberufung zu verweigern. Zweitens wollte ich zeigen, daß es nicht meine Absicht war, ihr – von Menschen gemachtes –

Gesetz zu brechen, sondern vielmehr ein höheres Gesetz zu befolgen. Und man kann's nennen, was man will. Manche Leute nennen es [...] Gottes Gesetz. Es ist ganz klar, daß wenn wir in dieser Welt zusammenleben werden, wir lernen müssen, einander nicht zu töten. Und ich fühlte es als Verpflichtung, diesem höheren Gesetz gegenüber. Ich dachte ganz plötzlich mitten in der Verhandlung daran. Sie mußten beweisen, daß es ein vorsätzliches Vergehen meinerseits war, die Einberufung zu verweigern. Und ich sagte, daß es in gewisser Hinsicht kein vorsätzliches Vergehen war. In anderer Hinsicht war es das ganz sicherlich. Ich wußte, daß ich 5 Jahre im Gefängnis dafür bekommen könnte und ich wußte ganz sicher, was ich tat. Und tatsächlich war es während des ganzen Verlaufs der Verhandlung offensichtlich, daß ich diese kleine Konfrontation fast erzwungen hatte. Es wäre mir möglich gewesen, irgendeine Art von Zurückstellung zu bekommen, also hätte es nicht passieren müssen. Aber ich hatte es erzwungen. Aber in anderer Hinsicht war's kein vorsätzliches Vergehen, weil, mit den Gefühlen über die Menschheit, die ich hatte, die ich auch versuchte, auf dem Zeugenstand mit meinen Charakterzeugen herauszubringen und in der gegenwärtigen politischen Lage und der gegenwärtigen Lage in der Welt, hatte ich keine andere Wahl, als die Einberufung zu verweigern. Und ich konnte nichts anderes tun. Und ich hatte keine andere Wahl. Keine andere Möglichkeit stand mir offen. Ich mußte die Einberufung verweigern. Also war's in gewisser Hinsicht kein vorsätzliches Vergehen. Ja, sicher freu ich mich nicht, daß ich vielleicht fünf Jahre ins Gefängnis gehen muß. Und wenn ich gedacht hätte, daß mir eine Möglichkeit offenstünde, hätte ich sie genommen. Aber ich sehe keine andere Möglichkeit. So habe ich vor dem Gericht argumentiert.

Aber ich wurde von den Geschworenen für schuldig befunden. Sie haben ungefähr dreißig Minuten gebraucht, um's zu entscheiden. Es war wirklich eine ziemliche Ruck-Zuck-Angelegenheit. Nachdem sie ihre Entscheidung reingebracht haben, hat Richter [...] etwas in dem Sinn gesagt, daß es wahrscheinlich die richtige Entscheidung war, daß ich die Einberufung verweigert hatte. Aber er sagte »Dieser Mann ist möglicherweise ein Mann höchster moralischer Integrität, und vielleicht werden seine Gefühle in dreißig Jahren das Gesetz dieses Landes sein, aber jetzt müssen wir diese Gesetze hochhalten.« Irgend so etwas in der Richtung.

Kapitel 5

Persönlichkeitseigenschaften

Die Fragebogenresultate fügten dem Verständnis der Kriegsfreiwilligen und Kriegsdienstverweigerer wenig Neues hinzu. Andererseits halfen sie, die meisten aus den Interviews gewonnenen Eindrücke auf exaktere und objektivere Art zu klären, zu spezifizieren und zu bestätigen. Darüber hinaus ermöglichte die vielfache Verwendung einiger der Fragebogen durch Forscher und Kliniker direkte Vergleiche zwischen den 3 Gruppen in dieser Studie und einem breiteren Querschnitt der amerikanischen Bevölkerung.[1]

Zwei wesentliche Tendenzen stellten sich bei der Analyse der Fragebogendaten heraus. Die Profile der Kriegsfreiwilligen und der Eingezogenen[1a] überlappten sich in vielen Punkten und offenbarten dadurch eine Ähnlichkeit, die weitaus größer war als die zwischen jeder dieser Gruppen und den Kriegsdienstverweigerern. Auf vielen individuellen Fragebogenskalen waren sowohl die Kriegsfreiwilligen als auch die Eingezogenen den ›normalen‹ Standardpopulationen sehr ähnlich, während die Punktwerte der Kriegsdienstverweigerer oft wesentlich von der Norm abwichen. Da die Bedeutung von Fragebogenresultaten im allgemeinen in dem Maß gefunden wird, in dem sie der sogenannten Norm nahekommen, kann folgende allgemeine Schlußfolgerung gezogen werden: Die einzige statistisch abweichende Gruppe war die der Kriegsdienstverweigerer. Diese Verallgemeinerung bleibt trotz bedeutender Unterschiede und Ähnlichkeiten zwischen allen 3 Gruppen bestehen.

1 Leider weigerten sich 5 der 25 interviewten Verweigerer, die Fragebogen fertig auszufüllen. Sie lehnten diese Form der Fragen ab, weil sie sie »unpersönlich«, »einengend«, »willkürlich« und »erniedrigend« fanden. Daher fußen die Resultate, die in diesem Abschnitt dargelegt werden, auf den Aussagen von 20 statt von 25 Kriegsdienstverweigerern.

1a Wie eingangs erwähnt, wurde 35 amerikanischen Eingezogenen das gesamte Fragebogenmaterial vorgelegt.

Sowohl Fragebogen- als auch Interviewmethoden wurden angewandt, um verschiedene soziale und politische Einstellungen zu erschließen. Die 5 Fragebogen sollen *Faschismus, Dogmatismus, politisch-ökonomischen Konservatismus, traditionelle Familienideologie* und *Rigidität* messen. Unter Sozialwissenschaftlern werden diese Skalen als Meßinstrumente von Einstellungs- oder allgemeinen Haltungsdimensionen angesehen. Im Vergleich dazu bezogen sich die Fragen im Interview auf Meinungen über bestimmte Fragen wie »würden Sie einen Mann zum Präsidenten der Vereinigten Staaten wählen, wenn er qualifiziert und ein Neger wäre?«

Die der Faschismus-Skala[2] zugrunde liegende Theorie besagt, daß Menschen Persönlichkeitseigenschaften und in manchen Fällen Persönlichkeitsstrukturen besitzen, die als antidemokratisch angesehen werden können.

Diese Theorie nimmt nicht von vornherein an, daß solche Menschen bewußt und offen demokratische Institutionen und Prozesse ablehnen. Sie weist vielmehr darauf hin, daß die Persönlichkeit eines Menschen ihn für autoritäre Ideale und Methoden empfänglich machen und ihn dazu führen kann, sie dann selbst anzuwenden, wenn er die Macht dazu besitzt oder sich ihnen bereitwillig zu fügen, wenn andere sie anwenden. Einige der Persönlichkeitseigenschaften, die dieser Fragebogen zu messen versucht, sind:

> Hierarchisches Denken: Menschen im Hinblick auf ihre Macht, ihr Prestige und ihren funktionellen Wert statt unter Berücksichtigung ihrer individuellen Persönlichkeit bewerten.
>
> Anziehungs-/Aversionsverhältnis zu Autoritätsfiguren: Autoritäre Führung der demokratischen Führung vorziehen und sich in Anwesenheit von Autoritätsfiguren um

[2] Von den 23 in dieser Studie verwendeten Faschismusskala-Items waren 16 Item-Umkehrungen, wie sie Christie, R., Havel, J. und Seidenberg, B., J. of Abnormal and Social Psychology (1958), 56, 243–249, vorschlugen, und 16 waren ursprüngliche Items aus den Formularen 40 und 45, S. 255, aus Adorno, T. et al.: The Authoritarian Personality. New York (Harper and Brothers) 1950. Die ursprünglichen Adorno-Items, Nr. 22, 31, 33, 38 und 44, wurden ausgelassen, entweder weil keine befriedigenden Umkehrungen formuliert werden konnten, weil das Item überholt war oder weil Christie zufolge die Item-Analyse nicht zwischen hohen und niedrigen Werten unterschied. Eine genaue Aufstellung der verwendeten Items wird auf Verlangen zugeschickt.

deren Gunst bemühen, obwohl man einen tiefsitzenden Haß auf sie verspürt, der aus Furcht vor Bestrafung und dem Verlust materieller Vorteile nicht zum Ausdruck gebracht wird.

Verachtung von Schwäche und Machtlosigkeit.

Die Tendenz, Menschen in ›In-Groups‹ und ›Out-Groups‹ einzuteilen, die In-Group zu glorifizieren und die Out-Group zu verdammen.

Von anderen ein hohes Maß an Konformität in Einstellung und Verhalten verlangen.

Menschen in Autoritätspositionen außergewöhnliche und höhere Kräfte zuschreiben und sein Schicksal in ihre Hände legen.

Den Staat für wichtiger halten als das Individuum und daher beispielsweise den Tod im Dienste des Staates als eine Pflicht und Ehre ansehen.

Die Faschismus-Skala wurde von Flüchtlingen aus Nazi-Deutschland entwickelt, und es ist daher verständlich, daß ihre Konzeption dieser Phänomene von den historischen Umständen und kulturellen Traditionen in Deutschland stark beeinflußt wurde. Kritiker der Faschismus-Skala haben unter anderem darauf hingewiesen, daß sich die Zusammensetzung autoritärer Elemente ebenso ändern kann, wie sich die ideologischen, politischen und ökonomischen Systeme verändern, die sie zum Ausdruck bringen. Wie Maslow 1943 ausführte: »Ein Faschist kann nicht durch seine geographische Lage, seine nominelle Staatsbürgerschaft, die Sprache, die er spricht, seine Religion, seine Hautfarbe, seine ökonomische Klasse oder seinen Sozialstatus identifiziert werden. Um die Dinge noch zu verschlimmern, können wir nicht einmal dem trauen, was Menschen sagen oder tun, da persönlicher Vorteil ebenso wie verborgene Loyalitäten die erstaunlichsten Umschwünge in Plänen oder im Verhalten hervorrufen können.« [3]
Eine grundlegende Kritik der Faschismus-Skala ergab sich später als Reaktion auf Untersuchungen und historische Realitäten. Es wurde erkannt, daß antidemokratische Persönlichkeiten auch in nicht-kapitalistischen und nicht-faschistischen Gesellschaften auftreten, und daß die Faschismus-Skala wegen ihres rechtsgerichteten ideologischen Inhaltes

[3] Maslow, A. H.: The Authoritarian Character Structure. J. of Social Psychology, S. P. S. S. I. Bulletin, 1943.

antidemokratisches Denken unter Menschen, die sich linken Ideologien verschrieben, nicht erschloß. Das führte zur Entwicklung der Dogmatismus-Skala.[4] [5]

Diese Skala bezieht sich nicht darauf, *was* ein Mensch glaubt, sondern *wie* er glaubt; ihr politischer Inhalt ist neutral. Sie mißt die Fähigkeit eines Menschen, neue Informationen kritisch aufzunehmen, zwischen der Quelle und dem Inhalt von Informationen zu unterscheiden, die Eigenschaft, gegensätzliche Meinungen zu vertreten, ohne sich dessen bewußt zu sein und die Bereitwilligkeit, seine Einstellungen und Annahmen der Überprüfung auszusetzen und sie, wenn nötig, zu revidieren. Diese Fähigkeiten oder Eigenschaften, die kurz als Unvoreingenommenheit oder Voreingenommenheit beschrieben werden können, sind von der Art der Meinungen, an denen man festhält, unabhängig.[6]

Die politisch-ökonomische Konservatismus-Skala mißt das, was ihr Name impliziert.[7] Sie besteht aus einer Serie von Äußerungen über politische und ökonomische Fragen, von denen einige konservativ und einige liberal sind. Der Proband wird gebeten, bei jeder seine Zustimmung oder Ablehnung anzumerken.

Die traditionelle Familienideologie-Skala kann als eine Demokratie-Autoritarismus-Skala für das Familienleben beschrieben werden.[8] Da familiäre Herkunft eines der hauptsächlichen Forschungsthemen dieser Studie war und die Familie noch immer die zentrale gesellschaftliche Institution darstellt, die fundamentale, soziale und politische, moralische und Verhaltensmuster prägt, war ich der Ansicht, daß es entscheidend sei herauszufinden, wie die Probanden in den 3 untersuchten Gruppen ihr eigenes Familienleben und die Erziehung ihrer eigenen Kinder gestalteten oder dies zu tun beabsichtigten. Die Theorie, die dieser Skala zugrunde liegt, hat 3 wesentliche Prämissen. Die erste bezieht sich darauf, daß Menschen in ihrer Tendenz, sich im täglichen

[4] Rokeach, M.: The Nature and Meaning of Dogmatism. In: Psychological Revue 1954, 61, 194–204.

[5] Die Items, die in dieser Studie verwendet wurden, entstammen Roghmann, K.: Dogmatismus und Autoritarismus. Meisenheim (Verlag Anton Hain) 1966 und können auf Verlangen zugeschickt werden.

[6] Das wurde in einer Studie von Barker, E.N.: Authoritarianism of the Political Right, Center and Left. (Unveröffentlichte Dissertation) Columbia University, 1958, demonstriert.

[7] Die Version, die in dieser Studie verwandt wurde, enthielt 25 Items und wurde Form 60, S. 163, Adorno et al., entnommen. Die Formulierung einiger Items wurde verändert, um sie gegenwärtigen Bedingungen anzupassen.

[8] Die Items für diese Skala wurden ohne Abwandlung Levinson, D. and Hoffmann, P. E.: Traditional Family Ideology and Its Relation to Personality. In: J. of Personality, 1955, 23, 251–273, entnommen.

Familienleben demokratisch oder autoritär zu verhalten, relativ konsistent sind. Zweitens ist die Haltung des Individuums zur ›Familienideologie‹ mit seiner Haltung zu sozialen und politischen Institutionen im allgemeinen aufs engste verbunden. Und drittens spiegelt die demokratisch-autoritäre Dimension der Familienideologie dieselben Eigenschaften in der Persönlichkeit wider. Kurz, diese Theorie deutet darauf hin, daß die Einstellung eines Menschen zu einigen Aspekten des institutionalisierten Soziallebens, wozu die Familie zählt, aufs engste mit seiner Einstellung zu anderen Institutionen wie Kirche und Regierung verbunden ist.

Die Rigiditätsskala soll Flexibilität, Gelassenheit und Selbstbezogenheit im täglichen Verhalten messen.[9] Menschen, die auf dieser Skala hohe Punktwerte erzielen, trennen Arbeit und Spiel streng, organisieren ihre tägliche Routine aufs genaueste und weigern sich, von ihrer Zeiteinteilung abzuweichen. Sie bestehen auf Formalität in sozialen Beziehungen, schätzen Pünktlichkeit hoch ein, meinen, eher über Prinzipien als über Trivialitäten zu streiten und behaupten, ihr Urteil und ihr Gesichtspunkt seien immer richtig.

Die Tendenz der Mitglieder jeder der untersuchten Gruppen, in den Bahnen zu denken, die von den eben aufgezählten Skalen gemessen werden, wird in Abbildung 5.1 dargestellt. Bei der Analyse und Interpretation der Ergebnisse muß man auch die Unterschiede innerhalb jeder Gruppe genau beachten. Während die durchschnittlichen Gruppen-Punktwerte der Freiwilligen, Eingezogenen und Verweigerer leicht zu unterscheiden sind, kann man auch erkennen, daß sich die individuellen Punktwerte der Freiwilligen und Eingezogenen auf jeder Skala beträchtlich überschneiden.

Das bedeutet, daß es schwierig oder in einzelnen Fällen sogar unmöglich wäre, einen Vietnam-Freiwilligen von einem Eingezogenen im Hinblick auf die Disposition zu diesen grundlegenden Einstellungen zu unterscheiden. Doch ist das Denken der Freiwilligen, als Gruppe genommen, im Hinblick auf die allgemeine Gesellschaft und auf die Familie autoritärer, politisch und ökonomisch konservativer, im täglichen Leben rigider und dogmatischer als das der Eingezogenen.[10] Es wird auch deut-

[9] Die Items für diese Version wurden Brengelmann, J. C.: Extreme Response Set, Drive Level and Abnormality in Questionnaire Rigidity, in: J. of Mental Science, 1960, 106, S. 171–186, entnommen.

[10] Die 5 schwarzen Freiwilligen hatten wesentlich niedrigere Punktwerte auf der politisch-ökonomischen Konservatismus-Skala als ihre weißen Kameraden. In den Interviews brachten sie auch größere Unzufriedenheit und Zynismus im Hinblick auf soziale und politische Institutionen und Programme in den Vereinigten Staaten zum Ausdruck.

Abbildung 5.1 Die Gruppenergebnisse der Verweigerer, Freiwilligen und Eingezogenen auf den Skalen über Faschismus, traditionelle Familienideologie, politisch-ökonomischen Konservatismus, Rigidität und Dogmatismus

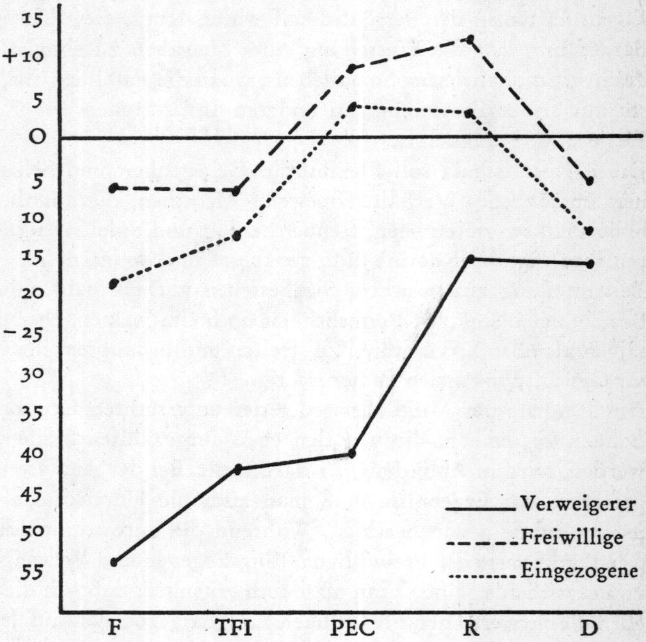

		F	TFI	PEC	R	D
Verweigerer	$\bar{x}$	−53.04	−42.28	−40.50	−15.72	−16.10
	S.D.	12.68	12.14	12.37	17.62	18.66
Freiwillige	$\bar{x}$	− 5.11	− 5.40	8.85	12.60	− 4.81
	S.D.	17.19	15.60	11.00	25.20	20.85
Eingezogene	$\bar{x}$	−18.07	−12.32	4.31	3.68	−11.68
	S.D.	20.29	17.34	16.20	7.36	19.54
		F Verh. 46.97	Median Test Sign. = 0.000 Niveau	F Verh. 94.21	Median Test Sign. = 0.000 Niveau	Median Test n. s.

lich, daß sich die Verweigerer auf jeder Skala, außer der letzten, von den anderen beiden Gruppen deutlich unterscheiden. Fast alle von ihnen lehnten rechtsgerichtete autoritäre Neigungen, Autoritarismus im Familienleben, politischen und ökonomischen Konservatismus und Rigidität im täglichen Leben stark ab. Ablehnung ist der hervorstechendste Aspekt an den Reaktionen der Verweigerer auf den Inhalt dieser Fragebogen.

Trotz der Unterschiede in ihren durchschnittlichen Punktwerten erbrachte die statistische Analyse der Variabilität innerhalb jeder Gruppe auf der Dogmatismus-Skala zwei wichtige Ergebnisse. Die individuellen Punktwerte der Freiwilligen, Eingezogenen und Kriegsdienstverweigerer überschneiden sich so sehr, daß die Unterschiede in ihren Gruppendurchschnitten als statistische Kunstprodukte und daher für die Interpretation nicht signifikant angesehen werden müssen. Weiterhin ist die Variabilität innerhalb jeder Gruppe so groß, daß bedeutende Intra-Gruppenunterschiede bezüglich Unvoreingenommenheit und Voreingenommenheit erhellt werden. Das bedeutet, daß es innerhalb jeder Gruppe relativ unvoreingenommene, flexible und ideologisch nicht dogmatische ebenso wie relativ voreingenommene, unflexible und ideologisch dogmatische Menschen gab und viele andere, deren Punktwerte zwischen diesen beiden Extremen lagen.

Man wüßte gerne, wie die Punktwerte auf diesen Skalen im Vergleich zu denen anderer Teile der amerikanischen Bevölkerung aussehen. Leider kann diese Frage nicht direkt beantwortet werden. Dafür gibt es viele Gründe. Die Autoren dieser Fragebogen haben sich nie darum bemüht, sie zu standardisieren. Die Anzahl von Versionen jeder Skala ist groß, die Zahl der Fragen in jeder Version schwankt bedeutend, und viele Forscher haben über die Version und die Items, die sie verwendeten, nicht genau berichtet. Daher können Urteile über die relative Intensität der Denkart, die durch diese Skalen gemessen wird, mit einiger Sicherheit nur bezüglich der Inhalts- und Antwortmöglichkeiten der Skalen selbst gefällt werden.

Während die Verweigerer fast das Maximum an Negations-Punktwerten für faschistisches Denken, Autoritarismus in der Familie und politischen und ökonomischen Konservatismus erreichten, blieben die Punktwerte der Eingezogenen und Freiwilligen im allgemeinen weit von dem Maximum an Zustimmung entfernt. Auf den ersten beiden Skalen lehnten die Eingezogenen und Freiwilligen eine etwas größere Anzahl autoritärer Äußerungen ab, als sie akzeptierten. Der Schluß, der aus diesen Beobachtungen gezogen werden kann, liegt auf der Hand. Genauso, wie wir beobachten können, daß die meisten Amerikaner auf unverhüllte faschistische und autoritäre Ideologien allergisch und ohne Sympathie reagieren, tun dies auch Green Berets und Eingezogene. Jedoch können wir auch beobachten, daß viele Amerikaner nur ein oberflächliches Verständnis dessen haben, was Autoritarismus ist. Viele werden von Macht fasziniert, fühlen sich von militärischer und demagogischer Führung angezogen, denken in In-Group- und Out-Group-Termini und sind den Schwachen gegenüber indifferent, wenn nicht feindselig eingestellt. Das trifft auch weitgehend auf die Eingezogenen und Freiwilligen zu. Große Teile der amerikanischen Bevölkerung denken konservativ über politische und ökonomische Angelegenheiten, aber nur sehr wenige vertreten Ansichten aus dem 18. Jahrhundert. Auch das gilt für Eingezogene und Freiwillige.

Eine abschließende Bemerkung: Es wird oft angenommen, daß gemeinsame Glaubenssätze es Politikern ermöglichen, Menschen zur Aktion zu mobilisieren. Meiner Ansicht nach ist eher die Anwendung von Propaganda und Ideologien seitens der Politiker als der Grad, bis zu dem sie von einer Bevölkerung bewußt akzeptiert werden, für diesen Eindruck verantwortlich zu machen. Die tatsächlichen Motive der Individuen, die sich an politischen Aktionen beteiligen, haben unter Umständen wenig mit den proklamierten Idealen zu tun. Man muß kein Gläubiger sein, um an einem Krieg teilzunehmen. Das Individuum muß sich nicht einmal bedroht fühlen. Die Green Berets haben das veranschaulicht. Es ist auch wichtig zu erkennen, daß das Denken der Green Berets über politische, ökonomische und soziale Fragen sowie über den Krieg in Vietnam sich wahrscheinlich von dem breiter Kreise der amerikanischen Bevölkerung überhaupt nicht unterscheidet. Sicherlich ist es dem Denken nicht-freiwilliger Infanteristen sehr ähnlich, die 1968, als ich die Interviews durchführte, in Vietnam dienten.

> Ziemlich durchgängig zeigt der amerikanische Frontsoldat tiefe Skepsis gegenüber politischen und ideologischen Parolen ... Sie tun patriotische Slogans oder Aufrufe zur Verteidigung der Demokratie ab mit »was für'n Scheiß«, »Mensch, sei doch mal ernst« oder »wer hält hier wen zum Narren?«. Insbesondere glauben sie kaum, einen Außenposten der Demokratie in Südvietnam zu beschützen.
>
> Es sollte wiederholt und besonders betont werden, daß die Gründe, die für den Krieg angegeben wurden, und die Beschreibungen über den Kommunismus, die die Soldaten lieferten, immer das Resultat ausführlicher Diskussion und Befragung waren. Wenn sie sich selbst überlassen wurden, diskutierten die Soldaten selten die Gründe für die amerikanische militärische Intervention in Vietnam, das Wesen kommunistischer Systeme oder andere politische Fragen.
>
> Die Tatsache, daß der amerikanische Soldat nicht offen ideologisch ist, sollte nicht die Existenz derjenigen hervorstechenden Werte verdecken, die zu seiner Motivation im Kampf beitragen. Trotz der ideologischen Sorglosigkeit des Soldaten und seiner ausgesprochenen Beschämung angesichts

patriotischer Rhetorik trägt er nichtsdestoweniger einen elementaren amerikanischen Nationalismus zur Schau, im Glauben, daß die Vereinigten Staaten das beste Land der Welt seien. Obwohl er es haßt, im Krieg zu sein, glaubt der Frontsoldat typischerweise – in einer Art fröhlichen Patriotismus –, daß er für sein amerikanisches Heimatland kämpft.[11]

Ich vermute, daß der grundlegende Unterschied zwischen den Green Berets und den amerikanischen Infanteristen, die von Moskos interviewt wurden, der ist, daß die ersteren professionell kämpfen, während die letzteren das ›Pech‹ hatten, an die Front geschickt zu werden. Ich würde auch annehmen, daß es eine große Portion Glück war, die die Eingezogenen in dieser Studie von Moskos' Infanteristen trennt.

Historische Persönlichkeiten

Ich legte jedem Probanden eine Liste von 47 verstorbenen historischen Persönlichkeiten vor, und bat sie, die Namen »derjenigen 5 Menschen« niederzuschreiben, »deren Tod die Welt Ihrer Meinung nach von gefährlichen und schlechten Menschen befreite« und »derjenigen 5 Menschen, deren Tod Ihrer Meinung nach den größten Verlust für die Menschheit bedeutet hat«. Der Proband konnte den Namen jeder anderen gut bekannten Persönlichkeit niederschreiben. Mit wenigen Ausnahmen stammten die ausgewählten Namen aus meiner Liste:

Gandhi	Papst Johannes XXIII.	Randolph Hearst
Anne Frank	Stalin	Herbert Hoover
Leon Trotzky	Lumumba	Rosa Luxemburg
Marilyn Monroe	Adlai Stevenson	Churchill
Douglas Mac Arthur	Martin Buber	Albert Schweitzer
F. D. Roosevelt	John F. Kennedy	Konrad Adenauer
Kardinal Spellman	Walt Disney	Spencer Tracy
Robert F. Kennedy	Lennie Bruce	Bertholt Brecht
Henry Ford II.	Martin Luther King	Papst Pius XII.
Malcolm X	Albert Einstein	Lenin
Adolf Hitler	Medger Evers	Albert Camus
Tom Dooley	Sigmund Freud	Rommel
Paul Tillich	Albert Luthuli	Edith Piaf
Nehru	Che Guevara	Gary Cooper
Dag Hammarskjöld	Jayne Mansfield	Mussolini.
Clark Gable	R. J. Oppenheimer	

[11] Moskos, Charles, C. jun.: The American Enlisted Man. New York (Russell Sage Foundation) 1970, 148–151.

Um richtig zu verstehen, wie jede Gruppe die historischen Persönlichkeiten bewertete und wahrnahm, muß auch untersucht werden, wie sie ihre Wahl erklärten. Es können schon aus der Liste der von ihnen gewählten Personen (s. Tabelle 5.5) einige allgemeine Schlüsse gezogen werden. Die disproportionale Vertretung von Nicht-Amerikanern unter denjenigen, die die Freiwilligen als schlechte Menschen bezeichneten, entspricht ihrer stärkeren Tendenz in In-Group- und Out-Group-Termini zu denken und Schlechtigkeit als ausländischen Ursprungs anzusehen. Sowohl die Eingezogenen als auch die Freiwilligen lehnten Menschen ab, deren Versuche, die etablierte Ordnung aufzuheben (Malcolm X und Che Guevara), nicht durch die Massenmedien oder durch öffentliches Lob legitimiert waren (Martin Luther King). Die Legitimität des öffentlichen Bildes eines Menschen war den meisten der Verweigerer weniger wichtig. Sie neigten eher dazu, Persönlichkeiten positiv zu bewerten, die gegen die Hauptströmungen ihrer Zeit angingen, wie Gandhi, Malcolm X, Che Guevara und Medger Evers. (Von den 8, die die Verweigerer positiv bewertet hatten, starben 7 eines gewaltsamen Todes.) Die Eingezogenen und Freiwilligen lehnten auch eine derartig »un-amerikanische« Person wie Lenin ab, dessen Schlechtigkeit darin bestand, daß »er den Kommunismus in Rußland angefangen hat«. Obwohl sich die meisten Freiwilligen nicht ganz sicher waren, wer Patrice Lumumba war, erinnerten sich viele vage daran, daß er in der amerikanischen Presse nicht positiv angesehen und »gegen die Interessen der Vereinigten Staaten« oder »ein Revolutionär war« und lehnten ihn aus diesen Gründen ab. Es ist interessant zu beobachten, daß alle 3 Gruppen weitgehend darin übereinstimmten, daß John F. Kennedy, Robert F. Kennedy und Martin Luther King bedeutende Menschen waren, während sie Hitler, Stalin und Mussolini als schlechte Menschen bezeichneten. Jedoch unterschieden sich die Gründe, die von Verweigerern und Freiwilligen für diese Bewertungen gegeben wurden, in einigen wesentlichen Aspekten. Schließlich wird wieder deutlich, daß die Freiwilligen und Eingezogenen sehr ähnliche Bewertungen angaben.

Platzmangel und relativ geringere Relevanz erlauben nicht, alle Begründungen der Verweigerer und Freiwilligen für ihre jeweiligen Bewertungen darzustellen. Daher habe ich diese Diskussion auf diejenigen Erklärungen beschränkt, die die Wert- und Wahrnehmungsschemata dieser Gruppen am besten veranschaulichen. John F. Kennedy besaß einige Eigenschaften – Jugendlichkeit, Charme, Humor, die Fähigkeit zu inspirieren und das Versprechen einer Erneuerung des amerikani-

Tabelle 5.1 Historische Persönlichkeiten, die von den Verweigerern, Eingezogenen und Freiwilligen am häufigsten als »bedeutend« oder »schlecht« bezeichnet wurden. (Die Sterne zeigen an, auf welchem Signifikanzniveau über der Zufallsverteilung jeder Name in den Listen jeder Gruppe erschien. Jeder der ursprünglichen 47 Namen hatte eine Wahrscheinlichkeit von 5/47 zufällig gewählt zu werden. Ein Stern = Signifikanzniveau 0,001, zwei Sterne = Signifikanzniveau 0,01 und drei Sterne = Signifikanzniveau 0,05. Die Namen ohne Sterne hatten Signifikanzniveaus zwischen 0,10 und 0,20.)

	VERWEIGERER		EINGEZOGENE		FREIWILLIGE	
	Bedeutend	Schlecht	Bedeutend	Schlecht	Bedeutend	Schlecht
Ähnliche Ansichten	J. F. Kennedy**	Hitler*	J. F. Kennedy*	Hitler*	J. F. Kennedy*	Hitler*
	R. F. Kennedy*	Stalin*	R. F. Kennedy*	Stalin*	R. F. Kennedy*	Stalin*
	M. L. King*	Mussolini*	M. L. King*	Mussolini*	M. L. King***	Mussolini *
	Gandhi*	–	Gandhi**	Lenin*	–	Lenin*
	–		Einstein*		Einstein*	
	–		Churchill *		Churchill*	
	–		Schweitzer**		Schweitzer**	
	–		Disney***		Disney**	
Entgegengesetzte Ansichten	Malcolm X**			Malcolm X*		Malcolm X*
	Che Guevara***			Che Guevara *		Che Guevara*
Andere Ansichten	M. Evers***	Kardinal Spellman**	Papst Johannes***		D. Mac Arthur*	Lumumba n. s.
	S. Freud***	Lennie Bruce***			F. D. Roosevelt***	
					M. Monroe n. s.	
					J. Mansfield n. s.	
					G. Cooper n. s.	
					C. Gable n. s.	

schen Lebens –, die sowohl die Freiwilligen als auch die Verweigerer lobenswert fanden. Während jedoch die meisten der Kriegsdienstverweigerer über seine Handhabung der Schweinebuchtkrise und insbesondere über seine Eskalation der amerikanischen Einmischung in Vietnam enttäuscht waren, erklärten die Freiwilligen, sie sähen ihn als eine Art Vaterfigur an, da er die Special Forces offiziell ins Leben gerufen hatte.

Martin Luther King wurde sowohl von den Freiwilligen als auch von den Verweigerern als ein bedeutender Mann angesehen. Als ich sie aber befragte, wie sie sich zur Zeit seiner Ermordung gefühlt hätten, sagten die meisten Freiwilligen, sie seien froh gewesen, daß er getötet wurde und sahen seinen Mörder als Helden an. Einige wenige bemerkten sogar, daß sie ihn gerne selbst getötet hätten. Wie erklärt es sich, daß eben diese Menschen Martin Luther King als einen bedeutenden Mann ansahen? Meiner Meinung nach ist die Antwort auf diesen offensichtlichen Widerspruch vielschichtig. Die Green Berets respektieren Erfolg, Taten und Aktivität, und King war ein Mann der Tat. Sie verwechseln Taten aber nicht mit Gefühlen. Sie freuten sich über seinen Tod, weil sie ihn nicht leiden konnten. In ähnlicher Weise war ihr einziger Einwand gegen Menschen wie Che Guevara und Rommel, die sie sonst sehr priesen, daß »sie auf der falschen Seite kämpften«. Kings Haut hatte die falsche Farbe. Einen Menschen zu töten war für sie eine Leistung, ein Maß ihrer beruflichen Fähigkeit. Die Befriedigung ist um so größer, wenn dieser Mann berühmt ist und wenn sie ihn hassen. Daher hegten einige den Wunsch, selbst Kings Mörder gewesen zu sein. Darüber hinaus sind die Green Berets sehr feinfühlig für öffentliche Images. Sie nennen einen Mann bedeutend, wenn er öffentlich angesehen zu sein scheint, ob sie ihn mögen oder nicht.

Hitler, Stalin und Mussolini wurden von jedem Verweigerer, Eingezogenen und Freiwilligen als schlechte Menschen bewertet. Die wesentlichen Unterschiede zwischen Verweigerern und Freiwilligen zeigten sich in ihrer Reaktion auf Hitler. Alle nannten ihn einen Diktator, einen Faschisten, einen Mörder und einen Irren und verwendeten diese Worte mit der selbstverständlichen Implikation von Schlechtigkeit. Jedoch waren ihr emotionales und intellektuelles Verständnis dessen, was diese Worte tatsächlich bedeuteten und die Werte, die sie ihnen zuschrieben, fundamental voneinander unterschieden. Die folgenden Bemerkungen einiger Freiwilliger veranschaulichen ihre Perspektive:

Fall Nr. 201 (Neger)

Äh, weil, sehen Sie, schließlich, wenn er dann alle die Juden beseitigt hätte und die Welt erobert, hätte er daran denken können, die Neger zu beseitigen und so. Ich würde nicht in seine Beschreibung der reinen arischen Rasse passen, sehen Sie (lacht). Da ist es einfach eine Angelegenheit des Überlebens.

Fall Nr. 207

Naja, wie zum Beispiel Hannibal war ein Mensch, der etwas versucht hat, was kein anderer Mann vor ihm versucht hatte. Er hat ein Land geschlagen, eine Macht, die als unbesiegbar angesehen wurde, und hat es mit einem Minimum an Männern getan, indem er Rom aus dem Norden angegriffen hat, was nie zuvor passiert war [...] Ich halte das für einen ziemlich cleveren Zug. Es zeigt eine Menge Mut [...] Und Dschingis Khan hat die ganze bekannte Welt erobert. Ich weiß nicht wirklich, warum ich Dschingis Khan gesagt habe, weil er in allem, was er getan hat, erbarmungslos war. Aber ich halte die Heldentat, die er geleistet hat, für einzigartig [...] Hitler, mir gefällt einfach nicht die Art, wie er vorgegangen ist.

Fall Nr. 214

B: Hitler hat eine Menge gebaut, natürlich. Und er hat möglicherweise Deutschland vorm Kommunismus gerettet, was beides gut war. Aber er war auch der Repräsentant einer Maschine, einer sehr stolzen Maschine, und sein Tod hat möglicherweise mitgeholfen, diese Maschine aufzulösen.
I: Sie sagten zuvor, daß er auch Europa zerstört hat.
B: O ja, er hat Europa zerstört, wissen Sie, aber das ist keine sehr objektive Art, die Dinge anzusehen. Aber er hat Europa zerstört, ja, und vielleicht dafür sollte er möglicherweise sterben.

Fall Nr. 215

B: Er (Hitler) war ein Verrückter. Er war einfach ein total Verrückter, und es war eine gute Sache für die Welt, daß er nicht mehr lebt.
I: Inwiefern war er ein Verrückter?
B: Ein Mann, weniger als 1,80 m groß, mit schwarzem Haar und braunen Augen, der herumbrüllt, daß er eine Super-Rasse von blondhaarigen Menschen über 1,80 m groß haben will, mußte verrückt sein, weil er selbst von Anfang an nicht in die Rasse gepaßt hat. Er wollte den Rest der Welt auslöschen und seine Super-Rasse haben. Und das ist die Redeweise von einem Verrückten. Das ist kein Taktiker, meiner Meinung nach.

Fall Nr. 217

B: Hitler war ein Dorn im Auge, aber er hatte auch 'ne Menge gute Eigenschaften [...] Er hätte es erreichen können, die Welt zu erobern, wenn er es langsam gemacht hätte, langsamere Taktiken angewandt hätte. Er wäre entweder ein guter Verlust oder ein schlechter Verlust. Eines von beiden. Für die Welt ist es gut, daß er tot ist.

I: Warum?

B: Naja, seine Greueltaten, indem er die Juden getötet hat, seine Einstellung zu Kindern: Wenn du blind oder verkrüppelt geboren wirst, wirst du getötet. Um eine starke Nation aufzubauen, ist es in gewisser Hinsicht gut, wenn man es nicht mit Mitleid betrachtet. Man braucht keine verkrüppelten Kinder, verkrüppelte Leute. Zugegeben, es ist nicht ihre Schuld. Aber sie sind ihr ganzes Leben sich selbst und für die Nation eine absolute Behinderung; die Mehrheit von ihnen. Es gibt Individuen, die positive Ansätze zeigen.

Fall Nr. 218

B: Naja, Adolf Hitler war ein Idiot, glaube ich. In einer Hinsicht. Und ein Genie in einer anderen [...] Naja, er war ein Idiot, weil er das menschliche Mitgefühl nicht begriffen hat. Er hat das menschliche Element nicht in Betracht gezogen. Was seine eigentlichen Gedanken und Pläne und so weiter betrifft, war er ein Genie.

I: Ich verstehe nicht ganz, was Sie mit dem menschlichen Element meinen.

B: Naja, als sie nach Rußland zogen, und das war zu Anfang des Krieges, haben die Generäle versucht, Hitler zu erzählen, wie man Dinge tun muß. Und Hitler hat Tausende von Menschen massakrieren lassen, und all das, nachdem sie gefangengenommen waren, als sie sich mit den Nazis gegen die Russen verbünden mußten, und das hat sie zu einem Aufruhr veranlaßt. Das meine ich damit, daß er das menschliche Element nicht mit in Betracht gezogen hat.

Fall Nr. 219

B: Er war in Wirklichkeit ein krankes Individuum. Im Militär, wie er Soldat war, ist er nie sehr hoch gekommen, und er war kein sehr guter Soldat. Er war ein starker Politiker und ein Mensch, der zur Macht gekommen ist, als es leicht war, zur Macht zu kommen [...] Er ist seinen außergewöhnlichen Generälen, wie Rommel und solchen Leuten, nie gefolgt, die Militaristen waren und gewußt haben, was sie getan haben. Er war einfach ein ehrgeiziger, gieriger, kleiner Diktator mit kranken Ideen.

I: Naja, welche Ideen waren krank?

B: Oh, wie zum Beispiel, alle diese Juden zu verbrennen. Ich meine, ich habe nicht zu viele Gefühle darüber, daß er 'ne Menge Juden verbrannt hat. Ich glaube, daß alle diese Juden zu verbrennen, eine verdammt kranke Idee war, in Wirklichkeit. Äh, er war ganz sicher ehrgeizig, und Diktatoren eliminieren eine Menge von ihren, äh, Gegnern, meistens. Ich kann mir vorstellen, daß man sie versklavt; eh, zum Teufel, sie vor seinen Soldaten einsetzt und sie dazu verwendet, Minen explodieren zu lassen und irgendwas in der Art. Aber sie zu verbrennen, hat ihm kein bißchen genützt. Die Geldsummen, die er von Goldzähnen und, äh, solchen Sachen gekriegt hat, haben das verdammt sicher nicht wettgemacht. Er hätte sie als Sklaven zum Straßenbau, Flughafenbau verwenden können, äh, in Munitionsfabriken und solchen Sachen.

I: So, mit anderen Worten war es einfach die Idiotie seiner unpraktischen Hartnäckigkeit?

B: Richtig.

Eine abschließende Bemerkung dazu. Die Green Berets beschäftigen sich im wesentlichen nicht mit solchen Fragen, ob man töten oder nicht töten soll und selbst nicht einmal damit, wer getötet werden könnte oder sollte. Diese Angelegenheiten werden von anderen entschieden, und das Interesse der Green Berets an ihnen geht nicht über praktische und strategische Erwägungen hinaus. Für sie ist einzig die Frage von fundamentaler Bedeutung, wer töten, wer exekutieren darf, und auch diese Frage wird von anderen entschieden. Dadurch, daß eine Regierung ihre Handlungen gesetzlich sanktioniert hat, sehen sie sich selbst als legitimierten Arm der Regierungsautorität und daher verständlicherweise als nicht gewalttätig an. Für sie sind gewalttätige Menschen diejenigen, die das tun, was sie selbst tun, aber entweder erklärte Feinde sind oder nicht im Namen von Ruhe und Ordnung nach ihrer Vorstellung handeln. Daher ist auch ein Demonstrant gewalttätig, einfach weil er demonstriert, aber nicht der Polizist oder Soldat, der auf ihn schießt.

Moralische Maßstäbe

Jeder Proband wurde gebeten, seine relative Zustimmung oder Ablehnung von: Spielen um Geld, Trunkenheit, Rauchen, Lügen, Stehlen, vorehelichem Geschlechtsverkehr für Mädchen, vorehelichem Geschlechtsverkehr für Jungen, Selbstmord, Selbstbefriedigung und Bezug von Fürsorgeunterstützung anzugeben. Dazu standen ihm folgende Alternativen zur Verfügung: »ist immer falsch«, »ist normalerweise falsch, aber unter bestimmten Umständen entschuldbar«, »ist normalerweise entschuldbar, aber manchmal falsch« und »ist nie falsch«.
Die Resultate dieses Fragebogens stimmen mit den vorherigen Ergebnissen überein. Wiederum besteht eine größere Ähnlichkeit zwischen den Antworten der Freiwilligen und Eingezogenen als zwischen jeder dieser Gruppen und den Verweigerern. Als die Bewertungen aller Fragen überprüft wurden, ergab sich folgendes Muster: Die Freiwilligen verwendeten die verdammenden und ablehnenden Alternativen am häufigsten, die Eingezogenen die ablehnenden und entschuldigenden

und die Verweigerer die entschuldigenden und zustimmenden Alternativen.[12]
Die Freiwilligen verdammten Trunkenheit, Lügen, Stehlen, vorehelichen Geschlechtsverkehr für Mädchen, Selbstbefriedigung und Selbstmord oder lehnten sie ab. Sie sahen Rauchen und vorehelichen Geschlechtsverkehr für Jungen als entschuldbar oder niemals falsch an. Spielen um Geld wurde von der Hälfte verdammt und von der anderen Hälfte gutgeheißen. Der Bezug von Fürsorgeunterstützung wurde abgelehnt oder für entschuldbar gehalten.
Die Eingezogenen gaben dieselben Antworten wie die Freiwilligen zu Spielen um Geld, Trunkenheit, Rauchen und Bezug von Fürsorgeunterstützung. Sie waren Lügen, Stehlen und Selbstmord gegenüber toleranter, obwohl sie sie auch ablehnten. Vorehelicher Geschlechtsverkehr für Jungen und Mädchen wurde als »entschuldbar, aber manchmal falsch« bewertet. Selbstmord sahen sie als entweder entschuldbar oder niemals falsch an.
Nur Selbstmord erhielt von einigen Verweigerern die Bewertung »ist immer falsch«. Das war auch die einzige Frage, bei der ihre Einstellungen scharf divergierten. Die Bewertungen der Verweigerer waren über die 4 Alternativen gleichmäßig verteilt. Selbstbefriedigung und Rauchen wurden als »niemals falsch« bewertet. Vorehelicher Geschlechtsverkehr für Jungen und Mädchen und die Annahme von Fürsorgeunterstützung wurden entweder als »niemals falsch« oder »normalerweise entschuldbar, aber manchmal falsch« bewertet. Spielen um Geld und Trunkenheit wurden als »entschuldbar« und Lügen und Stehlen als »normalerweise falsch« bewertet.
Der doppelte Maßstab der Freiwilligen in sexuellen Angelegenheiten und ihre Verdammung von Selbstbefriedigung, die oben beschrieben wurden, werden durch diese Daten bestätigt. Obwohl die meisten von ihnen in den Interviews zugaben, daß sie viel tranken, logen und stahlen, verdammten sie derartige Praktiken einhellig. Man muß sich wiederum fragen, wie sie derart offensichtliche Widersprüche vereinbaren können. Meiner Meinung nach empfinden sie gar keinen Widerspruch. Genauso, wie sie das männliche Sexualverhalten für eindeutig anders hielten als das weibliche und hier mit verschiedenen Maßstäben maßen, bin ich sicher, daß sie sich selbst als zu einer bestimmten Kategorie gehörig ansehen, was Trinken, Lügen und Stehlen angeht. Sie halten solche Gewohnheiten nur mit Einschränkungen für schlecht. Sie sind

[12] Das allgemeine Antwort-Muster wurde mit der 3 x 3 chi-Quadrat-Methode analysiert, was $x^2 = 76{,}55$, df 6 ergab.

schlecht, wenn jemand anderer sie praktiziert oder wenn sie dabei erwischt werden oder wenn sie sie nicht im Dienst jener Ziele praktizieren, die für sie persönliche oder berufliche Legitimität besitzen. Ihre Einstellungen zum Töten sind ähnlich. Töten ist etwas, was sie berufsmäßig mit gesetzlicher Legitimität tun, aber »sie könnten nicht einfach auf die Straße gehen und jemanden erschießen«. Das wäre Mord.

Bedürfnisse

Dieser Untersuchung lag unter anderem die Hypothese zugrunde, daß zwischen den Bedürfnissen und dem Verhalten eines Menschen eine Wechselbeziehung besteht. Das heißt, daß ein Mensch dazu neigt, sich so zu verhalten, daß seine Bedürfnisse befriedigt werden, es sei denn, er wäre durch psychische Defekte und Umweltbedingungen ernsthaft behindert. Umgekehrt wird ein Mensch Bedürfnisse entwickeln, die der Art entsprechen, in der er sich gewohnheitsmäßig verhält. Falls das tatsächlich so ist, sollte es möglich sein, Unterschiede in den Bedürfnissen der Kriegsfreiwilligen, Eingezogenen und Kriegsdienstverweigerer zu finden, die mit einiger Plausibilität den Unterschieden in ihrem gewohnheitsmäßigen Verhalten entsprechen.

Um diese Hypothese zu testen, wurde allen 3 Gruppen der Edwards Personal Preference Schedule vorgelegt, ein Fragebogen, der die relative Stärke 15 psychischer Bedürfnisse mißt. Die Fragebogen-Resultate können auf mindestens 3 verschiedene Arten ausgewertet werden. Man kann die Punktwerte jeder Gruppe auf jeder der 15 Bedürfnis-Skalen vergleichen. Die Punktwerte für jede Gruppe können vom stärksten bis zum schwächsten Bedürfnis in einer Rangordnung aufgestellt werden. Auch kann man den Punktwerten jeder Gruppe auf jeder Bedürfnis-Skala diejenigen der Standard-Populationen gegenüberstellen, die vom Autor dieses Instruments untersucht worden waren. Jede dieser Auswertungsmöglichkeiten vermittelt neue Einsichten in die Ergebnisse.

In Abbildung 5.2 werden die Durchschnittswerte für jede Gruppe zu jedem der 15 Bedürfnisse graphisch dargestellt. Die Definitionen jedes Bedürfnisses stehen in Anhang 12. Ein kurzer Blick auf Abbildung 5.2 zeigt, daß die Profile aller 3 Gruppen in verschiedenen Punkten zusammenzufallen oder auseinanderzugehen scheinen und daß die Eingezogenen in 8 von 15 Skalen zwischen den Kriegsfreiwilligen und den Kriegsdienstverweigerern liegen. Keiner der Unterschiede zwischen den

Abbildung 5.2 Durchschnittswerte für den Edwards Personal Preference Schedule nach Rangordnung der Werte für den Kriegsfreiwilligen

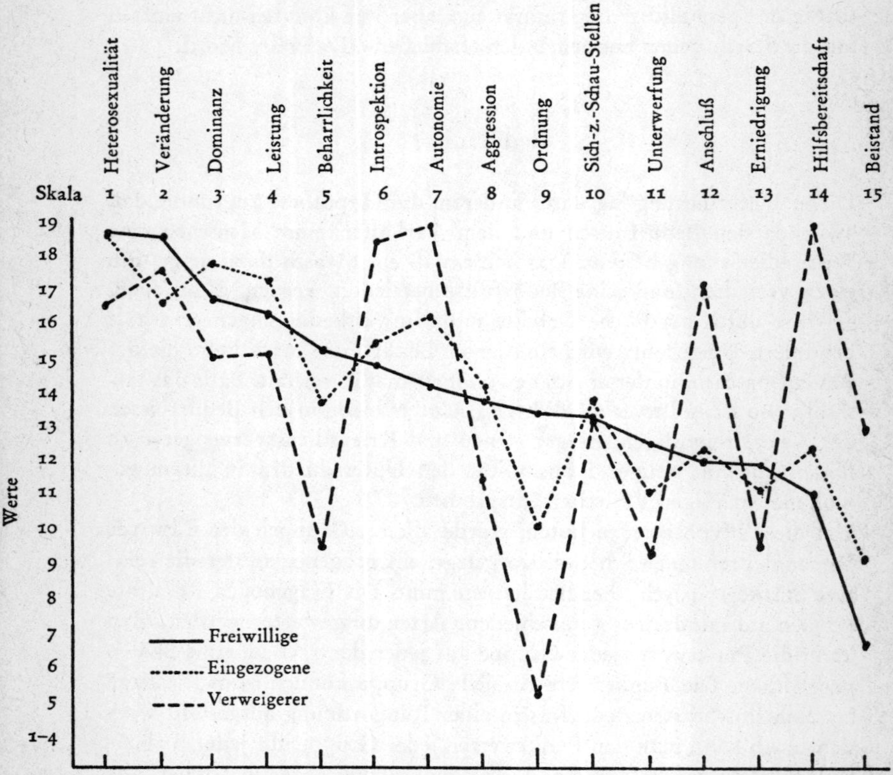

	1	2	3	4	5	6	7	8	9	10	11	12	13	14	15
$\bar{x}$	18.71	18.54	16.79	16.29	15.39	14.96	14.25	13.86	13.36	13.32	12.54	12.04	11.89	11.00	6.75
$\bar{x}$	16.50	17.50	15.20	15.15	9.55	18.40	18.90	11.35	5.25	13.20	9.35	17.20	9.70	18.95	13.00
$\bar{x}$	18.57	16.73	17.80	17.30	13.76	15.54	16.24	14.19	10.16	13.89	11.00	12.43	11.22	12.49	9.22
Sig. Unterschied zwischen Freiwilligen und Gegnern					X	X	X	X	X		X	X		X	X
Sig. Unterschied zwischen Gegnern und Eingezogenen					X	X		X	X			X		X	X
Sig. Unterschied zwischen Freiwilligen und Eingezogenen					(keine)										

Kriegsfreiwilligen und den Eingezogenen war statistisch signifikant. Im Gegensatz dazu erschienen beträchtliche Unterschiede zwischen Freiwilligen und Verweigerern auf 9 Skalen (Beharrlichkeit, Introspektion, Autonomie, Aggression, Ordnung, Ehrerbietung – Unterwerfung, Anschluß, Hilfsbereitschaft und Beistand) und auf 7 Skalen zwischen Verweigerern und Eingezogenen (Beharrlichkeit, Introspektion, Aggression, Ordnung, Anschluß, Hilfsbereitschaft und Beistand). Diese Resultate bedeuten, daß die Bedürfnisse der Kriegsdienstverweigerer, bei einer Aufgabe auszuharren, egal, was kommt (Beharrlichkeit), verbal beleidigend (Aggression) und gut organisiert und sauber zu sein (Ordnung), wesentlich schwächer waren, als unter den Kriegsfreiwilligen und Eingezogenen. Im Vergleich zu den beiden anderen Gruppen hatten die Kriegsdienstverweigerer stärkere Bedürfnisse nach Selbstbeobachtung und Mitgefühl (Introspektion), nach vielen festen, gegenseitig hilfreichen Freundschaften (Anschluß) und danach, anderen zu helfen (Hilfsbereitschaft) und sich von anderen helfen zu lassen (Beistand). Das Bedürfnis der Kriegsdienstverweigerer nach Unabhängigkeit in Denken und Handeln (Autonomie) war bedeutend größer als das der Kriegsfreiwilligen. Umgekehrt war das Bedürfnis der Kriegsfreiwilligen, sich dem Urteil und der Führung anderer zu fügen (Unterwerfung), größer als das der Kriegsdienstverweigerer.

Die Konstruktion des Edwards Personal Preference Schedule, die relativen Stärken verschiedener Bedürfnisse statt die absoluten Stärken einzelner zu messen, spiegelt die Erkenntnis wider, daß vieles im menschlichen Verhalten nur durch eine Analyse des Zusammenspiels vieler Motive, ihrer relativen Intensität und ihres Konfliktes oder ihrer gegenseitigen Ergänzung verständlich ist. Diese Perspektive wurde dadurch beibehalten, daß die Bedürfnisse jeder Gruppe, wie aus Abbildung 5.2 ersichtlich, vom stärksten bis zum schwächsten in eine Rangordnung gebracht wurden.

Die Pfeile in Tabelle 5.2 zeigen an, welche Bedürfnisse ungefähr entsprechende Positionen in den Gruppenhierarchien einnehmen. Aus dieser Gegenüberstellung können einige wesentliche Eindrücke gewonnen werden. Wiederum sind die Kriegsfreiwilligen und die Eingezogenen einander bemerkenswert ähnlich, während sich die Kriegsdienstverweigerer eindeutig von den anderen beiden Gruppen unterscheiden. Das einzig *starke* Bedürfnis, das alle 3 Gruppen teilen, ist ein Verlangen nach neuen Erfahrungen (Veränderungen). Diejenigen starken Bedürfnisse, die zwischen den Kriegsfreiwilligen und den Eingezogenen unterscheiden, belegten die 5. Position in ihren Hierarchien. Das Bedürfnis

Tabelle 5.2 Die Bedürfnisstruktur der Kriegsdienstverweigerer, Eingezogenen und Kriegsfreiwilligen in Rangordnung vom stärksten bis zum schwächsten (mit Ähnlichkeiten zwischen den Gruppen)

		Verweigerer	Eingezogene	Freiwillige
	1	Hilfsbereitschaft	Heterosexualität	Heterosexualität
	2	Autonomie	Leistung	Veränderung
HOCH	3	Introspektion	Dominanz	Dominanz
	4	Anschluß	Veränderung	Leistung
	5	Veränderung	Autonomie	Beharrlichkeit
	6	Heterosexualität	Introspektion	Introspektion
	7	Dominanz	Aggressivität	Autonomie
MITTEL	8	Leistung	Sich-zur-Schau-Stellen	Aggressivität
	9	Sich-zur-Schau-Stellen	Beharrlichkeit	Ordnung
	10	Beistand	Hilfsbereitschaft	Sich-zur-Schau-Stellen
	11	Aggressivität	Anschluß	Unterwerfung
	12	Erniedrigung	Erniedrigung	Anschluß
NIEDRIG	13	Beharrlichkeit	Unterwerfung	Erniedrigung
	14	Unterwerfung	Ordnung	Hilfsbereitschaft
	15	Ordnung	Beistand	Beistand

der Eingezogenen nach Gedanken- und Handlungsfreiheit (Autonomie) entspricht dem Bedürfnis der Kriegsfreiwilligen, bei einer Aufgabe auszuharren, egal was komme (Beharrlichkeit). Die größte Ähnlichkeit zwischen den Gruppen besteht auf dem Gebiet ihrer schwächsten Bedürfnisse.

Eine hierarchische Analyse dieser Daten ermöglicht ein besseres Verständnis für die Motivationsstruktur der untersuchten Gruppen. Möglicherweise irreführende Eindrücke, die aus den in Abbildung 5.2 dargestellten Vergleichen der Skalen über die einzelnen Bedürfnisse gewonnen werden konnten, können auch korrigiert werden. Beispielsweise war das Bedürfnis der Kriegsdienstverweigerer, Hilfe zu empfangen (Beistand), zwar bedeutend höher als das der beiden anderen Gruppen, nahm aber nur den 10. Rang in ihrer Bedürfnis-Hierarchie ein. Die Ergebnisse der Skalen zu Heterosexualität, Dominanz und Leistung geben ein noch besseres Beispiel für die Notwendigkeit, diese Resultate in einer hierarchischen Perspektive zu sehen. Nach Abbildung 5.2 scheinen die Bedürfnisse der Kriegsfreiwilligen, Eingezogenen und Kriegsdienstverweigerer auf jedem dieser Gebiete gleich stark zu sein. In Tabelle 5.3 hingegen wird sichtbar, daß sie zu den stärksten Bedürfnissen der Freiwilligen und Eingezogenen gehören; sie nehmen die Ränge 1 bis 4 in den Hierarchien dieser Gruppen ein, bei den Verweigerern dagegen die Ränge 6 bis 8.

Tabelle 5.3 zeigt die 5 wesentlichen Unterschiede in den Bedürfnis-Hierarchien dieser Gruppen. Das relativ stärkste Bedürfnis unter den Kriegsdienstverweigerern war, anderen zu helfen (Hilfsbereitschaft). Dieses Bedürfnis belegt den 10. Rang in der Hierarchie der Eingezogenen und die vorletzte Position in der der Kriegsfreiwilligen. Das Bedürfnis nach vielen engen Freundschaften (Anschluß) kam in den 3 Gruppen auf die Ränge 4, 11 und 12, das Bedürfnis nach Gedanken- und Handlungsfreiheit (Autonomie) auf die Ränge 2, 5 und 7. Die stärksten Bedürfnisse der Kriegsdienstverweigerer liegen auf diesen Gebieten, während sie bei den Eingezogenen mittlere und bei den Kriegsfreiwilligen niedrige Ränge einnehmen. Das relativ stärkste Bedürfnis der Eingezogenen und Freiwilligen war das nach heterosexuel-

Tabelle 5.3 Die Bedürfnis-Struktur der Kriegsdienstverweigerer, Eingezogenen und Kriegsfreiwilligen in Rangordnung vom stärksten bis zum schwächsten, mit Unterschieden zwischen den Gruppen

		Verweigerer	Eingezogene	Freiwillige
	1	Hilfsbereitschaft	Heterosexualität	Heterosexualität
	2	Autonomie	Leistung	Veränderung
HOCH	3	Introspektion	Dominanz	Dominanz
	4	Anschluß	Veränderung	Leistung
	5	Veränderung	Autonomie	Beharrlichkeit
	6	Heterosexualität	Introspektion	Introspektion
	7	Dominanz	Aggressivität	Autonomie
MITTEL	8	Leistung	Sich-zur-Schau-Stellen	Aggressivität
	9	Sich-zur-Schau-Stellen	Beharrlichkeit	Ordnung
	10	Beistand	Hilfsbereitschaft	Sich-zur-Schau-Stellen
	11	Aggressivität	Anschluß	Unterwerfung
	12	Erniedrigung	Erniedrigung	Anschluß
NIEDRIG	13	Beharrlichkeit	Unterwerfung	Erniedrigung
	14	Unterwerfung	Ordnung	Hilfsbereitschaft
	15	Ordnung	Beistand	Beistand

lem Kontakt[13]; für die Kriegsdienstverweigerer war es von sekundärer Bedeutung. Schließlich gehörte das Bedürfnis, eine Aufgabe unkritisch zu erledigen (Beharrlichkeit), zu den stärksten Bedürfnissen der Kriegsfreiwilligen, zu den sekundären der Eingezogenen und zu den schwächsten der Verweigerer.

Vergleiche zwischen den Resultaten der untersuchten Gruppen und denen der Allgemeinbevölkerung auf diesem Meßinstrument sind von fragwürdigem Wert. Das geht einerseits auf die Unzulänglichkeit der ursprünglich von Edwards untersuchten normativen Stichproben und andererseits auf die Tatsache zurück, daß diese Daten jetzt 15 Jahre alt sind. Auch wurden getrennte Normen für Männer und Frauen und für »College-Studenten« und »die allgemeine Erwachsenen-Population« aufgestellt. Sollten die untersuchten Gruppen mit College-Studenten oder mit der erwachsenen, männlichen Allgemeinbevölkerung verglichen werden?

Wenn die Punktwerte der Kriegsdienstverweigerer mit den Normen für die College-Studenten und die Punktwerte der Kriegsfreiwilligen mit den allgemeinen Erwachsenen-Normen verglichen würden, erhielten wir 2 klar unterschiedene ›normative‹ Gruppen, deren Vergleichbarkeit nicht sofort offensichtlich wird. Ich beschloß daher, die Resultate jeder der 3 untersuchten Gruppen einzeln mit den normativen Daten für College-Studenten und für erwachsene Männer zu vergleichen. Die Resultate werden in Abbildungen 5.3, 5.4 und 5.5 dargestellt.

Einige allgemeine Tendenzen springen sofort ins Auge. Unsere 3 untersuchten Gruppen sind durchgehend Edwards' College-Studenten ähnlicher als seiner allgemeinen Erwachsenen-Stichprobe. Die Durchschnittsergebnisse der Eingezogenen sind mit denjenigen seiner College-Studenten fast identisch. Das Profil der Kriegsfreiwilligen unterscheidet sich von dem Durchschnittsprofil der erwachsenen Allgemeinbevölkerung Edwards' in 3 Punkten signifikant (Hilfsbereitschaft, Veränderung und Heterosexualität), das der Eingezogenen in 4 Punkten (Unterwerfung, Ordnung, Beharrlichkeit und Heterosexualität) und das der Kriegsdienstverweigerer in 9 Punkten (Unterwerfung, Ordnung, Autonomie, Anschluß, Introspektion, Erniedrigung, Hilfsbereitschaft, Veränderung und Beharrlichkeit). Verglichen mit den Normen für die

[13] Da fast alle Kriegsfreiwilligen zur Zeit der Untersuchung Geschlechtsverkehr mit Ehefrauen oder Freundinnen hatten, kann dieser hohe Punktwert nicht auf situationsgebundene Deprivation zurückgeführt werden. Das traf auch auf die Mehrheit der Eingezogenen zu.

Abbildung 5.3 Vergleich zwischen ›Kriegsfreiwilligen‹ und den normativen Stichproben der ›männlichen College-Studenten‹ und der ›männlichen Erwachsenen allgemein‹ auf dem Edwards Personal Preference Schedule

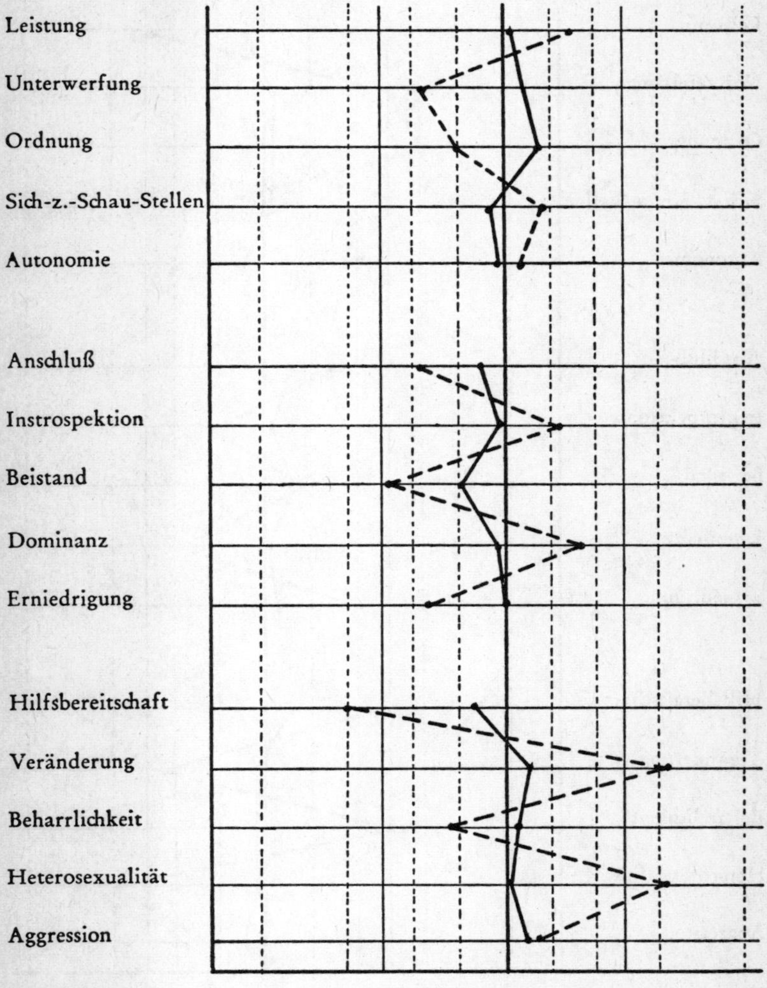

Die durchgehenden Linien stellen die Vergleiche mit College-Studenten und die durchbrochenen Linien die mit Erwachsenen dar.

Abbildung 5.4 Vergleich zwischen ›Eingezogenen‹ und den normativen Stichproben der ›männlichen College-Studenten‹ und der ›männlichen Erwachsenen allgemein‹ auf dem Edwards Personal Preference Schedule

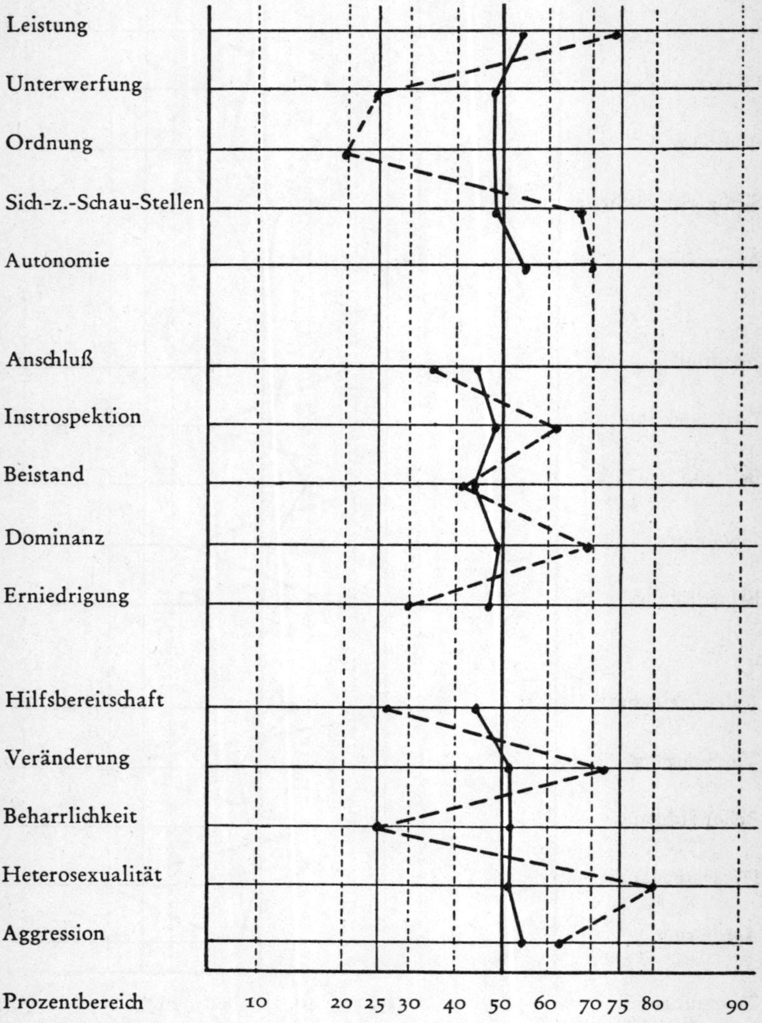

Die durchgehenden Linien stellen die Vergleiche mit College-Studenten und die durchbrochenen Linien die mit Erwachsenen dar.

Abbildung 5.5 *Vergleich zwischen ›Kriegsdienstverweigerern‹ und den normativen Stichproben der ›männlichen College-Studenten‹ und der ›männlichen Erwachsenen allgemein‹ auf dem Edwards Personal Preference Schedule*

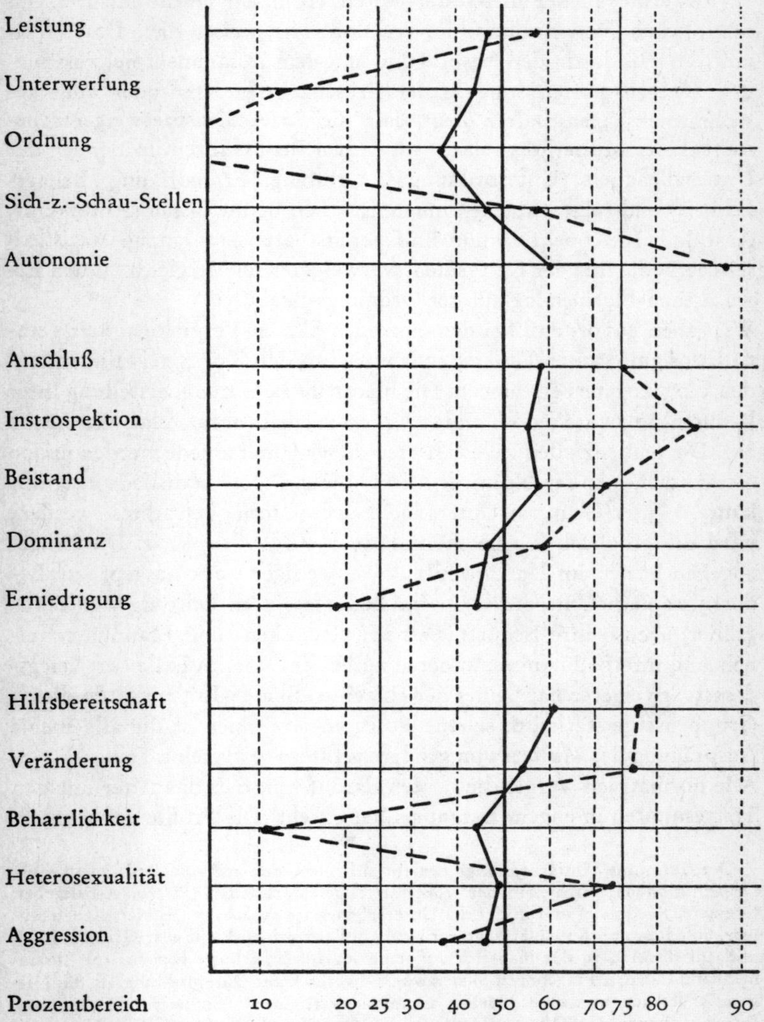

Die durchgehenden Linien stellen die Vergleiche mit College-Studenten und die durchbrochenen Linien die mit Erwachsenen dar.

College-Studenten, insbesondere aber denjenigen für die »allgemeinen Erwachsenen«, zeigen die Kriegsdienstverweigerer das untypischere Gruppen-Profil.

Wenn wir annehmen, daß die statistische Seltenheit von Kriegsdienstverweigerung in der hier untersuchten Form mit einem entsprechend untypischen Persönlichkeitsbild verbunden ist, weisen diese Daten darauf hin, daß das in der Ausprägung und dem Zusammenspiel verschiedener Eigenschaften statt in der Präsenz besonderer oder außergewöhnlicher Eigenschaften liegt. Für die Kriegsdienstverweigerer besteht dieses Muster aus relativ schwachen Bedürfnissen im Bereich der Unterwürfigkeit (Unterordnung[14], Ordnung, Erniedrigung, Beharrlichkeit) und relativ starken humanistischen Bedürfnissen (Autonomie, Anschluß, Introspektion und Hilfsbereitschaft). Das einzige statistisch seltene Bedürfnis der Kriegsdienstverweigerer im Vergleich zu den Erwachsenen-Normen lag auf der Ordnungs-Skala.

Wir sahen zuvor, daß bei den einzelnen Skalen-Vergleichen keine statistisch signifikanten Unterschiede zwischen den Kriegsfreiwilligen und den Eingezogenen erschienen. Die hierarchische Gegenüberstellung ihrer Bedürfnisse zeigte jedoch einige Unterschiede in ihrer relativen Stärke auf. Die tendenziellen Eigenschaften dieser Unterschiede werden in den Vergleichen mit der Norm deutlicher. Wenn diese statistisch insignifikanten Inter-Gruppen-Unterschiede zusammen betrachtet werden, wird die Möglichkeit eines kumulativen Effekts denkbar. Die Eingezogenen hatten im Durchschnitt etwas weniger stark ausgeprägte Bedürfnisse nach Unterordnung. Ihr Bedürfnis nach Leistung war etwas größer, ebenso ihre Bedürfnisse nach Gedanken- und Handlungsfreiheit und ihre Bedürfnisse, anderen zu helfen. Wie im Falle der Kriegsdienstverweigerer hat keines der einzelnen Skalen-Ergebnisse in diesen Gruppen eine statistisch seltene Position. Auch hier ist die allgemeine Ausprägung des Musters von größerem Interesse als seine Teile.

Alle normativen Vergleiche deuten darauf hin, daß das Alter mit den Testresultaten in engem Zusammenhang steht. Die Profile der 3 unter-

[14] Der Terminus ›Unterordnung‹ bezieht sich nicht nur auf eine Position in einer Organisations-Hierarchie, in der Vorgesetzte Befehle erteilen (Eltern, Arbeitgeber, Offiziere, Kardinäle) und in der die Untergebenen sie ausführen (Kinder, Arbeitnehmer, Soldaten und Kapläne). Unterordnung bezieht sich auch auf eine Geisteshaltung und auf die Art, in der man sich auf seine soziale Umgebung bezieht. Im Zusammenhang mit den Fragebogen-Skalen von Edwards kann Unterordnung als die Neigung angesehen werden, sich selbst als minderwertig anzusehen, als die Erwartung, daß die eigenen Gefühle und Gedanken nicht zählen, als das Gefühl, Dinge auf sozial vorgeschriebene Weise tun zu müssen und die Einstellung, daß man selbst die Schuld trägt, wenn etwas schiefgeht.

suchten Gruppen waren Edwards' College-Studenten weitaus ähnlicher als seinen Erwachsenen-Normen. Wie unzureichend diese Normen auch sein mögen, so erlaubt diese Beobachtung doch, tendenziell einige allgemeine und plausible Schlußfolgerungen zu ziehen. In der Bedürfnisstruktur von Jugendlichen im College-Alter scheinen sich von den 50er Jahren bis zu den späten 60er Jahren keine signifikanten Veränderungen vollzogen zu haben. Jede Generation reagiert auf die Probleme ihrer Zeit. Wie sie darauf reagiert, hat unter Umständen weitaus weniger mit Persönlichkeitsunterschieden zwischen den Generationen zu tun, als damit, wie eine bestimmte Situation das studentische Verhalten beeinflußt. Zum anderen weisen die relativ geringen Unterschiede zwischen den Prozent-Profilen der 3 untersuchten Gruppen und dem Durchschnittsprofil von Edwards' Studenten wiederum darauf hin, daß das kollektive Gewicht vieler, anscheinend kleiner Unterschiede nicht ignoriert werden darf und in der Persönlichkeitsanalyse entscheidend sein könnte. Auch scheint es zur Unterscheidung zwischen Kriegsdienstverweigerern, Eingezogenen und Kriegsfreiwilligen von größerer Bedeutung zu sein, ihre Bedürfnisse mit denjenigen der durchschnittlichen Erwachsenen-Population als mit den Bedürfnissen Gleichaltriger zu vergleichen. Der Nicht-Student gibt in unserer Gesellschaft noch immer den Ton an, strukturiert unsere Institutionen und verkörpert einen Lebensstil, dem die meisten jungen Menschen nachstreben.

Psychische Defekte

Kriegsdienstverweigerer und Kriegsfreiwillige sind oft Objekte des Mißtrauens. Ihre Kritiker, manchmal aber auch ihre Anhänger, machen sich gelegentlich Gedanken über die Zurechnungsfähigkeit solcher Menschen. Es gibt so viele angenehme Möglichkeiten, seine Zeit zu verbringen. Es ist so leicht, Gefahren zu vermeiden, warum also ein Risiko auf sich nehmen? Darüber hinaus fördern Konformität und Selbstgefälligkeit der Massen Mißtrauen gegenüber Ausnahmen. Man neigt zu der Annahme, daß mit dem Menschen, der anders handelt, etwas nicht in Ordnung ist.

Als ich eine Methode für die klinische Bewertung auswählte, legte ich besonderen Wert darauf, eine solche zu finden, die von persönlichen Vorurteilen relativ frei wäre. Der Minnesota Multiphasic Personality Inventory schien trotz seiner vielen Mängel dieses Kriterium am besten zu erfüllen. Wegen seiner außergewöhnlich weit verbreiteten Anwendung durch Forscher und klinisches Personal während der letzten 30 Jahre gibt es sehr viel vergleichende Literatur über die Punktwerte von hunderttausenden Menschen. Es ist von ebensolcher Bedeutung, daß vor ein paar Jahren ein Computerdienst für die Auswertung und Interpretation dieses Meßinstrumentes von der Firma Hoffmann-La Roche gegründet wurde.[15] Dieser Dienst bot einige wesentliche Vorteile. Er garantierte eine einigermaßen objektive Diagnose und Persönlichkeitsbeschreibung, indem die Ergebnisse für jeden Probanden nach denselben Kriterien beurteilt wurden. Er konnte für die Gültigkeit der Ergebnisse auf einen Großteil der vorhandenen Kenntnisse zurückgreifen. Der gesamte Wert dieses diagnostischen Instruments wird erst dann deutlich, wenn das Konfigurationsmuster der Ergebnisse analysiert wird. Da es eine endlose Anzahl von Mustern, überhöhten Ausprägungen von Mustern und besonderen Resultaten zu beachten gibt, kann nur ein Computer oder ein außergewöhnlicher Kopf eine Konfigurationsanalyse richtig durchführen. Der Großteil der MMPI-Auswertung, die hier dargestellt wird, fußt auf den Computeranalysen.[16]

Methode

Wie der Edwards Personal Preference Schedule, wurden die MMPI-Daten auf mehrere Arten analysiert. Die erste Analyse fußt auf Gruppenergebnissen. Die daraus resultierenden Gruppenprofile werden untereinander und mit der normativen Population verglichen. Die Interpretation basiert teilweise auf dem Hoffmann-La-Roche-Dienst und teilweise auf meiner Beurteilung.

Ein Gruppenprofil ist eine statistische Fiktion. Von dem Grad der Variabilität innerhalb einer Gruppe abhängig, ist das Profil ihrer Durchschnittswerte im besten Fall eine Annäherung an den wesentlichen Trend innerhalb der Gruppe. Individuelle Unterschiede verschwinden in ihrem Durchschnitt. Um diesen Informationsverlust wettzumachen und irrige Eindrücke zu beseitigen, die dadurch entstehen könnten, daß die Gruppenprofile behandelt werden, als wären sie einzelne Individuen, wurde der Antwortbogen jedes Probanden Hoff-

[15] Ich möchte insbesondere Herrn Peter Blaser von Hoffmann-La Roche, Basel, für seine freundliche und wertvolle Hilfe danken, durch die ich die Computerinterpretationen erhielt. Ebenso danke ich Professor Raymond Fowler, dem Urheber des Computerprogramms, für seine Erklärungen.

[16] Die Computerinterpretationen der MMPI-Resultate basieren auf den folgenden Daten: den MMPI-Antwortbögen und dem Alter, Bildungsstand und der Rasse des Probanden. Keine weitere Information wurde verlangt oder mitgeteilt.

mann-La Roche zur individuellen Analyse übermittelt. Da Platzmangel den Abdruck von 80 detaillierten Persönlichkeitsbeschreibungen verhindert, wurde ihr Inhalt folgendermaßen zusammengefaßt: Jedes Adjektiv und jede beschreibende Phase ebenso wie die Häufigkeit, mit der sie aufschien, wurden registriert. Die daraus resultierende Zusammenstellung erlaubt eine schnelle Einschätzung der Eigenschaften jeder Gruppe, ihrer Homogenität und ihrer besonderen Eigenheiten. Einzeln und zusammengenommen waren die individuellen Profilinterpretationen inhaltlich weitaus reicher, stimmten aber dennoch mit den Gruppenprofil-Interpretationen überein.

Resultate der Gruppenprofil-Vergleiche

In Abbildung 5.6 werden die durchschnittlichen Gruppenprofile für die Kriegsdienstverweigerer, Eingezogenen und Kriegsfreiwilligen graphisch dargestellt. Auf den ersten Blick werden einige allgemeine Ergebnisse deutlich. Außer dem außergewöhnlich hohen Wert, den die Kriegsdienstverweigerer auf Skala 5 erreichten, hält sich das Profil jeder Gruppe innerhalb des sogenannten ›normalen Bereichs‹. Auf 7 von 10 klinischen Skalen liegen die Werte der Eingezogenen zwischen denjenigen der Kriegsdienstverweigerer und denen der Freiwilligen. Im großen und ganzen ähnelt das Profil der Freiwilligen am ehesten demjenigen der »nicht-psychiatrisch kranken normativen Population«. Umgekehrt weicht das Profil der Verweigerer auf jeder Skala am weitesten von der Norm ab. Diese Beobachtungen gelten unabhängig von ihrer Bedeutung und unabhängig von dem interpretativen Material, das im folgenden dargestellt wird.
Im folgenden werden die Computer-Interpretationen der Gruppenprofile wörtlich abgedruckt; ihnen folgen Erklärung und Kommentar.

Die Kriegsdienstverweigerer

> Bei der Beantwortung der Test-Items scheinen sich diese Menschen bemüht zu haben, wahrheitsgemäß zu antworten, ohne zu versuchen, etwas abzuleugnen oder zu übertreiben.
> Diese Menschen erleben möglicherweise periodische Anfälle akuter Bedrängnis wie Angst, Tachycardia und Darmkrämpfe. Hysterische Muster[17] sind auch möglich. Obwohl nicht schwer deprimiert, kann etwas Depression und Müdigkeit erwartet werden. Die Beschwerden sind aller Wahr-

[17] Siehe die folgende Diskussion für die weitere Interpretation dieser Bedeutung der Punktwerte der Kriegsdienstverweigerer auf dieser Skala.

Abbildung 5.6 Konfigurationsmuster für die Kriegsdienstverweigerer, Eingezogenen und Kriegsfreiwilligen auf dem Minnesota Multiphasic Personality Inventory. Der Durchschnitt und die Standardabweichung jeder Gruppe auf jeder Skala sind unterhalb dieser Skala angeführt.

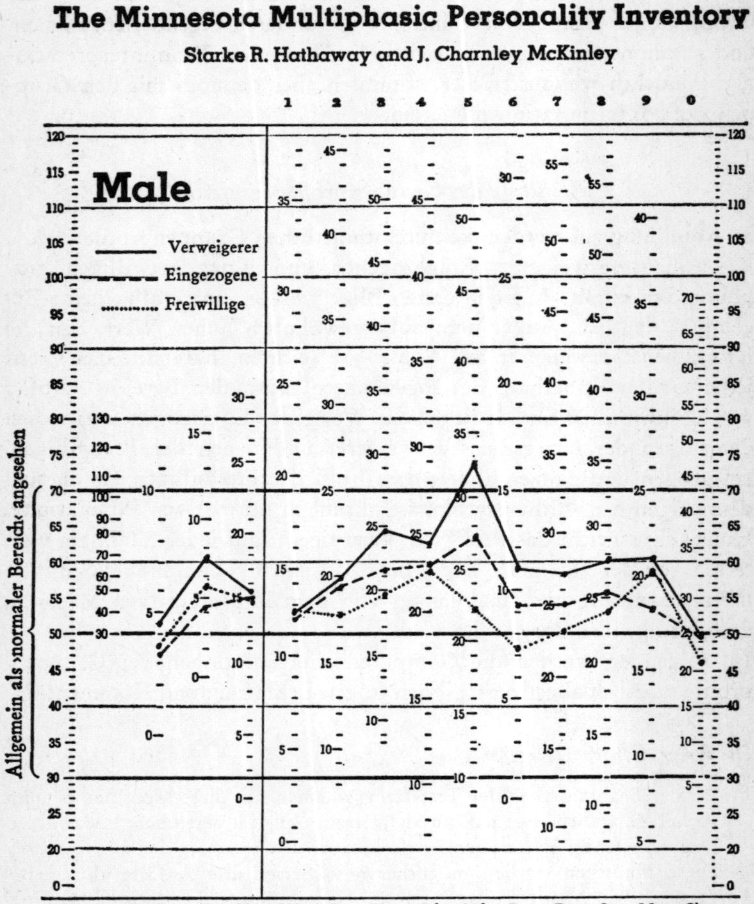

		?	L	F	K	HS 1	D 2	Hy 3	Pd 4	Mf 5	Pa 6	Pt 7	Sc 8	Ma 9	Si 10
R	x̄		4.5	7.1	15.4	12.4	19.7	24.2	24.2	32.4	11.0	27.2	27.5	21.15	24.9
	S.D.		2.1	3.6	4.0	3.7	4.9	4.7	3.3	3.8	3.5	3.1	0.38	3.7	6.7
D	x̄		3.3	4.4	15.0	12.0	19.1	21.4	22.9	27.2	9.36	25.0	25.4	18.02	24.5
	S.D.		1.6	2.9	3.9	4.2	1.7	4.35	3.6	5.79	3.13	4.3	5.2	5.24	9.8
V	x̄		3.6	5.5	14.8	12.5	17.8	19.22	22.6	22.2	7.29	23.1	24.0	20.11	21.0
	S.D.		1.9	4.6	3.6	4.7	4.4	3.79	4.6	3.11	2.95	5.2	6.8	4.2	6.6

scheinlichkeit nach nicht ernsthaft und sollten auf oberflächliche Behandlung und Beruhigung ansprechen.
Sie sind feinfühlig und sprachgewandt und könnten in ihren Interessenmustern etwas feminin [18] sein.

Die Eingezogenen

Bei der Beantwortung der Test-Items scheinen sich diese Menschen bemüht zu haben, wahrheitsgemäß zu antworten, ohne zu versuchen, etwas abzuleugnen oder zu übertreiben.
Diese Menschen scheinen passive, aber feindselige Individuen zu sein, die Schwierigkeiten haben, Impulskontrollen aufrechtzuerhalten. Aggressives Verhalten wird aller Wahrscheinlichkeit nach indirekt und unwirksam ausgedrückt und seine feindselige Intention verleugnet. Sexuelle Unangepaßtheiten, insbesondere Eheschwierigkeiten, sind wahrscheinlich. Physische Symptome, falls vorhanden, sind aller Wahrscheinlichkeit nach nicht akut oder führen nicht zur Untauglichkeit.

Die Kriegsfreiwilligen

Bei der Beantwortung der Test-Items scheinen sich diese Menschen bemüht zu haben, wahrheitsgemäß zu antworten, ohne zu versuchen, etwas abzuleugnen oder zu übertreiben. Diese Menschen neigen dazu, überaktiv, impulsiv und unverantwortlich zu sein. Sie suchen Aufregung und Erregung und werden durch ein hohes Energieniveau charakterisiert. Sie können große Anstrengungen machen, um ihre eigenen Wünsche zu erfüllen, finden es aber schwierig, bei Pflichten auszuharren, die von anderen auferlegt werden. Sie können gesellig und zuvorkommend sein, aber ihr schlechtes Urteil und ihr Mangel an Rücksichtnahme tendieren dazu, andere abzustoßen. Schlechte Arbeitsgewohnheiten und exzessives Trinken sind wahrscheinlich.

Statistisch signifikante Unterschiede zwischen den untersuchten Gruppen wurden auf 6 der wesentlichen klinischen Skalen gefunden. Bemerkenswerte Unterschiede wurden auch auf 4 »abgeleiteten Skalen« [19] gefunden (siehe Anhang 11). Eine Anzahl von allgemeinen Beobachtungen über die Persönlichkeits- und emotionalen Charakteristika der untersuchten Gruppen kann aus ihren Durchschnittsprofilen und den Gruppenvergleichen gezogen werden.
Die geringe Erhöhung und die fast identischen Werte für alle 3 Gruppen auf den Kontrollskalen L, F und K bedeuten, daß die Punktwerte

[18] In der manchmal unglücklich gewählten MMPI-Sprache bezieht sich ein feminines Interessenmuster auf intellektuelle und kulturelle Interessen.
[19] Dahlstrom, W. G. and Welsh, G. S.: An MMPI Handbook. (The University of Minnesota Press) 1962 (Siehe S. 443 bis 468 für die Namen der Skalen und die Zusammensetzung der Items).

auf den klinischen Skalen ohne Schwierigkeiten im Hinblick auf »Response Set«, Abwehrhaltung oder die Tendenz, seine Probleme zu übertreiben, interpretiert werden können. Das entspricht zwei weiteren Ergebnissen. Die Werte aller 3 Gruppen waren auf den Marlowe-Crowne- und Edwards-Social-Desirability-Skalen normal verteilt[20]. Weiterhin gab es auf diesen Skalen keine Durchschnittsunterschiede unter den Gruppen, und zwischen diesen ›Response Set‹-Maßen und den klinischen Skalen des MMPI bestand eine Null-Korrelation.

Die relativ niedrigen und statistisch nicht zu unterscheidenden Werte auf Skala 2, Depression, weisen darauf hin, daß sie im großen und ganzen keine ernsthaften Konflikte, Schuldgefühle oder Depressionen erlebten. Die geringe Erhöhung des Durchschnittswertes der Verweigerer kann auf die Gefühle der Nutzlosigkeit und Hilflosigkeit, die einige von ihnen erlebten und auf ihre gedrückte Stimmung angesichts ihrer bevorstehenden Gefängnisstrafen zurückgeführt werden. Die Abwesenheit von Schuld- und anderen deprimierenden Gefühlen in den Interviews der Freiwilligen stimmt mit ihrem MMPI-Punktwert überein.

Auf Skala 3, Hysterie, liegt der Punktwert der Verweigerer signifikant höher als derjenige der beiden anderen Gruppen. Werte von dieser geringen Überhöhung deuten auf Idealismus, starke positive Selbsteinschätzung und die Fähigkeit zu starker emotionaler Reaktion hin. Der relativ niedrige Wert der Freiwilligen ist aus wenigstens 2 Gründen signifikant. Er schließt Idealismus, positive Selbsteinschätzung und emotionale Reaktionsfähigkeit in individuellen Fällen nicht aus, weist aber darauf hin, daß solche Menschen in ihrer Gruppe Ausnahmen darstellen würden. Weiterhin bestätigt er nochmals, daß die Freiwilligen an ihren Vietnam-Erfahrungen nicht emotional litten. Ein sehr hoher Wert würde auf die Anwendung massiver Verdrängung hingedeutet haben. Ihr niedriger Wert zeigt, daß sie nicht das Gefühl hatten, irgend etwas vor sich selbst verbergen zu müssen.

[20] Die Marlowe-Crowne-Social-Desirability-Skala sollte die Tendenz von Menschen messen, nur diejenigen Dinge über sich selbst auszusagen, die sie als gut und kulturell sanktioniert empfinden. Crowne, D. P. & Marlowe, D.: The Approval Motive. (New York, John Wiley & Sons) N. Y., 1964.
Die Edwards-Social-Desirability-Skala hat eine ähnliche Intention wie die Marlowe-Crowne-Skala, wurde aber besonders dafür bestimmt, die Bereitschaft, psychische Symptome und Defekte nach ihrer relativen kulturellen Unerwünschbarkeit zuzugeben. Edwards, A. & Heathers, L. B.: The First Factor of the MMPI: Social Desirability or Ego Strength. In: J. Consulting Psychology, 1962, 26:1, 99–100; Edwards, A.: The Social Desirability Variable in Personality Assessment and Research. New York (Dryden) 1957.

Obwohl statistisch signifikante Unterschiede zwischen den Gruppen, auf Skala 4, psychopathischer Abweichler, nicht erschienen, weist der relativ höhere Wert der Verweigerer darauf hin, daß sie sich von gesellschaftlichen Normen stärker entfernt hatten. Das stimmt mit der Tatsache überein, daß sie eindeutig gegen die dominanten sozialen und politischen Strömungen in den Vereinigten Staaten angingen. Die Durchschnittswerte aller 3 Gruppen auf dieser Skala sind aus einigen weiteren Gründen ebenfalls signifikant. Sie zeigen, daß konventionell delinquente oder kriminelle Persönlichkeitsstrukturen aller Wahrscheinlichkeit nach unter den individuellen Fall-Profilen nicht zu finden sein werden.

Die relativ großen Unterschiede in den Durchschnittswerten auf Skala 5, Männlichkeit – Weiblichkeit, weisen auf mehrere wichtige Unterschiede zwischen den Gruppen hin. Der hohe Wert für Kriegsdienstverweigerer ist unter College-Studenten nicht außergewöhnlich. Er spiegelt Menschen wider, die stark nach innen gerichtet, nachdenklich und fragend sind. (Diese Beschreibung entspricht ihren Hauptbedürfnissen, wie sie vom Edwards Personal Preference Schedule gemessen wurden.) Der Durchschnittswert der Eingezogenen ist für den durchschnittlichen College-Studenten typisch, der, sei es auch nur aufgrund seiner Studien, einige kulturelle und intellektuelle Interessen hat (alle Eingezogenen waren in einem College-Kurs eingeschrieben). Man hätte leicht erwarten können, daß der Durchschnittswert der Kriegsfreiwilligen viel niedriger gewesen wäre, als er es tatsächlich ist. Das hätte einem robusten und groben, übermännlichen Selbstkonzept entsprochen. Die geringe Erhöhung ihres Durchschnitts wird jedoch durch die individuellen Profilinterpretationen geklärt, die auf die Anwesenheit einer Reihe von passiven, femininen Persönlichkeiten in dieser Gruppe hinweisen.

Hohe Werte auf Skala 6, Paranoia, spiegeln irrationale Ängste wider. Im durchschnittlichen bis mittleren Bereich dient diese Skala als ein Maß für positive Feinfühligkeit. Der Wert der Verweigerer weist darauf hin, daß sie sozial auffassungsfähiger und sich dessen bewußter sind, was in der Welt vor sich geht. Der Wert der Freiwilligen deutet Gefühllosigkeit gegenüber den Einstellungen und Gefühlen anderer an, die als Rücksichtslosigkeit und Selbstsüchtigkeit gesehen werden kann. Der Durchschnittswert der Eingezogenen liegt zwischen dem der Verweigerer und Freiwilligen und kann statistisch von keinem der beiden unterschieden werden.

Auf Skala 7, Psychasthenie, scheinen die Kriegsdienstverweigerer ein wenig ängstlich, besorgt und gespannt zu sein. Dieser Gefühlszustand ist wahrscheinlich situationsbedingt, da die Erhöhung keine Neigung zur Neurose andeutet. Im Gegensatz dazu erscheinen die Kriegsfreiwilligen als kühl und gut angepaßt. Sie berührt nichts so leicht. Das entspricht vielen der früheren Ergebnisse. Sie hatten weniger oder gar keine weltanschaulichen Interessen, die Spannung hervorrufen könnten, sie machten sich weder Sorgen darüber, daß sie im Kampf getötet werden könnten noch über das Schicksal ihrer Familien, wenn das der Fall wäre. Sie regten sich nicht über das auf, was sie in Vietnam sahen und taten und waren im allgemeinen mit ihrem Lebensstil zufrieden.

Die Bezeichnung für Skala 8, Schizophrenie, ist zum Teil unglücklich gewählt. In Wirklichkeit geben hohe Werte die Anwesenheit solch psychoseähnlicher Prozesse wie Sinnestäuschungen und Halluzinationen wieder. Bei geringen Erhöhungen weisen Ergebnisse auf dieser Skala auf Originalität, Vorstellungskraft und Erfindungsgeist, kurz, auf einen unvoreingenommenen und nicht-stereotypen Geist hin. Werte, die darüber liegen, deuten zunehmend auf Kontaktverlust mit der Realität hin, der von Tagträumen bis zu Phantasien und täuschendem Denken reicht.

Der entsprechende Wert für die Verweigerer spiegelt ein überdurchschnittliches Maß an Originalität, Vorstellungsgabe und Erfindungsreichtum, der in einigen Fällen Phantasien anstelle von Realitätsbezügen einschließen könnte. Im Gegensatz dazu zeigen die Freiwilligen auf dieser Skala große Variabilität. Diese reicht von extrem niedrigen Werten, die auf übermäßig gewissenhafte Konformität hinweisen, über den Durchschnittsbereich und den Bereich großer Vorstellungskraft bis zu bizarren Gedanken und Verhaltensweisen.

Auf Skala 9, Hypomanie, scheinen die Verweigerer und Freiwilligen ein durchschnittliches Energieniveau gehabt zu haben, das über dem der Eingezogenen liegt. Das bezieht sich auf die Fähigkeit, enthusiastisch an Dingen teilzuhaben, auf Initiative, Elan und in einigen Fällen auf Impulsivität.

Resultate der Computer-Interpretationen individueller Profile

Wie in der Einleitung zu diesem Abschnitt erwähnt, wurden die MMPI-Protokolle jedes Probanden Hoffmann-La Roche zur Auswertung und Interpretation übergeben. Die Inhaltsanalyse dieser Interpretationen enthüllte eine Reihe von Persönlichkeitseigenschaften, emotionalen Problemen und Verhaltensstörungen, die trotz einiger

Überschneidungen im allgemeinen, insbesondere in ihren Kombinationen, gruppenspezifisch waren. Psychische Defekte einer Intensität, die weiterer Untersuchung wert wären, wurden in einigen wenigen Fällen angedeutet.

Es ist zweifelhaft, ob die Rate klinischer Auffälligkeit in jeder der untersuchten Gruppen über derjenigen für die sogenannte ›normale Population‹ von Menschen liegt, die keine therapeutische Aufmerksamkeit erhalten. Jedoch hat die bisherige Forschung wiederholt gezeigt, daß die Schwere von Symptomen nicht mit der Suche nach Behandlung einhergeht. Das bedeutet, daß die Menschen, die Behandlung suchen und erhalten, nicht notwendigerweise diejenigen sind, die sie am meisten benötigen. Die Entscheidung, einen Therapeuten zu konsultieren, ist meistens durch Persönlichkeitsfaktoren bedingt, die im allgemeinen mit der Erreichbarkeit und dem Preis der Behandlung, mit sozialer Schicht und religiösen und kulturellen Traditionen in Verbindung stehen.[21]

Auf der Basis der zuvor dargelegten Daten könnte man erwarten, daß ein Kriegsdienstverweigerer eher dazu neigen würde, einen Therapeuten aufzusuchen als ein Kriegsfreiwilliger. Diese Erwartung wurde durch die Tatsache bestätigt, daß kein Freiwilliger, jedoch 5 Verweigerer angaben, Psychologen, universitäre Beratungsstellen oder Psychoanalytiker zu einer kurzen oder auch längeren Behandlung aufgesucht zu haben. Diese Konsultationen begannen vor ihrem sozio-politischen Engagement und ihrer Entscheidung, die Musterung zu verweigern. Zur Zeit der Interviews waren 2 Verweigerer noch in Behandlung. Die MMPI-Interpretationen helfen mit, diesen Unterschied zwischen den Gruppen zu erklären. Sofern beschwerliche emotionale Probleme unter Freiwilligen gefunden wurden, traten sie zusammen mit den Bemerkungen auf, daß sie verleugnet, als vage körperliche Symptome ausgedrückt würden, für die keine organische Basis gefunden werden konnte, daß diese Menschen eine psychologische Erklärung ihrer Probleme ablehnen würden, daß sie wenig oder keine Einsicht in ihre Probleme hätten und daß ihre Behandlungsprognose schlecht sei. Darüber hinaus zeigt die Beschreibung: »schlechte Einsicht in Persönlichkeit und Probleme« in 3/4 der Protokolle der Freiwilligen und: »beschwert sich oft

[21] Hollingshead, A. and Redlich, F.: Social Class and Mental Illness. New York (John Wiley and Sons Inc.) 1958; Srole, L., Langner, T., Michael, S. and Opler, M.: Mental Health in the Metropolis. The Mid-Manhattan Study. New York (McGraw Hill) 1962; Dohrenwend, B. and Dohrenwend, Barbara S.: The Problem of Validity in Field Studies of Psychological Disorder. In: J. Abnormal Psychology, 1965, 70, 52–69.

über körperliche Symptome, für die keine organische Basis gefunden werden kann« in über 1/3 der Fälle, daß diese Feststellungen nicht nur auf die wenigen beschränkt blieben, die beschwerliche emotionale Probleme angaben, sondern durchgehende Charakteristika der gesamten Gruppe sind. Die Bemerkung »übergroße Besorgnis über Körperfunktionen und Gesundheit« erschien in 4/5 der Freiwilligen-Protokolle. Während diese Besorgnis unzweifelhaft mit der körperlichen Gefährdung durch ihre Arbeit und ihre vielen Knochenbrüche, Wunden und Krankheiten in Zusammenhang steht, spiegelt sie auch – insbesondere in Verbindung mit der Abwesenheit introspektiver Beschwerden – die Prädisposition dieser Gruppe, eine a-psychologische, organische Einstellung zu ihren persönlichen Problemen einzunehmen.
Das entgegengesetzte Muster war unter den Verweigerern ausgeprägt. Somatische oder körperliche Beschwerden, zumeist in Form von Kopfschmerzen und Magen-Darm-Problemen erschienen in 7 Protokollen, von denen 5 von Mitgliedern der Friedensbewegung stammen.[22] Das könnte mit der schlechten Diät und den außergewöhnlich unregelmäßigen Essensgewohnheiten zusammenhängen, die unter den Mitgliedern der Bewegung besonders ausgeprägt waren. Gleich welchen Grund sie hatten, es traten diese Beschwerden nicht im Zusammenhang mit Verleugnung, Verdrängung oder schlechter Einsicht auf, obwohl jede dieser Beschreibungen in dem Protokoll wenigstens eines Verweigerers zu lesen war. Die Protokolle vieler Verweigerer wiesen auf das Vorhandensein bedrückender Probleme hin, die direkter, nämlich in Form von Sorgen, Niedergeschlagenheit, Angst und Spannung, meist aber nicht in Begleitung körperlicher Beschwerden erlebt wurden.

Die Kriegsfreiwilligen

Die am häufigsten erscheinenden Persönlichkeitsstörungen in den Protokollen der Freiwilligen lagen vor allem auf dem Gebiet der Triebkontrolle und der sozialen Beziehungen. Die Terminologie zur Beschreibung dieser Probleme ist von Protokoll zu Protokoll verschieden und weist auf unterschiedliche Intensitätsgrade hin.
In den folgenden Absätzen werden 3 typische Beschreibungen wiedergegeben.

[22] Siehe Kapitel 4, Teil 2 für eine Erklärung dieses Sachverhalts.

Dieser Mensch neigt dazu, überaktiv und impulsiv zu sein. Er sucht Aufregung und Erregung und wird durch ein hohes Energieniveau charakterisiert. Er verwendet möglicherweise viel Energie darauf, seine eigenen Wünsche zu erfüllen, findet es aber schwierig, bei Pflichten auszuharren, die ihm von anderen auferlegt werden. Er kann gesellig und nach außen gerichtet sein, aber sein schlechtes Urteil und der Mangel an Rücksichtnahme tendieren dazu, andere abzustoßen. Schlechte Anpassung an die Arbeit und exzessives Trinken sind wahrscheinlich. Unter Jugendlichen, College-Studenten und verschiedenen niedrigen sozio-ökonomischen Gruppen erscheint dieses Muster ziemlich häufig und könnte weniger ernsthafte Implikationen haben. Jedoch können Ausagieren und Impulsivität erwartet werden.

Er hat einige Schwierigkeiten, feindselige Gefühle zu regulieren. Soweit er den direkten Ausdruck dieser Gefühle beherrscht, kann er ein bitterer, ärgerlicher und vielleicht etwas unverantwortlicher Mensch sein. Wo Kontrollfaktoren nicht vorhanden sind, kann die Feindseligkeit jedoch in direkt antisozialem Verhalten ausgedrückt werden. In jedem Fall hat er wahrscheinlich Probleme, enge persönliche Beziehungen aufzubauen.

Dieser Mensch zeigt Widersprüchlichkeiten in seinem Verhalten und in der Art, wie er sich selbst ansieht. Der Widerspruch kann im Verhalten als eine Abwechslung verschiedener Phasen gesehen werden. Zeitweilig kann er mit wenig Beherrschung und Überlegung handeln und dabei soziale Restriktionen verletzen und die Gefühle und Wünsche anderer mißachten. Nach einer derartigen Periode des Ausagierens kann er jedoch Schuldgefühle, Reue und tiefes Bedauern über seine Aktionen zeigen und eine Zeitlang kann er als übermäßig kontrolliert und reumütig erscheinen. Diese Aktivitätsschübe können mit exzessivem Trinken und verschiedenen sozial unannehmbaren Verhaltensweisen verbunden sein. Während seine Gewissensbisse ernsthaft sein mögen – sogar unverhältnismäßig im Hinblick auf tatsächliche Verhaltensabweichungen –, scheinen seine Kontrollen nicht effektiv zu sein, um weitere Ausbrüche zu verhindern.

Diese Abschnitte erschienen in 17 von 25 Freiwilligen-Protokollen. Sie zeigen ein hohes Energieniveau an, das verschiedentlich als »energisch«, »überaktiv«, »impulsiv«, »ruhelos« und »sucht Aufregung und Erregung« bezeichnet wird. Die zweite hervorstechende Eigenschaft des Musters bezieht sich auf Störungen im zwischenmenschlichen und breiteren Sozialverhalten. Hier sind die Beschreibungen »verletzt soziale Restriktionen«, »Schwierigkeiten in zwischenmenschlichen Beziehungen«, »direktes antisoziales Verhalten ohne Kontrollen«, »schlechte enge zwischenmenschliche Beziehungen«, »mißachtet die Gefühle und Wünsche anderer« und »hält andere Menschen in Distanz«. In den meisten Fällen erschienen in jedem dieser 17 Protokolle mehrere dieser Beschreibungen ebenso wie in drei weiteren, in denen die Eigenschaften des hohen Energieniveaus fehlten.

Häufig trat dieses Muster bei Menschen zutage, die entweder als »gesellig«, »freundlich« und »fröhlich« beschrieben wurden (11mal) oder »bitter, ärgerlich und unverantwortlich« (10mal). Zwölf der 15 Beschreibungen »egoistisch« und »unreif« und die 5 Beschreibungen »exzessives Trinken wahrscheinlich« fanden sich ebenfalls unter den 17 Freiwilligen mit dem oben beschriebenen Muster.

Die übrigen 5 Freiwilligen-Protokolle enthielten wenige der oben dargestellten Elemente. Ich betitelte die ersten 3 Protokolle nach den Haupteigenschaften ihres Inhaltes als »dominant aggressiv«, »gutmütig stabil« und »fröhlich verwegen«.

> Dieser Mensch übernimmt eine aktive, bestimmte Rolle, wenn er es mit Gruppen zu tun hat. Er wird von anderen wahrscheinlich als gesellig, enthusiastisch und nach außen gerichtet angesehen, obwohl er durch dieselben Eigenschaften von anderen als prahlerisch, impulsiv und unreif angesehen werden könnte. In ähnlicher Weise könnte er durch seine Wettbewerbshaltung, Überzeugungskraft und Aggressivität von anderen als ein opportunistischer und manipulativer Mensch angesehen werden.
> Dieser Mensch wird durch eine Verleugnung von Angst und Sorgen charakterisiert. Er bringt Selbstsicherheit, Leutseligkeit und Zufriedenheit mit sich selbst zum Ausdruck.

> Er scheint ein ausgewogener, unabhängiger Mensch zu sein, der fähig ist, seine Fähigkeiten wirksam zu mobilisieren. Er betont Leistung als ein Mittel, um Status und Anerkennung zu gewinnen.
> Er scheint ein gefestigtes, anpassungsfähiges und beherrschtes Individuum zu sein, das Macht und Anerkennung anstrebt, dem aber Aggressivität und Durchsetzungskraft fehlen. Er wird von anderen leicht als gefügiger und vorsichtiger Mensch angesehen, der jedoch verbindlich und gutmütig ist.

> Er scheint ein fröhlicher, optimistischer Mensch zu sein, der im Denken und Handeln frei und spontan ist. Er ist ein aktiver, energischer Mensch, der im allgemeinen von anderen als gutmütig und angenehm angesehen wird.
> Er scheint ein unabhängiger, verwegener Mensch zu sein, der Aktion der Kontemplation vorzieht. Er ist nicht einsichtig und könnte Schwierigkeiten haben, mit anderen mitzufühlen oder ihre Reaktionen auf ihn zu verstehen. Er wird leicht von anderen als ein zufriedener, aber möglicherweise etwas uninteressanter Mensch angesehen.

Zur leichteren Identifizierung habe ich dem folgenden Protokoll den Titel »defensiv, verwirrt, aggressiv und reumütig« gegeben. Die Abwehrreaktion, die in den ersten beiden Absätzen beschrieben wird, erschien auch in 7 anderen Protokollen.

> Die Testresultate dieses Menschen spiegeln eine extreme Abwehrreaktion darüber wider, sich selbst psychologisch zu enthüllen. Wegen seines Un-

willens, irgendeinen Hinweis auf persönliche Unzulänglichkeit zu tolerieren, sind die Testresultate von zweifelhafter Gültigkeit. Das Muster kann das Resultat bewußter Täuschung, extremer Rigidität und Naivität oder verallgemeinerter negativer Einstellung und der Weigerung zu kooperieren sein. Seine Tendenz, ein entstelltes Bild von sich selbst zu geben, kann sich unter Umständen in der Behandlungssituation generalisieren und man kann erwarten, daß es die Entwicklung einer therapeutischen Beziehung beeinträchtigt.

Er scheint zu versuchen, seine eigenen Fehler zu verkleinern oder zu leugnen. Er zögert, psychische Probleme zuzugeben, vielleicht, weil er sie als Schwächen wahrnimmt. In einigen normal funktionierenden Individuen kann diese anscheinende Abwehrreaktion Selbstsicherheit und ein gutes Selbstbild darstellen. In einem Individuum mit gegenwärtigen Schwierigkeiten ist es jedoch wahrscheinlicher, daß dies Widerstand und einen Widerwillen gegen die Aufnahme einer Behandlung bedeutet.

Dieser Mensch zeigt Widersprüchlichkeiten in seinem Verhalten und in der Art, wie er sich selbst sieht. Der Widerspruch kann im Verhalten als eine Abwechslung verschiedener Phasen erscheinen. Zeitweilig kann er mit wenig Beherrschung und Überlegung handeln und dadurch soziale Restriktionen verletzen und die Gefühle und Wünsche anderer mißachten. Nach einer derartigen Periode des Ausagierens kann er jedoch Schuldgefühle, Reue und tiefes Bedauern über seine Handlungen zeigen und eine Zeitlang kann er als übermäßig beherrscht und reumütig erscheinen. Diese Aktivitätsschübe können mit exzessivem Trinken und verschiedenen sozial unannehmbaren Verhaltensweisen verbunden sein. Während seine Gewissensbisse ernsthaft sein mögen – sogar unverhältnismäßig im Hinblick auf tatsächliche Verhaltensabweichungen –, scheinen seine Kontrollen nicht effektiv zu sein, um weitere Ausbrüche zu verhindern.

Er neigt dazu, im Denken und Handeln etwas überproduktiv zu sein. Er kann ruhelos, übermäßig gesprächig und im Hinblick auf Versagung irritierbar, aggressiv und impulsiv sein. Die normale Ausdrucksweise dieser Eigenschaft ist eine enthusiastische, energische und andauernde, zielgerichtete Aktivität.

Es gibt einige ungewöhnliche Eigenschaften im Denken dieses Menschen, die eine originelle und erfindungsreiche Orientierung oder vielleicht einige schizoide Tendenzen darstellen. Weitere Information wäre nötig, um diese Behauptung zu belegen.

Das letzte Freiwilligen-Protokoll erhielt den Titel »Desorientiert, verwirrt und idealistisch«. Dem dritten Absatz dieser Beschreibung muß besondere Aufmerksamkeit geschenkt werden, da er in 16 % der Freiwilligen-, 57 % der Eingezogenen- und 100 % der Verweigerer-Protokolle erscheint.

Dieser Mensch verbringt sehr viel Zeit mit persönlichen Phantasien und Tagträumereien, die illusionärem Denken nahekommen oder entsprechen. Er hält Menschen in Distanz und vermeidet enge zwischenmenschliche Beziehungen. Projektion und Verdrängung sind seine wesentlichen Abwehrmechanismen. Das allgemeine Bild ist das eines desorientierten, verwirrten, aber ruhelosen und übermäßig aktiven Menschen, der unter Streß zur Desorganisation neigt. Psychiatrische Patienten mit diesem Test-Muster sind häufig Schizophrene, die einen Krankenhausaufenthalt oder intensive ambulante Behandlung benötigen. Psychotherapie ist selten die gewählte Behandlung, und die Prognose ist schlecht.

Er hat einige Schwierigkeiten, feindselige Gefühle zu regulieren. Soweit er den direkten Ausdruck dieser Gefühle beherrscht, kann er ein bitterer, ärgerlicher und vielleicht etwas unverantwortlicher Mensch sein. Wo Kontrollfaktoren nicht vorhanden sind, kann die Feindseligkeit jedoch in direkt antisozialem Verhalten ausgedrückt werden. In jedem Fall hat er wahrscheinlich Probleme, enge persönliche Beziehungen aufzubauen und könnte in der Behandlung unzuverlässig sein.

Er scheint ein idealistischer, nach innen gerichteter Mensch zu sein, der als sozial ziemlich aufnahmefähig für zwischenmenschliche Interaktionen angesehen werden kann. Seine Interessen sind von denjenigen des durchschnittlichen Mannes ziemlich unterschieden. Bei einem Menschen mit einem breiten bildungsmäßigen und kulturellen Hintergrund kann das erwartet werden und solche Eigenschaften bedeuten wie Selbstbewußtsein, Beschäftigung mit sozialen Fragen und die Fähigkeit, Ideen klar und effektiv mitzuteilen. In einigen Männern kann dasselbe Interessenmuster eine Ablehnung der Männlichkeit, verbunden mit einer relativ passiven, femininen und nicht auf Wettbewerb gerichteten Persönlichkeit bedeuten.

Absatz 3 zeigt 2 Alternativen für die Interpretation auf. Welche Alternative trifft auf die Persönlichkeiten der 4 Green Berets zu, deren Protokolle diesen Absatz enthielten? Die zuvor dargelegten Daten weisen auf die zweite Alternative hin. Um jedoch eine voreilige und unzutreffende Einschätzung zu vermeiden, wurden die Lebensgeschichten dieser Probanden nochmals durchgesehen. Es stellte sich heraus, daß sie eine Reihe von Eigenschaften teilten, die für ihre Gruppe äußerst untypisch waren. Sie hatten außergewöhnlich kalte, strenge und strafende Mütter, die auch im Familienleben dominierten und die meisten und schärfsten körperlichen Strafen austeilten. Ihre Väter waren entweder passiv, von ihren Frauen dominiert oder abwesende, mechanische, periphere Figuren im täglichen Familienleben. 3 von ihnen waren von ihren Vätern nie geschlagen worden. 2 dieser 4 Freiwilligen waren die einzigen, deren früheste Kindheitserinnerungen einen sexuellen Inhalt hatten. Einer erinnerte sich deutlich daran, die Brust seiner Mutter genommen und daran gesaugt zu haben. Er war »durch die Jahre hindurch« von dem Gedanken gequält worden, daß das nur eine Einbildung sein könnte und daß er in Wirklichkeit nie gestillt worden war. Die früheste Erinnerung des anderen war an »ein paar alte katholische Tanten, die versucht haben, mich zu fangen, um zu sehen, ob ich beschnitten war«. 2 von diesen 4 Freiwilligen waren auch die einzigen, die sich an Ereignisse aus ihrer Kindheit erinnerten, in denen sie Objekte der Erniedrigung waren. Einer erklärte, daß die Kinder in der Schule ihn immer verlacht hatten, weil er Flanellunterhosen tragen mußte (seine Mutter war sowohl schwer strafend als auch überängstlich). Der andere hatte sich als Kind vor Schlangen und Würmern gefürchtet. Deshalb wurde er von seinen Freunden, die ihn neckten und von seinem Vater gedemütigt, der »als absoluter Mann des Militärs« solche Ängste als »unmännlich« empfand.

In der High School waren diese Freiwilligen ernsthafte Schüler mit intellektuellen und kulturellen Interessen. 2 von ihnen waren die einzigen Green Berets, die den Schauspielvereinigungen in ihren High Schools angehört und in einigen Schulvorstellungen gespielt hatten. 2 waren die einzigen Freiwilligen, die College-Stipendien erhielten. 2 waren die einzigen Green Berets, die in Betracht gezogen hatten, Geistliche zu werden und ein weiterer war einer der beiden Freiwilligen, die zum Katholizismus übergetreten waren. Im Vergleich zu allen Green Berets waren diese 4 die einzigen, die jemals ernste Literatur gelesen hatten und die auch zum Vergnügen lasen. Einer von ihnen war der einzige Green Beret, der selbst geschrieben hatte.

Einige der Ergebnisse, die die sexuelle Entwicklung und Praktiken der gesamten Gruppe der Green Berets charakterisierten, sind in diesen 4 Fällen besonders ausgeprägt. Ihr Durchschnittsalter beim ersten Geschlechtsverkehr lag 1 Jahr niedriger (14,2 gegenüber 15,1) und die von ihnen selbst geschätzte Zahl verschiedener Geschlechtspartner (Prostituierte, Zufallsbekannte, Freundinnen) gehört zu den höchsten in ihrer Gruppe. Sich selbst ad absurdum führendes Verhalten und Selbstbestrafungstendenzen sind in ihrem Geschlechtsleben auch deutlich sichtbar. 2 von ihnen waren zweimal verheiratet gewesen und einer von diesen zweimal geschieden. Die übrigen, beides Neger, waren zur Zeit des Interviews ledig und wurden von weißen Frauen angezogen. Sie alle hatten lange, frustrierende und chaotische Affären mit Frauen gehabt, die entweder frigide gewesen waren oder von anderen Männern geschwängert wurden (die zuerst erwähnten 2 Soldaten waren in erster Ehe mit frigiden Frauen verheiratet). Diese Soldaten beschrieben auch qualitative Unterschiede in ihrer emotionalen Reaktion auf Kämpfe. Wenn sie kämpften, fürchteten sie sich meist und waren aufgeregt; sie waren auch besonders grausam und rachsüchtig. Schließlich bat einer in Vietnam darum, nicht mehr als Sanitäter eingesetzt zu werden, weil er »Blut nicht länger sehen konnte«.

Meiner Meinung nach sind beide in den MMPI-Protokollen angesprochenen Alternativen notwendig, um diese Soldaten richtig zu charakterisieren. Während der Interviews beeindruckten sie mich durch ihre sprachliche Gewandtheit, introspektive und egoistische Selbstwahrnehmung und Neugierde über sich selbst. Sie schienen auch an meinen Kommentaren und Fragen mehr interessiert zu sein als die meisten der Green Berets und waren kulturell die Gebildetsten in ihrer Gruppe. Diese Eigenschaften entsprechen der ersten Interpretationsalternative. Die andere Alternative »Ablehnung der Männlichkeit, passiv, feminin und nichtkompetitiv« muß modifiziert werden. Nach außen hin machten diese Soldaten ebensowenig einen passiven oder femininen Eindruck wie die übrigen, und in ihrer Arbeit gibt es so gut wie nichts, das in solchen Termini beschrieben werden kann. Jedoch schienen sie sich im Vergleich mit der Mehrheit der Green Berets ihrer sexuellen und maskulinen Unsicherheit bewußter zu sein. Die anderen Soldaten mit einem ebenso hektischen Sexualleben machten den Eindruck, daß sie aus Trotz mit vielen Frauen schliefen, weil sie es als Herausforderung ansahen, Tabus zu brechen oder einfach, weil Sex ihnen Spaß machte. Diese Soldaten schienen sich ihrer Suche nach Bestätigung bewußt zu sein. Sie tendierten dazu, sich mehr mit den emotionalen Reaktionen einer Frau auf sie zu beschäftigen und brachten tiefe Bitterkeit zum Ausdruck, wenn sie enttäuscht wurden. Das steht damit in Verbindung, daß sie sich von solchen Frauen angezogen fühlten, die sie frustrieren würden und die schwierige Eroberungen darstellten, ebenso wie mit ihrer Furcht vor erneutem Versagen, die sie dazu trieb, emotionale Bindungen zu vermeiden. Der Ursprung dieses Musters könnte in ihrem Familienhintergrund liegen. Während die anderen Soldaten dominierenden, harten, kalten Vätern ausgesetzt waren, die große Ansprüche stellten und sie viel bestraften, mit denen sie sich aber später identifizieren konnten, hatten die Mütter dieser Soldaten in ihren Familien ›die Hosen an‹. Das resultierte zweifellos in einem Identitätskonflikt und in Unsicherheit, die durch ihre akademischen und intellektuellen Interessen, Kindheitsängste, sexuellen Erinnerungen und frühen Erfahrungen mit gesellschaftlichem Ausgestoßensein verschlimmert wurden.

Man muß sich auch fragen, ob die untypischen Eigenschaften dieser 4 Green Berets die Möglichkeit andeuten, daß sie weniger wettbewerbsgerichtet waren als die übrigen. Der Konflikt zwischen Furcht vor Versagen und dem Wunsch nach Leistung und Prestige, die ursprünglich alle Green Berets in die Sicherheit des Militärdienstes und später in die prestigereiche Stellung der Special Forces trieben, waren in ihren Biographien am auffälligsten. In einem Fall war der Mangel an Übereinstimmung zwischen den Zielen des Soldaten während der High School und seinem Verhalten nach dem Abgang von der Schule so auffällig, daß ich ihn folgendes fragte:

> Das Überraschende an Ihnen ist, daß für Sie in der High School alles klappte – gute Noten, Freizeitaktivitäten, sehr viel Prestige, eine reiche, ständige Freundin, deren Vater bereit war, Ihnen durchs College durchzuhelfen. Sie sahen wie der ausgeglichene, typische amerikanische Schüler aus, der dazu bestimmt war, einen akademischen Grad in Publizistik, Architektur oder Medizin zu erwerben. Statt dessen haben Sie alles fallengelassen, sind hingegangen und haben sich als Söldner trainieren lassen. Wie erklären Sie das?

Er konnte es nicht erklären. Aber er konnte sich genau an seine Unentschiedenheit und seinen Konflikt zu dieser Zeit erinnern. Für die anderen galt dasselbe. Ihre Furcht vor Versagen war mit ihren Schulleistungen eng verbunden. Sie wußten, daß das College viel mehr von ihnen verlangen würde als die High School und dachten, daß sie weniger erfolgreich sein würden. Noch allgemeiner gesehen ist es kein Zufall, daß so viele Freiwillige private Berufswünsche hegten, die ihre tatsächlichen Möglichkeiten bei weitem überschritten. Man sollte sich auch daran erinnern, daß mangelnder Ehrgeiz ebenso eine situationsbedingte Reaktion wie ein durchgehendes Persönlichkeitsmerkmal sein kann. Die Kriegsfreiwilligen versuchen, Wettbewerb dann zu umgehen, wenn Versagen wahrscheinlich ist oder überdurchschnittliche Leistung unerreichbar scheint.

Die Kriegsdienstverweigerer

Wie dargelegt wurde, enthielten die Protokolle aller 20 Verweigerer den Absatz, den ich gerade im Hinblick auf 4 Green Berets diskutierte. Es war auch der einzige Absatz, der in allen Verweigerungsprotokollen auftrat. Wir zeigten in den vorhergehenden Kapiteln, daß die Kriegsdienstverweigerer untypische Interessen hatten, Menschen mit einem breiten bildungsmäßigen und kulturellen Hintergrund waren, sich nicht mit der stereotypen männlichen Rolle identifizierten und auch idealistisch, introspektiv, feinfühlig für zwischenmenschliche Beziehungen, mit sozialen Fragen beschäftigt und äußerst sprachgewandt waren (wenn auch einige ihre Ideen alles andere als klar mitteilten). Waren sie auch passiv, feminin und unehrgeizig? Zur Zeit unserer Unterhaltung waren sie nicht mehr ehrgeizig im Sinne von akademischen oder Karriere-Ambitionen. Einige wenige machten einen femininen Eindruck. Das waren auch diejenigen, die am meisten sexuelle Angst und Hemmungen zeigten. Passivität ist problematisch. Man kann Menschen, die körperliche Mißhandlung und Gefängnisstrafen riskieren, nicht sehr gut als passiv bezeichnen. Auf der anderen Seite befürworteten sie alle passive Resistenz. Es gab einige Kriegsdienstverweigerer, die mich in der Art ihres gesamten Widerstandsgebarens als besonders passiv beeindruckten. Sie erlebten einen ebenso scharfen Konflikt wie die 4 Freiwilligen, die zuvor beschrieben wurden. Einerseits fühlten sie sich moralisch verpflichtet, den Krieg in Vietnam abzulehnen und die Konsequenzen zu tragen. Jedoch fürchteten einige die Konsequenzen so sehr, daß sie durch halbherzige Lösungen Erleichterungen zu finden suchten (siehe Kapitel 4).

Der übrige Inhalt der MMPI-Protokolle für die Verweigerer beschreibt emotionale und soziale Eigenschaften und Störungen. Im Vergleich zu den Freiwilligen wurden 2 statt 1 Bündel des Sozialverhaltens deutlich. Die Verweigererprotokolle sind im Durchschnitt zweimal so lang wie die der Freiwilligen und geben daher ein entsprechend detaillierteres Bild emotionaler Eigenschaften wieder. Den höheren durchschnittlichen Punktwerten aller Verweigerer auf allen 10 klinischen Skalen entsprechend, war das zu erwarten. Es steht zweifellos mit der Tatsache in Zusammenhang, daß die Verweigerer ein weitaus aktiveres Gefühlsleben hatten. Emotionale Eigenschaften korrelieren jedoch nicht systematisch mit einem der beiden Muster des Sozialverhaltens in den MMPI-Protokollen.

Ich nannte das erste Bündel Passivität. Es enthält 8 Beschreibungen, die in Tabelle 5.4 zusammen mit der Häufigkeit ihres Auftretens in einzelnen Protokollen angeführt werden. Sie reichen von Reserviertheit und Schüchternheit über die Möglichkeit von Vorsicht und Hemmung bis zur Möglichkeit einer langen Reihe gestörter Sozialbeziehungen. Schwierigkeiten mit der Kontrolle feindseliger Gefühle und die Unwahrscheinlichkeit des Ausagierens sind auch in diesem Bündel enthalten. Die 9 Protokolle, die diese Aussagen enthalten, sind aus 2 weiteren Gründen bemerkenswert. Einmal treten weder hohe Energie noch aktive Sozialverhaltenseigenschaften in ihnen auf. Zum anderen werden die Kriegsdienstverweigerer, die in den Interviews Feindseligkeit gegenüber ihren Familien aussprachen oder andeuteten oder die aus gestörten Familien kommen, mit einer Ausnahme in ihren Protokollen als solche durch die Bemerkungen identifiziert: »könnte häufige Unangepaßtheiten an die Familie haben« oder »scheint mit beachtlicher Anstrengung feindselige Gefühle gegen Menschen, die ihm nahestehen, insbesondere seine Familie, zu unterdrücken«. Keiner dieser 5 Menschen wird als sozial aktiv oder sehr energisch bezeichnet. 4 waren unter den 9 Verweigerern, die als sozial passiv beschrieben wurden, und die dominanten Eigenschaften des fünften sind niedrige Energie verbunden mit einer Reihe von Angst- und Depressionssymptomen.

Tabelle 5.4 ›Passive‹ Sozialverhaltens-Charakteristika und Störungen unter den Kriegsdienstverweigerern

Fall Nr.	100	101	103	112	115	116	120	121	122
1. Reserviert			x	x			x		
2. Zögert in neuen Situationen			x	x			x		
3. Hält Menschen in Distanz	x							x	
4. Vermeidet enge zwischenmenschliche Beziehungen	x							x	
5. Schwierigkeiten, enge zwischenmenschliche Beziehungen aufbauen		x	x		x	x			
6. Schwierigkeiten mit feindseligen Gefühlen		x	x		x	x			
7. Perioden gestörter Sozialbeziehungen in seiner Biographie				x					x
8. Soziales Ausagieren unwahrscheinlich		x			x				

Das zweite Muster des Sozialverhaltens enthält, wie aus Tabelle 5.5 ersichtlich, aktive oder extrovertierte Beschreibungen. In allen 4 Fällen sind diese Beschreibungen mit Eigenschaften eines hohen Energieniveaus und nur in einem Fall mit Angst und Spannung verbunden. Während dieses Muster stark an das dominierende Muster unter den Freiwilligen erinnert, kann es von diesem doch mehrfach unterschieden werden.

Die Protokolle der Freiwilligen sind im allgemeinen extremer, da sie solche Bemerkungen wie »verletzt soziale Restriktionen« und »mißach-

Tabelle 5.5 ›Aktive‹ Sozialverhaltens-Charakteristika und Störungen unter den Kriegsdienstverweigerern

Fall Nr.	107	111	113	118
1. Stößt andere durch schlechtes Urteil und Mangel an Rücksichtnahme ab	x	x	x	x
2. Ausagieren möglich	x	x	x	x
3. Feindselig	x	x	x	
4. Exzessives Trinken[23] wahrscheinlich		x	x	
5. Mißtrauisch		x	x	

tet die Wünsche und Gefühle anderer« enthalten. Übermäßige Beschäftigung mit Körperfunktionen und häufige Beschwerden über körperliche Schmerzen, für die keine organische Ursache gefunden werden kann, sind integrale Teile der meisten Protokolle der Freiwilligen. Unter den Verweigerern werden körperliche Symptome unter Streß in 9 Fällen als wahrscheinlich angesehen, was aber nicht mit einem der bisher beschriebenen Muster zusammenhängt. Schließlich kamen Bitterkeit und Ärger, die mit dem aktiven Muster unter den Freiwilligen verbunden waren und zweimal so häufig in ihren Protokollen vorkamen, nur in den Protokollen der 4 sozial passiven Verweigerer aus gestörten Familien vor. Die übrigen 7 Verweigerer-Protokolle enthalten weder die aktiven noch die passiven Sozialverhaltensbündel und haben in anderer Hinsicht wenig miteinander gemein. Mit den unten angegebenen Ausnahmen ist ihr Inhalt eine Mischung von bereits beschriebenen und noch darzustellenden Elementen (ohne Bündelung).
Introspektion und emotionale Reaktionsfähigkeit und der situationsbedingte Streß ihrer oppositionellen Position werden in einer Reihe emotionaler Symptome gespiegelt. Reizbarkeit, Aggressivität und Impulsivität gehören zu den häufigsten und werden in 9 Protokollen angezeigt. Andere Zustände wie Sorgen, Depression, Unzufriedenheit mit sich selbst, Entmutigung und Müdigkeit ebenso wie Spannung, Angst, Desorientierung, Verwirrung, Ruhelosigkeit, Befürchtungen, Grübeln und Zwanghaftigkeit erscheinen jeweils zwischen 2- und 6mal und in 14 der 20 Protokolle. Obwohl diese Symptome etwas häufiger unter

[23] In den beiden Fällen, in denen exzessives Trinken als wahrscheinlich angesehen wurde, war es auch vorgekommen. Es ist interessant, daß beide Väter auch Trinker waren, aber sozial passiv. Die Söhne (sie begannen in der High School zu trinken) tranken verstärkt während der Verwirrung, nachdem sie vom College abgegangen waren und hörten auf, nachdem sie ihre Antikriegsaktivitäten begonnen hatten.

Mitgliedern der Friedensbewegung als unter Nicht-Mitgliedern der Bewegung und ebenso etwas häufiger unter Verweigerern mit passiven statt mit aktiven Beschreibungen des Sozialverhaltens vorkamen, weist ihr Auftreten mit oder ohne diese Muster darauf hin, daß die Kriegsdienstverweigerer als Gruppe genommen unglücklich waren. Das defensive oder »tugendhaft-moralistische Syndrom«, wie ich es nenne, kam auch in 5 Verweigerer-Protokollen vor. Von den 20 Verweigerer-Protokollen gibt es nur 3, die keine Hinweise auf soziale Störungen oder emotionale Erschöpfung (Bedrängnis, Kummer) enthalten.

Die Eingezogenen

Hier ist es wichtig zu fragen, wie sich die Protokolle der Eingezogenen, wenn überhaupt, von denjenigen der Freiwilligen und Verweigerer unterscheiden. Diese Frage führt wieder auf ein zuvor erwähntes Problem. Wenn man die Gruppenprofile statistisch und nach ihrem interpretativen Inhalt vergleicht, können plausible Unterschiede zwischen den Gruppen gefunden werden. Wenn jedoch der Inhalt der einzelnen Protokolle untersucht wird, ergeben sich bemerkenswerte Überschneidungen zwischen allen 3 Gruppen, insbesondere im Hinblick auf einzelne Eigenschaften und zwischen den Eingezogenen und den beiden anderen Gruppen. Oft können die einzelnen Profile nur in ihren jeweiligen Gruppen differenziert werden, indem man die Bündel einzelner Beschreibungen und ihre Intensität beachtet.

Der Verlust an Deutlichkeit, wenn die einzelnen Ergebnisse und Merkmale untersucht werden, im Vergleich zu der Klarheit der Gruppenunterschiede, ist teilweise eine statistische und teilweise eine rein menschliche Angelegenheit. Ebenso wie das Individuum in der Menge verlorengeht, geht das individuelle Ergebnis oder die individuelle Eigenschaft in denen der Gruppe verloren. Mitgliedschaft in einer Gruppe und Gruppendruck schließen Individualität nicht aus und können sie nicht ausschalten, verlangen aber verbindende Faktoren. Hier steht das Maß zur Debatte, in welchem die verbindenden Eigenschaften einer Gruppe in irgendeiner Weise von derjenigen einer anderen unterschieden sind. Die Frage ist weniger die Isolierung besonderer Eigenschaften, die in einer Gruppe vollkommen fehlen, aber in der anderen die entscheidenden Aspekte darstellen.

Ich habe die kurzen Gruppenbeschreibungen, die in diesem Kapitel abgedruckt wurden, Menschen vorgelesen, die täglich mit Militärangehörigen in Kontakt kamen und die glaubten, Kriegsdienstverweigerer einschätzen zu können. Sie alle waren der Ansicht, daß die Gruppenbeschreibungen trotz ihrer Oberflächlichkeit völlig zutreffend waren. Wenn sie jedoch die individuellen Protokollbeschreibungen hörten, fiel ihnen meist niemand ein, auf den diese gelegentlich sehr detaillierten und verfeinerten Beschreibungen zutrafen. Teilweise ist das auf die Tatsache zurückzuführen, daß Außenstehende die Mitglieder einer Gruppe selten sehr genau kennenlernen. Allgemeine Eindrücke stellten sich ein, wie im Fall der Gruppenbeschreibungen, die im besten Fall Abstraktionen sind. Zum Beispiel stimmte die Beschreibung des Eingezogenen als passiv aber feindselig, als eines Menschen, der seine Aggressivität indirekt ausdrückt und seine feindselige Intention leugnet, vollkommen mit der täglichen Erfahrung dieser Beurteiler mit den ›meisten‹ Eingezogenen überein und führte zu vielen Assoziationen über das allgemeine Verhalten von Eingezogenen. Beispielsweise bemerken sie, daß Eingezogene nicht gern in der Armee sind, die Tage bis zu ihrer Entlassung zählen, sich fortwährend über Essen, Quartier, dumme Pflichten, starrköpfige und uninformierte Offiziere und nahezu jedes andere nur mögliche Detail des Armeelebens beschweren. Dennoch, und verständlicherweise, hatten diese Beobachter keine Ahnung davon, wie viele Eingezogene an Magen- und Darmbeschwerden, zwanghaftem Verhalten oder zeitweiligen Angstanfällen litten und konnten daher derartige individuelle Probleme nicht mit ihren täglichen Beobachtungen in Verbindung bringen.

Um den Inhalt der Protokolle der Eingezogenen zusammenzufassen, möchte ich zuerst diejenigen Elemente erörtern, die die Mehrheit von ihnen von jenen der Freiwilligen und Verweigerer unterscheiden. In 23 von 35 Protokollen gab es mehrere, manchmal sehr stark unterschiedene Bemerkungen, die als Variationen des Hauptthemas dieser Gruppe angesehen werden können, nämlich Passivität verbunden mit Feindseligkeit, die indirekt zum Ausdruck gebracht und dann verleugnet wird. Diese Eigenschaften erinnern an die Reaktionen von Menschen, die in einem hochgeladenen Vermeidungs-Vermeidungs-Konflikt (avoidance-avoidance conflict) sind.[24] Die Situation, in der sie sich befinden, behagt ihnen nicht, aber die Möglichkeiten, sich ihr zu entziehen, sind ebenso unangenehm oder noch unangenehmer. Einige passen sich passiv an, andere werden streitsüchtig und bitter und wieder andere erscheinen offen feindselig und können physisch aggressiv werden oder ab-

[24] Lewin, Kurt: A Dynamic Theory of Personality. New York (McGraw-Hill) 1935.

sichtlich schlechte Leistungen vollbringen usw. Der eigentliche Grund für den Verdruß wird selten direkt angegriffen, weil das schnelle Strafmaßnahmen mit sich brächte. Daher wird das Ausagieren, falls es vorkommt, auf sekundäre Objekte gelenkt und selbst da nur mit Vorsicht.
In Tabelle 5.6 sind die Beschreibungen, die weder in Freiwilligen- noch Verweigerer-Protokollen vorkamen, mit einem Sternchen versehen. In 4 Fällen wurden Selbstmordgedanken als wahrscheinlich angesehen.

Tabelle 5.6 Persönlichkeits- und Verhaltenseigenschaften der Eingezogenen, deren MMPI-Protokolle Anzeichen von Konflikt und unzureichenden Versuchen zeigen, eine unangenehme Situation zu bewältigen

		Häufigkeit (N)
+	1. Streitsüchtig, ärgerlich, verbittert, furchtsam	7
+	2. Passives Individuum, das Feindseligkeit indirekt zum Ausdruck bringt	6
+	3. Selbstmordgedanken oder -drohungen wahrscheinlich	4
+	4. Konformist, der sozial unannehmbare Gedanken leugnet	3
+	5. Zurückgezogen und furchtsam	2
	6. Zyklisches Ausagieren, gefolgt von Reue mit Selbstbestrafungs-Charakter	2
+	7. Flucht durch Phantasie und Tagträumerei	2
+	8. Strebt Anerkennung an, ermangelt aber Durchsetzungsvermögen und Aggressivität	2
+	9. Simulant	1
+	10. Unbeteiligt an seiner Umgebung	1

Phantasie und Tagträumerei, die auch in Verweigerer- und Freiwilligen-Protokollen vorkamen, stehen in diesen Fällen mit einer Tendenz zur Flucht in Verbindung. Ausagieren wird im Gegensatz zu den Freiwilligenprofilen als selbst-bestrafend charakterisiert und wird *nicht* von »der Mißachtung von Gefühlen und Wünschen anderer« begleitet, obwohl mir das in derartigen Verhaltensmustern unvermeidlich zu sein scheint.
Das unverhältnismäßig häufige Vorkommen von Streß-Symptomen in den Protokollen dieser 23 Eingezogenen im Vergleich zu den anderen 12 unterstützt die Annahme weiter, daß sie zutiefst unzufrieden wa-

ren. Die Symptome in der folgenden Liste kamen nur in diesen 23 Eingezogenen-Protokollen vor.

- Leugnet Spannung und Sorgen (14)
- Verdrängt und leugnet emotionale Probleme (13)
- Chronische Spannung und Sorgen (10)
- Sexuelle Probleme und Frustrationen (7)
- Angst, ausgedrückt in Phobien, zwanghaftem Verhalten und Grübeln (6)
- Deprimiert, entmutigt (5)
- Milde körperliche Symptome unter Streß (5)
- Mißtrauisch (5)
- Gereizt und aggressiv unter Streß (3)
- Verwirrt und ruhelos (3)
- Lehnt Autorität ab (2)
- Vermindertes Selbstvertrauen (1)
- Furchtsam (1)

Weiterhin enthielten 14 dieser 23 Eingezogenen-Protokolle auch alle Angaben in dieser Gruppe, die auf Probleme in zwischenmenschlichen Beziehungen und die Möglichkeit von Ausagieren hinweisen.

- Reserviert (7)
- Möglichkeit antisozialen Verhaltens von der Situation und anderen Persönlichkeitseigenschaften abhängig (7)
- Probleme mit der Beherrschung von Feindseligkeit (7)
- Vermeidet enge zwischenmenschliche Beziehungen (5)
- Hält Menschen in Distanz (5)
- Unbehaglich in neuen Situationen (5)
- Interpretiert die Intentionen anderer dauernd falsch (4)

Der Inhalt der Protokolle der übrigen 12 Eingezogenen wird durch die folgenden Beschreibungen charakterisiert:

- Niedrige Werte auf klinischen Skalen, die auf das Fehlen pathologischer Züge hinweisen (8)
- Energisch (6)
- Überaktiv und impulsiv (5)
- Egozentrisch und unreif (4)
- Sucht Aufregung und Erregung (3)
- Gesellig, offen und freundlich (3)
- Begrenzte Interessen (3)
- Kann andere durch schlechtes Urteil und Rücksichtslosigkeit abstoßen (2)
- Ausgewogene und unabhängige Persönlichkeit (1)

Die Ähnlichkeit dieser Beschreibungen mit den Freiwilligen-Protokollen ist nicht zu leugnen.

Epilog

Diese Untersuchung läßt viele Fragen, sowohl im Hinblick auf die untersuchten Gruppen selbst als auch auf die Generalisierbarkeit der Daten offen. Was unterscheidet beispielsweise einen Green Beret von einem durchschnittlichen Infanterie- oder Marinesoldaten, und was unterscheidet einen Kriegsdienstverweigerer von einem amerikanischen Jugendlichen im College-Alter, der gegen den Krieg protestiert? Bis zu welchem Grad sind die Ergebnisse dieser Untersuchung auf die besonderen Lebensbedingungen in den Vereinigten Staaten zurückzuführen und daher nur für Amerika relevant? Wie viele Eltern in den Vereinigten Staaten führen das Familienleben und erziehen ihre Kinder auf die in diesem Bericht beschriebene Art und warum werden nicht alle ihre Söhne schließlich Kriegsdienstverweigerer oder Kriegsfreiwillige? Können Kriegsdienstverweigerer auch auf andere Weise herangebildet werden?

Antworten auf jede dieser Fragen zu finden, würde viele weitere Forschungsprojekte erfordern, ähnlich komplex – wenn nicht noch komplexer – als die vorliegende Arbeit. Zur Zeit können nur einige Annahmen gemacht werden. Ich bin sicher, daß das Familiensystem der Kriegsdienstverweigerer äußerst untypisch ist und es auch bleiben wird. Ich bin auch sicher, daß die große Mehrheit der Amerikaner es leichter finden würde, die Green Berets zu verstehen und mit ihnen zu sympathisieren, da sie während ihrer eigenen Kindheit und Jugendjahre viele ähnliche Erfahrungen gemacht haben werden.

Ich vermute, daß der durchschnittliche Soldat in den Special Forces intelligenter, gebildeter, älter und selbstbewußter ist, daß er weniger Hemmungen hat, wagemutiger und ehrgeiziger ist als der durchschnittliche Infanterie- oder Marinesoldat. Darüber hinaus würde ich auch erwarten, daß sie eine stärkere ›Wanderlust‹ verspüren und in ihrem Denken weniger konventionell sind, eine größere Abneigung gegen Routineaufgaben hegen, und sich mehr für Arbeit im Freien interessieren.

Eine der hervorstechendsten Eigenschaften nahezu aller Kriegsdienstverweigerer ist ihre Bereitschaft, Entbehrungen und Härte für ihre Prinzipien auf sich zu nehmen. Das kann nicht von vielen Menschen gesagt werden. Ihre Skepsis gegenüber Ideologien und Massenbewegungen, ihre Ablehnung von Machtpolitik, selbst als Mittel zu den Zielen, die sie unterstützen, und ihre Fähigkeit, völlig allein zu protestieren, sind einige der Charakteristika, die sie wahrscheinlich von den meisten Antikriegs-Aktivisten und Hochschul-Revolutionären unterscheiden.

Keine der grundlegenden Fragen, die in diesem Buch behandelt werden, kann als spezifisch amerikanisch angesehen werden, und ihre Bedeutung ist nicht auf die Vereinigten Staaten beschränkt. Ich nähme gerne eine Einladung an, die gleiche Untersuchung in anderen Nationen durchzuführen, insbesondere solchen in Mittel- und Osteuropa, da die dortigen Kulturtraditionen, grob gesehen, mit denen in den Vereinigten Staaten vergleichbar sind. Es könnte jedoch vor allem jetzt sehr schwierig sein, in diesen Ländern Kriegsdienstverweigerer zu finden. Die für die Herstellung von Ruhe in den internationalen Beziehungen notwendige Selbstreflexion und Bereitschaft, mit Traditionen zu brechen, stehen oft in Zusammenhang mit den unmittelbaren Nachwirkungen einer Katastrophe und einer nationalen Niederlage. Sobald eine Gesellschaft sich zu normalisieren und zu reorganisieren beginnt, schwindet das Interesse an diesen Fragen, bis es ein reines Lippenbekenntnis wird, und nur eine Minderheit beschäftigt sich noch ernsthaft mit ihnen. Leider bleibt wenig außer einer Abneigung gegen weiteres Elend haften, und nur ein schwaches Verständnis, wie dieses in Zukunft vermieden werden kann, setzt sich durch.

Viele meiner Freunde konnten nicht verstehen, wie ich Tag für Tag hinter einem Schreibtisch sitzen und eine Schreckensgeschichte nach der anderen anhören konnte, ohne sichtbar entsetzt oder wütend zu werden. Ich erklärte, daß dies zu Anfang schwierig war, ich mich aber daran gewöhnte: Die Entfernung zu diesen Personen und ihren Berichten war ungefähr dieselbe wie die zu meinem Fernsehapparat.

Anhang

Anhang 1 Schulbildung der Väter und Mütter

	Freiwillige						Verweigerer					
	Vater			Mutter			Vater			Mutter		
	N	%		N	%		N	%		N	%	
Volksschule oder weniger	7	28	} 44	6	24	} 40	1	4	} 16	0	0	} 8
High School (unvollständig)	4	16		4	16		3	12		2	8	
High-School-Diplom	4	16		4	16		5	20		10	40	
College (unvollständig)	4	16		5	20		4	16		2	8	
Krankenpflegeschule beendet	0	0		1	4		0	0		2	8	
College-Diplom	1	4	} 24	1	4	} 28	5	20	} 60	3	12	} 52
Höherer ak. Grad (M.A., Dr.)	1	4		0	0		6	24		6	24	
Unbekannt	4	16		4	16		1	4		0	0	

Anhang 2 Berufe der Väter und Mütter

	Freiwillige					Verweigerer				
	Vater			Mutter		Vater			Mutter	
	N	%		N	%	N	%		N	%
Selbständiger Geschäftsmann	1	4		0	0	3	12		0	0
Freie und andere akad. Berufe	1	4		2	8	8	32	} 60	7	28
Management	3	12		0	0	4	16		0	0
Büro- und Verkaufsangestellte	1	4		5	20	3	12		9	36
Polizei	1	4		0	0	0	0		0	0
Facharbeiter	9	36	} 68	0	0	4	16		0	0
Hilfsarbeiter	8	32		4	16	2	8		0	0
Hausfrau	0	0		14	56	0	0		9	36
Unbekannt	1	4		0	0	1	4		0	0

Anhang 3 Der äußerliche Zusammenhalt der Familien

	Freiwillige		Verweigerer	
	N	%	N	%
Familie intakt, lebt zusammen	18	72	21	84
Tod oder Scheidung; Familie durch neue Eheschließung vervollständigt	3	12	2	8
Tod oder Scheidung ohne Wiederverheiratung, lang andauernde Unterstützung von außen benötigt	1	4	2	8
Familie unwiderruflich zerbrochen, Kind Außenstehenden übergeben	3	12	0	0

Anhang 4 Psychologische Stabilität der Familien (Bewertung der Beurteiler)

	Freiwillige N	Freiwillige %	Verweigerer N	Verweigerer %
Sehr stabil	8		15	
Stabil	8	80	5	88
Zerrüttet, aber intakt	4		2	
Zerrüttet, droht auseinanderzufallen	1		1	
Völlig instabil	4		2	

Anhang 5 Elterliche Harmonie – Disharmonie

	Freiwillige N	Freiwillige %	Verweigerer N	Verweigerer %
Sehr harmonisch	3	40	5	52
Überwiegend harmonisch	7		8	
50 : 50	3		4	
Überwiegend unharmonisch	4	40	4	32
Sehr unharmonisch	6		4	
Keine Antwort	2		0	

Anhang 6 Dominanz-Unterwerfungs-Beziehungen zwischen den Eltern

	Freiwillige N	Freiwillige %	Verweigerer N	Verweigerer %
Vater dominiert	15	60	4	16
Mutter dominiert	5	20	5	20
Gleichberechtigt	1	4	12	48
Getrennte Wege	3	12	3	12
Trifft nicht zu (nur 1 Elternteil oder Waise)	1	4	1	4

Anhang 7 Explizite Werte für die Kindererziehung

	Freiwillige				Verweigerer			
	Vater		Mutter		Vater		Mutter	
	N	%	N	%	N	%	N	%
Am häufigsten betont von Freiwilligen-Eltern								
Respekt vor materiellem Besitz	24	96	24	96	12	48	14	56
Ansehen	23	92	25	100	12	48	17	68
Arbeit und Fleiß	22	88	21	84	22	88	22	88
Ordnung und Sauberkeit	21	84	21	84	8	32	10	40
Disziplin	21	84	23	92	3	12	8	32
Konformität innerhalb der Wohngemeinde	21	84	24	96	10	40	12	48
Gehorsam u. Unterwerfung unter Autorität	20	80	22	88	2	8	7	28
körperliche Kraft	20	80	5	20	2	8	0	0
gute Manieren	19	76	22	88	16	64	21	84
Unabhängigkeit	19	76	10	40	21	84	17	68
Sparsamkeit	16	64	17	68	14	56	15	60
individuelle Leistung	16	64	10	40	22	88	21	84
Respekt vor Erwachsenen	16	64	21	84	0	0	0	0
emotionale Robustheit	15	60	0	0	1	4	0	0
materielle Wünsche und Freuden	14	56	12	48	5	20	4	16
Am seltensten betont von Freiwilligen-Eltern								
gegenseitige Hilfe unter Verwandten	12	48	14	56	8	32	18	72
Natur- und Tierliebe	9	36	5	20	6	24	8	32
intellektuelle Leistung	6	24	9	36	20	80	23	92
Rationalität u. vernünftige Argumentation	6	24	3	12	20	80	17	68
Respekt für die Privatsphäre	5	20	4	16	19	76	15	60
Güte	5	20	11	44	17	68	24	96
Lebensfreude	5	20	12	48	21	84	22	88
Verantwortlichkeit f. d. Gemeinschaft (sozio-politisches Engagement)	4	16	2	8	14	56	15	60
Philanthropie	3	12	8	32	8	32	17	68
soziale Gerechtigkeit	1	4	1	4	17	68	19	76
Liebe zu Kunst, Musik, Literatur	1	4	4	16	11	44	17	68
Humanität	0	0	3	12	17	68	24	96

Anhang 8 Von den Eltern untersagtes Verhalten

	Freiwillige				Verweigerer			
	Vater		Mutter		Vater		Mutter	
	N	%	N	%	N	%	N	%
Stehlen	23	92	25	100	16	64	22	88
Lügen und Schwindeln	22	88	25	100	19	76	22	88
Zerstörungswut	22	88	23	92	16	64	17	68
Ungehorsam und Widerspruchsgeist	21	84	24	96	7	28	9	36
›vulgäre‹ Sprache	19	76	23	92	6	24	9	36
Emotionalität	19	76	20	80	8	32	8	32
Unbequemlichkeit für sie selbst	19	76	15	60	4	16	6	24
Unordnung	18	72	23	92	6	24	9	36
schlechte Manieren	17	68	25	100	10	40	15	60
Äußerung von Zuneigung	13	52	5	20	4	16	5	20
Sex	13	52	17	68	8	32	6	24
Trinken und Rauchen	13	52	21	84	2	8	5	20
Raufen	13	52	21	84	14	56	19	76
Rücksichtslosigkeit	12	48	21	84	17	68	22	88

Anhang 9 Disziplinäre Maßnahmen der Eltern

	Freiwillige				Verweigerer			
	Vater		Mutter		Vater		Mutter	
	N	%	N	%	N	%	N	%
körperliche Bestrafung	21	84	23	92	19	76	11	44
Drohungen und Strenge (böse Blicke)	18	72	15	60	6	24	7	28
negative Kritik (Schimpfen, Nörgeln)	18	72	24	96	15	60	18	72
Einschränkungen und Entzug von Privilegien	17	68	18	72	6	24	6	24
Lob	12	48	17	68	21	84	22	88
materielle Belohnung	7	28	12	48	9	36	16	64
physische Isolierung	7	28	11	44	5	20	4	16
rationale Argumentation	5	20	3	12	19	76	18	72
Liebesentzug	1	4	6	24	3	12	8	32

Anhang 10 Alter zur Zeit des ersten Geschlechtsverkehrs

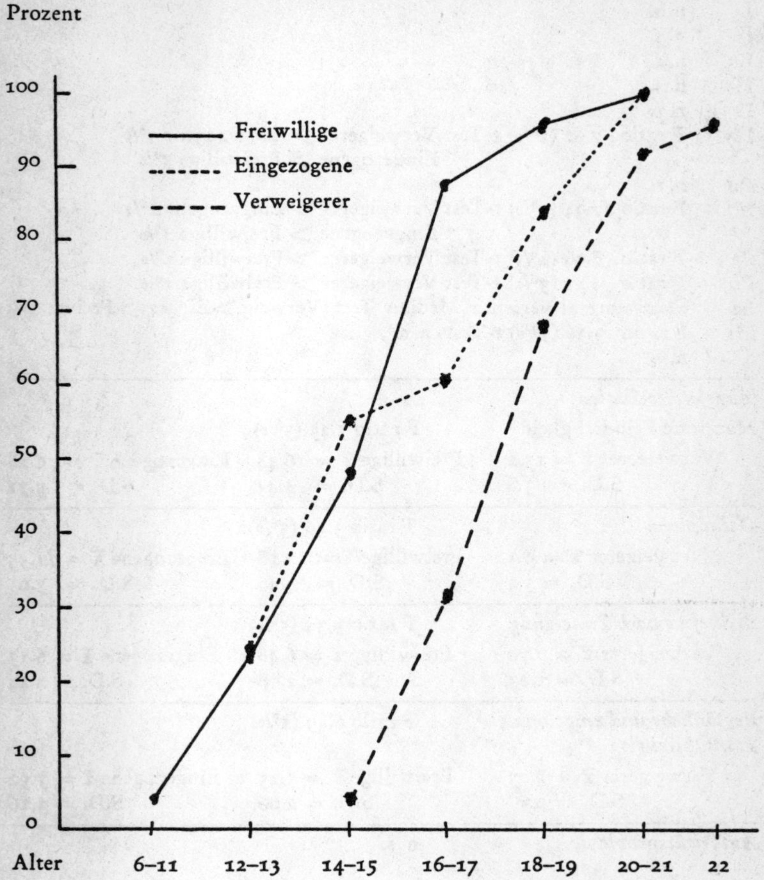

Anhang 11 Gruppen-Unterschiede auf MMPI-Skalen

L	n. s.
f	n. s.
K	n. s.
Hs	n. s.
D	n. s.
Hy	F ratio 7.62 (1%) t-Test Verweigerer > Eingezogene 5%
	Eingezogene > Freiwillige 5%
Pd	n. s.
Mf	F ratio 27.94 (1%) t-Test Verweigerer > Eingezogene 1%
	Eingezogene > Freiwillige 1%
Pa	F ratio 8.00 (1%) t-Test Verweigerer > Freiwillige 1%
Pt	F ratio 3.21 (5%) t-Test Verweigerer > Freiwillige 1%
Sc	nicht normal-verteiler Median Test Verweig.>Eingez.>Freiw. 1%
Ma	F ratio 3.36 (5%) t-Tests n. s.
Si	n. s.

Abgeleitete Skalen

Manifeste Feindseligkeit	F ratio 3.25 (5%)	
Verweigerer $\bar{x}$ = 13.1	Freiwillige $\bar{x}$ = 16.48	Eingezogene $\bar{x}$ = 16.18
S.D. = 3.8	S.D. = 4.44	S.D. = 5.72
Delinquenz	F ratio 3.46 (5%)	
Verweigerer $\bar{x}$ = 9.3	Freiwillige $\bar{x}$ = 12.18	Eingezogene $\bar{x}$ = 11.55
S.D. = 3.2	S.D. = 4.4	S.D. = 3.6
Bedürfnis nach Zuneigung	F ratio 3.34 (5%)	
Verweigerer $\bar{x}$ = 7.70	Freiwillige $\bar{x}$ = 6.48	Eingezogene $\bar{x}$ = 6.13
S.D. = 1.83	S.D. = 2.08	S.D. = 2.44
Persönliche und emotionale Feinfühligkeit	F ratio 6.49 (1%)	
Verweigerer $\bar{x}$ = 8.05	Freiwillige $\bar{x}$ = 5.15	Eingezogene $\bar{x}$ = 7.52
S.D. = 2.3	S.D. = 2.06	S.D. = 3.16
Autoritätsprobleme	n. s.	

Anhang 12 Definitionen der 15 EPPS-Skalen
Entnommen aus: Edwards Personal Preference Schedule, Copyright 1954, 1959, The Psychological Corporation, New York.

1. *ach* (Achievement; Leistung):
Sein Bestes geben; erfolgreich sein; Aufgaben bewältigen, die Geschicklichkeit und Anstrengung erfordern; eine anerkannte Autorität sein; etwas Bedeutendes erreichen; eine schwierige Arbeit gut bewältigen; schwierige Probleme und Rätsel lösen; Dinge besser erledigen können als andere; einen großen Roman oder ein großes Schauspiel schreiben.
2. *def* (Deference; Ehrerbietung, Unterwerfung):
Anregungen von anderen bekommen; herausfinden, was andere denken; Anordnungen befolgen und tun, was erwartet wird; andere loben; anderen sagen, daß sie etwas gut gemacht haben; die Führung anderer akzeptieren; über große Persönlichkeiten lesen; mit Sitten konform gehen und Unkonventionelles vermeiden; andere Entscheidungen treffen lassen.
3. *ord* (Order; Ordnung):
Schriftliche Arbeit sauber und ordentlich ausführen; Pläne machen, bevor eine schwierige Arbeit in Angriff genommen wird; Sachen sauber und in Ordnung halten; genaue Pläne von einer Reise machen; einzelne Arbeitsabläufe planen; Briefe und Akten nach einem System geordnet aufbewahren; geplante Mahlzeiten und feste Essenszeiten; Dinge so arrangieren, daß sie reibungslos ohne Veränderungen ablaufen.
4. *exh* (Exhibition; Sich-zur-Schau-Stellen):
Witzige und scharfsinnige Dinge sagen; amüsante Witze und Geschichten erzählen; über eigene Abenteuer und Erfahrungen reden; andere veranlassen, auf die eigene Erscheinung aufmerksam zu werden und darüber zu sprechen; Dinge sagen, nur um zu sehen, welchen Effekt dies auf andere haben würde; über eigene Leistungen sprechen; im Zentrum der Aufmerksamkeit stehen; Wörter verwenden, deren Bedeutung andere nicht kennen; Fragen stellen, die andere nicht beantworten können.
5. *aut* (Autonomy; Autonomie):
Kommen und gehen können, wann man will; seine Meinung sagen; Entscheidungen unabhängig treffen können; sich frei fühlen, zu tun, was man will; Dinge tun, die unkonventionell sind; Situationen vermeiden, in denen Konformität erwartet wird; Dinge tun, ohne sich darum zu kümmern, was andere denken; Menschen in Autoritätspositionen kritisieren; Verantwortung und Verpflichtungen aus dem Weg gehen.
6. *aff* (Affiliation; Anschluß):
Zu Freunden loyal sein; sich an freundschaftlichen Gruppen beteiligen; Dinge für Freunde tun; neue Freundschaften schließen; so viele Freunde wie möglich gewinnen; mit Freunden teilen; etwas lieber mit Freunden als alleine tun; starke Bindungen schließen; Briefe an Freunde schreiben.
7. *int* (Intraception; Introspektion):
Seine Gefühle und Motive analysieren; andere beobachten; verstehen, wie andere über Probleme denken; sich in einen anderen hineindenken; Menschen eher danach beurteilen, warum sie etwas tun als was sie tun;

das Verhalten anderer analysieren; die Motive anderer analysieren; voraussagen, wie andere handeln werden.

8. *suc* (Succorance; Beistand):
Sich von anderen helfen lassen, wenn man in Schwierigkeiten ist; Ermunterung von anderen suchen; andere brauchen, die gütig sind; andere haben, die persönlichen Problemen mit Sympathie und Verständnis begegnen; sehr viel Zuneigung von anderen erhalten; andere haben, die Gefälligkeiten bereitwillig tun; von anderen geholfen werden, wenn man niedergeschlagen ist; andere einen bedauern lassen, wenn man krank ist; andere viel Aufhebens machen lassen, wenn man sich weh getan hat.

9. *dom* (Dominance; Dominanz):
Seinen Standpunkt darlegen; in den Gruppen, denen man angehört, führend sein; von anderen als Führer angesehen werden; sich zum Vorsitzenden von Komitees wählen oder berufen lassen; Entscheidungen für die Gruppe treffen; Meinungsverschiedenheiten und Zwistigkeiten zwischen anderen schlichten; andere überreden und beeinflussen, das zu tun, was man will; die Handlungen anderer überwachen und dirigieren; anderen sagen, wie sie ihre Arbeit tun sollen.

10. *aba* (Abasement; Erniedrigung):
Sich schuldig fühlen, wenn man etwas falsch gemacht hat; die Schuld auf sich nehmen, wenn etwas schiefgegangen ist; das Gefühl haben, daß persönlicher Schmerz und durchlittenes Elend mehr Gutes als Schlechtes tun; das Bedürfnis nach Bestrafung haben, wenn man etwas falsch gemacht hat; sich besser fühlen, wenn man nachgibt und einen Streit vermeidet, als wenn man seinen Kopf durchsetzt; das Bedürfnis haben, seine Fehler zu beichten; sich wegen seiner Unfähigkeit, Situationen zu meistern, niedergeschlagen fühlen; in Anwesenheit von Vorgesetzten schüchtern sein; sich im Vergleich zu anderen weitgehend minderwertig fühlen.

11. *nur* (Nurturance; Hilfsbereitschaft):
Freunden helfen, wenn sie in Schwierigkeiten sind; weniger Begünstigten helfen; anderen mit Güte und Sympathie begegnen; anderen verzeihen; anderen kleine Gefälligkeiten tun; zu anderen großzügig sein; mit anderen mitfühlen, wenn sie verletzt oder krank sind; anderen sehr viel Zuneigung zeigen; andere ihre persönlichen Probleme anvertrauen lassen.

12. *chg* (Change; Veränderung):
Neue und andere Dinge tun; reisen; neue Menschen treffen; Neuartigkeit und Veränderung in der täglichen Routine erleben; experimentieren und neue Dinge ausprobieren; an neuen und anderen Orten essen; neue und andere Berufe ausprobieren; im Land herumziehen und an verschiedenen Orten leben; neue Moden mitmachen.

13. *end* (Endurance; Beharrlichkeit):
Bei einer Arbeit ausharren, bis sie beendet ist; jede einmal vorgenommene Arbeit beenden; sich bei einer Aufgabe sehr einsetzen; bei einem Rätsel oder einem Problem ausharren, bis es gelöst ist; eine einzige Aufgabe zu Ende führen, bevor man andere annimmt; bis spät in die Nacht hinein arbeiten, um eine Arbeit zu beenden; viele Stunden hindurch ohne Ablenkung arbeiten; bei einem Problem ausharren; selbst wenn allem An-

schein nach keine Fortschritte erzielt werden; vermeiden, bei der Arbeit unterbrochen zu werden.

14. *het* (Heterosexuality; Heterosexualität):
Mit Angehörigen des anderen Geschlechts ausgehen; sich an geselligen Veranstaltungen mit dem anderen Geschlecht beteiligen; jemanden des anderen Geschlechts lieben; jemanden des anderen Geschlechts küssen; von Angehörigen des anderen Geschlechts als körperlich attraktiv angesehen werden; sich an Diskussionen über Sex beteiligen; Bücher und Schauspiele lesen, in denen Sex eine Rolle spielt; Witze, in denen Sex eine Rolle spielt, anhören oder erzählen; sexuell erregt werden.

15. *agg* (Aggression; Aggression):
Andere Standpunkte angreifen; anderen sagen, wie man über sie denkt; andere öffentlich kritisieren; andere lächerlich machen; anderen heftig die Meinung sagen, wenn man nicht mit ihnen übereinstimmt; sich für Beleidigungen rächen; wütend werden; anderen die Schuld geben, wenn etwas schiefgeht; Zeitungsberichte über Gewalttätigkeit lesen.

Anhang 13 Kriterien für die Einteilung der Kriegsdienstverweigerer

	Anhänger der Friedensbewegung n = 15		Sozial Aktive n = 3		Private n = 5		Bequemlichkeit n = 3	
	N	%	N	%	N	%	N	%
Musterungsbefehl verbrannt oder zurückgeschickt	10	67	1	33	0	0	0	0
verweigerte schriftliche Zusammenarbeit mit Musterungsbehörde	5	33	1	33	0	0	0	0
verweigerte Armee-Eintritt in Musterungsbehörde	10	67	0	0	0	0	0	0
wartet auf Prozeß beim Bundesgericht	6	40	0	0	0	0	0	0
wartet auf Gefängnisstrafe oder hat Gefängnisstrafe schon hinter sich	2	13	0	0	0	0	0	0
beim Bundesgericht Berufung eingelegt	5	33	0	0	0	0	0	0
klassifiziert für sofortige Einberufung	10	67	1	33	0	0	0	0
erster Kontakt mit Vpn in War Resisters League, wo sie arbeiteten	13	87	0	0	1	20	0	0
nimmt lieber Gefängnisstrafe in Kauf, als administrativ mit der Regierung zusammenzuarbeiten	13	87	1	33	0	0	0	0
vorherige Gefängnisstrafe wegen Beteiligung an Anti-Kriegsdemonstrationen	11	73	1	33	0	0	0	0
hat der Anti-Kriegsbewegung erhebliche Zeit gegeben	15	100	0	0	0	0	0	0
beste Freunde direkt an Anti-Kriegsbewegung beteiligt	12	80	0	0	0	0	0	0
beabsichtigt, sich der Anti-Kriegsbewegung zu widmen	11	73	0	0	0	0	0	0
vergangene Tätigkeit in: VISTA, Peace Corps, Civil Rights, Urban League, Volunteers in Asias, Ghettoarbeit usw.	0	0	3	100	0	0	0	0
persönliche Verpflichtung zu Gewaltlosigkeit ohne Vereinsanschluß	0	0	3	100	5	100	0	0
Antrag gestellt auf Kriegsdienstverweigerer-Status	1	7	1	33	3	60	1	33
Bequemlichkeit: will Militärdienst nicht ableisten	0	0	0	0	0	0	3	100

Geist und Psyche
Begründet von Nina Kindler 1964

Kinderpsychologie

Gordon W. Allport
Werden der Persönlichkeit
Band 42127

Bruno Bettelheim
Die Geburt des Selbst
Band 42247

John Bolland/
Joseph Sandler
Die Hampstead-Methode
Band 42269

John Bowlby
Trennung
Band 42171
Bindung
Band 42210
Verlust
Band 42243

Dorothy Burlingham
Labyrinth Kindheit
Band 42256

Anna Freud
Einführung in die Technik der Kinderanalyse
Band 42111

Herbert Goetze/
Wolfgang Jaede
Nicht-direktive Spieltherapie
Band 42262

Klaus E. Grossmann (Hg.)
Entwicklung der Lernfähigkeit in der sozialen Umwelt
Band 42177

David Kadinsky
Die Entwicklung des Ich beim Kinde
Band 42242

Geist und Psyche
Begründet von Nina Kindler 1964

Kinderpsychologie

Melanie Klein
Frühstadien des Ödipuskomplexes
Band 42268
Ein Kind entwickelt sich
Band 42222
Die Psychoanalyse des Kindes
Band 42291

Pierre Mâle
Psychotherapie bei Jugendlichen
Band 42248

Willi Meyer/
Gertrud Wydler
Anja
Band 42283

Alexander Stachiw/
Georg Spiel
Entwicklung der Aggression bei Kindern
Band 42169

Driek van der Sterren
Pränatale Psychologie
Band 42123

Daniel Widlöcher
Was eine Kinderzeichnung verrät
Band 42254

D. W. Winnicott
Von der Kinderheilkunde zur Psychoanalyse
Band 42249
Reifungsprozesse und fördernde Umwelt
Band 42255
Familie und individuelle Entwicklung
Band 42261

Fischer Taschenbuch Verlag

fi 347/3b

Neil Postman

Das Verschwinden der Kindheit

Aus dem Amerikanischen von Reinhard Kaiser

191 Seiten. Broschur

auch lieferbar als Fischer Taschenbuch Band 3855

Dieses Buch bricht den faulen Frieden, den die Erwachsenen mit der Gleichgültigkeit geschlossen haben, um die Welt bis in die Nischen hinein nach ihrem Bilde einzurichten. Es handelt von dem vielleicht folgenschwersten kulturellen Kolonisierungsunternehmen in der Gegenwart: der Zerstörung der Kindheit durch Mißachtung oder Destabilisierung ihrer Spielräume, ihrer inneren Geschichte und ihrer spezifischen Zeitrechnung. Brisant ist nicht nur Postmans (gut belegte) These, daß in der abendländischen Zivilisation die Idee der Kindheit im Verschwinden begriffen sei, sondern auch seine intelligente Analyse der elektronischen Medien, die er als die machtvollen Beschleuniger dieser Entwicklung bestimmt. Postmans Kritik gilt der Allianz von Kommerz, Ideologie und Gedankenlosigkeit gegen die Ansprüche der Kinder auf eine eigene, freie Lebenszeit: auf die Kindheit nicht als eine biologische, sondern vielmehr als eine kulturelle Erfahrung. Die Vorstellungs- und Empfindungswelt der Kindheit ist endgültig dann abgeschafft, wenn die Kinder und Jugendlichen nur noch zu Erwachsenen-Wünschen fähig sind.

S. Fischer

fi 318 / 2